성명에서 생명으로

서구의 그리스도교적 인문주의와 동아시아의 자연주의적 인문주의

2013년도
대한민국학술원 선정
우수학술도서

이 도서는 교육부의 지원으로
대한민국학술원에서 선정한
"2013년도 우수학술도서"임.

* 이 저서는 2007년 정부(교육인적자원부)의 재원으로 한국학술진흥재단의 지원을 받아 수행된 연구임(KRF-2007-812-A00113).

이화학술총서

서구의 그리스도교적 인문주의와
동아시아의 자연주의적 인문주의

성명에서 性命 생명으로 生命

양명수 지음

이화여자대학교출판부

이 책을 부모님께 바칩니다.

들어가는 말

가을이 되고 추수가 끝난 후 서리가 내리고 나면, 한강 하류 근처의 들과 논에 철새들이 모여든다. 멀리서 찾아온 기러기 떼들이 열을 지어 하늘에서 비행하고 내려앉는다. 내가 사는 아파트 사이로 내려다보이는 그들의 군무群舞는 늦가을 생명의 축제다. 그 언어가 부산하고 요란하다. 언젠가 논 가까이 있는 기차역에서 기차를 기다리다가 문득 이런 생각이 들었다. 저들처럼 살 수는 없을까? 무의미를 모르는 삶. 무얼 위해 사는지 모르지만, 그들은 무의미를 모르고, 사는 데 충실하다. 의미를 찾지 않아 무의미도 모른다. 그냥 산다. 그냥 있음이다. 이건 분명히 하나의 해방이요, 거기에는 자유의 빛이 있다. 의미로부터의 자유. 내 안에 있던 우리 조상들의 자연주의 감각이 나를 끌어당기고 있었는지도 모르겠다.

애초에 의미를 추구하지 않는 것은, 의미의 결핍이 아니다. 그냥 사는 삶은, 의미 결핍의 관점에서 볼 것이 아니라, 무의미를 모르는 쪽을 봐야 한다. 그래서 생명生命 곧 생生의 명命에 충실하다. 무의미를 이겨서 삶을 온통 의미로 채우는 삶도 생명이 넘치겠지만, 의미에 집착하지 않아서 무의미를 잘 모르는 삶도 생명이 넘칠 것이다. 동아시아의 자연주의 감각에서 배워야 할 것이 그것이다.

성명性命이란 인문주의의 도덕 명령을 가리킨다. 그것은 성性의 명命이니 인간 본성의 명령을 가리킨다. 원래 성명은 유학에서 사용한 개념이지만, 이 책에서는 동서양 인문주의에 공통으로 적용되는 개념으로 사용했다. 동서양의 인문주의자들은 인간 본성을 선하다고 보았으니, 성의 명은 결국 선한 양심의 명령을 가리킨다. 그들이 말한 선한 양심은 생의 명 곧 생명의 소리를 길들이고 내면의 극기와 자기 수양을 요구한다. 더 나아가 순수한 선의 이념을 추구하며 도덕적 자기완성을 꾀한다.

'성명에서 생명으로'라는 책 제목은 도덕 명령의 이름으로 억압되어 있던 살고 싶은 마음을 재평가하려는 의도를 품고 있다. 그것은 몸의 소리에 마음을 기울이자는 것으로서, 자연주의적인 시각을 요청한다. 의미와 무의미를 넘어 그냥 사는 삶의 생명력을 살리자는 것이다. 그러나 무의미의 위협 앞에서 삶의 의미를 찾으려고 한 인문주의를 벗어날 수는 없다. 어떤 형태로든 인간은 책임적 주체로서의 역할을 감당해야 한다는 점에서 그렇다. 오히려 자연주의의 영감을 지니고 있는 인문주의를 찾을 수 있다면 좋을 것 같다. 나는 그것을 동아시아 특히 우리나라의 전통에서 찾을 수 있다고 본다. 그러므로 '성명에서 생명으로'라는 제목은 꼭 인문주의를 벗어나 자연주의로 가자는 것은 아니다. 오히려 생명의 각도에서 성명을 다시 정의하면 좋겠다는 것이다. 도덕 명령, 곧 성명은 공동체를 위해 여전히 중요하지만, 그동안 도덕의 이름으로 무가치하게 보았던 그냥 사는 삶의 생명력 또한 재조명해볼 필요가 있다.

물론 자연주의와 거리가 먼 서구 기독교 문화에 대한 공정한 평가가 이루어져야 한다. 서구의 특징은 한마디로 '업신여김'에 대한 저항에 있다고 할 수 있다. 그 점에서 생의 명에 기여했다. 생명을 논할 때 그 점을 같이 언급해야 할 것이다. 업신여김을 당하면 살아도 사는 것 같지 않기 때문이다. 업신여김은 무의미의 기원이다. 업신여김은 말 그대로 있는 것을 없는 것처럼 여기는 것이니, 존재하는 것에 대한 비존재의 위협으로서 악의 핵심이다. 서구 인문주의와 기독교는 동아시아보다 인간과 인간 세상의 악을 더 심각하게 보았으므로, 그것을 생각의 주제로 삼고 거기에 대한 저항의 생각을 발전시켰다. 그래서 같은 인문주의라도 동아시아의 인문주의에 비해 삶의 의미 추구가 더 강했다. '업신여김'에 저항하다 보니까 '그냥 있음'의 자연주의 감각은 멀어졌다.

생명이라는 화두는 두 가지 차원을 요청하는데, 하나는 업신여김이 가져오는 무의미를 극복하는 것이요, 다른 하나는 애초에 삶의 의미 추구가 강하지 않아 의미와 무의미 너머에서 그냥 살 줄 아는 차원이다. 이 책은 생명이라는 화두를 중심으로 서구 기독교 문화와 동아시아의 문화를 비교하고 각각의 특징을 드러낸다. 그러면서 또 둘의 종합을 바라는 방향성을 갖게 되었다.

물론 전 세계는 이미 서구 문화의 주도하에 있다. 동아시아라고 예외가 아니다. 인권과 민주주의 그리고 구조악을 드러내는 비판적이고 과학적인 사유는 서구 기독교 문화의 산물이다. 근대화와 부국강병의 이론을 모두 서양에서 배웠다. 그런데 서구가 만든 무한 경쟁의 사회에서 벗어나야 하고, 생명이 '그냥 있음'의 감각도 요구한다면, 이제는 동아시아의 자연주의적 인문주의로부터 배워야 할 것이 많아졌다. 이미 우리가 갖고 있던 것을 재조명하고 의식화해서 세계사의 구도 안에서 그 위치를 찾아야 한다. 그렇게 보면 '성명에서 생명으로'라는 책 제목은 서구 중심에서 벗어나 동아시아의 사유의 힘을 발견하자는 뜻도 품고 있다. 지난 600년 동안 한반도의 지도 이념이었던 성리학은 성명을 생명으로 푸는 시각을 지니고 있다. 서구 인문주의와 달리 자연 생명에서 덕을 보았고, 서구 과학과 달리 자연을 자원으로 보지 않고 생명으로 보았다.

이 책에서 나는 우선 동서양의 인문주의와 형이상학의 정체를 밝혀보았다. 책 제목으로 말하면 '성명性命'의 내용을 들여다본 것이다.

그리스 인문주의자들은 조에sōé 곧 그냥 사는 삶과 비오스bios 곧 가치 있는 삶을 구분해서, 후자를 추구했다. 맹자는 고자와의 논쟁에서 인간의

'성性'을 '생生'과 구분함으로써, 어느 정도 자연 생명을 극복하는 데서 인간 '다움'의 가치를 추구했다. 동서양의 고대 인문주의자들은 이전의 자연 종교를 비신화화하며, 종교를 윤리로 바꾸고 인간의 마음과 이성 능력 곧 양심에 기대를 걸었다. 바깥세상의 평화를 위해 내면의 평화를 추구했다. 그들의 관심은 한결같이 정치적 평화에 있었는데, 그 수단으로 그들은 자기 수양을 통한 욕망의 극복을 가르쳤다. 내면에서 싸우는 두 마음의 싸움을 이길 때, 바깥에서 벌어지는 싸움들도 사라질 수 있다고 보았다. 그들이 추구한 의미 뒤에는 그처럼 공동선共同善이 있었고, 정치와 윤리는 분리되지 않았다.

형이상학의 등장은 그런 내면의 싸움을 격려하기 위한 장치로 보인다. 플라톤이 말한 우주의 기원(아르케)이나 주희의 리理는 모두 선善의 이념 또는 이념적 선이다. 선이 존재에 앞서고, 리理가 기氣보다 먼저라고 그들은 말한다. 그것은 일종의 도덕적 신념이다. 선에서 세상이 생겨났다고 함으로써, 세상의 악에도 불구하고 결국 선이 이길 것이라는 희망과 신념을 제공하는 데 형이상학의 목적이 있다. 그리고, 인간의 도덕 당위가 우주적 섭리와 일치함을 보임으로써, 실천을 독려한다. 그런 면에서 형이상학적 우주론은 일종의 도덕적 삶을 위한 실천적 지혜다. 플라톤의 우주형성설이 그렇고, 주돈이의 태극생양의太極生兩儀가 그렇다. 주희나 퇴계는 '마땅히 그렇게 해야 하는 바所當然'의 원인과 까닭 곧 소이연所以然을 태극생양의의 우주론을 통해 설득하려고 했다. 세상이 선에서 나와 선하게 돌아가게 되어 있으니, 선하게 살라. 형이상학이나 우주발생론은 그런 도덕적 관심에 기반을 두고 있다. 세상 존재의 기원archē은 인간이 본받고 닮아가야 할 본paradeigma이고, 리理와 태극太極은 삶과 행위의 궁극적 표준이요 모범이다.

세상의 원인이자 행위의 본이 되는 선의 이념을 구현하는 것이 인생의 목적이요, 의미를 이룬다. 플라톤이 말한 우주의 원인을 아리스토텔레스는 네 가지로 설명했다. 그런데 중세의 아퀴나스에 이르기까지, 그 네 가지 원인 중의 가장 으뜸가는 원인을 목적인目的因으로 보았다. 세상이 생기기 전에 세상이 존재하는 목적이 있다. 존재하는 목적과 까닭이 존재에 앞선다. 그 까닭이 삶의 의미를 만든다. 서구 인문주의와 기독교의 목적론적 인생관은 강력한 의미 추구의 삶을 만들었다. 서구만큼은 아니지만, 성리학의 리理도 목적인의 성격을 지녔다. 퇴계는 리理에 목적인뿐 아니라 능동인의 성격까지 부여하려고 하면서 조선 최대의 논쟁을 불러일으켰다. 물론 성리학의 리는 자연 안에 있기 때문에 자연주의 측면을 지니는 점에서 서구 인문주의와 추구하는 의미의 방향과 결과가 달라진다.

같은 인문주의라고 해도 서구의 인문주의는 인간 세상의 악한 현실을 동아시아보다 훨씬 심각하게 받아들이고 주제로 삼았다. 이 때문에 서구는 동아시아 인문주의의 자연주의적 특성과 완전히 다른 길을 갔다. 서구 인문주의는 무의미의 위협을 더 강하게 느끼고 동시에 더 강하게 의미 추구로 나아갔다. 형이상학적 존재론이 발달하고, 기독교가 존재 신학onto-theology으로 그 정체를 형성한 까닭도 거기에 있다. 플라톤이 선의 이념을 존재 자체로 본 것은, 이념적 선이 인간 세상의 악한 현실보다 더 현실적임을 보이려는 것이다. 그는 이원론 비슷한 구도를 통해 세상 전체를 통째로 비판할 수 있는 안목을 형성했다. 아우구스티누스는 선한 하나님을 가장 존재하는 것으로 보고, 세상은 그보다 덜 존재하는 것으로 보았는데, 그것은 악한 현실에 매몰되지 않고 선한 투쟁을 계속하기 위한 신념과 맞물려 있다. 기독교 신앙은 인문주의의 도덕적 신념을 받아들이면서 미신이기를 벗어나 인문주의의 완성자이기를 자처했다. 다만, 인문주의에서 선의 이념은 인생의 목적이자 도달할 목표이지만, 기독교의 하나님은 목표가 아니라 목적일 뿐이다. 도달할 수 없는 초월자이기 때문이다. 그것은 기독교가 세상과 인간의 악을 인문주의자들보다 더 심각하게 느꼈음을 뜻한다.

서구 사회에서 악에 대한 고찰은 기독교와 함께 심화되었다. 기독교의 하나님이 단순히 선의 이념이 아니라 초월적 실체인 것은, 세상과 순수선의 거리를 강조하는 문제와도 연관이 있다. 기독교는 인간의 심각한 부패를 보았다. 종교를 윤리로 바꾼 그리스 인문주의 이후에 서구는 기독교라는 종교로 돌아갔다. 그러면서, 어느 정도 신화적이고 시적인 언어들이 다시 동원되었다. 인문주의가 말한 내면의 싸움은, 선의 원리(하나님)와 악의 원리(사탄)가 인간 밖에서 싸우는 것처럼 표현되었다. 그러나 기독교는 선의 원리를 실체적 존재로 인정했지만 악의 원리는 실체로 보지 않음으로써, 인문주의를 극복하면서 동시에 수용하고자 했다. 선의 원리를 살아 있는 실체로 본 것은 인문주의의 낙관적 인간론을 극복하려고 한 것이다. 그리고 악의 원리를 실체로 보지 않은 것은 인문주의를 수용한 것이다. 악은 운명이 아니고 무슨 악한 세력의 장난도 아니며 인간의 책임일 뿐이다.

기독교가 서양에 형성한 죄의식은 이미 초대 교회의 교부들로부터도 구조악에 대한 통찰로 이어져, 서양 정치철학에 결정적인 영향을 준다. 플라톤과 아리스토텔레스, 그리고 공자나 맹자는 모두 국가를 자연공동체로 보았지만, 아우구스티누스는 지배자와 피지배자가 있는 국가를 죄의 산물로 보았다. 본래의 하나님의 뜻과 맞지 않는 것으로 보았다. 그만큼 기독교는 당연하게 알고 살아온 인간의 관습이나 제도에 대한 비판적 관점을 서구사회 안에 형성했다. 기독교는 삼위일체 교리를 통해 초월과 내재의 수직적 변증법을 발전시키고, 종말론을 통해 '이미already'와 '아직 아니not yet'의 수평적이고 역사적인 변증법을 발전시켰다. 그 결과 죄의식과 역사의식이 체계화되었다. 그 두 가지 변증법의 결합이나 변형이 서구 사회의 비판적 사상들을 만들어내었다. 그런 비판 사상은 인간에 대한 인간의 '업신여김'에 민감하게 만들고, '못살게 구는 힘'에 대항하는 힘의 논리를 발전시켰다. 그것이 중세에는 아퀴나스 신학의 영향 아래에서 세속적 정치권력이 교회의 영적인 힘에 종속되는 결과를 가져왔다. 그리고 근대에 이르러 민주주의와 인권을 형성하는 데 이바지했다. 근대 이후 마키아벨리는 정치와 윤리를 분리하고, 홉스는 자연법을 자연권으로 바꾸었다. 그것은 과학적 사고의 영향을 받은 면이 있지만, 크게 보면 기독교의 원죄론에 바탕을 둔 현실주의 인간관의 영향권 아래에서 일어난 것이라 할 수 있다.

서구 사상은 내가 신학자로서 오래 전부터 공부해오던 주제들이다. 서구 인문주의와 기독교는 서로 밀접한 연관이 있으므로, 어떤 주제이든 항상 두 측면에서 바라보아야 한다. 이 책에서 나는 기독교를 서구 정신사의 관점에서 다루었다. 서구 인문주의와의 관계를 밝히고 서양의 삶의 방식에 영향을 준 측면을 설명하는 한도 안에서 신학적인 것들을 다루었다.

그런데, 십수 년 전부터 우리나라 전통이 나의 관심을 끌기 시작했다. 퇴계를 연구하고 발표하면서, 그 문제의식이 서구 인문주의와 매우 비슷하다는 것을 발견했다. 다만 그 해결책이 다른데, 간단히 말하면 인문주의에 자연주의가 연결되어 있다는 측면에서 다르다.

인문주의가 지니는 공동선의 추구와 높은 정신성은 여전히 중요하다. 그런데, 의미 위주의 사유는, 이미 프로이트가 비판했듯이, 인간을 도덕적 강박 관념에 시달리게 한다. 특히 서구 인문주의가 그렇다. 물론 애덤 스미스 같은 사람은 이기심을 정당화하며 전통적 인문주의를 수정하고, 자연 본성에 가까운 자본주의적 인간관을 형성했다. 그러나 그런 인간관은 하버마스가 지적하는 대로 합목적성Zweckmäßigkeit을 중심으로 또 다른 형태의 목표 달성의 삶으로 현대인을 몰고 갔다. 조급하고 축소된 의미 추구가 지배하는 시대가 된 것이다. 중세까지의 서구 인문주의가 도덕적 자기완성이라고 하는 먼 목표를 가지고 있었다면, 근대 이후에는 당장 '쓸모 있음'이라고 하는 가까운 목표 달성에서 의미를 찾게 되었다. '쓸모없음'이 가져오는 자유를 말한 장자莊子의 사유와는 애초에 거리가 멀다. 자본주의적 인간관과 기술 과학적 세계관이 결합하면서 삶을 경쟁의 장으로 몰고 왔다. 생존 경쟁에서 살아남는 것이 삶의 의미처럼 되어버린 세상에서, 그 의미는 무의미를 낳고, 인간의 생존은 곧 자연 파괴로 이어진다.

성리학은 이런 문제에 대한 하나의 길을 제시한다. 인문주의의 자기 수양의 요소와 자연주의가 결합되어 있다. 성리학은 인문주의적 도덕 명령 곧 성명性命을 생명生命으로 푼다. 생지위성生之謂性을 반대하며 성性이 생生이 아님을 말한 맹자의 유학과, 생지위성을 긍정하며 성을 생으로 푸는 정호程顥의 유학이 변증법적 관계를 이룬다. 인간의 몸을 매개로 사람과 자연이 변증법적 관계를 이룬다. 사람 몸 안의 마음과 사람 몸 밖의 자연이 별개 같지만 몸을 통해 교통하며 하나로 이어져 있다. 자연은 인仁한 마음을 품고 있다. 이것을 '안팎의 변증법'이라고 부를 수 있을 것이다.

기독교 문화권에서 발전한 위아래의 수직적 변증법이나 역사적이고 수평적인 변증법은 인간 중심적인데, 안팎의 변증법은 자연주의적 인간주의다. 성리학은 짐승에 대한 인간의 우위를 말하는 인문주의이지만, 인간이 이룰 덕목을 자연이 이미 말없이 이루고 있는 것으로 보는 시각을 가지고 있어서, 자연친화적이고 덜 소비적이다. 성리학은 내재주의인데, 헤겔의 역사 내재주의가 아니라 자연 내재주의다. 의미를 추구하지만, 그냥 사는 삶의 자연 친화성이 살아 있다. 성리학에서 배우고 싶은 감각이 그것이다. 자기 수양의 도덕성과 자연 친화성이 결합되어 있다. 오늘날 자연주의는 그 자체로 현대 문명에 대한 비판이 된다. 그러나 극단적 생태주의나 노장老莊과 달리 인문주의의 옷을 입고 있는 자연주의라는 점에서 성리학은 생명을 위한 중요한 영감을 준다.

이 책은 이상의 이야기로 짜여 있다. 서론에 해당하는 "여는 생각"에서는 왜 인간의 생명은 그냥 있을 줄 아는 동아시아의 사유를 필요로 하는지 얘기해보았다. 책 전체를 위한 문제 제기에 해당한다고 할 수 있다. 이어서 1장에서는 동서양 인문주의의 공통된 문제의식과 지향점을 밝혀보았다. 다시 말하면 '성명性命'의 정체를 드러낸 셈이다. 그리고 이어서 그런 성명에 대해 생명 곧 생의 명이 새롭게 설 자리는 없는지 살펴보았다. 다시 말해서, 도덕 당위에 눌려 있던 생명 당위를 새롭게 조명하고자 했다. 2장과

3장에서는 서구 인문주의와 기독교의 한계와 공헌을 기술해보았다. 2장에서는 서구 사상이 '그냥 있음'의 감각이 부족하다는 점을 밝혔다. 그리고 하이데거의 존재 곧 '있음'을 분석해서, 내가 말하고자 하는 생명의 '살아 있음'이나 '그냥 있음'과의 차이를 밝혀보았다. 3장에서는 서구 사상이 '못 살게 구는 힘'에 대한 저항의 측면에서 큰 기여를 했음을 밝혔다. 4장에서는 성리학의 자연주의적 인문주의의 특징을 서구 사상과 비교해보았다. 의미를 추구하면서도 '그냥 있음'의 자연주의 감각 때문에 무의미와 '살고 싶지 않음'을 덜 느끼는 측면에서, 우리는 성리학의 가치를 다시 심사숙고할 때가 된 것 같다.

나는 이 책에서 처음부터 끝까지 일관되게 생명이라는 주제를 중심으로 동서양의 사상을 살펴보았다. 그렇지만, 1장부터 4장에 이르는 네 부분이 각각 독립된 의미를 지니는 측면도 있나. 동서양의 인문주의와 기독교 자체의 정체성을 각각 밝혀 설명하는 것도 이 책의 중요한 의도 중 하나이기 때문이다.

오랜만에 나오는 책이다. 이 책이 나오기까지 늘 옆에서 돕고 사랑으로 아껴준 아내에게 고맙다는 인사를 전한다. 또한 어려서부터 지금까지 아빠와 즐겁게 지내는 두 아들 우정, 우주에게도 고마운 마음을 전한다. 그리고 늘 기도해주시는 어머니와 장모님께 감사드린다. 내 강의를 들으며 세월을 함께한 제자들과도 출판의 기쁨을 같이하고 싶다. 끝으로, 이화여자대학교 출판부에도 감사의 마음을 전한다.

2012년 2월
한뫼재에서
양명수

차례

여는 생각

요즈음에 생명이라는 말이 부쩍 유행하고 있다. 인류의 생존과 관련해서 그리고 자연친화적인 삶과 관련해서 사용되고 있다.

그런데, 지금까지는 생명이라는 것이 단순히 목숨을 부지하는 것만 가리키는 것은 아니었다. 인문학이나 종교가 주제로 삼은 생명은 주로 가치 있는 삶이었다. 말하자면, 그냥 사는 게 아니라 '사는 것처럼 사는 것'을 지향하고, 그것을 교육시켰다. 공자가 말하는 살신성인殺身成仁이라는 것도 그것이다. 목숨을 버리더라도, 인仁을 실천함으로 도덕적 가치를 실현해야 한다는 것이다. "사람이 다 사람이 아니라 사람이라야 사람이다"는 말도 같은 맥락에서 하는 말이다. 서양의 경우도 마찬가지다. 생명이라고 할 때 목숨 그 자체가 주제가 되기보다는 의미 있는 삶이 주제가 되었다. 기독교 쪽에서 보자면, 생명이란 교회에서 가장 많이 쓰던 말 가운데 하나다. 그때의 생명이란 신앙으로 얻게 되는 새로운 삶을 뜻한다. 새로운 삶이란 단지 목숨이 붙어 있는 것이 아니라 '사는 것처럼 사는 것'이다. 또는 모든 '업신여김'을 극복하고 '있는 것처럼 있는 것'이다. 독일 신학에서는 그것을 가리켜 존재 충만Seinserfüllung 또는 의미 충만Sinnerfüllung이라는 말로 표현해왔다. 그러므로 성서에서 흔히 말하는 생명은, 목숨이 붙어 있는 것을 가리키지 않고 의미가 충만한 삶을 가리킨다. "선악과를 먹으면 죽으리라" 는 말씀(창세기 3장)에서 죽는다는 것은 목숨이 달아나는 것을 뜻하지 않고, 살아도 죽은 것처럼 사는 것을 뜻한다.[1] 생명력 없는 삶, 곧 의미가 없어 생명의 힘이 없는 생명을 뜻한다.

그런데 근래 들어 생명이라는 말이 특별하게 각광받고 있고 '생명 사상'이라는 분야도 생길 정도가 되었다. 그것은 특별히 자연에 대한 관심과 함께 부각되었다. 생명이라는 화두가 자연 생태계와 인간의 관계에 주목하면서 나왔기 때문에, 자연을 파악하고 지배하는 데서 출발한 근대 과학 문명에 대한 비판과 맞물려 있다. 흙벽은 숨을 쉬지만 콘크리트 벽은 숨을 쉬지 않는다. 숨을 쉰다는 표현에는 생명의 상상력이 들어 있다. 자연친화적이며, 반면에 과학 문명에 대해서는 비판적이다. 기술 과학의 발전으로 비롯된 생태계 파괴가 인류의 생존 자체를 위협한다는 인식을 갖게 되면서, 생명이라는 말은 살아 있음 또는 목숨 그 자체를 가리키게도 되었다. 개인의 차원에서는 아직 잘 사는 문제가 중요하지만, 인류라는 종의 차원에서는, 살아남을 수 있는지가 생각의 주제가 되기 때문이다. 그처럼 최근 생태계 파괴로 불거진 생명 문제는 '사는 것처럼 사는 것' 이전의 문제, 곧 살아남음 그 자체를 가리키게 되었다. 살아남아야 잘 살든지 말든지 할 것이기 때문이다.

그처럼 생존에 관심을 가지면서 생명과 목숨이 지니는 인문학적 의미가 부각되게 된다. '나'는 목숨 이상이지만, 나 이전에 나를 지탱해주는 목숨에 대해 관심이 간다. 살아 있다는 것 또는 생명 자체에 다가간다. '나'의

---

1 구약성서에서 생명은 의로움의 문제와 연결되었다. 다시 말해서 의로운 자가 생명이 있는 것이다. 그러므로 생명이란 육체의 목숨을 가리키지 않고 정신화된다. 게르하르트 폰 라드G. Von Rad, 「시편의 제의적 용어에 나타난 의義와 생명生命에 관한 연구」, 『폰라드 논문집』, 김정준 역(서울: 대한기독교출판사, 1978), p. 227 이하 참조. 이것은 신약에서도 마찬가지다. 사도 바울의 선언은 죄의 노예에서 해방되는 자유의 상태를 가리켜, 사망에서 생명으로 옮긴다는 표현을 쓴다.

색깔이 빠진 생명에 관심을 가지면 살아 있는 모든 것에 눈을 돌리고, 생명체뿐 아니라 무기물과도 무슨 관계를 본다. 당연히 자연친화적이고 반기계론적이다. 기계론적인 사고는 갈라 보는 시각을 지니고 있기 때문에 생명현상을 제대로 표현하기 어렵다. 그것은 '나'를 중심에 놓고 자연 사물을 변방으로 밀어 마침내 자연을 죽은 것처럼 봐야 가능한 사고방식이므로, 생명체의 생명을 제대로 보기 어렵다. 자연을 대상화하면서 과학은 모든 현상을 수학으로 설명되는 균질한 시공간으로 만들어냈다. 자연 현상이 수학으로 표현되면서 과학은 기술적인 응용력을 지니고, 생산력 향상에 봉사하는 도구가 되었다. 과학적 지식의 세례를 받은 자연 사물은 이미 사람의 손 안에 들어온 것이 된다. 하이데거Heidegger가 말하는 대로 현대 기술과학 문명 속에서 사람은 자연 속에서도 사람을 만나는 셈이다.[2] 하버마스Habermas가 말하는 대로 과학은 가치중립적인 기술이 아니라, 이용하고자 하는 기술적 관심의 산물이다.[3] 후설Husserl이 마련한 지향성의 현상학도, 자연과학적인 객관주의를 거부하지만, 세상을 사람 중심으로 보는 과학적 세계관과 연관이 있다. 동서양의 고대 인문주의가 이미 사람 중심의 세계관을 지녔지만, 근대 과학적 세계관은 강화된 인간 중심주의를 가져왔다.

그러나 생태계 파괴를 비롯한 현대 문명의 위기 앞에서 인류는 새로운 세계관을 찾고 있다. 자연과 생명이 과학적 분석의 대상을 넘어선 것임을 말하기 위해 유기체적 생명관이 등장한다. 그러면서 자연과 인간을 합해서 하나의 큰 생명체로 보려는 움직임까지 있게 되는 것이다. 사람은 자연의 주인이 아니라, 대자연의 생명 현상 속에 포함되며, 자연의 일부에 불과하다고 한다. 그런 움직임에는, 유기체적 세계관을 이미 가지고 있는 동아시아와 한국의 사상들이 기여할 부분이 많아진다. 서양의 고대 인문주의와

---

2 마르틴 하이데거, 『기술과 전향』, 이기상 역(서울: 서광사, 1993), p. 72.

3 위르겐 하버마스, 『이데올로기로서의 기술과 과학』, 하석용·이유선 역(서울: 이성과 현실사, 1993), p. 165 이하.

기독교 그리고 서양의 근대 과학과 정치사상에 이르기까지, 서양 사상은 비판받아야 할 대상으로 떠오른다.

그러나 어떤 면에서 근대 과학 문명도 생명과 무관하지 않다. 언뜻 보기에도 과학 기술의 발전으로 말미암은 물질의 증가는 먹고사는 문제를 상당히 해결했다. 많은 인구가 살아남는 데 중요한 역할을 했다. 삶은 단순히 물질의 문제가 아니지만, 우리나라 실학자들이 말했듯이 이용후생利用厚生은 중요하다. 이용후생이란, 대의大義 못지않게 물질적 이득利이 중요하며, 체體만큼 용用이 중요하다는 것인데, 그것은 민중의 빈곤을 해결해야 하는 시절에 실용적 기술의 필요성을 역설한 것이다. 한편 물질의 증대는 잉여가치가 대중에게도 돌아가게 함으로써, 대중문화를 만들고 민중과 대중이 정치 주체가 되는 원인이 되기도 했다. 민주주의가 가능하려면, 민중이 생각할 여유를 가져야 하고, 그러려면 먹고 남는 물질의 여유를 가져야 하는데, 과학 기술은 그 면에서 이바지한 측면이 있음을 부인할 수 없다.

그러나 무엇보다도 근대 과학은 비판 정신을 한 단계 높인 것 같다. 생명은 '업신여김'에 대한 저항도 수반한다. 그것은 비판 정신의 역할인데, 과학적 사고방식은 인간 사회의 '업신여김'의 구도를 드러내고 비판하는 데 중요한 역할을 한 것으로 보인다. 과학 정신은 자연을 대상화하고, 인간 사이의 관계를 합리화하는 결과를 가져왔다. 과학을 발전시킨 서양에서 비판 정신이 발전하고 사회 정의론이 발전한 것은 우연이 아니다.

따라서, 생명의 문제를 위해 우리는 동아시아 전통에서 새로운 길을 찾지만, 서구의 비판 정신과도 어떻게든 합류해야 할 것이다.

1. 생명—살아야 한다는 당위

'끈질긴 생명력'이라는 말로 생명의 얘기를 시작해보자. '끈질긴 생명력'은 죽어라죽어라 해도 잘 죽지 않는 경우, 또는 도저히 삶을 이어갈 수 없는 상황에서도 살아야 한다는 어떤 당위라도 있듯이 목숨을 보존하고 생을 이어가는 모습에서 보인다. 끈질긴 생명의 문제는 잘 사는 삶보다 더욱 원초적인 상상력의 마당이다.

뜻하지 않은 불행을 당한 사람의 경우를 보자. 사랑하던 남편이 빚만 남긴 채 교통사고로 갑자기 죽고 어린 자식들만 남겨진 여인을 보자. 그에게 앞으로 남은 것은 고난뿐이다. 어찌 보면 마지못해 살고 또한 죽지 못해 사는 삶만 남았다. 사람은 때로 그런 경우에 부딪힌다. 그런데도 상가 집에서 그 여인은 웃으며 손님을 맞고, 어린 자식들은 아빠의 죽음의 의미를 아는지 모르는지 전혀 슬픈 기색이 없다. 보는 이의 마음이 아련하지만 너무 슬퍼하는 것보다 보기 좋다. 산 사람은 살아야 하기 때문일까?

'산 사람은 살아야 한다'는 당위가 있다. 도저히 의미 없는 삶일 것 같은데, 그래도 사노라면 웃을 일이 전혀 없지는 않다. 산 사람은 살아야 한다는 것. 이것은 인간에게 가장 무조건적인 명령인 것 같다. 그래서 인간의 생명은 생生의 명命 곧 살라는 명령이라고 할 수 있다. 그것은 무조건적인 명령이므로 매우 엄숙하다. 인문주의자 칸트는 하늘에 빛나는 별처럼 반짝이는 양심의 정언 명령에서 무조건적인 명령을 보았다. 그것을 조건적인 가언 명령과 비교해서 정언 명령이라고 이름을 붙였다. 그러나 산 사람은 살아야 한다는 당위가 칸트의 정언 명령보다 더 우선한다. 원래 '무조건적'이라는 말은 종교적이고 신학적인 표현이다. 칸트는 인간이 인간 '답게' 되는 길 곧 인격이 되는 길을 정언 명령에서 찾았는데, 그러한 '다움'을 위한 당위 이전에 더욱 근본적인 당위가 생명의 당위다. '다움'에는 현실과 가치의 거리가 있는데, 생명의 당위에는 거리가 없다. 거리 있는 당위와 함께만 주체가 출현한다면, 생명의 당위는 동서양의 인문주의자들이 생각한 주체보다 앞선다. 칸트의 선험적인 당위 이전의 당위요, 무조건적인 정언 명령보다 더 무조건적인 명령이다. 무조건적인 기반을 이루고 있으므로 잘 의식되지 않는다. 칸트의 정언 명령에 대한 복종은 의식을 통해 수행되지만, 생生의 명命에 대한 복종은 무의식적으로 수행된다. 그것은 프로이트의 무의식과 달리 억압된 정신 에너지가 아니다.[4]

그만큼 인간의 삶의 기반은 생각보다 엄숙하고 종교적이다. 숭고한 가치를 향해 초월할 수 있는 '의지' 때문에 엄숙한 것이 아니다. 칸트는 '법에 대한 경외심Achtung'이라는 말로, 그리고 퇴계 같은 성리학자들은 천리天理에서 명命의 모습을 보고 거경居敬이라는 말로, 가치 실현의 명령 앞에서 느끼는 엄숙함을 표현했다. 다시 말하면 선험적인 도덕법 앞에서 그것을 준수할 의무의 엄숙함이다. 그러나 인간의 생명은 선험적 이성의 정언 명령보다 더 근원적인 명령이라는 점에서 엄숙하고 종교적이다.

내 의식과 의지 너머로부터 나를 통해 나를 살린다. 끈질긴 생명력이란 내가 끈질기게 유지하는 것이기도 하지만, 어떤 거룩한 명령을 거역하지 못하고 복종하는 것이다. 거역할 수 없는 상황에서 거역하지 못하고 이루어지는 복종. 그래서 그것은 나의 공적이 아니다. 그래서 그것은 주체적 자유가 아니다. 거역할 수 있는 자유가 없기 때문이다. 선한 의지와 악한 의지의 싸움이 없기 때문이다. 실존주의자들의 자살은, 생명의 명을 거역할 수 있는 자유 곧 죽을 수 있는 자유를 확보하기 위한 싸움이었을 것이다. 그러나 산다는 것 곧 생의 명에 복종하는 것은 흔히 말하는 자유 의지 이전의 문제요, 주체 이전이다. 나도 모르게 살려고 한다. 살려고 하는 것은 내

---

4 칸트도 생의 명이 엄숙할 수 있다는 점은 알았다. 그러나, 그것은 생의 명이 도덕 명령이 될 경우에 한해서 그렇다. 다시 말하면, 우리가 일상적으로 그리고 본능적으로 지니고 있는 살고 싶은 욕구가 아니라, 죽고 싶은 상황에서 살아야 한다는 당위를 의식한다면, 그것이 도덕 명령이 될 수 있으며, 그런 도덕 명령은 엄숙하다는 것이다. 『윤리형이상학정초』 백종현 역(서울: 아카넷, 2005), p. 86 참조. 그러나 우리가 말하는 생명 당위는 의식되지 않는 것이요, 도덕 명령 이전의 당위 차원을 보려는 것이다. 칸트는 여러 도덕 명령 가운데 하나로서 살아야 한다는 당위를 보았지만, 우리가 말하는 생명 당위는 도덕 명령 이전의 것이다.

노력이요 그래서 내 의지로 보이지만, 그 원인적 힘이 의식에서 나오는 것이 아니므로 딱히 내 의지라고 할 수 없다. 그것은 습관도 아니다. 나도 모르게 무의식적으로 행하는 것을 인문학자들은 습관과 관련해서 생각했다. 특히 악을 표현할 때 습관과 연결시켰다. 선을 행하려면 그 습관을 이겨야 하고, 그래서 의지가 필요하다. 인문학에서 말하는 의지의 위치가 그렇다. 그러나 살고자 하는 마음, 또는 살고 싶은 마음은 주체적 결단과 무관하게 저절로 생기는 것이다. 습관적으로 나도 모르게 발동하는 악한 마음보다 더 우선적으로 나도 모르게 살고자 하는 것이다.

그런 점에서 생명이란, 플라톤과 아우구스티누스부터 근대 관념론까지 이성과 의지를 통해 실존적 주체성을 확보하려고 했던 서양 철학에 낯선 개념이다. 적어도 그들에게 생명은 중요한 주제가 되지 못했다. 물론 동서양을 막론하고, 인간의 주체성을 세우려고 했던 인문주의자들은 인간의 의지가 이룩하는 자유를 보려고 했다. 조선의 유학에서도 다산 정약용은 『맹자요의孟子要義』에서, 실체로서의 성性을 부인하고 심心에 집중함으로써 근대적인 인간으로 이전되는 과정을 보였다. 그런데 특히 서양의 전통은, 프랑스 철학자 폴 리쾨르Paul Ricoeur의 말대로, 주체를 확립하고자 했던 전통이다. 데카르트 이전에 이미 여러 가지의 코기토 전통이 내려온 것이다. 거기서 그들은 인간의 사변 이성과 실천 이성 곧 의지에 주목하는데, 신학자인 아우구스티누스는 『자유의지론*De libero arbitrio*』을 통해, 악의 문제를 인간의 자유의지에 돌리면서, 인간을 책임적 주체로 세웠다. 기독교 신학에서 도덕적인 악*malum moral*은 물론 고통이라는 물리적 악*malum physicum*까지 인간의 책임으로 돌린 것은, 악의 운명론을 피하면서 인간에게 선한 세상을 만들 책임을 지운 것이다. 그것은 플라톤이나 공자 같은 동서양 인문주의자들과 대체로 같은 생각이면서, 인간 주체를 보완할 장치로 신神을 내세운 것이다. 인간의 자유의지에 대한 생각은 아우구스티누스의 모든 사상의 기초를 이루고 있다. 유명한 그의 시간론 역시 영혼의 분열*distentio* *animi* 속에서도 그 분열을 극복하고 삶을 주재하려는 인간의 의지*intentio animi*를 보여주는 이론이다. 그는 한편으로 신의 주권을 말하면서도 다른 한편으로 인간의 주체성을 세우는 방법을 개발한 사람이다.[5] 헤겔에 이르면 의지가 이룩하는 자유의 철학으로서 관념론의 완성을 꾀하게 된다.[6]

서양 철학에서 느낌이나 정情보다 의지가 중요했던 것은 이룩하는 자유를 통해 주체를 정립하기 위한 것이었다. 끌려가지 않고 주도하는 삶을 마련함으로써 사는 것처럼 사는 삶을 정립하려고 한 것이다. 물론 베르그송 같은 사람은 생명 현상에 주목했다. 그래서 그는 지성과 의지를 움직이는 감정을 말한다. 그러나 그에게서 자연적 생명력 곧 살아남는 힘은 여전히 열등한 것이다. 그런 힘은 정태적 종교를 만든다. 그의 철학의 핵심 개념인 '생명의 약동élan vital'은 자연의 의도에서 벗어나는 것이다. 베르그송에게서 생명의 약동은 영웅적 영혼을 지닌 개인들의 출현으로 나타난다. 그 개인들은 자연적 공동체의 폐쇄성을 벗어나 모든 인간을 향한 사랑을 보여준다. 그런 위대한 영혼들은 생명이 진화하는 가운데 마치 인간 이상의 새로운 종의 출현처럼 보인다.[7] 생명의 약동이란 그런 것을 표현한다. 생명의

---

5 찰스 테일러는, 근대 데카르트의 주체가 출현한 것은 아우구스티누스 유산의 부활이라고 본다. Charles Taylor, *Sources of the Self, The making of the Modern Identity* (Cambridge, Massachussets: Havard University Press, 1989), p. 185 이하.

6 헤겔의 만년 작품인 『법철학*Grundlinien des Philosophie des Rechts*』, 임석진 역(파주: 한길사, 2008)은 세 단계로 구성된다. 첫째는 소유를 통한 의지의 자유인 추상법, 둘째는 칸트적인 자유 곧 의지가 자신의 정언 명령에 복종할 때 이룩되는 자유, 셋째는 공동체에서 공동의 의지로 이룩된 객관 규범과 제도에 의해 선을 행하게 되는 자유다. 헤겔의 철학은 인간의 의지가 이룩하는 자유가 완성되어가는 과정에 대한 통찰이다.

7 "집단의 한계 안에 머무르면서 자연에 의해 이루어진 연대성에 붙들려 있는 대신 모든 영혼들과 친숙하며 사랑의 약동 안에서 인간 일반에로 향해 있는 특별한 영혼들이 나타났다. 이들 각각의 출현은 단독적인 개인으로 구성된 새로운 종의 창조처럼 보이고, 일정한 인간에게서 생명의 추진력은 인류 전체로서는 갑자기 획득할 수 없었던 결과에 점점 도달한 것이다. 이처럼 이 개인들 각각은 생명의 진화에 의해 도달된 어떤 지점을 지시했다." 앙리 베르그송, 『도덕과 종교의 두 원천』, 송영진 역(서울: 서광사, 1998), p. 107.

진화 중에 나타난 정신적 진보를 가리키는 말이다. 그것은 흔히 말하는 자연공동체 또는 자연적 생명력의 궤도를 벗어난다. 자연스러운 흐름을 거스르는 데서 발전과 진보를 보려고 한 것이다.

그러나 생명의 당위에서 보면 인간의 의지가 서양처럼 부각되기 어렵다. 그런 점에서 우리나라의 성리학자들이 정情과 의意를 구분해서 의지 차원보다 정 차원에 더 집중한 것은 생명 현상과 관련해서 재미있는 부분이다. 사단四端과 칠정七情이 모두 정情의 문제요, 의지는 정보다 이차적인 개념이다. 칠정뿐 아니라 사단도 정이다. 퇴계처럼 사단을 칠정과 별개로 보든지 율곡처럼 칠정에 포함되는 것으로 보든지, 선과 악의 문제가 모두 의지 이전에 정에서 발생한다. 이 문제는 선악의 발생과 관련해서 중요한 의미가 있다. 말하자면 인간이 자기 의지를 발동하여 하늘의 명대로 행하거나 아니면 거역하여 선과 악을 만들기 이전에, 저절로 발생하는 선 또는 과불급過不及에 의한 악이 있기 때문이다. 그것은 도덕을 의지적인 행위 이전에 정을 일으키는 마음의 문제로 봄으로써 성리학에서 수양론을 중시하는 원인이 된다. 성리학은 도학道學이 되는 것이다. 그리고 그 도의 중심에 자연 생명이 있다.

물론 저절로 발생하는 선과 악의 문제는, 성리학뿐 아니라 서양의 인문주의도 간파했다. 동서양의 모든 인문주의는 저절로 발생하는 악을 극복하여 저절로 발생하는 선의 경지에 이르기 위한 자기 수양의 길이라고 할 수 있다. 그러나 그 점을 위해 서양은 특별히 의지를 강조했다. 신의 은총과 개입을 주장하는 아우구스티누스 같은 신학자도 인식과 실천을 모두 의지와 연관해서 생각했을 정도다.[8] 거기에 반해서 중국과 한국의 인문주의는 하고자 하는 마음을 없애는 쪽을 더 강조했다.[9] 그것은 주체 이전 상황에

---

8 양명수, 『어거스틴의 인식론』(서울: 한들출판사, 2000), p. 117 이하 참조.

9 유위有爲나 작위作爲를 없애는 것은, 강력한 초월적 신과의 결합으로 갈 수도 있고, 자연주의로 갈 수도 있다. 기독교적 신비주의는 전자다. 그러나 중국이나 한국에는 초월적

서 가장 자유로운 경지를 실현하려고 한 것이다. 거기서 진정한 자연과 자유가 일치한다. 한국이나 중국의 유학자들은 자연에서 자연스런 도덕의 극치를 보려고 했다. 자연이야말로 하고자 하는 마음 없이 저절로 천명을 수행함으로 자유를 이루는 것으로 이해하는 관점을 지니고 있었다. 의지보다 정을 말한 것에는, 자연과의 일치에서 오는 자유를 보는 시각이 포함되어 있다.

예를 들어 송시열宋時烈 같은 조선 중기 유학자는 사단을 칠정에 포함되는 것으로 보고, 희로애구애오욕喜怒哀懼愛惡欲의 칠정을 오惡와 욕欲으로 압축하는데[10] 그렇게 되면 결국 모든 정에 욕欲이 들어가는 셈이다. 거기에 의意는 아니지만 욕欲이라고 하는 마음의 발함이 들어간다. 여기서 우리는 정情을 명령할 수 있는 까닭을 이해할 수 있다. 다시 말해서 "슬퍼할 때 슬퍼하고 기뻐할 때 기뻐하라"는 명령조의 말이 가능한 것은, 감정이 단순히 수동적이고 자연발생적인 정서가 아니요, 인간의 적극적인 개입 곧 욕欲이 있기 때문이다. 생명의 명에 감응하는 노력은, 나도 모르게 발생하는 마음의 끌림이므로 서양 사람들이 말하는 의지라기보다는 송시열이 말하는 욕欲이라고 하는 것이 더 옳으리라.[11] 의욕意欲이 아닌 욕欲이다. 삶에 붙어 있

신이 없으므로 유위의 극복이 결과적으로 자연주의적 경향을 강하게 띠게 된다. 자연주의적 인문주의가 탄생하는 것이다. 생명에 접근하게 된다.

10 김문준, 「한국도학사상의 선악관」, 『동양철학연구』 제17집, p. 202 이하.

11 송시열이 말하는 '오욕惡欲'은 가장 원초적인 감정의 세계를 가리킨 것이라고 할 수도 있다. 오욕이란 싫음과 좋음이요, 하고 싶음과 하고 싶지 않음이다. 그것은 본능적으로 끌리는 마음의 움직임이라고 할 수 있다. 의지는 그 다음의 문제다. 의지는 마음을 먹고 마음을 쓰는 것인데, 그것은 마음이 끌리는 것 이후의 문제다. 그런데, 이런 감정 차원까지 다스리려는 것이 인문주의자들의 목표라고 할 수 있다. 그래서 저절로 마음이 선한 쪽으로 끌리기를 바라는 것이다. 만일, 그 오욕이 악에 끌리고 악을 행하고 싶어 하며 선을 싫어한다면, 의지는 오욕에 따르지 말고, 즉 감정을 따르지 말고, 감정을 배제해서 행동해야 한다. 인문주의가 대체로 그런 태도에 서 있다. 근본악을 말하며 "오직 선한 의지만이 선이다"고 말하는 칸트의 태도가 그렇다. 생의 명에 대한 복종은 그 오욕의 단계에 있다. 살고 '싶고', 죽고 '싶지 않다'. 그것은 의지가 만드는 선악 이전의 문제다. 물론 그 단계

는 '살고 싶음'이다. 삶에서 바로 나오는 '싶음'이다. 살고 싶음은 모든 '하고 싶음'의 배후에서 먼저 작동한다. 잘못된 '하고 싶음' 곧 잘못된 의욕에서 나온 감정은 본래의 자연적 욕 곧 '살고 싶음'으로 돌아가 교정되어야 한다.

같은 인문주의라고 하더라도 한국의 철학이 좀 더 생명에 밀착된 곳에 그 기반을 두었다고 볼 수 있다. 사실 서양의 인문주의와 기독교는 자연과 자연스러움을 극복하는 데 목적을 둠으로써, 끈질긴 생명력은 당위로서 주목하지 않거나 기껏해야 '본능'이라는 부정적인 개념으로 처리했다. 거기서 본능은 사람 안에 들어와 있는 자연 곧 동물성이요, 그들이 생각할 때 인간의 인간됨은 그러한 본능을 이기는 데 있었다. 인간 안의 자연을 실천이성으로 지배함으로 윤리를 이루고, 인간 밖의 자연을 사변 이성으로 지배함으로 물리를 이루려고 한 것이 서양의 근대 프로젝트다. 그럼으로써 근대적 주체를 만들고 기술 과학 문명을 일구었던 것이다.

그러나 이제 우리는 삶의 기반을 좀 더 낮은 데 둠으로써 문명의 전환을 꾀하고 인류의 안식을 얻으며 생명의 충만함을 찾으려고 하는 것이다. 그냥 있음의 차원을 성리학의 자연주의적 인문주의에서 찾아보려는 노력은 4장에서 전개될 것이다.

의 '싫음'이 타락해 있다고 볼 수도 있다. 다시 말해, 살고 싶은 생존 욕망이 남을 이기고 지배하고 싶은 욕망으로 바뀌었다고 볼 수 있다. 대체로 서구 인문주의자들과 기독교 신학자들이 그렇게 본다. 인문주의자들은 타락한 생존 욕망을 적당히 억제하고 의지로 이겨야 한다고 본다. 그러나 의지로 그것을 이길 수 없다고 보는 것이 신학자들의 생각이다. 아우구스티누스는 의지에 앞선 마음의 끌림을 '사랑amour'이란 단어로 설명했다. 송시열의 오욕에 해당되는 것이 아우구스티누스의 '사랑'이다. 사랑은 중력과 같다. 그는 잘못된 쪽으로 쏠려 있는 마음을 바꾸어야 한다고 보았다. 그것은 인간의 의지로 될 수 없다. 왜냐하면 인간의 의지는 이미 노예 의지이기 때문이다. 의지는 악에 끌리는 마음을 역행할 능력이 없다. 그래서 동원되는 것이 하나님의 사랑agape에 대한 믿음이다. 물론 그 믿음도 마음의 전환이므로 어느 정도 의지의 성격을 띠고 있다. 여하튼 그 믿음으로 하나님을 사랑하는 새로운 사랑을 갖게 되면, 사랑해야 할 것을 사랑하고 미워해야 할 것을 미워하게 된다. 모든 것을 제대로 사랑하게 된다. 오욕이 제자리를 잡는 것이다.

2. 살아 있음, 그냥 있음—의미 물음을 넘어서

잡초를 보자. 잡초는 사람이 아무리 뽑아 버려도 살아 일어난다. 아무도 돌봐주지 않기 때문에 자기 혼자 살아야 한다. 그래서 그것은 땅에 뿌리를 깊게 내리고 있어 뽑으려고 해도 잘 뽑히지 않는다. 한여름에 누가 물 한 방울 주지 않아도 운동장 어느 구석에 태양을 받으며 무성하게 자라나고 있다. 어떤 풍성한 삶을 바라지 않는다. '그냥 산다'. 남이 알아주든 말든 살기 때문에 잡초에게는 태양과 땅밖에 없다. 인간의 손길이란 폭력적인 손길밖에 없으며, 따뜻한 손길이란 아예 기대할 수조차 없다. 그래서 잡초에게는 자기밖에 없고 하늘밖에 없다. 끈질긴 생명력. '의미 물음'을 초월한 듯 그냥 사는 것에 충실한 생명. 남들이 모두 구박하면 안 살고 말 것 같은데, 남이 그러거나 말거나 열심히 살아, 꽃도 피우고 대도 물린다.

원초적 생명력에 적합한 삶의 방식은 그냥 사는 것이다. '산 사람은 살아야 한다'는 당위가 주체 이전이라면, '그냥 사는 삶'은 주체 이전의 상상력으로 주체 이후를 키우는 것이다. 그냥 산다는 것은 무슨 특별한 일이나 재미있는 일이 없어도 사는 것이다. 쉽게 무의미에 빠지지 않는다. 원래 무슨 의미를 크게 추구하지 않았기 때문이다. 담담한 삶. 이것은 뭔가 성취하고 이룩해야 사는 것 같은 근대의 주체적 사고방식에서 보면 답답한 삶이다. 그리고 능력을 쌓아 사회적으로 자기실현을 해야 하는 현대인의 사고방식과 맞지 않는다. 사실 현대는 인간의 노동력을 최대한도로 끌어내어 생산에 이바지하게 하는 체제다. 뭣이라도 해야 직성이 풀리는 시대에, 있음에 충실한 것은 문명의 전환과 관련된 것이다.

이 문제를 '그냥 있음'으로 옮겨가 생각해보자. 잘 살 수 없어서 또는 큰 재미가 없어도 그냥 사는 것은 그냥 있음과 연결되어 어떤 영성을 띤다. '그냥' 있음은 무위無爲다. 구태여 뭘 하거나 이룩해야 하는 당위와 압박에서 벗어나 있는 차원이다. 물론 이 세상에서 살려면 무얼 해야 한다. 뭐든지 해야 산다. 그러나 우리가 말한 끈질긴 생명의 당위 앞에 서는 것은 그런 세상의 구조와 다른 차원에 서는 것이다. 앞에서 의지의 문제가 아니라고 한 것도 그 얘기다. 살아 있음이 삶을 위한 전제가 아니라 삶 그 자체가 될 때, 무얼 이룩하는 세상과는 다른 생명의 충만함이 펼쳐지지 않을까.

그냥 있음은 무엇보다도 '살아 있음'이다. 그냥 있을 때, 내가 살아 있다는 기초적 사실이 수면 위로 떠오른다. 그러므로 그냥 있음은 하이데거가 말하는 '있음Sein'은 아니다. 하이데거의 '있음'은 레비나스E. Lévinas가 비판하는 대로 존재자에 귀속되지 않는 비인격적인 무엇이요, 동사로서 비명사적이며 익명적인 것이다. 따라서 하이데거의 존재는 살과 육이 없는 것이다. 그러나 '그냥 있음'은 '살아 있음'이다. 몸의 문제다. 죽지 않고 살아 있는 것은 무엇보다도 먼저 몸이다. 정신이 살아 있다고도 말하지만, 그것은 나중 문제다. 도덕적이고 문화적인 삶에서 인간의 정신이 부각되지만, 그냥 있음에 처할 때, 몸이 부각된다. 우리가 그냥 있음을 살아 있음으로 푸는 것은, 화려한 정신으로부터 몸으로 돌아가는 문제다. 육肉보다는 몸이라고 하자. 정신과 대치되는 낮은 차원의 육이 아니라, 맘과 짝을 이루고 맘을 유도하는 몸이다. 무얼 억지로 할 때 우리는 맘 없이 한다고 한다. 그런데 정말 맘을 기울여 할 때 온몸으로 하는 것이다. 지극한 마음은 온몸이다. 그처럼 몸은 맘의 짝 개념이다.

그냥 있을 때 떠오르는 살아 있음은 몸으로 내려간 맘이다. 육체가 요구하는 대로 따라가는 정신이 아니라, 몸과 맘의 분열이 없는 상태다. 맘이 몸을 붙들어 둔 것이기보다는 몸이 맘을 붙들어둔 것이다. 높은 도덕의 차원에서 육체의 욕망을 완전히 제어한 정신이 아니라, 기반이 되는 낮은 생명의 차원에서 맘을 붙들어둔 몸이다. 몸이 우선한다. 맘이 몸에 흡수되었다. 그러므로 살아 있음은 내 맘대로가 아니라 몸이 알아서 한다. 살가운 몸의 문제다. 그것은 가장 낮은 차원에서 가장 높은 차원을 품고 있는 것이다.

마음은 원하는데 몸이 말을 안 듣는 그런 분열이 아니다. 몸과 마음의 분열은 도덕 차원에서 시작되고 첨예화된다. 그것은 영pneuma과 육sarkē이라는 개념을 통해 두 영역으로 갈라진다. 그러나 그냥 사는 삶은 도덕 이전이고 도덕 이후다. 도덕에서 생기는 몸과 마음의 분열도 어떤 면에서 생명 현상의 일부분이지만, 그것은 살아 있음을 넘어 사는 것처럼 살려고 함으로써, 몸을 희생한다. '살아 있음'은 그런 분열 이전이거나 그 이후다. '이전'이란, 인문주의적 주체 이전의 자연이나 민중성을 가리킨다. 그냥 사는 데 충실한 것이다. 이후라 함은, 마음을 몸에 붙임으로써 문명적으로 볼 때 인문주의적 주체 이후를 겨냥하는 것이다. 아마 칸트 같으면 전자를 자유 없는 자연이라 보았을 것이고, 후자를 자연과 자유의 일치로 보았을 것이다. 자연과 자유의 영역을 엄밀하게 갈라놓은 칸트가 그래도 『실천이성비판』 변증론에서 자유를 논하면서 다시 자연을 얘기한 것은 흥미로운 일이나. 그러나 그가 말하는 자연은 산천초목을 가리키는 것이 아니라, 마음의 자연적 성향이 거룩한 의지에 의해 완전히 지배된 최고의 도덕적 완성 상태를 가리킨다. 칸트나 인문주의는 살아남는 데 충실한 것은 열등한 것으로 보았다. 헤겔의 용어를 빌려 말하면 즉자적이기 때문이다. 먹고 싸고 숨 쉬고 하는 등의 단순 동작은 동물에게 적합한 것으로 보이기 때문이다. 그러나 그런 인문주의적 생각이 자유로운 생명살이의 한 부분을 상실하는 것은 아닌지 살펴보아야 할 것이다. 더구나 서양의 인문주의는 산천초목의 자연이 도덕적 상상력에서 완전히 제외되어 있었다. 그 결과 자연적 생명력에서 자유로움을 찾을 수 있는 여지가 없게 되었다. 자연 파괴는 서구 인문주의의 그러한 특성과도 연관이 있다.

그냥 있음 곧 살아 있음에서는 살아 있게 하는 최소한의 것, 곧 숨과 섭생이 부각된다. 그냥 있음에는 소유의 분주함이 없기 때문에 숨에서 충만함을 느낀다. 숨도 쉬지 않는 하이데거의 존재Sein가 아니라 '숨 쉬고 살고 있음'이므로, 그것은 개체를 추상하여 묶는 보편이 아니다.[12] 살아 있음은 무명의 동사가 아니라 구체적 생명체다. 몸이므로 이름이 있다.[13] 그러므로 그냥 있음은 무슨 익명의 본질esse(있음)이 아니고, 모든 개체 너머에서 그것의 기반을 이루는 우월한 무엇이 아니다. 본질로서의 있음과 달리 그냥 있음은 기氣로 이루어진 자연에 가깝고, 땅에 가깝다.

서양은 창조적 거리를 강조하고 그 다음에 그 거리를 좁히는 방식으로 교통의 방식을 설정했다. 그래서 실체와 주체를 강조하고, 유有를 강조하며 나의 아이덴티티를 강조했다. 거기서 몸은 열등하고 그냥 있음을 모른다. 원래 몸의 정체는 알몸에 있으니 무에 바탕을 두고 있다. 무는 절대무가 아니라 평균적 시공간에서 생긴 나의 아이덴티티가 사라지는 것인데, 나를 비우면 결국 땅으로 돌아간다. 유채화가 아닌 수묵담화와 같은 세계다. 먼저 땅바닥으로 가고 그 다음에 천지만물과 만난다. 땅바닥에서 몸을 추스르면 타자와 만물을 섬겨서 만날 수 있다. 물론 무나 밑바닥은 몸의 파괴가 될 수 있지만, 그냥 있음은 바닥에서 몸을 추스름으로 '가장 있음'이다. 물론 동아시아뿐 아니라 서양의 인문주의와 신학에도 무소유를 추구하는 전통이 있다. 기독교 신비주의가 그렇고, 하이데거의 존재도 무에 가깝다. 그러나 생명에 접근하려면, 자연과 이어져야 한다. 몸을 중심으로 마음과 자연이 연결되어야 한다. 그것이 동아시아의 인문주의에 들어 있는 자연주의적 무소유 상태다. 퇴계의 용어대로, 내가 하고자 하는 유소위有所爲의 악을 제거했을 때, 만물을 교통하게 하는 인仁이 작용한다.[14]

---

12 폴 리쾨르Paul Ricoeur가 말하는 대로, 하이데거의 존재Sein는 개체를 추상화한 일종의 형식주의다. 칸트의 인문주의적 형식주의 그리고 하이데거의 존재론적 형식주의는 서양 사상의 추상성을 잘 보여준다. 전자에는 행복이라는 자연적 욕망이 빠지고, 후자에는 도덕으로의 귀환이 빠져 있다.

13 유대교 기독교 전통에서 하나님의 이름을 부르려고 하지 않은 것은, 하나님에게 구체적 살과 몸을 부여하는 것을 꺼려해서다. 살과 몸이 있으면 제한되기 때문이다. 결국 이름을 부르면 맞먹는 대등한 존재가 되는 것이요, 하나님의 이름이 모호한 것은 하나님의 초월성을 유지하기 위해서다. 하이데거의 존재는 살과 몸이 없다. 그는 몸을 아마도 사용 사태로 처리한 것 같다.

14 인仁이란 감정으로서의 사랑이기보다는 천지만물의 생명을 화육化育하는 덕목이다. 그래

그래서 그냥 있음은 없음에 잇대어 있는 상태다. 그 점에서 그냥 있음은 없음과 대결하는 것이 아니라 없음의 일부다. 내가 뚜렷하지 않아 없음의 세계에 익숙하다. 그리고 죽음은, 자기를 비우는 것을 몸으로 하는 것이다. 살아 있다는 것은 주체가 되기 이전의 자연 상태의 생명력인 점에서 내가 아직 없음에 기대어 있고, 주체 이후 만물과 인으로 교감하는 점에서 내가 없어짐에 기대어 있다. 주체 이전 상태에서 자연과의 교감을 중요시할 때만 주체 이후의 자연스러움이 가능해진다. 주체를 확립하기 위해 원초적 생명력을 지나치게 규제하고 단절하면 주체 이후의 자연스러움을 확보하기 어렵다. 헤겔은 공동체에서 실현되는 객관 도덕Sittlichkeit을 통해 자연스러운 자유의 완성을 보려고 했지만, 결국 그 자연스러움은 근본적으로는 자연 사물을 지배하는 소유권에서 시작한 자유다. 그처럼 자연과의 교감을 모르는 자연스러움은 그냥 있음을 견디지 못한다. 무의 상상력이 없고 유의 세계에 갇혀 있다. 그것은 소유의 증진과 배분을 통해 이룩하는 사회정의에 민감하지만, 무를 통해 이룩하는 생태학적 상상력이 빠져 있다.

서양에서는 대체로 '그냥 있음'을 견디지 못한다. 칸트는 인간이 도덕의 무에 따른 가치 있는 삶을 살아야 하며, 그냥 사는 삶이 되어서는 안 된다고 말한다.

> 인간은 살면서 그 자신이 보기에 살 가치가 없다는 것을 견딜 수가 없다. 내적인 안심(평화)은 그러므로 삶을 쾌적하게 해줄 모든 것과 관련해서는 순전히 부정적이다. 그런 태도는…… 그가 인격적 가치에서 추락하는 위험을 막는다. 그것은 그저 사는 것과는 전혀 다른 어떤 것에 대한 존경의 작용결과로서, 이와 비교하고 대조할 때 그저 사는 것은 그의 모든 쾌적함과 함께 오히려 아무런 가치도 갖지 못한다. 그는 오로지 의무에서 사는 것이지, 그가 삶에서 조

서 주희는 인仁이 단순히 사랑의 감정 곧 애愛가 아님을 설득하고자 했다.

금만큼의 흥취라도 발견하기 때문에 사는 것이 아니다.[15]

여기서 칸트는 그냥 사는 삶은 도덕법에 어긋나 쾌락이나 찾는 삶과 같은 것으로 보고 있다. 서구 인문주의자로서는 당연한 태도일지 모른다. 그들은 끊임없이 의미 물음을 물으며 의미와 무관한 삶을 삶으로 보지 않았기 때문이다. 한편 근대 들어 주체를 확립하는 과정에서 그들은 사물을 그대로 두지 않고 주체에 대한 객체로 보면서, 사물의 의미를 인간 주체에 귀속시켰다. 사물은 인간의 도구가 되면서 의미를 지니고, 그런 실용적 의미를 통해 사람은 의미 있는 존재가 된다. 후설 같은 사람은 노에시스 노에마 구조를 통해 존재 물음을 의미 물음으로 바꾸고 인간을 의미 생산의 주체로 만들었다.

동일성의 철학을 비판하며 데리다 같은 포스트 모더니스트들에게 영감을 준 레비나스도 그냥 있음을 거북해한다. 그는 우리말로 '그냥 있음'[16]이라고 번역될 수 있는 일리아Il y a에 대해서 논하는데, 이 표현은 영어의 There is와 같은 표현이다. 다만 불어의 일il은 비인칭 주어다. 레비나스는 일리아의 표현을 빌려 인간의 주체가 출현하기 전의 상태를 나타내고자 한다. 내가 뚜렷하게 있는 것이 아니면서 없는 것도 아닌 상태다. 검은 익명성 속에 빨려 들어가, 있는 것도 아니고 없는 것도 아닌 무의미의 세계를 그리고자 한 것이다. "모든 사물이 사라지고 자아가 사라진 뒤에는 사라질 수 없는 것이 남는다. 즉 좋든 싫든 간에 자발적인 주도권도 없이 익명적으로 모든 자들이 참여하는 존재의 사실 자체가 남는다. 있음은 힘의 장으로서, 어떤 인격에도 속하지 않는 무거운 분위기로서 머문다."[17]

---

15 임마누엘 칸트, 『실천이성비판』, 백종현 역(서울: 아카넷, 2004), pp. 196-197.

16 엠마누엘 레비나스, 『윤리와 무한』, 양명수 역(서울: 다산글방, 2001), p. 55 이하에서는 '그저 있음'으로 번역했다.

17 엠마누엘 레비나스, 『존재에서 존재자로』, 서동욱 역(서울: 민음사, 2003), pp. 94-95.

그에게 그냥 있음은 주도권을 쥔 주체가 탄생하기 이전으로, 가장 두려운 상태다.

> 불면증 속에서 잠을 이루지 못할 때, 그때 내가 있다고 해야 할지 없다고 해야 할지 어려운 문제다. 깬 상태를 벗어나지 못함은 나의 주관과는 동떨어진 객체 차원이다. 그러한 비인격성이 나의 의식을 빨아들인다. 그리하여 의식이 비인격화된다. 내가 깨어 있는 것이 아니라 뭔가가 깨어 있는 것이다. 죽음이란 아마도 음악이 다 끝난 절대부정이리라. 그러나 '그저 있는' 이 두려운 경험 속에서 우리는 두려움을 벗어나지도 못하고 음악을 멈출 수도 없는 총체적 불가능성을 본다.[18]

레비나스에게 '그냥 있음'은 부담과 공포다. 없어질 수 없는 부담이요, 삶을 주도하지 못하는 공포를 보았다. 그러므로 그에게서 주체의 확립은 익명적인 그냥 있음으로부터의 구원이다. 우리가 그냥 있음에서 가장 있음을 보고 주체를 넘어 자연과 합일되는 생생한 생명력을 보는 반면에, 레비나스 같은 사람은 그냥 있음에서 주체 없는 혼란과 두려움을 보는 것이다. 그리고 그것을 원시 종교의 상태로 본다. 그러나 가이아 이론을 통해 우주를 하나의 생명으로 보는 제임스 러브록James Lovelock 같은 사람은 원시 종교가 지니고 있는 자연친화적 감성의 회복을 주장하지 않는가.[19]

서양 신학도 마찬가지다. 20세기 최고의 신학자로 알려진 칼 바르트Karl Barth는 이렇게 말한다.

> 생에의 의지는, 그 생이 속한 하나님이 바라는 방식으로 내 삶을 의지하는

18 『윤리와 무한』, p. 58

19 제임스 러브록, 『가이아』, 홍욱희 역(서울: 갈라파고스, 2004).

> 한에서 선한 의지다. 이 말은, 내가 삶 그 자체를 의지한다고 해서 내 의지가 선한 것은 아니라는 뜻이다. 창조주 하나님의 의지에 대한 복종이라고 하는 특별한 관계 안에서 삶을 의지할 때만 선하다.……생의 긍정affirmation of life이 그 자체로 선하다고 할 수는 없다. 오히려 생에 대한 그런 원초적인 의지가 죄the sin의 핵심일 수 있다. 창조주에 대한 피조물의 반역일 수 있다는 말이다. 하나님은 생을 긍정하도록 우리에게 생을 준 게 아니라, 생을 긍정하는 가운데 그를 긍정하도록 우리에게 생을 주셨다.[20]

살고 싶은 마음에서 바르트는 죄를 본다. 이것은 기독교의 전형적인 태도다. 기독교는 살려는 의지가 자기만 살려는 의지로 바뀌어 있다고 본다. 그 결과 생의 본능은 이기적인 소유와 지배의 의지로 바뀌어 있다고 본다. 소유와 지배의 긍정을 이기고 창조주를 긍정할 때 참된 삶이 가능하고, 그것이 생의 의미다. 그냥 사는 삶이란 없다.

현대 신학이건 그 이전의 신학이건 모두 '끈질긴 생명'의 문제나 살아 있음의 문제를 정면으로 주제로 삼지 않았다. 의미 있는 삶을 강조했고 충만한 존재 곧 사는 것처럼 사는 것에 초점이 맞추어져 있었다. 그냥 살아 있음으로부터의 초월, 그것이 신앙인의 모습이었다. 그냥 살아 있는 데 만족하면 이루는 것이 없고, 살아남는 데 너무 신경을 쓰면 사람이 비겁해지고 부당한 일을 저지르게 되기 때문이다. 대중에게는 하늘나라가 강조되면서, 고상한 종교인에게는 도덕적인 자기완성 또는 신앙의 완성을 위해, 생명의 끈질김은 거추장스러운 것으로 보이거나 적어도 신학의 주제에서 빗겨가는 것이었다. 있는 것처럼 있는 것이 중요할 뿐, 있음 그 자체는 주제가 될 수 없었다. 있음은 언제나 전제되고 있을 뿐이다. 그러나 산 사람은 살아야 한다는 당위 앞에서는 의미를 물을 겨를이 없고, 그냥 사는 삶 곧

20 Karl Barth, *Ethics*(New York: Seabury Press, 1981), p. 124, p. 126.

그냥 있음은 소박한 몸에 밀착해서 의미 물음을 초월한 것이다. 거기서는 의미가 없어도 생생하게 사는 세계요, 무의미를 모르거나 극복한 세계다. 무얼 이룩하거나 가져서가 아니라 살아 있음의 생명력으로 무의미를 넘어간 것이다.

이 책의 2장에서는 서구 사상이 강한 의미 추구로 일관되어 있음을 설명해보겠다.

3. 업신여김에 대한 저항

이제 좀 다른 얘기를 해야겠다. 산 사람은 살아야 하는 당위가 현실이 되려면 '못살게 구는' 힘을 몰아내야 한다. 삶은 못살게 구는 힘에 대한 저항을 통해 지속된다. 풍요롭게 잘 사는 삶을 말하려는 것이 아니다. 삶 자체를 말하려는 것이다. 잘 사는 것까지 가지 않더라도, 살아 있음 자체가 싸움이요 투쟁이다. 그냥 살고, 살아 '있으려면', '업신여김'의 구도와 싸워야 한다. 생의 명은 업신여김과의 싸움의 명령이기도 하다. 그 싸움에서 때로는 '목숨을 건다'. 앞에서 우리는 끈질긴 생명력 곧 산 사람은 살아야 한다는 당위에서 새로운 시각을 발견했다. 살아남으려는 원초적인 생명력에서 문명의 전환을 꾀할 수 있는 길을 발견하려고 했다. 어떻게든 산 사람은 살아야 한다. 그러나 사람을 업신여기는 거대한 폭력에 대한 투쟁에서 때로는 목숨을 걸어야 한다. 인을 실현하기 위해 목숨을 거는 것殺身成仁이 아니라, 살기 위해 목숨을 거는 것이다. 그것은 살라는 명령을 거스르는 것이 아니라, 생의 명의 일부분이다. 사람의 생명은 그런 역설을 품고 있다.

생명이라는 화두에서 그 점을 놓쳐서는 안 되겠다. 내가 말하는 그냥 있음이 가진 자의 사치가 되지 않으려면 못살게 구는 힘과의 투쟁력을 포함하고 있어야 한다. 그렇지 않으면 몸에 맘을 맡기는 생명 자체에 접근하는 것은, 치열한 삶의 현장과 무관한 엘리트주의가 될 수도 있다. 못살게 구는 힘. 그것을 우리는 '업신여김'이라는 말로 나타내려고 한다. 업신여김이란, 있는데 없는 것처럼 여기는 것이다.

업신여김의 폭력성은 사회의 일반적 분위기로 자리 잡고 있으면서 생명을 파괴한다. 아마 주희가 말한 구염舊染(오래된 물듬)이나 불교에서 말하는 훈습薰習, 그리고 기독교에서 말하는 원죄原罪를 그렇게 봐야 하리라. 구염이란, 인간의 악의 성향이 물들어 오래 묵은 것이라는 뜻이니, 악은 물든 것이지 처음부터 인간 안에 들어 있는 것이 아니다. 훈습은 밖에서부터 배어들어온 것임을 가리킨다. 사람이 본래부터 악하지 않고 사회에서 배운 것이 습관이 된 것을 가리킨다. 업신여김의 문제는 개인을 능가하는 힘으로 사회에 뿌리 깊게 박혀 있기 때문에, 그 문제를 해결하지 않고 그냥 있음의 자유를 누리기가 쉽지 않다.

물론 업신여김의 문제를 푸는 궁극적인 길은 어떤 면에서 자기 내면의 문제다. 사실 도덕도 남의 인정을 받기 전에 자기가 스스로 자기 자신을 업신여기지 않도록 유도하는 구조를 지니고 있다. 그리고 종교는 도덕보다 더욱 내면으로 끌고 가서 하늘의 인정을 받음으로써 이승에서의 모든 업신여김으로부터 해방되고자 하는 측면을 지니고 있다.

그러나 업신여김의 문제를 그처럼 내면으로 끌고 가서 해소하는 것도 중요하지만, 이 땅에서 벌어지는 억압을 위해 싸우는 것 역시 중요하다. 업신여김은 인간 본성의 일부라고도 할 수 있지만, 그만큼 사회 구조의 문제이기도 하다. 칸트도 인간이 혼자서는 선하지만 다른 사람과 같이 사는 순간 악해진다고 함으로써 사회가 만드는 악을 보았다.[21] 사는 것은 같이 사는 것인데, 같이 살면서 악해진다면 결국 산다는 것은 죄를 짓는 것이다.

---

21 임마누엘 칸트, 『이성의 한계 안에서의 종교』, 신옥희 역(서울: 이화여자대학교 출판부, 1995), p. 120.

그런 죄에서 벗어나려면, 사회를 바꾸어야 한다. 죄의 습성이 사회에서 온 것이라면, 사람이 선해지는 길은 사회를 바꾸는 데 있다는 말이다. 물론 사람이 사회를 타락시킨다고 할 수도 있다. 아우구스티누스 같은 사람들이 인간이 악한 심성을 타고나는 것처럼 말한 까닭이 거기에 있다. 그래서 종교에서는 사람이 바뀌어야 사회가 바뀐다고 본다. 그런 점에서 종교나 인문주의의 자기 수양론은 궁극적인 인간 해방의 길을 잘 제시하고 있다. 그러나 궁극적인 것을 말하면서 궁극 이전의 것을 도외시하면 생명에서 멀어진다. 더구나 그처럼 마음에서 일어나는 해방은 주관적인 개념의 차원일 수 있다. 헤겔이 말하는 현실Wirklichkeit이 아닐 수 있다. 그것은 '먹고 살기'에 바쁜 민중과는 무관한 세계일 수 있다. 현실적 해방은 공동체를 통해서 이루어진다. 사회가 바뀌어야 한다는 말이다. 그것은, 자아 바깥에서 이루어지는 업신여김의 구조에 집중하는 것을 가리킨다. 사회 정의론의 문제다.

의미 물음을 내면에서 넘어서서 생기는 생명의 충만함이 있고, 그것을 앞에서 우리는 그냥 있음으로 표현했다. 그러나 밖에서 만드는 무의미와 싸워서 생기는 생생함도 있다. 선악 이전의 세계에서 생기는 근원적인 생명력이 있지만, 악한 자가 벌을 받는 데서 생기는 살맛도 있다. 전자는 후자를 포함하고 있어야 한다. 무의미란 결국, '살고 싶지 않음'이다. 짐승이나 자연은 무의미를 모르는 반면에, 인간들이 만드는 사회는 무의미를 만든다. 무의미는 죽음이나 '없어짐' 때문에 생기는 것이 아니라 사람들이 서로 억압하고 '업신여기는' 데서 생기는 것이다. 그리고 불의한 것이 통하고 오래 가는 데서 살맛이 없어진다. 그러므로 의미와 무의미의 문제는 형이상학적인 것이기보다 윤리적이고 정치적인 것이다.

원래 히브리 전통이나 한국과 중국의 정신세계에서는 존재론적 사유를 하지 않기 때문에 아무것도 없는 존재론적인 '무'라는 개념이 없다. 그 대신에, '아무것도 아님'이라는 말이 있다. 무가 된다는 것은 없어지는 것이 아니라, 소유에 정체성을 둔 나를 극복하거나, 업신여김 받고 아무것도 아닌 존재로 취급받는다는 뜻이다. 모든 고등 종교와 인문주의 사상은 그 두 가지 측면을 염두에 두고 있다. 그런데, 주제로 삼아 다룬 것은 서로 다르다. 동양의 사상은 전자에 더 관심을 가졌고, 히브리 전통은 후자를 극복하는 데 더 관심을 가졌다. 성서 전통에서, 사망에서 생명으로 옮기는 것은 그런 업신여김의 구도를 벗어나는 것이다. 그리고 업신여김의 구도를 벗어나는 것은, 인간 사회에 만연한 업신여김의 구도와 싸워 이기는 것이지 피하는 것이 아니다. 신앙의 초월성은 윤리적인 참여를 안고 있는 것이다.

그런데 업신여김의 문제를 해결하려면 인간과 인간의 관계에 집중해야 한다. 자연이 사람을 업신여기지 않고, 결국 사람이 사람을 업신여기기 때문이다. 앞서 말했듯이 사회적인 문제이기 때문이다. 현대의 과학적 사고방식이 지니는 인문학적 의미를 거기서 찾을 수 있으리라. 자연과학에서 시작한 현대의 과학적 사고방식은 사회과학을 낳음으로써 인간과 인간 사이에 존재하는 권력 관계를 파헤쳤다. 자연과학이나 사회과학이나 더 이상 인간 내면의 문제에 집중하지 않고, 바깥을 보았다.[22]

자연과학은 자연을 떨어뜨려놓고 봄으로써, 인간은 더 이상 자연의 일부가 아니게 되며 유기체적 생명관은 사라진다. 자연을 비신성화함으로써 인간이 자연을 지배하고 이용할 수 있는 기반을 마련했다. 그와 같은 태도는 인문학에도 반영되어 근대의 서양 철학은 앞에서도 말했듯이 인간 안의 자연 곧 본능을 지배하면서 주체가 되는 길을 강화했다. 인간 밖의 자연을 지배하는 과학과, 인간 안의 자연을 지배하는 반성 철학은 서로 협력해서 인간을 주체로 세우는 데 이바지한다. 더 이상 인간이 경험할 수 없는 세계나 사람의 손 안에 들어오지 않는 세계를 구하지 않고 인간이 확인하고 다룰

---

22 풍우란은 그의 글 「중국에는 왜 과학이 없었던가」(박성래 편저, 『중국의 과학과 사상』, 전파과학사, 1978)에서 중국 사상이 인간의 내면에 집착한 것에 대한 애석함을 표현하고 있다.

수 있는 세계를 중시하게 된다. 그래서 지혜보다는 지식이 중시되고, 정보다는 의지가 중시되며, 침묵보다는 뚜렷한 의사 표시가 중요해지고, 자연의 법리로서 형이상학적인 로고스나 리理가 차지하던 위치를 수학으로 설명되는 자연법칙이 대신하게 된다. 의로움義에서 생겨나는 리利를 기다리지 않고, 적극적으로 물질의 이득을 구하는 기술이 중시된다. 경제적 이득을 확대하는 것은 마음의 옳고 그름을 떠나 가치중립적인 기술 진보의 문제다. 생산물을 분배하는 문제에는 여전히 도덕적 공심公心이 필요하지만, 먼저 생산물의 절대량을 늘리는 것은 마음의 문제가 아니라 머리의 문제다.[23]

자연과학이 자연을 비신성화하고 인문학이 신을 비신성화하면서 남는 것은 인간 사회이다. 이제 모든 것은 인간에게 집중되고 명실상부한 인간학이 등장한다. 인간이 신과 맺던 관계 그리고 인간이 자연과 맺었던 관계가 사라짐으로써 중요한 것은 인간과 인간의 관계가 되었다. 그러면서 사회과학은 인간관계에 들어 있는 억압을 노출시킨다. 생산 관계에서 발생하는 착취가 보이고, 불분명한 인과 관계로 약자에게 부과하던 형벌의 부당함이 보인다. 원래 정의란 각자에게 그의 몫을 주는 것인데, 이때 그의 몫이 무언지 사회과학은 과학적으로 계산함으로 약자들이 업신여김 받는 것을 막을 수 있게 된다. 경제학에서는 생산과 분배의 구조를 수치로 밝혀 노동의 가치가 얼마인지를 정하고, 법학에서는 인과 관계가 분명히 보이는 것만 죄로 인정하여 유한 책임을 확립하고 인간이 부당하게 형벌을 받는

23 그처럼 도덕과 무관한 영역에서 삶의 중요한 부분을 꾸리는 경향은 서양에서뿐 아니라 조선 말기에도 생겨나는데, 정약용이 인간 안의 자연을 극복하려는 모습이 보이고(한형조, 『주희에서 정약용으로』〔서울: 세계사, 1996〕, p. 208 이하), 최한기의 경우에는 철저하게 경험의 대상인 기氣를 중심으로 세상을 이해하는 모습을 보게 된다. 그런 사고방식은 근대적 사고방식으로서 도리道理와 물리物理를 구분하게 되는 것인데(강재언, 『조선의 서학사』〔서울: 민음사, 1990〕, pp. 225-226 참조), 이는 칸트가 윤리와 물리를 구분하면서 가졌던 세계관과 같은 세계관의 탄생을 뜻한다.

것을 막는다. 그리하여, 배분적 정의와 시정是正적 정의가 확립되는 데 과학이 기여한다. 한편 신과 자연이 비신성화되면서 형성된 인식론 중심의 사고방식은, 인간이 자신의 경제적이고 사회적인 이득을 위해 일부러 잘못 아는 이데올로기를 비판하는 것으로 이어지기도 한다.

떨어뜨려놓고 보면, 붙어 있을 때 은폐되어 있던 권력 관계가 노출된다. 서구 근대 사회에서 생각한 인간관계의 기본 모델은 정으로 얽혀 있는 관계가 아니라 서로 떨어져서 중립성을 이루고 있는 관계다. 아는 사람과의 관계가 아니라 모르는 사람과의 관계를 기본으로 생각했다. 거기서는 정이 아니라 냉정한 합리성이 지배한다. 그럼으로써 그동안 당연하고도 자연스럽게 받아들이던 권위를 해체할 수 있었다. 자연스러운 것의 극복을 통해 억압이 없는 인간관계를 이루고자 했던 것이다. 그것은 자연과학이 사람 밖의 자연을 지배하고, 인문학이 사람 안의 자연을 지배하는 것과 같은 맥락이다. 결국 과학이 생명에 기여한 것은 업신여김의 구조를 드러내고 밝히는 데 있었다. 과학이 인간의 수명을 늘리고, 물질의 풍요를 통해 대중문화를 가능하게 한 공헌의 의미는 두고 볼 일이다. 그리고 자연을 대상화해서 환경 파괴를 가져와 인류의 생존 자체를 위태롭게 만들었다는 것은 모두 다 아는 사실이다. 그러나 분명한 것은, 과학적 사고방식으로 말미암아 권력이 비신성화되고 기존에 자연스럽게 받아들여지던 인간관계 속의 억압 구조를 드러내게 되었다는 점이다.

물론 과학은 인간이 주인이 되는 인위의 세상을 마련했기 때문에 그냥 있는 데서 찾을 수 있는 생명력을 잃었다. 과학의 발전으로 서구의 근대는 소유의 구도를 통해서 물질적으로 잘 사는 삶을 마련하고 그것을 통해 인권이 개선되는 길을 택했다. 근대 서구 사회에서 개인의 자유를 확보하기 위해 소유권을 강화한 것도 이상한 일이 아니다. 그런 현상들은 알고 보면 과학의 기본 태도, 곧 갈라 보는 시각에서 비롯된 것이다. 갈라 보는 시각은 이미 불교의 관점에서 죄로 지적했지만, 그것을 인간의 창조력으로 극대화시킨 것은 근대 과학 이후다. 이른바 분석적 태도와 비판 이성이 그것이다. 서구의 근대란 어떤 면에서, 갈라놓고 떨어지는 실험의 시대라고 할 수 있다. 사람과 자연, 사람과 사람을 떨어뜨려놓았다.

생명의 충만함은 결국 하나가 되는 데 있다. 그것은 거리의 극복으로 나타난다. 다시 말해 갈라 보는 시각 이전으로 가든지 그 이후로 가든지 해야 한다는 말이다. 생의 명 또는 살아 있음 그 자체에 주목하는 것은 그 때문이다. 우리는 앞에서 산 사람은 살아야 한다는 당위에는 당위와 현실의 거리가 없음을 보았다. 그냥 있음에는 마음과 몸의 거리가 없음을 보았다. 선악의 분별 너머의 세계임을 보았다. 그리고 나와 타자의 거리도 사라짐을 보았다. 거기서 나는 가장 나요, 그래서 나와 나의 분열도 없고 나는 가장 있게 됨을 보았다. 그냥 사는 것이 가장 잘 사는 것이다. 그러나 거리를 두고 떨어져야만 보이는 것들이 있다. 업신여김의 구조가 그것이다. 생명에 그 구조와 싸워 이길 힘이 들어 있어야 한다. 그렇지 않으면 사회의 구조적 모순을 방치하는 결과를 가져오고, 결과적으로 살고 싶지 않은 세상이 될 것이다. 생명력이 벌어신나는 밀이다. 이 책의 3장에서 나는 서구 사상이 공헌한 점을 업신여김에 저항하는 비판 정신에서 찾을 것이다.

앞에서 생명에 관해 몇 가지 생각을 얘기했다. 산 사람은 살아야 한다는 당위, 살아 있음, 그냥 있음, 살고 싶지 않음, 못살게 구는 힘, 업신여김, 목숨을 겲 등의 용어를 사용했다. 살아 있음과 그냥 있음을 통해 우리가 보려고 한 것은, 의미 물음을 넘어 그냥 담담하게 사는 데서 얻을 수 있는 생생함이다. 그것은, 소유의 구도에 기반을 두고 있는 현대 문명에 대한 비판이기도 하고, 갈라 보는 시각을 극대화시킨 근대 과학에 대한 비판이기도 하다. 그럼으로써 유기체적 생명관을 회복하고, 실체들이 만드는 거리보다 관계 위주의 사고방식을 찾으려고 했다. 그것은 모든 것을 갈라 보는 세상으로부터 슬쩍 다른 곳으로 넘어가는 삶의 방식으로 나타날 수도 있다. 아예 삶의 자리를 바꾸는 것이다. 자연친화적인 원초적 생명력은 생생한 삶을 위해 현대 문명과는 전혀 다른 곳으로 우리를 인도하기도 한다. 거기서는 살고 싶지 않은 무의미가 나타나지 않는다. 생명에 충실해지는 것이다.

그러나 살려고 하는 생명을 위해서는 못살게 구는 힘에 대해 저항해야 한다. 다시 말해서 무의미의 구조를 슬쩍 피하는 것이 아니라, 정면으로 대항해야 하는 면이 있다. 물론 어떤 면에서 무의미는 갈라 보는 소유의 구도에서 생긴다. 소유의 구도는 끊임없는 상대적 빈곤을 만들기 때문에 무의미가 발생한다. 그런 점에서 무의미를 이기는 것은 소유의 구도 자체를 극복하는 문제이고, 그것은 삶의 자리를 그냥 있음의 영역으로 옮겨 해결되기도 한다. 그냥 있음도 무의미의 문제를 피하는 것이 아니라, 어떤 면에서는 인간의 일상적인 삶의 방식 전체에 대항하는 성격을 띤다는 말이다. 그냥 있음을 감행하는 것이다.

그러나 그런 삶의 태도가 자칫 구체적인 싸움에서 멀어지는 결과를 가져올 수 있다. 너무 구도가 커서 일상생활 안에서 부딪히는 문제들을 간과할 수 있다는 말이다. 원래, 살아야 한다는 당위의 거룩함이 보이는 것은 민중에게서다. 온갖 억압과 슬픔에도 불구하고 하루하루 살아가는 모습에서 우리는 생명의 거룩함을 볼 수 있다. 민중에게는 소유가 만드는 무의미보다, 소유가 없어 생기는 무의미가 더 절실하다. 문명을 초월하는 것도 필요하지만, 문명 안에서 벌어지는 무의미와 투쟁하지 않으면 약자들의 해방을 꾀하기 어렵다. 소유의 구도 그 자체보다, 각자에게 그의 몫을 주는 정의가 지켜지지 않았을 때 사람은 업신여김 당함을 느낀다. 생명에서 멀어진다. 살고 싶지 않게 되기 때문이다. 사람은 업신여김을 당하고 그것이 고쳐질 가능성이 없을 때 살맛이 없어지고 무의미를 느낀다. 그러므로 살아야 하는 당위에 충실한 생명을 위해서는 지배 구조와 권력 관계를 밝히고, 그것을 없애기 위해 싸우고, 사회의 정의를 세워야 한다. 세밀하게 그런 투쟁을 전개하는 데 서구의 과학적 사고방식이 기여해왔다.

그런 투쟁을 위해서는 때로 목숨을 걸어야 하지만, 업신여김의 구조에 대항해 목숨을 거는 것은, 앞에서 말한 대로, 살아야 한다는 당위를 거스르는 것이 아니라 생의 명 안에 포함된 것이다. 그러므로 그냥 있음으로 숨에 집중하는 영성은, 업신여김의 구조에 대항해 목숨을 거는 투쟁력을 끌어들여야 한다. 그리고 분배의 부조리에 저항해서 자기를 부인하고 십자가를 지는 투쟁의 힘은, 소유의 구도를 넘어서서 자기를 비우는 그냥 있음의 영성과 별개가 아니라 이어져 있어야 한다.

그러므로 우리는, 산 사람은 살아야 한다는 생명 당위에서 동서양의 사고방식을 통합할 생명의 논리를 찾는다. 무위와 인위, 자연과 역사가 통합된다. 생명은 의미가 있건 없건 사는 삶을 요구하기도 하고, 살고 싶지 않게 만드는 힘 곧 못살게 구는 억압이 낳는 무의미를 이겨서 생기는 의미를 요구하기도 한다. 산 사람은 살아야 한다는 당위 곧 근대적 주체 이전의 원초적이고 민중적인 생명력은 문명의 전환을 꾀하는 그냥 있음의 삶의 방식을 이끌기도 하고, 이데올로기 비판을 통한 정치적 해방을 이끌기도 한다.

'들어가는 말'에서 언급했지만, 다시 한 번 책의 구조를 말하면 다음과 같다. 1장에서는 동서양 인문주의의 공통된 문제의식을 밝히는 데 주력했다. 그들은 도덕 당위를 통해 가치 있고 의미 있는 삶을 지향했다. 그런데, 그런 도덕 당위에 대해서 생명 당위라는 것은 어떤 위치에 있는지 최근의 경향과 함께 저자의 생각을 펼쳐놓았다. 그리고 2장에서는 서양의 인문주의에서 추구하는 의미의 기원을 탐구했다. 그리고 기독교가 준 영향을 살펴보았다. 하이데거 사상도 비판의 대상에 올려놓았다. 하이데거는 생명에 접근하는 측면을 보이기 때문에 우리 주제에 맞는데, 그 한계를 같이 말해야 할 것이다. 3장에서는 생의 명이 업신여김에 대한 저항을 포함하고 있다는 것을 밝힐 것이다. 여기서는 서양의 인문주의와 기독교가 공헌한 점을 비판 정신의 측면에서 서술했다. 그리고 근대의 과학적 사고방식이 가져온 도덕적 중립 지대의 효과인 비판 정신을 고찰할 것이다. 특히 사회과학과 연결되는 서구 인문주의의 공헌을 홉스와 애덤 스미스를 중심으로 살펴볼 것이다. 마지막 4장에서는 생의 명에 충실하기 위해 자연주의적 상상력을 살리면서 동시에 자기 수양을 강조하는 성리학을 살펴볼 것이다. 성리학은 성명을 생명으로 풀기 때문에, 인문주의와 자연주의가 결합된다. 자유와 자연이 일치한다. 그것은 이 시대에 필요한 어떤 통찰력을 제공할 것이다.

제1장

도덕 당위와 생명 당위

인문주의자들은 인간이 세상의 주인임을 확보하려고 했다. 그래서 천天이나 귀신 그리고 자연처럼 인간 밖의 것들에 인간이 휘둘리지 않고, 세상을 인간의 힘으로 꾸려가는 것에 관심이 있었다. 초월적 실체보다는 인간, 자연自然보다는 인위人爲가 중요했다. 그러기 위해서는 권위의 근거가 인간 밖에서 인간 안으로 들어와야 했다. 그런데 신이나 자연이 아닌 인간이 권위의 근원지가 되려면, 인간이 스스로 자기 사신을 다스릴 줄 알아야 했다. 자기를 다스릴 줄 알아야 세상을 다스려 좋은 세상을 만들 수 있지 않겠는가. 결국 인문주의자들로서는, 인간에게 관심을 집중하고 인간 안으로 들어가 자기 대 자기의 관계를 살피는 게 중요했다. 그리고 그 작업을 통해 인간의 내면에서 권위의 근거를 찾았다. 중국의 공맹孔孟이 그렇고, 소크라테스 이후 서양의 코기토Cogito 전통이 그렇다.

사람 안에 두 마음이 있는데, 하나는 자연스런 본능이요 이기적인 마음이고, 다른 하나는 객관적으로 타당성이 있는 도덕법에 따라 행동하는 마음이다. 전자는 소아小我(맹자) 또는 자기 사랑Selbstliebe(칸트)이고, 후자는 대아大我요, 도덕법에 대한 경외심이다. 칸트에 따르면 전자는 자연이고 후자는 자유다. 자연이란 바깥의 산천초목을 가리킬 뿐 아니라 인간 안에 들어와 있는 동물적인 본능을 가리키는 것이기도 하다. 그래서 인문주의자들에게는, 밖의 자연을 인간이 어느 정도 다스리는 것과 자기 안의 자연을 다스리는 것은 같은 운동이다.

자기를 다스리는 문제와 관련해서 그들은 인간의 의식을 중시하고, 그 의식 속에서 사람이 도덕적 당위 앞에 서는 것으로 보았다. 물론 도덕 규범은 대개 관습이 되어 습관에 따라 무의식적으로 실행되지만, 그것을 어기고자 할 때나 의무의 충돌이 있을 때 도덕적 당위를 의식하게 된다. 당위는 내게 의식적인 의무를 부과하고 명령한다. 동양의 인문주의자들은 천이 명령하는 것으로 보고天命, 칸트는 선험적으로 주어진 정언 명령을 보았지만, 동양에서 말하는 천명도 결국 인간 밖의 누가 명령하는 것이기보다는 인간에게 이미 주어진 명령 곧 선험적인 명령을 보려고 했던 것이다. 그들은 하늘을 볼 때, 하늘이 명령하는 것으로 보았다. 도덕적인 규범을 하늘에서 읽었던 것이다. 유대교도 율법을 주는 초월자를 생각했고, 스토아학파에서도 신성을 가진 로고스는 세상이 돌아가는 원리이면서 동시에 우리가 지켜야 하는 규범이었다. 그리고 유학 전통 안에서 형이상학을 마련한 주희나 퇴계에게서도 우주의 질서원리인 리理는 세상이 지금처럼 돌아가는 까닭이면서所以然之故, 인간이 따라야 하는 행위 명령所當然之則이었다.

왜 고대 인문주의자들은 그렇게 도덕 명령을 중시했을까? 그처럼 하늘과의 첫 대면에서 도덕법을 의식하는 것은 인간의 자유를 제한하는 것이 아닐까? 그러면서 얻으려고 한 것은 무엇일까? 인문주의자들은 한결같이 인간의 자연적 본능이 파괴적이고 이기적임을 보고 그것을 극복하려고 했다. 그리하여 자기 사랑을 누르면서 타인에 대한 사랑을 강조했다. 그런 노력은 인간의 정신성을 높이는 중요한 역할을 했다. 그러나 다른 한편으로, 인간의 자연스런 생명력을 상실시키지는 않았는지 살펴볼 필요가 있다.[1]

---

1 순수한 선을 찾는 인문주의의 도덕이 자기 파괴적이라는 점은 프로이트가 『문명 속의 불만』에서 초자아 이론을 통해 밝혔다. 그리고, 칼 구스타프 융Carl Gustav Jung은 원형이론을 가지고 인문주의 전통을 비판했다. 인문주의에서 가르치는 높은 도덕성은 인간의 본

인문주의는 인간 내면의 자연 곧 본능과 거리를 두면서, 인간 밖의 자연과 거리를 두는 문제와 연결되었다. 다시 말해서 인문주의자들이 인간 속의 자연 곧 본능을 극복하려고 한 노력은 그대로 바깥의 자연산천을 길들이는 문제와 연결되어 있었다. 인문주의 윤리에서는 존재와 당위가 분리되어 있다. 자연주의인 노장老莊은 도덕적 당위를 한 차원 낮은 것으로 보고, 그래서 그들에게는 자연적이고 생리적인 리듬을 따르는 것이 선善이지만, 인문주의인 유학은 자연적이고 생리적인 리듬이 낳는 악을 보았다. 그래서 선은 그런 자연적인 악을 극복하는 데 있다. 칸트 역시 인간의 자연적 욕망이 낳는 악에서 출발해서, 그것을 이기고 양심의 명령에 따르는 것을 선이라고 보았다. 자연스런 것은 선이 아니요, 선한 의지만이 선이다. 그러므로 존재와 당위의 거리는 칸트로서는 자연과 자유의 거리라고 할 수 있다.

인문주의는 위대하다. 그러나 다른 측면도 보자. 칸트가 말하는 자유 말고, 인간의 존재 곧 살아 있음에서 거리 없이 곧바로 나오는 당위가 있다. 그것을 생명의 당위라고 하자. '살아야 한다'는 것이다. 그 생명의 당위는 도덕주의자들에게는 동물적인 자기 사랑의 문제로 보이지만, 실제로는 흔히 인문주의에서 강조하는 주체적 의지와 무관하게 우리가 가장 기본적으로 복종하고 있는 명령이라고 할 수 있다. 그러나, 먼저 인문주의에서 말하는 도덕 당위의 구조적 특징을 살펴보도록 하자.

성에 맞지 않으므로 오랫동안 유전된 본성 곧 자연으로 돌아갈 것을 융은 주장했다. 도덕성에 대한 융의 견해는 다음 두 논문을 볼 필요가 있다. 칼 구스타프 융, 「심리학적 관점에서 본 양심」, 「분석심리학에서의 선과 악」, 『인간과 문화』, 한국융연구원 C. G. 융 저작 번역위원회 역(서울: 솔, 2004)에 들어 있다.

1. 인문주의의 도덕 당위

서양의 칸트와 동양의 공맹孔孟의 사상을 살펴보려고 한다. 그들은 대표적인 동서양의 인문주의자들로서, 그들이 추구한 자유의 모습이 어떤 것인지 봄으로써, 생명 당위와의 차이가 뚜렷하게 드러날 것이다. 이들에게는 공통적으로 존재와 당위가 분리되어 있으며, 자연과 자유가 대립되어 있고, 성性과 생生이 대립되어 있다. 그리고 내면에서 자기와 자기의 투쟁이 있다. 도덕 명령 이전의 생의 명에서 새로운 자유의 길을 찾기 위해, 우리는 동서양 인문주의의 몇 가지 구조적인 공통점을 비판적으로 살펴보려고 한다. 물론 동아시아의 인문주의인 유학은 자연주의적인 특성을 지니고 있어서, 성명性命을 말하면서도 생명生命에 가깝다. 그 점은 이 책 4장에서 논하겠지만, 여기서는 우선 동서양 인문주의의 공통된 특징을 밝히려고 한다.

칸트로부터 출발하는 것은, 칸트의 작품이야말로 서양 인문주의 전통을 매우 논리적으로 명확하게 대변하고 있고, 그 언어가 현대인에게 익숙하기 때문이다. 동서양 인문주의의 공통점을 보기 위해서 나는 공자와 맹자를 택해 칸트와 병렬시켜놓았다. 중국과 한국의 인문주의의 시작이라 할 수 있는 공맹이, 시대의 차이에도 불구하고 기본적인 특징에서 칸트와 비슷하다는 것을 보게 될 것이다.

칸트의 도덕법에 대한 외경심

칸트는 인문주의자로서 사람이 사람답게 되는 데 관심이 있었다. 사람의 사람다움을 가리켜 칸트는 『실천이성비판』에서 '인격'이라는 용어를 쓴다. 사람은 언제 동물이나 사물과 달리 사람다운 사람 곧 인격자가 되는가? 선험적인 도덕 법칙에 대한 존경심에서 도덕 행위를 할 때 인간은 인격체가 된다. 이 문제를 분석해보자.

첫째, 인간은 선험적으로 주어진 도덕 법칙 앞에 선다. 말하자면 도덕적 당위는 인간이 인간답기 위한 기본 조건이다. 그것은 우리의 자연스런 경향성과 자연스런 악의 성향과는 다른 자리에서 우리에게 복종을 요구하는 점에서 '의무'의 모습을 띤다. 존재와 당위가 분리되어 있다. 그처럼 존재와 당위가 분리되어 있는 현실, 다시 말해 인간의 자기분열이 인문주의자들의 출발점이 되는 지점이다. 우리의 성향은 도덕적 의무를 피하고 싶어 한다. 그럼에도 불구하고 도덕 법칙은 우리에게 의무를 지우고, 마땅히 그리해야 할 것을 명령한다. 여기서는 내면의 싸움이 예고되고 있다. 왜냐하면, "도덕 법칙은 의지의 규정 근거로서 우리의 모든 경향성을 방해함으로써 고통이라고 불릴 수 있는 한 감정을 불러일으키기"[2] 때문이다. 사람은 그 고통을 피하려고 할 것이고, 그러므로 도덕적이 된다는 것은 어려운 일이다. 자연스럽게 되는 것이 아니라 인위적으로 되는 일이다. '자연적으로'는 자기 사랑과 자만의 마음씨가 지배하고 있다.[3] '윤리적인 마음씨'는 그런 자연 본성과 대립되는 것이다. "한 존재자의 자의의 주관적 성질이 실천 이성의 객관적 법칙과 '저절로'는 합치하지 않음"[4]을 염두에 두어야 한다. 윤리는 저절로 또는 자연적으로 되는 일이 아니다.

따라서 도덕적 당위는 일종의 '강요'요 우리에게 지우는 '책임'이고 '의무'이지, 우리가 끌리는 무슨 처세술이 아니다.[5] 좋아서 하거나 즐기면서

---

2 임마누엘 칸트, 『실천이성비판』, 백종현 역(서울: 아카넷, 2004), p. 168.

3 위의 책, p. 169.

4 위의 책, p. 181.

5 위의 책, p. 185.

할 수는 없다.

둘째, 인간답게 되는 것은 아주 순수한 동기에 의해서 도덕 법칙을 준수할 때 이루어진다. 다시 말해서 의지가 오직 도덕 법칙에 의해 규정될 때 인간은 인간답게 된다. 칸트는 인간의 욕망에 어떤 일이 일어나는지 매우 세밀하게 분석해 들어간다. 거기서 드러난 것은, 인간이 순수하게 도덕적이기 위해서 벌이는 그 싸움의 규모가 엄청나게 크다는 점이다. 그리고 또한 거기서 도덕 법칙이 차지하는 위치가 드러난다.

칸트는 물질적인 것을 도덕에서 완전히 배제하기 위해, 선험적 도덕 법칙을 내용이 없는 형식 법칙으로 정립했다. 그 형식을 지니고 있으면, 구체적인 상황에서 그 형식이 내용을 채운다. 그것은 마치 도덕법 자체가 자기 활동을 하는 듯한 표현들로 이어진다. 그는 이렇게 말한다. "도덕 법칙은 그러므로, 실천적인 순수 이성을 매개로 한 행위의 형식적 규정 근거이고, 또한 선, 악이라는 이름 아래의 행위 대상들의 질료적인, 그러나 단지 객관적인 규정 근거임과 함께, 또한 이 행위를 위한 주관적 규정 근거, 다시 말해 동기이기도 하다. 도덕 법칙은 주관의 감성에 영향을 미치고, 의지에 대한 법칙의 영향을 촉진하는 감정을 불러일으키니 말이다."[6]

그가 말한 형식적 도덕법이란 정언 명령이라고 불리는 것으로, "네 행위의 준칙이 일반 법칙 수립의 원리가 되도록 그렇게 행동하라"이다. 이것은 정직하라든지 가난한 사람을 도우라든지 하는 구체적인 선악의 원리가 아니다. 선과 악은 구체적인 상황에서 인간의 의지가 작동할 때 생긴다. 도덕 법칙은 그 이전이다. 그것은 형식적인 것으로 아무런 내용을 지니지 않았기 때문이다. 그런데 형식이 내용을 만든다. "도덕 법칙은 행위 대상들의 질료적인 규정 근거"라는 말이 그 뜻이다. 형식적인 그 도덕 법칙에 의해 의지가 규정되면, 구체적 상황에서 의지를 규정하여 선한 행위가 나온다는

---

6 위의 책, p. 173.

것이다. 마치 도덕 법칙이 도덕 행위를 만들어내는 듯한 표현을 사용한다. 더군다나 도덕 법칙이 우리 의지에 어떤 감정을 불러일으켜 행동하도록 한다. "도덕 법칙이 주관의 감성에 영향을 미친다." 그 감정은 도덕 법칙에 대한 존경심이다. 그런데 이 존경심 또는 외경심이라는 감정은 도덕 법칙보다 먼저 우리 안에 있는 것이 아니다. 도덕 법칙 자체가 우리 안에 불러일으키는 것이다.[7] 이런 식의 표현대로라면 우리는 도덕 법칙이 우리를 움직여 도덕적인 행동을 하도록 한다고 할 만하다. 물론 인간의 이성이 하는 역할이 있다. 그러나 그것은 "자기 사랑의 요구를 물리침으로써 이제 홀로 영향력을 갖는 법칙에게 권위를 부여하는"[8] 일이다. 다시 말해 인간의 의지는 투철한 투쟁을 통해 자의를 물리치고 도덕 법칙이 권위를 갖도록 하면 된다. 최고의 권위는 인간의 의지가 아니라 도덕 법칙에 있는 것처럼 말이다.

이 문제를 다시 도덕 행위의 원인과 목적의 문제로 옮겨가서 칸트가 사용한 표현들을 살펴보자.

어떤 행위가 도덕적이려면, 행위가 오직 도덕법 때문에 그리고 도덕법을 위해서 일어나야 한다. 그러니까 행위의 원인과 목적이 모두 도덕법이어야 한다.[9] 그때 인간은 자유롭고 존엄감을 갖게 된다. 원인의 문제는 자유와 관련되고, 목적의 문제는 존엄성과 관련된다. 칸트에게 있어서 자유란 의지가 "감성적 충동의 병행 작용이 없을 뿐 아니라, 감성적 충동 일체를 거부하고, 모든 경향성을, 그것이 저 법칙에 반하는 한에서, 단절함으로써 순전히 법칙에 의해 규정"[10]될 때 발생한다. 그러니까 도덕 법칙이 사람을 다스리고 통제할 때 사람은 자유를 얻는 것이다. 이렇게 얻는 자유란 결국 양

---

7 위의 책, p. 172.
8 위의 책, p. 174.
9 위의 책, p. 166.
10 위의 책, p. 168.

심에 따라 했을 때 얻는 주관적 자유를 가리킨다. 양심에 어긋나면 인간이 꺼림칙하고 마음에 걸리는 것이 있지 않은가. 그리고 행위의 동기에 다른 물질적인 것이 개입되어도 순수하지 않고 탁해지기는 마찬가지다. 그 경우에는 여전히 나의 욕심이 내 의지를 규정하는 것이기 때문이다.

그러니 오직 도덕 법칙이 인간의 의지를 이끌어갈 때 사람은 자유롭게 되는 것이다. 그처럼 도덕법이 원인이 되어 행동이 나올 때 사람은 자유를 얻고 인간답게 된다. 그 문제는 인간이 도덕법 앞에서 '겸허'해지는 것으로 연결된다. 자기의 주관적인 준칙을 객관화하려고 하지 않고, 오직 이미 주어진 객관적 도덕법에 맞추어 행동하려는 것이 겸허다. 도덕법 앞에서 인간은 자신의 사욕과 자연스런 경향성을 누르니, 그것은 결국 자기를 비우는 문제요, 칸트가 쓴 말대로 겸허라는 말이 어울린다. 그런데 겸허라는 것은 성리학자들이 쓰는 허령통철虛靈通徹이나 허령불매虛靈不昧라는 말과도 통하는 것이니, 결국 나를 비우고 법이 밝게 빛나 행하게 하는 것이다. 행위의 원인이 내가 아니라 도덕법이라고 할 만하다. 물론 나의 의지가 행위를 낳지만, 그때 나의 의지는 도덕법의 끌림을 받은 것이다.

뿐만 아니라 칸트에게서 도덕법은 그 자체로 목적이 된다. 그 문제는 '외경' 또는 '존경'이라는 낱말과 관련이 있다. 칸트에게서 외경심은 도덕법칙에 대한 감정이다. 높은 사람이라고 외경심을 갖는 것은 물질에 대한 관심에서 생기는 것이므로, 칸트가 볼 때는 외경이라는 말이 어울리지 않는다. 사람은 외경의 대상이 아니다. 다만 인격자에게 외경과 비슷한 감정을 지니게 되는 것은, 그가 도덕 법칙의 실행 가능성을 내 앞에서 보여주고 도덕 법칙에서 벗어나려는 나의 자만심을 타도하는 본보기가 되기 때문이다.[11] 그러므로 결국 외경심은 도덕 법칙에 대한 외경심만 남는다. 칸트는 인간의 연약한 본성 위에 '신성한' 도덕법이 빛나고 있음을 보았다. 오직

---

11 위의 책, p. 176.

도덕 법칙만이 '장엄한 존엄성'[12]을 갖춘다. 모든 인간의 내면에 선험적으로 주어져 있는 도덕 법칙이 존엄하다고 하고 거기에 신성성을 부여함으로써, 인간 밖의 신과 권력자를 비신성화하고 만민 평등을 실현할 수 있었을 것이다. 인문주의자들은 내면으로 들어가 보편적인 도덕 법칙의 숭고함을 주장함으로써, 밖의 권위를 인간 안으로 끌어들이고, 따라서 정치적인 평등을 위한 철학적인 기초를 마련했다고 볼 수 있다.

우리는 흔히 칸트가 인간을 주체요 목적으로 세운 사람으로 알고 있다. 맞는 얘기지만, 그 이전에 도덕법을 주체요 목적처럼 생각하는 과정이 필요하다. 그것은 인간의 자연스런 욕구를 매우 위험하고 불순한 것으로 보는 것과 관련이 있다. 다시 말해서 칸트는 인간의 악을 심각하게 보기 때문에, '사람은 죽고 오직 도덕법이 사는' 것 같은 논리 구도가 그의 『실천이성비판』에 나타나는 것이다. 인간의 악을 심각하게 보면, 악과의 싸움을 통해 자유를 얻는 과정이 자기를 비우는 과정으로 가게 된다. 그것이 대체적으로 인문학자들의 구도인 것 같다.

그것은 퇴계의 리발理發을 연상하게 한다. 마음이 발하지 않고 리理가 스스로 발하는 것처럼 말한 퇴계는, 그만큼 인간의 악을 심각하게 생각해서, 기氣에 의해 영향을 받지 않는 순수한 리理의 작용으로서의 리발을 생각했던 것이다. 인간의 마음을 비울 때 우주의 리理가 순수하게 발하는 것이다. 칸트 역시 인간의 악을 심각하게 생각한 사람이기 때문에 퇴계의 리발과 비슷한 종류의 언어를 우리는 그의 논리에서 발견하게 된다.[13]

다만 주희나 퇴계에게는 그 우주론 때문에 도덕 행위를 낳는 주체가 인간 안이면서 밖인 요소가 있지만, 칸트에게는 인간 밖에서 인간을 움직이는 것이 철저하게 없다. 도덕 법칙이 주체요 목적인 것처럼 말하지만, 결국

---

12 위의 책, p. 177, p. 178.

13 양명수, 「칸트의 동기론에 비추어 본 퇴계의 리발」, 『퇴계학보』 123집(서울: 퇴계학연구원, 2008) 참조.

선이란 도덕법 자체가 아니라 도덕 법칙에 순수하게 일치한 인간의 의지가 선이다. 선은, 우주론적인 근거를 갖고 있는 것도 아니고 신학적인 근거를 갖고 있는 것도 아니고 다만 인간의 의지에서 발생하는 것이다. 도덕 법칙에 복종한다는 표현을 쓰지만, 그것은 어디까지나 '자유로운 복종'이다.[14] 그것은 "순전히 자기 동의라고 일컬어질 수 있다".[15] 다시 말해서 내가 나에게 명령한 것을 내가 준수하는 것이다. 그것이 칸트의 자율 곧 자유 개념이다. 앞에서는 도덕 법칙이 명령하는 것처럼 말했지만, "이성이 실천 법칙을 통해 단적으로 명령하는 바"이기도 하다. 나의 자만을 비우고 겸허해져서 보편적인 도덕 법칙의 소리를 듣는다는 면에서는 도덕 법칙이 명령한다고 했지만, 다른 누가 내게 명령하는 것이 아니라는 점에서 그것은 나의 이성이 내게 명령하는 것이다.

'선험적' 도덕 법칙이라는 것도 그렇다. 선험은 경험에 반대지만 동시에 초월에 반대되는 것이기도 하다. 선험적이란 인간의 경험에서 나온 처세술적인 것이 아니요 또한 물질에 대한 관심과 연결된 것이 아니라는 뜻이 있지만, 동시에 초월적이 아니라는 뜻도 있다. 말하자면 칸트가 『도덕형이상학의 정초』 이후 『실천이성비판』에 이르는 윤리학에서 배제하려고 한 것은 아리스토텔레스 윤리와 또한 신학적인 윤리였던 것이다. 그리고 새로이 찾은 윤리의 근거는 인간의 순수한 실천이성 곧 의지다. 모든 것은 인간에게 달렸다. 인간이 인간답게 되는 문제, 인간이 자유를 이루는 문제는 인간의 순수한 의지가 자연 본성을 이기느냐 아니냐에 달렸을 뿐이다. 그 어디에도 도움을 구할 수 없고, 그 어느 것도 대신 해줄 주체가 없다. 선이란 결국 인위적인 것이요, 투쟁의 결과 얻어낼 수 있는 것이다.

칸트에게서 선과 악이 정해지는 지점은 의지가 행위의 대상을 만났을

---

14 칸트, 앞의 책, p. 182.

15 위의 책, p. 183.

때다. 다시 말해서 구체적인 상황을 당해 의지가 주관적인 준칙을 발동해서 행위할 때 선과 악이 발생한다. 그 결과 "선과 악의 개념들은 의지에게 처음으로 대상을 정해준다."[16] 의지가 행위 대상을 만나 행위할 때 선과 악이 생긴다는 것이다.

공자의 인문주의

우리는 공자의 가르침이 다음과 같은 점에서 인문주의적인 윤리의 특성을 나타낸다고 본다.

첫째, 공자는 인간 주체성에 관심이 있었다. 그는 의명분립설義命分立說을 통해 의義는 운명론적인 것이 아니고 인간의 주재로 공심公心에서 생기는 것이라고 보았다. 여기서 명命은 운명이라는 뜻을 지닌다. 인간의 뜻대로 안 되는 어떤 한계를 가리킨다. 사람이 죽고 살거나 병들고 늙는 것은 뜻대로 안 된다. 그리고 갑자기 닥치는 재앙도 뜻대로 되는 것은 아니다. 그러나 그런 문제는 공자의 관심이 아니었다.[17] 종전에 사람들이 섬기던 귀신이나 천天으로부터 인간의 문제로 집중하는 것. 그것이 인간을 주재자로 세우는 데 관심이 있었던 인문주의자들의 공통된 관심이다.

공자는 괴력난신怪力亂神에 대해서는 말하지 않았다.[18] 괴怪란 일상적이지 않은 것이니, 돌이 말하고 짐승이 말을 알아듣는다는 등의 괴상한 일을 가리킨다. 력力이란 만사를 힘으로 해결하는 것을 가리킨다. 난亂이란 인

---

16 위의 책, p. 157.

17 『논어』에서 귀신과 죽음에 관한 자로의 물음에 대해 공자는 "사람도 섬기지 못하는데 어찌 귀신을 섬기겠으며 감히 죽음에 대해 묻겠는가. 삶도 모르는데 어찌 죽음을 알겠는가"(『논어』, 동양고전연구회 역〔서울: 지식산업사, 2005〕, 선진 12, p. 222)라고 했다. 그러니 공자의 관심은 귀신이나 초월적 천에 있지 않고 사람에 있으며, 죽은 이후가 아니라 이승의 삶에 있다.

18 위의 책, 술이 20, p. 146.

간이 다스릴 수 없는 것 또는 통제 바깥의 사태를 가리킨다. 신神이란 귀신을 가리킨다. 괴력난신에 반대되는 것이 상덕치인常德治人이다. 괴상한 일 대신에 일상적이고 합리적인 일을 말하고, 힘 대신에 덕을 말하고, 다스릴 수 없는 것 대신에 다스릴 수 있는 것을 말하고, 귀신 대신에 인간을 말하고자 한 것이 공자의 의도다. 그것은 생각의 주제가 바뀐 것을 의미한다. 신에서 인간에게로 넘어갔고, 힘에서 덕으로 넘어갔다. 인간이 덕으로 다스려 일상사를 편안하게 하고자 한 것이 공자 사상이다.

관심의 영역이 옮겨가는 것, 다루는 문제가 바뀌는 것, 그런 주제의 변화는 한 시대의 변화를 의미한다. 초월자나 자연으로부터 인간으로의 전환이 인문주의의 출발인 것이다. 공자는 칸트와 달리 하늘天을 얘기하고 운명도 얘기했다. 그러나 그의 관심은 인간의 능력에 있었다. 그는 인간에게 도덕적인 품성이 있다고 믿었다. 운명運命이 있다고 하더라도 인간은 의義를 위해 최선을 다해야 한다. 필연적 법칙에 따라 움직이는 자연을 떠나 자각적 주체가 되고, 생리적인 리듬을 극복하며 도덕의 주재자가 될 때 비로소 인간이 된다. 원시신앙에서 의義와 명命을 혼동하던 것과 다르다. 그것은 인문주의의 출현이다.[19]

둘째, 공자에게서 도덕적이 되는 것은 인간이 되는 길인데, 그것은 자연스럽게 되는 일은 아니다. 노자와 달리 공자는 인간의 자연스런 욕망으로는 특별히 인간답다고 할 만한 것이 없으며, 많은 경우에 그런 욕망이 매우 파괴적이라는 것을 잘 알았다. 사람은 누구나 살고 싶어 하지만, 그 자연스런 욕망 때문에 도덕적 덕목인 인仁을 해쳐야 한다면, 차라리 몸을 바쳐서라도 인을 실현해야 한다.[20] 인간의 인간다움은 그런 데서 드러난다. 또한 인仁은 자기를 이기고 도덕법을 실현하는 극기복례克己復禮를 통해 나오는

19 노사광, 『중국철학사, 고대편』, 정인재 역(서울: 탐구당, 1993), pp. 92-100 참조.

20 "선생님께서 말씀하셨다. '뜻있는 선비와 인仁한 사람은 자신이 살자고 인을 해치는 일은 없지만, 자신을 희생하여 인을 이루는 경우는 있다.'" 『논어』, 위령공 9, p. 30.

것이다. "자기를 이겨 예禮로 돌아가면 인仁하게 된다. 하루라도 자기를 이겨 예로 돌아가면, 세상 사람들이 모두 인으로 귀의할 것이다. 인하게 되는 것이 자기에게 달려 있지, 남에게 달려 있겠는가?"[21] 자기를 이겨야 한다는 것은 일상의 자연스런 욕망을 이겨야 한다는 말이다. 그러나 그 일을 누가 하는가? 결국 내가 한다. 인하게 되는 것은 나로 말미암는爲仁由己 일이다. 다른 누구로 말미암는다면 타율이 된다.

공자는 자율적인 주체를 세우는 인문주의자였다. 그는 한편으로 인간이 자기를 이겨야 한다고 보았고, 다른 한편으로 그 일을 자기가 해야 한다고 보았다. 결국 공자는 인간을 주체로 세우기 위해 남을 이기는 문제보다 자기를 이기는 문제를 최대의 과제로 삼은 것이다. 자기를 이긴다는 것은 자연스런 욕망을 이기는 것이요, 칸트의 용어로 말하자면 의지Wille로 자의Willkür를 통세하는 것이나. 두 마음의 싸움에서 도덕적 마음이 자연스런 욕망의 마음을 이겨야 하는 것이다. 그러므로 공자가 본 도덕 주체는 내면의 싸움內自訟을 거치게 되어 있다. "선생님께서 말씀하셨다. '그만두자꾸나! 나는 아직 자기의 잘못을 알아서 안으로 자신을 책망하는 사람을 보지 못했다.'"[22] '안으로 자신을 책망하는內自訟' 것은 자기가 자기를 고발하는 것이니 곧 내면적인 감시와 투쟁을 가리킨다.

셋째, 칸트의 도덕 법칙에 해당하는 것이 공자에게서는 천명天命이라고 할 수 있다. 칸트의 정언 명령이나 공자의 천명은 모두 인간의 경험에서 나온 것이 아니라 이미 인간에게 주어진 것이다. 그런데 공자의 천명은 칸트의 선험적 도덕 법칙과 약간 다른 차원이 있다. 명命의 문제와 관련된 것이다. 앞에서 우리는 의명분립에 대해 말했다. 그런데 이제 명命이 의義를 떠받쳐주는 힘으로 작용하는 차원이 있다. 운명은, 오히려 인간이 도덕적이

21 『논어』, 안연 1, p. 239.
22 『논어』, 공치장 27, p. 109.

되도록 이끄는 역할을 한다. 공자에게서 천명은 인간이 어떻게 할 수 없는 하늘의 뜻으로서의 운명이다.

그 운명은 인간의 한계를 가리키고, 인간이 자유롭게 주재할 수 있는 범위 밖을 말한다. 도덕과 관련해서 그것은, 도덕 행위의 결과에 대해서는 운명에 맡긴다는 뜻이 된다. 당위를 따라 의롭게 행하고, 그것이 자신에게 해가 되지 않기를 바라지만 그 결과는 하늘에 맡긴다. 자신은 의롭게 살려고 애쓰고 때로는 대의를 위해 희생하지만, 세상이 정말 의롭게 될지는 하늘에 맡긴다. 결국 도덕과 관련된 운명은, 최선을 다한 나머지는 하늘에 맡긴다는 말이 된다. 오히려 그처럼 자기의 한계를 인정할 때 인간은 도덕 명령에 더 충실할 수 있을지 모른다. 공자가 오십이 되어 지천명知天命했다는 것은, 그처럼 자신의 한계를 뚜렷이 하면서 어떤 경우에도 최선을 다하는 자세를 가리킨다.[23]

원래 인을 품고 의를 실현하기 위해서 명命은 운명보다는 명령decree의 뜻을 지녀야 한다. 인문주의자들은 언제나 어떤 도덕 명령 앞에 선 인간으로부터 출발한다. 그 명령에 복종하면서 인간이 되는 길을 찾았기 때문이다. 공자는 나이 오십이 되기 전에도 하늘의 명령을 중시하고 그것을 지키려고 했다. 그것은 물론 초월적 주재자의 명령이라기보다는 선험적인 마음의 명령으로 봐야 한다. 만일 초월자의 명령이라면 그 명령에 복종하는 것은 타율이 될 것이기 때문이다. 공자 역시 중요한 것은 자기 대 자기의 관계에서 자기 명령에 자기가 복종하는 구도가 되어야 했다. 앞에서 말한 의명분립설도 운명론으로부터 인간의 주체성을 분리해내는 작업이요, 인간을 도덕 주체로 만들면서 바깥의 초월적 신을 제거하는 작업으로 봐야 할 것이다. 하늘을 신앙하고 섬기던 일이나 귀신에 관한 일을 공자는 모두 거

---

23 버클리대학교의 철학과 교수 Shun Kwong-loi는 명命을, 한계를 인정하면서 지금 여기서 의를 실천하는 도덕적 자세로 해석한다. Shun Kwong-loi, *Mencius and early Chinese thought*(California: Stanford University Press, 1997), pp. 79-83 참조.

부하면서 인문주의자가 되었던 것이다. 그처럼 대자對自적인 관계에서 공심을 확립하고 사심을 버리며 의를 행하는 것은 치열한 자기 싸움이다. 고독한 자기 싸움일 뿐이다. 더구나 현실에서는 도가 실현되는 것도 아니고, 의를 행하는 사람들이 마땅히 그 보상을 받는 것도 아니다.

그러나 칸트도 지적했지만 행위의 열매로부터 초연하게 오직 도덕법에 대한 존중심으로 행하더라도, 그 결과에 대한 관심을 버릴 수 없다. 어떤 희망 없이 도덕 행위를 할 수 없다. 여기서 다시 운명運命, destiny으로서의 명命이 등장한다. 말하자면 지금 세상에 도가 실현되지 않아도 장차 세상은 도에 의해 돌아갈 것이라는 희망을 갖게 된다. 반드시 그렇게 되어야 한다는 마음이 반드시 그렇게 되리라는 필연으로 바뀌기도 한다. 그것이 도덕에서 발생하는 운명이다. 그것은 인간이 나이를 먹고 죽는 것과 같은 자연적 운명fate과 달리 도덕적 운명destiny인 셈이다. "명을 알지 못하면 군자가 될 수 없다不知命 無以爲君子也"는 말은 그 뜻으로 볼 수 있다. 도는 실현되게 되어 있으니, 좌절하지 말고 도를 실현하라.[24]

이때 운명은 명령을 실행하게 하는 힘이 되는 것이요, 희망의 근거가 되는 것이다. 그러니까, 공자에게서 일차적으로 명命은 명령의 뜻이지만, 결국 처음에 도덕을 위해 버렸던 운명의 의미가 다시 도덕적으로 중요하게 되는 것이다. 이때, 운명은 인간이 거역할 수 없는 힘으로 인간에게 명령한다.[25] 사람은 그 명령 앞에 선다. 그것은 마치 칸트의 정언 명령처럼, 인간의 의지가 만들어낸 것이 아니라 오히려 인간의 의지를 규정하는 것이다. 물론 그것은 인간 밖의 어떤 초월적 존재를 염두에 둔 것은 아니지만, 인간의 연약함에도 불구하고 도는 반드시 실현되게 되어 있다는 식으로 희망의 근거를 확보하고, 거기서 실천할 수 있는 힘을 받기 위한 근거를 찾은 것으

24 주희는 공자의 "五十而 知天命"의 천명을 사물의 필연 법칙으로 해석한다. 『논어』, 위정 4, p. 33의 역주 참조.

25 최문형, 『동양에도 신은 있는가』(서울: 백산서당, 2002), p. 88.

로 보인다.[26]

그런 의미에서 공자에게는 인간의 노력을 넘어서는 어떤 하늘의 뜻을 생각할 지점이 발생한다. 칸트 시대에는 이미 자연적 한계를 정복하는 지점에 서서, 어떤 의지의 한계도 돌파하려고 하는 철저한 인간주의를 내세운 반면에, 공자의 시대에는 자연의 한계 앞에서 인간의 의지의 한계를 돌파할 가능성을 천명 그 자체에서 찾으려고 했던 것으로 보인다. 나중에 성리학에 가면 우주론이 나오고 우주의 리理가 인仁이 되니, 인을 실천해야 하는 까닭은 인으로 세상만물이 돌아가게 되어 있기 때문이다. 그처럼 주희에게 이르면 본격적으로 형이상학이 등장하지만, 공자는 인문주의의 태동기에 있는 사람으로 오직 인간의 주체성에 관심이 있으므로 형이상학이 없다. 공자에게 이미 당위가 낳은 필연이 '명'이라는 글자에 복합적으로 들어 있는데, 그것은 칸트의 용어대로라면 실천이성에 영향을 주는 희망의 근거이다. 어디까지나 윤리의 연장선에 있는 것이다. 그러나 주희에게 가면, 필연의 법칙이 우주의 원리를 이루어, 마치 우주적 섭리에서 도덕이 나오는 것처럼 된다.

셋째, 자기 수양의 문제가 있다. 공심을 세워놓고 있지 않으면 반드시 리욕利欲에 빠진다. 그러니까 행위 대상에 부딪혀서 매번 사심을 공심으로 전환하는 것보다는, 평소에 늘 마음을 공심이 되도록 해야 한다. 칸트가 『이성의 한계 안에서의 종교』에서 마음의 변화를 말했듯이, 결국 인문주의자들은 마음의 수양 문제로 가지 않을 수 없다. 공부工夫라는 것이 그런 것이다. 맹자도 "인에 머물고 의로 말미암는다居仁由義"고 했다. 인에 머물러

26 문석윤은 천명이 공자에게서 자기 행위의 근거가 되는 어떤 의지나 힘이라고 하고 그것이 계시적이라고 한다. 원래 계시라는 것은 초월자가 자기의 뜻을 인간에게 드러내는 것이지만, 그러한 초월자는 아니더라도 인간의 한계를 넘어 운명적으로 자기를 실현하는 도덕법을 가리키는 것으로 볼 수 있을 것 같다. 문석윤, "중국 선진유학에서의 자연과 도덕—논어와 맹자", 『철학연구』 41집(철학연구회, 1997), p. 7과 p. 8의 각주 22, 28 참조.

있어야 하며, 거기서 구체적 사태에 부딪혀 의가 나가는 것이지, 매번 인으로 돌아가는 것이 아니다. 공자는 인에 머물러 있는 것이 쉽지 않다는 것을 알고, 탄식한다. "안회는 그 마음이 3개월을 인을 어기지 않으나, 다른 사람은 어쩌다 한 번 인에 이를 뿐이다."[27] 사람은 어쩌다 도를 실현할 수 있으나 오래 지속되기는 어려운 것이다. 그러나 공자가 요구한 것은 덕의 지속성이나. 공자는 자기 수양의 결과 선험적인 도덕 명령과 자신의 일상적 의지가 어긋나지 않고 일치하는 경지를 노래했다. 유명한 말, "마음 내키는 대로 하여도 도에 벗어나지 않더라從心所欲不踰矩"가 그것이다. 거기서는 도덕 명령을 행하는 것이 고통이 아니라 즐거움일 수도 있다. 그는 말하기를 "(인을) 아는 것은 좋아하는 것만 못하고, (인을) 좋아하는 것은 즐기는 것만 못하다"[28]고 함으로써 내부의 치열한 의지의 싸움을 청산하고 즐거운 마음으로 도덕 명령을 수행하는 차원, 다시 말해 자기완성의 측면을 그려내고 있다.

맹자의 성과 생

맹자에게 나타난 인문주의의 특징은 다음과 같다.

첫째, 맹자는 고자와의 논쟁에서 성性은 생生이 아니라고 했다. 고자는, "생을 성이라 이른다生之謂性고" 하며, "성性은 선善도 아니요 불선不善도 아니라"고 했다. 거기에 대한 맹자의 대답은 "성은 선하다性善"는 것이다.[29] 고자는 성性을 식색食色으로 이해하고, 그것은 선하지도 않고 악하지도 않다고 보았다. 인간의 본성을 살고자 하는 욕망으로 본 것이다. 그러나

27 『논어』, 옹야 6, p. 115.

28 知之者 不如好之者, 好之者不如樂之者, 『논어』, 옹야 19, p. 123. 여기서 지지知之, 호지好之, 락지樂之에서의 지之는 대개 도나 인을 가리키는 것으로 본다.

29 『맹자집주』, 성백효 역주(서울: 전통문화연구회, 2005), 고자 상 6, pp. 454-455.

인문주의자 맹자가 인간의 본성을 말할 때, 그것은 이미 생과는 구분되는 개념이었다.

> 입이 맛에 있어서와 눈이 색깔에 대한 것과 귀가 음악에 대한 것과 코가 냄새에 대한 것과 사지四肢가 안일安佚함에 대한 것은 성性이나, 명命이 있다. 그러므로 군자는 이것을 성이라 이르지 않는다. 인仁이 부자간에 대한 것과 의義가 군신간에 대한 것과 예禮가 주빈간에 대한 것과 지智가 현자에 대한 것과 성인聖人이 천도에 대한 것은 명이다. 그러나 성이 있다. 군자는 이것을 명이라 이르지 않는다.[30]

입이 맛있는 것을 찾고, 사지가 편한 것을 찾는 것은 인간의 본성 곧 성性이라 할 수 있지만, 군자는 이것을 성이라 하지 않는다는 것은 무슨 말인가? 사실 생과 성은 어원으로 보면 같은 말이다. 성은 생生이라는 글자와 마음 심心이라는 글자를 합한 것이다. 그렇게 보면, 성은 생겨먹은 대로의 마음이라고 할 수 있다. 맛있는 것을 찾고 맛없는 것을 기피하는 것, 식색食色과 관련된 그런 감각적인 경향성은 타고난 것이다. 그처럼 타고난 감각적 경향성을 인간의 본성이라고 할 수도 있으리라. 고자가 말한 대로, 생을 성이라 할 수 있다. 그러나 군자는 그것을 성이라고 하지 않는다. 그런 감각적인 것을 추구하다 보면 똑같이 그런 것을 추구하는 다른 사람들과 충돌하니, 그것을 억제하는 외부의 명령이 개입하기 마련이다. 감각적으로 좋은 것을 따라가는 마음은 저절로 일어나는데, 외부의 통제와 간섭이 따른다. 저절로 일어나는 점에서 본성이라고 해야 할 것 같지만, 군자는 그것을 본성이라고 하지 않는다. 한편, 인의예지仁義禮智와 같은 덕은 마음이 따라가는 대로 저절로 자연스레 되는 것이 아니고, 잘 안 돼서 명령을 수반한

30 『맹자집주』, 진심 하 24, p. 600.

다. 그런데, 군자는 오히려 그것을 본래의 인간의 본성이라 한다. 그게 본래 자연스런 것이라고 본다. 그리고 그런 본성을 발휘하면 외부의 명령과 통제가 없이 자유롭다. 내부의 명령은 있는데 외부의 명령은 없다.

결국 맹자가 인간의 본성이라고 본 것은, 개인의 살려는 욕망이 아니라, 공동체에게 이로움을 줄 수 있는 마음의 능력을 가리키는 것이었다. 그는, 물에 빠지는 어린아이를 볼 때 사람이라면 누구나 그를 건지고자 하는 마음이 인다고 했다. 그와 같은 경험적 사실에서 그는 인간의 본래 마음은 덕스럽다고 보았다. 다시 말해 우리가 흔히 경험하는 인간의 마음씨는 인간의 본성이 선하다고 하는 것을 추정케 하는 단서가 된다는 것이다. 네 가지 단서가 있으니, 그것을 가리켜 사단이라고 했다. 측은지심惻隱之心과 수오지심羞惡之心과 사양지심辭讓之心과 시비지심是非之心은, 생각하고 말 것도 없이 사태에 부딪혀 저절로 일어나는 마음이다. 말하자면 마음의 생각心之思 이전이다. 물에 빠진 어린아이를 보면 사람은 누구나 구하려는 마음이 자연스레 인다. 그것은 누구든지 언제나 경험하는 것이다. 그처럼 인간의 경험에 바탕을 두었기 때문에 맹자의 성선설은 실득력이 있다.

그러나 경험은 확증을 주지는 못한다. 경험은 경우에 따라 고도의 개연성을 주지만 확실성이나 필연성을 거기서 끌어낼 수는 없다. 인간이 선하다는 것이 어떻게 실험실에서 객관적 자료를 통해 입증되는 것이겠는가. 인간의 행동거지는 이런 면이 있고 저런 면이 있다. 경험으로만 치면 인간이 선하다고 어떻게 단정할 수 없다. 사람은 선한 만큼 얼마든지 악할 수도 있다. 어떤 경우에는 인간이 본래 악하다고 여겨질 만큼 인간의 선함이 의심스러울 때가 있다. 그러므로 사람의 본성이 선하다고 보는 것은, 그런 믿음일 뿐이다. 그렇게 보기로 한 것이다. 그래서 말하기를, "선할 수 있는 것, 이것이 이른바 선이다"고 했다.[31] 사람이 선하다고 믿음으로써 사람이 주관

31 乃若其情則可以爲善矣 乃所謂善也, 『맹자집주』, 고자 상 6, p. 455. 이 부분은 중요하다.

하는 세상에 대한 희망을 피력한 것이다. 그런 희망이 사실을 규정한다.

바로 거기에 맹자의 관심이 있다. 공자가 관심 영역을 인간이 할 수 있는 영역으로 제한했듯이, 맹자는 관심을 인간의 영역으로 제한한 것은 물론이고, 악의 가능성과 선의 가능성을 두고 선의 가능성에 집중하기로 한 셈이다. 사람은 경험적으로 보면 선하기도 하고 악하기도 하다. 세상살이는 결국 사람이 만들어가는 것인데, 사람이 얼마나 악하면 이 세상이 이토록 혼란스럽고 늘 어수선하고 평안이 없는가. 그럼에도 불구하고 그런 악한 세상 한가운데에서 살아가는 인간의 본래적인 선함을 믿음으로써, 인간에 대해 희망을 갖고 인간이 주도하는 세상의 기초를 놓고 싶었던 것으로 보아야 한다. 그래서 맹자는 인문주의자인 것이다.

고자와의 논쟁에서 성은 생이 아니라고 한 것도, 일상생활에서 마음의 자연스런 발로는 매우 악할 수 있음을 전제로 한 것이다. 물론 성이란 사람이 타고난 것이다. 인간의 본성이란 인간이 만들어내지 않아도 타고난 것을 가리키는 말이다. 그러나 왜 생지위성生之謂性이라고 한 고자의 말을 반박했는가? 말 그대로 풀면, 생겨먹은 그대로의 상태가 선하다고 할 수 없고, 인위적인 마음 씀씀이에 선이 있음을 말하려는 것이다. 고자가 말한 생生은, "내 아우면 사랑하고 진나라 사람의 아우이면 사랑하지 않는 것"이다.[32] 그것이 식색食色의 생의 본능이 가져온 인간의 행동 양식이다. 결국 문제는 거기에 있다. 그런 행동 양식은 결국 자기와 자기 혈연 위주다. 그런 생의 욕망은 다른 사람과 다른 나라를 이기고 정복해야 하는 필연성과

乃若其情則可以爲善矣을 성백효는 "그 정으로 말하면 선하다고 할 수 있으니"로 번역했는데, 그것은 주희나 퇴계의 해석을 따른 것 같다. 『국역 퇴계전서 5』(서울: 퇴계학연구원, 1989), p. 147 참조. 그런데 노사광이나 풍우란에 따르면 여기서 정情은 성정性情의 정情이 아니라 실정實情을 가리키는 것이니, "그 실정으로 말하자면, 선할 수 있는 것, 이것이 이른바 선이다"고 해석한다. 노사광, 앞의 책, p. 128; 풍우란, 『중국철학사 상』, 박성규 역(서울: 까치글방, 1999), p. 199 참조. 두 가지 해석을 모두 고려해야 한다.

32 『맹자집주』, 고자 상 4, p. 450.

엮어져 있다. 좀 더 큰 공동체의 각도에서 볼 때, 개인의 생의 본능은 악을 낳는다. 그래서 맹자는 생이구유生而具有, 곧 "태어나면서 갖춘 것", 또는 "타고난 것"이라는 말을 통해 인간과 동물의 공통성을 가리켰고, 인간 속의 짐승 같은 면을 가리켰다. 사람이 타고난 것에는 짐승 같은 면도 있다. 그렇게 보면 생을 이겨야 성이 드러난다.

맹자가 성을 생과 갈라놓는 것은, 마치 아우구스티누스의 말을 연상케 한다. "본성과 본성의 부패는 동시에 유래한다. 하나는 창조주의 은혜에서 유래한 선이고, 다른 하나는 인간의 본성이 오염되어 나타난 악이다."[33] 부패한 본성 그것이 맹자가 말하는 생生이고, 생이구유生而具有다. 그리고 아우구스티누스가 가리키는 원래 피조된 대로의 본성이 맹자의 성이다. 물론 기독교에서는 인간의 타락을 인문주의자 맹자보다 심각하게 보아서, 부패한 본성이 오늘날 우리의 본성이 되었다고 말한다. 부패한 본성이 원래의 선한 본성을 온전히 밀어냈다. 그래서 선을 알고 행하기 위해서는 외부의 은총을 필요로 한다. 인문주의자 맹자 역시 우리의 자연스런 마음의 발로가 그리 선하지 못하다는 것을 알기 때문에, 생生을 그렇게 이해했다. 생겨먹은 바대로 하면 그리 선하지 못하다는 것이다. 그러나 기독교만큼 인간의 죄를 심각하게 보지는 않기 때문에 성性이라는 말은 선함을 지니고 있는 것으로 보호한다. 그래서 외부의 은총을 필요로 하지 않고, 선은 인간의 능력으로 이룰 수 있고 이루어야 하는 것이다. 그래서 맹자는, 인간의 타고난 성품이 악할 수 있지만, 인간의 본성이 그 때문에 완전히 부패하지는 않았다고 보는 셈이다.

어떻든 인문주의자 맹자는 성性이 생生이 아니라고 함으로써, 도덕적 선은 자연스레 저절로 생기는 것이 아님을 말한다. 인문주의자들은 인간 본성의 선함에 희망을 두었지만, 그것이 저절로 자연스럽게 되는 것이 아니

33 Saint Augustine, "On the Original Sin", *Basic Writings of Saint Augustine*, ed. by W. Oates(New York: Random House, 1948), Vol II, ch.38.

라는 점을 알았다. 맹자는 인과 의를 행하는 것이 버드나무로 버드나무 그릇을 만드는 것이라고 했다.[34] 적어도 버드나무를 구부려 그릇을 만드는 인위적 노력이 필요하다. 인간의 선함을 말했지만, 그 선악의 발생 지점은 사물과 부딪혀 인간의 도덕심이 발휘되는 그 지점이다. 도덕성이란, 타고난 듯이 깊이 뿌리박힌 인간의 잘못된 이기적 습성을 이기고 태어나는 것이다. 그것은 본래의 선한 마음을 발휘하여 이루어지지만 저절로 되지 않고, 생을 이겨야 성이 제 힘을 발휘한다.

생이나 성이나 모두 타고난 것이지만, 여기서 나는 '타고난'이란 형용사와 '본래의'라는 형용사를 구분해서 인문주의자들이 세밀하게 표현하고자 했던 인간관을 설명하고자 한다. 타고난 듯한 거친 마음[35]을 본래의 선한 마음으로 이겨야 한다. '타고났다'는 말은 맹자의 생生이라는 말로, 칸트는 안게보렌angeboren이라는 말로 표현하는 말이다. 현재 자연 상태의 인간의 악의 심각함을 표현한 것이다. 타고난 악의 가능성은 주희에게로 가면 더욱 분명해져서 기질지성氣質之性이라는 언어를 가지고, 인간의 성性의 일부로 본다. 그러나 인간의 선함을 표현하기 위해 우리는 '본래의'라는 말을 사용한다. '타고난' 보다 '본래의'가 더 근원적이다.[36] 맹자는 인간이 짐승같은 점을 타고났지만 '본래' 선하다고 보고 싶었다.[37] 인간은 타고난 바에

---

34 『맹자집주』, 고자 상 1, p. 444.

35 맹자가 타고난 것生而具有이란 말로 인간과 짐승의 공통성을 가리켰으므로, 타고난 거친 마음이라고 표현해봤다. '타고난 악한 마음'이란 표현은 기독교 전통에 서 있는 칸트에게서 보이는데, 동양 전통에서는 그처럼 타고난 악한 마음이라는 표현보다는 '타고난 거친 마음'이라는 것이 더욱 나을 것 같다. 물론 맹자도 인간이 짐승과 다른 점에서 인간의 인간됨을 말하지만, 짐승의 생명의 리듬을 그렇게 악하게만 보지 않는 것이 또한 동양전통이기 때문이다.

36 주희는 이 본래성을 본연지성本然之性이라고 부른다.

37 맹자의 다음 말에서 우리는 그가 인간의 '본래의 선함'을 말했다고 보려는 것이다. "인성의 선함은 물이 아래로 내려가는 것과 같으니, 사람은 불선한 사람이 없으며 물은 아래로 내려가지 않는 것이 없다." 『맹자집주』, 고자 상 2, p. 446.

따라 악할 수도 있고 본래의 모습대로 선할 수도 있다. 그렇다면 선의 가능성과 악의 가능성은 막상막하다. 그러나 맹자는 선할 수도 있다는 바로 그 점을 강조하려는 것이다. 악의 가능성이 있는데 선하게 될 때 정말 주체적인 선함이 이루어지는 것이다. 그때 선은 인간의 의지에서 만들어지게 되는 것이다.

둘째, 성과 생의 싸움은 치열하나. 맹자는 대체大體와 소체小體를 대비하고, 눈코의 감각기관耳目之官과 마음의 기관心之官을 대비한다. 소체는 생존의 욕구와 관련된 기본적인 욕구나 경향성이다. 그것은 생각 없이 본능을 좇는다. 본능이란 인간 안에 들어와 있는 자연이다. 그러나 그 본능은 동물적인 본능과는 다르다고 봐야 한다. 동물적인 본능은 단순히 살려고 하는 의지와 관련된 것이므로 악이라고 할 수 없다. 그러나 인간의 본능은 사회적인 것으로 봐야 할 것이다. 기독교 전통을 배경으로 한 서양 사상가들은 인간의 자연스런 본능은 물론이고 양심이란 것까지도 타락한 것임을 밝혀내려고 했다. 동양의 인문주의자들에게도 자연을 극복하는 문제는 인간의 본능을 극복하는 문제와 관련이 있었다. 자연스런 것은 생존 욕구가 팽창된 욕심으로 되기 십상이다.

살려고 하는 의지는 자연스런 것이다. 그것은 죄라고 할 수 없다. 그러나 인간 사회에서는, 살려고 하는 의지가 결국 권력에의 의지가 된다. 생존을 위한 소유도 남을 지배하기 위한 소유가 되었다.[38] 사회가 그렇게 만든 것이다. 남이 나를 공격하기 때문에, 인간의 생존 의지에는 단순히 살려는 의지뿐 아니라 남을 미워하고 남을 공격하는 마음이 들어 있다. 한자의 아我는 손手에 창戈을 쥐고 있는 것이 아닌가. 나라고 하는 존재는 남을 향한

---

38 기독교 윤리학자 니버는 이렇게 말한다. "인간은 자연이 그에게 부여한 자연스런 생존 본능을 떠날 수 없다. 그리고 그런 생존의 의지will-to-live를 제국주의적인 권력 의지 imperial will-to-power로 바꾸는 죄에서 벗어날 수 없다." R. Niebuhr, *An Interpretation of Christian Ethics*(New York: Meridian Books, 1956), p. 118.

공격적인 존재다. 어디서부터 잘못된 것인지 몰라도, 누구 책임이라고도 말할 수 없게, 이 땅에서 남들과 살아가려면 공격성을 띠지 않을 수 없다. 사회적인 관습이 개인의 습관이 되어 자동적으로 그런 마음이 나온다. 인간은 측은지심惻隱之心도 있지만, 남이 잘되는 것을 달가워하지 않는 마음도 있다. 그런데 어떻게 인간이 선하다고 하겠는가. 여하튼 인간의 본능은 이미 자연의 본능처럼 중립적이지 않고 악성을 띠고 있다. 사람이 처음부터 본래 그렇다기보다는 사회의 산물이다. 그러나 사회는 사람이 만든 것이다. 그런 성격은 이미 자연적인 것으로 우리 속에 자리 잡고 있다. 사회의 관습이 우리 속에 자연스런 본능을 형성하는 것이다. 그래서 저절로 자연스레 나오는 감정은 이기적인 것이다. 이기적인 것은, 본래의 자연스런 생존 욕구가 아니라 이미 지나친 욕심이요 파괴적인 것이다.

서구의 기독교는 인간의 악함을 뼈저리게 느꼈고, 두 마음의 갈등을 보기보다는, 이미 한 마음이 되어 악을 행하는 인간을 보고자 했다. 사람은 선에 대해 무지하고 무능하다고 보는 인간관이 기독교 전통에서 중요한 역할을 한 까닭도 그 때문이다. 맹자 같은 인문주의자들은 두 마음의 갈등을 보았는데, 그 갈등은 심각한 것이었으므로 선한 마음이 잘 안 보일 정도로 악한 마음에 의해 둘러 싸여 있는 것처럼 보일 수도 있었다.[39] 맹자 역시 살고자 하는 욕구가 이미 타락한 상태로 있다고 보는 것 같다. 그래서 인간과 짐승의 차이가 그렇게 크지 않다고 했다.[40] 물론 노자나 장자의 시각에서 보면 동물적이고 자연적인 것은 선도 아니지만 악도 아니다. 천지는 불인不仁하다. 동물은 먹잇감을 잡아먹지만 배가 부르면 절대로 남을 해치지

39 인문주의자들은 적어도 인간은 한 마음으로 악할 수 없고, 악한 짓을 할 때 언제나 두 마음의 갈등이 있다고 본다. 그러나 선을 행하는 문제에서는, 기독교 전통의 인문주의자인 칸트 같은 사람은 두 마음의 갈등 속에서 행하는 것으로 보지만, 성선설을 주장하는 맹자는 한 마음으로 선을 행할 수 있다고 본다.

40 『맹자집주』, 이루 하 19, p. 340. 물론 그 조그만 차이가 굉장히 큰 차이다.

않는다. 말하자면 생존에 충실할 뿐이지 해치고자 하는 마음이 있는 것이 아니다. 그런 점에서 동물의 세계는 인간보다 열등하지 않다. 그러나 인문주의자들에게는 동물과 자연은 인간보다 열등한 것이다. 인간에게 들어 있는 동물적이고 자연적인 성질이란, 인간의 순전한 생존 욕구뿐 아니라 그것이 타락하여 공격적이고 권력적이 된 것까지를 포함한 개념이다. 성은 생이 아니라고 할 때 생生은 그런 모습을 가리킨다. 도덕적이 된다는 것은 그것과 대립하는 것이다.

인간은 짐승과 다르다. 그래서 자기만 살려고 하는 욕구를 넘어서야 된다. 소체를 따르지 않고 대체를 따른다. 그렇게 하려면 물物에 파묻히는 감각 기관을 따르지 말고 마음의 기관을 따라야 한다. 다시 말해서 생각해야 한다.[41] 소체와 대체의 싸움, 소체에 이끌리는 마음과 대체에 이끌리는 마음의 싸움, 그 싸움을 싸우는 주체가 마음의 생각이다. 물론 생각할 필요도 없이 저절로 대체에 이끌리면 좋지만, 그것은 성인의 경지에서나 가능하다. 그것은 수양을 통한 인간의 완성의 목표 지점으로 남아 있다. 현실에서는 생각하지 않으면 물物에 파묻힌다. 그것은 소체가 요구하는 것이다. 자기만 살려고 하는 마음과 관련이 있다. 그것은 항상 과불급過不及으로 빠진다. 현실에서 인간의 감정은 '지나치다'.

마치 설탕을 먹기 전까지 곡물로 만든 전통 다과를 달게 느꼈지만, 설탕이 수입된 이후 입맛이 변해 전통 다과를 달게 느끼지 못하는 것과 같다. 그처럼 너무 달거나 너무 맛있는 것을 찾으면 입맛을 버린다. 자극성이 강한 것을 찾게 되고 음식의 맛을 모르게 된다. 동물은 배가 부르면 먹지 않는다. 그러나 인간은 배가 터지도록 먹는다. 그래서 처음에는 음식이 배를

41 "귀와 눈은 기능은 생각하지 못하여 물건에 가리워지니 물건外物이 물건(눈과 귀)과 사귀면 거기에 끌려갈 뿐이요, 마음의 기능은 생각할 수 있으니 생각하면 얻고 생각하지 못하면 얻지 못한다.", 『맹자집주』, 고자 상 15, p. 479. 여기서 얻는다는 것은 도덕 주체가 되어 대인이 된다는 것이다.

위하여 있다가, 나중에는 배가 음식을 위해 있게 된다. 그처럼 우리 감각이 과잉되어 있듯이, 현실 사태에 대응하는 우리 감정도 과잉되어 있다. 자기 욕망을 다스리지 못해서 주체적으로 살아가지 못하는 것이 인간의 일상생활이다. 맹자에게서 도덕적이 된다는 것은 욕망을 조절하는 주체가 되는 것이다. 그 일을 주도하는 것이 마음의 생각이다. 그러므로 마음은 이제 성性이라는 어떤 도덕 능력을 담고 있는 곳이면서 동시에 소체에 이끌리는 정情을 감시하고 그렇게 해서는 안 된다고 소체를 감시하며 싸움을 싸우는 주체이기도 하다.

셋째, 싸움이 치열한 만큼, 거기서 발휘되는 성性은 천天의 개념을 대신한다. 맹자에게서는 천의 개념이 극도로 약화되고 인간 내면의 호연지기浩然之氣로 대체되는 경향이 있다. 다시 말해서 인간의 내면의 자기 초월성이 천天이 되는 것이다. 소체와 대체의 치열한 싸움의 승리, 그것은 인간의 자기 초월이고 그러한 초월이 인간 밖의 초월을 대체하게 되는 것이다. "그 마음을 다하는 자는 그 성性을 아니, 그 성性을 알면 하늘을 알게 된다"[42]는 말은 인간 밖의 하늘이 인간 내면의 성으로 대체되는 과정을 보여준다. "인의예지가 밖으로부터 나를 녹여 들어오는 것이 아니요 내가 본래 소유하고 있건만 사람들이 생각하지 못할 뿐이다"[43]는 말은 초월transzendent을 선험transzendental으로 바꾸는 인문주의의 전형적인 문구다.

초월은 인간의 자기 초월일 뿐이요, 인간 밖에 어떤 덕스러운 초월적 실체가 있는 것이 아니다. 싸움이 치열할수록 인간의 자기 초월감 역시 치열하다. 인간 현실의 악함을 심각하게 알수록 내면에서 일어나는 초월 감정은 강해진다. 물론 공자나 맹자가 지향하는 것은, 마침내 그런 싸움이 사라지고 저절로 도덕심이 일어나는 경지다. 그러나 그 경우에도 그들의

---

42 盡其心者 知其性也 知其性則知天矣. 『맹자집주』, 진심 상 1, p. 526. 이것은 칸트의 이성 신앙과 구조가 비슷하다.

43 仁義禮智 非由外鑠我也, 我固有之也 弗思耳矣. 『맹자집주』, 고자 상 6, p. 456.

선악의 발생 지점은 물사物事와 부딪히는 인간 현실이기 때문에 자기 초월감이 없지 않다고 봐야 할 것이다. 늘 마음을 다하는 긴장이 없어지는 것은 아니다.

그런데, 맹자에게서 악한 마음이란 선이 나오지 못하도록 막고 있는 장애물 정도다. 말하자면 인간의 성性과 생生이 팽팽하더라도, 구조적으로 볼 때 맹자는 선 쪽으로 기울어 있다. 선한 품성이 있는데, 무슨 방해물이 막고 있을 때 선한 것이 못 나오고 악한 행위가 나오는 것이다. 그러니 외부의 장애가 없으면 선은 저절로 성장하는 것이다.[44] 물론 장애물이 끼지 않게 하고, 일단 붙어 있는 장애물을 없애는 것은 인위적인 노력이고 그것은 대단히 힘든 일이다. 그러나 그 구조로 볼 때 아우구스티누스 같은 신학자는 물론이고 칸트 같은 서양의 인문주의자들과 비교해볼 때도 맹자의 성선설의 구도는 인간에 대해 더 낙관적임을 알 수 있다.

성性은 인간의 도덕적 능력이지만 동시에 명령의 성격을 지닌다. 성은 인仁이지만, 그것이 구체적인 물사物事를 앞두고 리利를 따르지 말고 의를 실현해야 한다는 당위가 되면서 명령의 모습을 지닌다.[45] 『중용』에서도 천명지위성天命之謂性이라고 했다. 성은 천의 명이니 곧 명령이라고 봐야 할 것이다. 자기 수행 능력을 지닌 도덕 명령이다. 퇴계는 말했다. "소당연所當然을 아는 것은 성性을 아는 것이고, 소이연所以然을 아는 것은 하늘을 아는 것이다."[46] 성性은 마땅히 어떠해야 한다는 당위 명령이다. 성은 성명性命이다. 그러나 인간 내부의 명령이지 외부에서 명령하는 것이 아니다. 그리고 자기 명령에 자기가 따를 수 있는 능력이 있다. 자기 수행 능력을 지

44 "그 기氣됨이 지극히 크고 지극히 강하니, 정직함으로써 기르고 해침이 없으면 천지의 사이에 꽉 차게 된다." 『맹자집주』, 공손추 상 2, p. 128.

45 "인은 사람의 마음이요, 의는 사람의 길이다"仁人心也 義人路也, 『맹자집주』, 고자 상 11, p. 473.

46 『국역 퇴계전서 8』(서울: 퇴계학연구원, 1989), p. 72.

니고 있는 명령이다. 자기 수행 능력을 지닌 명령이란 인간의 자율적 이성 능력이라고 할 수 있다.

넷째, 이것은 도덕적인 자기완성과 관련된 문제이기도 하다. 인문주의자들은 수양론을 펴는 쪽으로 가게 된다. 선악의 발생 지점은 현실 사태와 부딪혀 의지가 도덕 명령에 따르는 바로 그곳이지만, 매번 치열한 싸움을 싸우기보다는 아예 마음 자체를 도덕 명령에 일치하는 마음으로 만들기를 바란다. 그렇게 되면 두 의지의 분열 없이 자연스럽게 도덕 당위를 행할 것이다. 앞에서 보았듯이 공자가 인仁을 좋아서 하고 즐기면서 하는 것은 그런 차원을 가리키는 것이다.

칸트는 인간의 근본악을 본 사람으로서, 그런 완성은 희망 사항으로 본다. 그가 말하는 희망 사항이 바로 영혼 불멸과 신 존재 증명과 연관된다. 그러나 맹자는 성선설을 주장하고 누구나 성인이 될 수 있다고 한 사람으로서, 그리고 일반 사람의 사단에서 저절로 발하는 선을 본 사람으로서, 완성된 상태를 그리고 있다. 그는 요순堯舜을 가리켜, 인의로 말미암아 행한 사람由仁義行이지 인의를 행하지 않았다非行仁義고 했다. 이것은 자기가 인의를 행한 것이 아니라 인의라고 하는 성性이 스스로 자기 발현을 한 것이라는 말이다. 이것은 심의 주체적 작용이 없는 상태를 가리키는 것은 아니라고 봐야 한다.[47] 만일 인의가 인간 밖의 실체라면 인간의 주체적 작용이 없을 수 있고, 그렇게 되면 기독교 신학의 차원으로 넘어가거나 아니면 적어도 퇴계의 성리학이라면 혹시 그런 말을 쓸 수도 있다. 그러나 앞에서 보았듯이 맹자에게서 인의仁義는 인간 밖의 어떤 실체가 아니라 결국 인간의 마음의 덕성이다. 그러므로 인의로 말미암아 행한다는 것은, 칸트 식으로

47 "심의 주체적 활동의 계기가 약화된 가운데서의 성의 자연스러운 자기실현, 발현이라는 의미를 강하게 담고 있다"(문석윤, 앞의 글, p. 14)는 말은, 주체가 없어지는 것이기보다는 공자가 말하는 종심소욕불유구從心所慾不踰矩의 경지 또는 칸트가 말하는 자유와 자연의 일치라고 봐야 할 것이다.

표현하면 오직 도덕 법칙으로 말미암아 도덕 법칙을 위해서 행하는 것과 같다. 그러나 칸트에게서 그것은 인간의 자율적이고 주체적인 도덕 행위를 가리키는 것이었듯이, 맹자의 말도 마찬가지다. 결국 인간이 주체적으로 마음을 움직여 행한 것이지만, 이미 그 마음이 상당히 수양이 되어 소체를 따르려는 마음의 걸림이 없이 대체의 마음이 그대로 발휘되는 경지를 가리키는 것이라고 봐야 할 것이다.[48] 인간의 자기 초월의 경지를 가리킨 것이라고 할 수 있다.

앞에서 보았듯이 칸트처럼 인간의 마음의 부패를 심각하게 본 인문주의자들은, 자기가 죽고 마치 도덕법이 살아야 되는 식으로 표현하기도 하는 것이다. 맹자도 인간의 부패를 심각하게 본 사람이므로 그런 표현을 했다고 봐야 한다. 다만, 맹자는 인간의 두 마음의 갈등을 칸트만큼 심각하게 보지 않았다. 앞에서 본 대로 선의 행보에 방해물이 있는 정도다. 그래서 인간의 자기완성의 가능성을 중요하게 보았고, 자기 수양론이 강화되는 것이다. 자기 초월은 성의 명을 따를 때 언제나 일어나는 것이지만, 그러나 초월하기 위한 투쟁을 일일이 하지 않고 마음을 수양하여 저절로 성의 명을 따를 정도의 경지에 이르고자 하는 것이 인문주의자들의 목표였던 것 같다. 그런 가운데서도 칸트는 대체로 서구 기독교의 영향을 받은 인문주의자의 모습을 보이고, 맹자는 성선설에 바탕을 둔 동양 전통의 대표적인 모습을 보여주고 있다.

결국 동서양의 인문주의자들이 도덕 당위를 말할 때, 그들은 인간 내면에서 일어나는 두 마음의 싸움을 보았다. 자연스레 이는 인간의 마음이 선하지 않으므로, 그것을 이기고 도덕법이나 천명에 따라 행할 때 자유로워

---

48 그래서 맹자는 칸트처럼 의지를 중시했다. "의지意志는 기氣의 장수요 기는 몸에 꽉 차 있는 것이니, 의지가 최고요 기가 그 다음이다" 『맹자집주』, 공손추 상 2, pp. 124-125.

진다. 그런 점에서 칸트의 용어로는 자연과 자유가 대립되는 것이고, 맹자의 용어대로라면 성과 생이 대립된다. 그들은 자유를 얻기 위해 욕망을 이길 것을 요구했고, 도덕적 양심으로 자연스런 욕망을 완전히 정복할 것을 바랐다. 그것이 그들이 추구한 도덕적 자기완성이요, 칸트의 용어로 말하면 자연과 자유의 일치다. 그러나 거기에는 자연에 대한 감각이 빠져 있다. 천지와 자연 사물은 배경이고 인문주의자들은 오로지 인간의 문제에 집중한다. 그러나 생명 당위와 도덕 당위를 너무 대치시켜놓으면 인간은 너무 큰 부담을 지고 자유롭기 어렵다. 그렇다고 이기적으로 살도록 놔둘 수도 없는 노릇이다. 자기 수양의 문제와 자연친화적인 차원이 조화될 수는 없을까. 도덕 당위와 생명 당위가 모순되지 않는 길은 없을까.

2. 생명 당위

인류의 스승이라고 하는 인문주의자들이 도덕을 통해 실현하고자 하는 것이 무엇이었는지 살펴보았다. 그들은 현재 인간이 이루는 세상의 현실을 그리 덕스럽게 보지 않았다. 그리고 인간의 악한 현실을 이길 수 있는 방법으로 인간의 내면의 변화를 생각했다. 무력 투쟁을 생각하지 않고 내면의 투쟁을 생각한 점에서 인문주의자들은 인류의 스승이라고 할 수 있다. 밖의 현실이 악할 뿐 아니라 인간 내면도 이미 분열되어 있다. 그들은, 인간답게 되는 길과 현실에 타협하며 목숨을 부지하고 이득을 좇아 사는 길의 갈림길에 인간이 서 있다고 보았다. 그 갈림길은 인간 내면의 분열이기도 하다. 말하자면 두 마음이 갈등을 일으키고 있는 것이다. 성리학에서 쓰는 표현을 빌리면 심성心性과 심기心氣의 갈등이다. 그러한 분열은 세상 때문에 생긴 것이지만, 인문주의자들은 그러한 분열을 극복하고 손해를 보더라도 선을 좇아 결단하며 살 책임이 인간 개인에게 있다고 보았다. 그것은 쉬운 일이 아니므로 고통스럽지만, 때로 현실적인 손해에서 오는 고통에도 불구하고 그러한 도덕적 책임을 다하는 것이 인간이 인간답게 되는 길이라고 보고, 거기에 세상 변화의 희망을 걸었다.

그런 점에서 그들은 인간에게 희망을 둔 사람들이다. 인문주의는 곧 인간주의인 셈이다. 따라서 인문주의는 인간 밖의 어떤 초월적 존재를 부정하고 인간에게 주어진 선험적인 도덕 능력을 신뢰했다. 그들은 무엇보다도 어떤 도덕 명령 앞에 선 인간을 보았고, 그 도덕적 당위가 이끄는 데서 실현되는 자유와 삶의 의미를 실현하려고 했다. 그리고 그처럼 자기를 이기는 길을 통해 세상의 주인으로서의 인간 주체를 확립하려고 했다. 동서양의 인문주의는 인간의 높은 정신세계를 통해 폭력의 악순환을 막으려는 시도라는 점에서, 인류의 중요한 자산이다.

그런데 우리는 좀 다른 측면도 생각하려고 한다. 인문주의자들이 생각한 도덕 당위보다 더 근원적인 당위를 말하고자 한다. 그것은 말하자면 생명의 당위다. 살아야 한다는 당위다. 생生도 명命으로 우리에게 주어져 있다. 생명은 생의 명이다. 도덕 당위 곧 성性의 명命은 그 생의 명을 넘어서서 도道를 실현하는 인간을 요구했다. 그들은 살아야 한다는 당위를 공격성과 이기심이 둘러싸고 있다고 본다. 인문주의자들은 그 인욕人欲에 의해 천리가 크게 어그러져 있음을 심각하게 본 사람들이다. 살려고 하는 것은 천리天理이고, 그 생명력은 원래 공격성을 띠고 있는 것이 아닌데, 이 세상에서 살다보니 공격적이지 않고는 살 수 없게 되었다. 그러므로 생의 명에 충실한 것은 결국 남을 이기고 권력을 가지려는 의지로 연결되게 되었다.

성명을 따라 인욕을 없애는 것, 그것은 곧 생生의 명命에 너무 집착하지 않는 것이 되었다. 그 결과 생명의 힘이 약해지고, 자연의 리듬과 너무 멀어지게 되었다. 현대 문명으로 보자면 생명을 침해하는 결과로 치닫고 있다. 살아 있다는 것 그 자체는 너무나 당연시되고 전제가 되며, 잘 사는 데만 중점을 두게 된다. 물론 인문주의자들이 말하는 잘 사는 것은 덕을 이루는 것이다. 객관적인 소유물을 늘려서 잘 사는 삶을 이룩하려고 한 것이 아니라는 점에서, 그들은 역시 인류의 정신세계를 향상시키는 데 이바지한 스승들이다. 그러나 바로 그 정신세계 곧 마음의 자유를 추구한 면에서 그들은 인간의 몸을 극복의 대상으로 여기는 경향을 갖고 있다.

인문주의자들 가운데 그 누구도 육과 물질의 세계를 꼭 악으로 여긴 것은 아니지만, 생리적 리듬에 충실하게 되는 것을 경계하고, 몸의 요구를 딛고 넘어서는 데 중점을 두었다. 칸트는 도덕에서 감정을 제거함으로 물질적인 것을 배제하려고 했고, 공맹에서 극기복례克己復禮는 결국 생과 육의 욕망을 이기는 것이었다. 그리고 그것은 주희나 퇴계와 같은 성리학에서는 기氣의 문제로 설명되었다. 물질이나 생生이나 몸이나 기氣 같은 것은 인문주의자들에게 그 자체로 악으로 여겨지지는 않았지만, 제대로 사는 것을 방해할 수 있는 위험한 것으로 경계의 대상이었다. 그래서 악을 표현하는 데 그런 말들이 동원되었다. 그러나 우리는 오랫동안 인문주의자들이 멀리했던 생의 명의 의미를 다시 생각해보고, 거기서 새로운 해방의 길을 찾아보려고 한다.

몸이나 기氣는 잘 사는 어떤 도덕 가치를 추구하기 전에, 우선 살려고 한다. 생명 그 자체다. 그것은 의미를 말하기에 앞서 살 것을 요구한다. 몸의 언어는 생명에서 멀리 떨어져 의미를 추구하지 않고, 생명 가까이서 그 주변을 맴돈다. 몸이나 기의 요구는, 이 세상에서 사느라고 이기적이 된 마음에 의해 이기적인 틀에 젖어 있을 수도 있지만, 몸에서 나오는 솔직한 생명의 요구는 여전히 가장 근원적인 명령일 수 있다. 말하자면, 도덕 명령보다 우선하는 명령이다.

생명의 문제는 최근에 서구의 과학 기술 문명과 자본주의가 가져온 생태계 파괴 때문에 학문의 주제로 떠올랐다. 그러나 한국과 동양에서는 오래전부터 자연친화적이고 생명친화적인 사고방식을 가지고 있었으며, 그러한 삶을 진행해왔었다. 물론 인문주의의 출현은 동서양을 막론하고 어느 정도 인간 중심적 시각을 지니고 있다. 문제는 어느 정도나 자연주의적인 사상의 견제를 받아 그 안에 자연친화적인 면을 지니고 있는지에 동서양의 차이가 있다고 할 수 있다. 그렇게 보면, 문화라는 이름으로 인문학적 전통이 시작된 그 순간부터 생명 당위는 인문주의에 눌려 있으면서도, 늘 인문주의를 견제하면서 다른 형태의 자유를 추구하는 힘으로 남아 있거나, 민중들에게서 담담한 삶의 또 다른 문화적 형태를 이루어왔다고 할 수 있다.

생명 당위의 두 차원

그처럼 최근에 제기된 문제와 인류의 문명이 시작될 때부터 존재해왔던 문제를 모두 고려할 때, 생명 당위에는 두 가지 차원이 있다고 할 수 있다. 하나는 인류 집단 차원의 생존 문제이고, 또 하나는 개인의 문제다.

첫째, 현재 존재하고 있는 인류는 계속 존재해야 한다는 차원이다. 이것은 오늘날 생태계 파괴에서 비롯된 인류 파멸의 위기 앞에서 제기된 문제다. 인류 차원의 생명 당위다. 한스 요나스Hans Jonas는 그의 책 『책임의 원칙*Das Prinzip Verantwortung*』에서 이렇게 말한다. "아주 맹목적인 우연이 인류를 사물의 전체 속에 나타나도록 하였다고 할지라도 일단 실존하는 인류는 계속적으로 이 사태에 대한 의무를 가지고 있다. 그것은 공동체적 책임의 대상이 될 수 있는 모든 사태들 중의 근본 사태이다."[49] 진화론자들이 말하는 것처럼 인류의 출현이 우연이라고 할지라도, 일단 출현한 생명인 인류는 자기 생존에 책임을 져야 한다는 말이다. 인류의 자기 생존이란 결국 개인의 문제가 아니라 인류 공동체 전체의 문제로서 인류라는 종의 존재가 계속될 수 있도록 미래에 대한 책임을 져야 하는 것이다. 개인의 자살의 권리에 대해서는 논란의 여지가 있지만, 인류의 자살은 무조건 안 된다는 전제를 깔고 있다.[50] 인류라고 하는 종의 차원에서 보면, 존재가 비존재보다 선이다. 다시 말해 인류의 존재 자체는 인류의 비존재와는 가치 비교가 불가능한 무조건적인 선이라는 말이다.

존재 자체가 선이라는 점, 살아 있음 자체가 선이라는 것은 기존의 윤리학에서는 나올 수 없는 명제다. 공자나 칸트나 그 누구에게 있어서도 선이란 존재에서 곧바로 성립되는 것이 아니라, 악한 마음을 이기고 실현되는

49 한스 요나스, 『책임의 원칙』, 이진우 역(서울: 서광사, 1994), p. 182.

50 위의 책, p. 81, p. 83.

선의 싸움을 거쳐 성립되는 것이기 때문이다. 플라톤이나 아우구스티누스가 '존재하는 것은 모두 선하다'는 명제를 말했지만, 그것은 만물의 기원을 선에 둠으로써 도덕적인 선의 실행을 격려하기 위한 것이다. 현대 철학자 한스 요나스의 '존재가 곧 선'이라는 명제와 고대 인문주의자들의 '존재하는 것은 모두 선하다'는 명제는 전혀 다르다. 그 부분은 뒤에서 다시 볼 것이다. 여하튼 마음 씀씀이에서 선악이 결정되는 것이지, 존재를 곧바로 선으로 보려는 생각은 인문주의 전통에 없다. 앞에서 우리가 본 그대로다.

한편 미래 인류에 대한 의무는 현재에 초점을 맞춘 것이 아니라 미래에 초점이 맞추어져 있는 점에서도 기존 윤리와 다르다. 칸트의 정언 명령은 현재 시점의 인간의 동기에 초점이 맞추어져 있지만, 생명 당위는 그 행위가 인류의 존속에 어떤 영향을 주는지 결과도 보아야 한다. 미래에 미칠 영향을 전혀 고려하지 않은 무시간적인 윤리가 칸트의 윤리라면, 책임 윤리는 미래의 인류 존재에 대한 책임을 고려하는 윤리다. 그동안 사랑이나 정의 등의 용어가 윤리의 핵심이었던 것은 미래를 고려하지 않고 영원의 관점을 가진 윤리였기 때문이라고 보고, 그런 점에서 전통 윤리가 영원을 지향하는 수직적 윤리였다면, 책임 윤리는 미래를 고려하는 수평적 윤리다.[51] 행위 결과에 대한 관심이 윤리적 선을 정의하는 데 들어온다는 것은, 윤리에 시간이 들어오는 것이다. 결국 책임 윤리란 도덕적 가치가 결정되는 구도에 시간이라는 변수를 끌어들인 것이다.

그는 인류의 존재 책임의 성격을 설명하면서 어린아이를 돌봐야 할 책임에 대해서 말한다. 그것은 우리가 자연에서 물려받은 책임으로 무조건적이다.[52] 어린아이를 귀여워하고 그의 생생한 생명력 앞에서 그 생명을 지속시킬 책임을 느끼는 부모의 책임은 '자연적'인 것이다. 인간은 그처럼

51 위의 책, p. 216, p. 219.

52 위의 책, p. 174.

생명 앞에서 그것을 '살려야 할 책임'을 느낀다. 그리고 그것은 무감정의 이성에 의해 수행되는 것이 아니라 감정이 중요한 역할을 한다.[53] 그 점에서도 기존의 윤리와 다르다. 현대 사회에서 책임이라면 일차적으로 계약을 생각하고, 권리 의무의 교차 속에서 생기는 책임을 생각한다. 서로의 권리가 탄생하면서 그 권리와 동시적으로 생겨나는 의무가 계약에서 생기는 책임이다. 그것은 유한 책임이다. 권리가 있는 만큼 의무를 지는 것이기 때문이다. 현대 사회는 그런 유한 책임의 사회다. 계약 책임을 통해 서구 사회는 개인의 권리를 중시하는 사회를 만들었고, 사회 계약론에서 보듯이 권력을 비신성화하는 데 이바지했다. 그러나 자연 공동체에 내재해 있던 생명에 대한 책임은 멀어졌다. 부모가 아이에 대해 느끼는 책임은, 엠마누엘 레비나스Emmanuel Lévinas의 용어로 하면 무한 책임이다.[54] 그것은 권리가 없는 의무다.

물론 레비나스는 부모의 책임이라고 하는 특수한 경우가 아닌 일반적 책임을 말한다. 누구나 상대방 앞에서 무한 책임을 느낀다는 것이다. 그런데, 레비나스의 무한 책임은 요나스의 자연 책임을 일반적 인간관계로 확대한 내용을 지니고 있다. 레비나스가 말하는 '대속'이나 '타자의 종이 됨'은 마치 어린 자식의 모든 행동에 부모가 책임을 지는 것과 같기 때문이다. 그리고 타자의 얼굴 앞에서 느끼는 무한 책임이라는 것이 '적어도 나는 너를 죽일 수 없다'는 데서 시작하는데, 그것은 곧 생명의 존속에 대한 책임으로부터 무한 책임이 시작되고 있음을 의미한다. 물론 레비나스는 주체 이후를 말하려는 것이다. 그러나 오늘날 레비나스를 포함한 서구 학자들이 주체 이후를 생각하는 데 주체 이전의 자연 책임이라는 것이 그 상상력의 기반을 이루는 것 같다. 요나스가 말하는 자연 책임과 레비나스의 무한 책

53 위의 책, p. 179.

54 레비나스의 무한책임에 대해서는 엠마누엘 레비나스, 『윤리와 무한』, 양명수 역(서울: 다산글방, 2000) 참조.

임을 연관해서 생각해보면 그런 점을 알 수 있다. 어떻든 요나스는 미래 인류의 존속과 관련해서 자연 책임의 중요성을 강조함으로 윤리학에서 자연을 복귀시킨다. 그리고 감정을 복귀시킨다. 물론 그가 말하는 자연은 산천초목의 자연이 아니라 본능을 가리킨다. 본능은 인문주의에서 열등한 것으로 평가되었는데, 한스 요나스의 책임 윤리에서는 윤리적 의미를 지닌다.

그런데, 생명 당위의 또 다른 차원이 있다. 그것은 우리를 지금처럼 살아 있게 하는 원동력이 되는 당위다. 인문주의에 의해서 끊임없이 견제된 그 생명의 당위를 재조명할 필요가 있다. 내가 이 글에서 말하려고 하는 생명 당위는 아이를 살리고 미래 인류를 살려야 하는 당위가 아니라, 내가 살아야 하는 당위다. '산 사람은 살아야 한다'는 당위가 지니고 있는 윤리적 의미를 부각시키고자 하는 것이다. 그것은 인류의 생존 당위를 말하는 한스 요나스의 책임 윤리와도 다르다.

그의 책임 윤리는 서구 인문주의에서 발전시킨 도덕 당위와 대치되는 것이 아니라, 그 도덕 당위를 집단의 차원으로 벌려놓은 것이라고 할 수 있다. 도덕 주체를 개인에서 인류 공동체로, 도덕 행위의 대상도 개인에서 인류 공동체로 확대한 것이다. 그것이 인류의 '존속'을 문제 삼는다는 점에서 생명 당위에 들어오지만, 그 생명 당위는 도덕 당위의 확장이라고 해야 할 것이다. 왜냐하면 그의 책임 윤리는 결국 남을 배려하는 문제이기 때문이다. 그 '남'이 현재의 누구가 아니라 아직 존재하지 않는 미래의 인류라고 하는 점에서 기존 윤리와 달리 특이하지만, 여전히 그것은 내가 아닌 남을 위한 윤리인 것이다. 타자에 대해 지켜야 할 도리로서의 윤리는 여전히 유지되는 셈이다. 그런 점에서 타자의 생명에 대한 의무는, 인문주의적인 도덕 당위다. 그것이 미래의 남을 배려하는 것이란 점에서 기존 윤리와 몇 가지 다른 점을 지니고 있지만, 여전히 도덕 당위를 다루고 있는 셈이다. 다시 말해서 기존의 도덕 당위와 다른 새로운 구도의 도덕 당위를 제시한 셈이다. 뒤에서 보는 대로 도덕 당위는 알고 보면 인류라는 종 차원의 생명 당위에 기반을 둔 것이다. 다시 말해서 인류라고 하는 종 차원의 생명 당위는 이미 도덕 당위 차원에서 현실화되어 있다는 말이다.

그런데 우리가 말하고자 하는 생명 당위 곧 '산 사람은 살아야 한다'는 당위는 살아 있는 한 사람이 자기의 존재를 지속해야 하는 의무다. 자기 존재에 대한 의무이므로 지금까지 윤리적 논의에서 제외되어왔다. 윤리에서는 언제나 자기를 극복하는 문제가 중요한 문제였기 때문이다. 자기의 존속과 존재는 자살이라고 하는 부정적 측면으로만 윤리적으로 조명되었다. 그러나, 의미를 추구하다 무의미에 시달리는 인간의 현실 한가운데서, 개인의 생명 당위를 다시 봐야 한다. 인문주의적인 도덕 명령에 눌려 있던 생명을 살리면서 동시에 민중의 끈질긴 생명력에 대해 평가할 수 있어야 한다. 그것은 의미 물음을 물을 겨를이 없는 생명을 새롭게 평가하고, 의미 물음을 초월한 삶의 길을 열어 보이려는 것이다. 자기 존재의 지속에 대한 의무이므로 한스 요나스가 주제로 삼은 인류라는 종의 문제가 아니라 개인의 문제이며, 미래의 문제가 아니라 매 순간의 문제다. 그런 점에서, 살아야 하는 당위는 환경 파괴 이후에 새롭게 제기된 문제라기보다는 늘 우리의 삶을 지탱해오던 것을 의식화하는 작업이라고 할 수 있다. 앞에서 말한 대로 인문주의적 문화가 탄생한 이후에 눌려왔던 것을 새롭게 드러내는 작업이다.

한스 요나스처럼 새로운 도덕 당위를 제시하지 않더라도 기존의 생명 당위를 재발견함으로써, 자연 파괴를 억제할 사상적 기반도 찾을 수 있을 것이다. 요나스 역시 서구적 사유의 연장에 있다면, 우리의 생명 당위는 동아시아의 전통에 있던 것을 재조명함으로 새로운 길을 찾아보려는 것이다. 동아시아 전통에 있던 자연친화적인 인문주의는 하나의 길을 보여줄 것이다. 생명 당위의 상상력의 근원은 자연이다. 더구나 우리에게 주어져 있는 생명 당위가 이기적인 것이 아니고, 오히려 자연적인 생명 당위에 충실할 때 타자와의 교통의 길이 새롭게 열릴 수도 있다. 그렇게 되면 기존의 도덕 당위가 추구하던 것을 훨씬 자연스럽게 충족하게 되는 결과도 얻게 된다.

생명 당위의 성립

도덕 당위는 마음의 분열이 있기 때문에 당위가 된다. 그것을 윤리학에서는 흔히 존재와 당위의 분열이라고 부른다. 생명 당위도 마음의 분열이 있기 때문에 당위가 되고, 살아야 한다는 명령으로 우리에게 주어진다. 그러나 거기에는 도덕 당위처럼 존재와 당위의 분열이 두드러지지 않는다.

죽고 싶은 마음과 생명 당위

살아 있는 존재는 누구나 살려고 한다. 그러므로 살아야 한다는 당위는 거의 의식되지 않는다. 의식적으로 의지를 가지고 수행하지 않아도 본능적으로 살려고 하기 때문에, 살아야 한다는 명제는 당위라고 하기도 어렵다. 존재가 당위를 수행한다. 살아 있음이 곧 살아야 한다는 당위를 이끌고 삶을 지속하고 있다. 도덕 당위와 달리 두 마음의 싸움이 없다. 살아 있는 존재는 한 마음으로 살려고 한다. 그리고 그것이 원래 본능이요, 자연적인 것이다. 그것은 인간이나 동물이나 살아 있는 모든 존재에게 해당되는 것이다.

그러나 어떻게 해야 한다는 당위가 성립하는 것은 그렇게 하지 않으려는 마음이 있기 때문이다. 그런 점에서 생명의 당위도, 외부로부터 또는 내부로부터의 죽음의 위협이 있기 때문에 생긴다. 그중에서도 내부가 문제다. 살아야 한다는 당위는, 살지 않으려는 마음 또는 살고 싶지 않은 마음이 있으므로 당위가 된다. 그것은 생물체 중에서 몸의 자연적 리듬에서 벗어난 인간에게만 해당되는 것이다. 인간은 죽고 싶어 하기도 한다. 죽고 싶은 마음도 살고 싶은 마음만큼이나 본능적이다. 아주 뿌리 깊게 자리 잡고 있다. 죽고 싶어 하기 때문에, 살아야 한다는 당위가 당위로 떠오른다. 모든 생명체 중에서 생명生命이 생生의 명命이 되는 것은 인간뿐이다.

평소에 생의 명은 잘 느껴지지 않지만, 생명의 위협을 느끼거나 어떤 불행을 당해 살고 싶지 않을 때, 삶은 삶을 계속하도록 우리에게 명령한다. 그리고 대개 우리는 그 명령에 복종한다. 그래서 살아 있다. 그것은 내 마음의 명이 아니라 몸의 명령이다. 도덕 명령은 이기적인 마음을 도덕법에 따르는 선량한 마음이 누르는 것이라면, 생의 명은 마음의 명령도 아니고 몸에서 자연스레 우러나오는 명령이다. 죽고 싶은데 어린 자식을 위해 살아야 한다는 마음에서 산다면, 그것은 마음의 명령이고, 이미 도덕 명령이다.[55] 앞에서 본 대로 책임 윤리와 연결된 도덕 명령이다. 그러나 누구를 위하기 전에 스스로 살고 싶은 마음이 있다. 그것은 특별한 경우가 아니더라도 의식하지 못하는 상태로 우리의 생애生涯를 구성하고 있다. 그 마음은 몸의 마음이다. 그래서 살고 싶은 의지가 전혀 없어도 산다. 그것은 도덕 명령 못지않은 더 큰 명령에 복종하는 것으로 그 생의 명 역시 도덕 명령 이상으로 존엄하다. 몸의 명령이라고 했지만, 내 몸을 통해 연결된 우주적 자연의 명령에 순응하는 것이라고 볼 수도 있다.

인문주의자들은 누구나 분열된 두 마음이 통합되어 한 마음으로 도덕법을 따르는 경지를 추구했고, 그것은 높은 차원에서 덕이 자연스레 실현되는 경지다. 그런데 몸은 마음의 분열이 없이 한 마음으로, 살고 싶어 한다. 그것을 우리는 몸의 마음이라고 부를 수 있다. 그것은 인문주의자들이 생각한 도덕적 주체보다 더 근원적이다. 인문주의자들이 말하는 성명性命(성의 명)이 아니라, 생명生命(생의 명)이 등장하는 지점이다. 성의 명과 달리 대개 우리는 평소에도 나도 모르게 생의 명령에 복종하지만,[56] 특별히 어떤

55 칸트가 그 부분을 지적하고 있다.

56 베르그송은 『도덕과 종교의 두 원천』에서 도덕 명령이 칸트와 달리 대개 무의식적으로 수행되고 있음을 잘 지적했다. 그런데 그때 무의식이란 개인적 습관을 가리킨다. 그러므

순간 생명의 위협을 당했을 때는 생의 명이 나의 온몸과 마음을 복종시킨다. 그때에는 마치 생의 명이 스스로 주체가 되어 나를 이끄는 것과 같다. 마치 인문주의자들이 성의 명에 복종하는 상태를 성의 명 스스로 주체가 되고 목적이 되는 것처럼 표현하는 것과 같다. 그러나 도덕 명령보다는 생의 명령이 훨씬 자기 수행적인 요소가 크다. 도덕 명령에 대한 복종은 인간이 자연적 본능을 이기고 인위적인 결단을 통해 이루어지는 것이지만, 생의 명령은 인간의 인위적 요소가 지극히 약화된 가운데 자연적 본능에 충실한 것이기 때문이다. 물론 그것도 당위이므로 거기에 대한 복종은 마음 씀씀이가 개입되지만, 의지라고도 할 것 없이 자연의 힘에 이끌리는 것이라고 하는 편이 낫다.

생명 당위가 일반적인 주제가 될 수 있는 까닭은 생명의 위협이 우리에게 일반적인 현상이기 때문이다. 마치 인문주의자들이 성性의 명命을 어기는 것이 우리의 일상적인 삶의 현상이라고 여겨서, 성명 당위를 윤리의 주제로 삼은 것과 같다. 생명의 위협이 일상적인 현상이라는 얘기는 단지 생태계 파괴로 비롯된 인류 생존의 위기를 가리키는 말이 아니다. 예부터 인간이 자연에서 벗어나 자연과 거리를 두고, 인간의 생리적 욕구를 길들이며, 문화를 이룬 이후부터 시작된 생명 억압 현상을 가리키는 것이다. 물론 현대 문명이 기술과학의 발달을 통해 더 풍요롭게 살려고 할수록 생명 자체에 대한 위협은 커진다고 볼 수도 있다. 그냥 살지 않고 잘 살려고 하는 노력은, 정신뿐 아니라 물질의 소유도 늘리는 쪽으로 인류 문명을 발전시켜왔다. 그러나 우리가 말하는 생명 당위는 인문주의자들을 겨냥한 것이므로, 문화의 출발과 함께 시작된 인간 억압의 문제를 제기하려는 것이다. 그들은 의미 있는 삶이라는 측면에서 잘 살아보려고 했는데, 정신적으로 너

로 후천적이요, 사회에서 주어진 것이다. 그러나 우리가 여기서 말하는 생의 명의 무의식적 수행은 자연에서 주어진 것이요, 베르그송이 말하는 습관으로서의 무의식보다 더 무의식적인 것이다.

무 잘 살아보려고 한 데서 비롯된 생명의 억압이 있음을 우리는 살펴보려는 것이다. 다시 말해 도덕 당위와 비교되는 생명 당위를 말할 때, 나는 우리의 일상적인 삶 속에 '죽고 싶은 마음'이 깊이 들어와 있는 현실을 중요하게 보는 것이다.

살려고 하는 것은 자연적 본능이라고 앞에서 표현했지만 사실 몸을 통해 명령하는 자연의 명령에 복종하는 것이다. 죽고 싶은 마음을 이긴다는 점에서, 의지라고 볼 수 있을지 모르나, 그것은 인문주의에서 말하는 의지 이전의 차원이다. 왜냐하면 인문주의의 의지는 의식에서 나가는 것이지만, 살아야 하는 당위를 실천하는 것은 의식 이전에 벌어지는 것이기 때문이다. 그래서 숨 쉬고 살고 있다. 마음을 먹고 쓰는 것이 의지인데, 살고 싶음은 마음을 먹고 쓰기 전에, 마음이 가는 것이다. 본능이라고도 할 수 있지만, 서양 사람들이 말하는 열등한 차원에서의 본능은 아니다. 살고 싶은 마음에서 나오는 살아야 하는 당위는, 마음이 가는 데로 마음을 먹는 것이다. 마음을 먹는다는 점에서 흔히 말하는 본능은 아니다. 한편, 마음을 먹는다는 점에서 의지처럼 보이지만, 선악의 갈림길에서 싸우는 인문주의적 의지가 아니다.

서양의 과장－주체

그런데 서양에서는 인간이 의지적으로 살고 있다는 점을 과장해서 해석해왔다. 동양에 비해 그들은 인생의 어두운 면을 좀 더 심각하게 보고, 언제나 투쟁적 관점에서 삶의 해방과 자유를 찾는 경향이 있다. 그것은 인간 중심주의적인 주체성을 확립하는 방향으로 발전했다. 그래서 그들은 유독히 삶의 의미를 추구하고, 살아 있는 것 자체도 주체적인 결단에 의한 것으로까지 보려는 시도가 나타난다.

서구의 구도에서 보면 인간의 살아 있음은 다음 세 단계를 거친다고 할 수 있다. 우선, 사람은 본능적으로 살려고 한다. 그 본능의 힘은 자연적으로 주어진 것으로서 매우 강하다. 그러나 인간에게는 죽음에의 본능도 매우 뿌리 깊게 들어와 있다. 서양의 사상은 바로 그 점에서 특이하다. 다시 말해 인간이 현실에서 겪고 있는 비존재의 위협을 다각도로 분석하고 밝혀 온 것이 서양 사상과 기독교의 역사라고 해도 무리가 없을 것 같다. 외부에서 가해지는 정치적 폭력에 민감하고, 인간 내면에서 벌어지는 심리적인 억압의 문제까지도 밝혀낸 것이 서구의 사상이다. 그들은 악의 힘에 대해 매우 심각하게 인식하고, 따라서 도처에 있는 악과 싸워 이기는 문제를 늘 자유의 과정으로 인식해왔다. 그런 대립적 구도는 살아 있는 사실 자체에도 적용된다. 죽음에의 본능을 이겨야 산다. 지금 살고 있다는 것은 죽음의 본능을 이기고 있다는 것이다. 삶의 본능이 자연이지만 죽음의 본능도 자연이 되었다.

동아시아에서는 죽음의 본능을 크게 느끼지 못한 반면에, 서양은 세상의 악과 비존재의 위협이 죽고 싶어 하는 마음을 만들었고, 마침내 그것이 본능처럼 되어 있다고 생각했다. 죽음의 본능이라는 말을 만든 것은 프로이트이지만, 그 이전부터 서구는 악을 심각하게 보았다. 질료를 악의 원인으로 본 플라톤이나 인간이 죄 중에서 태어난다고 본 유대교의 죄의식이나 원죄를 말한 기독교의 인간관은 비존재의 위협이 얼마나 큰지를 실감한 데서 나온 생각들이다. 외부로부터 시작된 비존재의 위협이 내면에 뿌리를 내려 살고 싶지 않은 마음을 형성하고, 그것은 거의 본능처럼 되었다는 것을 서구 인문주의자들은 알고 있었고, 그것은 특히 기독교의 영향 아래서 더 분명하게 의식되고 언어화되었다. 사도 바울은 인간이 모두 사망에 처해 있다고 하면서 사망에서 생명으로 구원받을 것을 주장했다. 아우구스티누스는 인간의 타고난 공격성과 지배욕에 제2의 본성이라는 이름을 붙이고 그 상태를 죽음의 상태와 연결시켰다.

프로이트가 공격 본능과 죽음의 본능을 말한 것은 그런 서구 기독교의 사고방식에서 나온 것이라고 할 수 있다. 인간의 본능적인 두 면이 서로 호

각세를 이루며 자리 잡고 있다. 삶의 본능이 있고, 동시에 그 삶의 본능을 뿌리까지 위협하고 있는 죽음의 본능이 있다. 그리고 죽음의 본능을 이기는 의지적 싸움을 통해 살아 있는데, 그 의지는 단순히 삶의 본능에서 나오는 것이 아니라, 인간 주체의 결단에 따른 것이다. 그래서 의지가 강조된다.

한 사람이 살아 있음을 그의 주체적 의지의 결과로 보는 생각은 헤겔 G.W.F. Hegel에 이르러 절정에 달한다고 할 수 있다. 그에게서 서구의 과장된 사고방식이 드러난다. 헤겔은 살아 있다는 것을 인간의 의지가 이룩하는 자유의 과정과 연결시켜 생각했다. 생명을 '소유'를 통해 설명하는데, 생명이 있다는 것은 사람이 자기 몸을 소유하고 있는 것이다. 그런데, 헤겔에게서 소유란 외부 사물에 인간의 의지를 작용하여 자기를 확장하는 것이다. 그런 점에서 소유는 인간의 자유의 첫 단계이다. 헤겔이 소유를 설명하는 방식을 보자.

> 모든 사물은 인간의 소유가 될 수 있는데, 왜냐하면 인간은 자유로운 의지이며 또한 그런 의지로써 즉자 대자적으로 존재하는 데 반하여 인간에 대립되는 것은 바로 그러한 특성을 갖고 있지 않기 때문이다. 따라서 인간은 누구나 자기의 의지를 사물에 확장하거나 사물을 자기 의지에 귀속시킬 수 있는 권리를 지닌다. 다시 말하면 사물을 지양하여 자기 것으로 개조할 권리를 가지고 있다. 왜냐하면 외면성으로서의 사물은 아무런 자기 목적도 갖지 않을뿐더러, 또한 그것은 자기 자신에 대한 스스로의 무한적인 관계도 아니고 다만 그 스스로가 하나의 외면적인 것에 지나지 않기 때문이다. 동물도 외면적인 것에 속하기 때문에 생물 역시 하나의 사물이다. 결국 인간의 의지만이 오로지 무한적인 것이며 다른 모든 것에 대한 절대적인 것인 데 반하여 이와 다른 모든 것은 상대적일 뿐이다.[57]

57 게오르그 빌헬름 프리드리히 헤겔, 『법철학 I』, 임석진 역(서울: 지식산업사, 1994), §43, p. 109.

여기서 헤겔은 자기에 대해 무한적일 수 있는 인간의 의식과 의지를 절대적인 것으로 본다. 바깥의 자연 사물은 외부적인 것 그 자체로서 자기 내면의 자체 목적이 없다. 소유란 그런 인간 의지가 외무 사물에 작용하여 자유를 실현한 것이다. 자유 실현의 첫 단계는 자연 사물을 지양하여 인간의 지배권을 확립하는 데 있다. 동물과 식물을 포함한 자연 사물은 인간 자유의 실현 대상이고, 오직 그 목적을 위해 존재한다.

> 인간이 스스로 자기 것을 만든다는 것은 결국 사물에 대한 나의 의지의 우월성을 드러내는 것이며, 사물이란 결코 즉자 대자적으로 있는 것도 아니며 또한 자기목적도 아니라는 것을 의미한다. 그리하여 사물이 직접 갖고 있던 것과는 다른 목적을 내가 바로 이 사물에 담아 놓는 데서 나타난다. 즉 나는 나의 소유로서의 생물에게 그 생물이 가졌던 것과는 나른 혼을 불어 넣음으로써, 결국 나는 그 생물에게 나의 혼을 부여하는 것이다.[58]

동물이라 할지라도, 그것이 나의 소유가 된다는 것은 그 동물 속에 내 혼을 부여하는 것이다. 내 것이란 내 마음대로 할 수 있는 것이요, 나의 의지의 지배가 미치는 것이다. "소유의 이성적 성격은 욕망의 충족에 있는 것이 아니라 나의 단순한 주관성이 지양된다는 데 있다…… 다시 말해서 외부 사물을 통하여 나의 자유가 최초의 실재성을 가진다는 데 있다."[59] 왜냐하면, "자유로운 정신이란 결코 단순한 개념으로 또는 즉자적으로 있는 것이 아니라, 자신의 그런 형식주의나 직접적인 자연적 존재를 지양하는 가운데, 자기 존재를 자기 것으로 또 자유로운 존재로 지니는 데 있다."[60] 소유는 단순히 즉자적이고 자연적인 욕망의 충족이 아니라 의지의 확장이라

58 위의 책, §43, p. 110.
59 위의 책, §41, p. 105.
60 위의 책, §57, p. 126.

는 점에서 자유의 현실적 실현이다. 자유의 개념이 현실이 되는 첫 단계가 사물에 대한 소유다.

그런데, 헤겔은 생명 역시 그처럼 소유를 통해서 설명한다. 나의 몸에 대한 지배의 의지가 존속하기 때문에 몸이 살아 있고, 그래서 한 인간은 살아 있다고 헤겔은 본다.

> 인격으로서 나는 나의 생명과 육체를 그것이 오직 나의 의지인 한에서만 지닌다. 다른 물건처럼 말이다…… 나는 나의 사지와 생명을 오직 내가 의지하는 한에서만 갖고 있는 셈이다…… 나는 오직 자유로운 존재로서만 육체 속에서 생명을 지닌다.[61]

살아 있는 것은 그냥 살아 있는 게 아니라 내가 생명을 소유하는 것이다. 이것은, 인간의 생존 자체를 인간의 주체적 의지의 결과로 보려는 서구의 근대적 사고방식을 매우 분명하게 보여준다. 거기서는 목숨은 즉자적인 것이요, 따라서 자유로운 주체에 종속되어야 하는 자연이다. 여기서는 다시 한 번 자유와 자연이 대립되고 인간의 정신적 의지와 몸이 대립된다. 자연과 몸은 열등하다. 자연적 생명이란 즉자적인 것에 지나지 않고 거기서는 자유를 찾을 수 없다. 인간의 생명은 단순한 목숨이 아니라, 목숨과 몸에 자기의 의지를 부여하는 데서 성립된다.

헤겔은 이처럼 인간의 살아 있음을 소유의 항목에서 다룬다. 인간의 살아 있음은 자연 사물의 살아 있음과 달리 자기 목적을 지니고, 그것은 자유의 실현이다. 그런 점에서 인간의 살아 있음은 단순히 목숨이 붙어 있는 것이 아니라, 자연 사물과 같은 자신의 육체에 자유로운 의지를 작용하여 목숨을 의지하고 있는 것이다.[62]

---

61 위의 책, §47, §48, pp. 113-114.

62 의지의 확장이기 때문에 개인의 몸에 대한 침해는 곧 그 인격에 대한 침해와 동일하다.

물론 그는 인간이 자기 생명을 포기할 권리가 없음을 말한다. 자살과 관련된 문제를 그는 소유의 포기 항목에서 다룬다. 인간은 생명을 포기하는 데 있어서 자유롭지 않다. "한 개인으로서 나는 내 생명의 주인이 아니기 때문이다."[63] 인간은 처음에 자기 생명을 스스로 취득한 것이 아니므로, 스스로 포기할 수도 없다. 그렇다면, 생명 존속에 관해서만 인간은 자신의 생명의 주인인 셈이다. 이것은 근대 들어 강화된 인간 존엄성의 영향 아래 인간의 신체 침해에 대한 불법성의 논리적 근거를 마련하고, 자살의 권리도 인정하지 않는 세태를 반영한 것이다.

그러나 여하튼 헤겔은 살아 있음을 소유의 영역에서 다루고, 자살을 소유의 포기라는 주제로 다룬다. 결국 내가 살아 있는 것을 내 자신의 의지의 작용이라고 함으로써, 살아 있음을 주체적 의지의 결과로 보려고 하는 서구 문화의 특징적 논리를 마련했다.

그러나 헤겔처럼 생명 현상에서 인간의 주체적 의지를 강조하는 것은 지나친 과장이다. 그런 사고방식은 개인의 인권을 마련하는 데 도움을 주지만, 자연을 자기 목적을 지니지 못해서 인간의 소유물로서만 의미를 지니게 만든다. 그 결과 자연친화적인 영성과 너무 거리가 멀어졌다. 자유를 자연에서 찾으려고 하는 동아시아의 자연주의적 인문주의와는 아주 거리가 먼 인문주의다. 서구인들이 인간 사회에서 벌어지는 비존재의 위협과 거기서 비롯되는 죽음의 본능을 너무 크게 느껴, 결과적으로 자연적인 것을 극복하는 데만 관심을 기울인 것 같다.

이기심은 인위적 자연-생명 당위는 자연적 자연

인간은 언제부턴가 그냥 살지 않고 의미를 추구하기 시작했고, 그 의미

이것은 헤겔이 소유권을 보호하는 논리와 동일하다.

63 위의 책, §70, p. 147.

가 충만하지 않을 때 죽고 싶은 마음을 느낀다. 다시 말해서, 생명의 당위가 윤리적 주제로 떠오를 수 있는 것은, 우리의 삶에 무의미가 깊이 들어와 있기 때문이다. 무의미로 말미암아 우리는 비존재에 시달린다. 살아 있지만 생생하게 살지 못한다. 비존재의 위협은 위협으로 느껴지지도 않은 채 일상적 삶의 리듬이 되어 생명을 좀먹는다. 의미를 추구하느라고, 다시 말해서 성명性命을 따르느라고 자연적 생명에서 벗어난 이후에, 생의 명에서 너무 멀리 떨어져 무의미에 시달리면서 죽고 싶음을 느낀다. 그리스의 문학가 니코스 카잔차키스의 말도 매우 흥미롭다.

> ……이상이나 종족이나 하느님을 위해 자기를 희생시키는 것 역시 일종의 노예 근성이 아닐까? 따르는 전형이 고상하면 고상할수록 우리가 묶이는 노예의 사슬이 길어지는 것은 아닐까? 그리고 우리는 좀 더 넓은 경기장에서 찧고 까불다가 그 사슬을 벗어나 보지도 못하고 죽는 것은 아닐까? 그렇다면 우리가 자유라고 부르는 것은 무엇일까?[64]

평소에 우리는 모두 살고 싶어 하는 것 같지만, 사실은 죽음의 리듬에 익숙해 있다. 프로이트가 죽음의 본능을 말한 것은 옳다. 그 본능은 자연적인 것이기보다는 사회적인 것이다. 추상화된 높은 수준의 규율을 통해 질서를 잡으려고 한 인간 사회의 산물이다. 말하자면 죽음의 본능은, 언어를 통해 공동체 규율을 일반화하고 추상화시킨 인간 사회에만 존재하는 본능이다. 인문주의자들은 한결같이, 지금은 이기적이지만 본래는 그렇지 않은 본성을 지닌 인간을 보았다. 그들은 현재의 인간의 본능은 이기적이라고 보았고,[65] 그것을 억제함으로써 타자에 대해 열린 자유로운 상태를 찾으려고

64 니코스 카잔차키스, 『희랍인 조르바』, 이윤기 역(서울: 고려원, 1996), p. 36.

65 극복의 대상은 대표적으로 이기심이라는 이름을 붙일 수 있다. 칸트의 자기애Selbst-Liebe, 맹자의 소체, 공자의 사심私心을 모두 이기심이라는 말로 묶을 수 있다. 칸트는 이

했다. 그래서 자유는 자연을 극복하며 생기는 것이다.

그런데, 그들이 자연이라고 본 이기적 본능은 우리 안에서 자연스럽게 작용하지만, 자연이 아니라 인간 사회에서 생산된 것이다. 원래 자연에는 생존 본능은 있지만 이기적 본능은 없다. 살려고 하는 욕구와 이기심은 별개의 문제다. 이기심이란 인간 사회에만 있는 것이며, 남보다 잘 살기 위해 형성된 것이다. 누구나 남보다 잘 살려고 하기 때문에 이기심은 본능처럼 되었다. 그러므로 인문주의에서 배척하는 자연적 이기심은 사회화된 자연 또는 인위적 자연이라고 할 수 있을 것이다.

인문주의의 높은 도덕심은 사회가 낳은 자연으로서의 이기심을 억제하느라고, 본래의 자연스런 생명력도 같이 희생시킨 측면이 있다. 그러므로 죽음의 본능이 생기는 데에는 인문주의적인 도덕 당위에도 일정한 책임이 있다. 도덕 당위는 흔히 자기애라고 표현되는 이기심을 누르기 위해 출현했다. 그런데 이기심이라는 것 자체가, 살려고 하는 자연스런 본능에서 벗어나 다른 것을 모두 자기 것으로 끌어들이려는 것이다.[66] 그러므로 그것은 존재 욕구가 아니라 소유의 의지요, 필연적으로 남과 충돌하게 되어 있다. 그래서 이기심은 남을 공격하고 정복하는 권력 의지인 것이다. 그런데, 남을 공격하고 정복하려는 것은 남의 공격을 불러일으키므로 자신의 생존에 위협이 되는 것이다. 따라서 인간의 심리 안에 일반적 피해 의식이 생기고, 피해 의식은 그 자체로 자기 파괴적이다.[67]

그런 점에서 공격 본능은 죽음에의 본능이다. 그러므로 이기심의 출현

것을 자연이라고 보았지만, 우리는 사회를 통해 형성된 자연이라고 본 것이다.

66 서양의 철학적 신학자 폴 틸리히는 리비도를 자연스런 자기 보존의 욕망으로 보고, 식욕이나 성욕을 자연스런 것으로 본다. 그것은 자연스런 자기 사랑의 모습으로서 살아 있는 모든 존재에게 필요한 것이다. 그러나 이기심은 자기만 아는 자기 사랑의 형태를 가리킨다. Paul Tillich, *Love, Power, and Justice*(New York, Oxford University Press, 1960), p. 29, p. 34 참조.

67 인문주의 전통에서는 남을 파괴하는 것은 곧 자기를 파괴하는 것이라고 가르쳐왔다.

자체가 자연적인 생의 명에서 벗어나는 일이라고 볼 수 있다. 그리하여 세상에서 살아남기 위해 인간은 본능적으로 이기적이며, 그러므로 이기심은 삶의 본능처럼 보이기도 하지만, 알고 보면 죽음의 본능이 섞여 있다. 살려는 욕구에 자기만 살려고 하는 왜곡된 의지가 붙어 있는 것이다. 그리고 이제 그 이기심을 누르기 위해 생긴 도덕 당위는 이기심을 누르면서 동시에 이기심의 뿌리인 살려는 욕망도 좀 먹는다고 할 수 있다. 도덕 당위는 이기심을 이기기 위해 이타심을 말하지만, 그것은 너무 큰 요구일 수 있으며 도덕적 좌절을 겪게 만든다. 결국 이기심과 도덕 당위는 서로 협력해서 죽고 싶은 마음을 키운다.

칸트가 말하는 자연과 자유의 일치는 성性의 명命이 없어지는 경지다. 공자의 종심소욕불유구從心所慾不踰矩도 그렇게 봐야 한다. 그런데 그때 성명이 없어지는 것은 성명이 정말 없어지는 것이 아니라 나의 마음 씀씀이가 그 명에 저절로 일치하는 경우를 가리킨다. 그러므로 그것은 아주 높은 차원이다. 그래서 칸트는 그런 차원을 이 세상에서 이룰 수 없는 희망의 차원으로 보았고, 공자는 나이 일흔에 이르러서야 그런 차원에 도달했다고 말하고 있다. 그처럼 인문주의는 높은 차원을 요구한다. 그러나 우리는 낮은 차원으로 내려가는 쪽을 보려는 것이다. 높아지려는 운동 속에 같이 묻혀 사라졌던 원초적인 생명력을 밑에서 다시 회복하는 것이다. 내가 여기서 말하는 생명 당위는 이기심이라는 사회화된 본능의 문제가 아니라, 원래의 자연스런 생의 욕구와 그 당위를 말한다. 성의 명보다 더 밑에서 존재의 기반을 이루고 있는 생의 명을 찾아보려는 것이다.

도덕 당위가 없으면, 살고 싶은 생명의 욕구가 생의 명으로 당위의 모습을 갖지 않았을 것이다. 도덕 당위가 생기는 순간 도덕적 의지와 개인의 생명의 욕망에 거리가 생기면서, 살고 싶은 욕망이 살아야 한다는 당위의 모습을 갖춘다. 생명 당위에 주목하면 우리는 삶의 기본으로 돌아가게 되는 것이고 자연과 밀착되게 된다. 생명 당위는 명령과 당위의 형태를 지닌 인문 쪽의 성의 명에 맞서서, 생 쪽에서 부르는 명령과 당위다. 자연과 밀착되어 있고, 원래 자연스런 것을 실현하는 것이므로 인문주의의 도덕과는 다른 차원이라고 할 수 있다. 그러나 자연의 리듬은 도덕 당위보다 열등한 것처럼 보여도 오히려 거기에서 도덕으로부터 자유로워 생명이 넘치는 차원을 찾을 수 있을지 모른다. 우리는 왜 노자가 천지는 인하지 않다不仁고 했는지 이해할 수 있다. 그러므로 우리가 생명 당위를 말하는 것은, 크게 보면 동서양의 인문주의에 대한 수정이요, 작게 보면 인간의 주체성을 극대화시킨 서양의 근대 문명에 대한 수정이다.

기독교는 인문주의 한가운데서 하느님의 부름을 말했다. 그러나 우리가 말하는 생명 당위는 인문주의 한가운데서 자연의 부름을 가리킨다. 기독교의 계명이 초월적인 선한 신에 대한 신앙으로 인문주의를 완성하려고 했다면, 생명 당위는 자연에서 상상력을 얻어 극대화된 인위 문명에 대한 새로운 방향을 제시하려는 것이다. 삶의 기반을 이루는 생의 명의 존엄성은 칸트가 말한 정언 명령의 존엄성보다 앞선 것일 수 있다. 여기서 우리가 말하는 생의 명이란 목숨을 구걸하는 차원을 가리키는 것이 아니라, 자연에 밀착된 몸의 소리에 충만한 차원을 가리키는 것이다. 생의 명은 평소에는 저절로 지켜진다고 여겨지기 때문에 전제되어 감추어져 있다. 그러나 의식화를 통해 그 생의 명 앞으로 돌아갈 필요가 있다. 그때, 존재 자체의 존엄함을 향한 길이 열리게 될 것이다. 존재 자체로 밀착되면서, 소유를 벗어난 존재 자체의 거룩함 곧 살아 있다는 것 자체의 거룩함에 접근하게 된다.

'존재 자체Being it-self, das Sein-selbst, l'Etre lui-même'를 두고 서양에서는, 모든 존재자beings, die Seiende, les étants들이 참여하고 있으며 모든 존재자들의 존재를 가능케 하고 실현하는 어떤 근원적인 힘을 생각했다. 이른바 실재론적인 전통에서 존재 자체는 존재자들을 통해 자기를 실현하는 것으로 여겨졌다. 존재 자체는 하나의 개체가 아니라, 모든 개체들에게 존재의 힘을 주는 보편적인 존재 근거ground of being다. 그것은 개인의 도덕 실현을 위해 서양의 인문주의 형이상학의 전통에서 생긴 사고방식이다. 그러나 나는 '존재 자체'라는 말로, 생의 명에 드러났을 때 드러나는 살아 있음의 지극한 상태를 표현하고자 한다. 소유와 대치되는 의미에서의 존재다. 생의 명이란 어떤 소유를 요구하는 것이 아니라 나의 존재의 지속을 요구한다. 존재를 지속하기 위해서도 소유가 필요하지만, 그처럼 먹고 살기 위해 버는 것은 소유가 아니다. 그 이상의 것이 소유가 되고, 그 소유를 통해 인간은 시간을 지배하며, 다른 인간을 지배하게 된다. 오늘날 서구 문명이 지배하는 생존 경쟁 사회에서는 먹고 살기 위해 가져야 할 물질 소유의 양이 점점 많아진다. 그러나, 그것은 정말 먹고 살기 위한 것이 아니라, 소비 경쟁의 시스템에서 낙오하지 않기 위한 것이다.

생명 당위는 존재하되 소유하지 않는 자연의 상상력으로 개인에게는 새로운 자유를 주고, 인류의 소비 문화에 대해 새로운 도덕적 감각을 일으킬 수 있다. 인간은 자신의 아이덴티티를 소유에 두고 살아가지만, 그렇게 하는 한 자신의 존재감은 더욱 떨어진다. 왜냐하면 자기 자신을 그대로 받아들이지 못하고, 무엇을 소유한 자로만 자신을 인정하기 때문이다. 그것은 자신을 무시하는 행위요 업신여기는 행위다. 인간은 남을 업신여기고 동시에 자기 스스로를 업신여기면서 존재감을 떨어뜨리는데, 남을 업신여기며 자신의 소유를 늘리는 행위는, 결국 자신의 소유를 보고 자신을 인정하는 것이므로 자기를 업신여기는 것이다. 그러므로 생명 당위는 개인이 소유의 옷을 벗고 자신의 존재 자체로 내려가서 열리는 자유를 말하고자 한다. 인문주의 한가운데서 자연의 부름을 듣는 것, 그런 감각은 동아시아의 인문주의에 살아 있다.

존재와 당위, 존재의 당위

서양철학에서 존재와 당위

지금까지 서양 윤리학에서 존재와 당위의 문제는 사실 판단과 가치 판단 그리고 현실과 이상의 문제를 중심으로 논쟁이 있었다. 거기서 존재와 당위는 언제나 차원이 다른 것으로 여겨져왔다. 도덕 당위는 존재에서 나올 수 없는 것이다.

먼저, 사실 판단에서 가치 판단이 곧바로 나오느냐는 문제다. 도덕 판단은 늘 사실 판단과 가치 판단으로 이루어지는데, 그 둘은 차원이 다른 것으로 여겨져왔다. 그것은 물질적인 것과 인간 정신의 도덕적인 것을 전혀 별개의 것으로 여기는 태도와도 연결된다. 어떤 행위가 낳는 현실 사태의 변화에 대한 관찰과 판단을 가지고 그 행위의 도덕성 여부를 판단하는 것을 금지하는 것은 특히 칸트 윤리에서 두드러진다. 그런 의미에서 존재Sein에서 당위Sollen가 나오는 것을 부정했다. 그럼에도 불구하고 사실 판단과 가치 판단의 간격을 좁히려는 시도는 끊임없이 이루어져왔다.

'무엇이 옳은 것인가?'의 문제에서 공리주의 같은 경우는 사실적으로 판단할 수 있는 사회 전체의 복리의 증감을 보고 개인이나 집단 행위의 옳고 그른 가치 판단을 내리려고 했다. 만일 가치 판단이 행위의 결과와 전혀 별개의 것이라면, 가치 판단은 너무나 주관적인 것이 될 것이기 때문이다. 원래 가치 판단은 궁극적으로는 주관적이지만, 어느 선에서 객관적인 합의가 이루어지지 않을 경우에 사회 질서의 유지와 지속이 불가능하게 될 것이기 때문이다. 그러므로 공리주의처럼 수치로 표현할 수 있는 객관적 사실 자료를 가지고 도덕 가치를 평가하려는 시도는 적어도 사회 윤리에서 중대한 영향을 미쳐왔다. 그러나 공리주의도 현실what is에서 당위what is to be를 끌어내는 것은 아니다. 행위의 결과적 현실이 중요한 것이지, 지금의 현실에서 당위가 산출되는 것이 아니다. 그런 점에서 존재와 당위는 여전히 분리되어 있다.

서양에서 존재와 당위의 엄격한 분리는, 비판 정신과도 관련이 있다. 어떤 현실이 있을 때, 그것을 마땅히 되어야 할 바와 일치시킬 수 없다는 문제의식이 서양의 도덕철학에 깔려 있다. 말하자면 현실이 현실을 정당화하는 것을 막으려는 것이다.[68] 그래야 현실을 개혁할 수 있는 비판 정신을 유지할 수 있다. 그런 문제의식은 정의의 문제와 연결이 된다. 한 사회 안에서 정의로운 행위를 위해서는 대개 일반 원칙을 정하고, 그 원칙에 누구나 복종하도록 하게 되는데, 그 원칙을 정할 때 힘 있는 기득권자들의 이득이 반영되는 경우가 많다. 그렇게 정해지는 규범이나 법은 현실을 정당화하는 데 이바지한다. 더 나은 세상을 위해서는 그런 정당화의 속임수를 극복하고 마땅히 되어야 할 바대로 현실 사회를 개혁해야 한다. 그처럼 서양 윤리학은 존재what is와 당위what is to be를 날카롭게 구분함으로써 사회 정의를 이룩하려고 했다.

그런데, 여기서 내가 말하고자 하는 생명 당위는 '존재의 당위'다. 그것은 서양 철학에서 논의한 존재와 당위에서 금기시하던 문제다. 앞에서 보았듯이 생명의 문제로 가면, 존재한다고 하는 사실에서 존재해야 한다는 당위가 나온다. 존재에서 당위가 곧바로 나온다. 존재는 평소에 그 자체로 선이라고 할 수 없지만, 존재가 위협당할 때는 비존재를 물리치고 존재를 지속하는 것이 선이다. 우선 살고 봐야 더 높은 가치를 추구하든 말든 할 것이기 때문이다. 요즘 수많은 생태 윤리는 인류 존재가 그 자체로 선이라는 것을 말하고 싶어 한다. 무無의 위협 앞에서 유有 자체의 도덕적 가치가 떠오른다. 더 나가면 종의 다양성 다시 말해 다양한 생물체들의 존재 자체

68 그런 점에서 '현실적인 것은 이성적이고 이성적인 것은 현실적이다'는 헤겔의 주장은 존재와 당위를 일치시키는 것으로서, 현실을 정당화하는 보수성을 지니고 있다고 할 수 있다. 다만 헤겔은 동양의 자연적 내재주의와 달리, 역사 내재주의요, 변증법적 발전 단계를 가지고 역사의 진보를 낙관한다.

가 선이 되기도 한다.

사실 베르그송은 이미 『도덕과 종교의 두 원천』에서, 인간의 많은 도덕률이 자연의 의도를 반영한다는 것을 밝혔다. 우리가 무의식적으로 따르는 많은 도덕들은 한 사회의 보존 또는 크게 보면 인류라고 하는 종의 보존을 위한 자연의 기획이라고 그는 본다.[69] 윤리란 한 개인이 자기 욕망의 희생을 통해 공동체에 이바지하는 것을 덕목으로 만들어놓은 것이라 할 수 있는데, 그것은 결국 개인보다는 전체를 살려 보존하게 하려는 자연의 의도라는 것이다. 자연은 개체보다는 종種의 보존에 더 관심이 있기 때문이다. 맹자가 말하는 대체大體, 공자가 말하는 공심公心, 칸트가 말하는 객관도덕법이라는 것이 결국 개인들의 공존을 통한 사회의 존속을 가능하게 하는 역할이라고 할 수 있다.

그런 점에서 보면 모든 도덕 규범의 목적은 인류라는 종의 보존이고, 이렇게 인류가 존재하고 있다는 것이 '선 그 자체'라고 할 수 있다. 사실, 사랑하라는 계명도 결국 공동체의 구성원들이 서로 충돌을 완화하고, 결과적으로 인류가 파멸에 이르지 않도록 하는 매우 실용적인 규범일 수 있다. 칸트는 정언 명령을 내세우며, 실용적이지 않고 어떤 목적도 배제된 도덕 행위에서 준엄한 도덕의 본질을 찾으려고 했지만, 실제로는 목적이 배제된 도덕은 없으며 도덕법은 인류의 생존을 보장하기 위한 장치라는 점에서 존엄하다고 말해야 할 것이다. 그런 점에서, 베르그송이 볼 때 "도덕 의무는 생명의 가장 일반적인 현상과 결부된다."[70]

그러나 베르그송의 지적은 한스 요나스처럼 인류라는 종의 존재와 관련된 것이다. 도덕 규범이 인류라는 종의 생명 당위에 충실하게 만들어져 있다는 것이다. 한스 요나스는 인류의 존속을 위해 새로운 도덕 틀을 짜야 한

---

69 앙리 베르그송, 『도덕과 종교의 두 원천』, 송영진 역(서울: 서광사, 1998) pp. 15-48.

70 위의 책, p. 38.

다고 본 반면에, 베르그송은 이미 인간의 많은 도덕 규범이 인류의 존속에 이바지하고 있다고 보는 점이 다르지만, 모두 인류의 존재의 당위에 초점이 맞추어져 있다.[71] 그래서 한 사람이 살고자 하는 생명에의 의지는 논의에서 제외했다. 그런 점에서 그들은 여전히 인문주의적인 도덕 당위의 세계를 말하는 것이다. 인류 차원의 생명 당위란 결국 개인에게는 생존 의지를 넘은 도덕 당위로서 다가올 수밖에 없으며, 요나스처럼 의식적으로든 아니면 베르그송의 말대로 무의식적으로든 지금 살아 있는 한 개인의 생명 당위는 부수적인 것이 된다.

도덕 당위는 이미 자연처럼 된 이기심, 다시 말해서 사회에서 형성된 본능으로서의 이기심을 누르기 위해 우리에게 명령한다. 그것은 사람이 사람답게 되고, 사람의 격조 곧 인격을 갖추기 위한 것이다. 그런데 많은 경우에 이기심의 극복은, 사회 공동체의 질서를 잡고 공동체의 보존을 위해 형성된 것으로서 베르그송의 말대로 습관적으로 지키게 되어 있다. 도덕 규범은 사회의 관습이고 그 관습이 개인의 습관이 되어 있다. 그러니 많은 경우에 개인은 거의 무의식적으로 그 규범을 따르기 마련이다. 물론 칸트는 도덕 당위를 통해 좀 다른 것을 말하려고 했다. 칸트가 볼 때는 그처럼 무의식적으로 따르는 도덕 당위는 실제로 도덕적일 수 없다. 왜냐하면 거기에는 두 마음의 싸움이 없고 도덕법에 대한 존경심이 들어 있지 않기 때문이다. 물론 좋은 습관을 들여 마음의 갈등이 없이 저절로 도덕 행위를 하면 좋지만, 그 경우에도 도덕법에 대한 외경심은 살아 있어야 하며, 주체도 살아 있어야 한다. 칸트의 말로 하자면, 의무에 맞지만 의무에서 나오지aus

71 베르그송이 고발한 집단 위주의 자연스런 도덕 규범들이 현재에는 많이 바뀌어 개인주의적인 것이 되었다. 개인의 양심을 따라 살면 되게 되었다. 그런 개인주의적인 윤리가 인류의 생존을 위협한다고 생각해서 집단의 존속에 비중을 두되, 국가 같은 중간 집단이 아니라 인류라고 하는 최종적인 집단의 존속에 윤리의 초점을 맞춘 것이 한스 요나스의 책임 윤리라고 할 수 있다.

Philicht 않는 행위는 규범에 맞지만Gesätzlichkeit 도덕적이지는Moralität 않다. 도덕법 자체가 자기를 스스로 실현하는 것처럼 보일 정도로 자기 수양이 되어 있는 경우에도 도덕 행위의 주체는 여전히 살아 있는 것이다.

인문주의자들은 개개인이 자신의 모든 삶의 순간들을 주재하기를 바랐고, 그러기 위해서는 마치 도덕법이 자기를 이끄는 듯한 경지에 도달하기를 바랐다. 그때가 가장 주체적이 되는 순간이다. 늘 그런 경지에 있지 못한다 하더라도, 적어도 도덕적이 되는 어떤 순간이란 바로 도덕법에 이끌리는 순간인 것이다. 그 상태는 자신의 자연스런 이기적 욕망으로부터 해방된 상태다. 그런 상태가 지속되도록 마음의 수양을 원했고, 그것은 삶을 가장 주체적으로 사는 길이었다. 다시 말해서 수양된 상태에서 나오는 도덕 행위는 저절로 마치 도덕법에 이끌리듯 수행되지만 가장 주체적으로 이루어지는 것이다. 베르그송이 얘기한 습관으로서의 도덕은 인간의 현실을 많은 부분 잘 설명해주고 있지만, 인문주의자들은 오히려 그런 상태로부터 벗어나는 지점에서 도덕을 보려고 한 셈이다. 습관으로서의 도덕은 무의식적으로 수행되지만, 인문주의자들이 말한 도덕성은 깨어 있을 때만 수행되는 것이다. 그런 점에서 베르그송이 말하는 습관과 인문주의자들의 수양된 마음은 그 차원이 다르다고 해야 할 것이다.

어떻든 인문주의 도덕은 결과적으로 전체의 생명 당위를 위해 개인의 생명 당위를 희생시킬 수 있는 논리를 지니고 있다.[72] 한 사회에서 현재 통하고 있는 언어화된 객관적 도덕 규범이 절대의 권위를 가지고 있는 경우에 특히 그렇다. 칸트가 말하는 정언 명령이나 유학의 인仁과 의義가 현실의 도덕 규범에서 완벽하게 구체화된 것처럼 설명될 경우에 더욱 그렇다.[73]

---

72 이 문제는 다음 장에서 좀 더 자세히 말할 것이다.

73 도덕법이란 칸트에게는 두 개의 정언 명령으로 표현되는데, 앞에서 말한 제1 정언 명령 이외에 "너 자신처럼 남도 그 인간성을 수단이 아니라 목적으로 대우하라"는 제2 정언 명령이 있다. 그런데 제2 정언 명령은 유교 인문주의에서 보면 인仁에 해당하고, 제1 정

칸트의 정언 명령은 칸트 자신이 말하듯 형식적인 것으로서 기본 태도를 말해주는 것이지 구체적 규범을 가져다주는 것은 아니며, 성리학이나 유학에서 말하는 인仁과 의義도 마찬가지다. 그러므로 인과 의는 예禮에서 객관성을 띤 규범으로 구체화된다. 그런데 예를 들어 조선 시대에 예에 집중해서, 사회적 역할에 따라 정해진 당시의 예의범절이 곧 인과 의가 구체화된 것으로 여기면, 그들이 말하는 도덕 주체란 정치적이고 경제적인 기존 질서에 대한 저항을 의식적으로 누르는 억압적 주체로 전락하는 것이다.[74] 그것은 한 사회나 인류 차원의 존속을 위해 한 개인의 생명 당위를 억압하는 측면으로 전락할 수 있다는 말이다. 개인의 생명 당위가 도덕 당위의 이름으로 억압되어 있다. 그것은 인문주의자들에게 공통적이며, 베르그송이 밝혀낸 점도 그 점이다. 종種의 생명 당위를 위해 개인의 생명 당위가 위축되어 있는 것이다.

개인의 존재 당위와 무소유의 문제

'산 사람은 살아야 한다'는 당위는 한 개인의 존재에서 곧바로 당위를 이끌어내는 것이다. 그것은 개인이 무의식적으로 수행하고 있는 것으로서 전체 집단이나 남을 위하는 것이 아니라는 점에서 요나스의 존재 당위와 다르다. 존재하고 있는 개인의 존재의 당위에 주목하면서, 소유가 아니라

언 명령은 의義에 해당하는 것으로 볼 수도 있다. 사람을 목적으로 대우하는 것은 사랑의 문제고, 1 정언 명령은 타자와의 비교가 들어가는 것으로(공존을 염두에 둔 것으로) 의에 해당하는 구조를 지녔다. 인과 의 또는 사랑과 정의는 동서양을 막론하고 가장 기본적인 도덕 명령이라고 할 수 있다.

74 유학의 예에 특별한 관심을 보이는 보스턴대학교의 네빌 교수도, 유학에서 예를 강조한 것이 마르크스가 말하는 허위의식을 정당화함으로 기득권층의 이득을 대변할 수 있는 위험을 지적한다. Robert Cummings Neville, "Conscious and unconscious placing of Ritual(Li) and Humanity(Ren)" in *Confucianism in Dialogue Today*, ed. by Liu Shu-Hsien(Philadelphia: Ecumenical press, 2004), pp. 56-57 참조.

무소유의 상태에서 살아 있는 존재 자체를 보게 되는 것이요, 존재 자체로 내려가면 존재하고 있는 모든 것들 또는 살아 있는 모든 것들과 어깨를 나란히 하면서 존재의 계층의 벽을 허물고 자연 사물들과 동기간同氣間[75]이 된다. 물론 우리가 여기서 말하는 무소유란 아무것도 가진 것이 없는 상태가 아니라, 자기의 정체를 소유에서 찾지 않는 것을 가리킨다.

결국 우리가 말하는 생명 당위는 죽고 싶은 일을 당해서도 '산 사람은 살아야 한다'는 명제로 돌아가는 일을 통해 민중의 끈질긴 생명력에 주목하는 것이면서, 동시에 특별히 불행한 일을 당하지 않아도 소유를 비우고 생명으로 내려가 성의 명 너머의 생의 명을 겪는 자기 수양의 측면을 드러내기도 하며, 그때에 살아 있는 모든 것들과 교통하게 되는 자연친화적 측면을 확보하려는 것이기도 하다. 소유에서 존재로 가는 것은 자기를 비우는 것이라고도 할 수 있는데, 그처럼 생명 당위를 통해 자기를 비우는 것은 타자와의 관계를 극대화하는 것이면서 동시에 자연과 교통하는 것이다. 다른 사람이나 사물과의 관계의 풍요로움은 도덕적 의지에 의해 일어나는 일이 아니다. 의미를 찾지 않고, 그냥 사는 데서 생기는 비의위적이고 비결단적인 연결이다. 자연과 연결됨으로써 다른 사람과 연결된다.

물론 인문주의 전통에서도 자기를 비우는 것을 말할 수 있는데, 그것은 도덕 당위 앞에서 벌어지는 두 마음의 싸움을 가리킨다. 거기서 자기를 비우는 것은 맹자에게는 대체를 위해 소체를 이기는 것이요, 공자에게는 사심을 버리고 공심을 갖는 것이요, 칸트에게는 경향성의 유혹을 버리고 악의 성향을 이겨 도덕법에 따라 행하는 것이다. 그런 노력은 특별히 인간관계를 정상화하는 데 초점이 맞추어져 있다. 공자는 극기복례를 통해 정명正名의 정치를 확립하고자 했고, 맹자는 호연지기浩然之氣를 통해 왕도정치

75 동기간同氣間이란 말은 원래 형제들이 같은 부모의 기를 타고 났다는 것을 가리키는 말이지만, 우리는 여기서 만물이 같은 기를 나누고 있다고 본다. 태극생양의太極生兩儀를 말한 원래의 성리학 정신에 따르면 만물은 하나의 기에서 나온 동기간이다.

王道政治를 하고자 했으며, 칸트는 마음의 거듭남을 통해 인간을 목적으로 삼는 윤리적 공동체를 건설하고자 했다. 그들의 도덕 당위는 원칙적으로 자연과의 관계에 대해서는 관심이 없었다.

서양의 기독교나 인문주의 전통에서는 특별히 그렇다. 서양 전통의 경우에는 공평한 소유에 대한 관심이 컸으며 그래서 정의에 기반을 둔 도덕 당위를 끊임없이 새롭게 조명하는 데에는 관심이 있었지만, 소유에서 존재 자체로 내려가는 데는 별로 관심이 없었다.[76] 다시 말해 무소유의 전통이 약하고 그래서 자연친화적인 영성이 약하다. 무소유 전통과 자연친화적인 전통은 매우 밀접하게 연관되는데, 소유는 헤겔이 말했듯이 자연 사물에 대한 지배로부터 시작되는 것이기 때문이다. 그러나 우리가 말하는 생명 당위 곧 존재의 당위에서 자기를 비우는 것은, 무소유의 경지에서 열리는 자연친화적인 영성을 갖게 된다. 무소유란 가진 것을 버리고 가난하게 되는 것이기보다는, 자연에 가까워지는 것을 가리킨다. 에코 페미니스트들이 말하듯이, 자연 사물과 새로운 관계를 갖게 되는 것은 영성의 문제다.

존재의 당위는 또한 남을 위한 것이 아니고, 나의 자연스런 존재의 지속을 위한 것이므로 도덕 당위와 다르다. 존재의 당위는 도덕 당위와 달리 남을 위할 것을 요구하지 않음으로써 두 마음의 격렬한 싸움이 없고, 나의 자연스런 존재 욕망에게 너무 무거운 짐을 지우지 않는다. 인문주의의 도덕 당위는 자연스런 욕망을 누르고 덕을 쌓음으로써, 덕목을 소유하려고 한다. 그러나 존재 당위에 충실한 것은 자연의 명을 따르는 것이므로 덕목이라고 할 만한 것이 없다. 나를 위하지만, 나의 소유가 아니라 나의 존재 그 자체에서 나를 인정하는 것이다. 나의 소유를 보고 나를 인정하면 소유를 인정하는 것이지 나의 존재 자체를 인정하는 것이 아니기 때문이다. 그리

76 양명수, "한국 교회의 특징에 관한 신학적, 철학적 고찰", 『철학으로 한국의 현실을 말한다』(서울: 철학과 현실사, 2006) 참조.

고 그처럼 존재 자체로 내려간 상태에서는 존재에 참여하고 있는 다른 존재자들과 관계가 열리게 된다. 존재 자체에 대한 가치를 부여받게 되기 때문에 존재하고 있는 다른 존재자들과 존재 자체에서 교류하게 되고, 그것은 존재하는 모든 것들과 상당히 개방된 관계를 갖게 된다. 도덕 당위에서 요구하는 타자와의 관계 회복이 생명 당위에서도 해결된다는 말이다. 자연과의 관계 회복을 근간으로 해서 다른 사람들과 관계 회복이 이루어지는 것이다.

다만, 사회 정의의 문제는 서양처럼 정당한 소유를 중요하게 문제 삼는 전통에서 더 분명하게 발전할 수 있을 것이다. 기독교는 물질을 악으로 보지 않았고 하나님이 인간에게 준 선물로 보았다. 그러므로 소유는 자연스런 것이며 무소유보다는 정당한 소유가 중요한 주제였다. 정당한 소유란 먼저 이떤 특징한 개인이 어떤 특정한 사물을 자기 것으로 지배할 수 있는지의 문제로부터 출발했다. 다시 말해서 모든 게 하나님의 것이라고 고백하는 기독교 정신 밑에서는, 사유재산 제도를 자연스럽게 받아들이지 않고 논리적으로 그 필요성을 설득하는 문제가 발생했다. 그러면서 자연법 사상이 발전하게 되고, 개인들 사이의 공평한 몫의 분배라고 하는 정의론이 발전하게 되었다. 물론 플라톤의 영향을 받은 스토아 학파나 신비주의 전통은 금욕주의로 갔다. 그러니까 서양에서는 한편으로는 정당한 소유의 이론을 발전시키면서 다른 한편으로는 금욕주의 전통이 내려온 것이다. 그러나 전체적으로 볼 때 서양의 주류는 정당한 소유를 주제로 삼아 사회 정의론을 발전시켜왔다고 할 수 있다. 그것은 자연 사물에 대한 인간의 지배를 전제로 한 것이었다.

그러나 동아시아의 자연주의는 정당한 소유보다 무소유 전통에 가깝다. 자연에 대한 지배의 개념이 없었으므로, 소유권 이론 자체가 발전되지 않았고, 그 결과 정의론도 발전하지 않았다. 개인 소유와 분배의 문제는 동아시아의 정치에서도 중요한 문제였지만 철학적인 주제가 아니었던 것이다.

다만 동아시아는 생명 당위에 밀착된 그 자연주의적 경향 때문에 인류의 소유와 소비를 줄이는 데 중요한 역할을 할 수 있다. 동아시아에서는 소유를 정당화하는 일이나, 정당화된 소유를 늘리는 일이 발생하기 어려웠다. 자연의 리듬에 따라, 존재하나 소유하지 않는 풍조가 관념을 지배했다고 할 수 있다. 더 많은 것을 소유하고자 하는 욕망은 동서양에 공통적이었을지 모르나, 소유가 철학적 주제가 아니었고, 사회의 지도적 이념이 아니었다. 서구의 헤겔처럼 소유를 인간의 자유와 관련해서 생각할 수 있는 여지가 없었다.

동아시아의 자연주의적인 무소유는 서구의 금욕주의와 다르다. 아무것도 가지지 않는 것이 아니라, 몸의 필요를 충족시키는 것들을 가지는 것이다. 그것은 결과적으로 그렇게 많은 것이 필요하지 않다는 생각을 지니게 한다. 스토아 학파나 수도원 전통의 금욕주의는 자연스런 욕망 자체를 죽이려고 했다. 칸트가 비판하듯이 그들은 인간의 몸의 필요를 충족시키려는 자연스런 욕망 자체를 악으로 보았다. 그러나 동아시아의 무소유는 자연스런 몸의 욕구를 따르는 결과 발생하는 일이다. 몸은 너무 많은 것을 요구하지 않기 때문에, 결과적으로 소유를 쌓아두는 일과 거리가 멀어진다. 서구 기독교 전통에서 정당한 소유란 먼저 만물의 주인인 하나님과의 관계에서 논리적 설득을 요구하고, 그 다음 단계에서 사람들 사이의 몫의 분배 문제에 민감했다. 아퀴나스의 영원법, 자연법, 인정법의 삼 단계는 개인 소유를 정당화해야 하는 필연성에서 생긴 면이 있다. 거기서는 언제나 자연 사물에 대한 인간의 지배라는 것이 전제되어 있다. 아퀴나스는 자연법 단계에서 공유를 말하는데, 그것은 이성이 없는 열등한 모든 자연 사물에 대한 모든 인간의 지배를 가리킨다.

그러나 동아시아에서는 그런 소유 관념이 발전되지 않았다. 현실적으로 사물을 소유하더라도, 언제나 자기 몸의 자연적 필요와 관련된 것으로 이해했다. 그 결과 소유의 양 자체가 크게 늘어날 길을 터 놓는 철학적 정당화가 없었다. 물론 외적의 방어나 민중의 궁핍을 해결하기 위해 늘 국가 소유를 늘리는 일은 관심사였을 수 있지만, 그때도 소유의 문제 자체가 몸의 필요에서 독립해서, 사물에 대한 지배 관념으로 가지 않았다. 최근에 에코페미니스트들이 말하는 생존적 관점 또는 자급자족적 경제 체제라는 것은, 소비를 줄임으로써 불필요한 생산 체계의 불균형에서 생기는 불평등을 막을 수 있는 길이다. 그것은 동양 전통에는 이미 익숙한 것이다.

결국 존재와 당위의 구분을 전제로 한 도덕 당위와 달리 생명 당위는 존재의 당위로서, 소유가 아닌 존재 자체의 차원에서 인문주의 특히 서구 인문주의와 달리 자연친화적이다. 그리고 그 틀 안에서 새로운 형태의 사회 평화를 도모하는 계기를 마련할 수 있을 것이다. 생명 당위는 먼저 자연과 가까워지게 하고 거기서 인간과의 관계를 재정립한다고 할 수 있다. 이 문제는 노장老莊과 같은 자연주의에 대한 고찰로 이어질 수도 있다. 그러나 우리는 자연주의를 품고 있는 인문주의를 음미할 것이다. 자기 수양을 말하는 인문주의는 생명을 위해서도 여전히 중요한 역할을 하기 때문이다. 그래서 우리는 4장에서 성리학을 고찰할 것이다.

1장을 정리해보자.

삶이란, '살다'라는 동사의 명사 형태 곧 동명사다. 그러므로 삶은 동사다. '살아 있다'는 것은, 화학적으로 비평형 상태다. 비평형이란 끊임없는 움직임과 교류와 반응이 있음을 의미한다. 다시 말해 운동이 있음을 가리킨다. 그런데 생명의 운동 곧 살음(삶)은 꼭 의미가 있어야 하는 것은 아니다. 흔히 삶이라고 할 때, 삶의 의미와 연관해서 생각한다. 인간의 삶은 동물의 삶과 달리 의미를 찾고, 의미는 인간의 문화와 밀접하게 연관되어 있다. 그런 의미를 차지하는 것이 도덕, 법, 정치, 교육 같은 것이다.[77] 그러나

77 그리스 철학으로 말하면, 물질을 다루는 기술(테크네)과, 마음을 다루는 도덕(에티케)과, 제도를 다루는 정치(폴리티케)가 연결되어 의미를 형성한다. 그 핵심은 에티케 곧 윤리다.

그런 문명이나 문화에 억압되어 있는 생명을 표현하기 위한 말이 '살아 있음'이다. 그리고, 생의 명으로 문명의 의미 물음을 넘어서는 차원을 가리키는 표현이 '그냥 있음'이다.

문화나 문명의 삶이 자연과 거리를 두고, 자연적 생명을 정복하거나 변화시키는 것이라면, '살아 있음' 또는 '그냥 있음'은 자연에 가깝다고 할 수 있다. 그러나 의미 물음이 없다고 해서 기운 없이 죽은 듯 있는 것은 아니다. 오히려 의미 물음을 넘은 차원에, 무의미를 모르는 활기活氣가 있다. 덜 공격적이지만, 덜 역동적이지는 않다.

인문주의는 살아 있음을 넘어 '의미 있음'을 찾았다. 의미가 삶을 규제한다. 거기서는, 존재 곧 '있음Sein'은 '의미 있음Sinnsein'을 위한 봉사자다. 형이상학은 그렇게 탄생한다. 살아 있음을 의미 있음에 종속시켜서, 의미 있음에서 존재감을 찾게 하려는 것이 동서양의 형이상학이다. 그것은 육체에 대한 정신의 우위, 기氣에 대한 리理의 우위로 설명된다.

그런데 우리는 여기서, '잘 사는 것'을 너머 '그냥 사는 것'을 생각할 필요가 있다. 도덕 가치 이전의 생명력을 복원하는 것이다. 그것은 어떻게든지 살아남으려고 하는 본능을 가리키지 않는다. 본능이란 단어는 서양에서 도덕적 타락의 의미를 품고 있으며, 우리 안의 동물스러운 것을 가리킬 때 쓰는 용어다. 그것은 이미 이기주의적으로 추락한 상태의 생명력이다. 소유와 지배의 욕심이 들어가 있는 욕망을 가리킨다. 성리학의 용어로 말하면 기질지성氣質之性에 의해 지배되는 욕망이다. 그러나 '그냥 산다'는 것은, 인문주의가 추구한 의미 때문에 생긴 무의미를 이기는 생명력을 말하려는 것이다. '산 사람은 살아야 한다'는 생명 당위는 의미와 무의미를 넘어 다가오는 당위다. 그것은 '살고 싶음'에서 생겨나는 당위인데, 무의미를 이기고 의미를 찾는 것이 아니라, 무의미를 이기고 의미 너머의 세계에서 사는 것이다. 거기에는, 의미가 만들어지기 이전의 세계 곧 자연 세계가 상상력을 제공한다. 살고 싶음의 욕망은, 물질적 본능과 정신적 의미를 모두 넘어선 것이다. 삶은 물질과 정신의 결합이 아니다. 삶의 생명력을 다시 찾는 것은, 정신주의의 의미가 남긴 무기력을 이기고 자유로워지는 것이다.

이제 2장에서 동서양의 인문주의가 추구하는 의미의 비밀이 무언지 살펴보자. 그리고 서양의 인문주의와 기독교를 비판적으로 고찰하도록 하자. 서구 사상은 특별히 의미 물음을 중심으로 전개되었고, 따라서 자연적 생명에 대한 감각을 상실하고 있다. 그 점을 살펴볼 것이다.

제2장

'있음'과 '의미 있음'

서구 인문주의와 기독교의 의미 추구

1. 의미의 기원, 인문주의의 정치적 관심

인문주의는 그냥 사는 게 아니라 잘 사는 데서 인간적 삶의 정체를 찾았다. 잘 산다는 것은 가치 있는 삶을 가리킨다. 또는 의미 있는 삶을 가리킨다.

가치는 좋음이다. 기본적으로 사람은 좋은 것을 좋아한다. 그럴 때, 좋은 것이 가치다. 좋은 것이란 인간의 기본적인 욕구를 충족시키는 것이니, 먹는 것 입는 것 등의 실용적 사물이다. 그런 것을 바라는 욕망 자체는 가치중립이다. 그런데, 좋음은 옳음과 아름다움을 포함한다. 나쁜 욕망이 있다. 예를 들어 남의 것에 마음이 가는 경우다. 욕구를 충족시키는 좋은 사물이 남의 것이므로, 그리로 마음이 가면 안 되는데 마음이 가고, 또는 그것을 가지기로 마음을 먹는 경우다. 그런 마음은 나쁜 마음인데, '옳지 않다'고 표현한다. 이처럼 남과 더불어 사는 도리와 관련해서 옳고 그름이라는 가치가 생겨, 의와 정의의 문제를 형성한다. 그처럼 좋음이 옳고 그름에 의해 규제를 받는 차원을 도덕 가치라고 한다. 그리고 마지막으로 그냥 좋은 것이 있는데, 그것은 미적인 가치다. 아름다운 경치를 보고, 참 좋다고 말한다. '참 옳다'고 하지 않는다. 그런 면에서 미적인 가치는 도덕 가치나 실용적 가치와도 별개의 영역을 차지한다.

'잘' 산다고 할 때, 인문주의자들은 도덕 가치를 생각했다. 미학도 도道와 관련하여 생각했다. 이율곡의 미학이 그렇고, 칸트의 미학도 또한 그렇다. 옳음에서 피어오르는 아름다움이다. 좋음을 추구하되 옳고 그름을 위주로 좋음을 지향한다. 그렇게 인문주의는 도덕성을 중심으로 잘 사는 삶 곧 가치 있고 의미 있는 삶을 지향했다. 그런 인문주의적 가치가 최종적으로 기대하는 것은 '주체'다. 인문주의적 주체의 최종 단계는 밖의 사물에 끌려가지 않는 것이다. 또는 그런 사물에 끌리는 자기 욕망에 끌려가지 않을 때 주체가 실현된다. 욕망의 종이 아니라 욕망의 주인이 되는 것이다. 그 경지를 동서양에서 성인聖人이라고 불렀는데, 칸트의 설명에 따르면 신성한 준칙을 가진 신성한 의지의 차원이다.

그런데, 그처럼 내면화된 심오한 인문주의 뒤에는 정치적 관심이 있다. 도덕적 자기완성에서 찾는 삶의 의미는 정치적 실용성과 뗄 수 없는 것이었다. 매킨타이어Alasdair MacIntyre는, 어떤 도덕철학의 정체를 명확하게 파악하기 위해서는 그것이 현실에서 어떤 효과를 일으키는지를 봐야 한다고 한다. 그에 따르면, 시대에 따라 등장하는 윤리학자들에 의한 도덕 개념의 추상적 변화가 현실의 정치적인 사건 속에서 구체적으로 표현되기 마련이다.[1] 그러나 우리는 이렇게 말할 수 있다. 도덕 개념이 현실의 정치적 사건에 구체화되기 전에, 이미 도덕적 사유 자체가 어떤 정치적 의도를 지니고 있다. 물론 그것은 어떤 시대의 구체적 정치 행위를 가리키는 것은 아니다. 인문주의에 들어 있는 정치적 의도란, 내면의 평화를 통해 사회의 평화를 실현하려는 것이다.

의미의 기원에 있는 국가 공동체

인문주의의 의미 물음은 정치적 차원과 관계가 있다고 할 수 있다. 플라톤의 이데아론은 좋은 정치가를 찾는 가운데 정리되어 나온 것이고, 성性을 생生과 구분한 공자나 맹자의 관심도 세상을 평화롭게 만드는 데 있었다. 인문학에서 의미는 성性의 명命을 실천하는 데서 나오고, 선善과 의義

---

1 알래스데어 매킨타이어, 『덕의 상실』, 이진우 역(서울: 문예출판사, 1997), p. 48, p. 101.

같은 도덕 개념이 의미 세계를 이루고 있었다. 선이나 의는 공동체의 평화를 겨냥한 것이다. 개인의 덕을 강조한 것도, 폭력을 넘어서 질서와 평화를 이루기 위한 것이었다. 내면의 평화를 추구하는 깊이 있고 다양한 담론들이 나왔지만, 알고 보면 모두 사랑과 정의를 통해 세상의 평화를 이루고자 하는 의도가 있었다. 고대 인문학은 기본적으로 정치철학이라고 할 수 있다. 공동선共同善을 찾고 이룩하는 것, 거기서 의미가 나오고, 거기에 인생의 의미가 있다. 인문주의는, 모두가 더불어 살기 위한 길로 출발했다.

문명이 자연에서 벗어나는 것은 기본적으로 피지스physis와 노모스nomos를 구분하면서부터다. 자연과 법이 구분되면서부터다. 이때 자연이란 바깥의 자연뿐 아니라, 그런 인간의 사회생활 안에 들어와 있는 자연의 흔적을 가리킨다. 동물의 세계에서도 찾아볼 수 있는 것들이다. 그것은 혈연관계에서 통하는 본능적 애정을 가리킨다. 혈연관계는 특별한 목적을 지니지 않은 채 저절로 자연스럽게 나가는 사랑에 의해 꾸려진다. 정의보다 사랑이 먼저다. 그리고 다른 외부 집단에 대해서는 힘의 대결이 벌어진다. 그러나 노모스 곧 법은 모르는 사람들과의 관계를 규정하는 것으로, 일방적 사랑에 의해 돌아가지 않는다. 그것은 사회를 구성하기 위해 생긴 규범으로서, 상호 호혜성 곧 남에 대한 어느 정도의 배려를 바탕으로 삼는다. 다른 가족이나 외부 집단에 대해서도 일정한 배려를 요구할 때, 사랑보다 정의가 중요하다.[2] 인간 사회에는, 내부 집단을 향한 본능적이고 자연적인 사랑과, 외부 집단에 대한 인위적이고 법적인 배려가 공존한다.

그리스 철학에서 말하는 노모스는 가정보다 큰 사회 공동체를 위한 규

---

2 물론 프로이트의 문명기원론에 의하면, 가족이라는 자연 공동체 자체가 자연이 아니라 노모스에 의한 것이다. 근친상간의 금지와 함께 가정이라는 공동체가 가능해졌기 때문이다. 근친상간의 금지를 비롯한 최초의 타부들은 인간의 기초적 사회를 가능하게 하는 규범의 기능을 한다. 그러나 분석심리학자 칼 구스타프 융은 프로이트에 반대하며, 근친상간의 금지는 인간에게 이미 자연화된 것이라고 본다.

범들을 가리킨다. 자연에서 문명 사회로 넘어감으로써, 본능적 감정에서 이성으로 넘어간다. 본능적 혈연관계를 중심으로 이루어진 집단주의는 더 큰 사회로 확장되기 어렵고, 작은 집단 사이의 힘의 대결로 끝날 가능성이 많기 때문이다. 그러나 아리스토텔레스도 말했듯이 사람은 모여 살려고 하고, 프로이트가 말했듯이 사람은 더 큰 집단을 형성하여 살려고 한다.[3] 더 큰 집단이 가능하려면 적어도 힘의 대결이 일어나지 않도록 해야 한다. 적어도 국가 안에서 집단 사이의 평화가 가능해야 한다. 인문주의자들이 생각한 것은, 더 큰 사회가 가능하도록 '힘'으로부터 '법'으로 넘어가는 것이다. 그것이 피지스에서 노모스로 넘어가는 것이다. 노모스 곧 법에는 내면의 도덕법과 외부의 사회법이 있다. 법이 윤리와 정치를 이룬다. 고대 인문주의자들은 그 둘을 별도로 생각하지 않고, 연결되는 것으로 생각했다. 윤리적 덕으로 정치한다. 도덕으로 사회의 갈등을 해결하고 평화를 이룬다. 사회법은 인간 내면의 도덕법에 기초를 두고 있으며, 도덕법보다 열등하다.

인문주의자들은 오늘날 정치학자들과 달리, 힘의 균형보다는 자기 수양을 통해 덕을 쌓는 것을 중시했다. 개인의 내면을 덕으로 채우는 것이, 모든 정치적 갈등을 해결하는 궁극적인 해결책이라고 보고, 그처럼 궁극적인 것을 표준으로 삼았다. 문화文化라고 할 때, 문文이라는 글자는 인위라는 뜻으로 자연과 반대이면서, 동시에 힘에 반대되는 것이다. 문치文治나 문관文官이란 무치나 무관에 반대되는 것으로서 힘 대신 덕을 사용하는 것을 의미한다. 거기서 옳고 그름이 갈라지고, 선과 악이 생긴다. 그리스어의 노모스는 노모nomo에서 나왔는데, 노모란 가른다는 뜻이다. 자기 통제의 법이 들어옴으로, 자연과 사회가 갈리고, 가정과 국가가 갈리고, 사적인 공간과 공적인 공간이 갈리고, 선과 악이 갈린다. 그처럼 인문주의는 생명의 일차적 에너지인 자기 보존 본능 또는 유전자 법칙을 규제하려는 노력이다.

---

3 지그문트 프로이트, 『문명 속의 불만』, 김석희 역(서울: 열린책들, 1997), p. 289.

이탈리아의 철학자 아감벤G. Agamben은, 정치의 핵심이 생명과 신체를 규율하고 규제하는 데 있으며, 그것이 고대 정치에서는 덕의 이름으로 이루어지고, 근대 민주주의에서는 자유와 해방의 이름으로 이루어지고 있다고 본다.[4] 그가 말한 대로 그리스 철학에서는 가치와 의미를 찾기 위해, 살아 있음을 낮게 평가하고, 단순한 생존tò zên과 잘 사는 삶tò eû zên을 구분했다. 예를 들어 아리스토텔레스는 한없이 돈을 벌고 싶은 욕구를 단순히 살려는 욕망의 결과로 본다. 개인과 가정은 그런 욕망을 지니고 있다. 그런데 그것은 잘 사는 것에 위배된다. "사람에 있어서 이런 기질의 발생은 단순한 생명tò zên에만 열중한 나머지, 잘 사는 삶tò eû zên은 소홀하게 생각하기 때문이다. 그리하여 그들의 욕망이 무제한하므로 이것을 만족시키는 수단도 무제한해야 한다는 것을 원하고 있다. 선한 삶을 목적으로 하는 자까지도 육체적 쾌락을 얻기 위한 수단을 찾고 있다."[5]

그런 욕망을 제한하는 길은 개인과 가정을 넘어 국가의 시민으로 생활하는 데 있다. 그리고 그런 삶은 육체적 쾌락을 넘어 정신적 삶을 지향하는 것이다. 그러므로, 인간의 삶이 폴리스에 편입되어 정치 속으로 들어온다는 것은, 살아 있음 자체를 열등하게 보면서 그것을 더 큰 공동체 속에서 의미 있는 삶으로 만드는 것이었다. 단순히 생명을 연장하는 것은 개인과 가정의 일이요, 의미 생산은 시민과 국가의 일이라는 얘기다. 개인은 시민이 되어야 하고, 가정은 사회와 국가에 들어감으로 비로소, 그냥 사는 것을 넘어 '잘 사는' 삶을 살게 된다.[6] 그리고 육체의 욕망을 넘어 정신적 삶을 살게 되는 것이다.

'잘'이라는 부사는 가치 있고 의미 있다는 뜻을 지니고, 생명력 또는 인

4 조르주 아감벤, 『호모 사케르』, 박진우 역(서울: 새물결, 2008), p. 35.

5 아리스토텔레스, 『정치학』, 1257b-1258a, 이병길 역(서울: 박영사), p. 32.

6 "국가 공동체가 존재하는 것은 단순히 모여 살기 위해서가 아니라, 훌륭하게 활동하기 위해서다." 위의 책, 1281a, p. 111.

간의 살고자 하는 욕망을 열등하게 평가하는 평가를 품고 있다. 물론 고대 인문주의자들이 살려고 하는 욕망이나 살아 있음 자체를 악으로 평가한 것은 아니다. "단지 살아 있음 자체만에도catà tò zên autò mónon 어떤 선이랄 것이 있기 때문이다."[7] 그러나 그냥 있음 또는 살아 있음 자체는 낮은 선이요, 최고선에 의해서 규제되어야 하는 것이다. 아리스토텔레스는 그의 『정치학』을 이렇게 시작한다.

> …… 모든 생활 공동체는 어떤 선한 목적을 가지고 성립된다. 그 이유는 인간은 그들이 좋다고 생각하는 것을 얻기 위하여 행동하기 때문이다. 그러나 모든 생활 공동체가 선을 목적으로 삼는다면 기타 모든 것 중에서도 최고이며, 또한 모든 것을 포함하는 국가 또는 정치 공동체는 다른 공동체보다도 더 큰 정도에서 선을 목표로 할 것이다.[8]

사는 것 또는 살기 위한 것은 선이다. 공동체는 인간이 살기 위한 것이다. 그러나 그중에서도 국가 공동체야말로 최고선을 추구한다. 인문주의는 국가 공동체를 통한 최고선을 추구하며, 하위 선은 거기에 복종하지 않는 한 상대적 악으로 간주된다. 그리고 하위 선은 국가의 비상 사태에는 절대적 악으로 간주되기도 한다. 전체가 개인에 앞선다. 전체의 공동선을 위한 것이 도덕이요, 그렇게 해서 생명은 잘 사는 삶에 종속된다.

잘 사는 것에는, 인간의 신체와 건강과 물리적 생명과 욕망에 대한 국가 권력의 규율과 통치가 개입한다. 그러한 생명에 대한 통치는 근대에 들어 더욱 명문화되고 세밀한 실정법이 정립되게 된다. 생명 자체와 근대 정치의 관계는 미셸 푸코Michel Foulcaut의 중요한 연구 영역이기도 했다. 정치

7 위의 책, 1278b, p. 104.
8 위의 책, 1252a, p. 13.

는 생명 정치다. 인간 역사에서 도시 국가의 발전은 인간의 자연 생명을 정치로 규제할 필요를 느꼈고, 그것을 가치 있는 삶이라는 이름으로 정당화했다. 사람을 죽일 수 있는 권리는 국가가 맡게 되고, 몸을 보건 행정을 통해 관리하는 것도 국가의 의무가 되었다. 국가의 의무는 사실 국가 주권의 권력이다. 의무의 이름으로 행사되는 권력이다. 그리고 도덕은 정치를 정당화한다.[9]

사형 제도나 공권력 그리고 보건 행정에 의한 목숨과 몸에 대한 국가의 통제는 살고자 하는 욕망의 통제로 더욱 정교하게 된다. 목숨과 몸 자체가 문제가 아니라 살고자 하는 욕망이 문제이기 때문이다. 개인의 살고자 하는 욕망 또는 자연 집단의 힘의 욕망을 외부의 힘으로 다스리기 전에, 교화하여 내면에서 스스로 다스리도록 만드는 것이 인문학이다. 그런 면에서 정치를 정당화하고 유지한 것은 인문학적인 담론이었다. 물론, 그들이 생각하는 정치는 짐승처럼 힘에 의한 통치가 아니라 덕에 의한 것이다.[10] 그런 점에서 초기 인문주의자들에게서 정치와 윤리는 같은 것이다. 아리스토텔레스는 도덕적인 것과 법적인 것의 차이를 알았지만, 교육을 통해 결국은 그 둘이 하나가 되기를 바랐다.[11]

국가 정치는 도덕에 의해 정당화되고, 도덕은 국가의 질서를 위한 것이

---

9 지젝S. Žižek이 말하는 대로, 외부적 정치는 내부적 도덕의 억압이 아니다. 슬라보이 지젝, 『죽은 신을 위하여』, 김정아 역(서울: 길, 2010), p. 194. 도덕과 정치는 공모자다. 그리고 처음부터 덕이란 공동체의 이득과 관련이 있다.

10 아리스토텔레스는 왕과 정치가를 구분한다. "통치가 사적인 경우 지배자는 왕이며, 정치과학의 규칙에 따라 시민이 지배하고 또한 지배를 받을 때에는 그는 정치가다." 『정치학』, 1252a, p. 13. 여기서 말하는 정치과학은 결국은 덕에 의한 통치로 간다. 정치가는 좋은 시민이면서 동시에 좋은 인간이어야 한다. "우월한 힘은 어떤 종류의 탁월함에 있어서만 발견되는 것이며 힘은 덕을 의미하는 것같이 보인다" 『정치학』, 1255a, p. 23.

11 예를 들어 『정치학』, 1263a, p. 52: "재산은 사유로 되어져야 하되 그 사용이 공동으로 되어 있는 것은 확실히 더 좋다. 그러므로 입법자의 특별업무는 사람 속에 이 자비로운 성질을 만들어주는 것이다." "국가는 다원적인 것이고 교육에 의하여 이것이 생활 공동체로 되어지며 또한 단일성이 부여된다."

다. 지도자와 백성의 덕성 함양은 국가 질서를 위해 필요하다. 국가 지도자는 스스로 덕스러운 자이고, 대중을 교화할 수 있는 교육자이어야 하며, 입법은 그런 덕의 내용을 포함해야 한다. 그처럼 인문학의 바탕에 정치가 있었으며, 인문주의에서 생명 자체는 열등하게 여겨진다. 맹자에서 본 대로 생과 성의 구분이나 그리스 철학에서 생명과 가치 있는 삶을 구분한 것이 그런 가치 판단에 바탕을 둔 것이다. 인문주의에서, 살고자 하는 욕망은 몸과 연결되고 물질적인 것이므로 열등한 것이요 통제되어야 할 것으로 여겨진다.

두 단계의 통제가 있으니, 하나는 내면에서 이루어지는 자율적인 통제다. 아리스토텔레스의 표현대로라면 욕망epithymia의 평준화다. 그것은 도덕의 이름으로 이루어진다. 덕을 쌓는 것은 가장 궁극적인 목표요, 인생의 의미다. 거기서 자유와 평화를 얻기 때문이다. 인문주의에서 자유와 평화는 같은 말이다. 욕망대로 더 가지려는 마음과 덕스런 이성의 요청대로 절제하려는 마음의 갈등이 사라졌으니 평화요, 그렇게 되면 맘대로 해도 선善에 맞아 외부를 향해도 거침이 없으니 또한 자유다. 그러나 그 경우에 실제로 자유를 가져다주는 중대한 측면은, 욕망을 자제했을 때 외부 통제력의 구속을 받지 않는다는 점에 있다고 볼 수 있다. 그래서 스스로 자유롭고 외부로부터 자유롭다.

또 하나의 통제는, 외부적 힘의 통제다. 이것이 바로 국가 권력을 이루는 것이다. 국가 권력은 기본적으로 인간의 욕망을 형벌로 통제하는 데 그 존재 의의가 있었다. 인문주의의 교육은 인간 내면의 선의 가능성을 선의 현실성으로 만드는 것이라면, 그들이 생각한 국가의 형벌은 인간의 악의 가능성이 악의 현실성으로 되는 것을 막는 기능을 한다. 그래서 국가 형벌의 고통은 인간에게 교육적으로 매우 중요한 의미가 있었다. 아리스토텔레스는 이렇게 말한다.

말들logos은 젊은이들 중 자유인다운 사람들을 돌이키고 격려할 수 있는 힘을 가지고 있는 것 같이 보이며, 고결한 품성, 고귀한 것을 진정으로 사랑할 줄 아는 품성의 젊은이들을 탁월성(덕)에 의해 사로잡히도록 만들 수도 있는 것처럼 보인다. 그러나 다중을 고귀하고 선한 것으로 나아가게 할 수는 없는 것처럼 보인다. 다중은 수치심이 아니라 두려움에 설복당하게 되어 있으며, 나쁜 것을 삼가는 것도 수치심 때문이 아니라 벌 때문에 그러는 것이기 때문이다. 그들은 감정에 따라 살면서 그들의 고유한 즐거움과 그 즐거움이 생겨나게 될 수단들을 추구하며, 그와 반대되는 고통을 회피한다. 그들은 또 고귀하고 진정으로 즐거운 것들에 대해서는 개념조차 가지고 있지 않은데, 이는 그들이 그것을 맛본 적이 없기 때문이다. 그렇다면 어떤 말이 이런 종류의 사람들을 개조할 수 있단 말인가? 품성 속에 오래전부터 머물러 있던 것을 말로 바꾼다는 것은 불가능하지는 않더라도 대단히 어렵기 때문이다. 어쩌면 우리가 훌륭하게 되는 데 필요한 수단이라고 생각하는 것들이 모두 현존할 때, 탁월성(덕)의 한몫을 가지게 된다면 그것으로 만족해야 할지도 모를 일이다.[12]

여기서 아리스토텔레스가 가리키는 '훌륭하게 되는 데 필요한 수단'은 법이다.

우리는 법률을 필요로 하며, 따라서 일반적으로 삶 전체에 관한 법률을 필요로 하는 것이다. 다중들은 말에 따르기보다 강제에 따르고, 고귀한 것에 설복되기보다 벌에 설복되기 때문이다…… 입법을 함에 있어 사람들을 탁월성

12 아리스토텔레스, 『니코마코스 윤리학』, 이창우 외 역(서울: 이제이북스, 2008), 1179b, pp. 378-379. 한편 기독교에서 사도 바울도 로마서 13장에서 국가의 역할을 악을 막고 질서를 잡는 데서 본다. 그 역할을 위해 국가는 검을 갖는다. 서양 정치철학에서 공공선이란 복지 향상도 있지만 질서를 잡는 것이 언제나 우선이다. 거기에는 강제력이 동원된다.

에로 격려하고 고귀한 것을 위해 나아가도록 몰아가야 하며, 다른 한편 법률의 말을 듣지 않거나 부족한 본성을 가진 사람에게는 벌과 징계를 부과해야 하고, 또 다른 한편 아무리 해도 고칠 수 없는 사람은 완전히 추방해야 한다.[13]

물론 여기서 아리스토텔레스가 말하는 법은 '삶 전체에 관한 법률'로서 덕성 교육에 필요한 규제까지도 포함한다. 오늘날의 법보다 더 폭이 넓다. 그러나 여하튼 국가법의 특성은 그 강제력에 있다. "법률은 어떤 종류의 실천적 지혜와 지성으로부터 나오는 말logos로서 강제하는 힘dynamis을 가지고 있다."[14] 법의 힘은 강제력을 발동해, 징계를 줄 수 있다는 데 있다. 대개 대중은 감정에 따라 살아서 육체의 쾌락을 추구하며 덕에서 멀어진다. 그런데, "일반적으로 감정은 말logos에 복종하지 않고 힘에 복종한다."[15] 그러므로 법은 감정을 길들여서 악을 행하지 않도록 하는 데 도움을 준다. 적어도 공동체의 질서를 깨뜨리는 육욕이 밖으로 실현되지 못하게 막는 것이다. 그런 소극적인 방법으로 국가 권력은 인간이 내면에서 선을 이루게 하는 데 도움을 준다. 좋은 법을 만드는 능력을 기르는 것이 좋은 정치가를 만드는 길이다.

그런 식으로 인문주의는 정치와 밀접하게 연관되어 있었다. 인문주의는 내면의 도덕법을 통해 내면의 덕을 추구한다. 그러나 강제력을 가진 국가법을 통해 악을 억제하고 덕의 추구를 돕는다. 그것은 결국 내면의 질서와 외부의 사회 질서를 확립하고자 하는 것이다. 그런 점에서 고대 인문주의

---

13 위의 책, 1180a, p. 380. "법nomos은 시민들을 설득과 강제에 의해서 화합하게 하고, 각자가 공동체에 이롭도록 해줄 수 있는 이익을 서로들 나누어줄 수 있도록 만듦으로써 그런다네. 또한 법은 나라에 그런 사람들이 생기도록 하는데, 이는 각자가 내키는 대로 향하도록 내버려두기 위해서가 아니라, 법 자체가 나라의 단합을 위해 이 사람들을 십분 이용하기 위해서일세." (플라톤, 『국가』, 박종현 역, 서울: 서광사, 1997, 519d, p. 458)

14 아리스토텔레스, 앞의 책, 1180a, p. 381.

15 위의 책, 1179b, p. 379.

는 한편으로는 국가법을 통해 살려고 하는 욕망이 만들어내는 위험한 무질서를 통제하고, 다른 한편으로는 그러한 무질서의 가능성 자체를 인간 내면에서 없애도록 교육하는 데 중요한 역할을 담당했다. 인문학의 궁극적 목표는 정치적 평화에 있었고, 정치적 평화는 인문주의적인 내면의 덕에 바탕을 둔 것이었다.

물론 마키아벨리가 선도하여 마련한 근대의 정치철학은, 인간의 도덕적 당위보다는 인간이 어떻게 살고 있는가에 바탕을 두고 과학적인 관찰을 기반으로 이루어진다. 그런 점에서 오늘날 정치는 사회과학으로 분류되고, 덕을 지향하는 인문학과는 서로 영역이 다르게 되었다. 정치는 더 이상 인간의 자기 수양이나 높은 가치를 지향하는 정신적이고 영적인 행위이기보다는, 인간의 물질적 욕구의 충돌을 현실적으로 조절하는 기술이 되었다. 이른바 테크노크라시들의 정치다. 그런 점에서, 좋은 과정보다는 좋은 결과를 중시하고, 통치자의 덕보다는 국가적 이득을 얻기 위한 통치 기술의 필요성을 강조한 마키아벨리는 현대 정치의 선구자라고 할 수 있다. 마키아벨리나 홉스는 인문학의 성선설적인 담론과 결별하며, 정치학을 인문학적인 담론에서 떼어놓으려고 한 것이다.

그러나 2,500년 전, 신화 시대가 지나고 플라톤과 아리스토텔레스에게서 그리고 공자 맹자에게서 인문학이 출현할 때, 그들은 모두 정의 실현을 통한 국가의 평화 확립에 관심이 있었다. 그들에게서 인문주의는 일종의 정치철학이었던 것이다. 고대 사회에 인간의 접촉과 교류가 많아지면서, 서로 공존할 수 있는 평화의 기술로서 나온 것이 인문주의라고 할 수 있다. 오늘날에는 윤리 영역에서 덕의 윤리가 약해지면서, 자기 수양이라는 것이 인문학에서조차 인간에게 낯선 것이 되었다. 그러나 인간의 내면의 성숙을 지향하고, 물질적인 것과 영적인 것을 이분화해서 물질을 평가 절하하는 고대 인문주의의 출현에는 고도의 정치적 의도가 숨겨져 있다고 할 수 있다. 정치적 의도란, 마르크스가 말하는 기득권 유지의 이데올로기 생산을 가리키는 것은 아니다. 고대의 인문주의는, 물질에 대한 욕구를 아예 절제하는 극단적인 정신세계를 마련함으로써, 물질의 욕망의 충돌에서 빚어지는 전쟁과 갈등 상황을 막으려고 했고, 가능하면 그런 갈등을 근원적으로 뿌리 뽑을 길을 제시한 것으로 보인다. 개인이 지니고 있는 이성 능력과 덕의 명령性命을 강조한 것은, 국가 같은 큰 집단 내에서, 개인과 본능적 집단의 생의 명生命이 빚어내는 충돌 상황을 막기 위한 것이라고 할 수 있다. 그것은 인구가 많아지고, 거래가 빈번해지면서, 가까운 사람들끼리의 관계가 아니라 멀리 있는 사람들과의 교류가 중요해지고, 잘 모르는 사람들끼리의 인간관계가 중요해지면서 생긴 현상이기도 하다. 가족이라는 본능적 집단의 운영 원리가 더 큰 사회의 결집의 원리로 통하지 않으면서, 거리가 있는 사람들의 결속이 새로운 과제로 등장했다고 할 수 있다. 보편적 인간 이성, 그리고 보편적인 인간의 성품에 대한 논의가 플라톤이나 공맹에서 본격적으로 논의된 것도, 가정 같은 작은 혈족 집단을 넘어 인간을 보다 큰 단위로 묶을 필요에서 생긴 것으로 보인다.

인문학에서 강조하는 덕목 중 가장 근원적인 것은 사랑과 정의다. 유학에서는 인仁과 의義를 말했고, 플라톤의 선의 이데아는 정의를 품고 있으며, 아리스토텔레스는 덕목으로 정의와 사랑philia을 검토했다. 한편 기독교의 하나님은 사랑이면서 공의로운 분이다. 사랑이란 강제 규율을 넘어 자발적으로 조화와 평화를 이루는 덕목이요, 물질을 넘어설 수 있는 것이요, 정의란 물질 문제를 공평하게 처리하는 덕목이다. 인문학은 전자를 강조하면서, 후자를 전자와 뗄 수 없는 덕목으로 삼았다. 그것은 인문학이 정치적 관심을 가졌음을 의미한다. 정의는 정치와 인문학을 잇는 매개점이요, 연결점이기 때문이다.[16] 정의를 통해, 물리적 강제력에 바탕을 둔 힘의

16 프랑스 철학자 폴 리쾨르Paul Ricoeur도 그 점을 강조한다. 정의는 그의 윤리적 관심에 포함되어 있다. 그에게서 정의는 우정과 사랑에 포함된 개념이면서, 동시에 정의로운 제도를 만들어야 하는 정치의 기본 개념이다. 우정과 사랑은 평등을 전제로 한다는 점에서,

정치와 인문학이 추구하는 내면의 평화는 서로 연결되는 것이다.

인문주의는 사랑에 뿌리를 둔 정의를 말하고,[17] 현실 정치는 힘겨루기를 하면서 이루어지지만, 그런 힘겨루기가 정의에 뿌리를 둔 것이기를 바란다. 인문학에서는 선이 힘이라고 보고, 현실 정치에서는 경찰력이라는 물리적인 힘으로 정의를 실현한다. 인문학에서는 양심이 욕망을 통제하고 정치와 법에서는 형벌의 위협이 욕망을 통제한다. 그렇게 서로 다른 두 세계를 정의라는 덕목이 매개하여 연결한다. 현실 정치와 인문학은 매우 멀게 느껴지지만, 알고 보면 정의를 매개로 연결되어 있다. 앞에서 말한 대로, 인문주의에서 말하는 사랑은 알고 보면 어떤 정치적 효과를 내다본 것이라고 할 수 있다. 바깥의 정치적 평화와 공존을 위해, 인간 내면으로 들어가 문제 해결의 궁극적인 지점을 강조한 것이 인문학이라고 할 수 있다. 인문주의는 한 개인을 궁극적인 것으로 몰고 감으로써, 인간 사회의 궁극 이전의 문제들을 해결하려고 한 것이다. 어떤 거룩한 차원을 통해 세속 사회의 욕망의 문제를 해결하려고 한 것이다.

공동체의 생존을 위해 개인의 생명을 길들임

플라톤의 이데아론을 보자. 진리를 관조하는 철학자가 정치를 담당해야

정의가 포함되어 있다. 특히 사랑이 제3자와의 관계로 확대되려면 정의 문제가 필수가 된다. 그리고 제도는 윤리가 정치로 확장되는 장이 되는데, 몫의 분배와 관련해서 정의로운 제도여야 한다. 그러므로 정의는 사랑이 제도로 구체화되는 매개체다. 폴 리쾨르, 『타자로서의 자기 자신』, 김웅권 역(서울: 동문선, 2006), p. 303 이하 참조.

17 인문학자들은 정의가 권리 투쟁으로만 가지 않기 위해, 정의의 바탕에 사랑이 있음을 강조한다. 윤리와 정치에서, 윤리 쪽에 비중을 두고 정치를 말하는 것이다. 고대의 인문주의자들은 물론이고, 현대의 리쾨르, 레비나스, 한나 아렌트 같은 사람들도 같은 생각이다. 그리고 기독교는 늘 그 점을 강조한다. 바울은 '하나님의 의dikaiosynē thēou, righteousness of God'라는 개념을 들고 나와, 일반적 정의 개념과 다른 정의 개념을 확립하려고 했다.

국가의 정의가 올바로 선다고 한 것이 이데아론의 배경이다. 그런데 플라톤은 진리에 대한 사랑을 통해 감각적이고 물질적인 세계를 초월할 것을 주장했다. 눈에 보이는 세계가 아니라, 감각을 넘어 참된 실체의 세계가 존재하고 있다고 보고, 그런 세계를 본 사람만이 참된 삶을 살 수 있다고 보았다. 사람은 본모습을 보지 못하고 헛된 그림자를 실체로 알고 거기에 마음을 두고 살아가기 십상이다. 동굴의 비유에서 그는 그러한 진리 인식이 온 마음의 전환psychēs periagōgē을 통해 이루어진다고 보았다.[18] 물론 그 방향 전환이 쉽지 않은데, 인간의 욕심이 납덩어리처럼 무겁게 인간의 마음을 물질세계로 끌어내리기 때문이다. 그러한 전환을 이룬 사람은 물질세계에 대한 욕심이 없어지기 때문에, 물질과 지위를 놓고 다투는 세상의 분쟁을 바로잡을 수 있는 사람이라고 했다. 그가 말하는 철인정치가 그것이다.

그러니까 플라톤이 인간 이성(로고스, 누우스)과 선의 이데아와의 합치라고 하는 내면의 자기 수양을 말한 것은, 정치적 문제를 해결하는 과정에 나온 것이다. 정치가는 자기가 깨달은 진리를 일반 시민도 인식하고 자유를 얻을 수 있도록 인도해야 한다고 보았다. 물론 참된 세계를 본 사람은 그 경지의 기쁨이 너무 크기 때문에 정치를 하려고 하지 않는다. 그러나 바로 그런 사람을 정치가로 세워야 한다고 플라톤은 주장한다.[19] 그런 사람만이 물질을 놓고 다투는 인간의 분쟁을 사심 없이 객관적으로 해결할 수 있기 때문이다. 정치를 하려고 하는 사람이 정치가가 되어서는 안 되고, 정치를 정말 하기 싫어하는 사람이 정치가가 되어야 한다는 것이 플라톤의 주장이다. 이처럼 내면의 윤리와 정치 윤리를 연결시키는 플라톤의 사상은 아리스토텔레스를 거쳐 아퀴나스에게까지 이어져 서양의 중세를 지배했다. 만드는 자 데미우르고스는 우주를 선의 이데아를 본떠 만든 창조의 신

18 플라톤, 앞의 책, 521c, p. 462.

19 위의 책, 521b, p. 461.

이지만, 동시에 이데아의 인식을 가지고 세상을 새롭게 만드는 정치가이기도 하다.

중국의 공자와 맹자 또는 주희도 내성외왕內聖外王의 실천을 염두에 두고 자기 수양의 철학을 펼친 것이다. 내성외왕이란, 안으로는 성인의 덕을 닦고 밖으로는 언제든 나라의 통치를 맡아 국가를 평화롭고 부강하게 만들 수 있어야 한다는 말이다. 덕을 가지고 정치하기를 바란 것이다. 맹자가 생生과 성性을 구분하고, 플라톤이 생성genesis과 본질ousia을 구분하고, 의견doxa과 앎epistēmē을 구분하며, 피지스physis와 노모스nomos를 구분하고, 아리스토텔레스가 쾌락hēdonē과 행복eudaimonia을 구분하고, 『정치학』에서 소리와 언어를 구분한 것은, 국가라고 하는 공동 생활의 필요성과 관련이 있었다. 그리고 그것은 공동체의 생명을 위해 개인의 생명을 길들이는 것이라고 할 수 있다.

다 같이 살기 위한 방편으로 개인의 생명은 정치의 규율 대상이 된 것이다. 다 같이 살 수 있는 방향으로 자신의 의지를 맞추는 것이 잘 사는 것이다. 거기에서 인간이 사는 의미를 찾는다. 개인의 생의 명을 보편적인 성의 명에 복종시키는 것이, 정치와 인문학이 만나는 중요한 지점이다. 그래서 인문주의자들은 깨우친 자들이 주도하는 교육을 중시했다. 고대의 인문학에서 깨우친 자 또는 진리를 본 자는 정치가면서 교육자이어야 했다. 그들에게서 교육은 뭇 대중이 이미 지니고 있는 능력을 일깨워 진리를 보게 하는 것이면서,[20] 동시에 보편 규범에 개인의 욕망을 종속시키는 것이다. 진

20 이 문제를 두고 플라톤은 인간의 누우스, 로고스를 인정하고 있으며, 맹자는 양지양능良知良能을 말하고 있다. "이는 그것에다 능력을 생기게 해주는 것이 아니라, 이미 그 능력을 지니고는 있되, 바르게 방향 잡히지도 않았지만, 보아야만 할 곳을 보지 않는 자에게 그러도록 해줄 방책일세"(위의 책, 518d, p. 456). "귀하고자 함은 사람의 똑같은 마음이니, 사람마다 자기에게 귀함이 있건마는 생각하지 않아서 모를 뿐이다."(『맹자집주』, 성백효 역주, 서울: 전통문화연구회, 2005, 고자 상 17, p. 482.)

리는 보편 규범과 관련이 있다. 아리스토텔레스에게서 법률은 진리를 보는 실천적 지혜와 지성에서 나오는 것이다. 그리고 유학에서 인仁과 의義는 객관적인 예禮에서 열매를 맺는다. 그것은 모두가 더불어 살 수 있도록, 개인이 잘 살게 하기 위한 것이다.

잘 살기 위해 삶 자체가 길들여지게 된 까닭은, 생생한 생명 또는 자연 생명이 가지는 야생적 성격 또는 길들이기 힘든 그 생명력 때문이다. 인문주의자들은, 살아 있음 또는 생명을 동물에게도 있는 것으로 보고, 가치 있는 삶은 인간에게만 있다고 보았다. 플라톤과 아리스토텔레스는 신적인 것과 인간적인 것을 구분했다. 아리스토텔레스는 이렇게 말한다.

> 이러한 삶(행복한 삶)은 인간적인 삶보다 높은 것일 것이다. 왜냐하면 인간인 한 이렇게 살 수 있다기보다는 인간 안에 신적인 어떤 것이 존재하는 한 그렇게 살 수 있을 것이기 때문이다…… 그러므로 만약 지성이 인간에 비해 신적인 것이라면, 지성을 따르는 삶 또한 인간적인 삶에 비해 신적인 것이다. 그러나 "인간이니 인간적인 것을 생각하라" 혹은 "죽을 수밖에 없는 운명이니 죽을 수밖에 없는 것들을 생각하라"고 권고하는 사람들을 따르지 말고, 오히려 우리가 할 수 있는 데까지 우리들이 불사불멸의 존재가 되도록, 또 우리 안에 있는 것들 중 최고의 것에 따라 살도록 온갖 노력을 기울여야만 한다.[21]

지성을 따르는 신적인 삶이란 공동체에 덕이 되게 사는 삶이다. 행복을 가리키는 에우다이모니아eudaimonia는 '잘'이라는 뜻의 에우eu와 신이라는 뜻의 다이몬daimon의 결합어이다. 신적인 것이 잘 발휘될 때 행복하다는 말이다. 생명 자체는 인간적인 것이요, 공동체를 위해 절제되고 길들여진 생명은 신적인 것으로 개인의 진정한 행복을 가져다준다. 그것은 아리

21 아리스토텔레스, 앞의 책, 1177b, p. 372.

스토텔레스나 동양의 유학이나 마찬가지다.

여기에는 생명과 관련해서 좀 더 복잡한 문제가 있어 보인다. 국가라고 하는 큰 공동체는 자급자족을 위해, 그리고 무엇보다도 이웃의 침략으로부터 자신의 삶을 보호하기 위해 필요했던 것 같다. 국가가 갖는 군사력은 개인에게 보호막을 형성한 것이다. 그러니까, 산 사람은 살아야 한다는 생명 당위의 연장에서 국가가 출현한 것으로 보인다. 그런 면에서 국가 같은 큰 공동체 안에서 서로 공존하기 위한 정의의 문제나 자기 수양의 문제는, 생명 당위와 무관하지 않을 것이라는 점을 우리는 알 수 있다. 그런 면에서, 플라톤이나 아리스토텔레스 그리고 유학에서 국가의 출현을 자연공동체로 보는 것을 이해할 수 있다.[22] 자급자족과 국방을 통한 생명의 보존은 생명의 자연스런 요청이기 때문이다. 마르크스가 기대했던 국가 없는 사회가 가능하려면, 세계 전체가 국가 없는 사회가 되어야 한다. 어떤 국가가 있는 한 또 다른 국가도 존재해야 한다. 본능적인 거대한 결속 집단인 한 나라가 존재하고 있는 한, 또 다른 나라는 개인의 생명을 보호하는 역할을 어느 정도 하게 된다.

그러므로 인문학이 내세우는 가치 문제는, 국가 단위의 집단 생명을 보장하는 차원과도 밀접하게 관련이 있을 것으로 보인다. 그것은, 인문학적 가치 문제가 생명 당위의 실현에도 일정한 부분 기여하고 있음을 암시한다. 그것이 인간의 현실이다. 국가는 다른 국가의 폭력으로부터 개인들의 생명의 존속을 보장하는 울타리 역할을 한다. 국가는 방어적 개념에서 생명 당위의 연장에 있다. 도시 국가가 성으로 둘러싸인 것은 국가의 본질이 무엇인지 말해준다.[23] 플라톤도 국가의 통치자를 수호자phylakes라고 부른

22 아리스토텔레스, 『정치학』, 천병희 역(서울: 숲, 2009), 1252a, p. 34. 이규성, 『생성의 철학: 왕성산』(서울: 이화여자대학교출판부, 2001), p. 474 이하 참조.

23 법학자이자 사회학자며 신학자인 프랑스의 자크 엘룰J. Ellul은, 성서의 창세기 4장 9-17절에 나오는 최초의 도시에 주목한다. 최초의 도시를 세운 사람은 살인자 가인이다. 도

다. 국가가 자급자족의 필요에 의해 생긴 것이라는 점에서는 여러 가지 생산 계층들이 필요하다. 그러나 외부와 전쟁이 일어났을 때 방어하는 일이야 말로 가장 중요한 일이다.[24] 그러므로 플라톤이 말하는 통치자는 바로 그 방어를 담당할 사람들이요, 그들에게 필요한 덕목을 논하면서 선의 이데아론이 나온다. 이것은 국가 권력이 외부로부터 구성원을 보호하는 역할을 한다는 것을 암시한다.

말하자면 생명의 자연적 본능은 살려는 것인데, 그 살려는 본능의 외곽을 담당하는 것이 국가라는 공동체인 것이다. 국가의 군사력은 생명의 외곽을 담당하면서, 내부적으로 경찰력으로 강제력을 행사한다. 외부를 향한 군사력의 보호 아래, 경찰력이라는 강제력을 배경으로 한 국가 행정이 내부 생명체의 생명을 길들이고 순화한다. 그것은 민주주의 국가도 마찬가지다. 자유와 해방의 이름으로 전체주의를 벗어났지만, 고도의 행정 기술들은 국민의 신체를 통제하고 규제한다. 이익의 충돌을 조절하는 고전적인 정치의 구도에서는 정치가 아직도 우연한 것으로 남아 있었다면, 현대 민주 국가는 기술 관료들에 의해 신체에 대한 정치의 규율이 필연적인 것이 되었다고 할 수 있다.

국가의 생명 통제는 결국 공동체적 결속을 위한 것이며, 그것은 타 국가에 대한 방어력을 키우는 문제와 관련이 있다. 평상시에 아무런 일도 없이 평화스럽지만, 국가는 항상 비상사태를 대비해서 주권을 행사하고 국민을 통제한다. 위기에 대한 대비는 국가의 본질을 이룬다. 전쟁이 예외 상태가 된 오늘날에도, 예외가 평상시를 규제한다. 전쟁은 국민의 안전과 생명을

시는 에덴 동산 대신 들어선 것이며, 그것은 사람을 죽인 자가 다른 사람의 죽임으로부터 자기를 방어하기 위해 세운 것이다. 말하자면 도시가 인간의 죄의 결과라고 본다. 적이 생기고 난 후에, 방어적 단절의 구조가 도시라는 것이다. 자크 엘룰, 『도시의 의미』, 최홍숙 역(서울: 한국로고스연구원, 1992) 참조.

24 플라톤, 앞의 책, 373a-375e, pp. 155-162.

단번에 무너뜨릴 수 있기 때문에 언제나 그에 대비해야 하는 것이 인간 현실이다. 비상사태가 국가의 본질에 속한다는 것은, 국가가 극단적인 사태를 염두에 두고 인간의 생명을 통제한다는 것을 의미한다. 생명을 위해서 생명을 통제하는 것이다.

그리고 그러한 생명 통제를 자발적으로 일으키도록 만든 장치가 인문학적인 자기 수양으로 보인다. 인문학은 외부의 전쟁이 아니라 인간 내면의 두 마음의 전쟁을 가장 근원적인 전쟁으로 생각했다. 물질에 대한 욕망과 그것을 초월하여 자유를 얻고자 하는 자유의지의 전쟁이다. 그것은 결과적으로 내면의 평화를 통해서, 외부적 평화를 도모하려는 것이다. 맹자는 "사단四端을 확충하면 사해四海를 보존하기에 충분하다"[25]고 했다. 그것은 내면의 수양을 말한 유학의 목표가 천하의 평화를 도모하는 데 있음을 잘 보여준다. 인문학이 고려한 외부적 평화란 국가 내부의 국민 구성원 상호간의 정치적 평화를 가리킨다. 그런데 어느 정도의 개인의 양보와 자기 초월이 없이는 국가 내부의 평화는 성립되지 않는다.

인간에게 자기 초월은 극기克己를 수반하는 것이므로 매우 어렵다. 인간 능력의 예외적 상황이라고 할 만하다. 주희의 말로 하면, 계천입극繼天立極이니 하늘을 이어 극을 실천하고 그것을 일상화해야 하는 것이다. 극極은 지극한 것이며, 표준이라는 뜻이니, 인문주의가 표준으로 삼은 것은 지극히 높은 것이다. 이미 공자는 인간이 덕을 오래 지니기가 쉽지 않다고 말하며 탄식했다. "중용의 덕은 지극하구나. 이 덕을 오래 실행할 수 있는 자가 드물다"[26]고 했다. 그러나 그 드문 경우를 표준으로 삼고, 인문주의는 거기서 진정한 개인의 평화와 자유를 얻을 수 있다고 가르쳤다. 인문학은 인간 능력의 예외적 상황을 보통 상황으로 만들 것을 추구한 셈이다. 인간적이

---

25 『맹자집주』, 공손추 상 6, p. 152.

26 "中庸之爲德也 其至矣乎 民鮮久矣" 『논어』, 동양고전연구회 역(서울: 지식산업사, 2005), 옹야 28, p. 130. 정약용의 해석을 따랐다.

지 않고 신적인 모습으로 살기를 바란, 플라톤과 아리스토텔레스의 용어가 그것을 잘 말해주고, 『서경』에 나오는 인심人心 도심道心의 구분을 가지고 와서, 인심이 아닌 도심으로 살기를 바란 성리학의 용어 역시 그런 점을 잘 보여준다. 인간이 인간적이기를 포기하고, 인간이 인간의 마음 곧 인심이 아닌 도의 마음으로 사는 것은 지극히 어려울 뿐 아니라, 예외 상황이라고 할 만하다.

맹자에게서 사람다운 사람이 되려면 의義를 실천해야 한다. 의를 위해 생을 버릴 각오를 해야 한다. 언제나 생에 대한 감시와 견제가 상존한다.

> 어물魚物도 내가 원하는 바요 웅장熊掌(곰발바닥)도 내가 원하는 바이지만 이 두 가지를 겸하여 얻을 수 없을진댄 어물을 버리고 웅장을 취하겠다. 삶도 내가 원하는 바요 의義도 내가 원하는 바이지만 이 두 가지를 겸하여 얻을 수 없을진댄 삶을 버리고 의를 취하겠다…… 이러므로 원하는 바가 삶보다 심한 것이 있으며 싫어하는 바가 죽음보다 심한 것이 있으니, 다만 현자만이 이러한 마음을 가지고 있는 것이 아니라 사람마다 다 가지고 있건마는 현자는 능히 이것을 잃지 않을 뿐이다.[27]

사람은 생명을 버리고 의를 찾는捨生而取義 존재이다. 살기 원하지만 때로는 살기를 버리고, 의를 위해 죽기를 택한다. 그런데, 정자程子는 말하기를 리理는 체體요, 의義는 용用이라고 했다. 그러니, 의롭게 되는 것은 성性의 이치가 사물에 대응하여 나오는 것으로서, 항상적인 것이다. 의를 위해 죽기를 택하는 것은, 예외적인 것이 아니라 항상 준비되어 있는 마음이어야 한다. 그것이 현자의 모습이고, 유학은 그런 현자의 모습을 모든 사람에게 요구했던 것이다.

---

27 『맹자집주』, 고자 상 10, p. 469.

인간 내면의 예외 상황을 보통 상황으로 만들 것을 요청함으로써, 인문주의가 궁극적으로 이바지하는 것은, 정치적 결속이라고 할 수 있다. 사심私心을 버리고 공심公心을 찾게 한 공자의 가르침이 그렇다. 인간의 죄를 사심에서 찾으려고 한 것은 공자로부터 맹자를 거쳐 주자에 이르기까지 유학의 공통된 관점이다. 사私에서 공公으로 돌아가려고 한 것은, 결국 공동체의 결속과 평화에 이바지하게 하는 것이다. 이처럼 인문학에 기반을 둔 정치는, 물질의 문제를 인간의 진정한 행복론에 기반을 두고 설득할 수 있다는 점에서 매우 유용했을 것이다. 인문학자들은 쾌락과 참된 기쁨[28]을 구분하려고 했는데, 이는 물질에 집착하지 않도록 해서 인문학적 덕목이 발생할 틈과 여유를 만들기 위한 설득 논리라고 할 수 있다.

이처럼 예외로 현실을 통제하여 좋은 현실을 만들려고 하는 인문학의 가르침은, 물질 분배의 공정함을 넘어 물질을 초월하는 데까지 감으로써, 생명을 억압하는 측면을 지닌다. 자기 중심으로 남을 해하는 마음을 극복하는 것을 넘어, 타인에 대한 무조건적인 사랑을 가르쳐, 양심의 자기 학대가 일어나게 한다. 인문학이 이처럼 다른 극단으로 간 것은, 국가 내부의 결속을 다짐으로 국가의 방어력을 강화시키는 데 이바지했을 것이다. 그러니까, 알고 보면 인문주의와 국가는 양극단의 예외적 상황을 기준으로 삼고 있다. 국가는 적의 침입이라고 하는 상황을 염두에 두고 주권을 행사하며, 인문주의는 인간의 어떤 도덕적 능력을 염두에 두고 본성론을 들고 나

---

28 칸트의 경우는 글뤼크리히카이트Glücklichkeit와 추프리덴하이트Zufriedenheit를 구분했다. 전자는 유익한 것을 얻어 생기는 감정을 가리키고, 후자는 도덕법에 따라 행했을 때 생기는 감정이다. 기쁨이라는 뜻의 추프리덴하이트는 평화Friede를 향함zu, 또는 평화를 위함이란 뜻이다. 그것은 도덕이 내면의 평화를 통해 정치적 평화를 도모하기 위한 것임을 잘 보여준다. 질 들뢰즈는 데지르le désire(욕망)와 플레쥐르la pleasure(쾌락)를 구분해서 데지르는 살리려고 한다. 레비나스는 데지르le désire(욕망)와 브주앙le besoin(필요)을 구분하여 데지르를 살리려고 한다. 모두 인간의 욕망에 물질적 쾌락의 욕망만 있지 않고, 더 높은 가치에 대한 욕망도 있음을 말하고 있다.

와 인간에게 명령한다. 국가의 법의 명령律命과 인문학이 말하는 성명性命(천명 또는 도덕법)은 서로 차원이 다르지만, 아리스토텔레스는 도덕을 교육시켜 그것이 법제정으로 이어져야 한다고 봄으로써, 도덕법과 실정법을 분리하지 않으려고 했다. 결국 고대 인문주의는 인간의 생명력을 어느 정도 억압함으로써, 공동선이라는 정치적 목적을 달성하려고 한 것이다. 한편에서는 외부적 강제력을 가지고, 다른 한편에서는 본성론에 바탕을 둔 양심의 자발적 강제력으로 정치적 평화에 이바지하고자 한 것이다.

앞에서 말한 것을 요약하면 이렇다. 가장 바깥에는 군사력이 있어서 외부 침략으로부터 국가 내부의 개인들의 생명을 보호한다. 그리고 중간에는 법규범과 경찰력이 있어서, 국가 내부의 질서를 유지하고 개인 욕망의 표출로 인한 갈등을 막는다. 가장 안에는 양심의 힘이 있어서 개인 욕망의 표출을 억제하고 욕망 자체를 없애는 데까지 목표로 삼는다. 이런 삼중 구조에서 인문학은 삶의 의미를 위해 가장 중요한 역할을 한다. 군사력이 생명과 목숨 자체를 보호하기 위한 것이라면, 인문학은 목숨보다는 가치 있게 살도록 유도하는 것이기 때문이다. 군사력이나 경찰력은 생물학적인 필요와 관련된 것으로서 삶의 의미와 관계가 없다. 오직 인문학만이 삶의 의미를 제공하며, 삶의 의미를 통해 큰 구도에서 생명을 보존하는 역할을 한다. 말하자면, 생명 자체를 넘어 개인을 삶의 의미의 세계로 이끄는 인문학은 알고 보면 집단 생명의 유지에 이바지하는 것이라고 할 수 있다. 집단에서 개인으로 넘어가, 개인을 의미의 주체로 세운 것이 인문학의 성과라고 할 수 있지만, 그 배경에는 집단의 생명 보존과 관련이 있는 것이다. 인문주의자들이 말하는 보편 이성, 보편 규범은 항상 그것을 염두에 둔 것이다.

의미가 낳은 무의미

인문학이 정치적 목적을 가지고 있음을 앞에서 살펴보았다. 본능적 혈연집단에서 통하는 이타주의에서 벗어나 좀 더 큰 공동체에서도 통하는 이타주의의 탄생에 인문주의가 있다. 그것은, 인문학의 성명도 어느 정도 생명의 보존에 이바지하기 위한 길을 찾은 것임을 알려준다. 그러나 인문학은 정치적 평화를 위해 너무 큰 것을 요구했다. 국가 집단의 평화를 위해 치르는 비용이 너무 크다. 그래서 적당한 불법과 이탈이 삶의 활력소가 된다. 니체의 고발은 옳은 면이 있다. 너무 큰 요청 앞에서 인간은 억압과 무의미를 느끼기 때문이다. 인문학이 말한 의미는 무의미를 만드는 시작이기도 하다. 의미를 모르고 사는 동식물과 달리, 인간의 삶은 의미를 바탕에 깔고 있다. 그런데, 그와 같은 의미는 인간을 무의미에 시달리게 한다. 동식물은 무의미를 모르지만, 인간은 제시된 의미 때문에 무의미를 겪는다. 의미가 무의미를 낳았다고 할 수 있다. 우리가 말하고자 하는 '그냥 삶', '산 사람은 살아야 한다'는 당위는 동물적 본능의 시대로 돌아가려는 것이 아니라, 의미 추구가 만든 무의미를 이기고 담담하고 생생한 삶의 길을 찾아보려는 것이다.

인문학은 공동체의 안녕과 번영이라는 목적을 가지고 있다. 진리 자체, 존재 자체를 말하지만, 그 '자체'는 없다. '자체' 뒤에 가려진 목적이 있고, 그 목적에서 의미가 생긴다. 어떤 목적에 이바지할 때, 의미가 있다고 한다. 어떤 목적이 보이지 않을 때, 삶은 의미 없어 보인다. 목적이란 '무엇을 위해서' 사느냐의 문제다. 자식을 위해 살든지, 꿈을 위해 살든지, 자기 완성을 위해 살든지, 하나님의 영광을 위해 살든지. 삶은 삶의 목적이 있을 때 의미 있는 삶이 된다. 뭔가를 바라고 사는데, 그 바람의 대상이 목적이 되기도 한다.

그러나 생명의 위협이 있을 때는, 그것을 극복하는 것이 일차적인 바람이요, 그것이 그 순간과 그 기간을 사는 목적이다. 그 이상의 다른 목적이 있을 수 없다. 그러므로 먹고 사는 것이 부족할 때, 다른 의미를 찾을 것 없이 먹고 사는 데 몰두하게 된다. 그때의 모든 행위, 마음먹고, 마음 쓰는 것을 포함한 모든 행위의 의미는 살아남는 데 있다. 먹고 살 것이 풍족해도 경쟁에서 살아남아야 하는 상황에 몰리면, 의미는 살아남는 데서 찾게 된다. 그런 경우에 의미는 삶의 존속에 위협이 있을 때 생기는 방어적이고 이차적 개념이다. 그냥 살다가, 삶에 위협이 느껴질 때, 그것이 극복될 때까지 삶은 위협의 극복에서 의미를 찾는다. 그때의 의미는 거의 삶의 의미라고 말할 수 없을 만큼, 의미로서의 성격을 갖지 않는다. 그것은 거기에 '의미를 두어서' 일어나는 일이 아니다. 거의 자동으로 일어나는 일이요, 저절로 일어나는 일이다.

인문학에서는 그처럼 살아남기 위한 노력에 '의미를 두지 않는다.' 생명에 관한 한 인문주의는 전체 생명에 관심이 있기 때문이다. 앞에서 말했듯이 공동체 전체의 생명 유지를 위한 방어 개념이 인문학적 선이다. 그러므로 인문학이 말하는 도덕 역시 방어 개념이다. 그런 방어 자세는 인간에게 도덕의 이름으로 부여되고, 정언 명령의 이름으로 부여된다. 그리고 그처럼 공동체의 존속과 질서의 이름으로 행해지는 명령은 개인의 생의 명과 충돌되고, 전자는 성명性命이요 후자는 생명生命이 된다. 성명 뒤에는 생의 명이 있으나, 그 단위가 전체요 공동체다. 거기서 보편적이며 객관적인 인간관과 규범이 출현하고, 개인이 보편을 따르는 데서 의미가 부여된다.

다시 말하지만, 인문주의도 크게 보면 생명을 위해 봉사한다. 접촉이 많아짐에 따라 공동생활이 가능하도록 아주 근원적인 처방을 제시한 것이 인문주의다. 그러나 인문학의 요구가 개인의 생명과 독립되면서, 무의미를 만들어낼 가능성이 생겼다. 삶의 목적은 잘 사는 것이요, 잘 사는 것은 삶의 생생함을 일단 죽이는 것이 되고 만다. 욕망을 죽이고, 감정을 경계하고, 법과 이성에 의해 살도록 권면한다. 그리하여 인문학에서 의미는 일부러, 일삼아 두는 것이다. 의미는 저절로 생기지 않고, 일삼아 찾아야 된다. 의식적인 노력과 결단으로 의미 있게 된다.

서양은 동양에 비해 더욱 의미를 찾았다. 그것은 악과 무의미를 더 깊이 인식했기 때문으로 보인다. 플라톤은 질료를 악의 기원으로 의심했지만, 중국과 한국의 성리학에서 기氣는 악의 원천이 될 수 없다. 기독교는 인간의 죄를 강조했지만, 유학은 기본적으로 성선설에 바탕을 두고 있다. 서양은 세상의 악을 극복하는 문제를 동양보다 훨씬 심각하게 생각하고, 그것을 삶의 의미로 여긴 결과, 비판 의식은 발전했지만, 그냥 사는 삶에 대한 감각이 없다. 서양의 고대 인문주의가 형이상학으로 출발한 까닭도 거기에 있다. 플라톤과 아리스토텔레스에 의해 존재론적 형이상학과 함께 인문학이 출현했다고 할 수 있는데, 존재론적 형이상학에서 의미는 이미 있는 것이다. 우주의 기원과 개인적 삶의 목적이 같은 것이 된다. 우주의 기원인 선의 이데아는, 질료를 가진 만물의 형상으로서, 만물이 실현할 궁극적 목적이요 존재의 이유가 된다. 존재의 기원을 찾는 형이상학적 우주론의 도입과 함께, 세상의 존재 이유 곧 의미는 이미 있는 것이 된다.[29] '있음'은 '의미 있음'이요, 언제나 '이미 의미 있음'이다. 만물은 의미 속에서 생겨난다. 그러나 그런 형이상학은 뒤집어보아야 한다. 도덕의 요청에서 형이상학이 나오는 것이다. 의미 있어야 한다는 당위가 더 근본이다. 악에 져서 무의미에 빠지지 않고, 선의 승리를 통해 의미 있게 살아야 한다. 그런 당위에서, 의미 있음이 출현한다. '의미 있음'은, '의미 있어야 함'에서 나온다. 그래서 의미 있음은 살아 있음보다 인위적이고 이차적이다.

그래서 나온 결과는, 이기심의 욕망과 함께 생생한 삶의 욕구도 같이 죽인다. 의미를 추구할 때 생기는 무의미 때문이다. 무의미란 살고 싶지 않음이요, 생명에 대한 또 다른 억압이다. 의미를 만들면서 무의미가 생겼다.

---

29 형이상학을 도입한 주희의 성리학도 어느 정도는 같은 성향을 지닌다. 태극은 음양을 낳고 오행을 낳아 세상을 낳는 기원이면서, 동시에 만물이 따라갈 표준이요, 존재 이유다. 리가 기보다 먼저 있었다는 것은, 존재 이유가 존재보다 앞서고, 의미가 무의미보다 선재함을 의미한다. 그러나 성리학은 그 자연주의 경향 때문에 서양만큼 무의미를 깊이 느끼지는 않는다.

기독교의 사도 바울이 로마서 5장에서 말한 유명한 진술대로, 법이 생기면서 죄가 생긴 것과 같은 논리다. 법이 없으면 죄가 무언지도 몰랐을 텐데, 도덕법이 생기면서 양심의 가책도 생기고, 그 도덕법이 매우 높은 것이 되면서, 양심은 무력감에 빠진다. 인문주의의 구도에 들어가면, 지배와 초월의 대결밖에 없다. 인간 이하의 욕망의 종이 되든 인간 이상의 신처럼 되든 둘 중의 하나다. 다른 길은 없다. 내가 내 삶의 주인이 되려면 나를 초월해야 한다. 결핍을 채우려는 욕구le besoin도 아니요 초월욕구le désire도 아닌, 그냥 살려는 욕구는 들어갈 자리가 없다. 인문주의는 도덕법과 양심으로 억압한다. 그러한 억압을 벗어나기 위해 찾은 해결책이 기독교의 사도인 바울의 은혜론이다. 서구 문명은 플라톤과 아리스토텔레스의 인문주의와 바울 신학의 은혜론의 결합으로 이루어져 있다. 아우구스티누스 이후의 기독교 신학은 인문주의적 문제의식과 바울이 전한 속죄의 은총의 결합이라고 할 수 있다. 인문주의에는 은혜론이 없어서 생의 명을 회복할 수 있는 탈출구가 없었다. 그런 점에서 기독교는 인문주의의 초자아의 억압을 해소하는 길을 열었다. 그러나 예를 들어, 아우구스티누스의 은혜론 역시 성화sanctification로 유도하기 때문에, 결국 인문주의적인 억압을 떨치지 못했다. 경우에 따라서는 인문주의적 요청을 더욱 완벽하게 요구하는 쪽으로 나가기도 했다. 이제 플라톤의 형이상학과 기독교 신학이 어떻게 삶을 의미 위주로 재편했는지 살펴보자.

2. 서구 형이상학과 신학의 의미 문제

플라톤의 형이상학과 의미

인문주의의 자기 초월의 욕구는 언제든 초월적 존재를 상정하는 형이상학으로 바뀔 준비를 하고 있다고 봐야 한다. 플라톤의 존재 형이상학은 인문주의적인 자기 초월에서 비롯된 것이다.

플라톤은 신에 관한 얘기theologia 다시 말해서 신학을 바꾸는 일을 통해 인문학적 전통을 마련했다. 플라톤이 호머나 헤시오도스의 신화에 나오는 신들을 비판할 때, 그 신들의 부도덕한 측면을 비판한다. 종교에 대한 비신화화demytholgisation가 일어나면서, 미토스mythos에서 로고스logos로 넘어가는 시대적 상황을 보여준다. 신화 이야기를 벗어나 진리를 찾는 논리적 언어로 넘어간다. 신에 관한 이야기를 비신화화하면서, 신은 더 이상 제물을 받는 신이 아니고, 선하고 의로운 신이어야 했다. 선과 의가 신의 모습으로 전면에 등장하는 것은, 도덕성이 중요해진 것을 의미한다. 그리하여 종교는 윤리로 바뀐다. 플라톤은 여전히 신을 말하고 있지만, 그의 관심은 이미 인간이 이룩하는 도덕성에 있었다.[30] 그것은 공자가 여전히 제사를

---

30 기원전 5세기 플라톤보다 100년 정도 앞섰던 페리클레스 시대 때 아크로폴리스의 신전들이 건축되었다. 파르테논 신전을 비롯한 건축물들이 지어질 때, 이미 상당한 반대가 있었다. 페리클레스의 반대파들은 그 많은 돈을 들여서 신전을 지어야 하는지 의문을 제기했다. 이것은 무엇을 의미하는가? 이미 아테네 시민들 사이에서 비신화화가 일어나고 있었던 것을 알 수 있다. 한편, 플라톤을 재조명한 프랑스의 철학자 알랭 바디유A. Badiou는, 플라톤의 『국가』 마지막 부분에 나오는 에르 신화에서, 신의 영향을 벗어난 인간의

중요시했지만, 그의 관심은 귀신이 아닌 인간에게 있었던 것과 같다. 그런 의식의 전환은 물론 국가를 평화롭게 하는 문제와 관련이 있었다. 나라의 평안을 빌기 위해 제사를 드리던 일에서 이제, 인간의 이성 능력을 일깨워서 덕을 가지고 정의롭게 살도록 교육함으로써, 나라의 평화를 만들어가려고 했던 것이다. 플라톤의 형이상학은 정치적인 데 관심이 있었다.

그가 말한 이데아론은 "정치권력dynamis politikē과 철학philosophia이 한데 합쳐지는 것"[31]을 바라고 있다. 지혜를 사랑하는 사람들이 힘을 갖고 선의 힘으로 정치를 하기를 바란 것이다. 그런 점에서 플라톤은 정치가를 데미우르고스라고 했다. 세상의 창조자 데미우르고스는, 세상을 새롭게 재창조하여 평화를 만드는 장인丈人 정치가 데미우르고스를 말하기 위한 것이다. 그의 우주형성론은 인간의 구원론에 대한 관심에서 생긴 것이고, 구원론은 개인 특히 정치가 내면의 평화에 바탕을 둔 국가의 평화와 질서 확립에 초점이 있었다. 그의 우주론과 형이상학은 의로운 자들이 주도하는 정의로운 정치를 겨냥한 것이다. 플라톤은 선의 이념을 '하나'로 규정하고, 우주론적으로는 하나에서 여럿이 나왔다. 그러나 그런 우주론적 서술은 정치적 의미를 품고 있다. 하나는 모든 개별 상황에 통하는 보편자를 가리킨다. 세상을 새롭게 만들 정치인들은 하나인 선의 이념을 봄으로써 수많은 상황에 적절하게 대처할 수 있어야 한다.[32] 공자가 논어에서 일이관지一以

진정한 모험이 시작되었음을 지적한다. 알랭 바디유, 『조건들』, 이종영 역(서울: 새물결, 2007), p. 305.

31 플라톤, 앞의 책, 473d, p. 365.

32 이데아론을 정치에 적용하는 명확한 언급이 있다. "그런데 적어도 각각의 것들과 관련된 우두머리 장인 또는 전문가(데미우르고스)와 수호자는 여럿을 볼 수 있어야 할 뿐만 아니라, 하나를 알도록 촉구해야만 하며, 일단 이를 알게 되면, 모든 것을 총괄적으로 봄으로써, 이와 관련지어 조직화하게 되어야 한다". 이것은 "여럿이며 같지 않은 것들에서 하나의 이데아를 바라볼 수 있는 것"을 가리킨다. 플라톤, 『법률』, 박종현 역(서울: 서광사, 2009), 965b-965c, pp. 852-853.

貫之를 강조한 것과 같다. '하나'와 '여럿'을 아리스토텔레스는 『형이상학』에서 다루었지만,[33] 그런 형이상학은 정치적 적용을 염두에 둔 것이다.

나라의 정의를 세우는 길을 찾기 위해 플라톤은 신화를 비판하며 신학을 재정립한다. 플라톤이 신화의 신들을 비판하는 핵심은, 신들의 도덕성 문제다. 그는 세상에서 돈이 많고 높은 자리를 갖고 있으면 사람들이 예우를 하고, 가난하고 힘이 없으면 무시하는 현실을 개탄한다. 다시 말해서 올바름에 관계없이 힘이 지배하는 현실을 개탄하는 것이다. 올바른 자가 불행을 당하고, 그릇된 자가 얼마든지 잘 사는 현실이 인간의 현실이다. 플라톤이 볼 때, 당시의 신화에 나오는 신들에게 제사를 드리는 종교는, 그런 인간의 현실을 반영하고 부추기고 있다. 플라톤은 이렇게 문제를 제기한다.

> 제일 놀라운 것은 신들과 훌륭함(덕)에 관한 언급인데, 신들조차도 많은 선량한 사람들에게 불운과 불행을 배정하면서, 이들과 반대되는 사람들에겐 그 반대의 운명을 내린다는 것입니다. 그런가 하면 탁발승이나 예언자들은 부잣집 문전에 가서 설득하기를, 자신들한텐 제물과 주문 암송에 의해 신들한테서 얻게 되는 신통력이 있어서, 혹시 자신이나 조상들이 저지른 잘못이 있더라도, 제사를 통해 그걸 보상할 수 있으며, 또한 적이 되는 사람에게 해를 끼치고 싶어 할 때에도, 상대가 올바른 자라 할지라도, 올바르지 못한 자에 대한 경우와 마찬가지로, 적은 비용으로도 해칠 수 있다고 말하는데, 그건 주술과 마법에 의해서 신들이 자기들을 돕도록 설득한다는 겁니다.[34]

여기서 플라톤은 정의를 세우는 데 종교가 도움이 되지 않음을 강조한다. 오히려 제물만 바치면 이득을 가져다주는 종교는 사회에 해로울 수 있

---

33 아리스토텔레스, 『형이상학』, 김진성 역주(서울: 이제이북스, 2007), 1052a, p. 411 이하.
34 플라톤, 『국가』, 364b, p. 136.

음을 말하고 있다. 새로운 시대에 필요하게 된 것은 제물을 좋아하는 신이 아니라, 인간의 모범이 될 만한 덕스런 신이다. 서로 싸우고 질투하는 신들의 이야기는 청년들의 혼을 위해서 해롭다. 신들의 이야기theologia 곧 신학은 바뀌어야 했다. 그래서 나온 대명제가 '신은 선하다'이다.[35] 신은 선하다는 것을 확실하게 하기 위해 신정론神正論을 확립한다. 신은 모든 좋은 것의 원인이지만 나쁜 것의 원인은 아니다. 그릇되고 나쁜 일이 있다면, 그것은 신이 가져다 준 것이 아니다.[36] 신을 여전히 말해야 한다면, 그 신은 선하고 올바른 신이어야 한다는 것이다. 그래서 이렇게 말한다.

> 시인이 벌은 받은 자들은 비참하며 이렇게 되게 한 자가 바로 신이었다고 이야기하도록 허용해서는 아니 되네. 그러나 만일에 시인들이 나쁜 사람들은 응징을 받을 필요가 있었기 때문에 비참하긴 하지만, 그들이 처벌을 받음으로써 신한테서 은혜를 입은 것이라고 이야기하려 한다면, 이건 허용해야 되네. 그러나 신은 선하지만, 어떤 사람에게 있어서는 나쁜 일들의 원인으로 된다는 주장에 대해서는 모든 방법으로 맞서 분전해야만 할 것이니, 나라가 훌륭하게 다스려지려면, 제 나라에서는 아무도 이런 걸 말하지 못하도록 해야만 하고, 또한 듣지도 못하도록 해야만 하네. 그가 젊건 또는 나이를 먹었건 간에, 그 이야기를 운문으로 지었던 또는 산문으로 지었던 간에 말일세. 이는 만일에 그런 게 이야기된다면, 그런 이야기는 경건하지도 않으며, 우리한테 유익하지도 않고, 그 자체로도 모순되는 것이기 때문일세.[37]

결국 신학은 정치에 봉사해야 한다. 플라톤이 볼 때, 신의 이야기는 이제 무조건 받아들여지는 것이 아니라, 국가를 다스리는 데 도움이 되는지

35 위의 책, 379a, p. 171.
36 위의 책, 379c, p. 172.
37 위의 책, 380b-c, pp. 174-175.

를 살펴야 한다. 그러기 위해 종교는 정의를 세우는 데 도움을 줘야 한다. 신을 믿으려면, 선하고 의로운 신을 믿어야 한다. 그래서 나쁜 일은 신이 가져다 준 것이 아니다. 혹시 악한 자에게 나쁜 일이 닥쳤다면 그것은 신이 베푼 은혜라고 해도 좋다. 왜냐하면 불의에 대한 응보는 정의로운 것이고, 그것은 선한 신이 가진 덕목의 일부분이기 때문이다. 통치자가 될 사람들이 경배해야 할 신은 바로 그런 신이다. 신의 거룩함은 선함과 그 의로움에 있다. 그처럼 신이 선해야 한다는 점을 강조하면서, 플라톤에게서 신의 인격적 성격은 약해지고, 그 대신에 초월적인 이념의 성격이 강해진다. 이것은 신화의 시대로부터 인문학의 시대로 넘어감을 뜻한다. 신의 표상이었던 힘이 선의 힘으로 바뀌면서, 선의 문제가 부각되었고, 이때의 선은 도덕성이 핵심이다. 플라톤이 말한 좋음의 이데아란 생각에서나 가능한 순수 선이다. 그것은 인간이 바라보고 이루어야 할 도덕적 이념인 것이다. 그리고 그 이념을 관조하고 실천하는 일이 통치자가 할 일이다.

플라톤은 주로 통치자 또는 정치가의 덕목을 말하며, 신을 선의 이념으로 바꾸었다. 그러나 그는 이미 인간의 혼에 이성과 지성이 있음을 말했다. 동서양을 막론하고 고대 인문주의에서 어느 정도 계급 구분에 따른 역할 분담을 말하지만, 신에게서 인간에게로 관심의 방향을 바꿀 때, 이미 그 인간은 모든 인간으로 확대될 가능성을 품고 있었다. 인류는 문제를 한꺼번에 해결하지 못한다. 서양 사회에서 그런 계급적 구분이 실제로 없어지고 만인의 평등을 전제로 하는 구원의 모습을 가르친 것은 기독교다. 그러나 기독교 역시 현실적인 계급을 없앤 것은 아니며, 신분 제도가 사라지는 것은 종교 개혁 이후 근대에 와서다.

그러나 인간 평등의 이념적 전환은 이미 인문주의자들에게서 시작되었다고 할 수 있다. 공자가 이상적인 인간상으로 군자君子라는 말을 썼는데, 군자는 임금을 가리키는 것이다. 그런데, 이제 임금이 아니라도 인품과 덕이 있는 사람이면 군자가 된다. 마찬가지로, 플라톤에게서 이성은 모든 사람에게 있으며 이성이 있는 인간은 누구나 신적인 힘을 지니고 있는 것이다. 인간이 동물과 다르다고 하면서 혼pneuma 속의 이성을 말할 때, 특별한 계급 구분을 하며 그런 말을 하지 않았다. 다만 현실에서는 인간 안에서도 차별을 두었지만, 일단 신으로부터 사람에게로 초점을 바꾸는 것이 고대 인문주의자들의 역할이었다. 먼저 보편이성을 말하고, 그 다음에 개별적으로 차별을 두었던 것이다. 그러므로 플라톤은 서양 인문주의 조상으로서, 적어도 인간이 선의 이념을 통한 자기 수양을 통해 세상의 주인이 되기를 바랐는데, 현실적으로 특별히 통치자들에게 그런 역할을 더 강조했다고 해야 할 것이다.

플라톤은 동굴의 비유를 통해, 보통 사람들이 결박된 상태로 벽면에 투영된 그림자만 보고 사는 것으로 설명했다. 정말로 존재하는 것을 아는 사람은 깨우친 자요, 철학자다. 감각을 통해 아는 것이 아니라 지성을 통해 아는 것으로, 철학자는 쾌락을 넘어선 기쁨과 행복을 갖게 된다. 그리고 플라톤은 깨우친 사람들이 '깨어 있는 상태에서' 정치를 해서 나라를 올바르게 해야 한다고 보았다. 그처럼 손이 묶여 뒤를 보지 못하고 제한된 시각으로 그림자만 보는 사람과 동굴 밖으로 나가 태양을 본 사람의 구분에서 플라톤은 이미 인생의 의미가 어디 있는지 말한 셈이다. 그가 말한 깨우친 사람은 관조하는 삶theō-rē-tikos bios과 실천적인 삶pratikos bios을 사는 사람이다.[38] 그런 삶을 가리킬 때, 그는 '조에'라는 낱말을 쓰지 않고, '비오스'를 썼다. 그가 말하는 삶bios은 그냥 사는 삶sōé과 달리, 도덕적 선을 관조하고 실천하는 삶이다. 목적이 있고 의미가 있는 삶인 것이다. 깨우쳐서 진리를 인식하고 세상을 제대로 보고, 자신과 세상을 구제하는 것, 그것이 삶의 의미라고 할 수 있다. 삶의 목적은 깨우치는 데 있고, 그 목적이 의미를 만든다.

38 위의 책, 520c, p. 459.

플라톤이 이정표를 세운 존재 형이상학에서 말하는 삶의 의미의 핵심은 선과 존재의 문제에 있다. 깨우칠 대상이 선의 이데아요, 선의 이데아는 깨우치도록 힘도 준다. 그런 점에서 선의 이데아는 깨우침의 주체이기도 하다. 태양의 비유에서 플라톤은 그 점을 분명히 했다. 보는 자가 있고, 볼 대상이 있다. 그때 태양이 없으면 보는 자의 시각이나 볼 대상 자체가 무용지물이 된다. 태양은 빛을 비춰서 눈으로 하여금 대상을 보게 한다. 여기서 눈에 해당하는 것이 지성이요, 볼 대상에 해당하는 것이 사물의 진리다. 태양에 해당하는 것은 선의 이데아다. 선의 이데아는 깨우침을 가능하게 해준다. 그러니까 선의 이데아는 인식의 대상이기에 앞서 인식을 가능하게 하는 조건이기도 하다. 단순히 조건에 그치지 않고 진리 인식의 주체가 되기도 한다. 빛은 사물을 보고 사물이 보여지기 위한 제3의 조건이다.

그러니 태양은 단순히 봄의 조건이 아니다. 왜냐하면, 태양이 없으면 시력이라는 것 자체가 형성되지 않기 때문이다. 보는 힘은 태양이 준 것이요, 사물의 볼거리도 태양이 준 것이다. 그러니까 시각이 있고, 볼거리가 있고, 그 다음에 태양이 있는 것이 아니라, 태양이 있어서 시력이 있고, 볼거리가 있는 것이다. 그런 점에서 태양은 봄의 조건이기를 넘어, 시력과 볼거리의 원인이다.[39] 마찬가지로 선의 이데아는 진리 인식을 가능하게 하는 원인이다. 선의 이데아가 지성의 존재를 가능하게 하고, 지성이 파악할 진리를 지니고 있는 사물들의 존재를 가능하게 한 것이다. 어떻게 보면 선의 이데아는 최종적인 인식의 대상이다. 그러나 대상이기에 앞서 진리 인식의 주체라고 할 수 있는 것이다.

> 그러므로 인식되는 것들에 진리를 제공하고 인식하는 자에게 그 힘dynamis을 주는 것은 좋음의 이데아라고 선언하게. 이 이데아는 인식epistēmē과 진리

39 위의 책, 507a-508b, pp. 434-436.

의 원인aitia이지만, '인식되는 것'으로 생각하게나. 반면에 이 둘이, 즉 인식과 진리가 마찬가지로 훌륭한 것들이기는 하지만, 이 이데아는 이것들과도 다르며 이것들보다 한결 더 훌륭한 것이라 믿는다면, 자넨 옳게 믿게 되는 걸세. 그러나 인식과 진리를, 마치 가시적 영역에 있어서의 빛과 시각을 태양과도 같은 것으로 간주하는 것은 옳지만, 태양으로 믿는 것은 옳지 않듯, 마찬가지로 여기에서도 이들 둘을 '좋음善'을 닮은 것으로 간주하는 것은 옳으나, 어느 쪽에도 바로 '좋음'이라 믿는 것은 옳지 않다네. 오히려 좋음의 처지를 한층 더 훌륭한 것으로 존중해야만 하네.[40]

그러므로 선이란 인식 주체인 인간과 인식 대상인 진리를 초월한 것이다. 지성은 선의 이데아를 닮았고, 지성적인 것을 품고 있는 사물 질서 역시 선의 이데아를 닮았지만, 결코 선과의 간격이 없어지는 것은 아니다.

그러므로 인식되는 것들의 인식됨이 가능하게 되는 것도 '좋음'으로 인해서일 뿐만 아니라, 그것들이 존재하게einai 되고 그 본질ousia을 갖게 되는 것도 그것에 의해서요, 좋음은 단순한 존재ousia가 아니라, 지위와 힘에 있어서 존재를 초월하여 있는 것이라고 말하게나.[41]

선의 이데아는 인식을 가능하게 하고 인식을 주도하는 초월적 주체다. 그리고 인식 주체인 인간과 인식 대상 사물들의 존재를 가져다준 기원이다. 인식의 기원이요, 존재의 기원이 된다. 선善이 존재에 앞선다. 이처럼 선에 초월적 자리를 매긴 것은, 선을 이룰 수 없는 인간의 처지를 염두에 둔 것이다. 다시 말하면 인간의 도덕적 능력과 관련해서, 인간의 한계를 의

40 위의 책, 508b-509a, pp. 437-438.

41 위의 책, 509a, p. 438.

식함과 동시에 좋음 자체요 순선純善인 선의 이데아는 초월자가 되는 것이다. 인간의 자기 초월의 한계는 모든 존재자들을 넘어선 초월적 존재를 상정하는 형이상학을 낳게 된다. 초월적 존재는 존재 자체로서 초월적이다. 선 자체와 존재 자체는 같은 것이다. 이 모든 형이상학적 사고는 인문주의의 도덕적 자기 초월 욕구와 관련이 있다.

선의 이데아가 존재의 기원이 된다는 것은, 우주 형성론을 통해 구체적인 얘기의 형태를 갖추게 된다. 『티마이오스』에서 플라톤은 우주가 선의 이데아를 본떠서 만들었다고 한다. 그러한 우주론은 사실 도덕론에 바탕을 둔 것이다. 우주의 창조 이야기에서 플라톤이 말하고 싶었던 것은 인간의 본성이다. 선의 이데아는 우주와 인간 마음(혼)의 기원(아르케)이요, 본(파라데이그마)이다. 순선이 우주의 기원이요 바탕을 이루고 있으므로 인간은 순선을 추구하게 되어 있다. 또한 순선이 인간의 본이므로 인간은 순선을 추구하여야 한다. 명령법을 말하기 위해서 직설법을 설정한 것이 우주론이다. 그것은, 성리학에서 소당연지측所當然之則을 말하기 위해, 소이연지고所以然之故를 말한 것과 같다. 핵심은 도덕 명령이다. 선을 이루어야 한다는 도덕적 당위所當然에 초점이 있다. 그런데, 왜 그래야 하는지 그 까닭所以然을 설명하기 위한 것이 형이상학적 우주론이다. 선을 이루어야 하는 이유는 세상이 선에서 나왔고 선하게 돌아갈 것이기 때문이다.

그런 식으로 인간의 마음 씀씀이를 설득하고 격려하려는 것이 형이상학 또는 우주론의 존재 이유다. 그랬을 때, 세상의 존재의 기원은 곧 인간의 존재 이유가 된다. 선의 이데아와 일치하는 데 인생의 의미가 있다. 의미는 존재감이나 존재로 설명될 수 있다. 선에 대한 참여에서 인간의 존재감이 결정된다. 그런 점에서 삶의 의미는 존재하는 데 있다고 할 수도 있다. 이때 존재란 참으로 존재하는 것을 가리킨다. 사람은 흔히 존재감을 갖는 데서 삶의 의미를 느낀다. 그런 점에서 삶의 의미는 존재감의 문제다. 흔히 사람은 존재감을 느끼기 위해서 힘을 가지려고 한다. 힘이란 재물이나 물질적 부를 가리키고 또는 권력을 가리키기도 한다. 이것은 '업신여김' 곧 존재 부인을 당하지 않기 위해 필요한 것들인데, 여하튼 모두 물질적인 것이다. 남보다 많은 물질을 갖는 것은, 언제나 일상적인 삶의 의미의 중요한 부분을 차지한다. 그렇게 함으로써 존재감을 가질 수 있기 때문이다.

그러나 플라톤은 그런 문제를 인문학적으로 전환시킨다. 선이야말로 참으로 존재하고, 선이야말로 힘이라고 본다. 『국가』 1권에서 소크라테스는, 올바르지 못함이 강하다는 대화자의 주장에 대해서 결국 올바름이 강하다는 것을 설득해나간다.[42] 올바르지 못한 사람은 우선 내면의 갈등이 있어서 "한 마음이 되지 못하게 함으로써 아무것도 해낼 수가 없도록 만들 것이다." 이것은 인간에게 선한 양심이 있어서 올바르지 않은 것에 대해서는 갈등을 일으킨다는 점을 전제로 한 것이다. 그 다음에는 "자기 자신에 대해서도 그리고 올바른 사람들에 대해서도 적이 되게끔 만든다."[43] 그러니 결국 내외적으로 힘을 상실하게 된다는 말이다. 힘이란, 마침내 이득을 가져오는 능력이다. 그리스 철학에서 덕aretē(훌륭함)은 기능ergon과 관련이 있으며, 훌륭함이란 훌륭한 기능 수행을 가리킨다. 이런 어원을 살피건대, 덕이란 사회의 역할을 제대로 수행하여 사회를 이롭게 하는 것이다. 덕은 이로움이나 이득을 가져온다. 결국 올바름이라는 덕이 강한 힘을 지닌 것이다. 힘이 정의가 아니라 정의가 힘이라는 것을 플라톤은 설득하고 싶었다.

플라톤이 말하는 좋음의 이데아가 우주의 기원이 된다는 것은 선이 도덕적인 것이면서 동시에 모두를 이롭게 하는 물질적인 측면을 같이 가지고 있음을 암시하고 있다. 만물과 존재의 기원으로서의 좋음과 선이란 도덕적 선 이상이라고 할 수 있다. 인간이 생각하는 의무의 문제 이상이다. 그것은

42 정의는 자기 자신에게나 전체에게 이롭다는 것이 『국가』의 결론이다.

43 위의 책, 352a, p. 113.

한계 상황 또는 경계 상황을 염두에 두고 만들어진 도덕 계율과는 다른 각도로 작용할 수 있다. 좋음의 이데아는 전체와 관련이 있고, 도덕 양심은 현재의 시점 그리고 현재 공간에서의 공시적인 결단의 특징을 지닌다. 어떤 시점에서 도덕적으로 악으로 보이는 것이 전체적 관점에서는 선에 이바지할 수도 있다.

그러므로 좋음의 이데아가 만물을 존재케 하는 기원이라는 것은 선이 먹여 살리는 힘도 있음을 의미한다. 흔히 인문학적 선은 먹고 사는 일을 포기하면서 일어날 수도 있다는 점, 그리고 물질적인 것을 경계하면서 발생한다는 점에서, 도덕적 선과 우주의 기원으로서의 선은 서로 다를 수 있다. 도덕은 현실을 무시하면서 옳은 것을 찾지만, 그래서 옳은 게 좋은 것이지만, 전체적 관점에서 보면 전체적으로 좋은 게 좋은 것이다. 그런 점에서 좋음의 이데아는 현실적이다. 그리고 초월적이다. 인간이 처한 개별 상황이 아니라 한 인간의 전체 상황 또는 인류와 우주의 전체 상황과 관련이 있다는 점에서 좋음의 이데아는 초월적이다. 인간이 생각하는 도덕적 선을 넘어선 선일 수도 있다.

그러나 좋음의 이데아의 핵심은 역시 도덕적 선이다. 이데아의 초월은 도덕적인 덕의 초월성이다. 적어도 선의 이데아가 인간에게서 실현된 모습은 덕이다. 선의 이데아를 우주의 기원이요, 마음의 본이라고 했지만, 마음의 본으로 생각되는 것을 우주의 기원으로 삼은 것으로 봐야 한다. 그런 점에서 좋음의 이데아는 도덕적 이념의 성격이 강한 것이다. 신은 선해야 한다고 했을 때, 그 선은 앞에서 보았듯이 도덕적 선을 가리킨다.

그러므로 인문주의자인 플라톤의 관점에서 보면, 도덕적 선이 먹여 살리는 힘도 같이 가지고 있는 것으로 봐야 한다. 그 반대가 아니다. 이로운 게 선이 아니라, 선한 게 이로운 것이다. 좋음의 이데아는 도덕적 선과 이로움의 선이 통합되어 있는 것인데, 중요한 것은 도덕적 선이 이로움의 선보다 우월하다는 점이다. 적어도 선의 이념은 도덕적 선이 물질의 이로움도 가져온다는 데 있다.[44] 도덕적인 선의 이념은 도덕적 악을 이기는 힘일 뿐 아니라, 존재를 낳고 유지하고 존속시키는 힘이기도 하다. 먹여 살리는 힘이기도 한 것이다. 그러므로 좋음의 이데아에서 도덕과 힘이 결합된 것은, 도덕적인 것이야말로 진짜 힘이 있어서 삶을 풍요롭게 할 것임을 설득하기 위한 것이라고 할 수 있다. 그런 점에서 플라톤의 좋음의 이데아의 출현은, 인간이 도덕성을 통해서 자기 마음을 다스리고 세상을 다스리는 주역으로 등장하게 되는 것을 의미한다. 왜냐하면 이제 더 이상 제사를 드려 복을 받게 될 신이 필요하지 않고, 선의 이념을 추구하여 복을 스스로 만들어 가지게 되는 것이 중요해졌기 때문이다. 플라톤은 그런 전환을 통해서 인간 사회에 필요한 정의의 문제를 해결하려 했던 것으로 보인다.

선의 이데아야말로 최고의 지위에서 다른 모든 덕의 목표이고, 다른 모든 존재자들의 목표다. 참된 앎이란 선의 이데아를 보고 깨달은 것을 가리키며, 그런 앎(에피스테메)이 없는 생각과 의견들doxa은 아직 제대로 안 것이 아니다. 제대로 알지 못한 인식이 거기에 머무르면 궁극적으로 나갈 목표를 잃었기 때문에 맹목적이다.[45] 정의나 아름다움 같은 덕목들도, 결국 좋음에 종속되어 있다. 왜냐하면 모든 덕은 우리에게 좋은 것으로서만 덕이기 때문이다. 뭐에 좋은지가 결정되어야만 덕은 덕이 된다.[46] 그러므로, 선은 우주론적으로 존재의 기원이요, 도덕적으로는 존재의 목적이다. 기원은 표준의 의미를 지니며, 도달할 이념이 된다. 따라서 플라톤은 존재신학을 통해 삶의 목적을 제시함으로써, 의미 있는 삶을 인간의 삶으로 제시한 셈이다. 삶의 의미는 선의 인식과 그 실현에 있다. 또는 삶의 의미는 사람다운 사람이 되는 데 있다고도 할 수 있는데, 사람다운 사람이란 동물에겐 없는 지성으로 진리를 보고 실천하는 것이다. 그것은 목숨과는 전혀

44 이 문제는 칸트 윤리학에서 실천이성비판의 변증론의 주제가 된다.

45 플라톤, 앞의 책, 506c, p. 432.

46 위의 책, 505a, p. 428.

다른 차원이고, 덕스럽고 훌륭한 삶을 살 때 이루어진다.[47]

이처럼 의미 있는 삶이 전면에 대두되는 것은 존재론이 도덕론에 종속됨을 의미한다. 선이 존재보다 앞선다는 것이 그 길을 열었다. 이것은, 있음이 좋음에 흡수되는 것을 말하는데, 결국 있음의 목적이 있음에 앞서는 것을 말한다. 있는 무엇이 있기 전에 있음의 목적이 있다. 목적과 의미는 무슨 사물이 있고 난 후에 생기는 것이 아니다. 사물이 생기기 전에 그 사물이 '있어야 할' 목적과 의미가 있다. 그것은, 목적 없이 있는 것은 없음을 의미하며, 삶의 의미가 삶에 앞선다는 의미론 위주의 인문주의를 대변한다.

그런데, 여기서 목적이란 사물이 '있어야 할' 목적이다. 왜 세상은 없지 않고 꼭 있어야 하는가? 목적과 의미 때문에 그렇다. 세상 사물은 그냥 있는 것이 아니고, 목적이라는 의미 때문에 그리고 목적이라는 의미를 위해 있다. 당위는 양심에 걸려 있지 않고 존재에 걸려 있다. '마땅함'은 '마음'을 이끌기 전에 '있음'을 이끈다. 그런데 플라톤의 형이상학이 암시하는 마땅한 있음은, 산 사람은 살아야 한다는 생명 당위가 아니다. 당위가 마음에 걸리지 않고 존재에 걸린다는 것은, 마음의 규제로 존재의 목적을 삼으려는 의도에서 나온 것이다. 그것은 우주 기원론이 도덕론에서 생겨난 것과 같다. 말하자면 도덕적 당위를 존재 전체의 문제로 삼기 위해, 당위를 존재에 걸리게 한 것이다. 목적 또는 의미는 도덕적 당위로서 인간 마음 씀씀이를 규제하고 통제한다. 그것은 생명 당위보다 도덕 당위가 플라톤 같은 인문주의자에게 더욱 중요함을 알려준다.

존재보다 존재의 목적이 앞선다는 것은, 무엇이 있기 전에 의미가 먼저 '있다'는 말이다. 그것은, 있는 까닭이나 목적 또는 의미가 존재론적 지위를 가지게 됨을 가리킨다. 더구나 최고의 존재론적 지위를 가진다. 목적과

---

47 남경희, 『플라톤』(서울: 아카넷, 2009), p. 158.

의미가 모든 존재를 낳았기 때문이다. 그러므로 무엇보다도 의미가 먼저 '있다'는 말이 적합하다. 그런데, 목적의 그 '있음'은 목적의 서술어가 아니라 목적 자체다. 다시 말해 목적이 그 무엇보다 '먼저 있기' 때문에, 목적은 존재론적인 지위를 지닌다. 다른 사물들의 '있음'은 서술어로 쓰인다. 예를 들어 '꽃이 있다'거나 '내가 있다'고 할 때, '있다'는 꽃이나 나의 서술어다. '있다'고 할 때 그 '있음'은 꽃이나 나를 빼고 말할 수 없다. 있음은 꽃이나 나에 종속되어 있다. 그러나 목적의 '있음'은 서술적 지위를 지니지 않는다. 목적이 곧 있음이요, 최고 존재요, 존재 자체다. 목적의 있음은 서술적 지위가 전혀 없이, 모든 서술적 '있음'의 근원이기 때문이다. 이런 문제의식은 기독교 신학으로 이어지는데, 나중에 토마스 아퀴나스는 "존재가 선보다 개념적으로 앞서지만, 사실은 선이 앞선다"고 정리한다. 이때 앞선다는 것은, 의미가 앞선다는 뜻이기도 하지만, 동시에 그 의미가 존재론적 지위를 가지게 됨을 말한다.

참으로 존재하는 것(선의 이데아)과 존재하는 세상 만물의 차이는 동굴의 비유에서 실물과 그림자의 차이로 비유되는데, 이것은 세상 현실을 참된 현실이 아니라고 보려는 것이다. 참이 현실이고, 세상은 참되지 않아 덜 현실이다. 만일 세상이 진리에 어긋나게 돌아간다면, 옳지 않은 구조가 지배하고 있다면, 세상은 그만큼 덜 존재한다. 왜냐하면 참만 참으로 존재하기 때문이다. 플라톤에게서 참은 선과 함께 존재론적 지위를 지닌다. 플라톤에게서 진리는 선이다. 그러므로 세상 현실과 다른 참된 현실을 인정하는 것은, 악의 현실을 존재론적으로 부인함으로, 악에 대한 선의 승리를 설득하려는 것이다. 그리고 그것이 본래 인문학이 겨냥하는 것이다. 악하고 모호한 세상을 바꾸고, 세상에서 판치는 악한 힘을 원리적으로 극복하려는 노력이, 플라톤과 같은 존재론으로 나왔다고 보아야 한다.

그렇다면 세상 현실보다 더 현실적인 것은 선의 현실이어야 한다. 그래서 선이야말로 참으로 존재하는 것이다. 그리고 참으로 존재하는 것이야말로 참으로 힘 있는 것이다. 존재의 문제는 힘의 문제와 연결된다. 악은 그 힘에 있어서 선보다 못하다. 플라톤에게서 악은 신적인 힘이 아니라, 인간의 욕망에서 비롯되는 것이다. 그러므로 악의 힘은 신적인 힘인 선의 힘을 이길 수 없다. 그처럼 존재론은 선의 힘을 원리적으로 악의 힘보다 우위에 놓는 효과를 지닌다. 이처럼 존재론과 형이상학의 중심에는 선이 있다. 그런 구도에서, 인간이 잘 사는 것은, 살아 있음에 그치지 않고 선의 이데아를 보고 그것을 따라 사는 것이다.

이 책에서 내가 말하고자 하는 살아 있음과 플라톤의 있음을 비교해보자. '살아 있음'은, 플라톤이 말한 '있음'(우시아, 본질)과 다르다. '살아야 할' 당위는 '있어야 할' 당위와 다르다. 바로 그 점에서 생명 당위는 서양의 존재 신학이나 형이상학을 구성하고 있는 도덕 당위와 다르다. 있음은 선에 흡수되지만, 살아 있음은 선보다 앞선다. 선은 살아 있음에 기여하는 것으로서 선이다. 그러므로 살아 있음이, 선이라는 목적보다 더 목적이다. 가장 살아 있음은 그냥 삶으로서 구현되기 때문에 목적 아닌 목적이다. 그러므로 살아 있음은 의미와 무관한 최고선이다. 모든 건 살기 위해서 있다. 모든 건 살자고 하는 것이다. 앞에서 본 대로 선을 존재보다 앞서는 것으로 둔 것은, 선으로 악을 이기기 위해서다. 그러나 결과적으로 그것은 '있음'을 보장하기 위해 개인의 '살아 있음'을 훼손하는 면이 있다. '살아 있음'을 '있음'으로 환원하고 추상화한 것은, 보편화한 것이요, 공동체의 질서를 만들기 위한 철학적 작업이다. 살아 있음이 아닌 '있음' 곧 '존재'는 철학의 결과다.

프로이트는 인간의 집단이 점차 커가는 것을 보았다. 집단이 커가면서 더 큰 도덕성을 요구한다. 그렇지 않으면 집단의 질서와 평화가 유지되기 어렵기 때문이다. 가정을 유지하고 사회를 유지하기 위해서는 인간의 충동이 억압되고, 그것이 초자아로 발전한다. 초자아는 억눌린 인간의 공격 본능이 자아를 공격하는 장치다. 사회의 요구를 아버지를 통해서 물려받은 것이요, 초자아가 커가는 것은 그만큼 자기 학대를 통해 살고 싶지 않은 마음을 만들어낸다. 다시 말해서 무의미를 만드는 것이다. 도덕적 선은 의미를 내세우지만 무의미를 만드는 측면을 운명처럼 안고 있다. 살고 싶지 않은 마음을 프로이트는 죽음의 본능이라고 했는데, 그것은 자연적 본능이 아니라, 문화의 결과로 생긴 본능적 현상이라고 봐야 할 것이다. 도덕은 의미를 중심으로 사람의 생생한 생명력을 죽이면서 살고 싶지 않은 마음을 만들어낸다. 도덕성이 인문학자들이 천성天性이라고 말할 정도로 근원적인 것이라면, 그와 동시에 살고 싶지 않은 마음도 같이 생겨난 것이다. 그런 점에서, 프로이트가 말한 죽음의 본능은 인문학적인 의미의 천성과 같은 지위에 있다. 자연적 본능이 아니라 문화가 만든 그늘이다.

살아 있음은 죽지 못해 살아 있음이 아니며, 훼손되지 않은 생명력을 가리킨다. 선의 이념의 힘이 아니라 생의 명의 힘이다. 인문학적인 성명에 의해 훼손된 생명을 회복해야 하는 측면이 있다. 그러므로 '살아 있음'은 인문주의와 짝지은 '있음'을 비판적으로 바라본다. 서양의 존재론을 그대로 수용할 수 없는 것이다. 도덕이 조장하는 자학 또는 자기억압으로부터의 해방이 있어야 한다. 물론 그것은 도덕을 폐하지 않고 완성하는 쪽으로 가야 하기 때문에 인문주의를 완전히 배제하는 것은 아니다. 다만, 주체 이전의 상상력으로 주체 이후를 마련하는 것이다. 인문주의가 도덕을 통해 주체를 세웠다면, 나는 살려고 하는 욕망에 철학적 지위를 부여함으로써 주체 이후를 말하고자 하는 것이다. 의미와 무의미를 넘어서 사는 차원을 찾아보려는 것이다.

아우구스티누스의 존재 신학

플라톤과 그의 제자 아리스토텔레스의 형이상학은 기독교 사상에 영향을 준다. 플라톤에게서 최고신은 선의 이데아다. 그래서 신은 최고 선summum bonum이요, 최고 존재다. 기독교 사상 형성에 가장 근원적인 영향을 준 아우구스티누스는 신플라톤주의를 통하여 플라톤의 기본 사유를 받아들인다. 그래서 한 분 하나님은 최고선이요, 최고 존재다. 이것은, 아우구스티누스의 기독교 신학이 기본적으로 플라톤 형이상학의 문제의식을 가지고 있음을 의미한다. 그런데 플라톤에 없던 개념이 '최고 생명'이라는 것이다. 아우구스티누스에게서 신은 최고 생명이다. 그리하여 최고선은 살아 있는 존재가 된다. 존재(우시아)가 아니라 살아 있는 존재다. 신의 본질은 '있음'이 아니라 '살아 있음'에 있다.[48] 이처럼 최고선이 생명체가 된다는 것은, 최고선이 단순히 이념이 아니라 인간과 살아 있는 관계를 맺게 되었음을 의미한다. 이른바 신의 주권을 말하며, 인문주의에서 다시 종교로 돌아가게 된다. 물론 신화적 종교가 아니라, 인문주의의 문제의식을 안고 있는 종교다. 인격성을 지닌 신의 주권은 플라톤 철학에 들어 있던 선의 이데아의 주체성보다 훨씬 구체적이다. 여기서 기독교 신학은 인문학과 갈라진다.

그리하여, 최고 존재 또는 존재 자체는 최고선이기보다는 '사랑'이라는 말이 더 어울린다. 기독교의 신은 선하지만, 선보다는 사랑이라는 관계적 용어에 의해 그 정체성을 드러낸다. 신은 좋음의 '이념'보다는 사랑하는 '인격체'가 된다. 기독교 신학이 인문학과 갈라지는 핵심은, 선보다는 사랑이라는 말이 더 중요해지는 데 있다. 사랑은 플라톤에게서 에로스로 설명되었는데, 그것은 최고 존재를 향한 인간의 마음쓰임 또는 마음쏠림을 가리킨다. 그런데 기독교 신학에서 사랑의 기본 방향은 신 쪽에서 인간에게로 오는 것이다. 플라톤과 달리 인간은 단순히 선의 이념을 본떠 만들어진 것이 아니라, 하나님의 사랑으로 만들어졌다. 태초에 사랑하는 마음이

48 물론 아리스토텔레스는 신의 생명을 말하지만, 그것은 현실태임을 강조하기 위한 것이다. 『형이상학』, 1072b, p. 518 참조. 그 신은 아우구스티누스의 신처럼 인간과 실존적 관계에 있는 사랑의 인격체는 아니다.

있었다. 하나님은 사랑을 명령하기보다, 먼저 인간을 사랑한다. 그러므로 기독교의 신은 도덕적 목표가 아니라 관계해야 할 상대다.

그래서 기독교에서 중요하게 생각하는 사랑은, 플라톤의 에로스와 달리 아가페다. 아가페란 인간이 진리를 사랑하는 것이 아니라, 진리가 인간을 사랑하는 것이다. 참과 선이 인간을 사랑한다. 사랑은 인간의 도덕적 덕목이 아니라 우주의 기본 원리다. 죄인인 인간은 신의 사랑에 의해 받아들여짐으로써 생명을 잃지 않고 '살아 있게' 된다. 아우구스티누스는 그리스 철학의 존재론 용어를 사용했지만, 그리스 철학보다 실존적이었다. "실존이 본질에 앞선다"는 사르트르의 주장은 어느 정도 기독교 사상에 뿌리를 둔 것이다. 학자들은 아우구스티누스를 서구 실존주의의 시작이라고 본다.

아우구스티누스에게서는 그리스적인 '있음'보다는 '살아 있음'이 중요했다. 이것은 기독교가 구체적인 일상사의 삶의 현장에서 살아가는 인간의 구원을 추구했음을 말해준다. 선의 이념을 추구하여서는 인간 행복과 자유의 문제를 해결할 수는 없다는 것을 아우구스티누스는 뼈저리게 느꼈다. 삶이란 내면의 부조리와 사회의 부조리 속에서 신음하며 하루하루 살아가는 것이다. 가능성만 추구해서는 해답이 없고, 인간의 한계를 인정한 가운데 가능성을 찾아야 한다. 키르케고르가 말한 대로, 새로운 가능성은 필연성과 함께만 있다. 기독교는 그런 면에서 이상주의가 아닌 현실주의다. 그렇다면, 선은 살아 있어 직접 인생을 보살피고 위로해야 했고, 그때에만 인간은 악의 현장에서도 살아 있음이 축복이 된다. '살아 있는' 하나님 때문에 인간은 '살아 있을 수 있다.'

시편 51편에는 성서의 깊은 죄의식이 나온다. 이 시는 다윗 왕이 부하인 우리야의 아내 밧세바를 차지하기 위해 우리야를 전쟁터에서 죽게 만든 후 회개한 시로 전해지는 시다.

> 나의 죄악을 말갛게 씻으시며 나의 죄를 깨끗이 제하소서. 무릇 나는 내 죄과를 아오니 내 죄가 항상 내 앞에 있나이다…… 내가 태어날 때부터 죄인이었으니, 어머니가 나를 잉태할 때부터 나는 죄인이었습니다.(시 51:5)

이것은 아우구스티누스부터 칸트에 이르기까지 인간의 '타고난 죄'를 말하는 기독교 문화권의 인간관을 잘 보여준다. 죄라는 것은 어떤 행위가 아니다. 그런 행위가 있기 전에 '이미' 마음이 부패해 있었다는 것부터 시작된다. 한편 시편 19편에는 의식하지 못하는 죄에 대한 고백이 나온다.

> 자기 허물을 능히 깨달을 자 누구리요. 나를 숨은 허물에서 벗어나게 하소서. 또 주의 종이 고의로 죄를 짓지 말게 하사 그 죄가 나를 주장하지 못하게 하소서.(시 19:12,13)

인문주의에서는 죄는 의식consciousness과 양심conscience의 문제다. 그러나 성서에서는 고의로 짓는 죄를 넘어, 의식하지 못하는 죄까지도 회개의 대상이 된다. '숨어 있는 허물'이 그것을 가리킨다. 기독교는 인간의 죄를 이처럼 깊이 봄으로써, 서양에서 비판 사상의 바탕을 이룬다. 의식하지 못하는 죄에 대한 고발은 관습적으로 자연스럽게 받아들여지는 인간 제도와 문화에 들어 있는 억압과 폭력에 대한 고발로 이어질 수 있는 것이다. 그 점은 뒤에서 말하자. 이처럼 인간의 부패를 심각하게 보고 있을 때, 그 해결책은 하나님의 은총이다. 하나님의 은총은 '이미' 죄인인 인간의 부패보다 앞선다. 구약성서의 창조 신앙은 이미 죄인인 인간을 이미 구원한 하나님의 은혜를 찬양하는 문제와 연관되어 있었다. 시편 139편에는 이런 대목이 나온다.

> 내가 은밀한 데서 지음을 받고 땅의 깊은 곳에서 기이하게 지음을 받은 때

에 나의 형체가 주의 앞에 숨겨지지 못하였나이다. 내 형질이 이루어지기 전에 주의 눈이 보셨으며 나를 위하여 정한 날이 하루도 되기 전에 주의 책에 다 기록이 되었나이다.(시 139:15,16)

내 형질이 이루어지기 전에, 내가 세상에 생겨나기 전부터, 내 정체는 있었다. 내 형질이 이루어지는 모태에서의 정체는 죄인이지만, 그보다 앞서 내 형질이 만들어지기 전부터 나는 하나님의 선택의 대상이었다. 이런 문제는 기독교에서 예정론으로 발전하지만, 중요한 것은 기독교의 죄의식과 구원 의식이 결합되어 있었다는 점이다. 그것은 모두 인문주의의 경계를 벗어난 것이다. 인문주의자들보다 죄의식이 더 깊고, 그러면서 죄를 용서받은 구원의 경험도 더 깊었다. 이미 죄인이지만, 그보다 더 이미 나는 사랑과 용서의 대상이었다. 그래서 죄의식의 무거움을 견딜 수 있었고, 도덕적 강박 관념에서 벗어날 수 있었다. 사랑과 용서의 은총이 죄보다 앞서기 때문이다. 내가 생겨나기 이전부터 이미 나를 사랑하는 하나님 앞에서, 나는 내가 이미 죄인임을 안다. 이것이 기독교의 생명 사상이다. 생생하게 살아 있음은 살아계신 하나님과 더불어 가능하다.

회개에서 생기는 자유는 그리스 인문주의가 모르던 것이다. 그리스 사상은 부도덕한 악은 알았지만 누구나 벗을 수 없는 인간의 무능한 죄를 몰랐다. 그래서 용서하는 사랑의 필연성도 몰랐다.[49] 누구나 죄인이어서 누가 누구를 판단할 수 없다는 것은 기독교가 인문주의에 내민 새로운 인간관이요 세계관이었다. 아우구스티누스 이전에 바울이 로마서에서 말한 '하나님의 의righteousness of God'는 그리스 철학에서 생각하던 정의dikē와 다르다. 용서와 사랑이 정의 개념에 들어가게 된다. 기독교가 말하는 사랑은 아리스토텔레스가 『니코마코스 윤리학』에서 인간의 덕목으로 거론한

49 매킨타이어도 이 문제를 지적하고 있다. 매킨타이어, 앞의 책, pp. 257-258.

필리아philia와 달리 정의 개념에 깊숙이 침투한다. 인간의 정의는 심판이지만 하나님의 정의는 용서와 사랑이다. 이 때문에 죄인도 구원받을 수 있다. 선한 신에 대한 믿음과 인간의 죄에 대한 강조는 인간의 도덕성보다 신앙을 더 중요하게 생각했다. 신앙은 하늘의 덕을 끌어들이는 통로다.

플라톤은 본(파라데이그마)과 그 본을 본뜬 것(아이콘)의 차이를 말했지만, 아이콘인 세상 사물은 참여를 통해 본과 닮아 있다. 세상에 존재하는 것들이 그 모양으로 그 성질로 존재할 수 있는 것은 본에 참여하고 있기 때문이다. 그러나 인간의 죄를 강조한 아우구스티누스에게서 하나님은 전적인 타자요, 신과 인간의 관계는 플라톤의 본과 아이콘의 차이보다 더 크다. 하나님은 참여를 통해 닮아갈 수 있는 본이 아니다. 그러면서도 아우구스티누스는, 존재하는 것은 다 선하다는 것을 플라톤보다 더 명확하게 했다. 그것은 삶과 세상을 부정적으로 보는 이원론을 막는 역할을 한다. 신과 인간의 차이가 크면서도 세상을 긍정하고 들어가는 것은, 하나님과의 거리가 우리가 좁혀야 할 거리가 아니라는 데 있다. 엘리트주의에서 벗어나고, 도덕주의적인 강박 관념에서 인간을 해방한다. 마르크스가 기독교를 가리켜 대중화한 플라톤주의라고 말한 것은 어느 면에서 옳다. 기독교는 플라톤의 선의 이념을 사랑의 하나님으로 바꾼 것이라고 할 수도 있다. 그러나, 마르크스는 대중과 가까우면서 동시에 모든 인간과 메울 수 없는 거리를 가진 기독교의 신에 대한 믿음이 가져오는 우상파괴적인 효과에 대해 알지 못했다.

이것은 기독교가 일종의 치유 개념에 바탕을 둔 종교임을 알려준다. 상처가 깊은 사람은 먼저 사랑을 받아야 한다. 인문주의적인 교육과 교훈은, 상처를 치유하기 전에는 제대로 작동하기 어렵다. 상처받은 인간에겐 이웃과 진리를 사랑하라고 하는 계명보다, 먼저 사랑을 받는 것이 중요하다. 기독교가 말하는 사랑은, 먼저 받는 사랑이다. 하나님이 사람을 사랑한다는 것은, '까닭 없이' 한 인간이 사랑을 받고 치유됨을 의미한다. 그래서 기독교는 구원을 말하는데, 구원이란 말은 그리스 세계에서도 쓰이던 개념이지만, 기독교의 구원 개념에는 치유 개념이 들어 있다. 그 점에서 기독교는 인문주의와 다르다. 자기완성의 측면 곧 인문주의적인 내면의 수양과 진리에 대한 깨달음은 신앙의 열매일 뿐이다. 대속자 그리스도에 대한 신앙으로 치유된 이후에 진리에 대한 여정이 열린다. 신앙이 진리 인식의 조건이다.

알기 위해서는 먼저 믿어야 한다credo ut intelligam. 신앙을 통해 죄로부터 구원받고, 하나님께 영광을 돌리는 것이 결과적으로 자기완성을 이끈다. 기독교에서는 믿음으로 의롭게 여김 받음justification이 성화sanctification에 앞선다. 성화는 플라톤이나 공자나 칸트가 추구한 성인聖人의 모습과 통하는 측면이 있다. 그러나 의롭게 여김 받음은 인문주의에 없던 전혀 새로운 것이다. 자기 덕을 쌓아서가 아니라 그리스도를 믿고 받아들임으로 그 존재가 죄인의 상태 그대로 인정받는다. 기독교의 핵심은 성화에 있기보다는 의롭게 여김 받음에 있다. 거기서 인문주의와 갈라진다. 성화는 믿음의 열매요 그 과정에서 이루어지는 것이지, 처음부터 요구되는 것이 아니다.[50]

아우구스티누스는 악의 문제에서 자유의지론을 확립했다. 인문주의와

50 비신화화는 인문주의가 이룩한 업적이지만, 기독교는 다시 인문주의를 비신화화한다. 비신화화라는 말을 주제 용어로 사용하여 유행시킨 사람은 20세기 신학자 불트만R. Bultmann이다. 그가 말하는 비신화화에는 세 단계가 있다. 첫째로, 고대 세계관의 비신화화다. 고대의 우주관을 반영하는 성서를 문자 그대로 읽으면 안 된다는 것이다. 둘째, 과학적 세계관의 비신화화다. 근대 과학이 일종의 신화가 되어 인간의 실존적 해방을 방해한다고 보았다. 과학의 비신화화는 하이데거의 존재론이 수행했다. 셋째, 하이데거 존재론과 인문주의의 비신화화다. 인문주의는 결국 인간이 자기 스스로 의롭게 되는 것이다. 자기 정당화를 이루는 것이다. 불트만은 신학자로서, 바울의 '믿음으로 말미암아 은총으로 의롭게 된다'는 명제를 가지고 인문주의의 덕성을 비신화화하고자 했다. 루돌프 불트만, 『예수 그리스도와 신화』, 이동영 역(서울: 한국로고스연구원, 1994), 『학문과 실존』, 허혁 역(서울: 성광문화사, 1980) 참조.

달리 그는 현재 인간의 의지는 선을 행할 만큼 자유롭지 않다고 보았다. 그는 바울을 따라 인간이 선에 대해서는 무지하고 무능하다고 생각했다. 양지양능을 말한 맹자와 다르고, 누우스를 말한 플라톤과 다르다. 그럼에도 불구하고 아우구스티누스가 서양 사상에 가장 큰 영향을 준 것 중의 하나가 자유의지론이다.[51] 악의 문제에 대해 그가 인간 책임론을 명확하게 했기 때문이다. 도덕 악이든 자연 재앙 같은 물리적인 악이든 인간에게 고통을 주는 모든 악은 원래의 창조 질서에 속하지 않는다. 그것은 인간이 자유의지를 잘못 사용한 결과 초래된 것이다. "부패가 습관적으로 지나치게 진행되고 지나치게 심해져서 마치 자연본성에서 나오는 것 같아도, 그것은 자유의지에서 나온 것으로 여겨진다."[52] 그리하여, 한편으로 그는 선한 하나님을 보호하고, 다른 한편으로 인간을 책임적 주체로 세웠다. 영지주의자들과 싸우며, 그는 아담 신화를 해석해서, 악은 실체가 아니고 인간에게서 비롯되었다고 보았다. 그리하여 아우구스티누스의 기독교는 윤리적인 세계관을 가지게 된다. 플라톤이 종교를 윤리로 바꾸었다면, 아우구스티누스는 윤리적 세계관을 품은 종교를 말한 셈이다. 다시 말해서, 인문주의 이후에 다시 종교를 들고 나온 것이 기독교인데, 기독교는 윤리를 넘는 종교성을 통해 윤리를 실현하려고 했다고 할 수 있다.

아우구스티누스가 말한 원죄는, 현재의 인간은 죄를 짓지 않을 가능성이 없다는 데 초점이 맞추어져 있다. 그런데 그런 상태는 인간이 초래한 것이다. 하나님이 준 자유의지의 자유를 잘못 사용했다. 그 결과 모든 고통이 들어왔다. 그런 원죄론은 한편으로는 악에 대한 인간의 책임을 묻는 점에서 인문주의적인 측면이 있다. 악은 사탄의 놀음도 아니고 운명도 아니다. 그와 같은 자유의지론 때문에, 서양은 운명론에서 완전히 멀어지는 계기를

51 아리스토텔레스는 인간의 선택에 대해 논했지만 자유의지론을 발전시키지 않았다. 폴 리쾨르, 『해석의 갈등』, 양명수 역(서울: 아카넷, 2001), p. 326 참조.

52 아우구스티누스, 『신국론』, 성염 역(왜관: 분도출판사, 2004), 12권 4, p.1251.

갖는다. 말하자면 모든 건 사람이 하기에 달려 있다. 하나님은 언제나 선한 신으로 뒤에서 도울 준비를 하고 있고, 실제로 선한 힘이 작용하고 있다. 지금이라도 인간이 그 선한 힘을 받아들여 서로 사랑한다면 세상에는 병과 재앙이 없어질 수도 있게 될 것이다. 그런 식의 상상력을 가능하게 한 것은, 자유의지론 때문이다. 악에 대한 인간 책임론은 사람을 악의 책임자로 만들면서, 동시에 역사의 주체로 만든다. 악은 운명이 아니고 신은 오로지 선하기 때문에, 세상이 선하게 되느냐 악하게 되느냐는 것은 인간에게 달렸다. 인간이 신의 선한 역사에 동참하느냐 아니냐에 인간의 미래가 달렸다.

인문주의는 인간의 수양을 통해 세상이 평화로워질 것이라고 생각했지만, 이상적 사회를 꿈꾸는 데는 그 동력이 약할 수밖에 없었다. 현실적인 인간의 약함과, 그 악함 때문이었다. 공자는 단 하루도 인仁을 위해 힘쓰는 자를 보기 힘들다고 탄식하지 않았는가. 그래서 플라톤은 형이상학적 존재론을 통해 선의 이념을 세상 현실보다 더 현실적인 것으로 보고 인간의 마음을 돌리려고 했지만, 이념은 역시 생각 속의 이상에 그칠 수밖에 없다.

그러나 기독교는 선의 이념이 아니라 선하고 전능한 신을 믿으면서, 이상적인 나라는 이상이 아니라, 장차 올 현실로 받아들이게 된다. 그것은 신의 현실인데, 인간 현실로 다가오는 신의 현실이다.[53] 한편으로는 선하신 하나님이 살아계시다. 그리고 다른 한편으로는 자유의지를 가진 인간이 있다. 인간의 자유의지와 살아계신 하나님의 섭리로, 세상은 새로워질 것이다.

아우구스티누스의 신학은 인문주의의 도덕적 강박에서 인간을 자유롭게 하는 면이 있다. 그는 인간의 한계를 인정하고 죄를 지을 수밖에 없는 현실을 필연성으로 받아들였다. 다른 한편으로 그가 말한 원죄는 개인에게

---

53 이런 문제는 지식사회학자 칼 만하임Karl Mannheim이 『이데올로기와 유토피아』, 임석진 역(서울: 지학사, 1973)에서, 종교개혁 좌파들의 예를 들어 설명하고 있다.

책임을 물을 수 없는 측면을 부각시켰다. 모두가 그렇게 살기 때문에 나도 죄를 짓지 않을 수 없다. 그렇다면 사회 구조의 문제가 부각된다. 아우구스티누스가 강조한 원죄는 믿지 않는 인간을 심판하려는 의도가 아니라, 인간 전체에 대한 연민이 더 크다고 할 수 있다.

그렇다면 아우구스티누스는 우리가 말하고자 하는 '그냥 삶'이나 '살아 있음'에 접근하는가? 그러기에는 죄의식이 너무 강하다. 원죄의 의식은 비판적 사고를 위해서는 좋지만, 의미를 넘어서 그냥 사는 삶과는 거리가 멀다. 물론 죄인인 상태 그대로 받아들여진다는 개념은 인문주의적인 의미 추구에서 일단 해방되는 것 같다. 그러나 여전히 죄인이므로, 죄를 점차 극복하는 문제가 다시 삶의 의미로 연결되지 않을 수 없다. 물론 기독교에서 말하는 '믿음으로 의롭게 여김 받음justificaton'은 인문주의적인 공적주의를 피해간다는 점에서, 그냥 있음의 측면이 있다. 그러나 거기에는 여전히 죄의 긴장이 들어 있다. 죄의 종이 아니지만 죄인이 아닌 것은 아니다. 그래서 '의롭게 여김 받음'은 다시 성화의 단계로 나가지 않을 수 없다.

어떻게 보면 기독교는, 깊은 죄의식에서 출발한 점에서, 자연친화적인 그냥 사는 삶과 처음부터 거리가 있다고 할 수 있다. 기독교는 '살아 있는 하나님'을 통해 인문주의자들이 빠지기 쉬운 추상적인 '있음'을 멀리하고 '살아 있음'을 확보했다. 그러나 기독교에서 말하는 생명에는 그냥 있음의 감각이 약하다. 죄로부터 해방될 때만 사망에서 생명으로 옮겨진다. 기독교에서 말하는 생명은 그냥 있음을 극복하고, 살아 있을 수 있음을 지향한다. 살아 있음 자체가 아니라 살아 있을 수 있음이 중요하다. 살아 있을 수 있음에는 이미 삶의 의미가 들어간다. 의미 없는 삶은 살아 있는 삶이 아니다. 기독교 신학에서 살아 있는 생명은 축복이지만, 생명은 생의 명이기 보다는, 의미를 위한 장場이다.

아우구스티누스는 이 땅의 삶을 하나님을 찾고 보기 위한 하나의 훈련장으로 보았다. 생명의 의미는 하나님께 영광을 돌리는 데 있다. 플라톤은 인간과 세상의 기원을 선의 이념에서 찾았다. 그러나 아우구스티누스는 인간의 기원을 하나님에게 둠으로써, 삶의 의미를 하나님께 영광을 돌리는 데서 찾는다. 세상이 생기기 전에 어떤 마음이 있다. 세상을 만든 분이 있고, 그 분의 마음과 의도가 있다. 그 분의 의도에 봉사하는 것이, 존재와 생명의 목적이다. 선의 이념과 달리, 사랑의 하나님은 인간이 닮아서 도달할 목표가 아니다. 그러나 여전히 목적이다. 신은 인간의 목표는 아니지만 목적이다.[54]

또 다른 면에서 볼 때, 기독교는 기본적으로 육과 몸을 부정하지 않는다는 점에서, 생명을 긍정하는 면이 있다. "존재하는 것은 모두 선하다"는 아우구스티누스의 선언은 모든 사물이나 존재를 그 자체로 긍정하는 면이 있다. 그러나 그것은 동시에 그냥 살아가는 자연적 삶에 대한 가치를 높이 평가하지 않는다. 인생의 목적과 의미가 너무나 강하게 제기되어 있기 때문이다.

> 만일 그대가 행복하다면 그대는 응당 존재하지 않는 것보다는 존재하기를 더 원할 것이다. 그런데 지금 그대가 불행하면서도 전혀 존재하지 않느니보다는 비록 불행하게나마 존재하기를 더 원하고 있다. 그렇다면 그대의 힘이 미치는 데까지 진지하게 성찰해 보라! 존재한다는 그 자체ipsum esse가 얼마나

54 20세기 신학자 칼 바르트Karl Barth는 아우구스티누스에 기반을 둔 종교 개혁 전통을 계승해서 이렇게 말한다. "하나님의 계명은 내가 피조물인 한에서 내게 명한다. 내게 말씀하면서, 내가 살아 있도록 하신다. 그리고 내게 뭔가를 원하시면서 내게 살도록 명령한다. 이런 얘기를 알아들으려면, 피조물의 삶이 하나님이 뜻하신 것이라는 점 그래서 존중의 대상이라는 점을 이해하지 못하고는 안 된다." Karl Barth, *Ethics*(New York: Seabury Press, 1981), p. 117. 하나님의 말씀에 의해서 그리고 하나님의 말씀과 함께만 나는 살아 있을 수 있다. 그리고 그 말씀은 내게 뭔가를 요구하는 말씀이다. 인간의 삶이 존중받아야 되는 이유는 삶 그 자체에 있지 않고, 삶이 하나님의 뜻에 의한 것이라는 점에 있다. 이런 바르트의 말은 기독교 신학의 핵심을 잘 보여준다. 그냥 있음이나 살아 있음 자체란 없으며, 하나님의 뜻을 찾고 거기에 동참하는 의미 있는 삶으로서만 삶이 성립된다.

위대한 선인가를! 행복한 사람들이나 불행한 사람들이나 원하는 그 존재가![55]

여기서 아우구스티누스는 존재한다는 것 자체가 위대한 선이라고 본다. 불행에도 불구하고, 살아 있다는 것에 대한 예찬이다. 그러나 여기서 아우구스티누스의 관심은 살아 있음 그 자체가 아니다. "존재 그 자체"를 선으로 보지만, "더욱 더 존재하기"에 관심이 있다. 여기서 아우구스티누스가 말하는 존재는 추상적인 '있음'이 아니라 살아 있음을 가리킨다. 그런 존재를 긍정하는 것은 기독교적인 세상 긍정이다. 그러나, 부패로 말미암아 불행을 느끼고 있는 삶의 고난을 의식하고, 현재는 존재가 삭감되어 있는 상태라고 본다. 그래서, 존재의 정도를 따라, 최고로 존재하는 분을 원하고 사랑하여 더욱 존재해야 하는 당위가 인간의 자유의지에 주어져 있다. 하나님은 최고 존재이고, 사물은 최저 존재이다. 자유의지를 가진 인간은 중간 존재이다. 만일 인간이 최저 존재를 향하고 그것을 사랑하면 무nihil를 증가시킨다. 쾌락은 있을지 모르나 허무해진다. 그만큼 존재의 정도가 떨어지는 것이다.

그는 『세쿤디누스 논박』에서 악을 '더 짙은 존재에서 더 엷은 존재로 가려는 경향'이라고 정의했다. "잘못이란 무가 되는 것이 아니라 무로 기울어짐이다. 왜냐하면 더욱 충만하게 존재하는 것이 덜 존재하는 것으로 기울 때, 없어지는 것이 아니라 약해져서 전보다 덜 존재하는 것이기 때문이다. 애초에 충만하게 존재하던 것과 덜 존재하던 것은 각각 자기 자리를 지킨다. 더 충만하게 존재하던 것이 덜 존재하는 것으로 기운다고 해서 둘이 똑같은 존재가 되는 것은 아니다."[56] 그는 신플라톤주의의 존재 개념을 가져와서 신을 설명하고 인간의 악을 설명하고자 했다. 그럴 때, 악은 존재가

55 아우구스티누스, 『자유의지론』, 성염 역(왜관: 분도출판사, 1998), 3권, VII, 21, p. 313.

56 *Contra Secundinum*, §12.

아니며 덜 존재하는 것으로 기우는 인간의 마음이다.

결국 아우구스티누스의 존재론은 의미 물음에 묶여 있다. 그것은 물질에 대한 사랑을 극복할 것을 요구하는 인문주의 도덕과 같다. 그러면서 자연과 인간의 존재론적이고 가치론적인 지위의 차이는 플라톤보다 더욱 명확해진 면이 있다.

> 이 창조계 전체에서 비참해질 수 없다는 이유만으로 다른 것들이 이것보다 더 좋다고 말하는 것은 아니다. 우리 몸의 여타 지체들이 눈처럼 머는 일이 없다고 해서 그 지체들이 눈보다 더 좋다고 말해서도 안 된다. 감각하는 자연본성은 비록 통증을 겪더라도 고통을 당하지 못하는 돌멩이보다 더 훌륭하다. 마찬가지로 이성적 자연본성은 비록 비참하더라도 이성과 감각을 결하여 고통이 아예 닥치지 않는 사물보다 더 탁월하다.[57]

아우구스티누스가 자연과 인간을 달리 본 것은 인간의 자유의지 때문이다. 자유의지는 선과 악을 선택할 수 있는 상황에서 선을 행할 수 있는 자유의지를 가리킨다. 그리스 철학이 관상theoria을 통한 실천praxis을 강조했다면, 아우구스티누스는 그 관계를 역전시키면서 자유의지를 부각시켰다고 할 수 있다. 플라톤이 말한 관상은 로고스 또는 누우스가 낳는 진리 인식(에피스테메)이라고 할 수 있다. 알고 행한다는 것이다. 그러나 아우구스티누스에게서 선한 행위는 믿음의 열매다. 진리는 이념이 아니라 사랑인 하나님이므로, 진리를 알기 위해서는 인격적인 신뢰 관계가 필요하고, 그것이 믿음이다. 선은, 그 믿음이 통로가 되어 하나님이 이루는 것이다. 그것을 바울은 성령의 역사라고 했다. 그렇게 해서 믿음은 앎에 우선할 뿐 아니라 선의 실천에도 우선한다. 그래서, 믿음이 앎을 낳고, 믿음이 행함을

57 『신국론』, 12권, 1.3, p. 1243.

낳는다. 이것은, 플라톤이 해결하고자 했던 문제 곧 선의 실천의 해결의 열쇠를 믿음에서 찾으려고 한 것이다. 플라톤이 『국가』에서 말하려고 했던 것은 선의 실천을 통한 정치 문제 해결이었다. 그리고 그 실천을 선의 인식 곧 깨달음에서 찾으려고 했던 것이다. 그러나 아우구스티누스는 문제의 해결책을 사랑의 하나님에게서 찾으려고 했던 것이다.

믿음은 일종의 마음의 전환을 가리킨다. 아우구스티누스가 말하는 마음의 전환은 플라톤이 말한 마음의 전환보다 더 생생할 수밖에 없다. 그것은 믿음과 신뢰 관계로의 전환이기 때문이다.[58] 아우구스티누스가 그렇게 해서 노린 것은 결국은 성화sanctification다. 다시 말해서 도덕적인 자기완성의 문제였던 것이다. 그는 플라톤이 종교를 미신에서 구출했다는 점을 높이 평가했다.[59] 다만, 잘 된 목표 설정에도 불구하고 그리로 가는 길을 플라톤은 몰랐다고 말한다. 그 말은, 아우구스티누스의 신학이 인문주의가 말한 선의 실행과 인간의 자기완성의 목적을 매우 중요하게 생각하고 있다는 얘기다. 다만 다른 길을 택한 것뿐이다.

물론 신학자 아우구스티누스가 금욕주의나 도덕주의를 주장한 것은 아니다. 아우구스티누스는 마니교와 싸우고, 나중에 도나티스트Donatists들과 싸운다. 마니교는 이원론에 바탕을 둔 금욕주의요, 일종의 도덕주의자들이었다. 도나티스트들은 배교한 사람들을 비판하며 출교시켜야 한다고

---

58 이렇게 해서 기독교에서 가장 큰 죄는 불신이 된다. 이것은 바울의 주제이면서 종교 개혁자들을 거쳐 현대 신학에 이르기까지 신학의 일관된 주제다. 기독교가 결국 인문주의처럼 사람의 마음을 바꿔 세상을 바꾸기를 원하는 측면이 있다면, 세상을 바꾸는 데 가장 큰 걸림돌은 불신이다. 존 롤스J. Rawls 역시 『사회정의론』에서 일반적 신뢰의 중요성을 말했다. 그런데 롤스의 신뢰와 불신은 마음의 전환을 요구하지 않는 사회과학적 수준이다. 종교는 그보다 더 근본적인 불신을 보는데, 세상을 근본적으로 바꾸기 위해 더 근본적인 신뢰를 요구한다. 그것이 사랑의 하나님과 그리스도에 대한 신앙이다.

59 플라톤에 대한 평가는, 그의 초기 작품인 『참된 종교』에서부터 중기 작품인 『고백록』 그리고 말기 작품인 『신국론』에 이르기까지 같은 논리로 일관된다.

생각했다. 그들은 교회의 본질이 순결성에 있다고 보았다. 그러나 아우구스티누스는 교회의 본질은 사랑에 있다고 보았다. 도덕주의보다는 은총의 종교를 강조한 것이다. 펠라기우스와의 논쟁도 마찬가지다. 펠라기우스는 아우구스티누스의 초기 작품인 『자유의지론』은 지지한다고 말했다. 그러나 아우구스티누스는 자신의 자유의지론은 은총을 전제로 한 것이라고 반박했다.

아우구스티누스는 성화를 중요하게 생각했지만 도덕주의를 생각한 것은 아니다. 어디까지나 믿음을 타고 들어오는 하나님의 은총을 강조했다. 그는 회심의 과정을 서술한 부분에서, 믿음에 대해 이렇게 말한다. "왜 너는 네 발로만 서려고 하느냐? 그래서 너는 설 수 없는 것이다. 그(하나님)에게 너 자신을 맡겨라. 두려워 말라. 그가 너를 붙들어 넘어지지 않게 하시리라. 두려워 말고 너를 그에게 용감히 맡겨라. 그가 너를 영접하여 온전케 하시리라."[60] 도덕주의는 심판과 판단을 전제로 하는데, 사랑의 신비주의는 은총을 강조한다. 그 점에서 노모스nomos 곧 율법에 바탕을 둔 인문주의와 신앙과 은총에 바탕을 둔 아우구스티누스는 다르다. 다만 우리가 말하려는 것은, 아우구스티누스의 주장도, 하나님을 인생의 텔로스로 봄으로써, 의미 있는 삶을 추구하고 있으며, 의미 없어도 그냥 사는 삶을 긍정할 근거는 없다는 점이다.

태초의 상태보다 종말의 상태를 더 높이 본 그의 역사의식도 그 점을 말해준다. 그는 자연이란 말을 통해 하나님이 처음 창조한 피조물을 가리키기도 하고, 또는 그런 피조물들의 본성 곧 처음 만들어졌을 때의 성품이나 자질을 가리키기도 한다. 자연 곧 태초의 상태를 아우구스티누스는 "죄짓지 않을 가능성이 있음posse non peccare"으로 보았다. 그리고 자연의 타락 또는 본성의 타락이 일어난 현재의 상태를 "죄짓지 않을 가능성이 없음

60 아우구스티누스, 『고백록』, 선한용 역(서울: 대한기독교서회, 2007), 8권, 11장, 27절, p. 271.

non posse non peccare"으로 보았다. 그리고 장차 인간이 이룰 완성된 상태를 "죄지을 가능성이 없음non posse peccare"으로 보았다.[61] 한 인간 안에는 태초의 가능성과 현재의 무능력과 장차의 새로운 가능성이 집합되어 있다. 그런 점에서 위의 세 단계는 한 개인의 일생 안에 포함된 실존적 상황이라고 할 수 있다. 그러나 장차 '죄지을 가능성이 없는' 단계는 종말론적인 꿈이요, 희망이다. 다시 말해 한 개인으로서는, 지향하지만 완성할 수는 없다는 것을 아우구스티누스는 알았다. 장차 이루어질 하나님의 나라는 은총으로 가능한 것이다. 그리고 그런 은총의 나라에서 인간들은 죄지을 가능성이 없는 사랑의 왕국을 이룰 것이다. 그렇기 때문에, 아우구스티누스의 가능성 3단계는 인류의 역사를 통해 실현되는 것일 수 있으며, 역사발전론으로 해석될 소지가 많다. 그런 면에서 『신국론』은 한 개인의 실존사 Geschichte를 넘어 인류 역사Historie의 장구한 스케일을 보여주는 것이기도 하다.[62]

아우구스티누스의 역사관은 무게 중심이 태초에 있지 않고 종말에 있다. 태초의 에덴에서 인간은 죄짓지 않을 가능성이 있다. 말하자면 선택의 자유가 있다. 그러나 장차 올 하나님의 나라에서는 죄지을 가능성이 없는 완벽한 자유를 내다본다. 선택의 자유보다는 마음먹은 대로 해도 거치는 것이 없는 자유가 더 완전한 자유다. 인류의 도덕성이 증가하여 결국에는 본성 자체가 선을 저절로 이루게 되는 상태를 바라보고 있음을 의미한다. 그런 점에서 아우구스티누스의 신학적 세계관은 미래 지향적이다. 나중에

---

61 『신국론』, 22권, 30.4, p. 2725.

62 신학적으로 실존적 종말론과 우주론적 종말론은 모두 아우구스티누스의 사상에서 영향을 입은 것이다. 그리고, 그의 사상은 서양의 역사관에 결정적 영향을 미쳤다. 이른바 서구에서 역사발전론이라는 것이 가능했던 것은 『신국론』이 보여준 아우구스티누스의 역사의식이 영향을 미쳤다. 헤겔의 역사철학도 아우구스티누스의 사상에 영향을 받은 것이다. 다만, 역사 내재주의라는 점에서, 아우구스티누스의 종말론적 역사관과 달리, 근대의 인문주의 역사관을 보여준 것이다.

칸트도 최고선에 도달하여 자연과 자유가 일치하는 지점을 희망으로 제시하지만, 그런 도식의 원형은 아우구스티누스의 사상에 있다. 다만 칸트는 개인의 희망을 말했지만, 아우구스티누스는 교회를 통한 인류 전체의 변화를 생각한 것이다. 다시 말해서 개인의 차원이 아니라 인류 차원 또는 교회라고 하는 공동체 차원을 통해 인간 성품의 진보가 일어날 것을 바라보았다. 그리고 무엇보다도, 아우구스티누스에게는 그런 성화를 위해서 죄를 사해준 그리스도의 은총에 대한 믿음이 필요했다. 그 경우에, 인간의 자기완성 또는 인류의 자기완성은, 칸트와 달리 실천에서 생기는 단순한 희망이 아니라, 믿음의 눈으로 보이는 종말론적 현실이었다.

그럼에도 불구하고 아우구스티누스는 결국 플라톤이 제기한 진리 인식과 덕의 실천이라는 인문주의 과제를 그대로 받아들인 셈이다. 그것은 위대한 작업이었지만, 믿음으로 거듭난 삶은 결국 생명에 밀착된 그냥 사는 삶은 아니다. 산 사람은 살아야 한다는 생명 당위에 대해서 아우구스티누스 신학이 주는 영감이 크지 않다. 그것은 어떤 이름으로 묘사되든, 가치 있는 삶만이 삶이라는 인문주의와 맥을 같이하고 있다고 봐야 한다.

이 점은 물질과 육체에 대한 아우구스티누스의 평가와도 관련이 있다. 아우구스티누스의 기독교 신학에서, 몸이나 육체는 그 자체가 악일 수는 없다. 그런 점에서 플라톤주의에서 파생된 어떤 이원론과도 기독교는 결별한다. 그것은 기독교가 예수의 참 인간됨을 부정한 가현설이나 육을 멀리하는 극단의 금욕주의인 영지주의를 배격한 데서도 알 수 있다. 물질이나 육에 대한 평가가 낮았다면, 인간 예수를 그리스도요 하나님과 동일 본질로 믿는 믿음이 발생할 수 없었을 것이다. 그는 '존재하는 모든 것은 선하다'고 했는데, 그 말에도 세상과 육에 대한 긍정적인 평가가 보인다. 그것은 현상의 세상을 이데아보다 덜 존재하는 것으로 보려고 했던 플라톤주의와 다르다. 뿐만 아니라 플라톤에게서 세상을 만든 데미우르고스는 가장 열등한 신이요, 선의 이데아보다 훨씬 열등하다. 그러나 기독교의 창조론에서 세상 창조와 관련이 있는 로고스 곧 성자 하나님은 성부 하나님에 대해 열등하지 않다.

그리스도교의 삼위일체 논쟁에서 가장 중요한 부분이 성부와 성자의 동일본질homo ousios의 문제였는데, 거기서 그리스도교는 세상과 접촉하는 성자와 하늘에 계신 성부의 관계를 같은 지위로 보았다. 그것은 기독교가 물질 세상을 긍정적으로 평가했음을 의미한다. 육을 부정하는 전통은 그리스도교 신앙과 맞지 않았고, 그래서 가장 기초적인 교리인 사도신경에도, "몸이 다시 사는 것"을 믿는다고 했다. 이때 몸이라는 단어는 단지 소마soma, body라는 말 대신에 사르케sarkē, flesh라는 말을 써서 우리 육체와 몸뚱어리를 가리키고자 했다. 그것은 영지주의 같은 극단적 이원론을 배격하려고 한 것이다.

그럼에도 불구하고, 아우구스티누스에게서 질료는 폼이 없는 혼돈이었다.[63] 아우구스티누스는 '무로부터의 창조creatio ex nihilo'라는 기독교 교리를 정립한 사람이다. 무에서 세상을 만들 때, 목적인이요 형상인으로서의 폼forma은 하나님의 생각에 있다. 그러나 세상은 폼과 질료로 만들어져 있기 때문에 하나님은 먼저 폼 없는 질료를 만들었다. 이것을 제일 질료라고 한다. 이 폼 없는 제일 질료는 말하자면 혼돈이다. 그 혼돈에 질서를 부여하는 것이 폼을 집어넣는 창조 행위다. 아우구스티누스는, 인간은 무에서 창조되었기 때문에 무로 돌아가려는 경향이 있다고 보고, 그것을 악이라고 보았다.

그런데 무로 돌아가려는 경향이란 결국 제일 질료의 혼돈으로 돌아가는 것을 가리킨다. 다시 말해서 목적에 충실하지 않고 폼을 버리고 질료로 돌아가려는 것을 가리킨다. 그렇게 보면 육과 몸의 욕망은 언제나 견제의 대

---

63 『고백록』, 12권. 혼돈이라기보다는 가능태의 의미가 더 강하다. 창조는 혼돈에서 질서로가 아니라, 무에서 가능태로 그리고 가능태에서 현실태로 움직이는 것이다. 물론 그 모든 현실태 이전에 가장 현실태인 하나님이 있다.

상이 될 수밖에 없다. 몸의 욕망은 그 본래의 형상에서 이탈하려고 한다. 이것은 우리가 말하려는 생명의 의지가 아우구스티누스에게서 열등한 것으로 치부될 가능성이 있음을 의미한다. 질료는 악은 아니지만 악의 유혹일 수 있기 때문이다. 질료 자체가 유혹자는 아니지만, 타락한 상태의 현재 인간은 마치 질료에 사로잡힌 듯 끌려간다. 인문주의처럼 아우구스티누스에게서도, 현재 인간의 선택은, 물질의 종이 되든지 아니면 하나님의 종이 되든지 둘 중의 하나다.

아우구스티누스는 인간의 모든 욕망 곧 리비도가 타락되어 있다고 본다. 그러니, 살고 싶은 욕망도 타락되어 있는 것이다. 그처럼 타락한 욕망을 리비도라고 표현한다.[64] 리비도는 의지의 왜곡에서 생겼다.[65] 사람이 마음을 잘못 먹어서 인간의 삶의 욕망과 사랑이 타락한 것이다. 그것은 인간의 식욕이나 성욕도 타락해 있음을 의미한다. 그러나 타락했다는 것은, 본래는 안 그랬다는 얘기다. 그렇다면 인간의 구원에는 욕망의 본래적 질서를 회복하는 것도 포함된다. 좋아할 것을 좋아하고, 싫어할 것을 싫어하면 된다. 살고 싶음의 욕망이 그 본래적 질서를 회복해서, 적당히 먹고 성욕이 이성의 지배 아래 있으면, 그것은 태초의 질서를 회복한 것이다. "음식이 건강에 관계된 것처럼, 성관계는 종족의 관계에 관계되어 있다. 그리고 이 두 가지에는 육신의 쾌락이 따른다. 그러나 그 쾌락이 절제에 의해 자연적으로 조절되고 인도될 때는 리비도(정욕)가 아니다."[66] 그런 절제는 믿음으로 말미암아 하나님의 은총으로 가능하다. 아우구스티누스에게서 살고 싶은 욕망을 순수한 모습으로 회복하는 것은 구원의 질서다. 그러나

---

64 리비도라는 말을 최초로 사용한 사람이 아우구스티누스다.

65 "내 의지가 왜곡되어 육욕이 생겼고, 육욕을 계속 따름으로 버릇이 생겼으며, 그 버릇을 저항하지 못해 필연이 생겼습니다. 이것들은 쇠사슬의 고리처럼 서로 연결되어 나를 노예의 상태에 강하게 붙들어 매어 놓았습니다." 『고백록』, 8권, 5장, 10절, p. 254.

66 401년에 쓴, *De bono conjugali*(결혼의 유익함), 16권, 18절. 박일민 역, 『아우구스티누스의 결혼론』(서울: 야웨의 소리, 2010).

그것은 그냥 사는 데서 이루어지는 것이 아니다. 신앙과 이성으로 욕망을 절제하면서 이루어야 할 경지다.

아퀴나스의 존재 자체와 목적인

아퀴나스에게서 존재 자체는 존재자보다 우월하며, 그 안에 생명(삶)과 지혜를 가지고 있는 무엇이다. 단순히 존재하는 자(ens 또는 tantum ens)보다 생명이 있는 자vivens가 우월하고, 생명이 있는 자보다는 지혜가 있는 자sapiens가 우월하다. 그 모든 것보다 우월해서 '생명vita이 있고 지혜sapientia가 있는 존재esse'는 존재 자체라고 부른다. 경험에서 출발한다면, 생명보다는 생명이 있는 자, 존재보다는 존재하는 자, 지혜보다는 지혜가 있는 자가 우선할 것이다. 그러나 존재하는 자보다는 존재가, 지혜로운 자보다는 지혜가, 생명이 있는 자보다는 존재와 지혜와 생명이 더 우월하다. 왜냐하면 존재하는 자, 지혜로운 자, 생명이 있는 자는 질료가 있기 때문이다. 그들은 존재와 지혜와 생명에 참여하는 제일 실체인데, 질료 때문에 가능태로 남는다.

순수 현실태인 존재 자체는 모든 것에 공통되는데communissimum,[67] 그것은 다른 것들이 거기에 첨가되어야 어떤 것이 된다는 의미가 아니다. 모든 것의 원인이라는 점에서 공통적이다. 원인이란 피조물이 모방하고 참여해야 하는 것이다. 모든 피조물이 공통적으로 모방하고 참여할 존재라는 점에서 공통적이다. 존재 자체가 만물의 근원이라는 점도 마찬가지다. 존재 자체를 만물의 근원이라고 하는 이유는, 질료를 가능태로 보기 때문이다. 어떤 사물을 어떤 것이게 하는 것은 형상이고,[68] 질료는 장차 형상을

---

67 토마스 아퀴나스, 『신학대전 1』, 정의채 역(서울: 성 바오로 출판사, 1989), Part 1, Question 4, article 1, p. 85.

68 어떤 사람을 사람이게 하는 것은, 사람이라는 형상이다. 사람마다 차이가 나는 질료가 그

입어 현실태가 되어야 할 가능태다. 존재 자체는 질료가 없는 순수 현실태로서, 만물의 형상인이기도 하다.

하나님을 존재 자체로 보는 것은, 하나님이 가장 현실이라고 본 것이다. 하나님은 형상인으로서 순수한 현실태다. "존재 자체는 모든 것 중에 가장 완전한 것이며 모든 것에 대해 현실태로서 비교된다. 사실 있는 것이 아닌 한 현실성을 갖는 것은 아무것도 없다. 따라서 존재 자체는 모든 사물의 현실성이며 또한 형상 자체들의 현실성이다."[69] 사실 그런 생각은 아우구스티누스에게서부터 보이고, 더 올라가면 플라톤에게서 보인다. 그런 존재론은, 존재론적으로 현실의 악을 극복하기 위한 것이다. 인간 세상에서 강하게 맹위를 떨치는 악을 업신여기는 방법으로 개발된 담론이다. 동양에서 존재론이 나오지 않은 것은 세상은 덜 존재한다는 식으로 악을 이기려 하지 않았기 때문이다.

아퀴나스는 아리스토텔레스를 따라 세상이 존재하고 살고 있는 네 가지 원인을 말한다. 성질과 형태의 본으로서의 형상인形相因이 필요하고, 물질적 재료로서의 질료인質料因이 필요하고, 세상을 있게 하고 생성 변화를 일으키는 운동력인 능동인能動因이 있고, 세상이 존재하는 까닭인 목적인目的因이 있다. 본과 재료는 바탕으로서 세상의 원인이요, 운동력은 실현하는 힘으로서 세상의 원인이다.

그런데, 아퀴나스는 네 가지 원인 중에서 목적인이야말로 원인 중의 원인이라고 했다. 다른 모든 원인들의 원인causa causarum은 목적인이라는 것이다. 목적이 있어서 움직인 것이고, 지금도 세상은 목적을 향해 생성 변화를 거듭하고 있다. 중요한 것은 능동인과 목적인의 관계다. 왜냐하면 하나

사람을 사람이게 하는 것은 아니다. 아퀴나스는 중세인이라, 어떤 사람을 '그 사람'이게 하는 것이 무엇지를 찾지 않고, 그 사람을 사람이게 하는 것을 찾았다. 개별성보다는 보편성을 중시했다는 말이다. 보편성은 형상이나 본질이 결정하는 것이다.

69 아퀴나스, 앞의 책, Part 1, Question 4, article 1, p. 86.

님을 표현하는 데 가장 중요한 것이 그 두 가지 원인이기 때문이다. 그것은 힘과 선의 문제이기도 하다. 세상이 생기고 굴러가려면 운동하는 힘이 있어야 한다. 생성 변화에는 힘이 필요하다. 힘의 원천이 무엇이냐는 것은 중세 신학에서 매우 중요한 문제였다. 아퀴나스는 생성 변화의 힘은 하나님에게서 나온다고 생각했다. 하나님은 제일 능동인으로서 하나님이다. 하나님은 삶의 힘이다. 그런데, 목적인이 능동인에 우선한다. 작용자operans 또는 능동자effeciens는 목적없이 행위하지 않는다.[70]

> 목적인의 원인성은 제일 먼저 것prima이다. 그 이유는 능동자가 작용하는 것은 목적 때문이 아니면 작용하지 않으며, 능동자에 의해 질료는 형상에로 움직여지기 때문이다. 따라서 목적은 원인들의 원인causa causarum이라고 불리운다.[71]

질료는 형상에로 움직이는 잠재태다. 질료가 형상에로 움직이는 것이 생성 변화다. 태초에 하나님은 제일 질료를 먼저 창조하셨고, 거기에 형상을 따라 세상을 만들었다. 질료가 형상에로 움직인 것이다. 그리고 지금도 모든 생성 변화를 그렇게 설명한다. 그런 점에서 아우구스티누스보다 아퀴나스는 질료를 더 긍정적으로 평가하는 면이 있다. 그것은 중세 시대에 세상 현실과 하나님 나라의 이념을 종합하고자 했던 그의 신학적 의도와 관련이 있다. 아퀴나스는 아우구스티누스에 비해 세상에 대해 덜 비판적이고 더 보수적이다. 질료는 현실이 아닌 잠재태로서 곧 형상을 입어 현실로 될 것이다.

질료와 형상의 관계는 예를 들면 이렇다. 아이가 태어나는 것은, 정자라

---

70 토마스 아퀴나스, 『자연의 원리들』, 김율 역(서울: 철학과 현실사, 2005), p. 71.

71 아퀴나스, 『신학대전 1』, Part 1, Question 5, article 6, p. 110.

는 질료에 영혼이라는 형상을 하나님이 부여했기 때문에 생긴 것으로 본다. 그리고 나무가 타는 것은, 나무가 불이 될 잠재태로 있다가 불이 붙으면 불의 형상을 따라 불이 되가는 것으로 설명했다. 그러한 생성 변화를 처음에 일으킨 분은 하나님이고, 그 처음의 힘이 지금까지 전달된다. 그래서 하나님은 만물의 운동인이다. 그러나 이런 식의 생성 변화에 관한 우주론은 실제로는 도덕적 관심에 연결이 되어 있다. 그렇지 않으면 아퀴나스의 신학은 인문학과 아무런 관련이 없게 될 것이다. 도덕적 관심은 아퀴나스가 말하는 목적인에서 잘 드러난다.

만물의 존재와 그 생성 변화는 다 까닭이 있다. 그런 까닭 없이 존재하는 것이 없다. 그 까닭이야말로 하나님이 만물을 만드는 운동을 하고 만물이 존재하게 하며 변하게 하는 원인이다. 그래서 목적인이 능동인에 우선하는 것이다. 하나님은 까닭이 있어서 움직인 것이고, 하나님 자신이 까닭이다. 세상은 그 까닭에서 나와 그 까닭을 따라 존재하는 것이다. 다시 말하면 존재 이유에서 존재가 나온 것이며, 목적이 있어서 존재하는 것이다. 그런데 그 까닭 곧 목적이란 선을 가리킨다. 아퀴나스에게서, 목적이란 모든 사물이 욕구하는 것인데, 그것은 선이라는 말로 표현할 수밖에 없다. 모든 사물은 선 곧 좋음을 바라니까 말이다. 하나님은 순선純善이요, 최고선으로서 모든 사물의 목적이다. 원인 중의 최고 원인은 목적인이고, 목적인은 선을 가리킨다. "원인 주는 데 있어서는 첫째로 능동자를 움직이는 선과 목적이 발견되고 둘째로는 형상에로 움직이는 능동자의 행동이, 셋째로는 형상이 이루어진다."[72] 능동자를 움직이는 것은 목적이다. "목적이 움직여 주는 것"[73]이다. 하나님은 세상을 만들고 뭇 생명체의 삶과 죽음을 이끌고 있지만, 하나님을 제일 능동인이 되게 한 것은 하나님의 선하심이다.

72 위의 책, Part 1, Question 5, article 4, pp. 103-104.

73 같은 곳.

하나님은 선의 확산을 위해 세상을 만들었다. 그러므로 세상의 목적은 선이요, 선이란 하나님과 하나님 안에 있는 형상이다. 그러니 세상의 목적은 하나님이다. 사람의 형상은 참사람이기 때문에, 사람은 이 몸과 마음psychē이라는 잠재태를 참사람이라는 본을 향해 변화되도록 하는 데 존재 이유가 있다. 그런데, 그 참사람이라는 형상은 하나님의 생각에 들어 있기 때문에 하나님을 바라며 사는 과정 중에 이룩되는 일이다.

아퀴나스는 삶의 의미를 찾았다. 목적이 삶의 의미를 이룬다. 아퀴나스 신학에서 목적인이 능동인에 앞선다는 것은, 삶의 의미가 삶보다 앞선다는 것을 가리킨다. 의미 없는 삶은 없다는 것을 말하는 것이요, 동시에, 의미를 잃은 삶은 죽은 삶임을 말하는 것이다. 물론, 의미 없는 삶이 없음에도 불구하고 사람은 의미를 상실하고 살 수도 있다. 목적인의 우선성은 그런 인간 실존에 대한 구원론적인 대답이다. 의미가 먼저 있었으니, 자신의 삶이 근원적으로 의미 있는 것임을 알고, 의미를 회복하라는 것이다.

세상이 존재하기 전에 존재하는 목적이 있었다. 세상이 존재하기 전에 무엇이 있었는가? 그것은 세상의 기원foundation에 관한 물음이요, 존재의 바탕ground of being에 관한 물음이다. 그것은 과학적인 물음이 아니다. 과학적인 사유로 보면, 세상이 존재하기 전에 무엇이 있었는가 하는 물음은 모순이다. 세상이 존재하기 '전'이 없었기 때문이다. 전이나 후는 시간 안에서 하는 얘기인데, 시간은 세상과 함께 출현한 것이다. 그러므로 세상이 있기 전이라는 문장은 개념 모순이다. 세상이 있기 전에 무엇이 있었느냐는 물음은 세상이 존재하는 까닭에 관한 물음이다. 다시 말해 세상의 의미에 관한 물음이다. 왜 세상은 없지 않고 있을까? '왜'는 목적의 문제이다. 무얼 바라고, 무얼 위해 있느냐는 것이다. '왜' 세상은 없지 않고 있을까? 나는 '왜' 사는 것인가? '왜'의 물음은 무엇으로 설명되어야 하나? '왜'를 다시 한 번 반복하면서 구체화하는 물음이 '어떻게'이다. 세상은 어떻게 생겼을까? 왜를 묻지 않고 어떻게만 물으면 과학적인 물음이 될 수 있다.

그러나 아퀴나스에게 '왜'의 물음은 삶의 의미를 위해서 뺄 수 없는 것이었다. 또는 인간의 마음을 다스리고 선을 진작시켜 세상을 질서 있게 하기 위해서 뺄 수 없는 물음이 '왜'다. 엄밀히 말해서 그가 말한 네 가지 원인은 '왜'보다는 '어떻게'에 대한 설명이 더 많다. 질료인이나 형상인 그리고 능동인이 그렇다. 그들의 원인됨causa은 원인이라기보다는 방법에 가깝다. 그들이 원인이 될 수 있는 것은 모두 목적인에 종속되어 있기 때문이다. 원인이라면 무엇보다도 까닭을 말하는 것이요, 그것이 아퀴나스에게서는 목적인이고 다른 원인들을 거느리고 있는 것이다. 이것은 '왜'의 물음이 '어떻게'의 물음보다 앞서고 근원적임을 말해준다. 적어도 아퀴나스의 존재 신학에서는 그렇다.

세상이 있기 전에 하나님이 있다거나, 존재 이전에 존재의 목적이 있다고 할 때, '전'이란 '어떻게'로 설명될 수 있는 것이 아니라, '왜'로 설명되어야 한다. 그것은 흘러가는 시간의 전후를 말하는 것이 아니라 시간이 존재하는 까닭, 시간의 의미를 말하는 것이기 때문이다. 하나님이 세상 이전에 있었다면, 그것은 하나님이 세상의 목적이라는 것이다. 세상은 하나님을 위해 있음을 가리키는 것이다. 목적과 의미는 태초의 시간에 앞선다. 그리하여 아퀴나스 신학에서 하나님은 힘이기 전에 삶의 의미다. 하나님의 일 또는 하나님의 역사는 삶의 의미를 주고 의미를 실현하는 역사다. 그리고, 세상 이전에 하나님이 있었다는 것은, 선이 세상의 목적이라는 말이다. 아퀴나스에게서 하나님은 무엇보다도 선이기 때문이다. 선은 존재보다도 앞선다. 하나님은 선으로서 존재하고, 선으로서 목적인이다. 하나님은 원초적 선이요, 세상의 기원이 되는 선이며, 세상이 모두 바라는 선이요, 인생의 목적이 되는 선이다. 아퀴나스는, "개념에서는 존재가 선보다 앞서지만, 사실은in facto 선이 존재보다 앞선다" 고 말한다.

이것 역시 존재보다 존재의 목적이 앞서는 것을 말한다. 사람은 선 곧 좋은 것을 바란다. 하나님은 최고선으로서 하나님이다. 이처럼 목적인으로서의 하나님이 최고선이라는 말은 목적으로서의 하나님이 도덕성과 관련이 있다는 말이기도 하다. 하나님을 목적으로 삼는다는 것은, 선을 바라고 선하게 되는 것을 목적으로 삼는다는 말과 같다. 그만큼 도덕적 가치라는 것을 아퀴나스는 중요하게 생각한 것이다. 하나님을 바란다는 것은 힘을 목적으로 삼지 않고 선을 목적으로 삼는 것을 말한다. 앞에서도 보았듯이, 하나님이 능동인이기 전에 목적인이라는 것은, 하나님이 힘이기 전에 선임을 말해주는 것이다.

행복의 실현도 선을 실현하고 도덕적이 되는 데 있다. 사람은 행복하기 위해 태어났다고 말할 수 있고, 행복이 인생의 목적이라고 할 수도 있다. 그런데, 아퀴나스에 따르면 행복이란 선을 추구하는 데서 나오는 것이고, 선은 하나님이다. 그러므로 행복이 목적이라는 얘기 역시 하나님이 목적이라는 얘기다. 사람은 하나님을 목적으로 삼을 때 가장 행복하고, 의미 있는 삶을 산다. 의미 있다는 것은, 자신의 존재 이유를 충족시킨다는 얘기다.

이렇게 해서 아퀴나스 신학에서는 삶의 의미가 삶 자체보다 중요하다. 그리고 그 의미는 하나님을 목적으로 삼을 때 실현되고, 하나님은 선이므로, 그의 신학은 철저하게 도덕성에 기반을 둔 것이다. 선으로서의 하나님을 바란다는 것은 덕을 쌓는 것을 가리킨다. 선에는 쾌락을 주는 것delectabilia과, 유익을 주는 것util 그리고 그 자체로 선한 것honestum이 있는데, 그 자체로 선한 것에 도달하면 욕망은 운동을 멈추고 쉬게 된다.[74] 아퀴나스 신학에서 쉼은 운동보다 우월한 것이다. 쉼은 멈춤이 아니라 생산적인 자족을 가리킨다. 그렇다면 '그 자체로 선한 것'이 무엇인가? 그것은 덕이라는 개념으로 표현되는 것이다. 덕은 그 자체로 선한 것으로서 삶의 최종 목적이 된다. 결국 아퀴나스는 도덕적인 덕을 쌓는 데 삶의 목적이 있다고 본 것이다. 그리고 그것은 사람이 참사람이 되는 것이요, 결국 인간이

74 위의 책, Part 1, Question 5, article 6, p. 110.

자기완성을 이루는 것이다. 동시에 그런 자기완성을 향한다는 것은 결국 하나님 자신을 바라는 것이다. 왜냐하면 참사람의 형상은 하나님에게 있고, 하나님이야말로 선한 덕이기 때문이다. 거꾸로, 하나님을 바란다는 것은, 도덕적인 완성을 향한다는 것을 의미한다. 하나님처럼 됨, 참사람이 됨, 덕을 쌓아 자기완성을 이룸, 이 모든 것이 인생의 목적이다. 그리고 그 목적이 삶의 의미를 이룬다. 아퀴나스에게서 삶이란 의미 지향을 가리킨다.

아퀴나스에게서 하나님은 존재 자체요, 있음인데, 그 있음은 목적 '으로서' 있음이다. '으로서'의 자격이 '있음'과 뗄 수 없다. 목적과 있음은 동일시된다. 그리고 그것은 인간의 삶이 목적이 있고, 의미가 있다는 것을 말하기 위한 것이다. 인간의 '삶'과 '있음'이 목적에 귀속된다. 하나님도 존재 자체인 까닭은 하나님이 순수 선으로서 목적이요, 의미의 근거이기 때문이다. 하나님의 '있음'은 '의미 있음'이다. '의미 있음'은 어떤 주어도 필요로 하지 않고 그 자체로 모든 존재자들의 근원이요 모든 존재 현상을 설명한다. 있음은 의미 있음이요, 의미가 있음의 주어다. 다시 말해서 있음은 의미를 서술하는 역할을 한다. 이것은 살아 있음을 포함한 모든 있음을 의미에 종속시키기 위한 작업이다. 개념적으로는 있음이 의미에 앞선다. 왜냐하면 의미는 있는 의미이기 때문이다. 무엇이 먼저 있어야, 그 무엇이 있는 의미가 있든지 말든지 하기 때문이다. 물론 의미에는 '있는 의미'가 있고, '하는 의미'가 있다. 그러나 삶의 의미는 기본적으로 무엇을 하는 의미보다는 있는 의미의 문제다. 그래서 무엇을 하는 의미보다 있는 있음의 의미가 근원적이다. 하는 의미는 어떤 중간 목적을 향한 것일 수 있다. 아퀴나스가 말한 유익util이라는 선이, 하는 의미가 될 수 있다. 그러나 있는 의미는 '그 자체로 선한 것'과 연결되어 좀 더 근본적인 문제다. 아퀴나스는 있음(존재)이 개념적으로 가장 기본적이라고 하는데, 그것은 의미 문제와 관련해서 그렇다.

그러나 '있다'는 것은 '무엇이' 있다는 것과 뗄 수 없다. 서양 철학에서 근본적인 물음으로 "왜 뭔가가 없지 않고 있는가?"라고 물었는데(라이프니츠), 있음과 없음이라는 것은, '뭔가'라는 주어와 뗄 수 없다. 그런데, 흔히 라이프니츠의 물음이 '있음'의 물음으로 여겨진 것은 주어가 '뭔가'였기 때문이다. 뭔가 또는 '무엇'은 부정대명사로 주격으로의 역할이 불분명하다. 주어를 통째로 삼키는 주어가 부정대명사 '뭔가'다. 그래서 초점이 주어에 맞추어져 있지 않고 술어인 '있음'에 맞추어져 있다. 주어를 삼킨 '뭔가' 때문에 술어인 '있음'이 주제가 된다. 그러나 '세상이 있다' 또는 '내가 있다'고 할 때, 주격 조사 '이'와 '가'의 역할은 있음이 주제가 아니요, 내가 주제임을 암시한다. 아퀴나스가 있음의 문제를 묻고 존재 자체를 말하는 것은, 모든 주어들을 통합하여 말하기 위한 것이다. 그래서 중요한 것은 있음의 의미가 아니라, 내가 있음의 의미다. 내가 있음의 의미로부터 세상이 있는 의미가 파생된 것이다. 그런데 '모든' 내가 있음의 의미를 말하기 위해서, 있음을 말하고 그 있음이 의미에 종속되는 것을 말했다. 그렇게 해서 존재론은 의미론과 목적론에 귀속된다.

이렇게 해서 기독교 신학은, 플라톤 철학과 달리 비인칭의 있음에서 벗어났고, 실존적인 측면을 지닌다. 있음이 아니라 '내가 있음'이 중요했기 때문이다. 그래서 존재 자체는 우시아가 아니라 하나님이라는 인격체다. 하나님이 의미 자체라면, 그 의미는 이념이 아니라 관계에서 생기는 것이 된다. 선이기보다는 사랑이다. 그처럼 관계가 되기 위해서 있음은 꼭 누가 있음이요, 무엇이 있음이며, 중립적인 있음이 고찰의 대상이 되지 않는다. 아퀴나스는 하나님을 극대화된 개인maximum individidium이라고 했는데,[75] 이는 하나님이 모든 있음의 주어요, 주체임을 가리킨다. 하나님을 개인으

---

75 위의 책, Part 1, Question 11, article 4, p. 185. 이것은 아리스토텔레스가 신학을 가리켜 독립적인 불변의 실재에 관한 학문이라고 한 것과 같다. 아리스토텔레스, 『형이상학』, 1026a, p. 273.

로 표현한 것은 플라톤이 말한 존재 자체와 다르다.

플라톤은 존재 자체라는 말로, 나눌 수 없는 '하나'를 표현하기 위한 것이지만, 아퀴나스의 개인이라는 표현에는 모든 개인들과 관계할 수 있는 인격체로서의 개인을 가리키고자 한 것이다. 있음의 살아 있는 주체를 말하고자 한 것이다. 이처럼 형이상학적 실체의 인격화는, 서구 기독교가 사변으로 가지 않고 구체적인 실존의 상황을 안고 있는 종교가 되게 하는 데 기여했다. 그것은 중립적인 '있음'보다는 '삶'에 관심하는 것이다. 그래서 기독교는 윤리적 차원을 잃지 않고, 또 서양에서 일어난 모든 비판적 사유의 모태가 될 수 있었다.

그러나, 만일 목적과 의미가 지나치게 강조되면, 삶은 있음에 흡수될 수 있다. 의미 있음이 모든 있음의 근원적인 현상이요, 아퀴나스의 표현대로 개념이 아닌 사실in facto이라면, 그 의미를 위해 삶의 생생함을 희생해야 하는 부분이 생긴다. 공자에게서는 살신성인殺身成仁이라는 말로 결정적으로 나타났다. 이것은 의미가 도덕적 선을 중심으로 전개되었기 때문이다. 전체의 평화를 위해 개인의 삶의 욕망을 길들이고 죽이는 문제가 발생한다. 이것은 동양의 인문주의자들이 본성의 선함으로 설득하려고 한 것인데, 아퀴나스는 근원적 존재의 선함으로 설득하려는 것이다. 선이란 원래 의義와 리利를 겸한 것인데, 전체의 리를 위해서 개인의 리利를 죽이고 의義를 추구한다. 여기서 개인의 리利는 육이나 사적인 욕망으로 치부된다. 아우구스티누스에게서는 이것이 리비도libido 또는 욕정concupiscentia이라는 말로 표현되었다. 이런 형태의 형이상학에서 '살고 싶음'이라는 욕망이 제대로 평가되기는 어렵다. 결국 아퀴나스의 존재 신학 역시, 우리가 말하고자 하는 '산 사람은 살아야 한다'는 당위를 제대로 평가할 수 없다. 거기서 어떤 평가에 의지하지 않는 가장 생생한 생명력을 찾을 길을 열어놓지 않았다.

물론 아퀴나스는 자연이성을 모자라기는 하나 의미 있는 것으로 평가했다. 그것은 의미의 기원인 하나님이 주신 것으로서 의미가 있다. 아우구스티누스는 자연에 대해 평가가 인색했다. 인간의 철저한 부패를 보고 인간에게 자연스런 것에 대해 극도로 경계하고, 현재의 자연 또는 자연스러움은 태초에 하나님이 만든 자연이 아니라 타락한 제2의 자연이라고 했다. 그러나 아퀴나스는 자연스런 것을 긍정함으로써, '살고 싶은' 욕망도 긍정한다. 그런데, 그에게서 의미 있는 것은 결국 공공선에 이바지하는 것으로 나타난다. 그에게서 의미나 선이나 신은 모두 공공선을 염두에 둔 것으로 보인다. 살고 싶은 욕망 자체에 대한 그의 견해보다는, 살고 싶은 욕망을 거슬러 발생하는 자살에 대한 그의 평가를 보면, 그의 모든 관심의 초점이 공공선에 있음을 알 수 있다.

아퀴나스에 따르면, 모든 존재가 자기를 사랑해서 자기 존재를 지키려고 하는 것은 자연적 경향으로서의 자연법이면서 동시에 마땅히 그렇게 해야 할 자연법이다. 인간만이 자연의 질서를 거스를 수 있으며, 따라서 자연의 질서대로 살아야 한다는 당위가 성립한다. 그것은 인간이 이성 능력을 지닌 존재로서 자유로운 존재이기 때문이다. 그러므로 아퀴나스에게서 자연의 질서에 어긋나는 일은 자연법을 거스르는 것으로 불법이요 부당한 것이다. 자연의 경향성과 달리 스스로 자기 자신을 죽이는 일은 자연법에 어긋난다.[76]

그리고 자연법에 어긋나는 것은 공동체의 이득에 어긋난다는 뜻을 지니는데, 이것이 중요하다. 아퀴나스에게서 자연법은 자연 질서요, 하나님의 뜻이면서 동시에 공공선이기도 하다. 공공선을 이루는 방법을 구체적으로 정하는 것은 사람들의 동의에 의한 인정법이 하는 일이지만, 공공선 자체는 그 인정법의 존립 근거가 되는 자연법이다. 자살은 공공선에 어긋나는

---

76 Thomas Aquinas, *Summa Theologia*(신학대전), IIaIIae 64 articulus 5 responsio in *Aquinas, Political writings*, ed. by R. Dyson(Cambridge: Cambridge University Press, 2005), p. 258.

것으로서 자연법에 어긋난다. 이때 자연법에 어긋난다는 것은 매우 실용적인 의미를 지닌다. 왜냐하면 자살을 통해 공동체의 부분을 이루었던 존재가 사라져서 공공선에 해를 끼친 것으로 아퀴나스는 해석하기 때문이다.[77] 자살은 공동체로부터 공동체의 몫을 빼앗아 간 것으로서 불의하다.

개인은 사회의 부분인데, 자살은 사회의 몫을 빼앗아 간 것으로서 사회에 대해 정의롭지 못한 짓이다. 전쟁이나 사형을 통해 남을 죽일 수 있는 근거도 아퀴나스에게서는 공공선이다. 공동체의 건강에 지대한 악영향을 미침으로써 공공선을 해치는 자를 사형에 처할 수 있다. 그러나 이때 개인이 범죄자를 죽이는 것은 불법이요 불의한 것이고, 오로지 공공선의 책임을 맡은 공권력이 범죄자를 죽일 수 있다고 본다. 전쟁의 경우도 공적인 권위를 가진 왕이 전쟁을 주재하게 된다. 그처럼 타자의 생명을 처분할 수 있는 것은 사람이기보다는 공공선이라고 할 수 있다. 그러므로 사람이 자기 자신의 생명은 처분할 수 없어도 타자의 생명은 처분할 수 있다는 논리는 아퀴나스의 논리가 아니다. 그에게는 공공선이 자연법의 내용으로서 매우 중요하고, 공공선의 주재자가 공공선을 해치는 자를 처벌하거나 경우에 따라서는 그의 생명을 제거할 수도 있는 것이다. 그러므로 자살이 공공선에 위배됨으로 불법이라는 논리는 아퀴나스에게서 자살을 금지하는 매우 중요한 근거가 된다.

아퀴나스 신학은 그 정치적 의도를 매우 분명하게 드러낸다. 전체의 우선성을 강조하고, 개인의 생명 당위에 대해서 인색할 수 있다. 의미 있는 삶이 중요하고, 의미는 하나님에게서 나오고, 또한 공동체 전체의 이득에서 나온다.

---

77 같은 곳.

3. '있음'과 '살아 있음'-하이데거의 '존재'에 대한 비판적 고찰

이제 하이데거의 존재론을 살펴보자. 하이데거의 존재론은 인문주의가 생각하는 의미의 세계를 넘어서려고 한다. 곧 도덕이 가져오는 의미에서 무의미를 느낀다. 그리고 그 너머의 존재의 부름을 듣는다. 그 점에서 그냥 사는 삶과 통하는 면이 있어 보인다. 그러나 그의 존재, 곧 있음은 우리가 말하려는 살아 있음이 아니다.

하이데거의 공헌은 의미의 자리를 바꾼 것이다. 그는 존재의 부름을 말했는데, 그 부름은 내게서aus mich, out of myself 오는 것이지만, 내 위로über mich, beyond myself 오는 것이기도 하다. 그리하여 그는 주체의 손에 들어오지 않는 진리의 초월성über mich을 살리되, 형이상학을 벗어나고, 존재신학을 벗어난 상태에서 초월성[78]을 살린다. 그가 중시한 초월성은 '나의 존재'에 있다. '나'는 현상학을 물려받고, 실존주의를 물려받은 결과로 중시

78 학자에 따라서는 초월성이란 말 대신에 바깥 또는 다름이란 표현을 쓰기도 한다. 예를 들어 리쾨르는 "l'extériorité ou l'altérité sans transcendance"(초월 없는 바깥 또는 다름)이라고 한다. 이는 초월이란 말로 유신론적인 신을 지칭하는 것을 피하기 위한 것이다. 그러나 우리나라 학계에서는 흔히 자기 초월이란 말을 쓴다. 다시 말해서 신을 가리키지 않아도, 일상적인 수준을 넘어서는 것을 가리켜 초월이란 말을 쓰기도 한다. 인문주의적인 자기 초월이든 아니면 하이데거적인 존재의 초월성이든, 아니면 기독교에서 말하는 대로 인간 바깥의 초월자이든, 모두 의미를 추구한다는 점에서 초월이란 말을 일괄적으로 적용할 수 있다. '그냥 있음'은 초월이라는 말이 갖는, 넘어섬, 극복함의 차원과 거리가 멀다. 그리고 초월이라는 말이 갖는 '높이'보다 오히려 '밑'이나 '낮음'이 어울린다.

된다. 그러나 핵심은 '나'에 있지 않고 나의 '존재'에 있다. '나'는 존재가 드러나는 자리로서의 '현존재Dasein, 現存在'로 바뀐다. 초월을 살린 점에서 그는 여전히 삶 자체보다 삶의 의미를 중시한다. 다만 의미의 자리를 바꾼 것이다. 여전히 의미 물음이 하이데거 존재론의 핵심이다. 그에게서 삶의 의미 물음은 존재(있음)의 의미 물음으로 흡수된다. 그에게서는 삶Leben보다 있음Sein이 중요하다.

그런데, 하이데거의 존재론은 종래의 인문주의를 통째로 극복하는 면이 있다. 그 점에서 그가 말하는 존재 곧 '있음'은 우리가 말하고자 하는 '그냥 있음'과 통하는 면이 있다.

첫째, 하이데거에게는 존재론이 도덕론에 흡수되지 않는다. 오히려 도덕이 존재론에 흡수된다. 그런 점에서 인문주의적인 의미 추구와 다르다. 그가 말하는 '있음'은 도덕적으로 규정되지 않는다. 도덕적으로는 무규정적이다. 하이데거에게서 도덕은 사용사태와 관련이 있고, 그것은 쓸모에서 생기는 의미를 만든다. 이것은 내가 이 책에서 인문주의의 도덕성을 공공선에 기초한 정치적 관심으로 규정한 것과 통한다. 그리고 하이데거가 볼 때, 그처럼 쓸모와 관련된 의미는 결국 무의미에 빠진다. '위하여um zu'의 목적이 만드는 유의미성의 무의미다. 그것은 내가 앞에서 인문주의의 목적에서 생긴 의미를 비판한 것과 같다. 의미가 무의미를 만든다. 그런데, 하이데거는 그처럼 무의미를 만드는 의미 세계를 중요하게 본다. 무의미와 함께만 진정한 의미를 찾는다. 그것이 다르다. 내가 말하려는 '그냥 있음'은 의미와 무의미를 넘어서 있는 것이지만, 하이데거는 무의미를 통해 의미를 찾는다. '그냥 있음'은 '의미 없음Sinnlosigkeit'도 아니고, '의미 있음Sinnsein'도 아니다. 그러나, 하이데거는 의미 있음을 찾기 위해 존재 의미를 찾는다. 그가 말하는 존재 곧 '있음'은 '그냥' 있음이 아니라 '때문에' 있음이다.

둘째, 인문학에서는 공동체의 질서를 염두에 두기 때문에, 개인이 보편을 따르는 데서 의미를 찾는다. 하이데거는 그런 보편을, 벗어나야 할 중립적 '그들das Man'이라고 본다. 하이데거에서는 개별화가 중요하다. 내가 말하는 '살아야 함'은 보편적 당위와 거리가 멀다. 그 점에서 하이데거의 개별화와 통한다. 그러나 개인이 살려고 하는 노력 곧 살아남는 문제를 인문주의처럼 하이데거도 낮게 평가한다. 그는 살려는 충동에서조차 생명보다 근원적인 '때문에Worum-willen'를 보려고 한다. 하이데거의 존재는 그냥 있지 않고 '— 때문에' 있다. 그는 존재의 의미를 찾는다.

인문학은 우주론과 본성론의 도입으로 의미가 이미 있는 것처럼 말한다. 하이데거가 말하는 실존 역시, '이미' 빠져 있지만, '이미' 이해하고 열어 밝혀져 있고, 그래서 의미 지향이다. 본래적 의미가 더 근원적이라고 본다. 그러나, 그 '의미 있음'도 알고 보면 '의미 있어야 함'에서 나온다. 의미를 추구하느라고 생긴 무의미 속에 살기 때문이다. 그러나 살고 싶어하는 차원에서 자연적 생명은 의미를 추구하지 않기 때문에 무의미를 만들지 않는다. 이미 있는 의미나 의미 지향을 통해 무의미를 이기는 것이 아니라, 의미를 추구하지 않는 것으로 무의미를 이긴다. 하이데거에게는 본래적 의미 지향과 일상적 의미(무의미)가 팽팽하게 맞서 있지만, 우리가 말하는 생명에는, 의미 지향과 무의미가 한편에 있고, 그 맞은편에 의미를 지향하지 않고 그냥 있음이 있다. 하이데거의 존재해야 함은 근원적이라고 하지만 이차적이고, 살아야 함이 더 일차적이다.

인문주의에는 지배욕도 아니고 초월 욕구도 아닌 그냥 살려는 욕망이 설 자리가 없다. 살려는 욕구가 지배욕이 되었다고 본다. 그래서 살려는 욕구를 초월해야 하는 것으로 말했다. 하이데거에게도 '내던져진 존재geworfen'는 '빠져 있다gefallen'고 본다. 그래서 본래적 자아를 찾는 초월 욕구가 삶의 의미를 결정짓는다.

의미를 넘어서: 하이데거의 '있음'은 '그냥 있음'에 접근하는 면이 있다.

형이상학이나 존재 신학에서는 미리 주어진 목적인을 통해 삶의 의미를 찾았다. 삶의 목적이 삶보다 앞선다는 식이다. 그러나 현대는 전통적인 형이상학에서 벗어나 삶의 의미를 찾았다. 데카르트 이후 주체가 강화되면서 삶의 목적은 주체를 세우는 문제에 흡수되었다. 데카르트적인 사유는 후설에 이르면 존재 물음이 의미 물음으로 바뀌고, 주체는 의미의 생산자가 된다.

하이데거는 종래의 형이상학과 근대의 주체 철학에 모두 도전하면서 이른바 존재의 의미 물음을 전면에 제기했다. 존재가 나보다 앞선다. 데카르트적인 '생각하는 나', '의지하는 나'와 하이데거의 현존재Dasein는 다르다. 현존재는 근대적 주체가 아니다. 주체를 가리켜 현존재라고 한 것은, 존재가 거기에서 현현함을 가리킨다. 나의 의미는 존재의 현현에 있다. 그런 점에서, 나의 존재의 현현이 나보다 더 중요하다. '나'는 '거기Da'라는 장소 개념에 흡수되어 있는데, 그 장소는 존재 현현의 자리다. 하이데거에게서 나는 존재의 속사이다. '나의 존재'라는 구절만 보면 존재가 나에게 속한 것이 되지만, 하이데거에게서 나는 존재에 속한다. 존재는 나라고 하는 아이덴티티를 가진 주체 이전의 문제다. 서양의 근대의 주체는 몫의 주체라고 하는 법적인 권리 주체에서 출발해서, 칸트적인 윤리적 주체가 성립되고, 후설에게는 의미 생산의 주체가 된다. 그러나 하이데거에게서는 그 어떤 것도 해당되지 않는다. 중요한 것은 사건Ereignis으로서의 존재 곧 '있음'이다. 나는 그 존재 사건의 현현의 자리요, 동시에 그 존재 가능Seinskönnen이 실현되게 하는 존재자다.

'나는 누구다Ich bin……, I am……'라고 할 때, 뒤의 술어가 '나'를 규정한다. 나는 나의 '누구임'에 의해 규정된다. 하이데거는 그처럼 술어에 의해 규정되는 '나'보다 비동사 엠am에 더 관심을 갖는다. 부정형 be 동사인 독일어의 Sein은 '나'나 나를 규정하는 속사보다 더 앞선다. 그리고 나는 속사에 의해 규정되는 나를 넘어, 그 동사로서의 존재를 실현해야 하는 것이다. 존재 가능이 바로 나의 의미다. 의미는 내가 만드는 것이 아니다. 오히려 존재의 부름과 그 부름에 응답하는 존재 실현을 둘러싼 의미 세계 속에 나는 속해 있고, 의존되어 있다. 그런 점에서, 나의 있음은 '세계 안에 있음'이요, 세계는 의미 세계이고, '안'에 있음은 의존성을 가리킨다. 그러므로 나는 나와 대하기 전에 의미 세계와 대한다. 그것이 "세계 내 존재In-der-Welt-sein"라는 하이데거의 표현이 뜻하는 것이다. 나는 세계 내 존재요, 세계란 의미 세계다.

그런데, 하이데거에게는 의미를 넘어 존재로 가는 측면이 있다. 의미를 넘는 것은 쓸모에서 생기는 의미를 넘는 것이고, 거기에는 도덕도 포함된다. 그런 점에서 우리가 말하는 '그냥 있음'과 근접하는 측면이 있다. 그 점을 살펴보자.

세계란 앞에서 말한 대로 의미 세계다. 그런데 일상적인 의미 세계를 규정하는 것은 사용사태다. 사용사태Bewandtnis란 세계가 하나의 도구로서 이해되고 있음을 가리킨다. 사람은 자신을 위하여 세계를 쓸모의 각도에서 보게 된다. 이런 도구성의 세계를 가리켜 주위 세계Umwelt라고 하고, 그런 식으로 세계를 보는 시각을 둘러봄Umsicht이라고 한다.[79] 그리고 그런 식으로 세계를 보고 마음을 쓰는 것을 가리켜 하이데거는 배려Besorge라고 부른다. 배려라고 번역된 이 낱말은 누구를 배려한다는 뜻이 아니라, 신경을 쓰고 마음을 쓰는 방식의 하나를 가리키는 것이다. 세계를 손 안에 넣고 도구로 사용하면서 어떤 이득을 얻고, 어떤 목적에 이바지하는 수단으로 인식하는 것을 가리킨다. 그러한 세계의 도구적 존재 양식을 가리켜서 '손

---

79 마르틴 하이데거, 『존재와 시간』, 이기상 역(서울: 까치글방, 2000), p. 97.

안에 있음Zuhandenheit'이라고 표현한다.[80] "현존재는 자기 자신을 우선 그가 행하고 사용하고 기대하고 피하는 그것 안에서, 즉 우선 배려하고(신경 쓰고) 있는 주위 세계적으로 손 안에 있는 것 안에서 발견한다".[81]

도구는 어떤 목적이 사용되는 수단이라는 뜻에서 '무엇을 위하여um zu' 있다. 사람은 어떤 것이 어떤 목적을 위해 쓸모가 있을 때, '의미가 있다'고 한다. 그러므로 사람이 세계를 주위 세계로 이해하고 배려하는 것은 세계를 의미 있게 보는 것을 가리킨다. 세계의 세계성은 '의미 있음'이다. 세계는 의미 세계로 열어 밝혀져 있다. "손 안의 것 곁에 배려하며 있음은 스스로에게, 만나게 되는 것을 가지고 어떤 사용사태에 쓸 수 있는지를 세계 이해에서 열어 밝혀진 유의미성(의미 있음)에서부터 이해하도록 한다."[82] 인간은 그런 도구적 의미 세계 안에 있다. 그것이 세계 내 존재의 일상적 존재 양식이다. 세계 이해를 통해 사람은 도구적 의미를 찾고, 그런 도구적 의미에서 자신의 아이덴티티를 찾는다. '나'는 그렇게 결정된다.

그런데, 하이데거는 세계의 의미 있음을 넘어, 근원적인 의미를 찾는다. 세계의 도구성을 중심으로 한, '할 수 있음'보다 '있을 수 있음'이 중요해진다. 무얼 하는 것보다 제대로 있는 것이 중요하다. 있음은 상태가 아니라 동사다. 가능성은 사용 가능성이 아니라 존재 가능성이다. 본래적 이해는 존재 가능에 있는 것이지, 도구적 세계 이해에 있는 것이 아니다. 배려의 둘러봄은 "사용 가능성, 발전 가능성" 등을 찾는 것으로서, "값싼 이해로서의 이해다."[83] 도구적인 배려의 세계를 통해서 그 뒤에 있는 존재 가능의 세계에서 의미를 찾아야 한다. "이해에는 실존론적으로 존재할 수 있음이

80 위의 책, p. 101. Zu-handen-heit는 손을 향해 있음이라는 뜻으로, 세계가 인간의 손 안에 들어오는 방식으로 있음을 가리킨다.

81 위의 책, p. 166.

82 위의 책, p. 206.

83 위의 책, p. 201, 204.

라는 현존재의 존재 양식이 놓여 있다. 현존재는 어떤 것을 할 수 있는 능력을 추가로 소유하고 있는 어떤 눈앞의 것Vorhandenheit이 아니라 오히려 그는 일차적으로 가능존재primär Möglichkeit이다. 현존재는 그때마다 각기 현존재가 그것으로 존재할 수 있는 바로 그것이며, 그가 그의 가능성으로서 존재하고 있는 그 방식이다."[84]

여기서 가능성이란 존재 가능을 가리키는 것이며, 배려의 세계에서 뭘 할 수 있는 능력을 가리키는 것이 아니다. 존재 가능이 아닌 할 수 있음은, 말하자면 소유의 세계와 통한다. 사용사태의 전체성에서 사물을 본다는 것, 즉 배려와 둘러봄이라는 것은, 먼저 가짐Vorhabe, 먼저 봄Vorsicht, 먼저 잡음Vorgriff의 구조를 지니고 있다.[85] 이 세 낱말은 소유가 만드는 의미 세계를 가리킨다. 이미 소유의 각도에서 세계를 보고 세계를 이해한다. 눈앞의 것 또는 손 앞의 것Vorhandenheit을 손에 넣는 것이니 소유를 가리킨다. 오직 눈 앞의 것만 소유의 대상이 된다. 현존재가 일상적으로 부딪히는 의미 세계가 소유Haben의 세계요, 인간이 손에 넣는[86] 세계임을 암시하고 있다.

그러므로 하이데거가 일상적인 의미의 세계를 넘어서려는 것은 소유에서 존재로 가는 것을 의미한다. 거기에는 도덕의 세계도 포함된다. 하이데거는 도덕 당위를 이차적인 것으로 보려고 했다. 도덕 당위나 법적인 당위는 존재 당위보다 이차적이다. 도덕 당위에 빠져 있는 것은 일종의 도피며 게으름이다. 자기 자신이 아닌 '그들' 속에 빠져 있는 것이다. 도덕은, 개별화되지 않은 채 그들이라고 하는 평균적 일상성을 만든다.

하이데거가 '그들das Man'이라는 용어를 동원한 것은 한 개인이 고유한

84 위의 책, p. 199.

85 위의 책, p. 208.

86 미리 봄Vorsicht는 이미 보고 있다는 것이고, 개념Begriff이란 '손에 넣는다begreifen'는 뜻으로 두 낱말은 인식론적인 차원에서 소유를 가리킨다.

자기 자신을 찾지 못하고, 통속적인 평가와 성공의 세계에 빠져 있는 것을 가리키려고 한 것이다. 물론 그는 인간의 현존재를 공동존재Mitsein로 말할 만큼, 인간의 세계 이해에서 타자에 대한 이해가 본질적이라고 본다. "현존재가 본질적으로 그 자체에서 공동존재이다."[87] 먼저 혼자 있고 그 다음에 타인이 있는 것이 아니다. "현존재의 세계 내 존재가 본질적으로 공동존재에 의해서 구성되어 있다."[88] 인간이 혼자 있어도 이미 타자와 함께 있는 것이다. "현존재의 존재 이해에는 이미 타인에 대한 이해가 놓여 있다. 이러한 이해는 이해 일반과 마찬가지로 인식에서 자라나온 지식이 아니라 인식함과 지식을 비로소 처음으로 가능케 하는 그러한 일종의 근원적인 실존론적 존재양식이다."[89]

그런데, 하이데거에게서 타자는 일차적이지 않다. 책임은 일차적으로 고유한 자기 자신을 향한 것이며, 타자를 위하여 타자를 향하여 지는 책임 곧 도덕과 윤리는 이차적이다. 하이데거에게서 타자는, 고유한 자기 자신을 찾은 현존재가 타자를 그의 존재 가능에서 보는 정도의 위치에 있다. 다시 말해 타인은 나와 같이 존재 가능을 향해 열어 밝혀져 있는 존재인 것이다. 하이데거에게서 타자가 두드러지게 강조되는 것은 배려Besorge나 심려Fürsorge와 함께다. 타자는 일상적 삶에서 심려의 대상이다. 그런데, "주위세계적으로 배려된 것에서 타인들은 그들이 무엇인 그것으로서 만나게 된다. 타인들은 그들이 종사하고 있는 바로 그것으로 존재한다."[90] 타자는 그 자신으로 존재하지 않고 그들이 하는 일, 그들이 종사하고 있는 것, 그들의 기여 곧 배려된 타자로서 존재한다. 그런 타자를 '그들'이라고 부른다. 배려된 세계 속에서 타자는 '그들'이라고 하는 불특정 다수다. 특정한

---

87 위의 책, p. 168
88 위의 책, p. 168. "현존재의 혼자 있음도 세계 안에 더불어 있음이다."
89 위의 책, p. 173.
90 위의 책, p. 175.

누구가 아니라 중성 복수다. 그들로서의 타인과 함께 있으며, 사람은 고유함을 잃어버린다. 서로 '함께 있으면서' 자신의 '있음'을 빼앗긴다.[91]

'있음'을 빼앗긴다는 것은 필연적인 고유한 자기 존재 실현을 회피하며 주변에서 일어나는 삶의 기회에 자기를 맡기고, 소유와 계산과 자랑 등의 세계에 빠져 있음을 가리킨다. 그런 것들은 하이데거가 볼 때 필연적이지 않고 우연한 것들이다. "'그들'은 그저 '일반적인 처지'만을 알 뿐이며, 가장 가까운 기회에 자신을 빼앗기고 '우발적인 사건Zufalle'을 계산하며 현존재를 건다. '그들'은 이 우발적인 사건들을 오인하여 자신의 업적으로 간주하고 자랑한다."[92] 우발적이지 않고 필연적인 것은 고유한 자신을 사는 것이다. '있음'을 실현하는 것이다. 그런데, 그런 필연적인 것을 회피하고 우발적으로 일어나는 일들에 매여 산다. 그것이 필연적인 것들처럼 뒤바뀌어 있다. 그렇게 되면 일상적 평준화의 세계에 빠져 살게 되고, 남들이 하는 대로 따라 살게 된다. "서로 함께 있음은 고유한 현존재를 완전히 타인들의 존재양식 속으로 해체해버리며 그래서 타인들의 차별성과 두드러짐이 더욱 더 사라지게 된다."[93] 고유함이 사라진 채, 모두가 같은 기준에 의해 살고 자신의 아이덴티티를 만들고, 평준화된다. 서로 차이가 많은 것 같지만, 그 차이는 같은 기준으로 줄을 세우고 등급을 매겨서 생긴 차이일 뿐이다. 그런 점에서 획일화된 시각에 의해 자신을 평가하고 남을 평가하고, 그런 모양의 자기를 형성한다. 그것을 가리켜 하이데거는 "그들의 독재"[94]라고 한다.

'위하여Um zu'를 중심으로 형성된 마음 씀씀이가 곧 배려의 세계다. 배려된 세계 안에서 타인은 '그들'이 되고 나 자신도 그들 자신이 된다. 본래

91 위의 책, p. 176.
92 위의 책, p. 400.
93 위의 책, p. 178.
94 위의 책, p. 176.

적 자아는 상실되고 비존재Nichtsein가 생겨난다.[95] 남을 위하여 살고, 나를 위하여 살고, 하나님을 위하여 사는 것, 이런 것들은 모두 본래적 있음이 사용사태로 해석된 상태다.[96] "일상성은 현존재를 배려되고 있는, 다시 말해서 관리되고 계산되고 있는 일종의 손 안의 것으로 여긴다."[97] 그렇게 되면 사람은 본래적 있음을 잃어버리고, 쓸모를 중심으로 재편된다. 알고 보면 도덕이란 것은 남을 위하고, 나를 위하는 것으로 설명되지만, 그 위함은 결국은 공익과 관련이 있다. 공공의 쓸모와 관련이 있는 것이다. 신학에서 말하는 '하나님을 위하여'도 마찬가지다. 그것이 성화sanctification와 연결되는 한, 공동체의 유익과 관련이 있다.

그런 점에서 도덕은 하이데거가 말하는 사용사태에 속하는 것이고, 배려와 심려에 속하는 것이다. 공리주의는 유용성utility을 기준으로 도덕성을 삼기 때문에 그 점을 명확하게 드러낸다. 칸트의 윤리는 의무론적인 것으로 공리주의와 다르지만, 칸트의 양심 역시 공공성과 사회 질서를 염두에 둔 것으로, 여전히 현존재를 배려되어야 할 존재자로 여긴다고 하이데거는 본다. '가치 실현'과 규범 실행이 모두 배려의 영역이다.[98] 그것은 근원적인 것이 아니다. 그것은 모두 평균적 일상성과 보편성 속에서 인간이 자기 자신의 부름을 듣지 않고 나태함 속에 빠져 있는 상태다. 빠져 있음이란 "현존재가 우선 대개 배려된 '세계' 곁에 존재함을 의미한다. 이러한 '……곁에 몰입해 있음'은 대개 '그들'의 공공성 속에 상실되어 있음이라는 성격을 띠고 있다. "현존재는 우선 언제나 이미zunächst immer schon 본

95 "이 세계 내 존재는 '세계'와 '그들' 속의 타인의 함께 거기에 있음에 의해서 완전히 사로잡혀 있다"(위의 책, p. 241). 하이데거의 비존재Nicht-sein는 "자기자신으로 존재하지 않음"Das Nicht-es-seblst-sein을 가리킨다.(위의 책, p. 241).

96 "타인과 자기 자신을 위하여 존재하는 그런 현존재"도 고유한 자기 자신의 존재로 부름받는다. 위의 책, p. 364.

97 위의 책, p. 386.

98 위의 책, p. 391.

래적인 자기존재가능성Selbstseinkönnen에서부터 떨어져 나와 '세계'에 빠져 있다."[99]

도덕적 의미 세계는 고유한 나로 하여금 '그들'의 세계 속에 빠지게 만든다. 원래 도덕이란 그런 공익성으로 또는 전체성으로 개인에게 의미를 부과하는 장치다. "공공성은 모든 것을 어둡게 만들어버리며 그렇게 가려진 것을 잘 알려진 것으로 모두에게 접근 가능한 것으로 내준다."[100] 이것은 도덕이 공공의 이름으로 평준화를 통해 익숙한 세계를 형성하는 것을 가리킨다. 사실 인간에게 이루어지는 최초 교육이 도덕 교육이 아닌가. 도덕의 실체는 공중도덕이다. 해야 할 일과 하지 말아야 할 일을 가르치고, 선과 악을 가르치는 것은 더불어 살기 위함이다. 그것은 물론 필요한 것이지만, 하이데거는 도덕이 인간 개인의 고유함을 질식시키는 측면을 지적하고 있다. 앞에서 우리가 살펴본 아퀴나스의 공공선이나 공동 생활을 위한 도덕성도 그런 공공성에 속한다고 봐야 한다.

도덕은 개인으로 하여금 자신의 고유함을 버리고 공동 요구에 부응하도록 하는 것이다. 그처럼 공공성과 일상적 평균화에 빠져 있어 자기 자신을 상실한 것은 일종의 추락이다. 고유한 '있음'을 상실하고, 사용사태의 세계에 '빠져 있음'이다. 그런데, 모두가 같은 방식으로 살고 있기 때문에 추락은 은폐된다. "그런데 이러한 추락이 공동의 해석되어 있음에 의해서 현존재에게는 은폐된 채로 있어서, 도리어 추락이 '상승'이나 '구체적 삶'으로 해석된다."[101] 일상적이고 통속적인 삶에서 물질을 늘리거나, 물질의 분배와 관련하여 도덕성을 확보하는 일들에서 삶의 의미를 찾는 것은 추락한 것이다. 그러면서도 그런 것을 구체적 삶이라고 말하고, 또한 의미 있는 삶을 산다고 서로 높인다. 그런 것 자체가 인간이 모두 한가지로 추락한 모습

99 위의 책, p. 240.
100 위의 책, p. 177.
101 위의 책, p. 244.

을 보여준다.

추락은 도덕적으로 타락했다고 하는 얘기가 아니다. 누구를 살인하고, 해하고, 공격성을 지니고 있다는 식의 도덕적 평가가 아니다. 사람이 누구나 한가지로 추락해 있다는 것은 기독교에서 말하는 원죄의 타락을 가리키는 것이 아니다. 다시 말해서, 하이데거가 말하는 추락은, 인간 본성의 죄 Verdebnis de menschlichen Natur를 다루는 것이 아니다.[102] 하이데거의 관심은, 인간 본성에 있지 않다. 인문주의에서 말하는 사람의 마음에 초점이 맞추어져 있지 않다. 인문주의의 마음은 도덕과 관련 있다. 마음씨本性, 마음먹음志, 마음 씀씀이意로 이루어진다. 그런데, 하이데거는 마음씨에 관심이 있는 것도 아니고, 의지에 초점이 맞추어져 있지도 않다. 도덕은 본성론과 의지론으로 이루어져 있지만, 하이데거는 그것을 모두 이차적인 것으로 본다. 더 근원적인 것은 기획투사로서, 기획투사는 의지의 문제가 아니다. 그것은 존재 쪽의 부름에 주도권이 있다. 그가 말하는 염려는 마음이 쓰이는 것이지, 마음을 쓰는 것이 아니다. 그가 말하는 결단도 마음을 먹는 것이 아니다.

다시 말해서 본성론과 의지의 문제는 도덕론의 핵심 주제이지만, 하이데거의 존재론은 그런 주제를 이차적인 것으로 본다. 종교나 인문주의에서 말하는 죄와 타락은, 이차적인 현상이다. 그것은 남과의 관계에서 생기는 것이다. 그보다 더 근원적인 것은 자기 자신의 고유한 '있음'과의 관계에서 찾아야 한다. 그런데 일반적으로, 남들과 함께 자신의 고유함을 잃어버리고 추락된 삶을 사는 것을 구체적인 삶이라고 여긴다. 말하자면, 먹고 살기 위해 협력하고 경쟁하고, 소유하고 평가하고, 빚지고 빚을 지우고, 선과 악을 가르고 판단하는 삶을 구체적인 삶이라고 본다. 그러나 하이데거는 그런 세상의 삶에서 우위를 점하려는 인생을 비본래적인 것으로 본다. 그

102 위의 책, p. 246.

것은 고유함을 잃고 공공성에 사로잡혀 있는 것이요, 공공의 양심öffentliche Gewissen은 나의 소리가 아니라 '그들'의 소리에 불과하고,[103] "공공의 명예에 집착하는" 삶은 있음의 부름 앞에서 무의미Bedeutungslosigkeit한 것이 된다.[104]

고유한 나의 존재를 잊고 공공의 '그들'에 빠졌을 때, 비존재Nichtsein에 빠진다. 비존재란 '없음'이 아니라, '아님'이다. '이게 아닌데……'하는 기분이다. 무엇이 아닌지, 그 무엇은 불분명하다. 그것은, '내가 내가 아닌' 것이라고 할 수 있다. 자기 자신이 아닌 것이다. 하이데거는 '탓이 있음' Schuldigsein의 분석을 통해서 도덕적인 선악의 세계를 넘어 도덕의 무의미를 본다. 도덕도 결국은 쓸모와 관련해서 의미를 주지만, 그런 '배려 Besorge'가 아닌 '염려Sorge'가 죄의식의 본질을 이룬다고 하이데거는 본다. 하이데거는 기독교나 인문주의에서 말하는 죄를 '페어데프니스 Verdebnis'로 보는데, 이것은 다른 누구에게 빚진 것이다. 그것은 배려의 세계에서 생긴 죄의식이다. 그러나 하이데거가 볼 때, 죄의 본질은 다른 누구에게 빚진 것이 아니다. 죄의식을, 배려가 아닌 염려와 관련해서 보아야 한다. 그것은 근본적으로 자신의 고유한 존재 가능 앞에서 경험되는 '아님' 곧 부정성이 몰고 오는 두려움과 떨림이다. 그것은 도덕적인 악이나 종교적인 죄의 차원이 아니다. 오히려 그런 공공성의 세계에서 생기는 죄의식과 처벌의 두려움보다 근원적인 부정이다. 그 부정은 자기의 고유한 존재 가능을 실현하기 위한 것이고, 그래서 긍정성을 띤다. 긍정성에 걸려 있는 부정성이다. 그런 점에서 죄 또는 탓의 전통적 의미와는 달리 건설적이다. 죄의식은 프로이트가 지적하는 대로 자기파괴를 수반하지만, 하이데거가 말하는 탓이 있음은 자기를 찾는 쪽으로 유도하는 것이다.

---

103 위의 책, p. 371.

104 위의 책, p. 365.

탓이 있음의 통속적인 의미, 즉 '누구에게 빚을 지고 있음'과 '……에 책임이 있음'은 합쳐서 우리가 '죄를 지음'이라고 칭하는 행동양태를 규정한다. 그것은 빚을 지고 있음에 대하여 책임이 있음으로 인해서 법을 위반하여 처벌받게 되는 행동이다. 사람들이 충족시켜주지 못하고 있는 그 요구가 반드시 소유와 연관되어야 할 필요는 없지만, 그것이 공적인 서로 함께 더불어 있음 일반을 규제할 수 있다. 그런데 법 위반에서 그렇게 규정된 '죄를 지음'은 동시에 '남에게 죄를 지음'이라는 성격을 띨 수 있다. 그것은 법 위반 그 자체로써 일어나는 것이 아니고 오히려 내가 남이 그의 실존을 위험케 하는 데에, 오도하는 데에 또는 파멸케 하는 데에 책임이 있음으로써 일어나게 된다. 이러한 남에게 죄를 지음은 '공적인' 법률 위반 없이도 가능하다. 남에게 죄를 지었음이라는 의미의 탓이 있음이라는 형식적 개념은 따라서 다음과 같이 규정할 수 있다. 타인의 현존재에서의 결핍에 대하여 원인(근거)이 되며, 따라서 이러한 원인(근거)이 됨 자체가 그것이 그것인 그 관점에서 볼 때 '결핍적인' 것으로 규정된다. 이 결핍성은 타인과 함께 실존하는 더불어 있음에 해당되는 요구를 충족시키지 못하는 것이다.[105]

니체는 『도덕의 계보』에서, 종교적이고 도덕적인 죄가 계보학적으로 '빚짐'에서 나왔음을 밝혔다. 실제로 기독교에서는 죄를 채무로 이해했다. 죄라는 형법 개념이 실제로는 민법에서 온 것이다. 기독교의 '주기도문'에 나오는 "우리가 우리에게 죄 지은 자를 사하여 준 것 같이 우리의 죄를 사하여 주옵소서"라고 한 것은 "우리가 우리에게 빚진 자의 빚을 탕감한 것 같이 우리의 빚을 탕감해주소서"라고 읽을 수 있다. 죄란 소유물을 놓고 벌어지는 채권 채무의 관계에 기원이 있다. 그런 점에서 도덕적이고 종교적인 선악 뒤에는 법적인 소유 관계가 있다. 어떤 측면에서 보더라도 도덕

105 위의 책, pp. 376-377.

은 사회관계의 산물이요, 도덕 가치 뒤에는 공공선이라고 하는 물적인 가치의 문제와 연결이 있다. 그것은 하이데거 용어로 하면, '눈앞의 것'을 놓고 벌어지는 일이다. 있어야 할 눈앞의 것이 없는 데서 생기는 결핍과 결여, 그것이 도덕적인 죄의식이다.[106] 눈앞의 것이란 소유와 쓸모를 중심으로 이해한 존재자들이다. 이 점은 공리주의에서는 비교적 명확하지만 칸트의 윤리에는 숨어 있다. 그러나 하이데거는 칸트의 윤리 역시 이른바 배려의 세계 곧 계산하는 세계에 있다고 본다.[107] 칸트의 정언 명령은, "네 행위의 준칙이 일반 법칙 수립의 원리가 되도록 그렇게 행동하라"이다. 일반 법칙 수립이라는 것은 일반적으로 모든 사람이 그렇게 해도 좋은지를 고려하여 행동하라는 것인데, 결국 공공성을 염두에 둔 것이다. 인간의 양심이 그런 공공성에 초점이 맞추어져 있는 것이다. 하이데거가 볼 때는 그것은 "타인들과 배려하며 더불어 있음"이요, "성산하는 배려함의 권역"에 속한다.[108] 진정한 자아는, 사회가 아니고 타자도 아닌 자아의 부름을 들어야 한다. 물론 도덕 역시 자아의 부름처럼 우리 마음속에 뿌리박혀 있다. 그러나 그것은 사회학자들이나 프로이트나 칼 구스타프 융이 밝혔듯이 사회의 요구가 초자아의 형태로 우리의 일부가 되어 있는 것이다. 나 자신의 부름이 아니라 사회의 부름 곧 그들의 부름이 도덕 양심의 실체인 것이다. 하이데거는 그런 도덕 세계를 넘어 고유한 나 자신의 부름을 중요시한다.

하이데거는 죄의 본질을 염려Sorge에서 찾는다. 죄란, 남에게 빚을 지고 있는 것도 아니고, 남을 해친 것도 아니고, 남을 사랑하지 못하는 것도 아니고, 하나님을 믿지 못하는 것도 아니다. 도덕법에 대한 순수한 복종이 아

---

106 일반적으로 죄란 "필연적으로 결핍으로서, 즉 있어야 하고 있을 수 있는 어떤 것의 결여로서 규정되기 때문이다. 그런데 결여는 눈 앞에 있지 않음을 말한다. 있어야 할 것이 눈 앞에 있지 않음으로서의 결핍은 일종의 눈 앞의 것에 대한 존재규정이다." 같은 곳.

107 위의 책, p. 391.

108 위의 책, p. 378.

닌 행위 또는 순수 동기에서 나오지 않은 행위가 죄인 것도 아니다. 죄는 자기가 되지 못하는 데 있다. 자기가 되지 못한 존재 곧 일상적 평균성에 빠져 있는 존재가 '이건 아니다'고 느끼는 것, 그것이 바로 존재론적인 죄의식의 본질이다. 다른 말로 하면, 제대로 있지 못하고 소유하는 것, 그래서 비존재를 안고 있는 것, 제대로 있지 못하고 제대로 있지 않은 것, 그 아님의 부정성, 그것이 죄다. 그 아님의 근거가 다른 누가 아닌 나 자신이라는 점에서, 나는 책임이 있고 죄가 있다Schuldsein. 그럴 때 죄의식은 누구에게 빚지고 있거나 벌을 받아야 하는 선악의 개념이 아니다. 내가 내 자신이 되도록 하는 양심의 부름이다. "자신의 가장 고유한 실존 가능성에 귀를 기울이고 있는 것이다."[109] 죄의 본질이 '염려'에 있다는 것이 그 얘기다. "양심은 염려의 부름이다. 부르는 자는 내던져져 있음(이미……안에-있음) 속에서 자신의 존재 가능 때문에 불안에 떨고 있는 현존재이다. 부름 받은 자는 자신이 가장 고유한 존재 가능(자기를-앞질러……)에로 불러 세워진 바로 그 현존재이다. 그리고 현존재는 불러냄에 의해서 '그들' 속에 빠져 있음(배려되고 있는 세계 곁에-이미-있음)에서부터 불러 세워진다."[110]

"그런 부름을 이해한다는 것은 양심을 가지기를 원함이다."[111] 흔히 말하는 양심은 인간이 선악을 판단하고 선을 행할 수 있는 능력을 가리킨다. 양심의 문제는 서양에서 실천이성의 능력으로 설명되었고, 유학에서는 맹자 이래로 양지良知 양능良能의 능력이 인간에게 있다고 보았다. 그것은 선험적으로 주어진 도덕 능력이다. 그러나 하이데거는 일상적이고 평균적인 삶에서 인간은 양심이 없다고 말한다. 양심을 상실했다Gewissenlosigkeit.[112]

109 위의 책, p. 384.
110 위의 책, p. 371.
111 위의 책, p. 384.
112 위의 책, p. 385.

그 의미는 두 가지다. 하나는 흔히 기독교에서 말하는 원죄를 생각할 수 있다. 인간은 도덕적 범죄를 피할 수 없고, 뿌리 깊게 부패했다는 면에서 양심을 상실했다고 할 수 있다. 그러나 하이데거는 또 다른 의미를 말한다. 흔히 말하는 양심은 진정한 양심이 아니라는 얘기다. 남에게 죄를 지은 것을 알리는 양심은 존재론적 의미의 양심이 아니다. 앞에서 말한 대로 그것은 '공공의 양심'이요, '그들의 양심'이다. 그래서 사람은 양심을 가지기를 원해야 한다. 말하자면, 일상성 속에서 은폐된 추락이 드러나야 한다. 그 양심은 "어떤 형태의 죄지음보다 더 이른 그런 내던져져 있는 탓이 있음에로 되부르고 있다."[113] "탓이 있음에로 불러 세움은, 내가 현존재로서 각기 그때마다 그것인 바로 그 존재 가능에로 불러내는 것이다."[114]

양심이 살아나면서 고유한 자기 자신의 부름을 듣는다. 그때 "손 안의 세계가 내용적으로 다른 세계가 되는 것도 아니고, 타인의 범위가 교체되어버리는 것도 아니지만, 손 안의 것을 향한 이해하며 배려하는 존재 및 타인과 함께 심려하며 더불어 있음이 이제는 타인의 가장 고유한 자기존재 가능에서부터 규정되고 있다."[115] 배려와 심려라고 하는 '소유'의 세계에서, 고유한 자기의 실현이라고 하는 '있음'의 세계로 옮겨간 것이다. 고유한 자아는 '누구'의 아이덴티티에 의해 내용이 채워지는 존재가 아니라, 내용 없는 있음이다. 무규정적이다.[116] 내용 없는 있음을 표현하는 것이 동사로서의 있음이다. 있음은 상태가 아니라 동사라는 말은 가장 고유한 존재를 표현하는 것이다. 그때, 눈앞의 것들과 타인들은 모두 나의 존재 가능의 범주로 들어와, 그 빛에서 그들을 보게 된다. 다시 말하면, 내가 나를 잃고 그들로부터 나를 보았던 것이 이제는 나로부터 그들을 보게 되는 것이

113 위의 책, p. 388.

114 위의 책, p. 384.

115 위의 책, p. 397.

116 존재적으로 무규정적이지만, 존재론적으로는 나름의 규정성이 있다.

다. 이것은 물질이나 도덕적 선악의 소유가 아니라 나의 '있음' 자체에서 일어나는 일이므로, 에고이즘과는 다르다. 타인을 그들 중의 하나로 보지 않고, 타인 역시 그 고유한 있음에서 보기 때문이다. 그런 자아를 가리켜, 아마 사람에 따라서는 진정한 주체라고 말하기도 하고, 자유라고 말하기도 할 것이다.

이렇게 해서 하이데거는 존재 가능을 배려의 세계에서 생긴 "의미 있음(유의미성)"보다 앞선 것으로, 그것을 초월한 것으로 생각한다. 다시 말해서 공공의 양심이 만드는 도덕 세계의 의미를 초월해서 참다운 자기를 실현해야 하는 데 삶의 의미가 있다고 본 것이다. 참다운 자기실현이란 결국 자기 존재의 실현이다. 존재를 강조한 점에서 소유가 주는 의미를 넘어선 것이고, 의미를 넘어 그냥 있음에로 접근하는 것으로 보이기도 한다. 하이데거의 주장이 정말 '그냥 있음'으로 가는 것인지 그 문제는 뒤에 살펴볼 것이다. 그보다 앞서 하이데거가 주체를 넘어 '있음'을 말하는 의미를 좀 더 살펴보면서, 그의 사상이 윤리와 도덕을 초월하는 것임을 보도록 하자. 선험적인 것보다 더 앞섰다는 의미에서의 초월이다. 그 문제는 자기가 되어야 한다고 할 때 그 자기의 내용이 없다는 점에서 두드러진다.[117] 어떤 아이덴티티로 가는 것을 허락하지 않으려는 것이다. 하이데거가 말하는 그런

---

117 하이데거의 '있음'이 일상적인 행위로부터 벗어나 '존재 가능'으로 불린다는 점에서, 폴 리쾨르는 존재 가능의 형식주의un formalisme du pouvoir-être라고 부른다. "Le soi mendat?"(명령 앞의 자아) in *Amour et justice*(Paris: Points, 2008), p. 104. 이것은 칸트의 형식주의에 빗대어 사용한 것이다. 하이데거의 존재론은 내용 없는 자아의식을 만들고, 그 의식은 내용없는 행위양심을 만든다. 칸트의 형식주의는 내용없는 자아의식까지 가지는 않고, 내용없는 보편적 행위양심으로 간다. 그러나 하이데거를 칸트의 형식주의와 비교하려면, 그 자아의식의 문제에서부터 출발해야 한다. 그리고 하이데거의 양심을 내용없는 형식주의로 말하려면, 그것이 칸트와 달리 보편성과 무관하다는 것을 반드시 밝혀야 할 것이다. 칸트의 보편성은 도덕을 위한 것으로, 하이데거가 볼 때는 사용사태의 세계 곧 배려와 심려의 세계에 속한 것이다. 하이데거는 오히려 고유함 즉 개별성을 강조한다.

'있음'을 우리는 '제대로 있음'이라는 말로 표현하려고 한다. 그 이유는 뒤에서 볼 것이다. 그런데, 하이데거의 '제대로 있음'은 내용 없는 자기를 말한다는 점에서, '그냥 있음'에 접근하는 것이 아닌가?

"부름 받은 자기는 그의 무엇임에서는 규정되지 않은 채 텅 비어 있다."[118] 이것은 칸트의 형식주의가 아니다. 칸트의 형식주의는 공공성을 염두에 둔 정언 명령이 내용이 없는 것이다. 그러나 하이데거는 내가 누군지 그 누구가 정해져 있지 않다는 것을 의미한다. "현존재는 배려되고 있는 것에서부터 해석될 때는 자기를 무엇으로서 이해하는데, 이것이 부름에서는 간과된다."[119] 이것은 어떤 배려의 세계로부터 생긴 아이덴티티도 거부하는 데서 참된 자기를 찾으려는 것이다. 그러므로 자아는 도덕적으로도 규정되지 않고, 사회적 지위나 가족 관계 등 다른 소유 개념으로도 규정되지 않는다. 그런 자아를 통해 하이데거는 사회로부터 개인을 해방시키려고 한 것으로 보인다. 법적인 개인주의가 아니라 실존론적인 개인주의다. 하이데거는 소유에 대한 권리를 중심으로 형성된 서구 근대의 법적 개인주의를 극복하고, 소유와 공공 평가를 넘어 오로지 자기와의 관계에서 충만함을 찾는다. 그것을 우리는 실존론적 개인주의라고 부를 수 있을 것이다.

애초에 양심의 부름이라는 것이 나에게서 나온 것이다. "부름은 나에게서 와서aus mir 나 위로über mich 덮쳐온다".[120] 이처럼 양심이 순전히 내 안에서 일어나는 일로 보려는 것은, 형이상학을 배제한 인문주의와 가깝기도 하지만, 알고 보면 그렇지 않다. 그 부름은 내게는 매우 낯선 것이다. 적어도 내가 의미의 중심이 아니고, 내가 그 부름을 조정할 수 있는 것이 아니다. 내 손 밖에 있다. 그런 점에서 인문주의 특히 근대적 인문주의와 다르다. 그리고 그 부름은 도덕적 양심이 아니다. 앞에서 본 대로 인문주의는

---

118 하이데거, 앞의 책, p. 366.

119 위의 책, p. 366.

120 위의 책, p. 368.

공공선과 뗄 수 없는 관계에 있다. 프로이트가 분석한 대로, 양심이 초자아 Superego라면, 양심은 사회의 산물이다. 사회의 질서 유지와 번영을 위해 개인 내면에 스스로 통제하도록 만든 장치가 양심이다. 누가 없어도 자기가 자기를 감시하도록 한 것이다. 오늘날 심리학과 사회학 그리고 사회생물학의 연구 결과로, 양심이란 정치적 의미를 가진 것임이 밝혀졌다. 그것은 하늘에서 떨어진 것도 아니고, 처음부터 인간 안에 주어진 것도 아니고, 사회가 인간에 요구한 의무뭉치인 것이다. 베르그송도 『도덕과 종교의 두 원천』에서 그 점을 잘 지적했다. 그러므로 하이데거가 나와 나의 관계로 양심을 설명한 것은, 초자아가 자아를 감시하는 대자적 관계와 관련이 없다. 내 위로 덮쳐 온다는 것은, 말하자면 '제대로 있지 못함'에 대해서 '제대로 있기'를 압박해오는 것을 가리키는 것이다. '제대로 하기'를 바라는 윤리적 요청을 가리키는 것이 아니다.

도덕에 대한 하이데거의 태도는 그의 플라톤 비판에서도 알 수 있다. 그는 플라톤의 선의 이데아를 비판한다. 다시 말해서, 선의 이데아가 인식과 존재의 근거라는 플라톤의 주장을 비판한다. 플라톤에게서 선의 이데아는 앞에서 우리가 본 대로 도덕 이상이다. 좋음이란 것은 일종의 가치를 말하는 것으로 도덕 가치만 가리키지 않고, 유익함을 가리킨다. 유익함이란, 당장 눈앞에서 유익한 것이나 어떤 개인에게 유익한 것을 넘어, 존재 전체를 위한 유익함이다. 그런 점에서 그것은 때로는 도덕 가치를 넘는 것이다. 도덕도 공동체의 유익을 위한 것이라는 점에서 유익성이 도덕보다 우월하다. 도덕 가치는 전체의 유익함을 위해 있는 것이다. 그리고 그런 점에서 선의 이데아는 결국 도덕적인 것과 뗄 수 없는 것이다. 플라톤의 선의 이데아는 도덕적 가치 평가로 세계를 유익하게 하려는 이념인 것이다. 그런 면에서 선의 이데아는 하이데거가 말하는 사용사태와 배려의 차원을 마련하는 기초 개념이라고 할 수 있다. 그러므로 하이데거는 선의 이데아보다 존재 사건을 더 근원적인 것으로 본다. 진리는 거짓의 반대가 아니라 존재의 현현이다. 선의 이데아를 관조하며 올바로 사물을 보는 것이 진리가 아니라, 존재자의 존재가 자기를 드러내는 것이 진리다.

하이데거는 플라톤 이후 진리의 본질을 서구 역사가 망각하고 있다고 비판한다. "'동굴의 비유'에서 설명되는 이야기는 지금만이 아니라 앞으로도 여전히 서구의 역사 속에서 본래적으로 일어나고 있는 일이 무엇인지를 조망하게 한다. 그것은 곧, 인간이 '이데아'에 따라 모든 존재자를 표상하는 그런 표상의 올바름으로서 진리의 본질을 사유하면서 현실적인 모든 것을 '가치'에 따라 평가하고 있다는 것이다."[121] 선의 이데아를 중심으로 가치에 따라 평가하는 것, 그 뒤에는 생명에 대한 방어적 개념으로서의 도덕이 있다. 그 도덕을 하이데거는 넘어서고자 한다. 가치적인 존재로부터 존재 자체로 가고자 한다.

그것은 하이데거가 말하는 '함께 열어 밝혀져 있음'에서도 알 수 있다. 인문주의는 인간을 주체로 만들었다. 코기토 전통은 고대 그리스 이래로 서양 철학에서 면면히 내려오는 것이다. 인간의 정신적 능력을 중심으로, 영혼으로 육체를 다스림으로 스스로 자기에 대해 주체가 되고, 세상을 바로 잡는 주체가 되고자 한다. 세상은 객체가 된다. 물론 주체와 객체의 문제는 서구의 근대에 와서 더 확대되었다. 그러나 처음부터 인문주의 전통은 도덕을 중심으로 주체와 객체의 관계를 만들었다고 할 수 있다. 그것을 하이데거는 비판한다. "사람들은 주체와 객체 이외에 다른 것을 알지 못한다. 더군다나 주체와 객체의 구분이 가장 의심스런 것이라는 사실, 그것에 의하여 이미 오래전부터 철학이 바보가 되고 있다는 사실을 알지 못한다."[122] 인간은 인식의 주체도 아니고 의지의 주체도 아니다. 인간은 현존재로서 세계의 열어 밝힘과 '함께' 열어 밝혀져 있다. 이 모든 것은 인간을 의미의

---

121 마르틴 하이데거, 『이정표1』, 신상희 역(파주: 한길사, 2005), p. 319.

122 마르틴 하이데거, 『진리의 본질에 관하여』, 이기상 역(서울: 까치글방, 2004), p. 82.

주체로 세우는 후설에 이르기까지, 인문주의의 의미 추구를 비판하고, 존재 곧 있음을 찾으려는 것이다.

그러나 하이데거의 존재 곧 '있음'은 의미를 넘어 '그냥 있음'일까? '있음'은 '살아 있음'을 제대로 표현하고 있는가? 그렇지 않다는 것을 살펴보자.

하이데거의 '있음'은 '그냥 있음'과 다르다.

이런 모든 점에서 볼 때, 하이데거가 말하는 '존재 가능'이란 우리가 말하는 '그냥 있음'처럼 보이는 면이 있다. 고유한 자기 자신을 찾는 것은 있음을 실현하는 것이요, 그것은 배려와 심려의 세계에서 전제되는 의미 있음을 넘어, 그냥 있음을 바라는 것처럼 보인다. 그래서 그는 도구적 의미를 가진 '위하여'에서 생기는 의미를 극복하고자 한다.

그러나 하이데거는 '위하여um zu'의 의미를 넘어서 근원적인 '때문에'를 찾는다. 하이데거에게 '왜worum'는 없다. 다시 말해서 형이상학적이고 도덕적인 목적이나 도구적 목적은 없다. 그러나 '때문에'가 있다. 본래적 존재 의미를 찾는 것이다. 하이데거는 모든 '위하여'의 유의미성이 '그 때문에Worum-willen'로 귀착된다고 본다. '그 때문에'는 존재해야 하는 당위를 만든다. 그냥 사는 것이 아니라 '그 때문에' 산다. '그 때문'은 존재 가능이요, 자기가 되는 것이다. 진정한 의미가 쓸모의 의미보다 앞서 있다. 그렇게 보면 하이데거의 존재 가능은 그냥 있음이 아니라 제대로 있음을 추구하는 것이다.

하이데거는 "있음은 초월이다"라고 말한다. 초월은 현존재의 근본 구조다. 물론 '그냥 있음'이 '제대로 있음' 아닌가? 그렇게 물을 수도 있다. 그러나 하이데거가 말하는 본래적 '있음'이란 그 자체가 '의미 있음'이다. 다시 말해서 내던져진 존재로서의 인간은 처음부터 본래적 자아를 찾아가도록 내던져져 있는 것이다. 그런 점에서 내던져져 있음은 기획투사와 연결된다. 그것은 '그냥 있음'과 마찬가지로 의지의 산물이 아니지만, '그냥 있음'과 달리 존재의 부름 앞에 있다. 그런 점에서, 있음Sein은 의미 있음Sinnsein이다. 그리고 그런 '의미 있음'이 가져오는 '탓이 있음schildigsein'도 하이데거에게서는 필수적이다. 하이데거에게서, 사용사태나 배려의 의미 있음은 더 근원적인 '의미 있음'을 위해 중요한 역할을 한다. 그런 식으로 하이데거는 사용사태의 세계를 안고 들어간다. 추락한 세계는 구원의 세계를 위해 필요조건이다. 도덕과 물질 소유로 이루어진 인간 문명은 자연에서 벗어난 것이요, 단순한 생명에서 벗어난 것으로서, 유익하다. 단지 배려된 세계 안에서 유익할 뿐 아니라, 고유한 자기실현 곧 의미 있는 있음을 위해서도 필요하다. 있음은 의미 있음이요, 있음의 부름으로 향하는 것 또한 의미 있는 것이다. 현존재는 의미의 세계 안에 있으면서 있음을 실현한다. 그리하여 해석학적인 세계가 개입된다. 그런 점에서 의미 물음을 넘어 생의 명에 충실한 그냥 있음은 하이데거의 '있음'과 다르다.

일상적인 생활에서 발생하는 이차적인 의미들을 넘어 근본적인 의미를 찾는 것은, 사용사태의 '위하여'로부터 궁극적이고 일차적인 '위하여'로 소급하는 일이다.

> 사용사태전체성 자체는 궁극적으로 하나의 '그것을 위하여'로 소급되는데, 이 '그것을 위하여'에는 더 이상 사용사태가 없으며, 그것 자체는 하나의 세계 내부에 있는 손 안의 것의 존재 양식을 가지지 않고, 오히려 그것의 존재가 세계－내－존재로 규정되어 있으며, 그것의 존재구성틀에 세계성 자체가 속하는 그런 존재자다. 이러한 일차적인 '그것을 위하여'는 어떤 사용사태의 가능한 '거기에'가 될 수 있는 '그것을 위하여'가 아니다. 이 일차적인 '그것을 위하여'는 하나의 '그 때문에Worum-willen'이다. 이 '그 때문에'는 언제나, 그에게 그의 존재에서 바로 이 존재 자체가 문제가 되는 현존재의 존재에 상관된다.[123]

존재가 문제가 된다는 것은, 사람은 이미 있지만 평균적 일상성 속에서 비존재에 묻혀 살면서 비존재를 이기고 자기 존재를 실현해야 하는 상황을 가리킨다. 일상적인 현존재는 자기 자신이 아닌 채 살아간다. 그는 존재 가능한 대로 존재해야 하는데, 그렇지 못하고 자기의 고유함을 잃고 그들 속에 묻혀 산다. 자기 자신이 되는 문제, 그것이 궁극적이고 일차적인 '위하여'요, '때문에'다. '그 때문에'는 '자기 자신 때문에'이다.[124] 자기가 될 수도 있고, 안 될 수도 있는데, 자기가 되기 위하여 사는 것이다. "이해는 현존재의 존재를 그의 그때마다의 세계의 세계성인 유의미성에로와 마찬가지로 근원적으로 그의 '그 때문에Worum-willen'에로 기획투사한다."[125] 이해란 인식론적인 것이 아니라 존재론적인 것이고, 자신의 존재 가능을 내다보는 것이 이해다. "현존재는 그가 거기에서부터 존재하고 있는 그 가능성들을 본다sieht."[126] 자신을 가능성에서 보는 것이 이해다. 기획투사란 이미 자기 자신을 존재 가능으로 내맡긴 것을 의미한다. 그것은 의지적인 것이 아니라 있음의 구조다. 기획투사라고 번역하는 엔트부르프Entwurf는 기획한다는 것과는 관련이 없고, 그쪽을 이미 향하고 있음을 뜻한다. '그리로'의 의미 지평이 이미 열어 밝혀져 있으며, 사람은 그리로 향해 있다. 그러므로 "현존재는 실존론적으로, 그가 그의 존재 가능에서 아직 아닌 바로 그것으로 존재한다." "현존재는 항시 그가 실제로 있는 것 '그 이상'이다."[127]

사람은 자기가 '되기 위하여' 있다. "현존재가 그가 되거나 또는 그가 되지 못하는 그것으로 존재하기 때문에, 현존재는 이해하면서 그 자신에게

123 하이데거, 『존재와 시간』, p. 121.
124 위의 책』, p. 199.
125 위의 책, p. 201.
126 위의 책, p. 205.
127 위의 책, p. 202.

'네가 무엇인 바로 그것이 되어라!werde, was du bist'라고 말할 수 있는 것이다."[128] 사람의 있음은 자기가 되기 위하여, '그 때문에' 있다. 그리고 그것이 바로 의미 지평이다. 그것은 사람 곧 현존재가 "거기서부터 존재하고 있는 가능성"이다.[129] 여기서 '자기' 또는 '자기 자신'은 도덕적이고 사회적인 내용의 주체나 인격체가 아니다.

삶의 의미는 자기가 되는 데 있다. 현존재는 그 때문에 존재한다. 그런데, '때문에'는 존재에 선행하는 것이 아니다. 기존 형이상학에서 말하는 목적 곧 '위하여'는 언제나 존재에 선행한다. 플라톤에게서 선의 이데아가 그렇고, 주희의 리가 그렇다. 주희는 기氣가 있기 '전에' 리理가 있었다고 했다. 기독교에서는 세상이 있기 '전에' 선하신 하나님이 먼저 있었다. 이 '전에'는 시간에 앞서는 것을 말하는 것이 아니라, 악보다 선이 더 근원적임을 말하려는 것이나. 본래 세상은 선한 것이요, 선의 이념을 따라 만들어졌으며, 사람은 본래 선하다는 것을 말하려는 것이다. 그러니 현재 악해도 그 근본에서 세상과 사람을 긍정하라는 것이다. 존재 신학에서 말하는 것은 그처럼 선악의 싸움을 염두에 둔 것이다. 그런데, 하이데거가 말하는 '그 때문에'는 존재에 선행하지 않는다. 모든 '위하여'에는 선행하지만 존재에 선행하는 것은 아니다. '의미'와 '현존재'와 '그 때문에'는 모두 동시적이다. 세계 안에 있는 의존은 의미 안에 있음을 가리킨다. 그러나 의미는 현존재보다 앞서는 것이 아니다. 다만 세계 안에 있음으로 의미 안에 있는 그런 상황에 처해 있고, 내던져져 있다. 그렇게 해서 하이데거가 말하는 초월은 존재 신학과 형이상학을 벗어난다. 그런 점에서 현존재는 그 자신에게 의미부여Sinngebung한다고도 할 수 있다.[130] 내던져짐Geworfenheit 안에서 그것을 기투Entwurf하는 것과 같다. 기투는 존재의 부름에 대한 응답이

---

128 위의 책, p. 202.

129 위의 책, p. 205.

130 위의 책, p. 125.

지만 의지적인 것은 아니다.

이 모든 것이 '그냥 있음'과 다르다. '자기 자신이 됨', '초월', '존재 가능성', '가능성', '그가 실제로 있는 것 그 이상' 같은 말들은, 생명으로서의 '그냥 있음', '산 사람은 살아야 함'과 다르다. 삶 자체보다는 '사는 것처럼 사는 데' 초점이 맞추어져 있다. '너 자신이 되어라'는 명령은 성명性命은 아니지만, 그렇다고 생生의 명命도 아니다. 생의 명은 자기가 되기 '위하여 있음'이란 것을 모른다. 자기 자신이 되어야 한다는 명령과 다르다. 어떤 '때문에'도 없다. 물론 하이데거의 자기가 '되기 위하여'에서 자기에는 내용이 없다. 그것은 배려의 세상에서 가치 평가와 관련된 그리고 사회적 역할과 관련된 어떤 내용도 지니고 있지 않다. 자기가 되는 것은 누구가 되는 것이 아니고, 뭐가 되어야 하는 것도 아니다. 그것은 부정의 부정으로서의 긍정이다. 의미의 무의미라는 부정성을 부정하는 것으로서의 긍정이다. 그러나 우리가 말하는 그냥 있음은 부정의 부정을 모른다. 그리고, 하이데거의 '있음'은 아이덴티티가 없다는 점에서 무다. 그러나 그냥 있음은 살아 있음을 가리키는 것이므로, 무가 아니다. '그냥 있음'은 '의미 물음을 넘어서'를 가리키는 것이고, '살아 있음'이란 말은 의미 물음을 넘는 것이 하이데거의 무를 가리키는 것은 아님을 보여준다.

하이데거는 살아 있음을 있음으로 바꾸었다. 인문주의와 다른 방식으로, 있음을 동사로 보며, 도구적 의미를 바탕으로 형성된 자아를 넘어서려 했지만 결국 삶을 익명으로 처리하는 결과를 가져왔다. 하이데거의 '있음'은 레비나스의 비판대로 익명성이다. 우리가 말하고자 하는 살아 있음은 그런 익명성과는 관련이 없다. '내'가 살아 있는 것이며, 나를 빼고 살아 있음을 말할 수 없다. 물론 하이데거도 현존재를 통해서만 존재를 말한다. 그러나 그가 말하는 현존재는 말 그대로 "거기 있음"이다. 현존재는 존재가 드러나는 자리이다. 따라서 하이데거의 현존재에서는 있음의 사건에 개인의 개성이 몰수되어 있다. 물론 하이데거는, "존재자의 존재는 각기 나의 존재je meines"[131]라고 한다. 플라톤적이거나 기독교적인 존재 자체가 아니다. 그런데 자기 고유의 존재 물음을 갖고 있는 현존재의 각자성Jemeinigkeit은 주체도 아니고 개인도 아니며, 고유함Eigentlichkeit이다. 하이데거는 분명히 말한다. "현존재는 그 자신으로서als es selbst 실존하는 것"[132]이지만, "그렇지만 주체나 개인으로서 또는 우리 인격으로서가 아니다."[133] 존재의 주체는 없다. 그리고 존재의 인격성도 없다. 다만 현존재의 고유함이 있을 뿐이다. 이것은 현존재가 본래적으로 존재하느냐 비본래적으로 존재하느냐와 관련된 것이다.

그렇게 보면 하이데거의 현존재는 '뭔가가 있음'에 불과하다. 내가 있기보다는, 뭔가가 있는 것이다. 앞에서 보았듯이 그것은 나를 이루는 통속적인 소유 관계로부터 벗어나서 존재로 가기 위한 작업으로 보인다. 존재의 신비를 말하기 위해서다. 그러나 살아 있음은 그런 존재나 있음과 다르다. 소유를 벗어나 아이덴티티가 없는 있음의 신비는 없다. 그냥 있음은 소유를 초월한 것이 아니라, 소유를 소화하고 필요한 만큼 소유를 요청한다. 몸의 유지를 위해 소유는 필연이다. 그러나 그 소유는 꼭 도구성의 의미를 가지는 것은 아니다. 세계는 하이데거의 세계와 달리 손 안에 있음Zuhandenheit이나 눈앞에 있음Vorhandenheit이 아니다. 하이데거는 도구적 의미로서의 세계를 넘어, 존재 의미의 세계로 넘어가려고 했다. 그러나 살아 있음은 의미에서 의미로 넘어가는 것이 아니라는 점에서 그냥 있음이다. 살아 있음은 내가 그냥 있는 것이다. 그것은 의미를 추구하지 않는다는 점에서 그냥 있음이지만, '나'가 수반된다. 하이데거가 말하는 '그 자신es selbst'이 아니라 먹고 자고 사는 나다. 하이데거는 "인간은 영혼과 육체의 결합이 아니라 실존이다"고 했다. 그러나 살아 있음은 실존이 아니라, 몸과 맘이 하나가

---

131 위의 책, p. 66.
132 위의 책, p. 202.
133 위의 책, p. 202 주.

되어 생의 명에 충실한 차원이다. 그 나는 마음이 몸으로 내려간 나다. 몸이 중요하다. 성性의 명命에서는 맘이 몸을 지배하려고 하지만, 생生의 명命에서는 몸이 마음을 지배한다. 몸으로 내려간 마음이다. 그래서 몸과 마음의 이분법 속에서 마음의 초월을 말하는 인문주의와 다르고, 또한 마음과 몸을 모르는 하이데거의 '자기Selbst'와도 다르다. 하이데거의 염려는 앞에서 말했듯이 마음먹고, 마음을 쓰고, 마음에 드는 마음과 다르다. 그러나 살아 있음은 몸의 소리에 흡수된 마음을 말한다. 양심의 소리가 아니다. 몸과 하나 된 마음, 또는 앞에서 말했듯이 몸으로 내려온 마음을 말한다.

그냥 사는 '나'는 물론 강한 아이덴티티를 가진 주체는 아니다. 손 안에 있고 눈앞에 있는 세계를 보는 데서 생긴 도구적 의미를 중심으로 생겨난 주체가 아니다. 그렇다고 있음에 흡수된 하이데거의 자기도 아니다. '살아 있는 나'는 살고 싶지 않음에 맞서 투철하게 살아야 한다. 살아 있음은 내가 살아 있는 것이다. 하이데거는 실존적인 것을 바탕으로 존재론으로 갔으며, 그래서 현존재를 통해 존재론을 말한다. 그러나 '나'의 문제를 도외시함으로, 살아 있음과 멀어지고, 있음에 집중한다.

'살아 있음'은 '살고 싶음'에 바탕을 두고 있다. 거기서 '살아야 함'이 나온다. 그리고 그것은 인격성이 몰수된 중립적인 '있음'이 아니다. 하이데거는 말한다. "이 존재자(현존재, 인간)의 본질은 존재해야 함Zu-sein에 있다"[134] 그러므로 있음의 본질은 '있어야 함'이다. 있어야 함은 '있을 수 있음Seinkönnen'에 바탕을 두고 있다. 여기서는 삶이 있음에 흡수된다. 그러나 살아 있음에서 나오는 '살아야 함'은 있음을 삶에 종속시킨다. '살아 있음'의 '살아'는 '있음'을 꾸며주는 부사가 아니라 '있음'의 내용이요, 있음을 규정하는 주체다. 거기에는 주어가 없지만, 의미 부여의 주체를 없애기 위한 것이지, 내가 배제된 것은 아니다. 살아 있음은 살아야 함을 가져

134 위의 책, p. 66.

온다. 죽고 싶은 것을 이기는 것이다. 이것은 하이데거의 존재론과 다르다. 삶이 있음보다 먼저다. 그리고 삶은 '살아남는' 문제까지도 포함한 것이며, 하이데거가 말하는 존재 가능(있을 수 있음)의 계시에 붙들려 있는 것이 아니다. 그래서 업신여김을 그냥 넘어가는 것이 아니라 업신여김에 무디다. 업신여김을 잘 모른다. 그렇다고 저항할 줄 모르지는 않는다. 살아야 함은 업신여김에 대한 저항의 힘을 낸다.

하이데거는 살아 있음을 있음에 흡수한 결과, 내가 사라지고 무Nichtigkeit로서의 자기Selbst가 중요해지며, 영혼과 육체의 결합이 아닌 실존을 강조한다. 그 실존을 중시한 결과 하이데거는 불안을 말한다. 하이데거의 자기는 자기가 될 수 있고 자기가 되어야 하는 불안과 염려에서 개별화된다. "오직 불안에만 있는 하나의 탁월한 열어 밝힘의 가능성이 있는데, 그것은 불안이 개별화시키기 때문이다. 이러한 개별화Vereinzelung, Individuation는 현존재를 그의 빠져 있음에서 끌어내와 그에게 본래성과 비본래성을 그의 존재의 가능성으로 드러내 보여준다."[135] 개별화되고 고유한 나는 존재 가능성 또는 본래성이 실현되는 자리로서 중요하다.

그러므로 나의 고유함은 존재 가능으로서의 존재에 종속되어 있다. 그리고 그 고유함이나 본래성은 통속적인 '그들'로부터 벗어나는 개념이지만, 삶에 밀착된 개념이 아니다. 그 결과 먹고 사는 데서 발생하는 악의 문제, 몸의 생존을 위협하는 삶의 위협의 문제, 그리고 업신여김의 문제를 다루지 않는다. 하이데거는 삶의 고통 문제를 다루지 않고, 불안을 다루었다. 우리가 말하는 '살아 있음'에서는 고통이 나를 뚜렷하게 만든다. 고통은 누가 대신 짊어질 수 없다. 아플 때는 내가 아픈 것이며, 삶의 불행도 내가 겪는다. 부모도 사랑하는 사람도 대신해 줄 수 없는 것이 고통이라는 악이다. 그런 면에서 나는 고통에서 개별화된다. 살아 있는 것은 '나'이며 살아

135 위의 책, p. 260.

야 하는 것도 '나다'. 살아남아야 하는 문제는 '나'에게 집중된다. 살아 있음의 문제는 살의 문제로서, 단순히 무성無性의 자기로 가지 않고, 살을 가진 나의 있음이다. '나의 있음'이나 '살아 있음'은 같은 것이다.

생의 명은 내 위로 오는 부름이 아니라, 내 밑에서 오는 몸의 소리다. 살고 싶은 욕망은 염려의 결여가 아니다.

하이데거가 말하는 기획투사Entwurf는 의지가 아니라, 부름에 대한 답이다. 부름이 먼저다. 있음의 가능성은 일상성 속의 나를 자기로 부른다. 빠져 있음으로부터 있어야 함으로 부른다. 있어야 함은 부름이다. "부름은 나에게서 와서 나 위로 덮쳐와서 나에게로 향해 있다"[136] 그러나 살아야 함은 몸의 소리다. 의미가 아니므로 언어가 아니다. 하이데거가 말하는 언어 이전의 언어도 아니다. 그것은 내 위로 오는 '말'이 아니라 내 밑에서 올라오는 '소리'다. 칸트는 살아야 한다는 명령이 의무로 다가올 때 도덕적으로 의미가 있다고 했다.[137] 그러나 도덕적 갈등 속에서의 의무가 되기 이전,

136 위의 책, p. 368.

137 "생명을 보전하는 것: 흔히 이것은 의무에 맞고 직접 경향성에도 맞지만, 의무에서 나온 것은 아니다. 그처럼 삶에 대한 관심은 도덕과 무관하다. 그러나 죽고 싶지만, 본능적 경향성이나 두려움이 아니라, 살아야 한다는 의무(생명은 귀한 것인데 등)로부터 그러하다면, 그의 준칙은 도덕적 가치를 갖는 것이다."(『윤리형이상학 정초』, p. 86) 자연적인 본능에서 생존과 번식을 위한 행위(밥 먹는 것, 섹스 등), 그 자체는 의무에서 나온 것이 아니라 경향성에서 나온 것이므로, 도덕이 아니다. 부도덕immoral이 아니라 탈도덕amoral이다. 그러나 만일, 칸트가 『이성의 한계 안에서의 종교』에서 말하는 것처럼, 도덕법에 대한 존중심에서 나오지 않은 것은 죄라고 한다면, 경향성에서 나오는 행위도 단지 탈도덕이 아니라 부도덕이 된다. 이런 식의 사고는, 인간이 평소에도 기본적으로 악에 기울어져 있다고 생각할 때 가능하다. 그런 점에서 기독교의 죄와 칸트의 근본악은 통한다. 다만, 칸트는 인간의 선의지로 악의 성향을 이길 수 있고 이겨야 한다고 보는 점이 다르다. 여하튼, 살고 싶은 마음에서 나오는 일상적 행위들이 칸트에게는 악이 된다. 산 사람은 살아야 한다는 당위가 들어설 틈이 없다.

죽을 것이냐 살 것이냐의 의식적인 갈림길에 서기 전에, 생명은 살아야 하는 명으로서 우리를 지배한다. 거기에 복종하는 것은 도덕적 의무에 복종하는 것도 아니요, 하이데거적인 있음의 부름에 답하는 것도 아니다. 그것은 살고 싶은 원초적 욕망의 문제다. 이것은 이기적 욕망 이전의 욕망이다. 이 욕망에 대한 평가가 제대로 이루어져야 한다.

하이데거는 살고자 하는 욕망을 존재적인 것으로 본다. 다시 말해서 이차적인 것으로 본다. 그는 존재적인 것ontisch과 존재론적인 것ontologisch을 구분한다. 그가 말한 존재적인 것이란 존재자의 존재das Sein des Seiende를 문제 삼지 않는 모든 것이다. 다시 말해서 존재를 무시하고, 존재자를 언제나 눈앞의 존재Vorhandensein로 보는 것이 존재적인 것이다.[138] 존재적인 것이란, 삶의 본능에 관련된 것과 그것을 극복하려고 나온 도덕적인 것 또는 신학적인 것을 모두 포함하여 비판하는 개념이다. 그러니까 하이데거는 그냥 사는 것nur leben과, 그것을 극복하는 도덕을 동시에 극복하려고 하는 것이다. "존재는 단적으로 초월이다Sein ist das Transcendens schlechthin"는 말은 그 점을 가리킨다고 볼 수 있다. 물론 이 초월은 존재 신학적인 초월은 아니다.

하이데거의 말을 들어보자.

> 의욕Wollen과 소망Wunschen은 존재론적으로 필연적으로 염려로서의 현존재에 뿌리를 박고 있으며, 단순히 존재론적으로 무차별적인, 그 존재의미상 전적으로 무규정적인 어떤 흐름 속에 출현하는 체험들이 아니다. 이것은 성향Hang과 충동Drang에도 마찬가지로 통용된다. 그것들도, 그것들이 현존재 안에서 도대체 순수하게 제시될 수 있는 한, 염려에 근거하고 있다. 그렇다고 해서 성향과 충동이 존재론적으로 그저 '살아 있기nur lebt'만 하는 그런 존재자

138 하이데거, 『존재와 시간』, p. 66.

도 구성한다는 사실을 배제하지는 않는다. 그렇지만 '살아 있음leben'이라는 존재론적 근본 구성틀은 별도의 문제이며 오직 환원적인 결여의 방법으로만 현존재의 존재론에서 전개시켜갈 수 있다.[139]

의욕과 소망 그리고 성향과 충동까지지도 모두 염려Sorge에 근거하고 있다는 것은 무슨 말인가? 이것은 살고 싶어 하는 욕망도 존재의 의미 물음 안에 종속되어 있다는 말이다. 그저 살기만 하는 것, 살고자 하는 욕망과 관련된 것, 충동과 성향이나 경향성 같은 것은 모두 존재의 의미 물음의 결핍이다. 오직 그런 결핍으로만 자기 자리를 찾는다. "오직 환원적인 결여의 방법으로만 현존재의 존재론에서 전개시켜나갈 수 있다"는 말이 그 얘기다.

하이데거에서 염려는 존재 가능성의 부름에서 생기는 것이다. 양심은 염려의 부름이다. 다시 말해서, 염려는 그들 속에 빠져서 자기를 찾지 못하고 있지만, 동시에 이미 의미 안에 있으면서, 진정한 존재 의미를 찾는 쪽으로 마음이 가 있는 것이다. 조르게Sorge를 '염려' 또는 '마음씀'이라고 번역하지만, '마음'이라는 낱말을 사용한다면 '마음씀'보다는 '마음이 가 있음'이라고 해야 맞을 것이다. 이미 자기를 이해하고 있듯이, 이미 마음은 자기를 앞질러 존재 가능으로 가 있다. 새로운 자기 이해 속에 있는 것이다. 일상성 속에 빠져 있는 상태에서, 존재 가능 쪽으로 마음이 가는 움직임을 가리켜 '염려'라고 해야 할 것이다. 그러나 그 염려는 일상성 속에서는 다른 도구적 사물들에 대한 배려나, 더불어 있는 타인들을 위한 심려의 형태로 있다. 그러한 배려나 심려는 염려의 결여적 형태다.[140]

그렇다면 살고 싶은 나의 욕망이나 나의 성향 같은 것과 관련해서는 어떤가? 하이데거가 볼 때, 욕망이나 의지 그리고 성향이나 충동보다 염려가

---

139 위의 책, p. 264. 강조는 필자.

140 위의 책, p. 265.

앞선다. 하이데거에게서 산다는 것은 배려나 심려처럼 이차적이다. 그에게서 산다는 것은 '그저 사는nur leben' 것에 지나지 않는다. 그런 식으로 하이데거는 '있음'보다 '삶'을 이차적인 것으로 본다. 삶이란 그저 살아 있는 것에 지나지 않고, 그것은 성향과 충동에 의해 도구적 세계에 빠져 있는 상태다. 의지를 통해 뭔가를 획득하고 이루고 하지만, 그 의지나 의욕이라는 것을 통해서도 존재 가능을 향한 기획투사를 봐야 한다.[141] 그렇지 않은 의욕이나 의지는 이차적인 것이요, 도덕적이거나 본능적인 세계에 빠져 있는 것에 지나지 않는다. 성향이란 어디로 쏠리는 것인데, 배려와 심려의 세계로 쏠리는 것을 가리킨다. 의지나 성향이란 단어는 인문주의자들이 쓰는 단어다. 하이데거는 기존 용어에 존재론적으로 의미를 새롭게 부여하고 있는 것이다. 성향은 경향성이라고도 할 수 있는데, 흔히 물질적인 것에 기우는 마음의 습성을 가리킨다고 보면 된다. 그래서 의지를 자기도 모르게 자기 쾌락 쪽으로 사용하는 습성이다. 하이데거의 말대로 쏠리는 것이다. 인문주의자들은 그런 성향을 악의 성향이라고 보았다. 물질적인 것이 주는 쾌락에 쏠리는 마음은 공동체나 남을 위해서 해롭기 때문이다. 그러나 하이데거는 성향을 존재론적으로 해석해서, 존재 가능을 은폐하는 도구적 의미 세계에 묻힌 채, 거기에 의미를 두고 살려고 하는 마음쏠림을 가리킨다. 그처럼 인문주의의 도덕을 넘어서면서 하이데거는 동시에 삶의 현실도 넘어서고, 생의 명도 넘어선다. 거기에 문제가 있다.

충동에 대한 존재론적 분석을 보아도 그렇다. 생의 충동은 '기어이……에로 쏠림'이며, 사로 잡혀 있는 것이다. "살려는 충동은 없애버릴 수 없으며, 세계에 의해서 살게 되기를 바라는 성향은 근절시킬 수 없다. 그러나 그 둘은 ─ 그것들이 존재론적으로 염려에 근거하고 있기 때문에 그리고 오직 그 때문에만 ─ 본래적인 염려로서의 이 염려를 존재적 실존적으로 변양

141 위의 책, p. 265.

시킬 수 있는 것이다."[142] 그러므로, 살려는 충동은 본래적인 존재 가능의 염려의 변양에 지나지 않는다. 그것은 인간에게 근원적이지 않다. 오히려 그것은 근원적인 구조인 염려의 빛에서 보아야 제 모습이 보인다. 본래적 자기를 찾는 발판이 되는 데서만 삶의 충동은 의미가 있는 것이다.

결국 살려는 욕망이나 생의 충동은 염려의 결여다. 살려는 충동도 의미가 있고, 의미 있음과 연결되지만, 오로지 염려의 결여로서만 의미가 있다. 인문주의자들이나 신학자들은 악을 선의 결여로 보려고 했다. 그 대표적인 것이 아우구스티누스다. 그는 악을 선의 결핍privatio boni이라고 보았다. 그것은 악에 독자적 지위를 부여하지 않고, 악은 선에 의존적임을 말하는 것이다. 그리고 그것은 결국 선으로 악을 이기기 위한 사유방식이다. 하이데거의 경우에는 일반적인 마음 씀씀이와 욕망 등에 독자적인 지위를 부여하지 않고, 존재론적인 염려에 의존적임을 보이려고 한다. 그래서 배려나 심려, 그리고 충동과 성향을 모두 '염려의 결여'로 본다. "살아 있음은…… 오직 환원적인 결여의 방법으로만 현존재의 존재론에서 전개시켜갈 수 있다"는 말이 뜻하는 것도 그것이다. 결국 하이데거의 핵심은 '있음'에 있고, 그 '있음'은 생명이나 삶이 아니다. 삶 자체를 말하지 않고, 삶을 통해 있음을 실현하는 것이 중요하다. 살아 있음, 살고 싶음, 살려고 함은 하이데거에게서 모두 존재 실현을 위한 계기일 뿐이다.

그동안 서양 사상사에서 인간은 선의 이데아나 하나님과의 관계를 제일 관계로 보았다. 인간이나 세상은 존재 자체인 선의 이데아를 본떠서 생겨났거나, 선의 이데아(일자)가 넘쳐서 생긴 것이므로, 자기 존재의 근원인 이데아라고 하는 제일 존재와의 관계가 우선일 수밖에 없었다. 그래서 아리스토텔레스는 형이상학을 제일 철학이라고 했다. 모든 존재는 존재 자체와의 관계가 우선이다. 존재 자체는 형상形相이나 본질本質이라는 말로 설

142 위의 책, p. 267.

명되었다. 그리고 지구상에 존재하는 모든 존재자들은 자신 속의 형상을 구현하기 위한 존재로 설명되었다. 질료는 형상이 되기 위한 잠재태다. 자기실현을 위한 잠재태로서의 의미를 가졌다. 인간은 하나님의 형상으로 났으므로, 하나님처럼 되는 게 자기 형상을 실현하는 길이다. 그것은 참사람이 되는 길이기도 하다. 대개 그것은 도덕적인 선의 완성을 통해서 실현된다고 생각되었다. 자연과 자유의 일치도 그것이다.

기독교에서는 세상을 하나님의 피조물로 보기 때문에 역시, 인간은 자기와 관계를 갖기 전에 먼저 하나님과 관계를 갖고 있다. 나에게는 나 이전에 하나님이 있는 셈이다. 나에게 가장 분명한 것은 내가 존재한다는 사실이지만(아우구스티누스), 내가 누구냐는 것은 확실하지 않다. '누구'인지 모르는 나는 더 이상 내가 아니다. 그때 그 '누구'를 결정하는 데, 기독교는 하나님을 말했다. 하나님과의 관계가 나의 제일 정체성을 결정한다. 그리고 그 하나님은 사랑이시므로, 나의 정체는 하나님의 사랑을 받는 자이다. 물론 그 하나님은 내가 가까이 할 수 없는 분임을 신학은 끊임없이 주지시켰다. 아퀴나스는 『신학대전』에서 우리가 하나님의 형상을 따라 만들어졌지만, 우리가 하나님을 닮은 것이며 하나님이 우리를 닮은 것이 아니라고 말한다. 유비는 둘 사이의 비슷함이 아니라, 한 쪽에서 일방으로 닮은 것이다. 그리고 그것은 커뮤니케이션의 단절로 나타난다. 인간과 하나님은 커뮤니케이션의 존재가 아니다.

그러나 근대 이후 실체보다 주체가 중심 개념이 되면서, 타자와의 만남이 중시되었다. 데카르트와 칸트 그리고 헤겔을 거치면서, 신도 실체라기보다는 주체로 설명되었다. 그것은 신학의 주제가 인간학이 되었음을 의미한다. 그것이 포이에르바하의 말처럼 꼭 유물론적인 생각으로 갈 필요는 없지만 말이다. 근대 이후에 플라톤의 실체와 본질 개념은 실존주의적 주체로 대체된다. 그러면서 철학은 탈형이상학의 길을 간다. 인간은 이제 오로지 인간만 만난다. 사람은 자기 자신이나 다른 사람과의 관계만 인정한다.

하이데거의 공헌은, 구원의 자리를 자기에게 붙여놓고 생각하기 시작했다는 것이다. 그리고 그 자기는 흔히 말하는 양심적 자기와도 다르다는 점이 그의 공헌이다. 자기 존재를 문제시하는 자아는 도덕적인 것도 아니고, 부도덕한 것도 아니다. 이것은, 하이데거 철학이 생명에 접근하고 있음을 의미한다. 자기에게 붙여놓고 생각한다는 것은, 주객 관계를 벗어난 것을 의미한다. 자기중심으로 사물을 보는 것을 벗어났음을 의미한다. 그것은 인간 중심도 아니다. 하이데거의 철학은 존재 중심이다. 있음의 시각에서, 고유한 존재 가능의 시각에서 자기를 보고 사물을 본다. 있음으로 통한다. 그것은 무로 통하는 것과 같다. 그렇게 함으로써 그의 철학은 이기주의와 인간중심주의를 동시에 벗어나는 길을 찾았다. 자기 자신이 타자나 자연을 지배하지 않는 곳을 찾았다. 구원은 오로지 자기를 찾는 데 있다. 참 자아는 '그들'의 재단 속에 들어가는 그 '누구'가 아니라는 점에서 타자에 대한 지배와 무관하다. 무로서의 존재의 교통이 있을 뿐이다. 그것은, 도덕적이고 종교적인 죄의식에 시달릴 필요 없이 자신의 고유함을 실현하는 길이다.

그런데, 또한 바로 거기서 하이데거의 존재는 '그냥 있음'이나 '살아 있음'과는 다르게 된다. 하이데거의 있음의 부름과 살아야 하는 당위는 다르다. 살아야 함은 자신의 고유함을 실현하는 것도 아니다. 물론 살아야 함에는, 있어야 함이 지니는 고유함의 문제 곧, '그들'로부터 벗어나는 차원이 포함된다. 살아야 함에서 개별화되기 때문이다. 그러나 그것은 '나로부터 내 위로 덮쳐오는 것'이 아니라 '내 밑에서 오는 것이다.' 거기에는 어떤 모양의 초월도 없다. 위로 올라가는 것이 아니라 오히려 밑으로 내려가는 것이다. 밑에서부터 오는 소리를 따라 밑으로 내려가는 것이다. 마음이 몸으로 내려가는 것이다. 담담히 내게 가장 가까운 생의 명에 복종하는 것이다. 복종한다고 해서, 칸트의 정언 명령만큼 극기를 통해 자신을 초월해야 하는 것도 아니다.

하이데거는 '존재적으로 가장 가깝지만, 존재론적으로 가장 먼' 참 나의 부름을 말했다. 그러나 살아야 하는 당위의 부름은 하이데거의 존재의 부름처럼 그렇게 먼 것이 아니다. '그들' 속에 빠진 것도, 살려고 하다보니까 그리 된 것이다. 그러므로 살아야 함은 이미 살려고 함이나 살고 싶음에 의해 수행되고 있는 당위다. 나는 이미 살아야 하는 당위에 이끌리고 있다. '그들'로부터 빠져나와야 하는 것은 맞지만 하이데거가 말하는 기획투사와는 다르다. 살아야 하는 당위에 이끌리는 것은 무로서의 자기로 가는 것이 아니라, 삶의 현실을 끌어안고, 그 '누구'인 나로 있는 것이다. 나Ich는 단순히 자기Selbst를 찾으려는 계기가 아니라 살아야 하는 몸의 소리다.

그리고 살아야 하는 나는 생명 당위의 주체로서 험한 세상에서 살아남아야 하고, 소유에서 자기 몫을 확보해야 한다. 못살게 구는 힘과 인간에 대한 폭력 곧 '업신여김'을 이겨야 한다. 악과의 싸움이 필요한 것이다.

하이데거의 사상은 생명 당위에 근접하는 면이 있지만, 결정적으로 자연주의적인 감각이 없어서 그냥 있음이나 살아 있음의 생명 당위와 거리가 있다. 그리고 그가 말하는 '있음'은 존재론적 형식주의에 빠져서, 구체적인 삶에서 일어나는 업신여김의 문제를 극복하는 차원을 포함하고 있지도 않다. 그냥 있음의 문제를 정립하기 위해 4장에서 동아시아의 자연주의적 인문주의를 살펴볼 것이다. 그 이전에 3장에서는 서구의 기독교와 인문주의가 어떻게 업신여김에 대한 저항을 발전시키는 데 공헌했는지 보려고 한다. 하이데거의 있음은 업신여김의 문제를 피해가지만, 살아남는 문제는 언제나 업신여김에 대한 저항이다.

이제 2장을 마감해보자.

악의 본질이 업신여김에 있다는 것을 눈치 챈 것은 서양의 근대 사상이다. 평등의 문제가 본격적으로 제기된 다음의 문제다. 그러나 사실 고대 인문주의의 출발로부터 인간 평등의 기원을 찾을 수 있다. 인문주의는 인간 평등을 전제로 한 개념이다. 다만 그 평등이 도덕적 잠재력의 평등이었다.

보편 이성이나 마음의 덕을 가리킨다. 플라톤은 인간 안에 신적인 속성을 인정했다. 그것은 무슨 신분에 따라 인정되는 지위가 아니라, 영혼을 가진 인간이면 누구나 가지는 것이다. 이성은 신의 경지에 도달할 수 있는 선천적 능력이지, 차후에 지어진 것이 아니다. 아 프리오리나 선험적인 것은 모두 인간이면 누구에게나 보편적으로 주어진 능력을 말하려고 한 것이다. 다시 말해서 도덕 능력에서의 평등을 확보하려는 것이다. 공자가 말한 군자君子도 사회적 지위가 아니라 내면의 덕에 의해서 결정되는 것이다. 다시 말하면 왕이라도 군자가 아닐 수 있고, 서민이라도 군자가 될 수 있다. 인간의 재산이나 사회적 지위에 의해서 결정되지 않고, 내면의 덕에 의해서 결정되는 지위라는 것은, 인간 평등의 길을 연 것이다. 다만, 고대와 중세의 인문주의는 물질에 대한 권리를 말하는 법적인 차원의 평등으로까지 가지는 않았다. 본성의 평등으로부터 법적인 평등 또는 법 앞에서의 평등으로 가는 데는 시간이 필요했다. 그러나 결국은 그렇게 갈 여지를 인문주의에서 열어놓은 것이라고 할 수 있다.

세월이 흘러 법적인 평등의 문제가 근대 들어 다양한 각도에서 제기되었다. 근대 철학의 핵심 개념이 주체가 된 것도, 사람이면 누구나 법적인 의미의 평등한 권리 주체가 되면서 일어난 일로 보아야 한다. 자기 수양의 인문주의를 넘어, 과학과 사회과학이 등장하면서 인간 평등이 제 궤도에 올랐다고 할 수 있다. 업신여김의 문제에서 그것을 다루어야 한다. 살아있음은 업신여김의 문제를 겪고 주제화한다. 이런 문제를 3장에서 다룰 것이다.

제3장

'업신여김'을 넘어

서구 인문주의와 기독교의 비판 정신

우리가 생의 명에서 또 하나 기억해야 할 것은 저항이다. 살라는 명령은 못살게 구는 데 대한 저항의 명령이기도 하다. '못살게 구는 힘'에 대한 저항 없이 생명은 없다. 생명이 생의 명이 될 때는 이미 어떤 저항의 명령이 들어가 있다. 살아 있음은 세상살이다. 세상에 만연해 있는 업신여김의 구도에 대한 대처는 살아 있음을 위해 중요한 주제다.

무의미란 '살고 싶지 않음'이다. 못살게 구는 어떤 힘 때문에 살고 싶지 않은 마음이 생기고, 그것이 무의미의 본질이다. 살고 싶지 않은 마음이 살고 싶은 마음과 짝을 이룬다.[1] 죄의식이 내면으로부터 살고 싶지 않음을 만

1 프로이트가 말하는 죽음의 본능은 처음부터 생의 본능과 공존한 것은 아니라, 생의 본능의 좌절에서 생긴 것이다. 그 점은 지라르가 지적한다. "인간을 폭력이나 죽음으로 인도하는 본능 혹은 충동이라는 생각 — 프로이트의 저 유명한 죽음의 충동 — 은 기껏해야 외부로 발산시키게 하면서 발산시킨 그 폭력을 신이나 운명 혹은 본능으로 보게 함으로써 인간은 더 이상 그것들에 책임이 없으며 오히려 그것들이 인간을 외부로부터 지배하고 있다고 믿게 만드는, 대대로 내려오는 환상의 후미부에 불과할 뿐이다…… 죽음의 본능이나 폭력의 본능을 가정할 필요는 없다." 르네 지라르, 『폭력과 성스러움』(서울: 민음사, 1993), p. 218. 죽음의 본능이란 없다. 다만 살고 싶지 않은 마음이 있을 뿐이다. 죽고 싶은 마음은 깊이 뿌리를 내리고, 파괴하고 공격하는 마음이 되기도 한다. 살고 싶지 않은 마음은 자연적으로 처음부터 주어진 본능이 아니라, 인간 사회의 억압에서 생긴 것이다. 이 점은 우리가 2장에서 다루었다.

들기도 하지만, 외부로부터 오는 억압이 살고 싶지 않은 삶의 무의미를 만들기도 한다. 그런 무의미를 이기고 의미를 찾고자 하는 노력이 서양에서 발달했다. 한편으로는 도덕성 실현을 위해 교육하고 죄의식을 고취시켰지만, 다른 한편으로는 권력의 힘에 의한 억압을 견제하는 힘의 메커니즘을 발달시켰다. 도덕성의 기치를 내세우며 무소유 쪽으로 가지 않았다. 그러면서 정당한 소유를 주장하고, 사회 정의론을 발전시켰다. 그것은 인간에 대한 인간의 업신여김을 막는 비판 정신의 발달을 가져왔다. 비판 정신은 정신적 가치로 물질을 쉽게 대체하지 않을 때 가능하다.

같은 인문주의라도 서양의 인문주의는 훨씬 강하게 의미를 찾았다. 그런 과정은 세상의 모순에서 오는 무의미를 깊이 느꼈기 때문이다. 몸과 마음의 이원론이 발전한 것도 그 때문이다. 원래, 마음은 몸과 거의 구분되지 않았다. 몸의 기술, 또는 몸의 예술이 마음이다. 고대 그리스어의 프뉴마 pneuma는 영혼을 뜻한다. 마음이라고도 번역되는 이 말은 원래 숨 또는 목숨을 뜻하는 말이었다. 그것은, 마음이 몸과 별개의 것이 아니었음을 의미한다. 다시 말하면 생명의 차원에서 몸과 마음은 같은 것이다. 살고 싶은 마음은 몸의 움직임이다. 그런데, 플라톤 철학에서 프뉴마는 이성(로고스)이나 정신(누우스)을 담고 있는 것으로, 인간이 단순히 목숨이 붙어 있는 것을 넘어 정신세계를 지닌 존재로 이해되었다. 원래는 숨이었던 낱말이 영혼이나 정신을 뜻하는 낱말로 전용된 것이다. 영이 원래 숨을 뜻하는 것임은 히브리 문화에서도 마찬가지다. 성서의 창세기에는 하나님이 진흙으로 인간을 빚은 후에 숨을 불어넣었다고 되어 있다. 숨은 히브리어로 루아흐다. 이 루아흐를 영혼 또는 영이라고 해석한다. 그러면서, 몸과는 별개의 것으로 독립하는 과정을 겪게 된다. 그러나 원래 숨과 영이 같은 것이라면, 몸과 마음이 같은 것임을 알 수 있다. 인류 문화는 신화 시대에 몸과 마음을 같은 것으로 생각했다가 인문주의 시대로 넘어가면서, 마음이 몸을 통치하는 것으로 바뀌게 되는 것이다.

서구 인문주의는 특별히 마음과 몸을 이원론적으로 구분했는데, 그것은 인간의 욕망이 만드는 세상의 부조리와 악을 심각하게 느끼고, 인간이 이성을 통해 감정을 통제하여 선을 이룩하기를 바랐기 때문이다. 그때 이성은 실천이성 곧 의지다. 그리스 철학은 지혜를 강조했지만, 그 지혜는 실천적 지혜다.[2] 의미와 무의미가 대치되어 있는 구도에서 서구 인문주의는 의지를 강조했다. 레비나스가 말한 대로, 서양에서 발달된 인식론과 자발적인 의지론은 소유와 지배의 구도다.[3] 그것은 비주체적으로 외부에 끌려감에 대항하여 삶을 손에 넣으려고 하는 시도다. 밖의 사물이나 외부 권력의 명령에 마음을 빼앗기고 굴복하면 무의미에 빠진다. 그런 무의미에 들어가지 않기 위해 주체적이고 자발적인 마음먹음과 마음 씀씀이를 강조한다. 외부 사물에 마음을 빼앗기지 않으면 도덕적 자유를 얻고, 외부 권력에 굴복하지 않으면 정치적 자유를 얻는다. 그러나 도덕적 자유나 정치적 자유나 모두 소유의 구도다. 하이데거의 표현을 쓰면, 사용사태요, 장자의 용어로 보면 쓸모 있음이다. 서양 철학에서 의지를 강조한 것은, 도덕적 굴욕과 정치적 굴욕을 이기는 문제와 관련이 있다.

서양이 의지의 철학으로 극복하려고 했던 굴욕을 가리켜 '업신여김'이라고 부르자. 도덕은 도덕적 가치로 남을 업신여기기도 하고 자기 스스로를 업신여기기도 한다. 정치적 권력과 재물 등의 사회적 가치[4]는 그 빈부의 차이를 통해 약자와 가난한 자를 업신여긴다. 그냥 있음과 살아 있음의 각도에서 볼 때, 악이란 업신여김이다. 이 문제에서 서양의 공헌을 인정해

---

2 플라톤은 『법률』에서, 용기와 절제 그리고 정의와 지혜의 네 가지 덕을 강조하는데, 가장 중요하고 궁극적인 것을 지혜로 본다. 아리스토텔레스도 『형이상학』 1060a, pp. 452-453에서 지혜를 '하나'와 '있음'과 연관해서 생각한다. 이들이 말하는 지혜는 모두 실천적 지혜다. 국가의 공동선을 도모하는 지혜인 것이다.

3 Emmanuel Lévinas, *Totalité et Infini, Essai sur l'extériorité*(Paris: Martinus Nijhoff, 1971), p. 238 이하.

4 '사회적 가치'란 존 롤스가 『사회정의론』에서 사용한 말이다.

야 할 것이다. 기독교의 세례를 받은 서양의 인문주의는 개인 내면의 뿌리 깊은 악에 집중했고, 사회과학은 인간들이 만드는 사회의 구조악을 찾아냈다. 악과의 투쟁이 언제나 중요한 주제다. 선은 악을 이기는 데서 생기고, 의미는 무의미를 이기는 데서 생긴다. 서양의 철학과 신학의 구조가 모두 그렇다. 담론의 시작이 악과 무의미로부터 출발한다. 물론 서양 형이상학은 우주의 기원을 통해서 선의 우선성을 말한다. 의미의 우선성을 말하기 위해 존재 신학이 생기고, 근대적 주체론을 정립한 것이 서양이다. 그러나 그것은 악과 무의미의 힘에 저항하는 전략에서 나온 것이다.

형이상학에서 의미가 우선한다고 말하는 까닭은 경험적으로는 무의미가 우선하기 때문이다. 동양의 인문주의도 악에 저항하는 데서 생겼지만, 서양의 경우에는 악과 무의미에 특별한 위치를 부여하고, 그것에 저항하는 것을 중시했다. 동양에 없는 우주적 규모의 사탄이 등장한 것도 그 때문이다. 악의 규모와 그 집요함에 대한 인식이 동양의 경우와 다르다. 그래서 그들은 존재 신학을 만들고, 그리고 악에 대한 저항이라는 주제가 인문주의의 뿌리를 형성한다. 그들에게서 자유는 투쟁의 산물이고, 의미는 무의미를 극복하면서 찾는 것이다. 그래서 대결의 정신이 강하다.

서양에서 실체substance 개념이 발전된 것은, 삶의 현실을 투쟁으로 본 것과 관련이 있어 보인다. 한 실체는 다른 실체와 독립된 위치를 갖고 거리를 둔다. 거리두기는 '대립과 갈등을 통한 창조'라는 인생관을 전제로 하고 있다. 서양에서 근대에 발달된 주체 곧 '나'는 못살게 구는 힘에 대한 저항의 결과다. 나의 아이덴티티를 강조한 서양은 생生의 명命을 저항의 명령으로 발전시켰다. 하이데거는 서양 철학의 전통을 비판하고, 사용사태를 존재의 의미를 찾기 위한 계기로 보았다. 그러나 사용사태에서 발전된 과학과 사회과학은 하이데거가 말하는 것과 달리, 단순히 무로서의 존재로 가기 위한 계기가 아니다. 과학과 사회과학이 가져온 비판 정신은 생의 명의 한 축을 이룬다. '살아 있음'은 '못살게 굶' 또는 '업신여김'에 대한 저

항과 같이 간다. 그 점에서도 생의 명에 따른 살아 있음은 하이데거의 '있음'과 다르다.[5]

서양 사상은 끊임없는 비신화화의 연속이라고 할 수 있다. 근대 이후 서양은 못살게 구는 힘에 대한 저항을 다양한 각도로 시도했다. 종교 개혁은 장소와 시간의 평균화를 이루고, 개인의 주관적 종교 체험을 강조함으로 교회라는 객관 권위를 비판했다. 마키아벨리는 정치를 도덕과 구분했다. 그리고 홉스나 로크는 자연법lex naturalis을 자연권jus naturalis으로 바꾸면서 개인의 권리를 중심으로 사회의 기원을 설명했다. 장 자크 루소는 사회 계약론을 통해 벼슬이나 공권력을 일반 의지로 바꾸었다. 칸트는 종교 개혁에서 주관화시킨 신앙의 문제를 세속화해서, 선악의 발생 자리를 개인의 양심에 두었다. 한편 마르크스는 근대의 주체를 비신화화하며 보편 담론에 계급적 관심이 들어 있음을 폭로함으로 도덕이 순수할 수 없음을 주장했다. 니체는 도덕의 계보학을 통해, 도덕이 개인의 생의 의지를 꺾는다고 보았다. 하이데거는 탈도덕을 통해 자신의 고유함을 실현하려고 했다. 미셸 푸코는 인간의 인식 속에 있는 권력을 파헤쳤다.

고대와 중세에는 의미의 우선성을 말하며, 그 의미는 곧 존재 자체요 선이라는 도덕성을 띤 것이다. 그러나 근대에는 인간이 의미의 주체가 되며, 존재신학적인 의미의 생산자는 사라진다. 그리고 하이데거는 근대적 사유

---

5 흔히 학자들은 하이데거에 윤리가 없다고 한다. 그것은, 인간의 물질 교환의 세계와 그것을 통치하는 도덕과 정치의 세계를 하이데거가 단순히 존재 가능을 실현하는 계기로 보기 때문이다. 그러나 우리의 일상적 삶에서 물질 교환의 문제는 거의 모든 것을 결정한다. 마르크스까지 인용하지 않더라도, 물질과 권력과 소유의 문제는 인간의 의식에 깊이 침투해 있다. 그러므로 진리를 말할 때는 일상적 삶의 억압을 청산할 방법을 깊이 있게 짚고 넘어가야 한다. 물론 하이데거는 개인의 변화를 통해 사회가 바뀌는 것을 생각했을 것이다. 그러나 사회가 바뀜으로 개인이 바뀌는 측면도 있다. 사회란, 사회적 의식, 법과 제도, 관습을 포함한 개념이다. '살아 있음'은 생생한 우리 몸의 삶을 포함하는 것이므로, 사회의 이데올로기 비판을 필요로 한다.

가 낳은 무의미를 극복하기 위해 의미의 주체를 제거한다. 진리는 나라고 하는 주체의 산물이 아니라 나의 존재의 열어 밝힘에 의한 것이다. 의미와 존재는 일치하되, 존재신학에서 말하는 존재가 하이데거에게는 존재자로 보일 뿐이다. 의미 있음의 존재가 존재자가 아니라는 점에서, 그것은 무다.

이처럼 계속되는 서구의 비신화화의 과정은 시대에 따라 다양한 형태로 제기되는 무의미를 이기기 위한 작업이라고 할 수 있다. 생명은 무의미를 이기는 것도 필요로 한다. 못살게 굴어서 살고 싶지 않게 된 현실을 이기는 문제를 도외시할 수는 없다. 그 문제에서는 특히 서양의 공헌을 살펴봐야 할 것이다. 한국이나 중국은 악을 심각하게 보지 않고 주제로 삼지 않았기 때문에, 악을 이기기 위한 장치도 약하다. 사회의 악 그리고 개인 내면의 악에 대해 그리 심각하게 생각하지 않았다. 그래서 생명에 대한 억압이 적고 자연친화적이며 그냥 사는 삶에 접근하지만, 동시에 사회의 구조악에 대한 비판 의식이 약하다.

1. 업신여김의 문제

'살아야 한다'는 당위는 '못살게 구는' 힘에 대한 저항의 명령이다. 그냥 있음은 저항도 없이 있는 것이 아니라, 무의미를 만들어내는 억압에 대한 저항을 안고 있다. 우리가 찾는 문명의 해결책인 그냥 있음 또는 살아 있음은 못살게 구는 힘에 대한 저항을 어떻게 포함하고 있는지를 밝혀야 한다. 그렇지 않으면 수동적이고 운명론적인 것에 빠질 수 있기 때문이다. 이것은 인문주의가 추구하는 내면의 자유만으로는 부족하다. 외부로부터의 억압에 저항할 수 있어야 한다. 밖의 환경에도 불구하고 내면에서 자유로운 경지를 갖는 것으로는 부족하다. 밖의 환경 곧 제도와 구조를 바꾸어가면서 객관적인 삶의 조건을 좀 더 평등하게 만드는 것이 필요하다. 업신여김은 특히 물질적 소유의 구조로 외부로부터 한 사람의 존재를 무시하는 것이다.

'못살게 구는 구조'를 가리켜 우리는 '업신여김'이라고 본다. 업신여김은 비존재의 위협이요, '있는데 없는 것처럼' 보는 것이다. 사람을 무시無視하는 것이다. 정치적 탄압이나 폭력은 그런 업신여김의 결과다. 오늘날 '없어 보인다', '있어 보인다'는 말을 쓴다. 무엇이 있어 보이고, 무엇이 없어 보인다는 말인가? 그 주어를 명확하게 하지 않은 이 유행어는, 인간 사회에서 무엇이 존재감을 결정하는지를 말해준다. 그것은 소유 곧 '가짐'이다. 가진 것이 많으면, '있음'이요, 가진 것이 적으면 사람이 있어도 '없음'이다. 그러니까 있음과 없음은 소유가 지니는 힘에 의해서 결정된다. 있음은 가짐의 힘이요, 없음은 가짐의 결여다. 힘이란 무엇이든 할 수 있는 잠재력이다. 능력이요, 권능을 의미한다. 그런데 그 힘이, 있음이 아닌 가짐에서 나온다는 말이다.

동서양의 인문주의는 그런 소유의 게임을 초월해서 인간을 순화하려는 노력이다. 그래서 내면의 덕을 통해 외부의 평가로부터 독립한 '있음'을 찾으려고 했다. 특히 서양 인문주의는 '힘'이 '있음'에서 나오도록 하고자 했다. 그들은 힘의 문제에 주목했다. 플라톤 이후 기독교 신학을 통해서 그리고 하이데거에 이르기까지 존재 곧 있음 또는 존재 자체란 가짐과 반대의 위치에 있다. 그것은 물질과 물리력의 소유에서 힘이 나오는 것을 막으려는 시도라고 할 수 있다. 그들은 '의미 있음'을 통해 '있음'을 확보하려고 했다. 가짐이 존재감을 결정하는 현실을 초월하려는 것이다. 물리적 힘과 소유가 지배하는 인간 현실을 바꾸어, 선의 힘과 의미로서 존재감을 느끼려고 한 것이다. 그러나 앞에서 본 대로 그런 의미가 개인에게 무의미를 만드는 측면이 있다. 인문주의는 생생한 삶을 희생시키는 면이 있다. 존재'감'의 문제가 아니라 실제로 존재가 무시당하지 않고 살아야 한다. 외부적 환경을 바꾸지 않고 내면의 평화로만 업신여김의 문제를 해결하는 것은 너무 벅찬 과제다. 인간의 해방이 결국은 개인 내면의 문제라고 하더라도, 인간이 공동으로 만드는 삶의 조건을 개선해나가야 한다.

그러려면 업신여김의 문제를 해결해야 한다. 살아 있음은 없음에 대항하지 않고 업신여김에 대항한다. 업신여김은 개체에 대한 공격이다. 그 '누구'에 대한 공격이다. 살아 있음은, 하이데거의 익명적 존재 곧 있음과 달리 '내'가 살아 있음인데, 업신여김은 그 '나'를 업신여기는 것이다. 서양에서 나의 아이덴티티를 강조한 것도 그 '나'를 지키기 위해서다. 만일 우리가, 누구도 공격할 수 없는 '있음'에 기초해서 그냥 있을 수 있다면, 나를 공격하는 것은 아무런 문제가 안 된다. 그러나 그것은 고도의 자기 수양을 거쳐야 되는 문제이고, 업신여김의 폭력은 일상생활에서는 쉽게 해결되지 않은 채 사람을 괴롭힌다. 그래서 그 '누구'로서의 '나'를 지킬 줄 알아야 한다. 그렇지 않으면, 그냥 있음을 살기 어렵다. 대개 그냥 있음을 강조할 경우, 자칫 엘리트주의가 될 수 있다. 업신여김이 만드는 무의미는, 그냥 있음에서 너무 멀어지게 한다는 데 문제의 핵심이 있다. 그 업신여김 때문에, 사람은 남을 업신여길 수 있는 현실적 지배력을 통해 삶의 의미를 회복하려고 한다. 그것이 의미를 주지 못하지만, 의미의 잠재적 창고로 보여지는 현실적 힘을 추구한다. 그렇게 해서 업신여김이 만드는 무의미의 악순환 속에 살아간다.

업신여김이야말로, 생존 경쟁에서 생긴 폭력의 구조다. 말하자면 생존 경쟁의 구도 안에서 남을 이기고 지배하기 위한 선험적 장치가 업신여김이다. 인문주의가 내세운 도덕은 물리적 소유의 힘 대신에 선의 힘을 가르쳤지만, 거기에도 선과 악의 소유라는 면이 있다. 다시 말해서 인문주의는 정당화하고 비판하는 작입을 통해 인간답시 못한 인산을 업신여길 순비가 되어 있다. 그것은 자기 수양의 원리로 설명되지만 원래 공동체의 질서와 평화를 위한 것이기 때문에, 정죄하는 데 초점이 맞추어져 있다. 선과 악, 의와 불의의 분별을 통해 사람을 업신여긴다. 그리하여 사람은 물리적으로나 심리적으로 남을 제압하기 위해 업신여기는 습관을 본능처럼 지니고 있다. 산다는 것은 한편으로는 남을 업신여기면서 자기를 실현한다. 거기에 저항하지 못하면 살았다고 할 수 없는 경우가 많다.

업신여김에는 내면적인 차원이 있고, 외부적 차원이 있다. 외부의 업신여김의 차원이 내부를 결정한다. 죄의식을 불러일으키는 양심은 사회 쪽에서 부여한 것이다. 하이데거를 빌려 말하자면 사용사태의 배려의 차원에서 같은 기준을 가지고 우열을 가리고 업신여긴다. 그러므로 업신여김이란 나의 고유함을 잃고 '그들' 속에 '빠져 있음'에서 벌어지는 일이라고 할 수 있다. 업신여김은 그들이 만드는 것이요, 내가 나를 업신여기는 것은 내가 나 자신이 아니라 그들의 일원으로 있을 때 일어나는 일이다. 그러므로 업신여김에 저항하는 것은, 공동체가 만든 죄의식에서 벗어나는 것이기도 하다. 하이데거는 이 문제를 정면으로 다루지 않았고, 다만 고유한 자기를 찾는 계기로 삼았을 뿐이다. 일반적인 죄의식을 '탓이 있음'의 계기로 삼으려는 것이다. 그러나 우리는 그런 죄의식이 얼마나 파괴적인지 잘 안다. 프로이트가 지적한 대로 매조키스트적 죄의식이나 새디스트적 죄의식은 살고 싶은 마음을 바꾸어 죽이고 싶거나 죽고 싶어하는 마음을 만든다. 그러므로 살아야 한다는 생명 당위는, 자기를 위축시키고 업신여기는 죄의식을 벗어나는 문제를 매우 적극적으로 해결해야 한다.

업신여김은 인간의 삶의 방식이고, 인간 사회가 돌아가는 방식이다. 그러므로 구조악의 문제라고 할 수 있다. 업신여김은 인간의 심리적 구조라는 점에서 영원히 없앨 수 없는 주관적 성향이기도 하다. 그러나 더욱 중요한 것은 제도다. 사람을 차별하는 각종 제도는 업신여김을 객관적으로 선취하는 것으로서, 누구나 업신여기는 환경 안에서 태어나게 만든다. 업신여기는 심리 구조는 없앨 수 없다고 하더라도, 객관적인 차별의 제도는 하나씩 정리할 수 있다. 그런 제도적인 투쟁은 인간의 심리 구조에도 영향을 준다. 사람을 차별하는 업신여김의 구조는 인간 사회의 '필요악'으로서 정당화되어왔다. 악이니까 없어지길 바라지만, 필요하기 때문에 없어질 수 없다.

예를 들어 소유의 힘에 의한 신분 질서는 인류의 오랜 생활 방식이다. 지배 질서를 위한 법의 발달은, 실정법 위반을 죽을죄를 지은 것처럼 간주해서 죄인에게는 국가적 힘을 행사했다. 법이 원하는 것을 내면에서부터 해결하기 위해 등장한 인문주의 도덕은 많은 경우에 기존의 지배 질서를 정당화하는 역할을 한다. 고대와 중세 사회에서 지배 질서는 소유의 위계질서를 존재의 위계질서로 만들었다. 존재의 위계질서란 존재의 정도에 차이가 있는 것을 가리킨다. 원래 아리스토텔레스나 아우구스티누스가 생각한 존재의 위계질서는, 선과 덕의 정도에 따른 위계질서다. 다시 말해서, 선 그 자체인 신은 가장 존재하고, 물질에 대한 사랑을 품고 있어 무 곧 비존재가 섞여 있는 인간은 신과 달리 존재 자체가 아니다. 인간은 신보다 덜 존재한다. 그래서 언제나 무로 돌아갈 수 있다. 그리고 짐승이나 물질은 덕으로 신성화될 가능성이 없어 인간보다 덜 존재한다. 그런데 신과 인간과 동식물의 존재의 위계질서는 인간 내의 신분 계급을 정당화하는 형태로 사용되었다. 그것은 동서양에 공통된 특징이다.

이런 경향은 기독교 문화권에서도 나타난다. 중세의 결의론에 따른 도덕의 객관화가 그것이다. 그리스적 인문주의와 유대적 죄의식을 결합시킨 기독교 문명은, 점차 교회법을 중심으로 한 율법주의로 발전해나갔다. 그것은 바울이 이룩한 전환의 긴장을 유지하지 못한 결과다. 중세 교회의 율법주의는 목회적 필요에 의한 것이라고 할 수 있는데, 그것은 사도 바울의 말에 의하면 영靈을 문자화한 것이고, 복음을 다시 율법화한 것이다. 그런 율법주의는 민중적인 것 또는 기독교의 대중화와 연관된 것이라고 할 수 있다. 임박한 종말론과 연결된 중간 윤리로는 오래 견딜 수 없었다. 중간 윤리interim ethics란 종말을 기다리면서 세상의 소유를 거부하는 것인데, 종말이 지연되면서 일반 신도들이 그런 무소유로 견딜 수는 없었다. 말하자면 중간 윤리는 시한을 기다리는 금욕주의라고 할 수 있다. 그처럼 물질을 초월하는 고도의 금욕주의는 일상적인 삶과는 거리가 멀다.

기독교의 주류는 따로 사는 소종파가 아니라, 인간의 모든 역사와 일상을 안고 가면서 거기서 하나님의 뜻을 찾는 데 있었다. 그 결과 교회는 금욕주의보다는 삶의 지속성과 일상성을 중시했다. 그래서 중세 아퀴나스에 이르면 자연법과 인정법의 거대한 종합이 일어나고, 세속과 교회의 역할 분담이 일어나는 것이다. 그것은 기독교의 주류가 민중의 일상적 삶을 복음 안에 끌어들이고, 그것을 정당화했음을 의미한다. 먹고 살아야 하며, 때로는 싸우고 경쟁하고 남을 이겨야 하는 일상적 삶 속에서도 복음을 지키도록 교회는 많은 법을 만들었다. 그 법을 통해 교회에 묶어두고, 세속적인 욕망에서 생기는 죄를 어느 정도 거르고자 한 것이다. 일종의 목회적 필요 또는 교육적 필요에 의해 생긴 것이 이른바 중세의 율법주의라고 할 수 있다. 그것은 사회 경제적인 측면에서 형성된 신분 질서를 벗어나는 일과는 무관하고, 오히려 거기에 묶어두는 효과도 같이 가지고 있었다. 말하자면 종교와 세속 사이의 위계질서는, 세속 속의 위계질서를 정당화하는 데 도움을 주고 있었던 것이다.

그처럼 동양이나 서양이나 객관화된 규범에 인간을 묶어두려고 했던 것은, 아직 인간의 욕망에 대한 통제에 자신이 없었기 때문이라고 할 수 있다. 개인의 주관적인 판단에 맡길 때, 그것이 보편적인 행동 방식으로 나타난다는 보장이 없었다. 그렇다면 무질서를 막는 것이 중요한 과제인 고대와 중세의 사회에서 객관적인 예와 도덕적이고 법적인 규범에 개인의 양심을 묶어두는 것은 꼭 필요한 일이었던 것이다. 그 결과 당시에 통하던 율례와 규범들을 곧 하나님의 법으로, 그리고 천명天命으로 정당화하게 된다. 그리하여 도덕과 법이 구조적으로 업신여김을 재창출하고 있는 데서 벗어나지 못하게 된다.

인문주의는 어느 정도 그런 상황을 정당화하는 역할을 했다. 힘없는 남을 업신여김으로 못살게 구는 억압의 규범을 도덕의 이름으로 정당화하는 역할을 해왔다. 업신여김의 구조가 전체를 살리는 데 불가피한 필요악이었기 때문이다. 원래 국가의 평화를 위해 탄생한 인문주의는 사회 질서를 위한 지배 구조를 악이라고 생각하지 않았다. 필요악은 악이 아니다. 인문주의는 물질의 가치를 평가절하하고, 민중들에게 물질이 돌아가게 하는 것을 학문의 주제로 삼지 않았다. 에티케를 통한 폴리티케를 중시했지만, 테크네는 인문학도의 영역이 아니었다. 말하자면, 물질의 분배를 놓고 벌어지는 투쟁이나 조절의 문제를 중시하지 않았다. 이기심을 없애라는 말만 했지, 물질의 필요성을 인정하고 갈등을 겉에서 해결할 방도를 찾는 데는 인색했다. 아리스토텔레스에서 중세 아퀴나스에 이르기까지, 그리고 공맹孔孟의 춘추전국시대에서 명청明淸에 이르기까지, 덕치德治를 강조하고, 인문학이 정치학이나 경제학까지 지배했다.

그런데, 이 문제를 생각의 주제로 삼은 것은 서양의 공헌이다. 업신여김을 단순히 개인적 경험으로 생각하지 않고, 사회 구조 전체에 들어 있는 것으로 보고 대처의 방안을 찾은 것은 서구의 기독교 문화권이다. 불교나 성리학이나 기독교에는 사회에 문제가 있다는 암시가 모두 들어 있다. 구염이나 훈습이나 원죄라는 말은, 인간이 본래 선한데 차츰 사회 관습에 물들어 남을 업신여기는 악한 성품이 생겼다는 암시가 들어 있다. 그런데 그와 같은 사회 관습을 정면으로 주제로 삼고, 그것에 대처해야 한다는 생각은 서구에서 발달했다. 말하자면 개인이 변해서 사회가 변하기를 기다리지 않고, 사회를 바꿈으로 개인이 바뀌는 측면을 강조하는 것이다.

플라톤의 인문주의와 기독교의 신학은 근대적 비판 정신과 거리가 있지만, 공맹의 인문주의나 성리학적 종교성에 비해서, 이미 사회 전체를 비판하는 정신이 들어 있다. 그 점은 매우 중요하다. 업신여김에 대한 저항은 개인 내면의 문제가 아니라 사회 구조에 대한 문제이기 때문이다. 거리두기, 변증법적 사고, 종말론적 사고, 이데올로기 비판 등에서 서구 문명의 특징이 나타난다. 한국이나 중국의 문치文治는 주로 선善의 확대에 관심을 가졌다면, 서양은 인간의 본래적 선을 강조하는 만큼, 인간의 뿌리 깊은 악에도 관심을 두고, 악에 대처하는 일을 중요한 주제로 삼았기 때문이다.

서양 사상의 역사는 끊임없는 비신화화의 연속이라고 할 수 있다. 그리고, 그러한 비신화화가 그 시대의 비판 이론을 형성했다고 할 수 있다.

그리스의 비극 작가들은 이미 희생 제물이 더 이상 통하지 않는 현실을 반영하고 있다. 거기에는 르네 지라르René Girard가 말하는 희생 위기가 드러난다.[6] 희생 제물을 통해 사회의 갈등을 해결했던 종교적 메커니즘이 더

---

6 예를 들어, 유리피데스의 희곡 『헤라클레스의 광기』에는 헤라클레스가 제단에서 살인의 광기를 터뜨리는 대목이 나온다. 희생 제의는 폭력을 막기 위한 것인데, 그 희생 제의를 준비하던 자리에서 폭력이 발생하는 것은 희생 제의가 더 이상 그 사회의 폭력을 막는 역

이상 통하지 않는 것이다. 그러면서 신 중심에서 점차 인간 중심으로 넘어간다. 고대 종교의 비신화화가 시작된 것이다. BC 5세기 그리스의 비극작가 아이스킬로스와 소포클레스와 에우리피데스는 한 세대 차이로 활동했는데, 그들의 작품에도 세대의 차이에 따라 점차 종교의 비신화화가 일어났다. 아이스킬로스가 신의 섭리를 찬양하는 데 주력했다면, 소포클레스는 신을 알 수 없는 대상으로 생각하고 인간을 주역으로 세웠으며, 에우리피데스는 소피스트의 영향을 받아 인간주의적인 색채를 완연하게 보였던 것이다. 그리고 다음 세대에, 소크라테스와 플라톤에 이르면 철학이 종교를 비신화화하고 윤리로 바꾸었다.

그러나 그 이후 기독교는 다시 종교를 찾았다. 기독교는 인간의 죄의 깊이를 내세우며 인문주의가 내세운 도덕을 비신화화했다. 그리고 물론 고대 종교의 성과 속의 이분법도 비신화화했다. 하나님은 세상을 주관하는 힘 있는 신이지만, 동시에 선한 신으로 플라톤적인 선의 이념의 성격도 같이 지니고 있었다. 그것이 고등 종교의 모습이다. 그러나 중세 교회는 다시 선의 이념보다 힘 있는 신에 의지했고, 그 결과 십자가의 그리스도보다 영광의 그리스도Christus gloriae가 강조되었다. 말하자면 삼위일체 가운데, 성자나 성령보다 성부 중심의 신앙 형태를 가지고 있었다. 교회는 하나님과 인간을 매개하는 초자연적 공간이 되고, 신앙은 그런 교회를 중심으로 객관화되어 있었다. 교회에 가서 미사에 참여하는 게 신앙이었다. 하나님의 뜻은 사제를 통해 아는 것이라고 생각했고, 사제는 거룩한 자로 하나님의 뜻을 독점했다. 고대 종교의 성과 속의 이분법이 다시 부활한 측면이 많다.

그처럼 객관화된 신앙을 다시 비신화화한 것이 종교 개혁이다. 종교 개혁은 객관화된 신앙을 주관적인 것으로 바꾸었다. 성령이 강조되면서, 신

할을 하지 못함을 뜻한다. 르네 지라르, 『폭력과 성스러움』, 김진석, 박무호 역(서울: 민음사, 1993), p. 63.

앙은 성령의 역사로 인간의 내면에서 일어나는 것이라고 보았다. 성과 속의 이분법이 없어지고, 사제의 독점적 지위가 사라지면서 만인사제설이 주장되었다. 하나님의 계시의 장소를 교회로부터 개인의 내면으로 바꾼 것이다. 종교 개혁은 근대 인문주의의 길을 예비했다. 일단 교회의 객관적 권위를 부인하고 신앙의 중심을 인간 내면으로 옮기고, 교회가 비신성화되고 난 후, 서양 사회는 세속화의 물결이 일어나기 시작했다. 원래 세속화secularization는, 신앙의 중심이 개인 내면으로 바뀌면서 신앙의 장소가 교회로부터 세상으로 옮겨간 것을 가리키는 것이다. 교회뿐 아니라 세속도 거룩한 곳이 되어야 함을 뜻하는 것이다. 그러나 그것은 결국 교회에 가지 않아도 되는 경향을 낳았다. 그리고 무엇보다도 일단 개인 내면에로 권위의 중심이 옮겨왔기 때문에, 세속화는 인간의 권위를 증가시켰다. 성부가 권위주의적이라면, 성자와 성령은 인간의 존엄성을 확보하는 하나님이다.

종교 개혁 이후 권위의 중심이 된 개인의 내면은 하나님을 도덕법으로 대치했다. 하나님의 뜻을 알 필요 없이 내 양심이 내게 명령하는 대로 행하면 되는 것이 되었다. 그리하여 인간 내면은 더 이상 주관적 신앙의 장소가 아니라, 스스로 명령하고 복종하는 인간 자율의 장소였다. 그리하여 칸트는 종교를 윤리로 완전히 바꾸었다. 종교를 윤리로 바꾸는 일은 고대 인문주의자들이 한 일이지만, 근대에 들어 그 작업은 완벽하게 이루어졌다. 고대와 중세의 인문주의는 실천지實踐知와 덕을 강조했지만, 그 덕이 사회법으로 객관화된다고 보고, 사회법을 존중했기 때문이다. 중세의 아퀴나스는 실정법인 인정법人定法을 자연법自然法과 영원법이 단계적으로 반영된 것으로 보았다. 그것은 동양의 유학이 인과 의를 강조했지만, 예에서 인과 의가 객관화된다고 보고 예禮를 가장 중시한 것과 같다. 그러나 칸트에게서는 이제 실정법 이전에 인간의 양심에 권위를 두게 되었다. 객관적인 법이 정당화되려면, 개인 양심들의 실질적인 합의가 필요한 시대가 되었다.

그런데, 근대 인문주의가 종교를 비신화화하는 데 중요한 역할을 한 것이 과학이다. 종교를 비신화화하고 종교로부터 벗어났을 때, 가장 큰 문제는 생사화복生死禍福의 문제였다. 사람은 도덕적 자기완성이나 부도덕에 대한 회개의 문제보다는, 생사화복에 대한 근심과 두려움 때문에 신에게 의지한다. 그처럼 인간의 본성이 재앙을 막고 복을 받는 데 관심을 갖고 있다면, 종교를 비신화화한 인문주의가 어떻게 서양의 근대인들을 이끌 수 있었을까? 그것은 과거에 종교에 의지하던 것들 중 상당 부분이 과학으로 해결되었기 때문이다. 질병에 대한 두려움과 치유의 문제를 과거에는 종교에 의지했지만 이제는 철저하게 과학으로 해결했다. 자연의 변고나 자연 현상에서 신의 저주를 연상하고 두려워했던 것이 근대 이전이었다면, 근대에는 과학으로 말미암아 자연 현상이 자연 법칙으로 설명되었고, 자연을 다스릴 수 있게 되었다. 그러므로 자연 현상을 두고 더 이상 종교에 의지하지 않게 되었다.

아이를 가지는 문제도 과거에는 하늘의 점지로 여겼으나, 과학의 발전으로 생명 탄생의 화학적 구조가 밝혀지고, 인간의 생명 탄생을 유도하고 막을 수도 있게 되었다. 그리고 생사화복에서 중요한 부분을 담당했던 기근의 두려움도 과학 기술의 결과인 산업화로 말미암아 많이 해결되었다. 이처럼 과학이 생사화복의 두려움을 상당히 해결해주면서 동시에, 근대 인문주의는 종교를 윤리로 바꿀 수 있었다. 그렇게 해서 신학은 자유주의 신학을 탄생시켰고, 거기서 강조한 것은 사랑이다. 물론 20세기 세계대전과 함께 인간의 죄를 강조하는 정통주의 신학이 다시 등장했지만, 생사화복의 기도를 비는 신을 말한 것은 아니었다.

한편 흄과 애덤 스미스는 칸트적인 높은 윤리를 비신화화하고 낮은 윤리를 정립했다고 할 수 있다. 그것은 인간의 능력을 지나치게 높게 보는 것에 대한 비신화화라고 할 수 있다. 그리하여 물질을 멀리하는 지나친 윤리적 요구가 가져오는 억압으로부터 인간을 해방한 측면이 있다. 같은 인문주의 안에서도 그렇게 비신화화가 일어나면서, 서양은 비판 이론을 정립해

갔다고 할 수 있다. 근대 인문주의 이후에는 물론 프로이트나 마르크스 그리고 레비스트로스의 구조주의 같은 것이 근대성의 신화를 다시 비신화화했다고 할 수 있다.

이제 생명 현상 중 업신여김에 대한 저항의 문제에서 서양의 공헌을 좀 더 자세히 보자.

2. 서구의 형이상학과 기독교의 공헌

그리스의 이원론과 비판 사상

중국의 유학과 달리 그리스의 고대 인문주의는 사회 전체를 통째로 비판할 비판 의식을 갖고 있었다. 현실과 다른 현실을 인정함으로써 그런 비판 정신을 가질 수 있었다. 플라톤에게서 존재 자체는 존재하고 있는 모든 현실보다 더 현실적인 것을 뜻하는 것이다. 선의 이념을 더 현실로 봄으로써, 현실을 통째로 거리를 두고 볼 수 있는 안목을 제기했다. 그것이 이른바 이원론의 공헌점이다. 플라톤에게는 선과 악의 이원론은 없다. 선과 악의 이원론은 선의 승리를 확보하기 위한 인문주의와 맞지 않는다. 그는 악의 문제를 인간의 책임으로 두었다. 인간이 세상의 주인으로 설 수 있는 것은 악의 문제에 책임을 지면서부터다. 다시 말해서 고통과 같은 악의 원인을 신에게 두지 않고, 우연이나 인간의 악한 마음에서 비롯된 것으로 봄으로써, 악의 문제에 관한 운명론을 벗어날 수 있었다. 그것은 기독교에서 신정론神正論으로 발전하는데, 신정론은 플라톤에게서 이미 보이고 기독교에서 발전한다. 여러 가지 문제가 있음에도 불구하고, 신정론은 선의 현실을 세상 현실보다 더 현실적인 것으로 보는 데 기여했던 사상이다.

여하튼, 플라톤에게는 선악의 이원론이 없다. 다만 선의 이념과 그것이 구체화된 현실의 이원론, 다시 말해서 이념과 현실의 거리가 있을 뿐이다. 그리고 현실은 선의 이데아를 본으로 삼아 만들어졌기 때문에 원래 선하다.[7] 그렇다면 악의 책임은 인간이 져야 하는 것이 된다. 그럼에도 불구하고, 플라톤은 질료를 의심했다. 말하자면 이념이 현실로 구체화되는 데 있어서 질료를 입어야 하고, 질료를 빼면 세상 현실이 아니다. 질료는 성리학의 기氣처럼, 관념이나 이념이 아닌 세상 현실을 가리킨다. 그러면서 순수한 이념과 달리 악의 가능성이 되고, 또는 악과 동일시되기도 한다. 성리학에서 리理를 순수한 선이라고 하고 기氣를 악의 가능성으로 보며, 기의 탁함에 의해 리가 가려진다고 보는 것은, 성리학이 일종의 관념론적인 전통과 통하는 면이 있음을 보여준다. 관념론과 같은 인식론을 발전시키지는 않았지만, 순수한 선의 실현을 목적으로 삼는 점에서 동일하다.

여하튼 플라톤은 존재 형이상학을 통해 세상 현실보다 더 현실적인 것을 선의 이념으로 보고, 세상은 선의 이념의 자기 확장으로 본다.[8] 그래서 세상은 본래 선하다. 그러나, 질료로 말미암아 악이 싹튼다. 더 정확히 말하자면 질료에 마음을 두는 인간의 마음으로 말미암아 세상은 혼란스럽다. 플라톤에게는 인간이 당하는 자연 재앙이나 죽음이나 질병 같은 고통의 문제까지 체계적으로 생각하려는 의도는 없었다. 중요한 것은 도덕적 악의 문제이지, 자연 재앙까지 문제 삼을 필요는 없다. 플라톤의 관심은 비슷한 시대의 인문주의자 공자처럼 인간에 집중되어 있었고, 인간이 할 수 있는 것에 집중되어 있었고, 특히 인간의 마음 씀씀이에 집중되어 있었다. 그런데, 공자나 맹자와 달리 그는 이 세상과 다른 영원의 세계를 말했고, 이념을 진짜 현실로 보는 형이상학을 만들었다. 육과 영의 이원론은 이념적 순수 현실과 질료가 섞인 세상 현실의 이원론과 연결되어 있다. 육은 폭력과 불의의 악이 있는 세상을 담고 있고, 영은 그런 세상을 넘어 영원한 선의 이념을 바라보는 능력이다. 영이 육을 이긴다는 것은 결국 세상을 넘어 아름답고 선하고 정의로운 세상을 세우는 것을 의미한다. 그것이 개인에게

---

7 중세에 신학자들이 많이 읽었던 플라톤의 책 『티마이오스』의 주제가 그것이다.

8 플라톤, 『티마이오스』, 박종현 역(서울: 서광사, 2000), 28b, p. 78.

맡겨진 영 또는 누우스의 사명이고, 인생의 의미다. 그리고 그 면에서 남보다 앞선 사람이 깨달은 사람이요, 정치를 해야 할 사람이다. 영과 육 그리고 현실과 다른 현실의 이원론은 동아시아의 유학에는 없는 것이다.

그러한 이원론은 세상을 부정하는 비관주의로 갈 수 있다. 그런 위험이 항상 있다. 그리고 실제로 플라톤의 이원론은 영지주의gnosticism로 흡수되면, 철저하게 세상을 악의 소굴로 보고 저 세상을 지향하는 사상이 된다. 질료를 악의 가능성으로 부정하는 것은, 먹고 살기 위해 싸우고 경쟁하는 세상살이를 부도덕하고 부정한 것으로 볼 가능성이 있다. 플라톤의 유산은 기독교에 넘어와서, 기독교인들 중에 저세상만 바라는 이원론적인 경향을 갖는 사람들이 출현하는 데 기여하기도 했다. 그처럼 세상살이를 죄와 악의 현실로 보면, 세상을 적극적으로 고치고 개혁하는 의지가 없어진다. 흔히 말하는 영혼의 구원이란 것이 삶의 조건을 개선하는 일에 관심이 없게 만드는 것이다. 그러나 다른 한편으로 이원론적 경향은 물질에 대한 집착을 없애서, 현실을 제대로 개혁하는 데 도움을 줄 수도 있다. 그러니까, 플라톤의 존재 형이상학은 지배자들에게 사심 없이 정치하도록 하는 데 도움을 줄 수 있다. 실제로 선의 이데아에 대한 논의가 정치 지도자의 자질을 찾는 가운데 나온 것이다. 그런데, 이원론적인 사고방식이 대중에게 그대로 교육되면, 결국 민중들이 물질의 이득을 놓고 자기 몫을 주장하는 정의의 문제는 약화되게 될 것이다.

어떻든, 이원론이 세상 현실 전체를 비판적으로 볼 길을 열어놓았다는 것은 중요한 일이다. 세상은 선에서 나왔고, 불의한 세상 현실보다 선의 이념이 더 현실이라는 생각은 악을 이기는 데 중요한 힘을 제공한다. 도덕을 고무하고 선이 이기는 사고 구도를 만들어낸 것이 플라톤의 형이상학이다. 그리고 악의 문제에서, 단순히 개인의 악이 아니라, 사회를 통째로 비판하여 전혀 새로운 세상을 꿈꾸는 길을 열어놓은 것이 플라톤의 이원론이다. 플라톤의 이원론은 이 세상을 부인하는 데 중점이 있지 않고, 이 세상을 바르게 만들어놓는 데 중점이 있기 때문이다. 그 결과 사심 없이 세상을 바로 잡는 데 참여할 뿐 아니라, 세상에 들어 있는 소유의 구도를 통째로 비판적 시각에서 살펴볼 길이 열렸다.[9] 더 현실적인 순수한 이념의 세계는 현실 비판을 위한 기준점이 된다. 현실을 통째로 다시 볼 만한 거리를 만드는 데 이원론이 기여했다.

자연과 거리를 둠으로 의식의 세계에 들어선 인간이, 인간이 만드는 세상에 대해 거리를 두는 단계에 형이상학이 탄생했다. 이것은 세상살이와 살아 있음 자체에 회의를 품는 비관적 시각으로 갈 수도 있지만, 인간이 만드는 세상을 비판적으로 바라보게 만들어, 어떤 체제나 제도에도 만족하지 않고 끊임없는 실험 정신을 가능하게 할 수도 있다. 플라톤은 후자에 더 가깝다. 왜냐하면, 그는 인간의 누우스(정신, 이성)에 신뢰를 가진 인문주의자였기 때문이다. 동양의 인문주의가 주로 개인의 능력을 통해 사회가 개선되기를 바란 것과 달리, 서양은 플라톤의 형이상학 덕분에 인간의 제도를 다양하게 비판적으로 성찰할 수 있는 가능성이 열렸다고 할 수 있다. 말하자면 구조를 전체적으로 비판적으로 볼 수 있다는 것이다. 우리는 플라톤이, 다양한 정치 체제를 점검한 반면에, 중국이나 한국에서는 오로지 왕정 외에는 다른 정치 체제에 대한 이론적 검토가 없었음을 기억해야 할 것이다. 그것은 플라톤이 한편으로는 인간의 이성에 대한 신뢰를 가지고 있으면서 다른 한편으로는 인간의 악에 대해서 좀 더 심각하게 생각하고 있었기 때문이라고 할 수 있다. 참주 체제에서 참주가 행하는 악, 민주주의 체제에서 민중이 행하는 악 등, 그의 체제 연구에는 인간의 다양한 악의 가능성에 대한 고찰이 바탕에 깔려 있다. 형이상학의 등장은 인간의 악에 대

---

9 플라톤, 『국가』, 592a, p. 607: "선생님께서는 이론상으로나 성립하는 나라에서 그러려할 것이란 말씀이군요. 그 나라는 지상의 그 어디에도 존재하지 않을 것이라고 저는 생각하니까요." "그렇지만 그것은 아마도 그걸 보고 싶어하는 자를 위해서, 그리고 그것을 보고서 자신을 거기에 정착시키고 싶어하는 자를 위해서 하늘에 본으로서 바쳐져 있다네."

한 심각한 인식과 관련이 있다는 것은 이미 앞에서 말한 바 있다. 악에 대한 심각한 인식은 인간이 만드는 세상 현실의 거짓을 폭로하는 쪽으로 유도하기도 한다. 이상주의적 사유는 현실을 비판하는 중요한 기준을 제공했던 것이다.

플라톤이 소유에 있어서 공유를 주장한 것도 이상주의에 기초를 둔 비판 정신과 무관하지 않다.[10] 자기 개인 소유가 없을 때 지배 그룹은 부패하지 않고 사심 없이 나라 일을 볼 수 있기 때문이다. 이것 역시 지배자들의 덕목을 규정한 것이다. 물론 그것이 일반인 전체에 적용되면 현실성 없는 것이 되고 만다. 그것은 아리스토텔레스가 그의 『정치학』에서 잘 지적하고 있다. 아리스토텔레스는 플라톤과 달리 경험적 현실도 실체로 보았다. 그리고 경험에 비추어볼 때, 플라톤의 공유는 인간 사회에서 더욱 잔인한 결과를 가져온다고 비판했다.[11] 그러면서 개인 소유를 중시했다. 아리스토텔레스는 순수 선에 기초한 이상 사회를 고집하지 않고, 경험적으로 볼 때 무엇이 인간에게 맞는 것인지를 보려고 했다. 무조건적인 이상이 선이 아니라 조건적인 '알맞음'이 선인 것이다. 그런 면에서 어느 정도 경험적 관찰이라는 것이 가치를 결정하는 데 중요한 요소가 된다. 그러나 그는 여전히 존재 자체인 형이상학적 실체를 더 큰 현실로 보고 있다. 제일 실체를 통해 제이의 실체를 인식하고 체험하고 실현하는 것이 여전히 중요하고, 인생의 의미로 자리 잡는다.

그래서 아리스토텔레스는 여전히 쾌락을 넘어 덕치를 중시했으며, 그것을 위해 그렇게 많은 소유가 필요하지 않다고 했다.[12] 그는 소유가 주는 힘

10 물론 플라톤의 공동 소유 주장은 지배층을 향한 것이다. 민중은 정치의 대상이지 정치의 주체가 아니었기 때문에, 정치 사상이 주로 지도층의 덕목에 집중되어 있었다.

11 아리스토텔레스, 『정치학』, 천병희 역(서울: 숲, 2009) 1262b-1263a, pp. 74-78.

12 아리스토텔레스, 『니코마코스 윤리학』, 이창우 외 역(서울: 이제이북스, 2008), 1179a, p. 376.

보다 덕의 힘에 의존한 사회를 건설하려고 한 것이다. 그는 제도는 현실에 맞게 만들어야 한다고 생각해서 공유를 반대했지만, 교육을 통해 사람의 품성을 덕 있게 만들어 남에게 베풀도록 만들어야 한다고 보았다.[13] 말하자면 제도는 사유로 하되, 개인적인 덕목을 키워서 자선하도록 한다. 또는 소유는 사유로 하되, 사용은 공동으로 하도록 한다. 물론 제도적 강제가 아니라 개인의 덕목을 키워 그렇게 유도해야 하는 것이다. 아리스토텔레스는 플라톤과 달리 인간의 현재 성향에 맞는 제도를 세워야 한다고 보았지만, 이상적인 모습을 포기한 것은 아니다. 다만 강제적인 제도가 아닌 교육에 의해 자발적으로 그런 법률을 구성해서 실천하게 해야 한다고 본 것이다. 플라톤은 아리스토텔레스와 많이 다른 것 같지만, 정치와 윤리를 구분하지 않고 이상 사회를 건설하고 싶어 한 것이나, 덕의 정치를 말하는 것, 존재 형이상학을 성립한 것, 물질을 많이 소유하는 것이 덕을 해칠 수 있다고 주장한 것 등은 플라톤과 아리스토텔레스의 공통점이다. 제도의 측면에서 아리스토텔레스는 현실주의의 측면이 있었지만, 교육을 통해 이상적 사회 건설의 꿈을 실현하고자 했다.

기독교의 죄의식과 역사의식이 가져온 비판적 시각

기독교는 플라톤의 사상을 많이 이어받았다. 그래서, 플라톤의 이원론의 위험을 고스란히 안고 있으면서 동시에 세상 비판의 원리도 지니고 있다. 그러나 그 죄의식과 역사의식 때문에 인문주의가 가져올 수 있는 엘리

---

13 "개인의 재산이 모두를 위해 사용되도록 하는 것은 도덕적 탁월함이지 법적 강제가 아니다." (『정치학』, 1263a, p. 76) "재산은 개인이 소유하되 공동으로 사용하는 것이 더 바람직하다. 그리고 사람들이 그런 품성을 갖도록 만드는 것이 입법자의 본연의 임무다." (위의 책, 1263a, p. 76) "하나의 복합체인 국가는 교육에 의해 공동체가 되고 통일체가 되어야 한다…… 그가 제안하는 그런 제도들(공동식사)로 국가를 바꿀 수 있다고 믿는 것은 놀라운 일이 아닐 수 없다." (위의 책, 1263b, p. 78).

트주의에 빠지지 않고, 인간 현상에 대한 우상 파괴적 시각을 유지할 수 있었다.

기독교 신학에서 하나님은 초월자이면서 내재자이다. 그래야 이원론의 위험을 막으면서 동시에 세상을 통째로 조망할 수 있는 비판적 시각을 유지할 수 있다. 그 둘이 언제나 긴장을 이루는 방식으로 기독교 신학이 발전했다. 그것은 신의 이름에서도 잘 드러난다. 구약성서의 출애굽기 3장 14절에는 모세가 하나님의 이름을 묻고 하나님이 자기 이름을 알려주는 대목이 나온다. 하나님의 이름은 "나는 나다I am who I am"이다. 그런데, 여기에 쓰인 히브리어 동사가 현재미완료다. 그래서 마르틴 루터는 "나는 나될 자다Ich werde sein, der ich sein werde"라고 번역했다. 하나님의 정체에 빈 공백을 놔두었다. 하나님의 아이덴티티는 고정되어 있는 무엇이 아니다. 사람과의 관계에서 결정되어 드러나는 것이요, 인간이 장차 이룩하는 역사를 통해 드러날 것이다. 라틴어 번역에서도 quid(what)가 아닌 qui(who)를 써서 sum qui sum(I am who I am)이라고 했다. 이것은 하나님의 정체를 고정시키지 않으려는 것이다. 인간과의 파트너십을 염두에 둔 것이다. 이것이 구약성서에 나타난 유대교의 사상이다. 그런데, 유대교에서 하나님은 인간의 역사에 관여하지만, 그렇다고 해서 신과 인간의 협력을 가리키지 않는다. 신은 여전히 초월적이기 때문에 세상의 구원을 놓고 신인협력설synergism은 아니다. 다시 말해 신은 여전히 초월자인 것이다.

그처럼 내재와 초월의 변증법이 잘 유지되어야 하는데, 거기에 도움을 준 것이 70인 역이다. BC 3세기경, 유대인들의 히브리 성서를 그리스어로 번역한 것을 가리켜 70인 역이라고 부른다. 그러므로 이것은 유대 신학과 그리스 철학이 만나는 지점이라고 할 수 있다. 70인 역은 신약성서 기자들과 이후 교부들에게도 압도적인 영향을 주었다. 그 결과 기독교는 유대교와 그리스 사상이 종합되는 형태의 신학을 갖게 되었다고 할 수 있다. 70인 역은 신의 이름을, '나는 있는 자다ego eimi ho on, I am the one who is'라고 번역했다. '있는 자'라는 것은 그리스 철학의 존재론을 가져온 것이다. 하나님을 존재로 표현하는 것은, 하나님이 너무 인격화되는 단점을 막는다. 하나님을 인간이 알 수 없는 존재로 말하고, 그 절대적 초월성을 확보하는 데 존재론이 중요한 역할을 한다. 그러므로, 신의 히브리 이름과 그리스 이름은, 하나님이 초월자이면서 인간을 파트너로 삼는 역사적 내재의 형태를 만들었다고 할 수 있다. 그렇게 함으로써 한편으로 이원론을 막고, 다른 한편으로 절대적 초월성을 유지한다. 그런 식으로 비판 정신이 형성될 수 있다. 초월성만 있으면 세상을 통째로 모두 비판하게 되는데, 그렇게 되면 인간의 역사에 희망을 두지 않음으로써, 현실을 도외시해서 개혁을 막는 역할을 할 수 있다. 내재만 강조하면, 헤겔에서 보이듯이 현실을 모두 신의 역사로 정당화할 가능성이 짙다. 그러므로 초월과 내재의 변증법은 건전한 비판 사상의 형성을 위해 매우 중요하다.

이런 초월과 내재의 변증법은 기독교의 죄의식에서 나온 것이다. 기독교는 인간의 원죄를 강조해서, 죄를 짓지 않을 수 없는non posse non peccare 인간의 현실을 보았다. 그것이 인간 내면의 현실이고, 인간이 만드는 세상의 현실이다. 그러나 그처럼 세상의 악의 깊이를 봄과 동시에 그런 세상을 사랑하고 그런 세상을 위해서 일하시는 하나님을 말했다. 기독교의 그리스도론은 사람과 세상을 위해 세상에 내려와 세상 죄를 대신 짊어진 하나님을 말한다. 이것이 기독교가 삶을 긍정하고 인간의 존엄성을 말하는 방식이다. 선해서 긍정되는 것이 아니라 죄에도 불구하고 긍정된다. 그러므로, 한편으로는 현실적으로 세상의 악을 통찰하지만, 다른 한편으로는 신앙 안에서 개인의 삶과 인류의 역사를 긍정한다. 뿌리 깊은 비판적 시각을 갖고 있으면서도 패배주의나 비관주의로 가지 않는 원인이 여기에 있다.

바울과 아우구스티누스가 죄를 강조한 것은, 인간의 불가능성을 말하는 것보다는 인간이 만드는 세상을 비판적으로 보는 시각을 연 것이다. 바울은 "모든 인간이 하나같이 부패해서, 선을 알지도 못하고 행하지도 못한다"(로마서 3:9 이하)고 했다. 이것은 우주의 조화에 바탕을 둔 그리스적 이성의 낙관주의와 달리, 인간의 죄의 깊이를 말해준다. 아우구스티누스는 인간의 타고난 죄 곧 원죄를 말했다. 사람은 완전히 타락했다는 것이다. 이런 언급들은 인간 사회가 이룩할 수 있는 선의 한계와 함께 하나님의 은총을 말하는 측면도 있다. 다시 말해서 인문주의가 인간의 가능성에 초점을 두고 위로 끌어올리려고 하는 것이라면, 기독교의 죄의식은 인간 사회의 한계에서 인간의 한계를 보고 그것의 치유로부터 시작하는 것이다. 그러나 더 중요한 것은 그런 죄의 깊이에 대한 선언이 사회 비판의 역할을 한다는 점이다. 인간에 대한 직접적인 고발보다, 인간이 만드는 세상에 대한 고발에 초점이 있다. 만일 인간의 불가능성을 너무 강조하면, 결국 인간이 하늘의 은총만 구하는 무능한 존재로 전락할 수 있다. 그러나 기독교 죄의식의 초점은 세상의 부패다. 그래서 뭔가 알 수 없는 폭력과 알 수 없는 억압의 구조로 짜여진 인간 문명을 고발하는 것이다. 물론 부패한 그 세상은 인간이 만든 세상이다. 부패와 악은 인간 외의 다른 데서 나오지 않는다. 그러나 인간 개인을 고발하기에는 인간 자신도 그런 악한 구조의 희생물이 되고 있다고 할 수도 있다. 원죄론의 중요한 대상은 인간 사회요, 세상이다. 그래서, 인문주의와 달리 죄를 강조한 기독교는 결국 세상을 비판하는 비판의 원리를 안고 있는 것이다.

그것이 시대가 지나면서, 사회 구조악에 대한 구체적 비판과 해방 운동으로 이어진다. 아우구스티누스에게서 이미 사회 제도에 대한 비판 곧 구조악에 대한 비판의 모습이 보인다. 그러면서도 그 세상을 안고 간다. 영지주의적 이원론과 달리, 이 세상은 하나님의 뜻이 실현될 중요한 장소다. 그러므로 세상의 구조악 때문에 일상적인 삶을 회피하고 사막으로 나가 도를 닦지 않는다. 그것은 적어도 기독교의 주류는 아니었다. 기독교는 경제활동과 정치 활동을 하며 살아가는 인간의 일상적 삶을 구원의 장소로 생각한다. "죄가 많은 곳에 은혜가 넘친다"는 바울의 선언도 역할을 했다. 신의 은총은 다른 곳이 아니라 사느라고 죄를 짓는 바로 그곳에 넘치는 것이다. 그런 의식 속에서 기독교 문화권은 제도의 개선을 중시할 수 있었다. 그것은 기독교가 매우 정치성을 띤 종교임을 말해준다. 개인을 치유하고 성화시키는 것도 종교의 중요한 기능인데, 제도를 바꿈으로 삶의 환경을 개선해나가는 것은 더욱 중요한 것일 수 있다. 헤겔이 자유의 궁극적 단계로 국가 제도를 통한 객관적 윤리Sittlichkeit를 말한 것은 기독교 문화권의 열매라고 할 수 있다. 교회가 직접 정치 제도 개선에 나선 것은 아니지만, 기독교의 종교성 자체가 구조악에 대한 비판적 시각을 갖고 있었으며, 동시에 죄의 자리인 세상을 회피하지 않고 세상에서의 삶을 구원의 자리로 생각했다는 것이 중요하다. 물론 그것이 구체적인 권력 비판으로 가려면 근대를 기다려야 했지만, 기독교 안에 그러한 비판 정신이 나올 준비를 갖추고 있었다고 할 수 있다.[14]

기독교는 처음부터 '나라'를 중시했다. 기독교의 복음의 핵심은 하나님 나라의 도래에 있다. 그것은 바울을 거치면서 개인의 내면의 실존적 측면을 보강하지만, 여전히 복음의 핵심은 하나님 나라가 가까이 왔다는 소식이다. 하나님 나라는 세상 나라와 대비되는 개념이다. 플라톤에게는 선의 이념이 스스로 이룩해나가는 나라가 없다. 그것은 실천의 힘과 진리의 인식을 주며 또 만물을 존재케 하지만, 선의 나라를 이룩해나가는 주체가 아니다. 그에 반해서, 기독교의 하나님은 선이기보다는 사랑이다. 초대 교회의 교부들에 의해 신학이 정립되면서, 그리스 철학을 도입하고 하나님을 설명하기 위해 존재 자체라는 말을 가지고 왔지만, 기독교의 하나님은 인

14 지젝은 "진정한 유물론자는 기독교를 거쳐야 한다"고 말한다. 슬라보이 지젝, 『죽은 신을 위하여』, 김정아 역(서울: 길, 2007), p. 11. 그는 기독교가 내면의 보편성에 함몰되지 않고 밖을 응시한 점을 중시한다. 그것은 인문주의의 보편성이 인간 사회의 구체적 삶의 개별 상황과 부딪히는 점을 지적한 것으로 볼 수 있다. 기독교에서는 진리의 보편성과 개별성이 종합되는 측면이 보인다. 같은 책, p. 35 참고.

격적이고 관계적인 존재다. 그것을 말해주는 것이 "하나님은 사랑이시다"라는 요한 1서의 선언이다. 그것은 진리가 인간과 실존적인 관계에 들어감을 의미하면서, 동시에 진리가 스스로 마음을 먹고 마음을 쓰며 악을 이기고 선의 나라를 만들어가는 주체임을 의미한다.[15] 사랑은 플라톤의 에로스가 아니라 아가페다. 이것은, 사랑의 주도권이 진리에게 있음을 의미한다. 진리는 선한 세상을 만들어가고 섭리하는 주재자라는 말이다. 다시 말해서 플라톤의 선의 이념은 실체이지만, 기독교의 하나님은 단순히 실체가 아니라 주체다. 그 결과 하나님은 선의 이데아나 유학의 태극太極이나 리理와 달리 단지 이념으로 통치하지 않고, 능동인能動因으로 통치한다. 능동인이란 사람의 의지를 움직여 선의 나라를 만들어가는 존재라는 말이다. 또는 인간의 의지를 넘어 자기 의지로 선의 나라를 만들어가는 존재다. 그것이 하나님의 섭리요, 기독교의 종말론이다. 능동인은 단순히 인간의 마음을 움직이는 데 그치지 않는다. 하나님은 능동인으로서 새로운 세상을 만들어 나간다. 인간은 형상에 참여하는 데 그치지 않고 하나님의 역사에 참여하는 것이다. 우주적 마음의 움직임이 있고, 인간은 거기에 자기 마음을 맞춰 참여하는 것이다.

하나님의 나라는 하나님이 통치하는 나라다. 그것은 인간이 통치하는 현실을 언제나 비판적으로 보게 한다. 기독교는 초월적이고 이상적인 사회의 각도에서 현실의 부족함을 질타하며 언제나 넘을 수 없는 한계를 설정한다. 아우구스티누스는 신의 도성civitas dei과 지상의 도성civitas terrena을 비교하며 『신국론』을 썼다. 그는 국가에서 이루어지는 정치를 필요하다고 보지만, 죄의 산물로 보았다. 통치력의 핵심에는 남을 지배하고자 하는 인

---

15 진리라는 말은 인식론적이고 존재론적인 표현이다. 그런데, 이런 진리의 주체성 문제는 헤겔에 와서 꽃핀다. 헤겔은 진리나 존재 자체라는 말 대신에 정신이라는 말로, 주체적 진리를 표현하고자 했다. 헤겔이 『정신현상학』 서론에서 설명하는 주체 개념은 기독교적인 영향이라고 할 수 있다. 삼위일체 교리의 영향권 안에 있다.

간의 소유욕이 있다고 보았다. 정치는 불가피하지만, 지배하는 자와 지배받는 자가 나눠져 있는 정치 현실을 창조 질서와 어긋나는 것으로 보았다. 다스린다govern는 개념은 사람이 짐승을 다스리는 데 사용되는 것이다. 그것이 원래 하나님의 뜻이다. 그러나 지금은 사람이 사람을 다스리는 현실이 되었으니, 타락한 인간들 사이에서 생긴 질서에 불과하고, 원래 하나님이 원하는 것은 아니다.

> 인간이 인간을 다스리라는 것이 아니고 인간이 짐승을 다스리라는 것이었다. 그래서 최초의 의인들은 가축들의 목자로 세워졌지 인간들의 임금으로 세워지지 않았다. 이것으로 하나님은 피조물의 질서가 요구하는 바가 무엇인지를 암시했고, 죄인들의 응보가 강제로 부과하는 것이 무엇인지를 암시했다.[16]

그는 지배 권력이 있는 국가의 정치 현실은 하나님의 본래적 창조 질서로 보지 않았다. "그 어느 인간도 하나님이 원래 인간을 창조한 자연 본성에 의해서는 종이 아니다."[17] 그는 하나님의 창조 질서라는 신학적 개념을 가지고 현재 임금의 종노릇을 하는 백성들의 상황을 비판적으로 바라보고 있다. 국가라는 단체는 하나님이 원래 원한 것이 아니라, 인간이 죗값으로 얻은 것이다. "종이라는 그 이름은 자연 본성에서 온 것이 아니고 죗값으로 얻은 것이다."[18]

이것은 아리스토텔레스가 지배자와 피지배자의 구도를 당연하게 본 것과 다르다. 아리스토텔레스는 이렇게 말했다.

---

16 아우구스티누스, 『신국론』, 성염 역(왜관: 분도출판사, 2004), 19권, 15, p. 2203.

17 위의 책, 19권, 15, p. 2205.

18 위의 책, 19권, 15, p. 2203.

> 누구는 지배하고, 누구는 지배당하여야 한다는 것은 단지 필요할 뿐만 아니라 편의한 것이므로 그들은 출생시부터 어떤 자는 복종하도록 또 어떤 자는 지배하도록 되어 있는 것이다. 그리고 지배자에게도 또한 피지배자에게도 여러 종류가 있다. 더 우수한 피지배자에 대한 지배는 더욱 좋다.[19]

아리스토텔레스는 국가의 지배 체제를 자연의 원리로 본다. 인간이 동물을 지배하고, 정신이 육체를 지배하는 것처럼 주인이 노예를 지배한다. 그리고 정치적 지배는 지도자가 자유민과 평등한 자들을 지배하는 것이다. 그것은 일종의 분업이라고 본다. 그러나 아우구스티누스는 현재 자연스럽게 통하는 것natural과 본래의 모습by nature을 구분한다. 통치자가 있는 정치적 현실은 매우 자연스런 현상으로 받아들여지고 있지만, 본래 하나님이 만든 질서가 아니고 하나님이 원하는 것이 아니다. 아우구스티누스는 권력의 중심이 형성되는 정치 현상에 대해 근원적으로 비판적이었다. 그래서 이렇게 말한다.

> 오만superbia은 하느님 밑에서 동료들과 더불어 평등을 누리는 것을 거부하고 하느님 대신 자신의 지배권을 동료들에게 부과하고 싶어 한다. 오만은 하느님의 정의로운 평화를 싫어하고 자신의 불의한 평화를 좋아한다.[20]

인간의 권력의지libido dominandi를 지적하고, 황제의 권력은 그런 권력의지의 산물이라고 비판하는 것이다. 그는 정치의 본질과 한계를 명확하게 알고 있었다. 물론 그는 최고선을 완전한 사회적 결속으로 본다.[21] 다시 말

19 아리스토텔레스, 『정치학』, 1254a, p. 20.

20 아우구스티누스, 앞의 책, 19권, 12.2, p. 2189.

21 그는 종말론적인 하나님 나라의 평화를 이렇게 묘사한다: "하느님을 향유하고 하느님 안에서 서로 향유하는 더할 나위 없이 질서 있고 완전히 화합된 사회적 결속", 위의 책, 19권, 16, p. 2203.

해서, 인간이 홀로 하나님과 결합하여 자유를 얻는 것에서 최고선을 보지는 않는다. 최고의 선은 사회적인 것이어서, 다른 사람과의 관계를 통해 이루어지는 것이다. 그런 점에서 사람은 본래 사회적인 존재이다. 그러나 본래부터 정치적 존재로 만들어지지는 않았다. 그처럼 사회적인 것과 정치적인 것을 갈라놓음으로써 그는, 인간은 원래 정치적 동물이라고 하는 아리스토텔레스의 인문주의와 선을 긋는다. 현실 사회는 본래의 사회성을 잃고 기본적으로 자기중심적이 된 사람들이 이룬 비사회적 사회다. 그리고 현실 정치는 그처럼 본래의 사회성을 잃은 사람들의 갈등을 조절하는 임시적 평화에 지나지 않는다.

아우구스티누스의 권력 비판 사상은 성서의 정신에 그 배경을 가지고 있다고 할 수 있다. 구약성서의 「사무엘 하」에 보면, 이스라엘의 최초 왕 사울이 등장하는 얘기가 나온다. 그때는 사무엘이 마지막 사사로 있을 때다. 사사師士란, 가나안에 들어간 이스라엘 초기 민족 집단이 외침 등의 위기 상황에 처했을 때, 군사적 지도력을 가지고 일을 처리한 뒤, 다시 평민으로 돌아가 평소에는 재판을 돕는 일 등을 하는 독특한 위치에 있던 존재다. 그는 지도력은 있었지만 권력의 소유자는 아니다. 권력을 소유하면 세습할 수 있지만, 당시 팔레스타인 민족의 왕권 체제와 달리 이스라엘은 세습 권력의 소유자가 없었다. 백성들이 사사인 사무엘을 찾아와 다른 나라처럼 왕을 세워달라고 간청한다. 그러자, 사무엘이 하나님 앞에 나가 섭섭한 마음을 전한다. 그러자 하나님이 이렇게 답한다.

> 그들이 너를 버린 것이 아니라, 나를 버려서 자기들의 왕이 되지 못하게 한 것이다. 그들은 내가 이집트에서 데리고 올라온 날부터 오늘까지, 하는 일마다 그렇게 하여, 나를 버리고 다른 신들을 섬기더니, 너에게도 그렇게 하고 있다. 그러니 너는 이제 그들의 말을 들어주되, 엄히 경고하여, 그들을 다스릴 왕의 권한이 어떠한 것인지를 일러주어라.[22]

국가가 세워지는 것을 하나님이 원하지 않지만 허락한다. 성서는, 국가 체제가 현재의 인간 본성에는 맞을지 모르지만, 원래의 하나님이 만든 자연 본성과는 맞지 않는다는 점을 강력하게 시사하고 있다. 아우구스티누스는 하나님의 자연적 섭리providentia naturalis와 의지적 섭리providentia voluntaria를 나눈다. 자연적 섭리란 원래 하나님이 세상을 창조했을 때의 상태를 가리킨다. 하나님이 원하시고 뜻하신 것이다. 그런데, 의지적 섭리란, 인간이 타락한 이후 그 상태에서 요구되는 어떤 필요 때문에 하나님이 용납하는 것을 가리킨다. 국가는 의지적 섭리에 의한 것이다. 다시 말해 하나님은 원래 권력자가 있는 국가를 원하지 않았는데, 타락한 인간들 사이에서 질서를 잡기 위해 국가라는 정치 조직이 필요하게 된 것이고, 그런 한도에서 하나님이 국가의 필요성을 인정하는 것이다. 그러나 국가는 언젠가는 지양될 체제가 되는 것이다.

아우구스티누스는 하나님이 원하는 사회를 서로 사랑으로 봉사하는 사회라고 보았다. 모두가 형제자매의 사랑으로 서로 섬기는 사회다. 그런데 그것은 타락 이전의 상태가 아니라 장차 올 종말론적 지평에서 있을 사회다. 무게 중심이 과거에 있지 않고 미래에 있다. 타락 이전의 에덴을 그리워하지 않고, 장차 올 하나님의 나라를 바라보는 그의 미래지향적인 태도는 서구의 역사관과 진보사관의 원형이 되었다. 그의 정치 사상에서도 미래 지향성이 드러난다. 그는 이상적 사회의 모델을 가정으로 보지 않았다. 그는 세 가지 사회를 말한다.[23] 먼저, 가정이 있다. 가정은 가족 간의 명령과 복종에 의한 질서 있는 화합이다. 둘째로, 국가 곧 세상 나라는 시민들 간의 명령과 복종에 의한 질서 있는 화합이다. 그리고 셋째로, 장차 이루어질 하나님의 나라는 하나님을 중심으로 서로 사랑으로 섬기는 최고로 질서

22 사무엘기 상 8: 8-9. 표준 새번역.

23 아우구스티누스, 앞의 책, 19권, 13, p. 2193.

있는 화합이다. 화합으로 인한 질서가 있어야 공동체와 사회가 형성된다는 점은 세 종류 사회의 공통점이다. 그런데, 가족과 국가는 모두 명령과 복종이라는 위계질서를 통해 질서가 생긴다. 그러나 아우구스티누스가 꿈꾸는 나라 곧 하나님의 도성은, 명령과 복종이 없이 모두가 서로 사랑으로 섬김으로, 질서가 저절로 이루어지는 나라다. 그런 점에서 이상 사회의 모델이 가정이 아니다. 가정에는 가부장을 중심으로 한 명령과 복종의 관계가 있기 때문이다.

여기서 중요한 점은, 가정은 하나님이 처음에 인간을 창조했을 때의 사회 상태라는 데 있다. 다시 말해 아우구스티누스는 가정을 하나님의 자연적 섭리로 본다. 그런데, 가정이 이상적 사회 모델이 아니라는 것은, 태초의 상태보다 종말의 상태가 더 나을 것임을 의미한다. 잃어버린 아름다운 과거는 아쉽지만, 그러나 장차 올 미래가 잃어버린 과거보다 더 나을 것이다. 인간은 실수와 타락으로 좋은 상태를 잃었지만, 그러나 더 나은 세상이 올 것이니 잃어버린 것을 돌아보지 말라. 이것은, 잃어버린 낙원인 에덴과 장차 올 하나님 나라 사이에 낀 인간의 역사를 긍정하는 것이다.

앞 장에서 보았듯이 아우구스티누스에 따르면, 개인의 내면의 자유도 태초의 상태보다는 장차 올 미래의 상태가 우위에 있다. 그리고 이제 사회 형태에 있어서도 태초의 사회 형태인 가족보다 장차 이루어질 사회 형태인 하나님 나라가 더 완벽한 화합과 질서를 이룬다. 동서양의 인문주의자들과 달리 아우구스티누스가 가족을 이상적 사회의 모델로 보지 않은 것은 서구 사회의 역사의식을 낳았다. 앞 장에서 살펴본, 개인의 내면의 자유의 과정과 함께, 사회 형태에 있어서 무게 중심이 미래에 있게 된 것은 서구의 역사 진보주의의 기원이 된다. 성서에 따르면 에덴 동산에서 나온 인류의 첫 사건은 가인이 아벨을 죽이는 살인 사건이다. 그처럼 성서는 인간 사회가 폭력과 죄로 얼룩진 곳임을 보았지만, 그럼에도 불구하고 하나님은 그 인간들을 데리고 자신의 구원의 역사를 이루어나간다. 그리고 마침내 잃어버린 낙원보다 더 나은 세상이 도래할 것이다. 이것은 기독교적인 방식으로 인간의 역사를 의미 있게 보는 것이요, 대단한 역사 긍정이다. 헤겔이 『법철학』에서 가정을 즉자적인 공동체로 보고, 시민 사회나 국가를 그보다 발전된 사회 형태로 본 것은 아우구스티누스의 역사관을 받아들인 결과다. 물론 그는 역사 내재주의의 각도에서, 하나님 나라가 국가에서 실현되기를 바랐지만 말이다. 헤겔의 역사관은 아우구스티누스 사상의 세속화라고 할 수 있다.

아우구스티누스의 하나님 나라 사상은 현대의 세속화된 이상주의에 대해서도 비판적 역할을 한다. 하나님 나라는 인간의 통치가 있는 현실에서 실현될 수 없다. 왜냐하면 인간의 죄 때문이다. 기독교의 인간관은 이상 사회 건설을 인간의 손에 맡기지 않았다. 인간의 죄의 깊이를 통감하고 있는 아우구스티누스는, 정치적 현실주의를 아울러 가지고 있었다. 그러므로 이상 사회라는 것은 하나님의 은총으로 오는 것이지, 인간이 이룩할 수 있는 것이 아니라는 점을 강조했다. 그 점에서 그는 헤겔이나 마르크스의 역사 내재주의와 다르다. 그리고 성리학의 자연주의적 내재주의와도 다르다. 헤겔은 정신이 인간의 역사 속에서 자기실현을 한다고 보아서, 역사를 이성적인 것으로 정당화했다. 그리고 성리학은 자연에 인의 덕이 제대로 실현되고 있다고 보는 자연적 내재주의다. 아우구스티누스는, 죄의 현실을 염두에 두고, 정치적 현실주의 시각을 가지고 있었다. 그러므로, 역사를 정당화하지 않고 비판적으로 사유할 수 있는 여지를 두었다. 기독교의 종말론은 '마침내'를 말하는데, 그 '마침'의 시간이란 모든 것을 끝맺는 미래의 시간을 가리키기도 하지만, 현실을 이상 사회로 보지 못하도록 하는 비판의 기준이 되기도 한다.

그처럼 기독교 신학은 매우 우상파괴적인 성격을 지니고 있다. 그것이 서구 비판 정신의 모태가 된다. 아우구스티누스는 그리스 인문주의자들을 비판하며, 조에와 비오스의 구별을 거절했다.

…… 이 착한 일이라고 부르는 것은 이를테면 인생의 아들들이며, 인생이란 무엇이냐는 질문에 대한 대답이다. 즉 사람이 무상한 일들에 어떻게 대처하느냐 하는 물음이다. 이것을 헬라 사람들은 조에sōē라 하지 않고 비오스bios라고 부른다. 착한 일들은 주로 자선 행위인 것이 관례이지만, 자선 행위는 인간에게 어떤 이익도 없는 것이다.[24]

아우구스티누스는 그리스 사람들의 조에와 비오스의 구분을 알고 있었다. 그러나, 그는 덕스런 삶을 가리키는 비오스를 구원의 가능성이 없는 것으로 보았다. 인문주의를 비판한 것이다. 인문주의자들이 가치 있는 삶이라고 주장하는 것까지도 인간을 구원할 수는 없는 것으로 본 것이다.

아우구스티누스가 신의 도성과 인간의 도성을 구분하면서 보여준 현실비판 의식은 서구의 정치적 전통으로 내려왔다. 종교 개혁자 마르틴 루터는 두 왕국설을 주장했다. 그는 하나님의 나라regnum dei와 악마의 나라regnum diaboli를 대비했다. 세상 나라는 하나님의 섭리에 의해 필요한 곳이다. 그러므로 하나님의 나라와 세상 나라를 반대로 보지 않고 국가가 질서를 잡는 일이 중요하다고 보았다. 그러나 그리스도인은 국가법에 따라 살지 않고 복음의 말씀에 따라 살아야 한다고 보았다. 그것은 종교와 정치를 이원화하는 것이다. 이러한 이원화는 근대 국가의 탄생이라는 의미도 있지만, 기독교 문화권에서 언제나 종교가 현실 정치를 비판하는 기능을 담당하고 있음을 의미한다.

그것은 사실, 중세 아퀴나스의 경우도 마찬가지다. 중세의 아퀴나스 신학은 일종의 종합인데, 정치가 교회의 지배를 받는 형태였다. 아퀴나스는 아우구스티누스와 달리 이미 세상의 주류가 된 교회의 입장을 대변해서 세

---

24 아우구스티누스, 『삼위일체론』, 김종흡 역(일산: 크리스찬 다이제스트, 2007), 12권, 7.11, p. 324.

속 권력을 정당화하기로 했다. 그는 『왕의 통치에 관하여』라는 책에서, 아리스토텔레스를 따라 "인간은 본성적으로 사회적이고 정치적 동물이다 naturale autem homini ut sit animal sociale et politicum"라고 했다.[25] 이것은, 인간이 본성적으로 사회적 동물이지만 본성적으로 정치적 동물은 아니라고 보는 아우구스티누스와 다르다. 아우구스티누스에게서 국가와 정치는 죄의 산물이다. 아퀴나스가 세속의 정치적 권세를 정당화하는 논리를 위해 도움을 받은 것은 아리스토텔레스의 사상이었다. 그러나 왕조 체제를 당연하게 받아들였던 아시아의 다른 사회들과 달리 기독교 국가는 왜 왕이 존재하는 게 당연한지를 정당화해야 했다. 그것은 하나님의 주권을 믿는 신앙 때문이었다. 그러므로 아퀴나스의 국가 체제 정당화 작업은 하나님의 주권과 양립하는 한도 안에서만 가능한 것이었다. 하나님의 존재와 그 역사에 관한 신앙이 정치 권력을 견제하는 원동력이 되었다.

그는 국가의 목적이 있다고 보았다. 그 목적은 개인의 선보다 더 큰 선을 이루어서 백성들이 영원한 하나님의 축복을 받게 하는 것이다. 왕은 백성들이 필요한 물질을 잘 조달해야 하는데, 몸의 필요를 충족시킬 수 있어야 덕스런 삶이 가능하기 때문이다.[26] 정치의 초점은 백성들의 덕스런 삶에 있다. 왕 자신이 스스로 남을 지배하기보다 자기 욕망을 지배할 줄 알아야 한다.[27] 스스로 덕을 가지고 백성들의 덕스런 삶을 인도해야 한다. 그런데 덕스런 삶은 중간 목적이고, 궁극적 목적은 하나님의 영원한 축복을 받는 데 있다. 그 문제는 인간이 아무리 덕스럽게 살아도 인간의 공적으로 될 수 있는 게 아니라 하나님의 은총으로 된다. 바로 그 점에서 왕은 교회 특히 교황의 지도를 받아야 한다.[28] 그처럼 왕의 지도력은 덕과 구원의 문제

---

25 *De regnum principium*, in *Aquinas*, *Political writings*, ed. by R. Dyson(Cambridge: Cambridge University Press, 2005), p. 6.

26 위의 책, p. 43.

27 위의 책, p. 26.

에서 교회에 종속된 것이요, 그만큼 정치 권력은 상대화되어 있었다. 물론 재화를 생산하고 분배하고 소유하는 일은 정치 권력에 맡겨져 있었지만, 하나님 나라에 비추어 세상 나라의 한계를 인정하고 세속 권력의 도덕성의 한계를 인정하며 교회의 견제를 받는 체제가 중세 기독교 국가의 현실이었다. 그것은 동양에서 국왕이 천제天祭를 지내는 종교적 권위를 동시에 갖고 있었던 것과 다르다.[29]

아퀴나스는 특히 경제 사상에 있어서 주목할 만한 비판 작업을 남겨놓았다. 사유재산 제도는 인류 사회 어디서나 당연하게 받아들여지는 체제다. 그러나 아퀴나스는 어떤 특정한 개인이 어떤 특정한 사물을 소유하는 것을 정당화해야 했다. 왜냐하면 모든 것은 하나님의 것이라는 신앙 때문이다. 물론 아퀴나스는 사유재산 제도를 죄의 산물로 보지 않는다. 그러나 하나님의 것이 어떻게 개인의 것이 되는지를 설명하고 정당화하는 논리 속에는, 사유재산과 빈부 차이에 대한 어느 정도의 견제와 비판이 드러나게 된다.

아퀴나스의 논리는 다음과 같다. 특정한 사물의 개인 소유는 인간의 동의human agreement에 의해 이루어진 것이며 사물의 본성nature of things에 의해 이루어진 것이 아니다. 사유재산 제도는 필요에 의해 모든 인간의 합의에 의해 마련된 것이므로 인간이 정한 법人定法, human law의 차원이다. 사물의 본성에 따르면 모든 자연 사물은 하나님의 것이다. 그것을 영원법eternal law이라고 한다. 그러나 자연 사물을 인간에게 유익하게 사용하도록 하나님이 허락하셨다. 그것은 자연법natural law을 이룬다. 자연법에 따르면 모든 자연 사물은 모든 사람의 것이다. 사물에 대한 인간의 소유가 허락되는데, 이것은 사용에 있어서의 공유共有, common property를 가리킨다. 사물

---

28 위의 책, p. 41.

29 새뮤얼 헌팅턴은 서구에서 민주주의가 발달한 원인을, 중세 정교 분리에서 찾는다. 새뮤얼 헌팅턴, 『문명의 충돌』, 이희재 역(서울: 김영사, 2001), p. 89 참조.

은 사람을 위해 사용되는 데 그 존재 의의가 있다.

> 외부 사물은 그 본성nature으로 보면 인간이 아닌 신에게 속한 것이고, 만물은 그의 힘과 명령에 복종하게 되어 있다. 그런데 외부 사물의 사용으로 보면, 인간은 외부 사물에 대해 자연스런 지배natural dominion를 지닌다. 왜냐하면, 그의 이성과 의지로 인간은 자기 이득을 위해 외부 사물을 이용할 수 있다. 외부 사물은 그처럼 인간에 의해 이용되기 위해 창조된 것이라 할 수 있다. 불완전한 것은 완전한 것을 위해서 존재하기 때문이다.[30]

이런 논리는 부자들이 자기 재산을 자기 것이라고 마음대로 쓰지 못하도록 견제하는 효과를 노린 것이다. 자기가 일해서 벌었어도 처음부터 당연히 자기 것이 아니라, 하나님이 주신 것이다. 하나님의 것을 그 사용에서 허락받은 것이다. 그러므로 개인 마음대로 소유물을 취득하고 사용하고 처분하는 게 인간의 현실이고 아퀴나스는 그런 인간 현실을 수용하지만, 부자들은 언제나 자기의 몸의 필요를 충족하고 남은 부분에 대해서 공유로 전환될 가능성을 열어놓아야 한다. 하위법인 인정법은 상위법인 자연법을 어길 수 없기 때문이다. 그는 이렇게 말한다.

> 외부 사물과 관련해서 인간에게 해당하는 또 다른 측면은 사물의 사용use이다. 그 점에서 외부 사물은 자기 소유가 아닌 공동의 소유common property로 지니고 있어야 한다. 다시 말해서, 필요한 다른 사람들과 나눌 준비를 하고 있어야 한다.[31]

---

30 *Summa theologiae*, IIaIIae66, articulus 1, responsio, in *Aquinas*, *Political writings*, ed. by R. Dyson (Cambridge: Cambridge University Press, 2005), p. 206.

31 *Summa theologiae*, IIaIIae66, articulus 2, responsio, p. 208.

그러므로 아퀴나스는 부자가 자기 것을 홍청망청 쓰는 것은 공유를 훼손하는 것으로 도둑질이라고 본다. 결국 아퀴나스의 자연법 사상은 인간의 현실적인 정치 경제 권력에 틈을 내고, 정치 경제 체제 밑에서 지배층의 권력이 당연한 것으로 받아들여지지 않도록 하는 역할을 한다. 그 신앙은 지배층에게 어떤 도덕적 효과를 가지게 한다. 다시 말해서 늘 가난한 사람을 신경 쓰며 살아야 하는 것이다. 그런 정신이 서구 역사에서 빈부 차이를 만드는 사유재산 제도에 대한 비판 의식을 형성한 것은 두말할 나위 없다. 서구 역사에서 가톨릭 사회주의가 사회주의 사상의 기원이 되는 것도 우연이 아니다.

뿐만 아니라 아퀴나스는 한발 더 나가 가난한 자의 도둑질을 정당화하기도 한다. 이쯤 되면 자연법 사상이 실정법적인 효과까지고 노려볼 수 있는 대목이다. 그는 이렇게 말한다.

> 인정법에 속하는 것은 자연법이나 신법을 훼손할 수 없다. 그런데, 신의 섭리에 의한 자연 질서에 따르면, 낮은 사물들은 인간의 필요를 충족시키기 위해 임명되었다. 그러므로, 인정법에 의해 나누어지고 각자에게 소유된 사물들은 인간의 필요가 그 사물에 의해 충족되어야 한다는 사실을 폐하지 않는다. 그러므로 한 사람이 넘치도록 가지고 있는 것은 자연법에 따라 가난한 사람을 구조하기 위해 가난한 사람에게 속한다…… 궁핍한 사람이 많고 그들이 모두 한 사람의 재산으로 구조될 수는 없기 때문에, (부자가) 자기 재산을 지출하는 문제는 각자의 판단에 맡겨져 있다. (부자들은) 각자가 자기 재산을 가지고 궁핍한 사람을 구조할 수 있다. 그러나, 긴급하고 명백한 필요가 있어서 그 필요가 어떤 수단을 써서라도 즉시 충족되어야 한다면, 예를 들어 어떤 사람이 즉각적인 위험에 처해서 다른 도움을 구할 수 없다면, 그 사람은 공개적으로든 비밀리로든 다른 사람의 재산을 취해 필요를 채워도 불법이 아니다. 제대로 말하자면, 그것은 도둑이나 강도가 아니다.[32]

가난한 사람이 먹고 살 게 없어 긴급한 필요가 발생했다면, 그의 필요가 부자의 재산을 공유로 만든다. 그러나 평소에는 부자가 알아서 특정한 개인을 돕는 길밖에 없다. 기독교 국가에서 부자들은 그런 도덕적 책임감을 가진다.

그러나 만일 가난한 사람이 긴급한 필요 때문에 부자의 것을 몰래 가지고 왔다면 어떻게 되는가? 아퀴나스는 말한다.[32] 그것은 도둑이나 강도가 아니다. 왜냐하면 부자가 먹고 남는 것은 가난한 자의 궁핍에 의해 공유로 바뀌어 있는 상태이기 때문이다. 그 남는 물질이 가난한 사람에게 사용되면 자연 사물은 인간을 위해 사용되어야 한다는 자연법 사상에 맞는다. 공유에 합당하다. 그러나 먹을 게 없는 사람이 있는데도 부자의 잉여재산이 그를 위해 사용되지 않는다면, 사물은 사람에게 봉사해야 한다는 자연법에 어긋난다. 그것은 결국 영원법 곧 하나님의 뜻에 어긋나는 것이다. 그러므로, 먹을 게 없어 몰래 부자 것을 훔친 사람은 사유재산을 인정하는 인정법보다 우위에 있는 자연법에 따라 정당화된다. 그것은 공유로 되어 있는 것을 가져온 것이요, 남의 것을 가지고 온 것이 아니므로 도둑질이 아니다. 공유로 변해 있는 부자의 재물은 가난한 사람이 손에 넣는 순간 그 가난한 사람의 것으로 바뀐다. 물론 그 역시 그 사물의 사용권만 있는 것이지 처분권이 있는 것은 아니다. 자신의 굶주린 배를 채우거나 헐벗은 몸을 감싸는 데만 사용할 수 있다는 말이다. 도둑에 관한 아퀴나스의 담론은 단순히 도덕적 효과를 가지지 않고 법적인 효과까지도 노리는 것이다. 인정법에 따르면 도둑으로 처벌받을 행위가 범죄가 아닌 것으로 되기 때문이다.

이처럼 아퀴나스 역시 정치 권력을 상대화하고 인간의 사물 소유를 사용권에 초점을 맞추어 본다. 이것은 하나님의 현실이 표준이 되고 그것이 기준이 되어 세상의 현실을 비판하는 잣대가 되기 때문이다.

---

32 *Summa theologiae*, IIaIIae66, articulus 7, responsio, pp. 216-217.

종교 개혁자들은 중세를 극복하려고 한 측면이 있는데, 그것은 서구 사회에 새로운 형태의 비판 정신을 낳았다고 할 수 있다. 중세에 정치 권력이 교회에 복종한 이유는 교회의 도덕적 우위를 전제로 한 측면이 있었다. 중세의 스콜라 철학자들은, "네 이웃을 네 몸과 같이 사랑하라"거나, "원수까지도 사랑하라"거나, "네 가진 것을 팔아 가난한 사람에게 주라"는 등의 어려운 계명은 일반인은 지키기 어렵다고 보았다. 사랑의 계명이나 무소유의 계명은 사제들만 지킬 수 있다는 전제하에, 세속의 왕은 영적인 문제에서 교회의 가르침을 받아야 했다.

그런데 마르틴 루터는, 모든 계명은 평신도를 포함한 모든 그리스도인이 지켜야 할 의무가 있다고 말했다. 말하자면 그는 의무의 평등을 말한 것인데, 그것은 그런 높은 윤리의 의무를 수행할 만한 능력이 모든 민중에게 있음을 전제로 한 것이다. 다시 말해 중세까지만 하더라도 민중은 교육과 계몽의 대상이었다면, 종교 개혁으로 말미암아 평신도들도 사제와 평등한 신앙의 주체가 된 것이다. 권위의 근거는 하나님에게 있고, 하나님에 대한 신앙의 주체는 개인이 되었기 때문에 교회나 국가도 개인의 내면까지 지배하는 권위를 가질 수 없었다. 루터나 칼뱅은 '그리스도인의 자유'를 주창하며 어떤 외부적 권위로부터 자유로움을 선언했다. 평등해진 진리의 담지자로서 개인들은 비판적 기능을 가지고 교회를 비롯한 국가 등의 외부 제도를 비판할 수 있게 되었다.

원래 기독교는 인간이 현실적으로 살아가고 있는 세상 나라 밖에 하나님의 나라를 현실적인 실체로 염두에 두었으므로, 세상에 대한 견제와 비판의 역할을 감당할 수 있었다. 물론 그런 구도가 이원론으로 빠질 위험도 있었다. 곧 세상을 악으로 보고 아예 상대하지 않으며 하나님 나라만 바라보고 세상과 별개로 사는 집단들이 있었다. 그러나 기독교의 주류는 늘 그런 이원론의 위험을 견제하면서 성장했다. 그것은 중세에 아퀴나스적인 종합으로 나타났고, 종교 개혁자들의 세속화 운동으로 나타났다. 그리하여 종교 개혁은 서양의 근대 사회를 이루는 데 중요한 역할을 한다. 세속화를 통해 객관적인 인식이나 규범을 비판하는 주관주의적 권위가 탄생했기 때문이다. 서양 근대의 비판 정신은 종교의 변화가 없이는 불가능했을 것이다.

루터는 시간과 공간을 평준화하는 결정적 기여를 했다. 그것은 결국 종교와 세속의 구분을 없애면서, 종교의 권력을 없앴다. 주일만 거룩한 시간이 아니라, 일상의 날들도 거룩한 날이 될 수 있다. 교회만 거룩한 공간이 아니라, 그리스도인이 하나님의 뜻에 따라 살면 그곳이 거룩한 공간이 될 수 있다. 그렇게 해서 공간과 시간은 평준화되었다. 신앙은 특정한 시간에 공간을 이동하여 예배를 드리는 데 있지 않고, 어디서든 어느 때든 내면에서 하나님을 만나는 데 있다. 루터는 만인 사제설을 주장하며, 어떤 직업이든 그것을 통해 하나님의 거룩한 뜻을 실현하면 그 직업이 곧 성직이 된다고 했다. 그것은 직업의 귀천을 없애고, 인간의 평등을 실현하는 계기를 마련한 것이다. 공간과 시간의 평준화나 만인 사제설은, 실제로는 주일이나 교회에서뿐 아니라 일상적 시간과 일상의 장소에서 거룩하게 살아야 하는 것을 요구한 것이다.[33] 다시 말해서 사제에게만 요구되었던 높은 윤리를 일상에서 요구한 것이다. 그것은 종교의 시대에 종교 개혁자의 방식으로 세속의 삶에 의미를 부여하는 방식이었다.

칼뱅은 두 도성을 구분하는 전통을 따라 그리스도인에게 영적인 정부와 세상 정부를 나누었다. 영적인 정부는 세상 정부를 윤리적인 면에서 비판하는 역할을 한다. 다시 말해서 종교와 정치의 분리는 윤리와 정치를 분리

33 막스 베버Max Weber가 잘 지적하고 있듯이, 17세기 종교 개혁의 분위기를 잘 말해주는 것은 영국에 방법주의자methodists라고 불리는 집단이 등장하고, 독일에는 경건주의자들 또는 엄격주의자들이 등장했다는 점이다. "인간을 자연스런 상태에서 은총받은 상태로 승화시키는 은총의 역사는 오직 매 순간과 모든 행위에서 삶 전체의 의미를 근본적으로 변화시킴으로써만 보증받을 수 있었다." 막스 베버, 『프로테스탄티즘의 윤리와 자본주의 정신』, 김덕영 역(서울: 길, 2010), p. 202.

시키는 역할을 하는 것이다. 윤리와 정치가 분리된다는 것은 현실 정치에 윤리가 없다는 얘기가 아니라, 현실 정치에 통하는 윤리는 종교가 요구하는 높은 윤리보다 낮다는 사실을 받아들이는 것이다. 그것은 정의의 요구가 사랑의 담론 속에 묻히는 것을 방지한다. 다시 말해서 인간에게 몫을 놓고 다투는 정의의 문제가 얼마나 윤리적으로 중요한지를 인정한다는 점에서 세속화 현상이라고 할 수 있다. 자기 몫을 남에게 주거나 포기하는 자비와 희생의 덕목도 중요하지만, 정의의 문제가 중요하다는 것을 인정하면서, 몫을 놓고 다투는 것이 나쁜 것이 아님을 인정하는 것이다.

다른 한편으로 정치와 윤리의 구분은, 현실 정치가 윤리적 측면에서 아직 멀었음을 인식하고, 비판적 거리를 두고 진정한 정의와 사랑이 실현되도록 노력할 여지를 두게 된다. 칼뱅은 그런 면에서 좀 더 현실 참여적이다. 루터가 일으킨 세속화를 칼뱅은 너욱 강화시켰다. 그러면서, 루터의 두 왕국설이 지니는 이원론의 위험을 피한다. 루터는 세상 현실을 악으로 보고, 치안질서를 잡는 것 외에는 정치 시스템에 큰 기대를 하지 않았다. 그는 그리스도인이 공직에 참여해도 되는지, 군인이 되어도 되는지를 고민했다.[34] 루터는 정치인이나 세속 군주를 하나님 나라의 망나니라고 불렀다. 망나니는 칼을 든 사형 집행인이다. 정치인들을 하나님 나라의 망나니로 본 것은, 가치 질서에 있어서 매우 낮은 지위를 부여한 것이다. 악을 처리하는 기능 곧 세상 나라의 치안을 담당하는 기능으로 공무원의 역할을 제한한 것이다. 진정한 그리스도인들이 하나님 나라를 바라보며 살아가는데 방해가 되지 않도록 질서를 잡는 역할을 세상 정부에 부과한다. 그러나 칼뱅의 경우에는, 공직은 하나님이 허락한 가장 중요한 직업으로 본다. 그

34 「세속권력에 관하여」(1523)와 「군인들도 구원받는지에 관한 글」(1526)을 참조할 것. 앞의 글은 손규태, 『마르틴 루터의 신학사상과 윤리』(서울, 대한기독교서회, 2004)에 번역된 글이 있고, 뒷글은 『루터 선집』, 지원용 외 역(서울: 컨콜디아사, 1981), 9권에 들어 있다.

리스도인이 공직을 통해서 세상을 복음에 따라 높은 윤리적 질서로 거룩하게 만들 수 있기 때문이다. 그래서 공직자는 하나님 나라의 망나니가 아니라, 하나님의 전권 대사요, 대리인이다.[35]

칼뱅의 태도는 루터보다 좀 더 세속화를 진행시킨 것이라고 할 수 있다. 세속화는 성과 속의 이분법을 벗고 속되다고 여겨진 일상생활에 가치를 부여하며, 더 나아가면 세상에서 하나님의 나라의 원리를 실현하려는 움직임으로 나타나는 것이다. 루터가 세속화의 길을 열었다면 칼뱅은 그것을 더욱 강화시켰다. 그들은 주관적 판단에 의한 진리 인식과 윤리 행위의 가능성을 열어놓았다.[36] 종교 개혁자들이 말한 신앙은 객관적인 종교 의례를 통해 보여지는 것이 아니라 내면의 체험이 중요했다. 그 결과 서양 사회는 종교 개혁을 거쳐 탈종교의 길을 열어놓았다고 할 수 있다. 종교가 객관적인 제도보다 내면의 체험을 더 중시 여기면 결과적으로 개인의 자율적 윤리가 중시되게 된다. 물론 종교 개혁자들은 종교적 경건을 중요시했으므로 오늘날의 세속화된 사회와 다르다. 그러나 인간은 한꺼번에 문제를 해결하지 못하는 법이다. 종교적 사회에서 종교의 변화는 중요한 역할을 하는데, 그 변화의 방향이 개인의 자율성을 확보하는 쪽으로 발전했다는 점이 중요하다.

종교 개혁자들이 객관적 제의보다 내면의 변화를 중시했다는 것은, 종교를 윤리로 바꾸는 데도 중요한 역할을 했다. 그것은 종교적 권위를 벗어나 합리적 시각으로 인간의 모든 행위를 평가하고 가늠한다는 점에서 인간 중심으로 돌아선 것이요, 근대적 인문주의의 비판 사상을 예비했다고 할 수 있다. 실제로 칼뱅은 기독교의 율법을 제의법과 사회법과 도덕법으로 나누고, 도덕법을 가장 중시했다.[37] 여기서 제의법은 신앙 활동과 관련된 교회

---

35 『기독교강요』 4권 하, 고영민 역(서울: 기독교 교문사, 2008), 20장 24절 참조.

36 청교도 윤리는 일상에서 신앙에 바탕을 둔 순결한 도덕성을 요구하는 것이다. 그러나 그것은 종교 개혁의 주관주의를 벗어나, 다시 율법을 객관화함으로써 율법주의에 빠지는 경향을 지녔다.

규범으로서 예배 참석과 십일조 등 교회에 대한 신자의 의무를 규정하는 법이다. 칼뱅에게서 신앙은 그런 제의법을 지키는 것으로 형성되지 않는다. 신앙이 없이도 얼마든지 겉의 종교 행위는 있을 수 있다. 사회법은 재물과 노동에 관련된 법으로서, 사회적 가치에 대한 권리 의무를 규정하는 사회법은 이제 정치가들의 영역으로 넘어갔다. 신앙인이 중시할 법은 속마음을 규제하는 사랑의 법과 관련된 도덕법이다. 그 도덕법이 일반적 사회 행위에 적용되도록 노력할 의무가 기독교인에게 있다. 결과적으로 칼뱅은 높은 윤리 의식으로 일반 정치와 공권력을 비판할 여지를 열어놓았다. 하나의 예로, 그는 소송을 통해 권리 의무를 다투는 것이 그리스도인의 사랑의 법에 어긋나지 않는다고 보았다. 그것은 자기 권리까지 포기하고 원수를 사랑하는 것이 그리스도인의 도리라고 본 루터와 다르다. 그만큼 칼뱅은 현실 제도를 수긍하고 정의의 법을 사랑의 법의 일종으로 보려는 것이다. 그러나 그는 말하기를, 그러한 소송도 사랑의 동기에서 해야 한다고 했다. 권리를 찾는 법적인 행위에는 법적인 자기 이득에 대한 동기가 아니라, 사회 질서를 생각하고 악인에 대한 교육적 효과를 생각하는 사랑의 동기가 들어가야 하는 것이다. 이것은 여전히 종교 개혁자들이 기독교의 사랑의 계명에 바탕을 둔 높은 도덕성을 중요시하고 있음을 보여준다.[38]

신앙을 내면에서 찾은 것은 윤리학에 있어서 칸트의 동기 윤리를 예비하는 것이다. 신앙이 객관적인 것에서 주관적인 것으로 바뀌고, 권위가 교회에 있지 않고, 개인의 내면에 있게 된 것은, 정당화하고 가치를 부여하는

---

37 『기독교강요』, 4권 하, 20장 14절.

38 나중에 헤겔은 소송이나 형벌을 추상법의 차원에 둔다. 그것은 사랑의 동기나 악에 대한 처벌 등을 개입시키지 않고, 순전히 바깥에서 일어난 객관적인 침해를 범죄자 스스로 거두는 이성적 행위로 보려는 것이다. 그렇게 함으로써, 죄와 벌의 관계를 헤겔은 비신성화하고 객관화했다. 헤겔에게서 도덕은 주관적이지만, 법은 객관적이다. 근대적 형벌 개념의 한 차원을 보여준다. 그러나 칼뱅은 사회법에 있어서 여전히 주관적인 개입을 중시한다. 그런 면에서 종교 개혁자들과 탈종교의 시대가 구분된다.

주체가 개인에게로 옮겨진 것이다. 종교 개혁자들의 주관주의는 겉으로 보이는 행위보다 그 동기를 중시하는 데까지 나아갔다. 속마음을 보려는 것이다. 루터는 말하길, "믿음이 있으면 지푸라기를 들어도 선하다"고 했다. 사도 바울의 명제, "믿음으로 하지 않은 것은 모두 죄입니다"(로마서)가 다시 부활한 것이다. 이 명제가 윤리 사상사에 갖는 중요한 의미는, 속마음의 동기를 중요시한다는 것이다.

나중에 칸트는 의무에 맞는 행위와 의무에서 나오는 행위를 구분하고, 전자를 합법성Gesetzmäßigkeit이라고 하고 후자를 도덕성Moralität이라고 했다. 겉으로는 도덕적으로 보이는 행위라도, 그 동기가 법에 대한 존중심에서 나온 것이 아니면 악하다는 것이다. 칸트의 동기 윤리는 종교 개혁의 정신을 물려받은 것이다. 자기 이득에 대한 관심이 아니라 법에 대한 존중심을 동기로 삼아야 선이라고 할 수 있다는 칸트의 얘기는, 믿음에서 나온 행위라야 선일 수 있다는 바울과 루터의 명제를 세속화한 것이다. 종교 개혁을 통해 중세의 객관주의가 주관주의로 바뀌지 않았다면 칸트의 근대적 자율성의 윤리는 나올 수 없었을 것이다. 종교와 형이상학이 지배하던 시대에, 종교의 변화는 종교가 없는 시대를 여는 데 다리 역할을 한 것이다. 물론 칸트의 사상을 비롯한 근대의 주관주의는, 인간의 이론 이성과 실천 이성에 대한 신뢰에 바탕을 두고 있다. 그것은 인간의 죄를 바탕으로 신앙의 주관주의를 말한 종교 개혁과 다르다. 그러나 신앙의 주관주의가 근대 이성의 주관주의를 여는 데 중요한 기여를 했다. 서양 사회는 고대와 중세의 신앙의 객관주의에서 종교 개혁의 신앙의 주관주의로 옮겨가고, 그 다음에 이성의 주관주의로 옮겨간 것이다.

종교 개혁자들 뒤에는 바울이 있다. 바울을 거친 기독교는 하나님을 사랑으로 정의했다. 그리고 지젝이 잘 지적하고 있듯이, 그것은 서양에서 우상파괴 정신을 세우는 데 중요한 공헌을 했다. 사랑은 뭔가 부족한 존재가 하는 것이다. 그리스 철학에서 선의 이데아가 사랑이 될 수 없었던 까닭은 거기에 있었다. 사랑이란 부족한 것을 채우고자 하는 욕망이다. 지젝은 바울의 고린도전서 13장에 나오는 "사랑이 없으면 나는 아무것도 아닙니다"를 이렇게 해석한다.

> 뭔가를 결여한 존재, 취약한 존재만이 사랑을 할 수 있다. 따라서 사랑의 궁극적 미스터리는 불완전함이 완전함보다 어느 정도 우위에 있다는 것이다. 한편으로, 불완전한 존재, 뭔가를 결여한 존재가 사랑을 한다. 즉 우리는 전부를 알지 못하기 때문에 사랑한다. 다른 한편으로, 우리가 모든 것을 안다 해도, 사랑은 불가해한 방식으로 여전히 완전한 지식보다 우위에 있을 것이다. 기독교의 진정한 업적은 사랑하는 (불완전한) 존재를 신의 위치—즉 궁극적 완성의 위치—로 격상시킨 것이라 할 수 있다. 이것이 기독교 경험의 핵심이다.[39]

그래서 오로지 인간이 진리를 사랑하는 것이지, 진리가 인간을 사랑할 수는 없다. 그것이 그리스의 에로스다.[40] 그러나 기독교의 경우에는 최고존재를 사랑으로 봄으로써, 신이 세상과 필연적 관계를 맺게 만들어놓았다. 신은 세상과 함께만 신이다. 신은 기본적으로 세상과 관계한다. 세상이란 존재는 신의 자유의지에 의한 우연의 산물이 아니라, 신의 자유의지에 의한 필연적 산물이다. 그리스도의 존재가 의미하는 것은, 신이 죽기까지 세상과 관계함을 의미한다. 플라톤 철학에 비해 기독교는 비판 정신을 확실하게 정립하는 데 도움을 준다. 비판 정신은 초월이 없으면 안 되지만, 동시에 내재가 없어도 안 되기 때문이다. 내재 없는 초월은 비관주의일 뿐이고, 비관주의는 세상의 기존 질서를 유지하는 데 도움을 준다.

기독교의 주류가 중세의 에크하르트Meister Eckhardt 같은 신비주의를 경

---

39 지젝, 앞의 책, pp. 186-187.

40 플로티누스, 『플로티누스의 엔네아데스 선집』, 조규홍 역(서울: 누멘, 2009), p. 26.

계했던 이유도 거기에 있었다. 에크하르트는 의식의 주체가 사라지는 것을 찾으며 '사물과 지성의 일치adequatio intellectus et rei'를 원했다.[41] 그것은 신성에 도달하려는 의도에서 비롯된 것이다. 에크하르트는 '신성Gottheit'과 '신Gott'을 구분하여, 신성에 도달하려고 했다. 기독교 전통에서 에크하르트 같은 사람을 이단시한 것은, 하나님과 인간의 거리를 유지하려는 의도 때문이다. 그가 신성이라고 한 것은 삼위일체적으로 말하면 성부를 말한다. 그가 말한 신은 우리에게 포착되고 우리와 관계하는 신이므로 성자에 해당된다. 그러니까, 그가 신보다 신성을 강조한 것은 성자보다 성부에 극단적으로 기운 것이다. 중세 기독교 신학이 성부 중심이었지만, 그런 분위기 속에서도 에크하르트는 극단의 성부 중심으로 기운 것이다. 그리고 그 성부와 일체가 되는 신비주의는 결국 성자의 매개가 필요 없게 되는 것이다.

그런 신비주의가 가져오는 문제점은 세상의 죄를 인식하고 그것에 관계하는 초월과 내재의 변증법이 약하다는 데 있다. 기독교의 삼위일체론에서 성자는 필요악에 의해 운영되는 세상과 최고선인 하나님을 매개하는 것이다. 그런 성자의 역할이 약화되면서, 신비주의는 도덕적인 긴장을 벗어날 수 있다. 결국 중세 교회가 극단의 신비주의를 거부한 것은 도덕성의 문제를 중요하게 생각하고 있음을 의미한다. 세상과 부딪힐 때 생기는 도덕적 갈등의 문제가 기독교 죄의식의 핵심에 있다. 그것은 세상을 회피해서 생기는 것이 아니라 세상에 참여하고 부딪힐 때만 생기는 죄의식이다. 그리고 세상의 죄는 결국 인간의 죄이므로 인간의 한계를 벗어날 수 없다. 기독

41 "피조물들은 구별없이 인식되며, 모든 관념들은 제거되며, 모든 비교들은 하나님 자신이신 하나 안에서 사라진다", 마이스터 에크하르트, 『마이스터 에크하르트』, 레이몬드 블레크니 엮음, 이민재 역(서울: 다산글방, 1994), 귀인 1, p. 145. 그와 대조적으로 주희가 중화신설中和新說을 통해 미발未發에서도 생각이 있다고 한 것은, 그가 인간의 주체적 의식을 지키려는 인문학적 전통 안에 있음을 말해준다.

교는 신이 인간이 된 사건을 말하면서, 인간이 신이 될 가능성은 멀리했다. 추구하되 실현할 수는 없다. 또는 아예 처음부터 불가능하다.[42] 성인도 여전히 죄인이며, 누구도 신이 될 수 없다. 그런 기독교 전통의 관점에서 에크하르트는 용납되기 힘들었던 것이다.

기독교는 신을 사랑으로 이해함으로써, 세상 없이는 하나님도 없다는 명제를 용납했다. '무로부터의 창조'는 교리를 통해, 하나님 없이 세상이 있을 수 없음을 정립했지만, 다른 한편으로는 하나님을 사랑으로 이해함으로 세상을 하나님에게 필연적 존재처럼 생각할 여지를 두었다. 이것은 신의 초월성을 삭감하기보다는, 절대 초월을 인정하면서도 동시에 인간의 존엄성을 높이는 효과를 가져온다. 특히 십자가 사건을, 인간을 위해 신이 스스로 희생한 것으로 이해함으로, 인간이 그 누구의 수단도 아닌 목적이 되도록 유도한다. 특히 종교 개혁 이후 '십자가의 신학'이 부활하면서 인간이 주인공으로 등장하게 된다.

서양의 고대와 중세에는 존재론적인 이원론적 사고가 현실과 현상에 대해 거리를 두고 비판적으로 볼 수 있는 눈을 제공했고, 근대에는 종교 개혁을 통해 객관주의가 주관주의로 바뀌면서 중요한 전환점을 만들었다고 할 수 있다. 종교 개혁 이후에는 차츰 형이상학은 사라지면서, 실존적이고 개인주의적인 권리 의식이 싹트기 시작했다.[43] 인식과 행위의 주체가 개인에게로 옮겨지면서, 공공 권력에 대한 비판이 싹트고, 저항권에 대한 구체적

42 서구 인문주의는 그러한 기독교의 영향 아래 있다. 칸트는 도덕적 자기완성의 문제를 자연과 자유가 통합된다는 뜻에서 전체성이라고 했는데, 현실이 아닌 희망의 영역에 두었다. 하이데거는 개인이 자기에게서 '그들'을 제거하고 완전히 자기 자신이 되는 것을 전체성이라고 했는데, 불가능한 가능성의 영역으로 두었다.

43 하버마스는 세속화와 탈주술화가 합리화의 결과라고 보는데(『이데올로기로서의 기술과 과학』, 하석용·이유선 역〔서울: 이성과 현실사, 1993〕, p. 56), 사회의 합리화가 세속화의 결과라고도 할 수 있다. 종교 개혁의 세속화가 서양 사회를 합리화하는 데 중요한 역할을 했다.

인 방침들이 제기되기 시작했다. 홉스는 자연법보다 자연권을 중시하고, 사회 계약에 의한 권력의 탄생을 말했으며, 로크나 장 자크 루소는 사회 계약론을 통해 인민의 일반 의지가 곧 공권력을 형성한다는 것을 설득했다. 그 결과 근대 헌법이 탄생하고, 법은 규제가 목적이 아니라, 국민의 기본권을 보호하는 데 중점을 두게 된다.

이 점을 한국이나 중국과 비교해보자. 이 문제는 다음 장에서 다루겠지만, 여기서 잠깐 동서양을 비교해볼까 한다. 아시아 사회의 경우에는 종교가 세속 권력을 견제하는 막강한 힘을 갖지 못했다. 종교가 도덕성의 우위를 내세우며 현실 권력인 군주를 누른 경험이 없었고, 하나님 나라에 대한 믿음으로 세상 나라를 누르지도 못했다. 그것은 기독교적인 죄의식이 없고, 살아 있는 신의 나라를 세상 나라와 다른 또 하나의 현실로 보는 관점이 없었기 때문으로 보인다. 기독교의 경우에는 인간의 죄를 심각하게 보고, 도덕성에 있어서 무지無知와 무능無能을 말했다. 동아시아의 유학이 공맹 이후 19세기 말까지 맹자가 말한 양지良知 양능良能에 바탕을 둔 것과 대조적이다. 그러면서, 구원의 가능성을 하나님에 대한 신앙에 두었다. 사제계급들은 하나님과 통하는 자들이요, 그래서 속죄의 은총을 입을 뿐 아니라, 먹고 사는 문제에 매이지 않은 자로서, 구원받은 자답게 도덕적으로 살 수 있다. 반면에 세속 권력자는 영토를 넓히고 교역을 하여 이득을 남기며, 사람을 정죄하고 처단하며, 끊임없이 물질의 확대와 분배에 신경을 써야 하는 자로서, 도덕적으로 사제에 비해 열등하다. 세속 군주는 구원받을 수 없는 죄인의 모습을 그대로 보여주고, 사제들은 구원받은 자의 삶을 보여주며, 세속 군주를 가르치고 인도할 권위를 지니게 된다.

중국이나 한국의 경우에는 기본적으로 휴머니즘인 유학에 바탕을 두었다. 성선설로서, 죄로부터의 구원이라고 하는 종교적 신앙과 제의가 중요하지 않았다. 그 결과 세속 권력을 죄의 산물로 보는 시각은 존재하지 않았다. 오히려 백성을 먹여 살리고 도덕적으로 교훈해야 하는 집단이었다. 조선 시대 내내 이루어진 도학 정치에서 왕은 도를 깨치고 실현하는 정수리에 있다. 그러므로 왕 위에서 왕을 견제하는 도덕적 존재의 자리가 없다. 천명天命은 보편적인 것이요, 인간이 스스로 해결할 수 없을 만큼 인간의 본성이 부패한 것은 아니므로, 사제가 천명을 전하는 일을 맡아야 할 까닭이 없다. 그 대신 통치자가 하늘과 교통하는 제사장의 역할을 담당했다. 물론 성리학은 종래의 유학과 달리, 인간의 죄성을 깊이 있게 인식했다. 이학理學이라는 형이상학의 탄생도 그 때문이다. 그러나 여전히 맹자의 성선설에 바탕을 두고 있었다. 이것은 근본적인 비판 사상을 낳는 데는 약점으로 작용한다.

성리학의 우주론을 살펴보아도 그렇다. 리나 태극을 중심으로 형이상학을 발전시켰는데, 그 리나 태극은 기독교의 신과 달리 세상과 독립적인 실체적 존재가 아니다. 초월적 존재를 따로 말하지 않았다는 것은 이원론이 없었다는 것이다. 앞에서도 언급했듯이 이원론 전통이 없으면, 세상의 도덕과 역사와 자연 현상을 근본적으로 비판해보는 시각을 갖기 힘들다. 성리학은 전통 유학에 없던 리를 초월자처럼 말한다. 그러나, 리나 태극은 실체가 아니고 실체 같을 뿐이다. 성리학이 우주론과 도덕 형이상학을 세우며 중요시하는 용어가 있다. 그것은 체용일원體用一源이라는 숙어다. 우주의 원리가 체이다. 그 체體는 서양의 실체實體가 아니다. 인간의 정감이나 마음 씀씀이 그리고 세상 현실은 용用이다. 우주의 원리이자 인간 심성의 원리인 리理나 성性이 움직여 인간의 감정이 생기고 세상 현실의 삶이 이루어진다는 것이 체용일원이다. 그러나 성리학이 말하는 체로서의 리는 도덕성을 지니고 있을 뿐, 그것이 실체로서의 운동력과 힘을 가지는 것은 아니다. 그것은 말하자면 우주적 마음이긴 한데, 마음먹거나 마음을 쓰는 의지적 존재는 아니다. 성리학에서는 리理의 무정의無情意, 무계탁無計度을 강조한다. 다시 말하면 리는 도덕적 이념일 뿐이다. 현실을 보고, 그런 현실을 통합할 하나를 찾아 태극이요 리라고 본 것이며, 거기에 순선純善이라는 도덕적 가치를 매겼다. 그것은 현실을 관통하는 것이면서, 또한 모순된 현실을 통합할 이념이다. 선에서 세계가 나왔고, 그러므로 악한 현상은 선의 과불급에 불과할 뿐이라는 도덕적 낙관주의의 표현이 체용體用이라는 표현이다.

보편적 심성을 말하기 위해 체를 말했지만, 그것은 용과 별개의 것이 아니다. 그러므로 극대화된 개체Maximum individium라고 표현된 기독교의 하나님과 다르다. 개체individium라는 표현은 나눌 수 없다는 뜻을 지니고 있지만, 동시에 지정의知情意가 있는 주체라는 의미를 지니고 있다. 하나의 주체로서 세상을 주관하는 실체라는 얘기다. 그러므로 기독교에는 인간 이외의 주체가 성립하고, 인간 개인이 그 주체와 주체 대 주체의 관계를 맺는 것이 가능하게 된다. 반면에 성리학에는 세상과 다른 선한 현실을 만들어갈 주체가 인간 외에는 없다. 그것은 결국 성리학이 휴머니즘 전통에 서 있음을 의미하는 것이다. 휴머니즘인데, 자연주의적 휴머니즘이다. 그 자연적 내재주의 때문에 인간의 권력 관계를 통째로 비판할 수 있는 비판 정신이 약하다.[44]

44 이 내용은 4장에서 다루겠다.

3. 과학의 비판 정신

도덕적 중립 지대의 탄생

서양에서 근대 과학의 탄생은 비판 정신을 위해 중요한 의미를 가진다. 과학은 기본적으로 인식 대상을 거리를 두고 관찰한다. 그리고, 경험적 자료를 가지고 자연 법칙을 찾아내는 것이다. 그것은 삶의 의미와 무관한 자연에 대한 인식이며 기계론적인 인식이다. 그럼으로써, 도덕적 중립 지대가 탄생했다. 도덕적 중립 지대란, 선하지도 않고 악하지도 않은 영역을 가리킨다.

인문주의에서는 선하거나 악하거나 둘 중의 하나다. 도심道心을 지니거나 인욕人欲에 빠지거나 둘 중의 하나이며 중간은 없다. 기독교식으로 말하면 죄의 종이 되거나 의義의 종이 되거나 둘 중의 하나이며 중간은 없다. 이런 양자택일의 사고방식은 사람으로 하여금 깨어 있어서 마음이 흐트러지지 않도록 하려는 수양의 의도와 관련이 있다. 평상시의 일상적인 마음은 늘 이기심과 욕정에 사로잡혀 있다고 보기 때문에, 도나 진리에 사로잡히지 않는 한 바른 마음을 갖기 어렵다는 위기의식에서 나온 것이다. 그렇게 되면 인간의 모든 행위에 선악의 가치관이 들어가게 마련이다. 그것이 중세까지 동서양의 공통된 인식론과 실천론이었다.

고대 인문주의와 중세의 신학은 인간의 자연적 욕망까지 절제하려고 하고 자연 현상까지도 형이상학의 관점에서 이해했다. 그러나 과학과 근대 인문주의는 서로 영향을 주며 형이상학과 신학으로부터 벗어난다.[45] 그러면서 자연의 영역과 윤리의 영역을 별개로 생각했다. 인간의 욕망 자체를 악으로 보지 않고 긍정하는 가운데 일상적 삶을 그리는 문학 형태가 출현한다. 그리고 자연을 더 이상 형이상학적인 목적론의 관점에서 파악하지 않고, 덕성과는 무관한 기계론적 에너지의 관점에서 파악하게 된다. 그런 식으로 서양은 근대에 들어오면서 그런 도덕 가치에 대해 중립적인 영역을 설정했다. 자연과학은 윤리와 무관한 인식과 실천의 영역이 탄생하는 데 중요한 역할을 했다.

이 문제는 진리 인식의 주도권이 어디 있느냐는 것과 관계가 있다.

서양의 중세까지 진리는 존재론적 진리 곧 있는 바의 것id quod est이었다. 플라톤 철학 이후 아퀴나스 신학에 이르기까지, 진리와 존재 자체 그리고 선은 일치하는 것이다. 진리의 인식은 진리 쪽에 주도권이 있었다. 플라톤의 태양의 비유에서 태양의 빛이 없으면 인간은 아무것도 보지 못하고, 인식하지 못한다. 그 태양이 선의 이데아다. 그렇다면, 인간의 통일된 지식이나 인식에는 언제나 선의 이데아가 개입한다. 다른 인식들은 참다운 진리 인식을 위한 계기에 불과하다. 보이는 모든 것들은 보이지 않는 선을 노래하고 그리로 인도하기 위한 매개물이다. 그런 인식론은 아우구스티누스에게서 기독교적으로 바뀌어 조명설이라는 인식론이 정립된다. 진리이신 하나님이 매 순간 빛을 비춤으로 인간의 이데아 인식이 가능하다는 것이다.[46] "하나님은 지성적인 빛이시기 때문에 모든 지성적인 것들이 조명을

45 스피노자Spinosa는 신의 기적을 믿지 않고, 신의 지성과 의지를 인간이 자연 법칙 안에서 찾을 수 있다고 보았다. 그리고 인간 내면의 이성의 빛을 강조했다. 그것은, 과학적 세계관이 등장할 시기에 근대적 인문주의의 탄생을 알리는 것이다. 베네딕트 데 스피노자, 『신학정치론』, 최형익 역(서울: 비르투, 2011).

46 하이데거는 진리 인식에서 주체와 객체를 분리하지 않았다는 면에서 서구 철학사에 끼친 아우구스티누스의 영향력을 중시한다. 철학이 바보가 되는 것을 막은 사람이 아우구스티누스라는 것이다. 마르틴 하이데거, 『진리의 본질에 관하여』, 이기상 역(서울: 까치글방, 2004), p. 82.

받게 된다."[47] 그런 식의 인식론은 공통적으로 마음의 전환을 요구한다. 다시 말해 안다는 것은 마음을 바로 해야 하는 것이요, 마음을 바꿔 먹어야 하는 것이다. 앎은 지성의 문제이기 전에 의지의 문제요, 사랑의 문제다. "순수할 때 하나님에 가장 가깝다Deo proxima est, quando pura est" (*De div. quaest*, 46, 2). "사랑이 진리를 안다Caritas novit eam!"[48]

그런 식의 인식에서는 알고자 하는 대상에 알고자 하는 주체가 이미 속해 있게 된다. 주체와 객체의 분리가 없는 것이다. 주객 관계의 인식을 비판하며 귀속의 존재론을 새롭게 제기한 하이데거가 한 유명한 말이 있다. "물어지고 있는 것이 물음과 기이하게 뒤로 또는 앞으로 연관되어 있다. 물음이 물어지고 있는 것에 의해서 본질적으로 관련되어 있음은 존재 물음의 가장 고유한 의미에 속한다."[49] 물어지고 있는 것 곧 앎의 대상은 묻는 주체 뒤에서 이미 주체와 이떤 연관을 지니고 있다는 말이나. 앎의 대상이 앎의 방향을 결정한다는 것이다. "찾아 나섬으로서의 물음은 찾고 있는 것에서부터 앞선 방향 지도를 받아야 할 필요가 있다."[50] 하이데거는 이 말을 자신의 존재론을 펴기 위해 말했지만, 서양 중세까지의 인식론을 대변하는 말이기도 하다. 진리는 알레테이아 곧 열어 밝힘이다. 알아야 할 대상 쪽에서 자기를 열어 밝힘으로 인간은 알 수 있다. 이러한 인식론은 기독교 신학에서는 계시라는 말로 적용되었다. 하나님이 자기를 보여줌으로써 우리는 하나님을 알 수 있다는 것이다.

이러한 진리 인식은 인간이 손에 넣을 수 없고, 축적될 수 없고 전달될 수 없으며, 오로지 개인적으로 살 수 있을 뿐이다. 개인의 마음이 수반되어

---

47 아우구스티누스, 『독백』, 『아우구스티누스: 전기 저서들』, 공성철 역(서울: 두란노 아카데미, 2011), 1권, 1.3, p. 40.

48 아우구스티누스, 『고백록』, 선한용 역(서울: 대한기독교서회, 2007), 7권, 10장, 16절, p. 227 참조. 또한 양명수, 『어거스틴의 인식론』(서울: 한들출판사, 2001) 참조.

49 마르틴 하이데거, 『존재와 시간』, 이기상 역(서울: 까치글방, 2000), p. 23.

50 위의 책, p. 19.

서 아는 것이므로, 마음 없이 객관적으로 알 수 있는 진리가 아니다. 마음이 수반되었다는 것은 이미 앎의 대상을 체험하고 살고 있음을 의미한다. 진리를 안다는 것은 진리를 사는 것을 의미한다. 그러므로 서양 중세까지의 인식론은 삶의 의미 물음과 연관된 인식론이다. 그런 인식론은, 매순간 순수한 마음이 인식의 대상에 참여할 때 발생하는 깨달음을 찾으려고 하는 것이다. 깨달음은 도덕의 실천으로 연결되는 실천적 지혜를 가리킨다.

그것은 유학의 경우도 마찬가지다. 공자는 "행하고 나서 힘이 남으면 글을 배운다行有餘力則以文學"고 했다. 그러므로 중요한 것은 실천이었다. 다시 말해서 공자가 말한 앎은 모두 천명과 도의 실천과 관련이 된 것이다. 앎과 실천이 일치하고, 실천할 때 알 수 있다. 학문을 남에게 전달하려고 하는 것이 아니라 기본적으로 자기를 위해서 한다. 그것을 위기지학爲己之學이라고 한다. 자기에게 이득이 되는 학문만 한다는 말이 아니라, 남을 가르치기 전에 자기를 가르치려고 하는 학문이라는 말이다. 그런 면에서 동서양 인문주의에서는 이론과 실천이 분리되지 않았다. 플라톤도 테오리아는 프락시스를 위해서 있는 것이다. 거기서 테오리아란 진리를 관상하는 것을 말하는 것이지, 대상에 대한 과학적 분석이 아니다.

서양에서 과학이 싹틀 무렵에도 중국과 한국에서는 여전히 마음공부를 학문의 핵심으로 삼았다. 주희가 말한 격물치지格物致知에서 격물格物이란 자연과학적 관찰이 아니다. 도덕적 신념을 자연에서 확인하는 것이다. 그러므로 치지致知에서 지知란 과학적 앎이 아니라 자연과 인간 현실에 흐르고 있는 덕의 원리를 확인하는 앎이다. 자연 사물에서 도덕적 신념을 읽어내려고 하는 것이다. 그러니까 도덕적 실천의 지혜와 독립한 이론적 지식이란 없다. 실천지 위주로 앎이 형성된 것은 중세까지 동서양의 인문주의가 같고, 기독교의 경우도 마찬가지다. 그러나 서구는 자연이 비신성화되어 있는 반면에, 중국이나 한국에서는 자연이 신성한 것으로 되어 있었다. 물론 자연의 비신성화는 공자나 맹자에게서 어느 정도 일어났다. 그들은 더 이상 자연신을 섬기는 것에 관심을 두지 않았기 때문이다. 그러나 유학에는 이상적인 도덕의 구현을 자연에서 보려는 경향이 있었다. 그래서 인문주의임에도 불구하고 자연주의적 성향을 지니고 있었다고 봐야 한다. 그것은 자연을 신으로 섬겼다는 의미에서가 아니라, 도덕성의 자연스런 실현이라는 최고의 경지를 자연에서 보려는 경향이 있었다는 말이다. 그런 점에서 자연은 비신성화되었음에도 불구하고 여전히 인간 위의 신성한 역할을 담당하고 있었다. 중국과 한국에서 과학이 발전되지 않은 것은, 경험의 축적으로 기술은 발전되었지만 자연 현상을 가치 중립적인 것으로 보지 않았기 때문이다. 다시 말해서 자연 현상에서 인과 의의 덕목을 보려고 했기 때문에, 자연 현상을 수학적으로 설명하는 추상적 지식 분야가 발전되지 않았기 때문이다.[51]

그러나 서구의 근대 과학에서 자연 현상에 관한 지식은 도덕적 실천지와 연관되지 않았다. 과학 이론은 추상화된 이론으로서 독립적인 가치를 지니게 되었다. 도덕적 실천의 마음이 수반되지 않고 인식되는 진리의 영역이 생긴 것이다. 그리고 인식의 주체가 인식의 대상을 지배한다. 앎의 주체와 객체 사이에 거리가 생겼는데, 그 거리는 신학에서 말하는 인간과 신 사이의 거리가 아니다.

인문학의 이념이나 신학의 신은 도덕적 자기 초월을 감행하도록 하는 거리다. 거기서는 초월자가 현상과의 사이에서 만드는 거리가 있다. 그 거리는 도덕성을 통해 채워나갈 거리다. 거리는 좁혀져야 한다. 초월자는 주

51 고대 중국은 이미 그리스에 비해 형식 논리가 부족했다. 중국은 역법을 중요시해서 응용하는 실용적인 데 관심이 있었고 그런 기술은 오래 지속되었다. 반면에 서구의 과학은 수학화를 통해 균질한 시공간을 만들었다. 수학을 통한 추상화가 근대 기술과학을 발전시켰다는 사실은 갈릴레오와 다빈치의 비교를 통해서도 알 수 있다. 다빈치는 기술적 측면에서 천재였지만 수학 실력이 모자라 근대 과학에 끼친 영향력이 갈릴레오에 비해 적었다. 조셉 니덤, 『중국의 과학과 문명: 수학, 하늘과 땅의 과학, 물리학』, 이면우 역(서울: 까치글방, 2000), pp. 77-82 참조.

체의 모델이다. 그러므로 닮아가야 하고, 채워가야 한다. 그것을 표현하는 말이, 아리스토텔레스의 영향을 받고 아퀴나스가 말한, "질료는 형상을 이룰 잠재태"라고 하는 것이다. 나무는 불의 형상을 품고 있으며, 나무에 불이 붙어 타는 것은 결국 나무의 형상인 불을 실현하는 것이다. 인간의 일부를 이루고 있는 육적인 욕망은 참된 인간성을 이루기 위한 잠재태로서의 성격을 지니고 있다. 그것은 모든 인간 현상을 도덕성 구현의 각도에서 보는 것이다. 결국 본질과 현상의 거리 그리고 초월자와 인간의 거리는 좁혀져야 하는 것이다.

그러나 자연과학에서 생긴 인식 주체와 객체의 거리는 좁혀지는 것이 아니다. 그 거리는 인간이 자연을 지배하기 위한 거리다. 인간은 자연에 대한 새로운 초월자로 등장한다. 이것은 종교의 시대에 신이 차지하던 자리를 인간이 차지하는 것을 의미한다. 자연은 살아 있는 것이 아니라, 원자의 다양한 결합으로 이루어져 있는 물체일 뿐이다. 근대 과학의 등장은 자연이 다시 한 번 비신화화demythologisation되는 것을 의미한다.

이미 플라톤과 공자의 인문주의는 신으로 섬겨졌던 자연을 비신화화했다. 그것은 자연에 덜 의존적인 생산 방식을 가능하게 했던 도시 문명의 발달과 관련이 있었을 것이다. 인문주의 차원에서 일으킨 자연의 비신화화에서 서양은 동양보다 더 나아갔다. 공자의 인문주의가 자연주의를 벗어난 것임에도 불구하고, 자연은 도덕적 차원에서 중요한 의미를 지니고 있었다. 그러나 서양에서는 그렇지 않았다. 자연 사물은 영혼이 없는 질료로 여겨졌다. 다만, 그 질료는 형이상학적인 차원에서 잠재태로 생각되었다. 그러다가 근대 과학에서 자연은 도덕과 무관한 관찰의 대상이 되었다. 질료는 형상을 실현하기 위한 잠재태가 더 이상 아니다. 형상은 언제나 도덕적 선의 실현과 관련된 것인데, 질료는 이제 오로지 기술과학의 관심에서 관찰된다. 칸트는 물리와 윤리를 구분했다. 자연 법칙을 찾는 물리학과 자유의 법칙을 찾는 윤리학을 구분하여, 별개의 영역을 나눈 것이다. 자연 현상은 일일이 신의 뜻의 개입에 의해서 일어나는 것이 아니라 자연 법칙에 의해 일어나는 것이다. 그러므로 자연 현상을 통해 신의 뜻을 읽어내고, 종교적이고 도덕적인 자기반성을 하는 것은 더 이상 의미가 없어졌다.

영혼의 전환이 요구되지 않고, 머리로 이룬 관찰을 토대로 자연 현상을 설명하는 것은, 신으로부터 인간이 독립하는 것을 말한다. 계시에 의한 앎이 아니라 감각과 관찰에 의한 앎은 앎의 주도권을 인간에게 넘긴다. 이것이 비판 정신을 위해 중요한 것은, 인간 사회의 업신여기는 구조를 드러내는 데 기여했다는 점이다. 자연과학이 일으킨 과학적 방법은 사람과 사람의 관계의 문제를 떨어뜨려놓고 보게 만들었다. 자연과학이 만든 거리는 도덕적 당위에서 벗어나 인간 사회의 현상을 관찰하는 거리를 만들었다. 그것이 사회과학의 출현이다. 인간 사회에서 일어나는 사회 행위를 과학적으로 관찰한다는 것은, 종래의 도덕적 당위로부터 벗어나서, 실제로 인간이 어떻게 살고 있는지를 살펴본다는 말이다. '어떻게 살아야 하느냐'가 아니라 '어떻게 살고 있느냐'를 토대로 행위 규범을 산출하는 것이다. 도덕적 당위에 매여 있을 때, 현실은 당위를 채우지 못한 결핍으로 이해되었다. 다시 말해서 죄의 현실이다. 그럼으로써, 실제로 일어나는 인간 상황의 갈등을 적절하게 조절하는 것을 선으로 보지 않았다. 욕망을 상호 계약에 의해 조절하는 것이 선이 아니라, 욕망을 없애는 것이 선이었다. 인간의 현실을 제대로 관찰하고 거기서 필요한 덕목을 찾는 일을 중요하게 생각하지 않았다. 그래서, 근대 과학이 발전되기 이전 서구의 중세 사회나 한국 성리학의 세계는 높은 도덕성을 요구했다.

퇴계를 보건대, 성리학의 세계에서도 도덕적 중립 지대가 없었음을 알 수 있다. 그것은 동서양 중세 사회의 일반적인 현상이다. 윤리와 정치가 구분되지 않고, 이득에 대한 욕망이 정당화될 자리가 없다.

퇴계의 사단 칠정론도 그런 차원의 문제를 제기한 것이다. 퇴계는 주희보다 한발 더 나가 인간의 악의 성향을 생각했던 것 같다. 주희가 이미, 인간의 일상적 감정에 자사용지自私用知 즉 이기심이 들어 있음을 간파했지만, 퇴계는 일상적 감정이 악으로 흐르기 쉬운 악의 성향이 있음을 주장했다. 퇴계가 볼 때, 칠정이라고 하는 일상 감정은 그 속에 이기심이 들어 있는 감정이다. 그러므로 사단이라는 도덕 감정은 그런 칠정과는 별개의 것에서 생기는 감정이라고 봐야 한다는 것이다. 그 때문에 퇴계는 사단의 소종래所從來를 리理로 보고, 리가 주재하여 일어나는 도덕 감정으로 본다. 그리고 칠정의 소종래所從來를 기氣로 보고, 밖의 사물이 주재하여 일어나는 감정으로 본 것이다. 그것은 결국 마음의 문제인데, 리에 사로잡힌 마음 곧 도심道心은 리가 주재한다고 본 것이다. 그리고 기에 사로잡힌 마음 곧 인심人心을 기가 주재한다고 말한 것이다.

그러니까 고봉과 달리 퇴계는 인간의 악을 심각하게 보아서 일상적으로 인간의 마음은 인욕人欲에 사로잡혀 있다고 본 것이다. 이론적으로는 인심이 곧 인욕이 아니지만, 퇴계가 볼 때 인간의 마음은 곧 인욕이라고 할 만큼 악으로 흐르는 성향이 강하다. 그래서, 퇴계로서는 마치 상제의 역할을 하는 듯한 리理에 사로잡혀對越上帝 리가 주재하도록 하지 않으면, 그런 악의 성향을 이기기가 힘들다고 본 것이다. 그러므로 퇴계에게는 도덕적 중립 지대가 없다. 기에 사로잡혀 악하든지, 리에 사로잡혀 선하든지 둘 중의 하나다. 인간의 진정한 주체성은 리에 사로잡힐 때 발생된다. 리발理發이란 리에 사로잡히는 것이고, 기발氣發이란 기에 사로잡히는 것이다. 둘 중의 하나에 사로잡히게 되어 있다.[52] 리에 사로잡히지 않으면 반드시 기에 사로잡혀 인욕을 벗어나지 못한다. 기독교에서 죄의 종이 되든지 그리스도의 종이 되든지 둘 중의 하나이듯이, 퇴계로서는 리가 주재하든지 기가 주재하든지 둘 중의 하나다.

그처럼 인간의 자연적 욕망을 죄의 유혹으로 생각하면, 물질을 놓고 벌

52 양명수, 「퇴계의 칠정론과 악의 문제」, 『퇴계학보』 122집(2007) 참조.

어지는 정의의 문제를 제대로 해결하기 어렵다. 물질을 초월하는 것을 가르칠 뿐, 더 많은 물질을 갖기 위해 인간의 욕망이 충돌했을 때 처리할 수 있는 원리를 산출하기 어렵다. 사회의 불평등과 억압의 구조를 구체적으로 고발할 상상력이 빈곤하게 된다. 당위를 앞세워 너무 높은 도덕성을 요구하는 것은 자칫 기존의 불공평한 사회 체제를 유지하는 데 도움을 줄 수도 있다. 예를 들어, 원수까지도 사랑하라는 계명은 아주 고상한 요구이지만, 부당한 억압을 당하고 있는 사람으로 하여금 그 상황을 개선할 의지를 꺾어놓을 수도 있다. 내면의 수양을 요구하고 천리에 따라 살 것을 요구한 고대와 중세의 인문주의는 사회정의론의 발전에 일정한 한계를 안고 있었다고 봐야 한다.

과학적 사고방식은 인간이 실제로 어떻게 살고 있는가를 관찰하며, 인간의 현실에 적절한 규범을 산출하려고 한다. 그것은 인간관계를 떨어뜨려 놓고, 제 3자와의 관계를 기본 관계로 생각한다. 아는 사람과의 관계가 아니라 모르는 사람과의 사이에서 지켜야 할 기본적인 덕목을 생각해서 행위 규범으로 삼는다. 그러면 정보다는 냉정한 합리성이 지배하게 된다. 사랑과 희생보다는 거래의 정의가 중요하게 된다. 신학적인 무한 책임이 아니라 유한 책임이 중요하게 된다. 내 부모나 형제나 가까이 아는 사람을 위해서는 희생도 할 수 있고 무한한 책임을 지는 게 덕목이다. 신학적인 정의론에서는 타자를 내 몸처럼 사랑하라는 계명 때문에 인간은 모든 타자에 대해 무한 책임을 지게 된다. 그것을 이행하지 못하기 때문에 인간은 죄인이다. 도스토예프스키가 『까라마조프 씨네 형제들』에서 조시마 수사의 말을 빌려 말하듯이, 나는 타자의 범죄에 대해서까지 책임이 있다.

그러나 과학적 사유에서는 내가 분명히 잘못한 것에 대해서만 책임을 진다. 이른바 유한 책임이 기본이다. 그러므로 이제 종교적인 의미에서의 죄는 사라지고, 분명한 인과관계가 성립할 때만 죄를 인정한다. 그리고 다른 사람에 대해서는 할 만큼 하면 된다. 인간관계의 기본을 제 3자와의 관계에 두었기 때문에 나는 타자에 대해 너무 큰 의무를 지지 않으며, 나의 행복을 추구하는 가운데 필요한 만큼 타자를 배려하면 된다. 과학적 사고방식에서 인간의 욕망 자체는 가치중립적인 것으로 정당화되었으므로, 다른 사람을 해치지 않는 한 내 욕망을 추구하는 것은 선이 될 수 있다. 그러므로 나의 행복이 중요해지고 의무보다는 권리가 핵심 개념이 된다. 근대법 사상이 권리 중심으로 된 것은 결과적으로 인간의 욕망을 가치 중립 지대로 만든 과학적 사유의 영향이라고 할 수 있다.

종교에서 말이란 듣는 것이다. 말은 하는 것이 아니라 듣는 것이다. 말의 주도권은 신에게 있으며, 신의 대리인인 사제에게 있었다. 그러므로 종교적 사회에서는 말을 잘 듣는 것이 덕목이다. 그러나 과학이 지배하는 탈종교 사회에서는 말을 하는 것이 중요하다. 자기가 하고 싶은 말을 잘 하는 것이 중요하다. 그것은 말을 잘 듣는 순종보다 의사 표시가 중요해졌음을 의미한다. 근대 법은 당사자의 의사 표시 중심으로 형성되는데, 그것은 권리 주장이 중요해졌음을 의미한다.

이처럼 과학적 사고방식은 자연 현상을 대상화해서 자연 법칙의 지식을 알아낸 것에 그치지 않는다. 과학의 인문학적인 의미는 도덕적 가치를 배제한 가치 중립 지대를 탄생시켰다는 데 있다. 그것은 인간의 자연적 욕망을 죄로 보지 않고, 남을 해치지 않는 한 욕망의 실현을 선으로 보는 길을 열어놓았다. 욕망이 정당화된 것이다. 그 결과 근대 이후 인간은 권리의 주체로서 등장하고, 목소리를 높여 자기 몫을 주장하게 되었다. 그것은 사회정의론의 발전을 가져오고, 부당한 억압 곧 업신여기는 구조에 대한 저항이 가능하도록 길을 열어주었다.

기독교는 한편으로는 다른 종교에 비해 세상을 통째로 비판할 길을 열었다. 하나님 나라에 대한 믿음은 세상을 거리를 두고 보게 만들고, 그것이 서구의 비판 정신의 기원이다. 특히 성육신 사건 때문에 세상은 하나님의 뜻이 이루어질 곳이므로, 초월적 신에 대한 믿음이 플라톤적이고 영지주의적인 이원론으로 가지 않게 되었다. 그러나 다른 한편으로 죄의 종이 되든지 아니면 그리스도의 종이 되든지 둘 중의 하나라는 인식을 갖고 있었다. 이것은 아주 높은 덕을 요구하는 것으로, 물질의 몫을 놓고 다투는 정의의 문제를 정면으로 제기하기 어렵다. 종교 개혁 이후 세속화 운동은 점차 물질의 몫에 대한 평가를 긍정적으로 생각할 길을 열어놓은 것이 사실이다. 그러나 덕 있는 사람이 정치를 하는 것이 아니라 경제적이고 정치적인 권리의 배분을 중심으로 테크노크라시들이 정치를 하기 위해서는, 교회 밖의 세속적 비판 의식이 중요했다.

그런 면에서 서구의 근대 비판 정신은 크게 보면 기독교 문화권의 산물이지만, 당시로서는 교회와 투쟁하며 이룩해야 될 것이기도 했다. 이른바 과학의 발전은 계시 없는 진리 인식을 통해, 객관적인 사물의 진리를 신앙심 없이 파악하는 인식론을 가져왔다. 그것은 선도 아니고 악도 아니다. 다만 현실을 있는 그대로 서술하고 파악하는 작업이 있을 뿐이다. 이런 가치중립적인 인식론이 결과적으로 인간의 권리 의식을 발전시키는 데 중요한 기여를 하게 된다. 도덕적으로 정당화되던 행위 규범이나 사회 관습을 다시 볼 수 있는 가능성을 연 것이 바로 그 가치 중립 지대이기 때문이다. 그리고 자연과학의 인식론은 인간의 사회 행위에 적용되면서 사회과학이 출현하게 된다. 철학의 영역에 속해 있던 경제학과 정치학이 근대 사회에서는 차츰 독립적 지위를 갖게 된다. 그리고 마침내 사회과학이란 이름을 갖게 된다.

뒤에서 우리는 한 예로 홉스와 애덤 스미스를 통해, 인간 현상이 인문주의적이고 신학적인 도식을 벗어나서 사회과학의 대상으로 진입하는 지점을 살펴볼 것이다. 인문주의와 신학이 요구한 높은 덕목을 낮추면서 비로소 근대 사회는 정의와 평등의 문제를 정면으로 제기할 수 있었다. 몫을 놓고 정당한 권리를 주장하고 다툴 수 있어야, 약자들이 보호를 받고, 업신여김 받는 구도에서 벗어날 기회를 얻게 된다. 누구나 소유권의 주체가 되어야, 이미 소유권을 행사하고 있던 귀족들 이외의 일반 국민들도 소유의 주체가 될 수 있다. 인간 현실은 인문주의가 주장한 덕의 고하에 따라 높낮이가 정해지지 않고, 소유의 많고 적음에 따라 높낮이가 정해지는 면이 강하다. 고대와 중세의 인문주의와 신학이 강조했던 대로 소유에 집착하지 않는 것은 내면의 평화와 인간 사회의 평화를 위해 영원한 지침이 되는 면이 있지만, 소유를 향한 게임이 공정하게 이루어져야 하는 것도 중요하다. 그것을 위해 과학적 사유가 기여한 것이다.

진화생물학의 인간 본성론

자연과학은 마침내 인간의 본성론을 내놓게 된다. 이것은 인문주의가 말하는 성선설 등의 본성론과 다르다. 플라톤이나 칸트 같은 인문주의자들은 인간 본성론을 통해, 물질에 대한 관심을 멀리하고 평화를 이룩하는 자기 수양의 당위를 말할 수 있었다. 그것은 비판 정신의 한 축을 이루며, 이상과 이념을 기준으로 삼아 현실을 비판한다. 현실은 영원한 개혁 대상이다. 그런 개혁의 힘은 인간의 본성에서 나온다. 그러나 그들이 말하는 인간 본성은 과학적 관찰이 아니라 일종의 신념이다. 인간이 세상 평화를 이룩하는 주인이 되기 위한 대전제를 찾은 것이라고 할 수 있다.

그런데, 서양의 과학은 인간의 본성에 대해서 인문주의와 다른 결론을 내놓는다. 그것은 자연과학자들에 따르면, 신념이 아닌 사실에 바탕을 둔 본성론이다. 규범은 사실에 바탕을 두어야 한다는 것이다. 인간 현상 또는 생명 현상의 사실을 찾는 데 있어서 생물학과 동물행동학 등이 기여한다. 그들은 인문주의의 높은 담론이 가져오는 불필요한 소모를 비판하는 비판 이론이라고 할 수 있다. 관념론이 지니고 있는 비판 정신의 기여가 있고, 경험론이 지니고 있는 비판 정신의 기여가 있다. 과학에 바탕을 둔 것은 경험론 쪽이다. 그래서 뒤에서 나는 홉스와 애덤 스미스 등의 영국 학자들에게서 진전된 비판 정신을 살펴볼 것이다. 그것은 인간을 대단한 덕성의 소유자로 보는 인문주의와 멀어지면서 가져오는 해방이 있다. 생명 현상을 일단 있는 그대로 보는 작업이 기여하는 면이 있는 것이다. 그런 점에서 우리는 자연과학이 가져온 인간 본성론을 살펴볼 것이다. 놀랍게도 그것은 영국 경험론자들의 관찰과 일치한다. 지금 내가 살피려고 하는 생물학적 인간 본성론은 20세기에 정립된 것임에도 불구하고, 이미 17, 18세기 정치경제적 인간 본성론과 일치한다. 홉스와 애덤 스미스의 인간론은 진화론이 나오기 이전임에도 불구하고, 인간 본성론에서 일치한다. 과학적 사유가 미친 영향이다. 홉스와 애덤 스미스가 종래의 신학적 사유나 인문주의 사유를 권리 위주의 윤리로 만들어 부당한 억압을 견제하는 데 기여했다. 그들의 배경에는 과학이 있었다. 이제 진화생물학에서 본 인간 본성론을 살펴봄으로 전통적 인문주의와 다른 점을 알아보도록 하겠다.

인문주의 전통에 대해서 사회생물학자인 에드워드 윌슨은 뭐라고 하는가? 인간 본성이란 무엇인가? 본성이란 감각 기관을 통해 들어오는 외부 자극에 대해 반응을 보이는 능력과 관련된 것이고, 그 지각과 반응이 일정한 규칙성을 가지면 인간의 타고난 본성이라고 할 수 있다. 그런데 그 반응의 규칙성은, 오랜 세월 환경의 자극에 적응하여 생존과 번식에 유리한 방향으로 유전되면서 형성되고 종 내에 퍼져 인간 보편의 행동 규칙으로 형성된 것이다.[53] "그것은 후성 규칙들이다. 즉 문화의 진화를 한쪽으로 편향시켜 유전자와 문화를 연결해주는 정신발달의 유전적 규칙성이다."[54] 인간 본성의 탐구는 후성 규칙들의 고고학이다.[55] 다시 말해 자연 선택의 결과 생긴 일정한 형질이 본성이라는 것이다.

---

53 에드워드 윌슨, 『인간본성에 대하여』, 이한음 역(서울: 사이언스 북스, 2000), p. 64.

54 에드워드 윌슨, 『통섭』, 최재천, 장대익 역(서울: 사이언스 북스, 2006), p. 291.

55 위의 책, p. 292. 칸트는 원죄를 시간적으로 이해하는 것에 반대했는데, 진화생물학에 따르면 아득한 시간의 산물이다.

후성 규칙이라는 말로 윌슨은 유전자와 문화를 잇는 다리를 놓는다. 다시 말해서 유전된 형질을 구성하는 후성 규칙이 강력히 작용하여, 외부 자극의 지각과 그 지각에 대한 반응에 있어서 인간에게 보편된 어떤 편향성을 갖게 만들고, 인간 사회의 공통된 성격을 가능하게 만든다. 인간의 문화는 지역마다 서로 다른 특색을 지니고 있지만, 같은 유전자 풀을 가졌기 때문에, 알고 보면 보편적 규칙이 존재한다. 보편 규칙이 오래 고립된 지역에 따라 서로 다르게 표현될 수는 있지만, 인간의 '본성'을 이야기할 수 있을 만큼 호모 사피엔스의 형질은 동일성을 지니고 있다고 본다. 다윈은 물리학에서처럼 생명 현상에서도 어떤 법칙을 찾아내기 원했는데, 그 작업이 윌슨에게서는 후성 규칙을 찾는 작업으로 이어진 것이다.

그러한 규칙은 유전되어 전해진 것이므로, 인간의 본성은 그 이전 그의 조상이 되는 동물들의 본성에 새로운 것을 덧붙여 이루어진 것이다. 그런 면에서 인간의 본성은 동물과 많은 것을 공유하고 있는 셈이다. 무엇보다도 인간의 본성은 유전자의 생존과 번식에 적합하게 이루어졌다는 것이며, 그 점에서 유인원이나 그 이전의 포유류와 다르지 않다. 다만 집단과 개체 사이의 관계에서 인간은 다른 면을 보이고, 정교한 도덕률과 종교도 거기서 생기게 된다. 다시 말하면, 어떻게 개체가 집단의 보호와 규제를 받을 것인지에 있어서 인간은 더욱 세밀한 모습을 띠고 있으며, 그것이 인간의 문화를 이룬다. 그런 것은 구석기의 인간이 생존을 위해 집단의 협력이 더욱 필요했기 때문일 것으로 보이며(인간은 고기를 먹고 자기보다 큰 동물을 사냥한다), 중석기와 신석기에 이르러 인구가 증가하면서 집단 간의 접촉이 많아지면서 새로운 평화의 원리를 도출할 필요성이 있었기 때문일 것으로 보인다.[56]

진화생물학자들이 볼 때 이타성 등 인류에게 고유하게 보이는 도덕도

---

56 에드워드 윌슨, 『인간 본성에 대하여』, pp. 229-233.

알고 보면 유전적 적합성 또는 적응과 관련이 있다. 서로 이득을 주고받는 사회 계약이 발달한 것이 그렇고, 이타성이나 애국심 같은 것도 유전자의 생존과 번식의 관점으로 설명된다. 그렇게 보면 인간의 본성은 생존 본능에서 크게 벗어나지 않았다. 그렇다면 인문주의자들이 본능과 본성을 구분하고, 자연과 자유를 구분한 것은 어떤 의미가 있을까? 그 문제는 나중에 보기로 하자.

본성이 후성 규칙이라면, 인문주의자들이 주목한 마음이라는 것은 무엇인가? 플라톤에게서 마음은 프시케라고 하여 육을 지배하는 능력을 가리키고, 영원한 진리를 알 수 있는 누우스도 그 마음속의 능력이다. 유학과 성리학에서 마음은 의지와 정의 근원지로서 선한 본성을 담고 있는 것이면서, 그것을 발현하는 주체이기도 하다. 그러나 윌슨에게서 마음은 뇌의 작용 이상이 아니다. 뇌는 물리적 기초를 가지고 시냅스라는 신경 세포의 전기 작용에 의해서 외부 반응에 대해 적합한 행동을 산출해내는 기관이다. 인간의 뇌는 어류와 포유류 등 척추동물에서 생긴 본능을 간직한 장치이기도 하고, 그 이후에 진화 과정에서 감정을 산출하는 부분과 감정의 균형을 꾀하는 전두엽 등이 덧붙여진 것이다.

인간의 본성은 그런 뇌의 진화로 형성된 것이라고 할 수 있다. 마음이나 의식은 수많은 정보를 저장하고, 그러한 정보를 바탕으로 현재의 자극에 대해 물리적 행위를 산출하는 뇌의 활동이다. 뇌가 적응의 산물이라면 결국 마음은 몸에 그 기원을 두고 있고, 이성은 감정에 기원을 두고 있다. 마음은 몸을 위한 것이고, 이성은 외부 자극에 의해 생기는 감정을 만족시키기 위한 신경 활동을 통한 반응이다. 감정은 외부 자극에 대해 신속히 대처하기 위해 생겨난 뇌의 작용으로서, 이득이 될지 안 될지를 재빨리 판단해 반응을 보이도록 유도하는 장치다. 그것은 크게 보면 쾌락과 고통으로 나누어지는데, 쾌락을 주는 것은 접수하고 고통을 주는 자극은 피하도록 유도한다. 그것은 거의 본능적으로 일어나는 일이며, 그 점에서 감정은 본능과 관련이 있다. 이성은, 그러한 감정이 서로 경합을 벌이거나 충돌할 때, 어떤 것이 더 쾌락을 줄지 그리고 어떤 것이 궁극적으로 쾌락을 주고 궁극적으로 고통을 줄지 판단하는 기능이다. 그렇게 보면 이성의 역할은 쾌락을 선택하고 고통을 멀리하는 범주에서 벗어나지 않는다.

그렇다면 도덕이나 윤리는 무엇인가? 그것 역시 "뇌와 문화의 물리적 산물"[57]이다. 물리적 산물이라는 것은, 도덕의 기원이 비물질적인 데 있지 않고, 생존과 번식의 관심에서 생겨난 것이라는 말이다. 그것은 신의 계시에 의한 것도 아니고, 인간이 처음부터 타고난 무슨 고상한 본성에서 나오는 것도 아니다. 오히려 그것은 물질 획득을 두고 벌어진 타협의 결과 생긴 것이다. 개인과 사회의 타협이 문화를 만들고 문화란 결국 개인의 욕망과 사회 규제의 조화에서 생겨나는 다양한 규범들로 이루어진다. 그런 점에서 "사회 계약의 원리들이 규칙과 명령으로 굳어진 것"이 도덕이요 윤리다. 그것은 어차피 집단 생활을 통해 자신을 보호받을 수 없는 개인들이 공공선을 만들기 위한 협력 체제이고, 동시에 그것에 방해가 되는 것을 징계하는 처벌 체제이기도 하다. 정의의 도덕률은 그렇게 형성된다. "당위는 인간 본성의 번역이 아니라 공공의지의 번역이다."[58] 정의의 기원은 정의감에 있으며, 정의감이란 집단 생활을 위한 인간의 본능적 감정이다. 그리고 "도덕적 본능의 기원은 협동과 배신 간의 역동적 관계이다."[59]

그렇게 보면 도덕은 사회의 산물이다. 집단 생활을 통해 협력에 필요한 본능들이 생겨났고, 그것은 가족 관계나 마을 공동체나 그보다 더 큰 공동체 속에서 개인의 이기심을 누르는 도덕률을 발전시켰다. 도덕과 부도덕은 집단에 대한 협력과 개인의 배신에 의해 형성되는 것이다. 개인과 사회의 다양한 관계의 변천이 도덕률이나 정치 규범의 변화의 역사라고 할 수 있

57 에드워드 윌슨, 『통섭』, p. 432.
58 위의 책, p. 434.
59 위의 책, p. 435.

다. 그러므로, 도덕의 기원에 사회가 있다는 것은, 결국 도덕의 기원은 물질적인 것이요, 생물학적인 것이라는 말이다. 그것은 인간의 선천적인 후성 규칙 곧 본능의 안내를 받아 이루어진 것이다. 그렇게 보면 문화라는 것도 기본적으로 “인간 본성의 기저에 존재하는 유전자의 자연선택을 돕는 것”[60]이다.

문화 규범은 인간의 후성 규칙이 만들어낸 것이고 그래서 편향성을 가진다.[61] 편향성을 가진다는 것은, 앞에서 말한 대로 외부 자극을 이해하는 방식이 일정하고, 그 자극에 대한 반응으로서의 행동 방식 역시 일정하다는 것이다. 인간에게 보편적인 행동 방향을 말할 수 있다는 얘기다. 그래서 인간의 본성을 말할 수 있는 것이다. 그러한 편향성을 벗어난 문화가 만들어진다면, 그것은 새로운 종의 출현이라고 해야 할지 모른다. 그러나 그럴 가능성은 거의 희박한 것으로 본다. 윌슨은 그것을 유전자 속박이라고 부른다. 문화가 아무리 빨리 발전하고 그래서 인간의 본능을 벗어난 행위 규범을 받아들이고 교육시킨다고 해도, 유전자의 생물학적 성향이 강하게 지배하고 있기 때문에, 그 속박에서 벗어나지는 않는다는 점이다. 결국 인간의 사고와 행위와 문화는 개인의 생존과 번식에 대한 관심의 관점에서 설명된다는 것이다. 신석기 시대 이후의 급속한 문화 발전에도 불구하고, 구석기 유전자는 강력하게 인간 행위를 통제하고 있다. 그래서 인간은 혼란 속에 있다.[62] 문화에서 교육하는 가르침이 인간의 본성을 넘는 것일 때, 인간은 새롭게 제시된 당위와 본성에 맞는 당위 사이에서 혼란을 느끼고 갈등하게 된다. 너무 높은 교훈은 인간이 이룩할 수 없으며 오히려 문제 해결에 방해가 된다. 그런 점에서, 자기희생이나 원수 사랑 등을 가르치는 높은 도덕을 윌슨은 과잉 발달이라고 보고, 도킨스는 진화의 실수라고 한다.[63]

60 위의 책, p. 292.
61 위의 책, p. 295.
62 위의 책, p. 297.

진화생물학과 인문주의의 인간 본성론 비교

인문주의자들은 인간과 짐승의 차이를 두었다. 그리고 본능과 본성의 차이를 두었다. 거기에 비하면 진화생물학은 인간의 사회 행위를 기본적으로 동물이나 유인원의 연장선에서 보려고 한다. 문화의 진화가 있지만 그것도 유전자 속박에서 벗어나지 못한다. 인문주의가 물질적인 것을 극복해야 한다고 본 반면에, 윌슨은 윤리의 물질적 기원을 말한다. 인문주의가 인간의 덕스런 행위를 본성의 발현으로 보려고 한 반면, 윌슨의 사회생물학은 사회적 타협의 산물로 본다. 이기심을 인문주의는 덕의 적으로 보았으나, 사회생물학에서 유전자 이기주의는 도덕의 하부 구조를 이루고 있다.

인문주의자들 역시 사회의 평화를 세우려고 한 사람들이다. 그렇게 보면 인문주의 도덕의 배경에도, 윌슨이 말하는 협력 관계의 확립이라고 하는 목적이 들어 있다고 할 수도 있다. 물론 이런 문제는 퇴계나 칸트처럼 의무론적 윤리에 서는 사람들은 물론이고, 도덕의 목적을 말하는 아리스토텔레스조차 인정하려고 하지 않을 것이다. 그 문제에서 사회의 압력이 주도적인 역할을 한다는 것을 인정한 것은, 20세기 뒤르켐의 사회학이 출현한 이후다. 이 문제는 뒤에서 다시 한 번 살펴볼 것이다.

인문주의자들의 관심은 사회의 평화에 있었지만 그들의 담론은 개인의 내면을 중심으로 전개되었다. 사회 평화를 달성하는 길은 인간의 내면의 평화에 있으며, 내면의 평화란 갈등하는 두 마음 사이의 싸움에서 이기는 것이었다. 일반적으로 정치학이 개인과 개인 또는 집단과 집단의 갈등을 해결하는 것이라면, 2,500년 전 인문주의자들이 관심을 둔 것은 개인 안의 두 마음의 싸움을 해결하는 것이었다. 그들은 모두 인간의 만만찮은 악의 성향을 알고 있었다. 물론 그 악을 협력에 대한 배신의 관계에서 생각한 것

63 리처드 도킨스, 『만들어진 신』, 이한음 역(서울: 김영사, 2007), pp. 337-341 참조.

은 아니다. 그러나 적어도 악의 문제가 인간관계에서 생기는 것이라는 점은 인지하고 있었다. 주희나 퇴계가 악의 성향이라고 보는 기질지성은 사私가 생기면서 생겨난 것으로 본다. 그러니까, 인간관계에서 개인이 타자와 별개의 존재가 되면서 생긴 것이라는 말이다. 베르그송은, 도덕이란 사회에서 벗어나려고 하는 개인에 대한 사회의 반격이라고 본다.

인간은 어쩔 수 없이 사회적 존재다. 더불어 살면서 외부의 적으로부터 자신을 보호하고, 협력 관계를 통해 자신의 안녕과 번영을 꾀하여야 하는 존재다. 그런데, 그와 같은 필수불가결한 사회에서 악이 발생한다는 것은 악이 불가피하다는 말이 된다. 그것을 사회생물학에서 보면, 인문주의자들이 말하는 악의 성향은 내內 집단을 전제로 한 배신의 성향일 것이다. 이처럼 선과 악은 인간과 사회의 관계 또는 인간과 타자의 관계에서 생긴 것이다. 그런데, 배신의 성향이란 친족이나 집단에 대한 무조건적인 충성이라는 본능과 별개로, 좀 더 발달된 단계의 집단에서 생긴 것으로 보아야 할 것이다. 다시 말해 상호 호혜성의 관계 즉 사회 계약의 관계에서 배신의 성향이 내재해 있을 것으로 봐야 한다. 가족 안에서는 배신의 성향이 없지만, 이해관계를 조절하기 위한 관계에서 협력과 배신의 역동성이 싹틀 것이기 때문이다.

그것은 잠재적으로 모든 개인 간에 배신의 성향이 가능함을 암시하지만, 본능적 충성으로 묶여 있는 관계보다는 좀 더 넓혀진 사회 관계를 매개로 만나는 개인들끼리 또는 개인과 사회 사이에 배신의 성향이 깔려 있을 것으로 보인다. 적절한 협력을 벗어나 자기 이득을 더 많이 챙기고 싶은 마음이 늘 있을 것이기 때문이다. 영장류 연구가인 제시카 플랙과 프란시스 드 발의 연구에 따르면, 인간에게는 두 가지 자연적 경향이 있다. "인간의 도덕성은 어떤 자연적 경향 즉 공감, 호혜성, 가족과 집단에 대한 충성 등을 강화하기 위하여 또 다른 자연적 경향 즉 집단 내 폭력이나 기만을 저지하기 위하여 인간의 본성을 고려할 필요가 있다."[64] 한편 "감정이입, 규칙의 내면화, 정의감 그리고 공동체적 관심이라는 영역들에서 인간은 대부분의 다른 동물들보다 상당히 멀리 나간 것으로 보인다.[65]

그러나 인문주의자들은 선악의 문제를 개인 내면의 문제로 보았다. 사회 문제는 이러한 내면의 문제를 해결함으로 해결되는 것으로 보려고 했다. 그것은 이미 사회의 통제 규율이 인간의 내면에 양심으로 자리 잡아 개인의 행위와 심지어 행위 이전의 생각과 동기까지도 통제하고 있음을 의미한다. 이것을 사회생물학에서는 도덕 감정을 만드는 뇌신경 중추의 작용으로 볼 것이다. 그런데, 플라톤이나 아우구스티누스는 몸과 별개의 영혼을 말했고, 주희와 퇴계는 인간의 마음이 기와 우주적 선의 원리인 리로 이루어진 것으로 보았다. 그러면서 인간의 영혼과 마음의 본성이 매우 선한 것이어서 자기에 대한 관심을 초월한 것으로 말했다. 자기를 죽이고 인을 이루거나, 자기를 이기고 예를 찾으라고 했다. 자기에 대한 관심을 초월한 것은 생존과 번영을 위한 협력의 관점에서 설명되지 않고, 참 자아를 찾고 그 힘으로 인간과 존재하는 모든 것들에 대한 사랑으로 설명되었다.

사랑과 협력은 다르다. 협력은 정치적이고 사회학적 개념이라면 인이나 사랑은 일방적인 시혜의 개념이다. 인문주의자들은 도덕의 기원을 정치적인 데서 찾지 않으려고 했고, 어떤 절대적인 원리와 관련시켜 생각하려고 했다. 도덕이 정치에 도움을 줄 수 있지만, 이해관계의 충돌을 조절하는 정치가 도덕의 기원일 수는 없었다. 상호 이익의 조정이라는 것은 권리나 가치를 충분히 만족시킬 수 없기 때문에,[66] 어떤 절대적인 선에서 도덕성을 찾으려고 했다. 인간의 인간됨, 인간 사회의 인간 사회다움은 그러한 절대선을 실현하는 데 있다고 보았기 때문에, 정치는 도덕에 흡수되었다. 고대

---

64 레오나드 캐츠 엮음, 『윤리의 진화론적 기원』, 김성동 역(서울: 철학과 현실사, 2007), p. 63.

65 위의 책, p. 62.

66 위의 책, p. 60.

플라톤이나 공자 맹자는 도덕으로 정치를 해야 한다고 생각했다. 좋은 시민을 만드는 것은 결국 좋은 인간을 만드는 것이다. "정치학은 시민들을 특정 종류의 성품을 가진 좋은 시민으로, 고귀한 일들의 실천자로 만드는 데 대부분의 노력을 경주하는 것"[67]이다. 고귀한 일들이란 덕스러운 것을 가리킨다. 정치와 도덕이 분리되지 않은 것이다. 중세의 서양의 아퀴나스와 중국의 주희 역시 그리고 한국의 퇴계도 정치의 핵심을 도덕에서 찾으려고 했다.

그리고 도덕의 중심에는 선한 본성이 있었다. 선한 본성이란 마음속의 천명 곧 하늘의 명을 따르는 것을 의미한다. 하늘의 명이지 사회의 명이 아니다. 그래서 그것은 초월적인 것으로 이해되었고, 그 초월성은 이기심을 이기는 문제였다.

인문주의사들에게서 악의 핵심은 언제나 이기심이다. 사회생물학에서는 이기심을 배신 성향이라고 볼 것이다. 이기심이 얼마나 강력한지 인문주의자들은 알고 있었다. 도덕이란 이기심을 이기고 이타심을 갖는 것을 의미한다고 할 수 있다. 이기심의 강력함을 플라톤은 납덩이와 같다고 했고, 아우구스티누스는 중력이라고 표현했다. 그리고 맹자는 동물과 인간의 차이가 털 하나의 차이라고 말했다. 칸트는 이기심을 악의 성향이 매우 뿌리 깊다는 말로 표현했다. 성향이라는 말로써 그는 거의 인간의 본성을 가리킨다. 따라서 칸트에게는 인간의 본성이 악하다는 말도 가능하다. 왜냐하면 그는 악의 성향을 인간이 타고난다고 하기 때문이다. 그런데, 이기심을 감시하는 양심이 사회에서 준 것이라는 생각은 하지 않는다. 그리고 강한 이기심의 성향을 이길 수 있는 능력이 인간에게 주어졌다고 인문주의자들은 본다. 그것이 선한 본성이다. 그래서 악을 행해도 그것이 인간의 본래

67 아리스토텔레스, 『니코마코스 윤리학』, 이창우 외 역(서울: 이제이북스, 2008), 1099b, p. 37.

주어진 능력 탓은 아니라고 본다. 맹자는 선의 능력이 인간에게 고유한 것이라는 표현을 썼고, 인과 의를 밖에서 찾아서는 안 된다고 했다. 칸트는 악의 성향의 뿌리 깊음radikal과 선의 자질의 본래성Ursprung, origin을 대립시켰다. 그것은 주희가 기질지성과 본연지성을 대립시킨 것과 같다.

사회생물학에서 말하는 후성 규칙 곧 본능을 인문주의자들은 악의 성향이나 기질지성이라는 말로 표현한 것 같다. 인간이 자기 개인의 생존과 자식을 통한 유전자 번식에 본능적으로 집착하는 성향, 그것이 인문주의자들에게는 악의 성향으로 보였다. 사욕, 사심, 이기심, 물욕, 인욕 같은 표현들이 모두 그런 것을 표현하려는 낱말들로 볼 수 있다. 그것은 윌슨이 말하는 인간의 본성 곧 자신과 후손의 생존과 번성에 대한 관심과 거기서 비롯된 공격성을 가리킨다고 할 수 있다. 이기심과 공격성은 같이 간다. 실제로 장재張載는 자기중심의 이득에 집중하는 인간의 성향을 가리키는 기질지성을 공취지성攻取之性이라는 말로 표현하기도 했다. 기독교 신학에서는 인간의 타락한 본성이 지배욕으로 나타난다고 함으로써 악의 성향 속에 공격성이 들어 있음을 암시했다. 프로이트는 인간에게 삶의 본능과 함께 죽음의 본능이 있다고 보았는데, 죽음의 본능이란 곧 공격 본능을 의미한다.

그런데 인문주의자들은 악의 성향을 타고난다고 말한다. 이것은 인간의 공격성이 유전 형질이라고 하는 진화생물학의 견해와 일치하는 것이 아닌가? 타고난다는 것은, 아우구스티누스나 칸트 같은 서양 학자들이 하는 표현이다. "악은 조상으로부터 유래하고 선은 창조자로부터 주어지는 것이다malum quod a parente trahitur, et bonum quod a creante tribuitur."[68] "원조는 죄를 지음으로써 인류를 뿌리에서부터 부패시켰고in radice vitiaverat 죽음과 단죄라는 벌로 얽맸다."[69] 공격성이나 이기심이 인간 본성에 깊이 뿌리

68 아우구스티누스, 『신국론』, 22권, 24.1, p. 2679.

69 Augustinus, *Enchiridion*, 8.26.

내린 것을 말하기 위해서다. 아우구스티누스는 본성과 본성의 타락이 동시에 일어난다고 함으로써, 아이는 태어나면서부터 죄인임을 말했다.

이 문제는 칸트에게 오면 더욱 정교하게 다듬어진다. 칸트는 악의 성향은 "인간성 그 자체와 함께 짜여져 있고 거기에 뿌리박고 있는 것"[70]이라고 본다. 그래서 악에의 자연적 성향이 있고, 그래서 본성이 악하다고 할 수 있을 정도다. 그러나 본래라는 의미에서의 본성은 아니다. 그것은 필연성을 말하되 주관적 필연성을 의미한다.[71] 여기서 주관적 필연성이라는 것은, 악의 성향의 책임이 그 개인에게 있는 것이지 인간이라는 종의 형질 유전에 있는 것이 아님을 의미한다. 그래서 이렇게 말한다. "출생과 동시에 인간에게 나타나는 것으로 여겨진다는 것을 의미할 뿐이지 출생이 선악의 원인이 된다는 것을 의미하는 것은 아니다."[72] 이것은 악의 성향에 대한 책임을 인간에게 묻기 위한 것이다. 그때의 인간은 누구인가? 조상들인가, 아니면 현재의 개인인가? 물론 철저한 개인 책임이다. 악의 성향을 만든 것도 개인이고, 그 악의 성향을 이기고 본래의 선함을 발휘해야 하는 책임도 개인이다. 인문주의자들은 운명론적인 악의 실행을 인정하지 않았다. 칸트는 자유를 인간의 의지의 속성으로 전제했다. 다시 말해서 선을 행하는 자유의지는 인간에게 명백하다는 것이다.[73] 자유는 인간의 개념이다.

그렇다면 악의 성향을 타고났다는 것은 무엇인가? "출생과 동시에 인간에게 나타나는 것" 이라면, 개인에게 책임을 물을 수 없지 않은가? 그러나

---

70 임마누엘 칸트, 『이성의 한계 안에서의 종교』, 신옥희 역(서울: 이화여자대학교출판부, 1984), p. 42.

71 위의 책, p. 42.

72 위의 책, p. 27.

73 윤리를 말한다는 것 자체가 자유를 전제로 하는 것이다. 자유란 자유의지를 말하며, 인간의 자유의지는 경험에서 도출되는 것이 아니라, 윤리적 이념을 가진 이성적 존재자 곧 인간에게 전제되는 것이다. 인간은 자유의 이념 아래서 행위하기 때문에, "실천적인 관점에서 실제로 자유롭다" (칸트, 『윤리형이상학 정초』, p. 182.)

칸트는 이렇게 말한다. "성향은 생래적인 것일 수는 있으나 그런 것으로 생각해서는 안 된다."[74] 그러므로 악의 성향은 타고났다고 말하지만 사실은 타고난 것이 아니라는 말이다. 그러므로 악을 타고난다고 할 때, 생물학적 탄생을 의미하는 것이 아니다. 최초 부모의 유전이라고 하는 유전설은 부인된다.[75]

칸트가 아담의 죄가 유전되었다고 하는 아우구스티누스의 말을 부인하는 것의 초점은 아담에 있지 않고, 어떤 유전도 반대하는 데 있다. 그래서 이렇게 말한다. "각각의 악한 행위는 그의 이성적 근원을 구할 때에는, 마치 인간이 무죄의 상태로부터 직접 악한 행위에로 떨어진 것처럼 생각하지 않으면 안 된다."[76] 그렇게 해서 칸트는 인간의 악의 성향의 역사적 근원을 찾는 것을 반대한다.[77] 진화의 시간에 인간의 악의 성향이 생겨났고, 그것이 삶의 전략으로서 유전자를 통해 유전되었다고 하는 진화생물학의 인간 본성론은 칸트의 본성론과 다르다. 악의 성향을 타고난다고 해도, 그래서 그것을 본성의 하나로 보는 말이 있어도, "악의 성향은 본성적으로 인간 안에 존재한다고 할 수 없다"[78]고 한다. 결국 악의 성향은 인간의 책임이다. 인간의 책임이란 개인의 책임을 가리킨다. 그래서 악의 성향의 기원은 인간이라는 류 개념에서 찾을 수 없다고 본다.[79]

한편 퇴계는 악의 성향이 인간 개인의 책임이라는 점을 분명하게 말했다. 퇴계에게서 품생稟生과 함께 부여받아 타고난 본성은 본연의 선한 성품이다. 주희가 인을 가리켜 "태어나던 시초에 바로 이러한 이치를 타고났기 때문에 이것은 곧 하느님이 주신 것有生之初 卽稟此理 是乃天之所與也"이라고

74 칸트, 『이성의 한계 안에서의 종교』, p. 37.

75 위의 책, p. 53.

76 위의 책, p. 54.

77 위의 책, p. 67.

78 위의 책, p. 46.

79 위의 책, p. 42.

했는데, 퇴계는 주희의 주장을 그대로 수용한다. 기질의 성이란 품생 이후에 뿌리 내린 성품이다. 악의 성향인 기질의 성은 태어난 이후 갖게 된 품성이라는 말이다. "후세에 와서 정자 장자 등 여러분이 나온 뒤에 부득이 기질지성이란 의론이 생겼지만, 이 역시 자신의 장점을 내세우기 위하여 이론을 세운 것이 아니라 가리켜 말한 바가 사람이 태어난 뒤에 있었으므로 그것을 순수한 본연의 성으로 칭할 수 없었기 때문입니다."[80] 이는 삶을 꾸리느라고 생긴 성품이 생명을 부여받기 이전의 본연의 성품과는 달라서 따로 하나의 성性의 이름을 매겼다는 얘기다. 그것은 따로 하나의 성이라고 할 수 있을 정도는 아니지만, 그런 논의를 해야 할 정도로 뿌리 깊다는 것을 인정한 셈이다. 그 뿌리 깊음은 마치 또 하나의 본성처럼 이름氣質之性을 붙여야 할 정도인 것이다. 그러나 그것은 개인의 습관에서 생긴 이른바 기습氣習이라는 것이나.

플라톤이나 아우구스티누스 그리고 칸트와 주희와 퇴계 모두 악의 성향을 습관으로 말했다. 그때 그 습관은 오랜 세월 자연선택에 의해 유전자에 새겨진 형질을 의미하는 것이 아니라, 개인의 습관으로 묘사된다. 타고났다고 함으로써, 인간의 본성에 대해 사회생물학에서 말하는 본성론에 접근하는 듯하다. 동시에, 타고난 것이 아니라거나, 악의 성향은 본성으로 볼 수 없다거나, 개인의 습관이 만든 필연에 불과한 것이라고 함으로써, 유전설을 부인한다. 사실 아우구스티누스가 아담 안에서 모두가 죄를 짓는다고 하고, 배종胚種의 본성이 있어서 조상의 죄가 인간에게 유전된다고 할 때, 거기에는 유전형질에 대한 통찰력이 있다고 봐야 할 것이다. 그가 인간 구원의 길을 인문주의와 달리 인간의 도덕적 능력에서 찾지 않고, 하느님의 은총에서 구한 것도 마치 우리 유전자에 각인된 듯한 악의 성향을 보았기

---

80 "至於後世程張諸子之出 然後不得已而有氣質之性之論 亦非求多而立異也 所指而言者在乎稟生之後 則又不得純以本然之性."『국역 퇴계전서 7』, p. 82.『退溪先生文集』25, 7「鄭子中與奇明彦論學 有不合 以書來問 考訂前言以答如左」

때문이라고 할 수 있다.

그렇게 보면, 그동안 인문주의자들에 의해 부인되었던 아우구스티누스의 얘기는 사회생물학에 의해 다시 긍정될 여지가 있다. 그럼에도 불구하고 아우구스티누스 역시, 악의 성향의 책임을 자기에게서 찾는 쪽으로 생각함으로 인문주의와의 고리를 끊지 않으려고 했다. 그토록 인간 본성에 있어서 유전설을 부인하는 것은, 원래 인간은 악의 성향에 의해서도 매여 있지 않으며 매우 자유롭다고 하는 점을 말하려는 것이다. 그리고 그 '본래'의 상태를 회복해야 하는 책임도 인간에게 있음을 말하려는 것이다. 악의 성향을 만들고, 거기에 매여 지내면서, 이제 도덕적이기 위해 그 성향을 이겨야 하는 책임이 모두 개인에게 있다고 보는 것이다. 그것은 단순히 선한 행위를 하는 정도에 만족하지 않고, 마음의 변화를 일으켜 악의 성향을 뿌리째 뽑아서 전혀 새로운 인간이 되는 것까지를 인문주의가 목표로 하고 있음을 의미한다.

인문주의가 말하는 새 인간은 진화론자들이 말하는 유전 형질을 가진 생물학적 인간과 다르다. 그러므로 악의 성향을 타고났다고 할지라도 조상으로부터 물려받은 것이라는 생각을 하지는 않는다. 그렇게 되면, 악의 성향이 개인 책임이 아니게 되고 운명이 되며, 그것을 없앨 가능성도 없기 때문이다. 유전되는 것이라면, 인간 본성의 개선이라는 목표는 달성될 수 없는 것이기 때문이다. 사회생물학에서 보는 것처럼 공격성이나 이기적인 면이 인간이라는 종의 오래된 후성 규칙이 이룬 본성이라는 주장은, 인문주의자들의 뿌리 깊은 악의 성향과는 일치될 수 없는 것이다.[81]

인문주의자들이 말한 악의 성향은 본능이다. 그리고 그 본능의 반대편에 인간 본성을 두었다. 본능은 이기적이지만, 본성은 이기심을 넘어 공공

81 이 문제는 문화적 진화가 생물학적 진화를 넘어 주도하여 새로운 종이 탄생할 것인가의 문제다.

선을 생각할 줄 아는 마음의 능력이다. 본능과 본성은 모두 인간의 근원적인 성질을 형성하고 있는데, 어떤 것이 더 근원적인가? 인문주의자들에게서 본능은 인간의 습관으로 형성된 것이지만, 본성은 하늘이 준 것이요 "선한 그 분이 우리 본성 속에 만들어낸 것"이다.[82] 습관을 형성한 최초 인간 아담보다 앞서 인간은 선한 본성을 갖고 있다. 본능보다 선한 본성이 인간에게 더 근원적이다. 그것을 칸트는 뿌리와 근원의 차이로, 아우구스티누스는 자연 본성과 기원의 차이로 설명했다. 비슷한 두 말을 배치한 것은 그만큼 악의 성향이 깊이 뿌리 내리고 있는 현실을 지적하면서, 동시에 그보다 더 원천적인 선한 본성을 말하려고 하는 것이다.

본성이 본능보다 더 근원적이라는 것을 말하기 위해서 형이상학도 동원되었다. 플라톤에게서 선의 이데아를 최고 정점으로 하는 존재론적 계층이 생기는 것은, 결과적으로 선이 악보나 더 근원적임을 말하려는 것이다. 그것이 우주의 원리이고 인간 본성이다. 그 선은 도덕적 선악보다 우위의 것이지만 결과적으로 옳음의 근거가 되는, 다시 말해 도덕적 당위의 근거가 되는 선이다. 기독교에서는 선하시고 사랑이신 하나님이 천지를 지으신 것으로 말한다. 그래서 존재하는 모든 것은 선하다. 아우구스티누스에게서 악은 선에 기생한다. 악 없이 선은 존재할 수 있어도 선 없이 악은 존재하지 않는다. 존재하는 것은 모두 선하며, 악은 존재하는 것이 아니며, 선의 결핍에 지나지 않는다. 모든 악의 근원은 인간이 자유의지를 남용한 데 있으며, 사랑의 질서의 전도에 있다. 그것은 자기 본성의 왜곡이다. 주희는 리理가 기氣보다 앞선다고 함으로써, 리理의 형이상학을 마련했다. 이것은 천지를 주관하는 선한 원리가 인간의 본성을 이루고 있음을 말하기 위한 것이다. 그런 면에서 본연지성이 기질지성보다 더 근원적이다. 악이란 과불급에 지나지 않는다. 이처럼 악의 실체를 인정하지 않거나 또는 선이 악

82 『신국론』, 21권, 15, p. 2487.

보다 근원적이라고 하는 형이상학이 생긴 것은, 악의 현실을 이길 수 있는 힘dynamis을 인간에게 부여하기 위한 것이다. 우주론이나 존재론의 근원에는 가치론 또는 도덕론이 있는 셈이다.

선한 본성이란 선을 알고 행하는 능력을 가리킨다. 그렇다면 선이란 무엇인가? 윤리학에서 선은 좋고 나쁨 또는 옳고 그름의 문제다. 옳음이 수반되는 좋음이 도덕적 선이라고 할 수 있다. 좋음은 옳음보다는 좀 더 포괄적 개념인데, 옳음이란 마땅히 해야 할 당위를 가리킨다. 이 당위의 내용을 놓고 윤리학은 계속 변천되어왔다. 좋은 것의 한계는 없다. 그러나 옳아서 의무를 삼아야 하는 것의 한계는 있다. 예를 들어 아비가 죄를 지었을 때 고발해야 하느냐는 문제는 좋음의 문제 이전에 마땅함의 문제다. 이른바 의무의 충돌을 놓고 윤리학은 많은 변화를 겪어왔다. 이해관계가 충돌했을 때, 내가 상대방의 이득을 어느 정도까지 고려해야 하는지, 타자의 불행이나 고통에 어느 정도까지 내가 책임을 져야 하는지의 문제는, 윤리학에서 중요한 문제였다. 그런 의무의 문제와 관련해서 도덕적 선도 결정되는 것이다.

인문주의는 선의 문제를 상당히 높게 잡았다. 인문주의자들이 생각한 천명 또는 양심의 법이 무언지를 살펴보면 그 점을 알 수 있다. 맹자는 사단四端과 오상五常을 말해서, 인仁과 의義를 말했다. 인에 대해서 공자는 충忠과 서恕를 말했다. 서恕는 소극적인 것으로서 "자신이 원치 않는 일을 남에게 베풀지 말라己所不欲 勿施於人"이며, 충은 "자신이 서고자 할 때 남이 서게 해주고, 자신이 이루고자 할 때 남이 이루게 해준다己欲立而立人 己欲達而達人"이다. 이것은 서恕보다 훨씬 나간 것으로 적극적으로 남에 대한 배려를 하는 것이요, 말하자면 자기희생을 통해 인을 이뤄야 하는 것이다. 이것은 신약성서 시대의 유대 랍비 힐렐의 가르침인, "남이 너에게 하는 것을 싫어하는 것을 남에게 하지 말라는 것"과, 신약성서에 나오는 황금률 곧, "남이 너에게 해주길 바라는 대로 남에게 해주라"는 것과 비슷하다. 이것은 모두 상호 호혜성을 넘어 일방적 베풂을 지시하는 것이다. 성서는 원수를 사랑하라든지, 네 이웃을 네 몸과 같이 사랑하라는 매우 높은 도덕 규범을 요구했다. 그러한 계명은 신학으로 정립되어 자연법 사상을 발전시켰는데, 아우구스티누스는 황금률과 함께 이웃을 사랑하는 것도 자연법으로 보았다.[83] 이런 사랑의 문제는 현대의 윤리학자 레비나스의 경우에는 무한 책임이라는 용어로 발전한다. 그는 주체의 책임을 타자의 노예가 되는 수준까지로 넓혀 잡았다. 그것은 근대 윤리학에서 발달한 상호 호혜성을 넘어 일방적 섬김을 의미하는 것이다. 그는 타자의 정체를 모른 채 타자의 헐벗음에 대해 책임져야 하는 것이 윤리라고 했다. 칸트는 정언 명령을 경험 이전에 주어진 선험적인 것으로 보았는데, 레비나스는 무한 책임이 칸트의 선험적 정언 명령보다 더 앞선 것이라고 했다. 이는 일반적 인문주의보다 더 강하게 인간의 본성을 선하게 잡은 것이라고 할 수 있다.

인문주의에서 말하는 높은 도덕성의 요구는 사회생물학에서 보면 전혀 자연스럽지 않다. 물론 인문주의자들에게도 자연과 자유는 일차적으로 대립된다. 자유는 도덕적 의무를 다할 때 생기는 것으로서, 자신의 악한 마음과 싸워 이길 때 발생한다. 그처럼 자연과 자유가 대립되지만 궁극적으로는 자연과 자유가 일치하는 경지를 바란다. 그것은 마음이 완전히 전환되

83 아우구스티누스에게서 자연법은 양심의 법으로서 하느님이 인간 마음에 새겨놓은 것이다. 그것은 "다른 사람이 네게 하지 말기 바라는 것을 남에게 하지 말라"는 것으로서 황금률의 소극적 형태다(*Enarrationes in psalmos* 57, 1 *Tractatus in Ioannis evangelium* 49, 12 *De trinitate* 14, 15.21). 이 자연법은 기본적인 도덕법으로서 인간이면 누구나 지니고 있는 점에서 보편법이기도 하다. 살인이나 도둑질이나 거짓말을 금지하는 규범은 이 자연법에서 나온 것이고, 모세의 십계명 또한 자연법의 표현이다. H. Deane, *The Political and Social Ideas of St. Augustine*(1963), pp. 87-90 참조. 또한 아우구스티누스에게서 영원법 역시 자연법과 같은 뜻으로 쓰인다(위의 책, p. 87). 그것은 이웃을 네 몸과 같이 사랑하라는 것이다. 다만 앞에서 우리가 지적한 자연법이 사랑의 측면에서 좀 더 소극적인 면을 가리킨다면, 여기서 영원법은 적극적인 측면까지도 포함한 것으로 볼 수 있다. 자연법에 두 차원이 있는 셈이다.

어 새 사람이 된 경지이며, 더 이상 도덕법이 명령하지 않는 상태이다. 그것은 일차적 자연을 극복해야 도달하는 이차적 자연 상태이고, 성인이나 가능한 경지다. 그런 모든 구도는 사회생물학에서 보면 인간의 본성과 전혀 맞지 않는 과도한 요구다.

예를 들어 아리스토텔레스의 『니코마코스 윤리학』에 나오는 한 구절을 보자.

> 탁월성(덕)들은 본성적으로 생겨나는 것도 아니요, 본성에 반하여 생겨나는 것도 아니다. 우리는 그것들을 본성적으로 받아들일 수 있으며 습관을 통해 완성시킨다. 또 우리에게 본성적으로 생기는 모든 것들의 경우 우리는 먼저 그것들의 능력dynamis을 얻고 나중에 그 활동energeia을 발휘한다. 이것은 감각들의 경우를 보면 분명하다. 우리는 자주 봄으로써 시각을 획득하거나 자주 들음으로써 청각을 획득한 것이 아니라, 오히려 그 반대로 감각 능력을 가지고서 사용한 것이지, 사용함으로써 가지기 시작한 것은 아니기 때문이다. 그러나 우리가 탁월성을 획득하게 되는 것은, 여러 기예들의 경우에서와 마찬가지로 먼저 발휘함으로써 얻게 되는 것이다. 어떤 것을 어떻게 만들어야 하는지 배우는 사람은 그것을 만들어봄으로써 배우는 것이니까. 가령 건축가는 집을 지어봄으로써 건축가가 되며, 기타라 연주자는 기타라를 연주함으로써 기타라 연주자가 되는 것처럼 말이다. 그러니 이렇게 정의로운 일들을 행함으로써 우리는 정의로운 사람이 되며, 절제 있는 일들을 행함으로써 절제 있는 사람이 되고, 용감한 일들을 행함으로써 용감한 사람이 되는 것이다.[84]

훌륭한 덕성은 본성을 바탕으로 꾸준한 실행을 통해 형성된다는 얘기다. 이런 식의 설명은 공자나 맹자도 채용하는 설명 방식이다. 선한 본성이

84 아리스토텔레스, 『니코마코스윤리학』,1103b, p. 52.

있고, 그것을 잘 보존하고 기르면 그 선한 본성이 살아 덕을 낳고, 사용하지 않으면 사라진다는 것이다操卽存 捨卽失. 맹자는 특히 집의集義를 강조했다. 다시 말해 의로운 행위를 자꾸 해야 의로운 덕이 생긴다는 것이다. 앞의 인용문에서 아리스토텔레스는 덕성을 만들 본성이 인간에게 이미 있다는 것을 설명하기 위해 감각의 예를 들었다.

그런데, 이 예가 진화생물학에서 보면 틀렸다. 아리스토텔레스는 인간이 청각과 시각의 능력을 이미 지니고 있었기 때문에 그 능력을 사용해서 보고 듣는다고 하고 있지만, 진화생물학에서 볼 때, 인간의 감각 능력은 진화의 산물이다. 환경에 적응해서 꾸준히 사용한 결과 오늘날의 시각과 청각 능력을 갖게 된 것이다. 마찬가지로, 인간의 본성 역시 진화의 산물일 뿐이다. 본성이 이미 인간에게 주어진 것처럼 말하지만, 진화생물학에서 볼 때 인간의 본성은 감각 능력처럼, 오랜 세월 적응한 결과로 생긴 편향된 처세의 기술일 뿐이다. 그렇다면, 아리스토텔레스가 말하는 덕은 본성에 그 씨앗이 있는 것이 아니라, 교육을 통해 습관을 들인 결과로 만들어지는 것이다. 사회에 필요한 것을 길들이는 것, 그것이 교육이요, 문화는 그런 교육적 효과를 노린 제도와 예술인 것이다.

앞에서 살펴본 플라톤의 태양의 비유 역시, 진화생물학에서 볼 때 잘못된 것으로 여겨질 수 있다. 태양과 시각의 관계 얘기는 생물학 이론과 유사하다. 태양이 빛을 비춰주어야 눈은 무엇을 볼 수 있다. 눈이 있어도 빛이 없으면 시각은 없는 것과 같다. 그러므로 시각은 태양으로 말미암아 가능하다. 시각의 근원은 태양이라고 할 수 있을 것이다. 여기서 좀더 나가, 눈이라는 시각 기관 자체가 태양에 적응한 결과 생긴 것이며, 따라서 눈이 있어서 태양을 보는 것이 아니라 태양이 있어서 눈이 생긴 것이라고 하면, 시각에 있어서 눈보다 태양이 근원이 된다는 것을 좀더 분명하게 말하고 진화생물학과도 일치했었을 것이다. 플라톤이 비슷한 얘기를 하는 대목이 있기는 하다.[85] 그러나 그것은, 태양이 눈보다 먼저 시각의 근원이듯이, 좋음의 이데아의 계시가 없으면 진리 인식이 불가능하다는 것을 말하기 위함이다. 그런 형이상학적 목적을 위해 눈보다는 태양이 시각의 근원이라고 말하는 것이다.

태양과 눈의 관계를 형이상학을 위한 유비로 사용하는 것이 진화생물학에서 보면 근거 없는 얘기다. 좋음의 이데아가 먼저 있고, 그것이 진리를 제공하고 인식할 수 있도록 힘을 준다. 마치 태양이 빛을 줄 뿐 아니라 열까지 주어 보는 자를 성장시키듯이 말이다. 좋음의 이데아는 생성genesis과 소멸을 벗어나고 모든 존재를 낳은 존재이며, 물질과 감각적인 것들을 벗어나 제대로 된 앎을 가능하게 한다. 존재와 인식의 근원인 셈이다. 감각의 세계에 대한 앎은 의견doxa에 불과할 뿐 참 앎이 아니다. 결국 플라톤은 물질을 놓고 다투는 감각의 세계를 떠나 영원한 존재에 대한 깨달음으로부터 현실의 문제를 해결하려고 했다. 이런 사유 방식은 초월적인 선의 이데아를 닮는 높은 차원의 도덕을 가질 것을 요구한다. 이해관계를 초월한 세계를 아는 사람만이 이해관계를 조절하는 정치를 해야 한다는 것이 플라톤의 정치론이다. 그러나 진화생물학에서 볼 때, 감각의 세계를 초월한 세계는 없으며, 진리의 계시는 없다. 지성의 작용은 감각 기관과 연결되어 이득을 계산하는 기능에 지나지 않는다.

칸트의 다음 말을 살펴보자.

> 그런데 이성과 의지를 가진 한 존재자에게 있어 그것의 보존과 번영이, 한마디로 그것의 행복이 자연의 본래 목적이라고 말한다면, 자연은 이러한 자기의 의도의 실행자로 그 피조물의 이성을 선발하는 매우 나쁜 조처를 취한 셈이다. 왜냐하면 유기체가 이런 의도에서 실행해야만 할 모든 행위와 그것의

---

85 "태양은 보이는 것들에 보임의 힘을 제공해줄 뿐만 아니라, 또한 그것들에 생성과 성장 그리고 영양을 제공해준다고 자네가 말한 것으로 나는 생각하네.", 플라톤, 『국가』, p. 438.

처신의 전체 규칙은 그에게, 일찍이 이성에 의해서 일어날 수 있는 것보다는, 본능에 의해서 훨씬 더 정확하게 자시될 수 있었을 터이고, 그에 의해 저 목적도 훨씬 더 안전하게 유지될 수 있었을 것이기 때문이다. 게다가 이성이 이런 혜택을 받은 피조물에게 품부되어 있다고 할 것 같으면, 이성은 그에게 있어서 오로지, 그에게 준 자연의 소질을 관찰하고 그것을 경탄하고 그것을 기뻐하며 그에게 베풀어진 자선의 이유에 대해 감사하기 위해서 쓰여졌어야만 했을 터이고, 자연이 실천적 사용에서 싹이 터서, 그것의 미약한 통찰로써 그 스스로 행복과 이 행복에 이르는 수단을 구상해내는 그런 오만불손한 짓을 하지 못하도록 방지했을 터이다. 자연은 목적들을 선택하는 일뿐만 아니라, 수단들 자신을 선택하는 일 또한 떠맡아, 지혜로운 사전 배려로 이 두 가지 것을 오로지 본능에게 맡겼을 것이다.[86]

칸트는 생존과 번영에 대한 관심이 이성과 반대인 것을 말하고 있다. 본능과 이성의 대립이다. 그 이성이야말로, 순수한 것이다. 칸트가 말하는 순수함은 선험철학으로서 경험에서 나온 것이 아니다. 그런데 윌슨은 칸트가 말한 순수이성을 근거 없는 것으로 말할 것이다. 후성 규칙이 있을 뿐이고, 그것은 아주 오랜 경험이 축적되고, 돌연변이의 과정을 거치고 자연선택에 의해서 이루어진 것이기 때문이다. 자연선택은 어디까지나 환경에 대한 반응의 결과이고, 생존과 번영에 가장 유리한 것을 찾는 과정에서 이루어진 것이다. 칸트가 말한 순수이성의 이념 곧 "순전한 의지의 절대적 가치die absoluten Werte des blossen Willens"라는 이념은 생물학적 근거가 없는 것이요, 따라서 도킨스의 말을 빌리면 '진화의 실수'이거나 윌슨의 말을 빌리면 '과잉 발달'일 뿐이다.

칸트는 인간의 일상적 행위를 규정하는 생존과 번영의 관심이 매우 강

86 칸트, 『윤리형이상학 정초』, 백종현 역(서울: 아카넷, 2005), pp. 80-81.

하다는 것을 알고, 그것이 가장 자연스러운 인간의 성정과 맞는다는 것을 잘 안다. 그렇기 때문에, 무조건적인 선을 말한다는 것 자체가 매우 의심스러운 것으로 보인다는 것도 인정한다. 유용성Nuetzlichkeit이나 무익함 Fruchtlosigkeit이 건드리지 못하는 "그 자체로 선한", "단적으로 선한" "무제한적으로 선한" 것이란 생물학에는 없다. 그것을 염두에 둔 듯 칸트는 이렇게 말한다. "그것을 평가하는 데 어떤 유용함도 고려에 넣음이 없는, 순전한 의지의 절대적 가치라는 이 이념에는 생소한 점이 있어서…… 어떤 의혹이 생길 수밖에 없다. 즉, 어쩌면 한낱 높이 날아오른 망상Phantasterei이 비밀리에 그 근저에 놓여 있지나 않을까, 자연이 우리의 의지에게 이성을 통치자로 부가했던 그 의도에서 혹시 잘못 이해되어 있지나 않나 하는 의혹이 생기는 것이다."[87] 칸트가 말하는 망상 또는 판타지, 그것이 곧 윌슨이 말하고 싶은 과잉 발달이라고 할 수 있다. 문화적 진화의 과잉 발달이다. 그것은 유전적 진화가 따라가지 못할 정도로 갑자기 너무 멀리 나가서 사람을 규정하는 무엇으로 자리 잡은 것이다. 그래서 결과적으로 사람하고 잘 맞는 것이 아니다.

인간의 윤리적 의무감과 도덕적 이상을 잘 보여주는 말로 칸트와 도스토예프스키 작품의 한 구절을 인용해보자. 칸트는 이렇게 말한다. "이성에 대해서는 법칙은 무조건적으로 명령할 뿐이며, 경험에 관해서는 이 법칙에 무조건으로 복종하는 사람이 단 하나도 없다고 하더라도 그렇게 되어야 한다는 객관적 필연성은 여전히 감소됨이 없이 그 자체로서 명백한 것이다."[88] 도스토예프스키는 『까라마조프 씨네 형제들』에서 이렇게 말한다. "세상 모든 사람들이 다 타락하여 당신만이 유일한 신자로 남게 되더라도 끝까지 믿음을 버리지 마십시오. 그때에도 당신은 제물을 바치고 하

87 칸트, 『윤리형이상학 정초』, p. 80.
88 칸트, 『이성의 한계 안에서의 종교』, p. 79.

느님을 찬양하며 유일한 신자로 남도록 하십시오."[89]

도덕법을 지키는 사람이 세상에 아무도 없어도 나는 지켜야 하고, 세상 모두 타락해도 나는 유일하게 신에게 충실한 사람으로 남아야 한다는 것. 이런 의무감은 인간의 결연한 의지가 가져오는 숭고성을 보여준다. 그러나 사회생물학에서 볼 때, 이런 것은 사람과 맞지 않는 것을 의무로 붙들고 너무 고생하는 것이요, 그러므로 너무 높은 기준을 요구해서 실질적으로 필요한 규범을 생산하지 못하는 폐단이 있다.

윌슨이나 도킨스가 볼 때, 윤리란 정치적인 것이며, 물질과 이해관계를 초월한 무조건적인 이타심은 인간에겐 없다. 친족 관계나 상호 호혜성에서 나오는 이타심은 있는데, 그것은 무조건적인 이타심이 아니라 자기의 이득을 고려하여 집단과 타협의 산물로 나온 것이다. 그리고 자기와 가까운 혈연관계에 있어서 유전자의 보존에 유리할 경우에 자기희생을 할 수 있지만, 인문주의자들이 말하는 모든 인간에 대한 사랑이나, 인간 자체에 대한 무한 책임 같은 것은 인간 유전자에 존재하지 않는다. 그것은 생물학적 진화가 아니라 문화적 진화에서 생긴 것으로 인간이 할 수 없는 것을 요구한다.

윌슨이 볼 때 유전되는 도덕적 형질의 내용은 "타인의 고통에 대한 공감(감정이입)과 어린이와 그를 돌보는 자 사이에서 생기는 애착"[90] 정도이다. 타인의 고통에 대한 공감은, 제 3의 관찰자의 자리에 설 줄 아는 능력으로서, 상호 호혜성을 가능하게 하는 중요한 능력이다. 그러나 '이웃을 네 몸과 같이 사랑하라'는 계명이 전제하는 무조건적인 이타심은 아니다. 윌슨이 말하는 도덕적 형질은 말하자면 소극적 의미의 황금률과 연관되기는 하지만, 적극적 황금률과는 거리가 멀다.

그런데, 재미있는 것은 맹자가 인仁의 단초를 측은지심惻隱之心으로 풀었

---

89 도스토예프스키, 『까라마조프 씨네 형제들』, 이대우 역(서울: 열린책들, 2000), p. 717.

90 윌슨, 『통섭』, p. 437.

는데, 측은지심이란 물에 빠진 아이를 보면 건져주려는 마음이 누구에게나 자연스레 일어나는 것을 두고 말한 것이다. 맹자가 인간의 덕성을 추정한 경험적 예시에는, 어린아이에 대한 동정, 불행에 빠진 사람에 대한 공감이 들어간다. 진화생물학자들이 말하는 인간의 유전 형질과 어느 정도 일치하는 셈이다. 사회생물학자들의 과학적 분석과 관찰의 결과가 인문주의자의 관찰과 일치하는 것은 흥미롭다. 그만큼 사회생물학의 견해를 무시할 수 없다. 다만, 맹자가 측은지심을 토대로 규정한 인간의 덕성은 단지 어린아이가 물에 빠진 경우 구하려고 하는 마음에 그치지 않고, 더 큰 것을 요구하는 데까지 나간다. 앞에서 말했듯이 인仁은 자기가 영달하고 싶으면 남을 먼저 영달시켜주는 것까지 요구한다. 그렇게 해서 인문주의는 사회생물학의 관찰보다 넘치는 능력을 인간의 본성으로 상정하고, 그런 행위를 요구한다.

진화생물학을 통해 우리는 인간에 대한 도덕 요구를 낮은 차원과 높은 차원으로 나누어 생각해야 할 필요를 느낀다. 그것은 적어도 인문주의의 높은 도덕적 이상을 과대망상으로 비판할 수 있는 여지를 준다. 그런 점에서 자연과학은 인문주의를 비판하여 생의 현실에 더 적합한 규범을 만들도록 유도한다고 할 수 있다. 비상사태를 대비해서 마련한 인문주의의 높은 도덕성이 평상시의 인간의 삶을 규제하는 억압을 노출시키는 역할을 할 수 있다. 서양에서 줄곧 일어나는 비신화화 작업은 과학의 발전으로 인해 결정적인 계기를 맞았다고 할 수 있다. 인문주의가 자연 종교를 비신화화하면서 종교를 윤리로 바꾼 고대 그리스의 비신화화, 그리고 인문주의의 인간 본성론을 비신화화하고 국가에 대한 비판적 시각을 제공한 기독교의 신론, 그리고 하늘의 현실과 함께 세상 현실인 국가 권력을 수용하는 중세 기독교의 종합을 다시 비신화화한 종교 개혁이 계속적인 비판 정신을 산출했다. 그리고 결정적으로 자연과학의 발전은 종교와 함께 인문주의 윤리도 비판하면서 삶의 무거움을 제거하려고 하는 것이다. 그것은 고대 인문주의 이래로 근대의 칸트에 이르기까지 인간의 숭고한 도덕적 본성을 주장한 신념을 비신화화한다.

그러나 진화생물학이 분석한 인간의 현실이 정말 현실인가를 따져보아야 한다. 인간의 사회 행위가 유전자 적합성을 따라 이루어진다는 것이 무엇을 의미하는가? 인간이 자기 유전자에게 유리하면 한없이 소유를 추구한다는 말인가? 인간의 이타심이 불행을 당한 다른 사람에 대해 공감을 느끼는 정도라면, 인간 사회에서 생기는 불행을 막기 위한 예방은 불가능한가? 이기적 유전자를 통해 이기적으로 이득을 추구한 후에 거기에 치여서 불행을 당한 사람들에 대해서 공감을 느끼는 게 해결책이 되겠는가? 약자들이 당하는 불행을 예방하는 데까지 인간의 심정이 미치지 않는다면, 진화생물학에서는 인간의 폭력의 악순환을 막을 길을 찾을 수가 없다. 다시 말해서 사회생물학의 사실 판단으로부터는 문제를 예방할 가치 판단의 요구가 나오지 못한다. 인문주의의 위대함은, 그것 역시 인간 내면과 세상 현실의 악에 대한 통찰에서 이루어졌다는 점에 있다. 그러면서 악의 가능성이 현실성으로 발현되지 않을 예방책을 내 놓았다는 점에 있다.

윌슨이나 리처드 도킨스 같은 진화생물학자들이 주장하는 것은, 인간의 본성이 인문주의자들이 말하는 것처럼 그렇게 선하지 않다는 것이다. 이득에 대한 관심 없이 신에게 복종하거나 도덕법에 복종하는 일은 있을 수 없다는 말이다. 아무런 목적 없는 이타주의는 없다는 것이다. 관찰의 결과가 그렇다. 그러나 그래서 어떻게 하여야 한다는 말인가? 당위의 차원에서 진화생물학은 결정적인 문제를 안고 있다.

인문주의자들의 인간 본성론도 관찰의 결과다. 그들도 인간이 자연스럽게 하는 행위는 매우 이기적이라고 보았다. 그래서 인간의 본성이 악하다는 주장까지도 할 수 있었다. 그리스 철학에서 피지스와 노모스를 구분한 이유도 그렇고, 아우구스티누스가 제2의 본성을 말한 까닭도 거기에 있다. 그리고 칸트가 근본악을 말하고, 주희가 기질지성을 말한 까닭도 마찬가지다. 그러나 그런 인간의 악이 가져올 파괴에 대한 대비가 필요했다. 그들이 인간 본성의 악과 죄를 말하면서도, 본래는 그렇지 않았는데 타락해서 그렇다고 말한 까닭도 거기에 있다. 어쩌면 인문주의의 성선설은 관찰의 결과가 아닐 수 있다. 그런 점에서 과학적이 아니다. 만일 그것도 관찰의 결과라면 맹자가 말한 대로 물에 빠진 아이를 건져주고 싶은 마음 정도일지도 모른다. 그것은, 진화생물학자들이 말하는 대로, 불행을 당한 사람에 대한 공감 그리고 아이의 고통에 대한 공감과 일치한다.

그러나 인문주의가 말하는 인간 본성의 선함은 그보다 한발 더 나간다. 물질이 가져오는 쾌락을 멀리하고, 보편적 도덕법에 대한 무조건적인 복종을 하는 사랑의 미덕을 말한다. 황금률이나 칸트의 제2 정언 명령은 인간의 선한 본성을 매우 높게 잡은 전제하에 나온 것이다. 그것은 인간의 보통 능력과는 거리가 있어서 실천이 어렵고, 그래서 인문주의자들은 형이상학을 발전시켜서 세상의 운영이 선의 힘에 의해 이루어지는 것으로 말했다. 그런 것을 믿도록 했다. 형이상학적인 선의 원리에 대한 믿음에서 실천이 나가도록 유도했다. 한편 기독교는 선한 하나님이 세상을 만들고 주관하는 것으로 말했다.

그런 형이상학과 신학은 실천적 지혜라고 할 수 있다. 인문주의와 기독교의 인간 본성론과 신론은 객관적이고 이론적인 지식이 아니라, 높은 도덕성을 실현하게 하기 위한 지혜라고 할 수 있다. 선한 본성론을 통해 선을 실현할 수 있다. 그것은 인간 사회에서 폭력의 악순환을 예방하고 평화를 이룩하기 위한 지혜다. 악이 발생해서 불행한 사람들이 생긴 이후에 그들에 대한 동정심으로 무슨 조치를 취하는 것 정도로는 안 된다. 그런 불행을 미리 막고자 하는 예방의 지혜가 인문주의 인간 본성론에 반영된 것이라고 할 수 있다. 악의 핵심은 악 '순환'에 있다고 할 수 있어서, 누구에게 먼저 책임을 물을 수 없는 면이 있다. 그럼에도 불구하고 인간의 폭력의 악순환은 언제나 위험하고 돌이킬 수 없도록 인생을 늘 불행하게 만든다. 먼저 폭력의 악순환을 막는 길을 자기 수양에서 찾으려고 한 것이 인문주의다. 그리고 왼뺨을 때리면 오른뺨을 갖다 대라고 한 기독교의 가르침도 인문주의의 요청에 깊이를 더한 것이다.

인간의 본성을 그리 높이 보지 않는 진화생물학은 결과적으로 낮은 윤리를 요구할 것이다. 사람이 어느 정도 자연스럽게 할 수 있는 만큼만 요구하는 것이다. 그것은, 자기가 속한 집단에 대한 충성심을 요구하거나, 불행을 당한 타자를 돕는 일이나, 자기 이득을 추구하다가 다른 사람과 갈등을 일으킬 때 자기 이득을 위해서라도 어느 정도는 양보하는 윤리가 될 것이다. 그것을 우리는 낮은 윤리라고 할 수 있다. 이것은 권리 의식 발전에 도움을 주고, 그래서 '자기를 업신여김'의 구조를 타파하는 데 도움을 줄 것이다. 그러나 높은 윤리는 업신여김을 받는 불행한 타자를 만들지 않으려는 예방의 노력이라는 점에서 여전히 중요하다. 그러므로, 진화생물학은 프로이트의 정신분석학처럼 인문주의의 높은 윤리가 가져오는 '자기를 업신여김'의 문제점을 지적하는 데 의미가 있으나, 인문주의를 배제하고 대체할 윤리가 될 수는 없다.

진화생물학의 인간 본성론과 인문주의의 인간 본성론은 개인과 사회의 평화를 위해 각각 기여할 바가 다르다. 그런 점에서 진화생물학의 인간론은 서양 문명을 바꿀 만한 획기적 기획은 아니다. 그것은 이미 영국 경험론을 통해 공리주의나 자본주의 철학의 형태로 비판적 활동을 했다. 지금 현재 자본주의의 문제점을 안고 있는 인류는 획기적인 시각의 변화가 필요하다. 그것은 자연에 대한 관심이다. 인문주의가 다른 사람에 대한 높은 윤리를 지향했고, 진화생물학은 다른 사람에 대한 낮은 윤리를 말한다면, '살아 있음'의 생명 사상은 자연에 대한 시각의 전환을 요구한다.

홉스와 로크 그리고 애덤 스미스는 과학적 세계관의 영향을 받았다. 그들은 17,18세기의 사람들인데, 그 인간관이 20세기에 나온 사회생물학자들의 인간 본성론과 일치한다. 이제 그들이 이룩한 비판 사상이 어떻게 업신여김의 구도를 타파하는 데 기여했는지 보도록 하자.

4. 홉스: 자연법에서 자연권으로

마키아벨리는 '사람이 어떻게 살아야 하느냐'라는 당위가 아닌 '사람이 어떻게 살고 있는가'에 바탕을 두고 정치 이론을 펼쳤다. 바로 그 지점에서 그가 쓴 『군주론*Il principe*』은 인문주의적이고 신학적인 중세의 정치 이론과 달라진다. 객관적인 사실을 관찰하고 거기서 어떤 규범들을 찾아내려는 것이다. 그것은 자연과학의 사고방식이 인간 현상에도 적용된 것이다. 거리두기가 인식론적인 방법이 되면서, 사람 사이도 거리를 두고 보게 되었다. 거리를 둠으로써 개인이 집단에서 독립하게 되었다. 그리하여 근대에는 자유라는 개념이 중요하게 된다.

『리바이어던*Leviathan*』에서 홉스는 자연법lex naturale과 자연권jus naturale을 구분하며, 자연권을 강조한다. 원래 라틴어 유스jus란 영어로 라이트right를 가리키며 옳음, 정의를 가리키는데, 법이 정의라는 시각에서 법과 동일한 의미로 사용하던 용어다. 오늘날에도 영어의 라이트right는 옳고 바르다는 뜻이지만, 법이면서 권리란 의미를 지닌다. 그것은 근대 사회의 법이 권리에 중점을 두고 있음을 암시한다. 자연법은 우리에게 의무를 부과한다. 그것은 인간이 만든 법보다 더 본질적인 것으로, 이성이 있는 인간이면 누구나 수긍하는 보편법이다. 자연법은 우리에게 계명을 주고, 그 계명을 수행할 의무를 부과한다. 그러나 홉스가 강조한 자연권은 의무가 아닌 자연적 권리다. 그는 이렇게 말한다.

> 자연법lex naturalis이란 인간의 이성이 찾아낸 계율precept 또는 일반적 원

칙general rule을 말한다. 이 자연법에 따라, 자신의 생명을 파괴하는 행위나 자신의 생명 보존의 수단을 박탈하는 행위는 금지되며, 또한 자신의 생명 보존에 가장 적합하다고 생각되는 행위를 포기하는 것이 금지된다. 이 문제에 관한 논의를 할 때 사람들은 흔히 권리jus와 법lex을 같은 뜻으로 혼동하는데, 이 둘은 서로 다른 개념이다. 권리는 어떤 일을 하거나, 혹은 하지 않을 자유를 말하는 반면, 법은 어떤 일을 하도록 지시하거나 하지 못하도록 금지하는 것이기 때문이다. 그러므로 법과 권리는 의무와 자유만큼이나 다르며, 똑같은 방식으로 서로 다른 말이다.[91]

중세 사회는 자연법을 강조해서 의무를 부과했다. 그러나 17세기의 홉스는 권리를 강조하면서 자유를 들고 나온다. 자연권으로부터 자연법이 나온다. 권리에서 의무가 나오는 것이다. 이렇게 해서 서구는 새로운 시대를 맞이한다.

그 과정은 이렇다. 인간이 만물에 대해 가진 권리가 자연권이다. 거기서 만인에 대한 만인의 투쟁이 생길 수 있다. 그러므로 사람은 평화를 도모하도록 애써야 한다. 그것이 자연법이다. 그리고 평화가 불가능하면, 모든 수단을 동원하여 자신을 방어할 권리가 있다. 그것은 파생된 자연권이다. 이처럼 홉스는 전쟁 상태까지도 가능하게 할 인간의 권리를 정치 철학의 시발점으로 삼는다. 사실 권리는 자기 몫을 주장하는 것이므로, 권리를 주장하게 되면 인간의 관계가 급격히 냉각되고, 붙어 있던 관계가 떨어져 거리가 생기게 된다. 그러면 만인에 대한 만인의 투쟁이 생길 수 있으므로, 자기를 위해서도 인간은 사회의 평화를 추구해야 한다. 그런 당위가 홉스가 말한 제1 자연법이다. 그리고 그런 평화를 위해 자신의 권리를 어느 정도 양보하고, "자신이 타인에게 허락한 만큼의 자유를 타인에 대해 갖는

91 토마스 홉스, 『리바이어던 1』, 진석용 역(파주: 나남, 2008), p. 177.

것으로 만족해야 한다"[92]는 것이 제2 자연법이다.

만인에 대한 만인의 투쟁을 염려한 것은 홉스가 처음이 아니다. 그러나 그런 무질서를 막아야 되는 이유가 다르다. 홉스는 어디까지나 개인의 권리 실현을 위해서 평화를 도모해야 한다고 보았다. 아우구스티누스는 국가 권력을 비판하는 시각을 가지고 있었지만, 무질서를 막기 위해 국가 권력이 필요하다고 보았다. 그런데, 무질서가 나쁜 까닭은 무엇인가? 아우구스티누스는 하나님의 나라에 관심이 있었다. 그리스도인들이 하나님의 나라를 향해 순례의 길을 안전하게 가도록 하기 위해 외적인 평화가 필요했던 것이다. 그 점은 루터도 거의 비슷하다. 세상에 질서가 잡혀야 참된 그리스도인들이 진리를 향한 행군을 할 수 있고 내적인 평화를 가질 수 있다. 종교 개혁의 정신은, 교회 밖의 일상생활에서도 거룩하게 살아야 하고, 일상적인 삶을 성직을 수행하듯 살라고 가르친다. 그것이 그리스도인의 태도요, 그런 높은 도덕 생활을 위해 무질서를 막아야 하는 것이다. 한편 아퀴나스는 전체가 개인에게 앞선다는 전제를 가지고 있었다. 통치자는 배의 선장처럼 모두의 운명을 손에 쥔 자로서 모든 개인의 영적인 교사 역할까지도 해야 하는 것이다. 그러니까 중세와 종교 개혁자들에게 이르기까지도 아직 관심은 영적이고 덕스런 가치 추구에 있었고, 국가의 권력은 거기에 봉사하기 위한 것이다.

그러나 홉스는 국가가 평화 유지를 위해 권력을 갖게 되는 이유를 개인의 권리 실현에서 찾았다. 개인이 전체에 앞서고, 국가는 개인의 권리 실현에 봉사해야 하는 것이다. 만인에 대한 만인의 투쟁의 가능성은 개인의 권리 실현에서 발생하는 것이다. 중세까지 그런 무질서를 매우 두려워했지만, 홉스에게서는 인간의 자연권을 인정할 때 당연히 발생할 수 있는 상황이다. 물론 그런 무질서를 막아야 하지만, 그것을 막아야 되는 이유도 개인

92 위의 책, p. 178.

의 권리 실현을 위해서다. 무질서해서 힘 싸움이 벌어지고 전쟁 상태에 들어가면 개인이 마음 놓고 이 땅에서 자유와 행복을 추구할 수 없기 때문이다. 신학자들의 생각과 달리, 만인에 대한 만인의 투쟁은 인간의 타락한 본성에서 생긴 것이 아니라, 자유롭게 자기 권리를 실현하고자 하는 인간의 본성에서 당연하게 발생할 수 있는 것이다. 홉스는 인간의 본성을 고대 인문주의나 신학자들과 다른 각도에서 본다.

> 자연권은 모든 사람이 그 자신의 본성, 즉 자신의 생명을 보전하기 위해 자기 뜻대로 힘을 사용할 수 있는 자유, 즉 자신이 자기 뜻대로 힘을 사용할 수 있는 자유, 즉 자신의 판단과 이성에 따라 가장 적합한 조치라고 생각되는 어떤 일을 할 수 있는 자유를 말한다.[93]

여기서 인간의 본성은 자기 생명을 보전하고 자기 행복을 위해 애쓰고 노력하는 것으로 설명되고 있다. 누구나 자기를 중심으로 자기 행복을 추구하고자 한다. 그것이 자연스런 인간 본성이고, 그런 본성에서 이해관계의 충돌이 생기게 마련이다. 중요한 것은 그런 본성을 억압하는 데 있지 않고, 그런 본성에서 생기는 문제를 현실적으로 해결하는 데 있다.

여기서 홉스의 사상은 인문주의자들의 인간 본성론과 다르다. 종래의 인문주의자들은 만인에 대한 만인의 투쟁을 막고 공동선을 도모하기 위해 인간의 높은 도덕적 능력에 호소했다. 그들은 순수한 선 또는 최고선이라는 이념을 추구하고 실현할 능력이 인간에게 있다고 보고, 그것을 인간의 본성이라고 보았다. 성명性命과 자연법은 그런 높은 도덕적 요구를 반영하고, 자기 수양self-cultivation을 중시했다. 그래서 물질적인 것에 대한 집착을 멀리한 채 영원하고 정신적인 가치를 추구함으로 아예 분쟁의 뿌리를 인간

93 위의 책, p. 176.

의 내면에서부터 없애려고 했다. 인심을 멀리하고 도심을 찾으며, 이기심을 멀리하고 이웃을 사랑하라고 가르쳤다. 그것이 세상 분쟁을 예방하고 나아가 분쟁을 근본적으로 해결하기 위한 인문주의자들과 교회의 가르침이었다. 그러나 홉스는 인간 본성의 수준을 낮추고, 도덕적이고 정치적인 요구도 낮추었다.[94] 적어도 정치학은 이제 이해관계의 충돌을 겉에서 조정하는 데 관심을 두게 되며, 내면에서부터 그런 욕구를 없애려는 것은 더 이상 정치학의 관심이 아니다. 덕의 정치는 끝났다.

홉스는 이해관계의 충돌을 조절하는 방식을 쌍방 간의 계약에서 찾았다. 개인은 같은 욕망을 가진 다른 사람들과 공존하고 외부적 평화를 유지하기 위해, 마음대로 하고 싶은 자신의 자유를 어느 정도 포기한다. "인간은 자신이 타인에게 허락한 만큼의 자유를 타인에 대해 갖는 것으로 만족해야 한다." 인간이 자기 보존과 행복을 위해 사물에 대해 가진 권리를 각자 서로 어느 정도 양도하는데, 그것을 가리켜 신의信義 계약이라고 한다. 계약이란 일방적으로 주는 것이 아니라 권리를 서로 교환하는 것이다. 그런 계약을 통해 자신의 권리를 조금 포기하지만, 그런 상호적 제약 아래서 마음 놓고 자기의 생존과 행복을 추구할 수 있다. 계약으로 인한 권리의 제한은 어디까지나 평화를 만들어 마음 놓고 자기 권리를 실현하기 위한 것이다. 그래서 홉스는 이렇게 말한다.

> 자기는 그러한 권리(어떤 사물에 대한 권리)를 포기할 의사가 있지만 다른 사람들은 그러한 권리를 포기할 의사가 없는 경우에는, 어느 누구도 자신의

94 홉스는 "인간이 하는 모든 행위는 자기의 이익을 위한 것이라고 생각되기 때문에, 어느 누구도 자기 자신의 사건에 대하여는 적절한 중재자가 아니다."(위의 책, p. 211)고 함으로써, 인간이 기본적으로 남을 위하지 않고 자기를 위하는 존재임을 말한다. 또 "천성적으로 자유를 사랑하고 타인을 지배하기를 좋아하는 인간"(p. 227)이 자기 보존과 만족된 삶에 관심이 있다고 한다. 그러나 이것을 이기심의 악한 본성론으로 발전시키지 않는다. 신학적인 죄의 문제로 보지 않는다.

권리를 포기할 이유가 없다. 그것은 평화를 달성하는 일이 아니라 자기 자신을 타인의 먹이로 제공하는 일이기 때문이다.[95]

권리의 포기는 상대방도 상응하는 권리 포기가 있을 때만 가능하며, 그렇지 않으면 개인은 자신의 행복을 위한 권리를 절대 양보해서는 안 된다. 평화는 사랑과 희생에 의해서 도달되는 것이 아니라, 권리의 공정한 교환에 의해서 결정된다. 일방적으로 주는 사랑과 희생은 이제 자연법의 지위를 잃었다. 신학적으로 은총이라는 것은 거저 주는 것이고, 그것이 사회법에서는 증여다. 증여는 인간 사회의 가장 기본적인 행위로 여겨져왔으나, 홉스에게서 증여는 법의 기본이 아니다. 일방으로 주는 증여가 아니라 쌍방으로 자유와 권리를 교환하는 계약이 중요해진다.

그런 시각에서 홉스는 성서를 새롭게 해석한다. 그는 마태복음의 구절을 가리켜 이렇게 말한다. "그러므로 복음서에 이르기를, '너희는 남에게 대접을 받고자 하는 대로 남을 대접하라'고 하였으며, '남이 너에게 행하기를 원치 않는 일은 너도 남에게 행하지 말라'는 것이 만인의 법이 된 것이다."[96] 이 구절은 앞에서도 보았듯이 원래 성서에서 타인에 대한 큰 배려와 사랑을 가르치는 계명이다. 남에게 대접을 받기 원하는 대로 '먼저' 남에게 대접하라는 얘기다. 상호적인 보상이 보장되지 않은 상태에서 상대방의 태도와 무관하게 남에게 베풀라는 것이다. 그러나 홉스는 다르게 해석한다. '먼저'가 없다. 위에서 인용한 홉스의 말의 의미는, 남이 너에게 대접하길 바라는 만큼만 남에게 대접하라는 얘기다. 그러므로 보상 없는 일방적 시혜는 홉스의 관심 밖이다. 그것이 성서에 바탕을 둔 중세 정치 윤리에서 이탈하는 홉스의 방식이었다. 그는 자연법보다는 개인의 자기 권리 실

---

95 위의 책, p. 178.

96 위의 책, p. 178.

현을 중심으로 처음부터 주어진 권리 곧 자연권에 관심을 가졌다. 홉스가 말하는 자연법은 자연권의 실현을 돕기 위한 수단에 불과하다. 법은 권리의 수단이다.

그처럼 자연권에서 자연법을 도출하는 것은 중세의 도식을 완전히 뒤집은 것이다. 권리가 일차적이고 의무는 그 권리를 지키기 위한 수단이 되었다. 의무는 나와 똑같은 권리를 가진 다른 사람들과 공존하기 위해 맺은 계약에서 나온 것이다. 계약을 맺으면서 권리의 제약을 교환하는 가운데 의무가 발생한다. 계약은 만물에 대한 나의 권리가 다른 사람과 공존하면서도 실현될 수 있게 하는 장치다. 그러니까, 의무란 나의 권리를 다른 사람에게도 통하게 하는 권리가 되도록 만드는 과정에서 발생하는 것이다. 의무는 권리의 실현 과정에서 생긴 것이요, 권리의 종속물이다.

정의와 불의는 계약 이후의 문제가 된다. 계약을 어기는 것이 불의이고, "불의가 아닌 것은 무엇이든지 정당한 것이다."[97] 정의란 일반적으로 '각자에게 그의 것을 나누어주는 것'으로 서구 사회에서 이해되어왔다. 각자에게 그의 몫을 주는 것이다. 그런데, 몫의 문제를 두고 시대에 따라 얼마든지 다른 이해가 가능하다. 그리스 시대에는 여성에겐 시민으로서의 참정권을 주지 않아도 불의하다고 여기지 않았다. 노예는 모든 권리에서 제외되었다. 인간 역사에서 몫의 문제는 불평등의 구조를 전제로 얘기되는 경우가 많다. 아우구스티누스는, 각자에게 그의 몫을 나누어준다는 것을 신과 인간과 짐승과 사물에 대한 차등적인 사랑의 질서라고 이해했다.

홉스는 그런 신학적인 정의론에서 벗어날 뿐 아니라, 대담하게도 모든 사물에 대한 모든 사람의 일반적 권리를 인정했다. 인간은 일단 자기 이익을 위해 만물에 힘을 행사할 수 있는 자유가 있다. 몫의 문제가, 보편적 자유의 차원에서 제기된 것이다. 각자에게 그의 몫을 주는 것을 정의라고 할

97 위의 책, p. 194.

때, 각자는 일단 만물을 자기 몫으로 갖는다. 그때 서로의 충돌이 일어날 수 있으므로, 남과 계약을 통해 실제적인 자기 몫을 확정짓는다. 그처럼 자기 몫을 확정짓는 과정이 계약이라면, 맺은 계약을 지키는 것은 정의를 위해 매우 중요하다. 정의는 그처럼 권리 실현을 위해 맺은 계약을 지키는 데서 출발한다. 그러니까 정의는 단순히 생산 활동을 한 이후 분배의 문제가 아니라, 인간이 자신의 생명 보존을 위해 할 수 있는 자유로운 권리의 문제에서 출발하는 것이다.

그렇게 보면 정의의 내용은 정해져 있지 않다. 정의는 계약의 내용을 지키는 데서 성립되기 때문이다. 계약의 내용은 자연법에 어긋나지 않는 한, 자유로운 당사자들에게 맡겨진다. 홉스가 '불의가 아닌 것은 모두 정당하다'고 한 까닭이 거기에 있다. 불의는 정의의 결핍이다. 그러므로 불의는 정의의 종속 개념이다. 인간은 자기 보존을 위해 자연법에 따라 신의 계약을 체결하고, 거기에 구속되어 의무를 감당하기 때문이다.

이것은 권리를 중심으로 한 근대적 시민 사회를 정당화하는 얘기다. 원칙적으로 정의는 신의信義 계약을 지키느냐 아니냐 하는 것이지, 계약의 내용에 의해 정의와 불의가 갈리는 것이 아니다. 그만큼 계약의 자유를 허락한 것이다. 의사 표시의 주체로서의 시민이 자신의 보존과 번영을 위해 자유롭게 맺은 계약은 정의와 불의의 차원을 넘어 있다. 이것은 이른바 절차적 정의라고 하는 근대적 정의의 중요 개념을 암시하는 것이다. 절차적 정의는, 정당한 절차만 밟으면 거기서 결정한 것은 정당화되는 것이다. 이것은 정의의 내용을 정하지 않고, 내용을 정할 주체만 정하는 것이다. 홉스에게서 주체는 자유로운 시민이고 자유로운 시민이 합의로 맺은 계약은 원칙적으로 불의하지 않다.

홉스는 국가 권력을 정당화하는 논리도 개인들의 권리 실현에서 찾는다. 자유로운 계약은 권리 실현을 위해 중요한데, 만일 계약을 이행하지 않았을 때는 어떻게 할 것인가? 그것은 불의한 것이고, 불의한 것에 대한 응징이 가능해야 한다. 신의 계약의 신의 곧 믿음이 파괴되었을 때에 대한 대비가 있어야 한다. 그것이 국가의 강제력이다. 이것은 계약의 이행을 확실하게 하기 위해 필요하다. 강제력이 없어 계약을 마음대로 파기하고 의무를 이행하지 않는다면, 세상은 전쟁 상태로 돌아가고, 인간의 권리 행사는 불가능해질 것이다. 그 강제력은 신의 계약을 불이행하는 사람을 물리적 강제력으로 처벌한다. 그리고 더 중요한 것은, 일반적인 공포심을 불러일으켜 계약을 이행하도록 심리적인 강제력을 행사한다.[98] 그런 힘을 통해 신의 계약에 들어 있는 신의信義가 보상을 받는다. 그 힘이 코먼웰스commonwealth 곧 국가의 본질이고, 강제력을 행사할 수 있는 국가 주권이다.

그리고, 그러한 주권 자체가 신의 계약의 산물이다. 다시 말해서 인간의 일반적 신의 계약에 힘을 주는 힘은, 공동체의 구성원이 합의에 의해 계약을 체결하여 세운 인위적 산물이다.[99] 그런 면에서 국가 권력은 정의롭다. 계약을 지키는 것이 정의라면, 그 계약을 지키도록 하는 힘 역시 정의롭다. 그리고 그 힘 역시 계약에 의해 성립된 것이기 때문에 정의롭다. "정의의 본질은 유효한 계약을 지키는 데 있으며, 계약의 유효성은 그 계약의 이행을 충분히 강제할 수 있는 사회적 권력의 수립과 더불어 시작되며, 또한 그

---

98 홉스에게서 강제력의 공포와 자유는 양립한다. "공포와 자유는 양립한다. 배가 침몰할지도 모른다는 '공포' 때문에 재산을 바다에 버리기로 한 경우, 이것은 극히 자발적인 행위이다. 만약 그렇게 하기 싫으면 그렇게 하지 않을 수도 있다. 그러므로 그것은 '자유로운' 인간 행위이다. 마찬가지로 감옥에 가는 것이 '두려워서' 빚을 갚는 경우에 어느 누구도 억지로 빚을 갚도록 강제하지는 않았기 때문에 그것은 '자유'를 지닌 인간의 행위이다. 일반적으로 코먼웰스 내에서 법에 대한 '공포' 때문에 이루어지는 행위는 전부 그렇게 하지 않을 수 있는 '자유'를 포함한 행위이다."(위의 책, pp. 280-281)

99 코먼웰스 곧 국가의 정의는 이렇다. "다수의 사람들이 상호 신의계약을 체결하여 세운 하나의 인격으로서, 그들 각자가 그 인격이 한 행위의 본인이 됨으로써, 그들의 평화와 공동방위를 위해 모든 사람의 힘과 수단을 그가 임의로 사용할 수 있도록 한 것이다."(위의 책, p. 233) 그러므로 국가는 아리스토텔레스가 말한 것과 달리 자연적 산물이 아니라 인공적인 것이다. "인간은 평화를 획득하고 생명을 보존하기 위해 코먼웰스라는 인공 인간을 만들었으며, 또한 시민법이라는 인공적 사슬도 만들었다" (p. 282).

때 비로소 소유권도 발생한다."[100]

인간은 자연적으로 만물에 대해 그리고 심지어 다른 사람의 신체에 대해서도 권리를 가진다는 것은, 만물에 대한 지배의 권리를 신의 은총으로 얻은 것이라고 하는 신학적 사유와 거리가 멀다. 그리고, 욕망을 없애 물질에 사로잡히는 것을 피해야 한다는 인문주의의 가르침과도 멀어진 것이다. 그런 홉스의 사유는 인간관계의 모범을 가정에서 찾지 않고, 모르는 사람과의 관계에서 찾았다. 아는 사람끼리 서로 아껴주고 희생하는 관계가 아니라, 모르는 사람 사이에서 자기 권리를 주장하며 몫을 따지는 관계를 기본 관계로 설정한 것이다. 중세 사회는 가족 관계를 모르는 사람과의 관계에까지 확대하려고 했다. 그것이 덕의 정치요, 윤리와 정치가 분리되지 않은 것이고, 사랑을 강조한 정치다. 그러나 근대 사회는 모르는 사람과의 합리적 관계를 가족 관계에까지 침투시킨 것이라고 할 수 있다. 오늘날에는 가족 사이에서도 권리를 다툰다. 근대 사회는 인간관계의 기본 모델이 제3자와의 관계다. '나와 그'라고 하는 삼인칭 관계 곧 모르는 사람과의 관계가 기본이라고 할 수 있다. 그것은 인간관계에 거리를 둠으로 권리를 명확히 하고, 얽혀 있는 관계에 은폐되어 있던 억압을 보게 만들었다.

모르는 사람과의 관계에서 중요한 것은, 자비와 희생보다는 이득 추구의 충돌을 조절할 수 있는 계율이다. 그것을 홉스는 신의 계약의 이행에서 찾는다. 인간은 각자가 알아서 자기 이득을 추구한다고 보고, 남의 일에 간섭하지 않는다. 다만 각자가 자기 이득을 위해서도 어느 정도 자기 권리를 양도해야 한다. 그런 기본 행위가 쌍방의 의사의 합치에 따른 계약이다. 그러므로 중요한 것은 억압이 없는 자유로운 계약을 맺도록 하는 안정된 질서다. 그것을 보장하는 것이 주권이다.

홉스가 말한 신의 계약에서 '신의信義'의 의미가 신학적인 의미를 탈피

---

100 위의 책, pp. 195-196.

했다. 거기서 신의는 믿음을 가리키는데, 그 믿음의 정도는 큰 것이 아니다. 종교에서 말하는 믿음은 자기를 부인하고, 자기를 비우며, 믿음의 상대와 혼연일체가 되는 것이다. 기독교에서는 신의 사랑을 말한다. 기본적으로 신의 이미지는 자식을 사랑하는 아버지에 비유된다. 그러므로 종교에서 말하는 믿음이란 부모와 자식 간의 관계에서 형성되는 믿음 또는 그 이상이다. 그것은 중립적 관계를 넘어, 언제나 내 편이 되어줄 수 있는 존재에 대한 믿음이다. 그리스도의 십자가의 죽음은 나를 위한 것이라고 말한다. 그래서, 신은 나를 위해 있다. 그것을 전제로 나는 신을 위해 있다. 신은 나를 위해, 그리고 나는 신을 위해 존재한다. 사랑과 희생의 관계다.

그러나 신의 계약에서 생기는 믿음이란, 상대방이 자기를 위해서도 계약 내용을 지킬 것에 대한 신뢰다. 그것은 인간의 행위는 대체로 자신을 위한 것이라는 인간관을 전제로 한 믿음이다. 그리고 만일 신의 계약을 어기는 것이 일반화되면 공공질서가 파괴되어, 모두가 전쟁 상태로 들어갈 것인데, 그런 것을 피하리라는 상식적 행위에 대한 믿음이다. 합의에 의한 것을 깨지 않는 것이 결과적으로 자기 보존에 도움이 된다는 것을 알 것이라는 믿음이다. 만일 합의를 깨면 뒤에 공공선 쪽에서의 보복이 있다. 그것은 코먼웰스의 강제력이요, 불의를 처벌할 수 있는 공권력이다. 그런 공권력에 의해 징계를 받는 일을 피해갈 것이라는 믿음이다. 그러니까, 신의 계약에서의 신의란 상대방의 자비에 대한 믿음이 아니라, 표시된 의사대로 행동할 것에 대한 믿음이다. 표시된 의사란 자기의 이득을 포기한 것이 아니라, 자신의 이득을 위해 표시한 의사를 가리킨다. 그러므로 계약의 전제가 되는 신의는 자기 이득을 위해 표시한 의사를 지킬 것이라는 정도의 믿음이다. 타인이 합리적으로 자기 이득을 추구할 것에 대한 믿음이다.

결과적으로 홉스에게는 칸트 식의 순수한 동기라는 것이 중요하지 않다. 인간의 행위는 자기 이득에 대한 관심이 기본이다. 칸트가 자연과 자유를 구분할 때 자유는 이득에 대한 관심을 털어버린 순수한 실천이성에서 나오는 것이다. 그러나 홉스가 말하는 자유는, 자신의 보존과 이득을 위해 뭐든지 할 수 있는 자유를 가리킨다. 그러므로 자신의 이득을 위하는 것은 도덕도 아니지만 부도덕도 아니다. 말하자면 도덕적 중립 지대가 있는 것이다. 정의와 불의는 계약의 이행과 불이행에서 갈라지는 것이지 자기 이득을 추구한다고 불의하거나 부도덕하거나 죄가 되지 않는다. 그러니까 홉스에게는 사랑이나 자비나 희생보다 정의와 불의가 더 중요한 도덕 개념이다.

자기의 이득과 행복을 추구할 수 있는 자유는 자연권일 뿐이다. 다시 말해서 자연이다. 자연은 아직 도덕과 부도덕의 문제가 아니다. 개인이 자기 권리를 행사하는 것은 중요한 자연적 현상이다. 그러한 권리 행사를 구체화하기 위해 인간은 계약을 맺는다. 그런 계약 행위도 자연권의 연장에 있다. 그러니 그 다음에는 계약을 이행하느냐 아니냐 하는 것은 자연에 더하여진 인위다. 그 인위적 행위에서 비로소, 정의와 불의가 갈리고, 도덕과 부도덕이 갈린다. 인위적인 행위 이전은 모두 도덕적 중립 지대다. 도덕은 의사의 합치에 따라 이루어진 계약의 이행과 불이행에서 생기는 것이다. 순수한 동기까지 파고들지 않는다. 이것은 고전적 용어로 말하면 윤리와 정치가 분리되는 지점이기도 하다. 정치가 윤리에 매이지 않고, 사회과학이 인문학에서 벗어나 독립하는 것은, 인문학에 묻혀서 몫의 문제를 제대로 제기하지 못했던 상황에서 벗어나는 것을 의미한다.

한편 존 로크도 자연 상태를 권리 중심으로 이해한다. 그는,[101] 각 개인이 자기 신체와 재산을 보전할 평등한 권리를 가진 상태를 자연 상태라고 본다. 그 다음에 자신의 재산 보전을 위해 우월한 권위를 만드는 데 참여한다. 거기서부터 시민 상태의 시작이다. 법 제정을 위임받고, 집행하고, 심

101 존 로크, 『통치론, 시민정부의 참된 기원, 목적 및 그 범위에 관한 시론』, 강정인 외 역(서울: 까치글방, 1996).

판하며, 강제력으로 질서를 잡는 권력이 생긴다. 그 권력은 개인의 소유권을 보호하기 위해 있다. 개인 소유권을 침해하는 실정법은 자연법에 어긋나므로 무효다. 이처럼 재산을 중시하는 것은, 재산이 있어야 자유롭다는 생각 때문이다. 소유권을 자유권으로 이해한 것이다. 이처럼 권리 중심으로 자연 상태를 이해한 것은, 신학적인 자연 상태 이해와 다르다. 로크는 개인의 권리를 중심으로 자연과 국가를 이해한다. 아퀴나스는 공유를 자연법 곧 이성의 법이라고 보았지만, 로크는 사유를 자연법으로 본다. 이것은 이성 자체의 이해에 변화가 온 것이다. 인문주의적인 이념을 추구하는 데서 오는 영혼의 자유에서 시각을 돌려, 외부에서 물질적 조건을 통해 가해지는 업신여김을 막고 정치적 자유를 확보하기 위한 것이라고 할 수 있다. 그런 변화는 사랑보다 정의를 중시하고, 정의론을 중심으로 도덕 이론이 전개되는 결과를 가져온다.

5. 애덤 스미스: 이기심의 정당화

사랑보다 정의를 중요시한 것은 애덤 스미스의 경우도 마찬가지다.

사랑에서 정의로

애덤 스미스는 "정의의 준칙만이 유일하게 정밀하고 정확한 도덕 준칙이고, 기다 모든 미덕들의 준칙은 느슨하고 모호하고 불명확한 것"[102]이라고 본다. 사랑과 자비는 흔히 본능적으로 가까운 사람들끼리 이루어진다. 자식이나 혈연관계가 아닌 모르는 사람에 대한 자선은, 하면 찬사를 받고, 하지 않아도 욕을 먹지 않는다. 그러나 정의는 모르는 사람끼리도 마땅히 해야 하는 것이다. 정의롭지 않으면 욕을 먹고, 벌을 받기도 한다. 그래서 애덤 스미스는 말한다.

> 우리는 우정, 자비 또는 관용에 따라 행동할 때보다는 정의에 따라 행동하는 데 더욱 강한 의무감을 느끼고, 또한 앞의 미덕들의 실행은 어느 정도 우리의 선택에 맡겨져 있지만, 정의의 경우에는 우리는 우리 자신이 특별하게 그의 준수에 얽매여 있고 그것이 의무화되어 있음을 느낀다고 말한 바 있다. 즉 정의의 준칙의 경우에는 모든 사람이 도덕적으로 적정하다고 시인하는 강제력을 동원하여 이를 준수하도록 강제하는 반면에, 다른 미덕들의 경우에는 그

102 애덤 스미스, 『도덕감정론』, 박세일 역(서울: 비봉출판사, 2010), 7부, 4편, 1절, p. 631.

교훈을 따르도록 우리를 강제하지는 않는다고 본다.[103]

이처럼 도덕의 문제를 정의에서 찾는 것은, 도덕의 기준을 사랑이나 자비에서 찾지 않음을 의미한다. 정의는 이른바 낮은 도덕이다. 그는 이렇게 말한다.

> 조물주는 인간에게 상당한 보상이 있을 것이란 즐거운 인식을 심어줌으로써 자혜(자비)를 실천하도록 권고하고는 있지만, 그렇다고 해서 그것을 실천하지 않을 경우 그에 상응한 처벌이 있을 것이라는 공포를 주어 그것의 실천을 보장하고 강제할 필요는 없다고 생각했다. 자혜는 비유하자면 건물을 지탱하는 기초가 아니라 건물을 아름답게 꾸미는 장식이므로, 그 실천을 권고하는 것으로 충분하고 그것을 강제할 필요는 없는 것이다. 반면에 정의는 모든 건물을 지탱하는 주요 기둥이다. 만약 그것이 제거되면 위대하고 거대한 인간 사회라는 구조물은 틀림없이 한순간에 산산이 부서지고 말 것이다. 그런데 이 구조물을 건립하고 지탱하는 일에 대하여 신神은 특별하고도 소중한 관심을 보이고 있는 것으로 보인다. 그러므로 정의의 준수를 강제하기 위하여, 즉 약자를 보호하고 난폭한 사람을 억제하고, 죄를 지은 자를 응징하기 위하여, 조물주는 인간의 가슴 속에 악행에는 악한 응보가 따른다는 인식과, 정의를 위반할 때 가해지는 응분의 처벌에 대한 공포를 인간 사회의 위대한 파수꾼으로서 심어주었다.[104]

인간관계에서 자비는 하면 좋고 안 해도 할 수 없는 장식품과 같다. 그러나 정의는 사회를 지탱하는 기둥이다. 이것은 애덤 스미스가 인간 사회

---

103 위의 책, 2부, 2편, 1장, 5절, p. 151.

104 위의 책, 2부, 2편, 3장, 4절, pp. 163-164.

의 기본 덕목을 사랑과 애정보다는 정의에 두고 있음을 보여준다. 사랑과 애정은 있으면 아름답고 좋지만, 정의는 없으면 사회가 무너진다. 그러므로 정의가 기본이다. 기본이 안 되어 있는 상태에서 사랑과 애정을 강조하는 것은, 사회의 결속력을 위해 좋지 않다. 다시 애덤 스미스를 보자.

> 고결하고 이해관계를 초월한 동기에서 제공되지 않는다 하더라도, 사회의 구성원들 사이에 서로에 대한 사랑과 애정이 없다고 하더라도, 그 사회는 비록 덜 행복하고 덜 유쾌할지는 몰라도 반드시 와해되는 것은 아니다. 사회는 그 구성원들 사이에 서로에 대한 사랑 또는 애정이 없더라도, 마치 서로 다른 상인들 사이에서와 같이, 사회의 효용에 대한 감각만으로도 존립할 수 있다. 비록 사회의 어느 누구도 서로에 대한 어떤 의무감이나 감사의 감정으로 서로 묶여 있지 않다고 하더라도, 사회는 합의된 가치평가에 근거하여 금전적 이익을 목적으로 선행을 서로 교환함으로써 존속될 수 있다.[105]

이해관계를 초월한 행위는 아주 높은 도덕이다. 그것은 우총과 감사의 관계를 만든다. 그리고 서로에 대해 높은 의무감 속에 산다. 그러나 그것을 강요하는 것은 옳지 않다. 왜냐하면 인간은 먼저 남보다는 자기에게 도움이 되는 것을 찾기 때문이다. "의심의 여지없이, 모든 인간은 천성적으로 무엇보다도 먼저, 그리고 주로, 자기 자신을 돌보게 마련이다. 사람은 자기 이외의 어떤 사람보다도 자기 자신을 돌보는 데 더욱 적합하기 때문에 이와 같이 하는 것은 적합하며 또한 정당하다."[106] 사람은 기본적으로 자기 보존에 관심이 있기 때문에, 그렇게 행동하는 것이 적합하며, 적합한 것은 정당한 것이다.

---

105 위의 책, 2부, 2편, 3장, 2절, p. 162.

106 위의 책, 2부, 2편, 2장, 1절, p. 156.

여기서 애덤 스미스는 신학적 인간론을 벗어나 있다. 그의 관심은 완벽한 사람에 맞추어 높은 도덕적 당위를 선포하는 데 있지 않고, 인간의 현실에 알맞은 선행을 가능하게 하는 데 초점이 있다. 그래서, 어떻게 살아야 옳은 것인가를 먼저 말하지 않고, 인간이 어떻게 살고 있느냐를 먼저 살피는 것이다. "옳고 그름의 문제가 아니라 사실의 문제다."[107] 스미스는 어떤 도덕적 당위를 말하기 전에, 인간의 사회 행위를 관찰해서, 그것을 바탕으로 도덕의 기준을 삼으려는 것이다. 그는 도덕의 준칙들이 이성 안에 미리부터 주어져 있다는 것에 반대한다. 무엇이 옳고 그른지는, 감각과 감관의 대상이다. 어떤 행위가 우리를 즐겁게 하는지 불쾌하게 하는지를 감각으로 경험하고, 그 경험을 바탕으로 도덕 준칙이 형성된 것이다. 그는 이렇게 말한다.

> 옳고 그름에 관한 최초의 지각이 이성에서 도출될 수 있다고 하는 것은 완전히 황당하고 이해하기 어렵다…… 이 최초의 지각은, 일반 준칙이 형성되는 근거가 되는 모든 다른 경험들과 마찬가지로, 직접적인 감관과 감각의 대상이지 이성의 대상이 될 수는 없다. 우리가 도덕의 일반 준칙을 형성하게 되는 것은, 다양한 수많은 사례들 가운데서 어떤 행위의 성격은 일정한 방식으로 우리의 마음을 즐겁게 하고, 다른 어떤 행위의 성격은 우리의 마음을 불쾌하게 한다는 사실의 발견을 통해서다. 그러나 이성은 어떤 특정 대상을 그 자체로서 유쾌하거나 불쾌한 것이 되게 할 수는 없다. 이성은 그 대상이 우리의 마음을 유쾌하게 하거나 불쾌하게 하는 성질을 가지고 있는 다른 어떤 것을 획득하기 위한 수단이라는 것을 보여줄 수는 있다.[108]

107 그는 자신의 연구 방법에 대해 이렇게 말한다. "현재 우리가 하고 있는 연구는…… 옳고 그름에 관한 문제a matter of right가 아니고 사실에 관한 문제a matte of fact라는 것에 주목해야 한다. 우리는 지금 어떤 완전한 존재가 어떤 천성에 따라서 악한 행위의 처벌을 시인하는가 하는 문제를 고찰하고 있는 것이 아니다. 인간과 같이 나약하고 불완전한 존재가 실제로 어떤 천성에 따라서 사실상 그것을 시인하는가 하는 문제를 고찰하는 것이다." (위의 책, 2부, 1편, 4장, 10절, pp. 143-144)

도덕 규범이란, 인간의 오감을 통해 어떤 것이 유쾌하고 어떤 것이 불쾌하게 하는지를 경험한 후, 그 경험을 바탕으로 생겨난 것이라는 말이다. 불쾌와 유쾌는 이득을 주느냐 고통을 주느냐에 따른 것이므로, 도덕 법칙은 결국 인간에게 이득을 가져오는 최선의 법칙을 찾은 것이다. 그처럼 경험된 자료들을 모아서, 어떤 행동이 우리를 유쾌하게 만드는지를 생각하여 정하는 것은 이성이다. 다시 말해 이성은 어떤 행동이 우리에게 도움이 되는지를 말해주는 능력이다. 그러나, 이성 판단의 기초 자료는 모두 경험에서 나온 것이지, 하늘에서 도덕 규범이 주어진 것이 아니다.

그러므로 애덤 스미스의 견해는 이성에서 일종의 기술적 이성technical reason만 인정한 것이다. 형이상학을 만들었던 존재론적 이성ontological reason을 거부한 것이다. 아우구스티누스는 이성에 두 차원이 있다고 보았는데, 하나는 영원한 진리에 관계하는 이성이고, 다른 하나는 유한한 사물들을 처리하고 지도하는 이성이다.[109] 하나는 높은 이성이고 다른 하나는 낮은 이성이다. 낮은 이성은 인간의 사물 경험을 정리하고 경험된 규칙을 만드는 일에 관계한다. 도덕은 높은 이성에서 나온다. 그러므로 사물을 제대로 사용하는 문제 역시 낮은 이성의 역할이 아니라 높은 이성에 의존해야 한다. 도덕은 낮은 이성에서 나오는 것이 아니라는 말이다. 그런데 애덤 스미스는 말하자면 높은 이성을 거부한 셈이다. 낮은 이성에서 경험된 사실을 바탕으로 정리하면, 거기서 적절한 행위 규범이 나온다. 그것은 물질을 떠나거나 금욕적인 것을 추구하는 이성이 아니고, 경험적으로 어떻게 하는 것이 가장 이득이 된다는 것을 알아내는 이성이다.

108 위의 책, 7부, 3편, 1장, 7절, p. 615.

109 "우리의 본성에서 무상한 유형물들을 처리하는 부분은 짐승들과 공통적이지 않다는 점에서 이상적인 것이다. 그러나 그것은 우리 마음에 있는 본질적 이성에서 끌어 온 것이다. 우리는 이 본질적 이성에 의해서 변함없는 정신적 진리에 의지하며 붙어산다. 또 낮은 사물을 처리하며 지도하는 일을 그 이성에 의탁한다." (아우구스티누스, 『삼위일체론』, 12권, 3, p. 317.

이처럼 인간의 문제에서도 경험적 관찰을 중요시하는 것은 사회과학의 출발이라고 할 수 있다. 사람이 본래 다른 사람을 형제자매처럼 사랑하도록 만들어졌는데 타락해서 그 심성을 잃었다거나, 이제 원래의 모습을 회복해서 타자를 자기처럼 사랑해야 한다는 신학적 담론은 더 이상 윤리의 고려 대상이 아니다. 본래 인간이 어떠했었다는 본래성의 문제는 신학과 형이상학을 만들었다. 그러나 스미스는 그 본래성을 기준으로 도덕을 찾지 않고, 현재 실재로 인간이 살고 있는 행태를 보면서 인간의 천성을 찾고 도덕성을 찾는다.

그는 거침없이 상인의 예를 들어 인간의 삶의 행태를 설명한다. 원래, 물건을 팔아 이득을 얻는 상인은 동서양을 막론하고 도덕적인 하대를 받았다. 3세기 기독교 교부인 터툴리아누스는 기독교인은 장사나 무역을 하면 안 된다고 말했고, 이자를 받는 행위는 기독교 전통에서 금지되었다. 심지어 16세기의 루터도 이자를 금지했고, 상행위를 기독교인의 직업으로 맞지 않는 것으로 보았다. 동양에서도 신분 질서는 사농공상으로서, 상인이 제일 낮은 계급에 속했다. 일본의 에도 막부에서는 상인을 가리켜 사회의 기생충이라고 보았다. 그런 점에서 애덤 스미스가 상인을 예로 들며 도덕을 찾는 것은 의미심장한 변화다. 상인은 자기 이득을 포기하거나 남에게 봉사하는 존재가 아니라, 이득을 최대한 실현하면서 남과 공존하는 사람이다. 그것은 사회적 효용과 무관하지 않다. 다시 말해서 공공선을 이루는 것이, 꼭 개인의 욕망을 희생하고 전체에 이바지하거나, 개인의 이기심을 버리고 남을 위해 희생해야 하는 것이 아니다. 공공선은 개인의 이득을 추구하는 자연스런 본능에 바탕을 두고 생겨날 수도 있다.[110]

애덤 스미스는 자기 사랑이나 이기심을 나쁘게 보지 않는다. 스미스가

110 스미스는 본능을 나쁘게 보지 않는다. 피조물이 일일이 생각하지 않고도 자기 보존을 위해 행위를 할 수 있도록 조물주가 허락한 장치가 본능이라고 본다.

『도덕감정론』에서 인간의 천성을 가리킬 때 쓰는 단어는 셀피시니스self-ishenss, 셀프 인터레스트self-interest, 그리고 셀프 러브self-love 같은 것들이다. 각각 이기심, 자기에 대한 관심, 그리고 자기 사랑[111]이라고 번역할 수 있다. 이 세 단어는 그 자체로는 나쁜 의미로 사용되지 않는다. 이기심利己心이란 말은 자기를 이롭게 한다는 뜻이다. 흔히 이기심은 악의 대명사로 쓰였다. 그러나 말 그대로라면, 자기를 이롭게 하는 것 자체가 나쁠 리가 없다. 스미스가 볼 때 이기심selfishness은 자기 보존 본능이 있는 사람이면 누구에게나 있다.[112] 그것은 조물주가 피조물의 자기 보존과 번영을 위해 준 성품이다. 그리고 만일 누가 자신의 목숨과 재산에 적절한 관심을 기울이지 않는다면, 그런 사람은 자기에 대한 관심self-interest이 없어 존경받을 수 없다고 한다.[113] 물론 그런 사람이 자비의 마음으로 타자를 돕기 위해 그런 것이라면 그는 존경을 받을 만하다. 그러나 애덤 스미스의 관심은 인간의 기본적인 자기 사랑self-love에 있다. 그는 이렇게 말한다.

> 우리 지신의 개인적인 행복과 이익에 대한 고려 역시 많은 경우 매우 칭찬을 받을 만한 행위 원칙인 것으로 보인다. 절약, 근면, 신중, 전심치지, 그리고 심사숙고의 습관은 통상 자기 자신만을 위하고 챙기려는 마음 곧 자기를 이롭게 하는self-interested 동기에서 배양되는 것들로 상정되고 있지만, 그러나 동시에 이들은 매우 칭찬을 받을 만한 특성들로서, 이러한 행위의 특성들은 모

---

111 학자에 따라서 selfishness를 사심이라고 번역하고, self-interest를 자기중심이라고 하기도 하고, 같은 텍스트 안에서도 일관성 없이 번역하기도 한다.(애덤 스미스, 앞의 책, pp. 582-583을 보라) 그러나 각각 이기심, 자기에 대한 관심 또는 자기를 이롭게 하기 위한 관심이라고 번역하면 무난할 것 같다. 그리고 그 둘은 약간 차이를 두어 사용되기도 하지만, 큰 틀에서 보면 결국 자기 사랑의 방식으로서, 도덕적으로 악이 아니라는 점에서 같다. 그런 점에서 거의 구별되지 않고 사용할 수도 있다. 이기심이나 자기에 대한 관심은 모두 정도가 지나치면 부도덕하게 되는 것일 뿐, 그 자체로 악한 것이 아니다.

112 위의 책, 7부, 2편, 3장, 16절, p. 583.

113 위의 책, 7부, 2편, 3장, 16절, p. 583.

든 사람들의 존중과 시인을 받을 자격이 있는 것으로 이해되고 있다.[114]

애덤 스미스는 자기 사랑이 결코 미덕이 될 수 없다고 하는 견해에 반대한다. 최고의 미덕만 추구해서 자기 사랑의 천성을 단념시키려고 하는 것에 반대한다. 그런 높은 도덕성은 신에게는 합당하지만, 현실을 사는 인간에게는 맞지 않는다.

> 아마도 자비benevelance는 신神의 유일한 행위 준칙일 것이다…… 그러나 신神의 경우야 어떻든 간에, 너무나도 불완전한 피조물인 인간은, 자신의 생존을 유지하기 위해서도 자신의 외부에 있는 것들을 수없이 많이 필요로 하는 인간은, 흔히 수많은 동기에서 행동할 수밖에 없다. 우리의 존재의 본성 그 자체 때문에 우리의 행동에 빈번히 영향을 미칠 수밖에 없는 감정들이 어떤 경우에도 유덕한 것으로 표현되지 않거나 어느 누구로부터도 존중과 칭찬을 받을 자격이 없는 것이라면, 인성은 매우 곤란한 상황에 처하게 될 것이다.[115]

애덤 스미스는 인간의 본성이 자기 위주로 되어 있음을 받아들인다. 그러면서, 자기 위주의 감정이 칭송받을 만한 것은 아니지만, 그렇다고 부도덕한 것일 수도 없다고 본다. 오히려, 자기에게 충실한 것은 덕스럽고 존중을 받을 만한 경우도 많다는 것을 강조한다. 전통적으로 자기 사랑은 하나님 사랑이나 이웃 사랑에서 벗어난 것으로 여겨져왔다. 신학에서는 자기 사랑은 개념 모순이라고 보기까지 한다. 사랑이란 밖으로 향하는 것이므로, 타자에 대한 사랑이면 몰라도, 자기 사랑이란 없다는 것이다.[116] 애덤

114 위의 책, 7부, 2편, 3장, 16절, p. 582.

115 위의 책, 7부, 2편, 3장, 18절, p. 584.

116 현대 신학자 틸리히가 그렇게 말한다. *Love, power and Justice* 참조. 그런데, 틸리히의 생각은 플라톤과 아우구스티누스에 바탕을 둔 것이다. 『향연』에서 플라톤은 사랑이 결

스미스와 같은 시대의 인문주의자 칸트는, 인간의 숭고함을 도덕의 원리로 삼은 사람이다. 그것은 루터의 영향을 받았기 때문이다. 그래서 칸트의 경우에는 자기 사랑Selbstliebe이라는 낱말을 쾌락Gluckseligkeit과 연결시켜서, 부도덕한 것으로 보았다. 그는 감정이란 자기 사랑에서 나온 처세술과 관련이 있다고 보고, 감정을 배제한 영역에서 도덕성을 찾았다. 법에 대한 '외경심'이라는 것이 그것이다. 그러나 애덤 스미스는 자기 사랑이란 말을 전면에 내세우고 있으며, 그것이 사회적으로 어떤 덕을 이룰 수 있다고 본다. 심지어 그는 자기 사랑이 타자에 대한 자비와도 연결될 수 있다고 본다.[117]

핍에서 비롯된 것이며 무엇을 욕망하는 것이라고 보았다. 그러므로 사랑은 기본적으로 사랑하는 자가 부족한 것을 채우기 위한 것이며, 그러므로 밖을 향한 것이다. 플라톤의 논리를 따르면, 자기를 사랑한다는 것은 개념 모순이다. 사랑을 아우구스티누스적으로 생각하면 사물에 대한 사랑, 타자에 대한 사랑, 그리고 하나님에 대한 사랑이 있다. 그런 점에서 보면 자기 사랑이란 원래 사랑의 개념에 들어가지 않는다. 사물이나 타자나, 하나님이나 모두 자기 밖이다. 그러므로 사랑은 자기 밖을 향한다고 할 수 있다. 그렇게 보면, 애덤 스미스가 말하는 자기 사랑이란, 자기에게 도움이 되는 것에 대한 사랑을 가리킨다. 그것은 이기심인데, 애덤 스미스 윤리는 거기서 시작한다. 사물보다 다른 사람을 더 사랑해야 하고, 다른 사람보다는 하나님을 더 사랑해야 한다는 신학적인 윤리와는 전혀 다른 도식이다. 하나님을 사랑하는 것amor dei이 자기를 사랑하는 것amor sui이라고 아우구스티누스는 말한다. 아우구스티누스가 말하는 자기 사랑은 사랑의 질서가 바로 된 다음에 결과적으로 파생되는 것이다. 그러나 애덤 스미스의 윤리는 처음부터 자기 사랑을 중심으로 전개된다. 아리스토텔레스는 필리아와 관련해서 자기 사랑을 검토한다. 그는 흔히 말하는 자기 사랑philautos은 몫을 더 차지하려고 하며 영혼의 비이성적 면을 만족시키는 부정적인 의미로 쓰인다는 것에 주시한다. 그러나 절제와 덕을 통해 살아가는 사람이 정말 자기를 사랑하는 사람이라고 본다. 그 사람은 자기에게 정말 좋은 것이 무언지를 아는 사람이다(『니코마코스 윤리학』, 1168b-1169a, pp. 333-335). 이런 식의 논리 전개는 아우구스티누스의 논리와 같다. 감정이 좇아가는 물질에 대한 절제가 진정한 자기 사랑을 만든다는 것이다. 아우구스티누스의 생각은 아리스토텔레스의 생각을 신학화한 것이라고 볼 수 있다. 애덤 스미스는 자기 사랑이란 말을 살리는데, 아리스토텔레스보다 훨씬 더 물질에 대한 욕망을 긍정한다. 그리고 자기 사랑을 사랑의 기본으로 본다는 점에서도 고대 인문주의자들과 다르다.

117 애덤 스미스, 앞의 책, 7부, 2편, 3장, 16절, p. 583.

이기심selfishness이란 단어 역시 전통적으로 죄의 핵심으로 여겨져왔다. 그런데, 스미스는 이기심이란 말을 악과 죄의 누명에서 구해내려는 의도를 보인다. 이기심이나 자기 사랑은 자기 보존 본능에서 나온 것으로서, 도덕적으로 중립이다. 부도덕이 아니라 탈도덕적인 것이다. 흔히 이기심이라면, 우리는 남 생각을 전혀 하지 않고 자기밖에 모르는 것을 생각한다. 공동체의 이익을 해하면서 자기를 챙기는 것을 뜻한다. 신학이나 인문학에서 이기심이나 자기 사랑이라는 말을 죄악시한 까닭도 거기에 있다.

신학에서는 인간의 이기심이 이미 사심으로 기울어져 있다고 보았다. 인간의 타락을 염두에 둔 것이다. 그러므로 자기 사랑이나 자기에 대한 관심, 곧 자기 보존 본능은 소유욕과 지배욕으로 바뀌어져 있다고 본 것이다. 인간의 본성이 악으로 기울어져 있다고 보았다. 그래서, 자기 사랑이란 단어는 위험한 것으로 보았다. 그것은 성리학으로 말하자면 인심人心이 인욕人欲으로 기울어져 있다고 본 것과 같다. 그래서 사단 칠정론에서 퇴계는 사단四端은 일상적 감정과 전혀 차원이 다른 감정으로 보려고 했다. 일상적 감정인 칠정七情은 이미 악으로 기울어져 있다는 것이다. 퇴계가 사단을 리理에 귀속시키고, 칠정은 기氣에 분리해서 귀속시킨 까닭이 거기에 있다. 근대의 인문학자 칸트도 인간의 악의 성향과 뿌리 깊은 악을 말하지 않았는가. 그가 스미스와 달리 감정을 가지고 말하지 않고, 적정성의 윤리를 말하지 않고, 오로지 양심의 정언 명령이 동기가 되는 순수한 행위만을 도덕으로 본 것은, 그만큼 인간의 일상이 불순하고 악하다고 보았기 때문이다.

불순하게 보이는 현실에서 순수한 것을 추구하는 윤리는 높은 도덕을 요구할 수밖에 없다. 그러나 애덤 스미스는 인간이 이득을 좇아 행위하는 것을 당연하게 보고, 악으로 보지 않았다. 그는 순수와 불순이라는 개념을 가지고 도덕론을 세우지 않았다. 그가 자기를 위한 마음과 이기심을 나쁘게 보지 않는 까닭도 거기에 있다. 다시 말해서, 스미스는 인간의 자기 보존 본능이, 언제나 남을 지배하려는 욕망으로 바뀌어 있다고 보지 않았던 것이다.

공정한 방관자의 공감: 행위의 적정성

그러나 자기 자신을 위하는 것을 어느 정도는 억제해야 한다. 그렇지 않으면 남과 공존할 수 없을 것이다. 스미스가 말하는 감정의 적정성이란 그런 것이다. 남에게 자비를 베푸는 것이 지나쳐서 자기를 돌보지 못하는 것은 대단한 일이지만, 일반적인 인간의 수준으로 볼 때 예외적이다. 그런 예외적인 상황을 도덕의 기준으로 삼는 것은 옳지 않다고 본다. 그는 찬사를 받는 행위보다는 시인是認, approbation을 받을 만한 행위에 초점을 맞춘다. 행위의 적정성은 그저 사람들의 시인을 받을 만하면 된다. 슬픈 일을 당해서 슬퍼하고, 배고파서 밥을 먹는 일은 특별히 도덕적이라고 할 수 없지만, 그렇다고 부도덕한 것도 아니다. 그처럼 일상 감정에서 도덕적 중립 지대를 설정한 것은, 일단 자기를 위한 삶을 죄로 보지 않는 데 중요하다.

그런 감정이나 일상 행위에도 자기밖에 모르는 악한 마음이 들어 있다고 하는 신학적인 윤리는 더 이상 애덤 스미스의 고찰 범위가 아니다.[118] 그런 식의 생각들은, 인간의 성정性情을 완전히 바꾸어놓아 자기를 비우고 타자를 사랑하는 쪽으로 인간을 계몽시키기 위한 사상들이다. 아우구스티누스나 플라톤이나 모두 마음의 전환을 통해 선을 이룰 것을 주장했다. 칸트는 신의 명령 대신에 법의 명령을 얘기했지만 역시 심정의 전환을 중시했다. 회심이 없이는 선을 알지도 못하고 행하지도 못한다는 것이, 신학적인 가르침이었다. 인문주의는 인간에 집중하고 인간이 할 수 있는 것을 말하

---

118 애덤 스미스는 신의 명령만을 행위의 동기로 삼아야 한다는 주장에 거부감을 보인다. 위의 책, 3부, 6장, 1절, p. 319.

기 시작한 것이지만, 인간의 능력을 매우 높이 잡았다. 하늘에서 부여받은 선한 능력이 있다고 믿고, 거기에 기준을 두고 자기 수양을 독촉했다. 선의 이데아가 그렇고, 순수 선인 태극과 리理가 그렇다. 그리고, 하나님 안에 있는 참 인간의 형상이라는 게 그렇다.

그러나 애덤 스미스는 형이상학과 신학을 벗어나, 실제로 인간이 살고 있는 것을 관찰함으로 인간의 본성과 천성을 찾았다. 그 결과 인간의 일상적 감정은 이기적이지만 꼭 남을 해치는 것은 아니다. 남과 공존할 수 있는 이기심을 지니고 있다. 감정은 완전히 타락해 있지 않으므로, 감정을 버리는 것이 중요치 않고,[119] 감정의 적정성을 구하는 것이 중요하다. 그것은 일반적인 보통 사람이면 누구나 지니고 있는 능력이다. "많은 경우, 가장 완전한 적정성을 가지고 행동하는 데에는 비천한 인간들까지 가지고 있는 보통 정도의 감수성이나 자기 제어의 능력 이상의 것을 필요로 하지 않으며, 그리고 때로는 그런 정도의 감수성이나 자기 규제조차 필요가 없는 경우도 있다."[120]

성인聖人에 초점을 맞추면 찬사를 받을 만한 행위가 기준이 된다. 그러나 상식이 있는 일반인에 초점을 맞추면, 그렇게 높은 수준을 추구하지 않는다. 사람들에 의해 단순히 시인을 받을 만한 행위를 하며 살면 된다. 다시 말해서 욕먹지 않을 수준의 행위를 하면 된다. '시인是認, approbation'이라는 것은 정당화의 문제를 말한다. 이 문제는 기독교 문화권에서 중요한 주제였다. 바울은 로마서에서, "믿음으로 말미암아 하나님의 은총으로 정당화됨justification through the faith by the grace of God"이라는 유명한 논지를 폈다. 그것은 기독교 신학의 핵심 중의 핵심으로 내려왔다. '정당화'의 문제를 흔히 신학에서는 '의롭게 여김받음'이라고 한다. 인정되고 시인된다는 것이다. 바울의 애기는, 인간의 행위는 모두 죄에 치우쳐 있어, 우리의

119 그래서 그는 스토아 학파에 반대한다.

120 애덤 스미스, 앞의 책, 1부, 1편, 5장, 7절, p. 38.

삶이나 행위로는 그대로 인정되기 어려운데, 하나님이 그냥 나를 받아줄 때만 시인되고 인정된다는 말이다. 그 과정에 필요한 것이 하나님의 사랑에 대한 믿음이다.

이런 정당화 논쟁은 서구 사회에서 매우 중요한 영향을 주었다. 신학에서 인정과 시인의 주체는 하나님이다. 사람은 자기가 자기를 정당화할 수 없다는 것이 신학의 논리다. 근대의 칸트도 같은 주제를 다루었는데, 그는 인정sanction의 주체를 인간의 양심에서 찾았다. 인간이 자기 양심의 인정을 받으면 되는 것이다. 이것은 칸트가 요구한 도덕적 수준이 이미 신학적 덕목보다는 낮아졌음을 의미한다. 그러나 바울처럼 하나님의 인정을 받아야 하는 수준에서 보면, 인간은 죄인이다. 남을 사랑하지 못하고, 소유욕과 지배욕 속에서 벗어나지 못하는 죄인이요, 그 인식조차 왜곡되어 있는 죄인이다. 그래서 선을 알지도 못하고 행하지도 못한다.

그러나 애덤 스미스가 말하는 '시인是認'은 사람들의 시인을 말한다. 기준을 신에게서 사람에게로 낮추었다. 성리학의 용어로 말하면, 천심天心에서 인심人心으로 표준을 낮추었다. 그것은 사람의 일반적이고 일상적인 욕망을 배제하지 않음을 의미한다. 인심人心에서 도심道心으로 가는 길을 찾지 않고, 인심이 꼭 인욕人欲에 치우쳤다고 보지도 않는다. 인심이 인욕에 치우쳤다고 보면, 세상을 평화롭게 만드는 길은 인심을 버리고 도심을 찾는 데 있다. 신학적으로는 자기를 비우고, 하나님을 찾아 성화聖化를 해야 한다. 칸트는 그런 치우침을 봤지만 신을 찾지 않고, 심정의 전환을 통해 자기완성의 희망을 찾았다. 세상이 악하다는 생각을 지울 수 없지만, 그래도 희망은 그런 식의 성화밖에 없다는 것이 성리학자나 칸트의 주장이다.

그러나 스미스의 관심은 그런 성화聖化에 있지 않다. 어떻게 하면 인간의 욕망을 살리면서 그것이 전체 선에 이바지하는 길을 찾을까 생각하며, 현실적인 도덕을 찾은 것이다. 그래서 찾은 것이, 신의 인정을 받지 않고 사람의 인정을 받는 것이다. 그럴 수 있었던 것은, 사람이 대단히 높은 자비심을 발휘하는 것은 예외적이라고 할지라도, 적어도 남의 고통에 공감할 수 있는 능력이 있다고 보았기 때문이다. 다시 말하면, 스미스는 플라톤적인 누우스nous나 맹자가 말한 양지양능良知良能의 수준은 아니더라도, 남의 고통을 어느 정도 자기 고통으로 받아들일 수 있는 인간의 심성을 보았다. 그런 공감은 저절로 일어나는 것이므로, 인간의 본성이 적어도 완전히 타락해 있지는 않다고 본 것이다.

그렇다면, 사람의 시인이라고 할 때 사람이란 누구인가? 누가 정당화의 주체가 되는가? 그것을 스미스는 공정한 방관자라고 본다. 또는 공정한 방관자의 눈을 가진 나 자신이다. 공정한 방관자의 시인을 받을 만한 행동이면 도덕적으로 나쁘지 않다. 감정의 적정성을 판단하는 기준은, 공정한 방관자의 감정에 있다. 공정한 방관자란 이해관계가 얽혀 있지 않은 제 삼자를 말한다. 공정한 방관자가 동감sympathy을 일으킬 만한가 아닌가에 따라서, 어떤 사람의 행위가 도덕적인가 아닌가를 판단할 수 있다는 얘기다. 방관자란 당사자가 아닌 제 삼자라는 말이다. "이해관계가 없는 사람이 보고 공감할 수 있는 정도"[121]의 감정이 적정한 감정이다.

이해관계의 당사자들은 지나치게 자기 위주일 수 있기 때문이다. 물론 사심을 줄이고 자비심을 늘릴 수 있다면 제일 좋다.[122] 그러나 도덕적 감정을 찾는데 그보다 중요한 것은, 감정의 적정성이다. 사심과 자비심을 가지고 따질 게 아니라, 적정한 이기심이 중요하다. 기존의 신학적 윤리학에서 각각 악과 선으로 평가되었던 사심과 자비심의 중간에서 이기심을 찾고, 그 이기심을 중심으로 도덕을 말한다. 이기심 자체가 도덕적으로 악하지 않기 때문이다.[123] 자기에 대한 관심이나 이기심의 적정성이 중요할 뿐이

---

121 위의 책, 1부, 1편, 5장, 4절, p. 36.

122 위의 책, 1부, 1편, 5장, 4절, p. 36.

123 이기심은 "우호적인 감정과 비우호적인 감정 사이에 있는 일종의 중간적 지위에 있는 감정이다." 위의 책, 3부, 6장, 6절, p. 322.

다. 그 적정성의 기준은 무엇인가? 그것은, 자신이 제 삼자라면 어떻게 판단했을까 하는 데 달려 있다. 인간은 남의 입장에 서볼 수 있는 능력을 갖고 있기 때문에, 자신이 방관사의 입장에 서 볼 수도 있다. "천성(본성)은 방관자로 하여금 자신을 당사자의 입장에 놓고 생각하도록 가르치는 것과 마찬가지로 당사자로 하여금 방관자의 입장에서 생각하도록 가르친다."[124]

그리하여 스미스는 이렇게 말한다. "우리 자신을 사랑하는 것처럼 우리의 이웃을 사랑하라는 것이 기독교의 위대한 율법인 것처럼, 다만 우리 이웃을 사랑하는 것처럼, 또는 같은 뜻이지만, 우리 이웃이 우리를 사랑할 수 있는 것처럼 우리 자신을 사랑하라는 것은 자연계의 위대한 계율이다."[125]

기독교 윤리에서는, 이웃을 자기 자신처럼 사랑하라고 한다. 이 규정은 생각하기에 따라서 굉장히 큰 도덕을 요구한다. 사랑이라는 것은 제한이 없기 때문이다. 인간은 자기를 사랑하는 네 있어서는 쉽게 제한선을 넘어선다. 그래서 인간은 저절로 이기적일 뿐 아니라 때로는 지나친 욕심에 가득 차게 된다. 그런 현상을 가리켜서 신학에서는 죄라고 했고, 타락이라고 했다. 그래서 자기 사랑이라는 말을 사용하지 않고, 자기 사랑을 지나친 욕심과 동의어로 썼다. 그러므로, 자기를 사랑하듯이 남을 사랑하라는 것은, 굉장히 높은 것을 요구하는 것이다. 치우쳐서 자기를 사랑하는 것은 죄인데, 사랑의 대상을 바꾸어서 그 치우친 사랑을 남에게 주라는 것이다. 그것이 "자기를 사랑하듯 이웃을 사랑하라"는 계명의 의미다. 그리고 자기 사랑은 자기도 모르게 저절로 이루어지듯, 저절로 자기도 모르게 남을 사랑하도록 되어야 한다는 것이 기독교의 가르침이다. 기독교의 모든 성화聖化의 과정은 거기에 초점이 맞추어져 있다. 자기를 버리고 남을 사랑하되, 저절로 자연스럽게 사랑하는 단계에까지 이르는 것이다.

---

124 위의 책, 1부, 1편, 4장, 8절, p. 31.

125 위의 책, 1부, 1편, 5장, 5절, p. 37.

그러나 앞의 인용문에서 애덤 스미스는 이웃 사랑이 아닌 자기 사랑에 초점을 맞춘다. 다만 공정한 방관자의 입장에 선 자기 사랑을 말한다. 그 점에서 그는 기독교 윤리의 사랑의 계명을 뒤집는다. "우리가 우리 자신을 사랑하는 것처럼, 남들을 사랑하라"[126]가 아니라, "남들이 우리 자신을 사랑할 수 있는 것처럼, 우리 자신을 사랑하라"고 한다. 계율의 주절主節은, "우리 자신을 사랑하라"다. 자기 사랑을 중요한 계율로 보는 것이다. 그것을 '자연계의 위대한 계율'이라고 한다. 자연계의 계율은, 기독교의 계율과 달리, 특별히 애써서 지켜지는 것이 아니다. 저절로 이루어진다는 점에서 일차적으로 탈 도덕이다. 도덕적으로 중립이다. 기독교에서는 자연계를 타락한 상태로 보았기 때문에 자기 사랑을 문제 삼았고, 칸트 역시 자연과 자유를 대립적으로 보았지만, 스미스에게서 자연계의 계율은 도덕의 원천이다. 다만, 그것이 도덕적으로 되기 위해서는 조건이 필요하다. 그것은, "남들이 우리를 사랑할 수 있는 것처럼"이다.

남들이 우리를 사랑하는 것은 어느 정도의 사랑인가? 그것은 공감 능력에 따른 사랑이다. 남은 나만큼 나를 사랑하지 못한다. 남들도 공감 능력이 있어서, 어느 정도 연대가 형성되고 공동체가 가능하지만, 그 공감은 제한되어 있다. 공감하는 감정은 역지사지易地思之의 감정인데, 당사자의 직접 감정과는 다르다. 그것은 내가 다른 사람에 대한 공감을 가지는 경우도 마찬가지다. 스미스가 "우리가 이웃을 사랑하는 것처럼"과 "우리 이웃이 나를 사랑하는 것처럼"을 같은 뜻으로 보는 까닭이 거기에 있다. 그러므로, "남들이 나를 사랑하는 만큼 나를 사랑하라"는 것은, 자기 사랑에 어느 정도 제한을 두는 것이다. 자기 사랑을 무제한으로 정당화하지 않고, 타인의 공감을 얻는 한에서 자기 감정에 충실하여야 한다는 것이다. 이것이 사회생활을 가능하게 하는 도덕적 조건이다.

---

126 원래 성서에 나오는 계명은, "네 이웃을 네 몸과 같이 사랑하라"이다. 같은 얘기다.

그러므로 스미스가 제시한 자연계의 위대한 계율이라는 것은, 단순히 탈도덕이 아니라 도덕 법칙이 될 수 있다. 그것은 적절한 자기 억제를 요구하고 있기 때문이다. 기독교나 스토아 학파의 금욕적인 자기 억제를 요구하는 것이 아니다. 자기 사랑을 인정하고, 원칙적으로 자기 감정에 충실할 것을 인정하기 때문이다. 그러나 공정한 방관자의 입장에서 자기 감정에 충실하여야 하기 때문에, 자신을 제 삼자의 처지에 놓고 자기 감정을 추스르며 이득을 추구할 줄 알아야 한다. 그것이 바로 스미스가 말하는 도덕 감정인 것이다. 그리고 그 정도의 도덕 감정은 인간이 천성적으로 지니고 있다고 보는 것이다. 그런 점에서 스미스의 윤리는 인간의 자기 보존을 위한 자연스런 능력에서 도덕을 창출한다. 기독교 윤리에서 죄로 보고, 인문주의에서는 의심의 눈초리로 보았던 자기 사랑에서 죄의 낙인을 지우고, 오히려 거기서 도덕적인 것을 산출한 것이다. 자기 사랑은 그 자체가 도덕은 아니지만, 도덕이 자기 사랑 밖에서 생겨날 수도 없다. 자기 사랑과 함께 인간의 천성을 형성하고 있는 역지사지의 능력, 그 둘이 도덕적 선과 도덕적 악을 만든다.[127] 자기 사랑이 역지사지의 능력을 사용하면 적절한 감정

---

127 스미스는 인간의 감정을 크게 보아, 자기를 위한 이기적인 감정과 남을 위한 자비의 감정으로 나눈다(애덤 스미스, 앞의 책, 7부, 2편, 서론, 4절, p. 511). 둘 모두 도덕 감정이 될 수 있는데, 그러려면 적정성이라는 것이 들어가야 한다. 그러기 위해서는 감정의 자기 억제가 미덕이 된다. 미덕은 자기 이득을 위해 노력할 때 필요한 신중성과, 남을 위해 필요한 정의와 자비다(6부, 3편, 1절, p. 451). 그런데, 그런 모든 미덕들에 공통으로 적용될 미덕이 자기 억제라는 적정성의 미덕이다. 그것은 공정한 방관자의 입장에 서는 것을 가리킨다(6부, 결론, 2절, p. 500). 그런데 정의나 자비처럼 남을 생각하는 덕목은 타인의 고통에 공감하는 본성에서 나온 것이다. 그것은 파생된 것이다. 스미스는, 자신을 위하는 행위는 실체고, 타자를 생각하는 행위는 그림자라고까지 말한다(6부, 2편, 1장, 1절, p. 415). 그러니까, 스미스 윤리의 강조점은 자기를 사랑하는 데 있다. 공감 능력에서 나온 정의와 자비는 자기 사랑에서 저절로 파생된 것은 아니다. 왜냐하면, 공감 능력은 이기심이나 자기 사랑에서 나온 것이 아니요, 그것과 별개의 것이기 때문이다(7부, 3편, 1장, 4절, p. 609). 그러나, 정의나 자비심은 결국 자기 사랑에 공감 능력이 적용된 것이라는 점에는 변함이 없다. 그러므로 스미스가 말하는 도덕성은 결국, 자기 사랑에서 출발한

에서 자기 이득을 추구함으로 도덕적인 것이고, 자기 사랑이 그것을 사용하지 않으면 치우쳐서 적절하지 못한 감정에서 나오는 자기 이득의 추구로 부도덕한 것이다.

자기 사랑이 도덕으로 전환되려면 공정한 방관자의 공감이라는 문을 통과해야 한다. 스미스가 말하는 공정한 방관자란 어느 정도의 공감을 갖는 사람인가? 방관자 얘기를 꺼낸 것은 기본적으로 냉정하게, "자신의 처지를 불편부당한 시각에서 보기"[128]를 말하려고 하는 것이다. 스미스가 방관자의 자리에서 도덕의 형성을 본 것은, 그가 생각하는 인간관계가 낯선 제 삼자와의 관계임을 말한다. 그래서, 방관자는 잘 아는 친구가 아니고, 그저 알고 지내는 사람도 아니다. 혈연관계에 있는 부모는 나에 대한 공감 능력이 매우 커서, 나의 고통을 곧 그들의 고통으로 느낄 것이다. 그들은 공정한 방관자가 아니다. 그러므로 자식과 부모의 관계를 도덕의 기준으로 잡고, 그것이 일반적 원리로 사회에 확산되기를 바라면, 인간은 타자의 고통에 대해 무한한 책임을 져야 하며, 그렇지 못한 현실은 모두 부도덕한 죄의 현실이 된다. 애덤 스미스는 방관자를 말하며, 부모는 아예 거론하지 않는다. 그것은 가족 관계를 사회의 모델로 삼는 시대가 지났음을 의미한다.

그는 세 종류의 제 삼자를 말하는데, 첫째 친한 친구요, 둘째는 그저 알고 지내는 사람이다. 친한 친구의 경우는 친구의 처지에 공감 능력이 커서 덩달아 친구의 편을 들 가능성이 많다. 그러므로 공정한 방관자가 되기 힘들다. 그저 알고 지내는 사람은, 친한 친구만큼 진하게 역지사지易地思之 하지는 않을 것이다. 그래도 모르는 사람보다는 공감 능력이 클 가능성이 많

다. 자기 사랑이 지나치냐 아니면 적정하냐에 따라 도덕과 부도덕이 갈린다. 자기 사랑의 적정성은 남을 어느 정도 생각하는 것을 의미하고, 그것이 결국 정의의 준칙을 유도하고, 또 자비의 마음을 생기게 하기 때문이다. 정의와 자비심이 처음부터 이성에 주어졌다고 하는 주장은 스미스와 거리가 멀다.

128 위의 책, 1부, 1편, 4장, 8절, p. 32.

다. 두 종류의 사람을 얘기한 것은, 모르는 사람만이 냉정하고 공정한 제 삼자의 역할을 할 수 있는 것을 말하기 위해서다.

> 우리는 한 무리의 낯선 사람들로부터는 더 적은 동감을 기대한다. 따라서 우리는 그들 앞에서는 더욱 평온한 체하며, 항상 우리의 격정을 우리와 함께 있는 그 한 특정한 집단이 받아들일 수 있는 것으로 기대되는 정도까지 낮추려고 노력한다. 이것은 결코 가식의 외모에 불과한 것은 아니다. 왜냐하면, 만약 우리가 어떻게든 우리 자신을 억제할 수 있다고 한다면, 친구와 함께 있을 때보다 그저 알고 지내는 사람과 함께 있을 때에 실제로 우리의 마음이 더욱 진정되고, 그저 알고 지내는 사람과 함께 있을 때보다 한 무리의 낯선 사람들과 함께 있을 때에 우리의 마음은 더욱 진정되기 때문이다.[129]

도덕의 잣대가 되는 방관자의 공감 능력이란, 낯선 사람들의 태도를 가리킨다. 알고 지내는 사람이 아니라 모르는 사람들이야말로 불편부당(不偏不黨)한 제 삼자의 입장에서 판단한 것이다. 그들이 가지고 있는 공감 능력은 인간이 가지고 있는 가장 기본적 수준의 공감 능력이다. 큰 공감을 기대할 수 없는 낯선 사람들의 입장에서 가질 수 있는 정도의 감정으로 돌아간다면, 나는 차분해지면서 동시에 당당해질 것이다. 그런 감정은 모든 사람의 동의를 얻을 수 있고, 설득력 있는 감정이기 때문이다. 모든 사람이 더불어 살기 위한 도덕과 윤리의 기준을 거기서 찾아야 한다. 나는 나의 이득을 추구하되, 낯선 사람들이 공감할 수 있는 정도의 방식으로 이득을 추구해야 한다. 인간은 자기를 위하여 살며, 그것이 당연한데, 공감 능력이 있어 남에게 눈을 돌린다면, 그때의 남은 제 삼자요, 낯선 사람이다. 그러므로 남에게 눈을 돌린다고 해서, 그의 이득을 위해 봉사해야 하는 대단한 사

---

129 위의 책, 1부, 1편, 4장, 9절, p. 33.

랑을 요구하는 것이 아니다.

애덤 스미스의 태도는, 인간이 자기 이익을 추구하는 것을 죄로 보지 않고 당연하게 보며, 자기를 희생하고 남을 위해 살아야 하는 당위로부터 해방하는 역할을 한다. 그럼으로써, 희생과 사랑의 덕목 속에서 자기 몫을 제대로 주장하지 못해 억압을 받던 계층들을 해방할 가능성을 품고 있다. 남을 위해 살아야 한다는 신학적이고 인문학적인 담론은, 결국 자기를 위해서 살지 못하게 해서, 몫을 따지는 문제를 기피하고 죄로 봄으로써, 기득권자에게 유리한 환경을 조성하기 때문이다.

도덕적 중립 지대는 인간이 자기 이득을 마음 놓고 추구할 수 있도록 욕망의 장을 열었다. 도덕적으로 나쁘지 않은 것은, 도덕적인 선으로 정당화될 가능성이 많기 때문이다. 그것은 홉스가, 불의하지 않은 것은 의롭다고 한 말과 비슷하다. 홉스가 정치적 차원에서 자유로운 권리 실현의 장을 열어놓았다면 애덤 스미스는 경제 행위에서 자유로운 자기 이득의 추구를 열어놓는다. 그는 전에 중세까지 도덕적으로 주목을 받지 못하고, 오히려 도덕적인 악에 가깝다고 생각한 이득 추구의 행위를 정당화했다. 이득에 따라 반응하는 감정은, 공정한 방관자의 입장에 선다면, 도덕 감정에 어긋나지 않는다고 보았다. 그 결과 이윤 추구의 행위가 오히려 도덕적인 것이 될 가능성을 열어놓았다. 전체 선에 이바지하는 것이라면, 그것은 훌륭한 도덕적 행위가 된다. 과거에는 죄로 여겨졌던 이윤 추구가, 개별적으로 보면 도덕적 중립이요, 전체적으로 보면 도덕적인 행위가 되는 것이다.

이것이 도덕적 중립 지대를 설정한 근대 철학의 위력이다. 플라톤이나 아리스토텔레스 윤리에서는 사회 전체의 재산을 증가시키는 일이 그렇게 중요하지 않았다. 물론 아리스토텔레스의 경우에, 그는 어느 정도 재산이 있어야 인간이 평안하고 도덕적일 수 있음을 인정했다. 그러나 재산이 너무 많은 것은 도덕성을 위해서 좋지 못하다고 했다. 기독교 윤리나 높은 인문주의 윤리 차원에서 볼 때, 물질의 추구는 의심을 받아 마땅했다. 그러나 애덤 스미스는 물질의 추구를 윤리적으로 정당화했다. 물질의 양의 한계를 두지 않았고, 물질 추구의 태도만을 강조했다. 물질은 규제의 대상이 아니고, 오로지 마음만이 규제의 대상이다.

3장을 정리해보자.

서구의 비판 사상은 인간의 악에 집중하면서 발달했다. 플라톤의 기독교신학의 형이상학은 세상을 통째로 비판할 수 있는 사고의 틀을 제공했다. 그것은 인간의 욕망을 한없이 억제하고, 순수한 선을 실현하기를 추구하는 쪽으로 발전한다. 그런 높은 도덕의 담론은 영구적 개혁의 길을 열어놓았지만, 다른 한편으로 인간이 살기 위한 물적인 조건을 개선하는 일은 뒷전으로 밀릴 수 있었다. 욕망의 충돌이 벌어졌을 때 업신여김을 당하는 일이 없도록 하려면, 물질 추구의 권리를 악이 아닌 것으로 인정해야 했다. 그것은 중세를 벗어나면서 자연과학의 영향을 받는 사회과학의 출발로 가능해졌다. 정치와 경제 같은 물적 조건을 다루는 주제는 더 이상 신학이나 인문주의의 통제 아래 있지 않고, 과학적 인식론을 따라 사회과학으로 분류되게 된다. 근대 이후에, 물적인 욕망의 추구는 생의 명에서 당연히 인정되는 자기 보존의 권리로 인정된다. 윤리학에서도, 자기 사랑의 적절한 조정이라는 낮은 윤리가 등장하게 된다.

이것은 생명을 위해 중요한 관점을 지적한 것이라 할 수 있다. 먹고 사는 문제를 사유의 주제에서 배제한다면, 생명의 현실에 맞지 않기 때문이다. 인간 현실에서 업신여기는 현상이 덕의 많고 적음에 따라서가 아니라 소유의 많고 적음에 따라 일어난다면, 소유 문제를 철학에서 제외하고 회피하는 것은 업신여김을 없애는 데 도움이 되지 못한다. 오히려 물질의 소유를 악으로 보지 않고 적어도 가치 중립적인 것으로 인정할 때, 모든 사람이 자유롭게 자기 이득을 추구하게 될 것이고, 일방적으로 업신여김을 받던 신분 질서의 해체가 가능해질 것이다. 서양의 근대 사회과학이 한 기여가 그것이다. 하늘을 지향하던 신학과 고대 인문주의가 땅에 가까워진 것이라 할 수 있다. 그렇게 보면 서양 사회는 인문주의 출현 이후 끊임없는 비신화화를 통해 비판 정신을 발전시켰다고 할 수 있다. 인문주의의 높은 윤리와 사회과학의 낮은 윤리는 서로를 비판하며 견제하는 담론으로 남게 되었다.

그런데, 서양의 근대 과학적 사회 이론들이 인간의 욕망을 죄악시하지 않은 공헌을 인정해야 하지만, 소유의 많고 적음에 따른 업신여김이 드러내놓고 이루어질 수도 있다. 모두가 떳떳한 소유의 기회를 얻었다는 점에서 업신여김의 구조가 일차적으로 허물어졌지만, 소유의 차이가 한없이 벌어지는 것을 드러내놓고 정당화할 수도 있게 되었다. 과거에는 신분에 따른 업신여김이 지배했다면, 이제는 소유에 따른 업신여김의 구조가 공공연하게 드러날 수도 있다. 소유의 크기를 늘리는 것이 곧 생존 경쟁이 되었다는 점이 그것을 말해준다. 낮은 윤리에 바탕을 둔 자본주의에서, 먹고 살 것이 없어서 생존이 위협받는 것이 아니라, 더 많은 것을 소유하지 못하면 비교우위에서 떨어진다.

인간의 물질에 대한 욕망이 정당화되고 그 기술도 발전하면서, 소유 그 자체에 얽매이는 현상을 가져왔다는 점이 문제다. 모두들 경쟁하는데 무얼 위한 경쟁인지 목적 없는 경쟁을 한다. 물론 경쟁력 강화를 위한 경쟁을 한다. 그러나 경쟁력 강화가 삶의 목적일 수 있는가? 어쩌면 현대 자본주의 사회는 의미나 목적을 찾지 않는 사회일 수도 있다. 누구나 생존 경쟁에 내몰려 있기 때문이다. 정치와 교육이 모두 그 경쟁력 강화에 이바지한다. 어떤 계층의 사람들도 의미를 물을 겨를 없이 살기에 바쁘다. 소유는 점차 많아지지만, 소유에 매여 있다는 점에서 자유가 없다. 그런 점에서 소유의 크기를 줄일 것을 권면한 고대와 중세의 인문주의는 현대 사회에 대한 비판적 목소리를 지녔다.

사회과학적인 낮은 윤리는 업신여김의 구조를 현실에서 없애도록 하는 데 역할을 하지만, 소유의 무한 확대를 막을 길이 없다. 인간의 소유 욕망을 정당화하는 데서 출발하기 때문이다. 그 때문에 환경 파괴는 급격히 진행되고, 경쟁력 강화가 인류라는 종의 목표처럼 되었다. 그러므로, 새로운 길을 찾아야 한다. 그것은 다른 사람과의 교통을 늘리고 평화를 도모할 수 있는 길이어야 한다. 그 교통은 단순히 사회과학적인 낮은 윤리를 넘어 타자의 불행을 예방할 수 있는 지침을 주는 것이어야 한다. 그러나 너무 높은 이념에 기초를 두어 사랑과 희생을 요구하고, 거기에 미치지 못하면 죄의식에 시달려야 하는 그런 가르침이어서도 안 된다. 그러면서, 인류의 소유의 크기를 무한히 늘리지 않도록 설득하는 가르침이어야 한다.

이 모든 요구를 충족시키려면 자연과의 관계를 새롭게 인식해야 한다. 내가 말하고자 하는 그냥 있음과 살아 있음은 자연을 높이는 데서 오는 생명력을 추구한다. 우리 삶의 기반이 되면서도, 존재하지만 소유하지 않는 자연이 주는 생생력에 기반을 둔 가르침이다. 그것은 자연주의적 인문주의라고 할 수 있다. 한국이나 중국 같은 동아시아의 전통에서 발견할 수 있는 길이다. 이제 그것을 살펴볼 차례다.

제4장

'살아 있음', '그냥 있음'

동아시아의 자연주의적 인문주의

지난 600년 간 한국인의 생각을 주도한 성리학에서 도움을 받을 수 있는 것을 찾아보려고 한다. 성리학은 인문주의임에도 불구하고, 자연주의 요소를 지니고 있다는 점에서 살펴볼 필요가 있다. 자연주의적 요소는 살아 있음의 생명의 회복을 위해 중요하다. 성리학은 인문주의인 전통 유학을 바탕으로 삼고 노장과 불교의 자연주의 요소를 가미한 것이라 할 수 있다. 물론 공맹의 전통 유학도 같은 시대의 서구 인문주의에 비하면 자연친화적인 요소를 지니고 있다. 그러나 인문주의와 자연주의의 결합을 형이상학으로 종합한 것은 신유학Neo-Confucianism이라고도 불리는 성리학의 업적이다.

성리학은 조선의 정치와 윤리를 떠받치는 중심 사상이었지만, 조선이 망하고 서구의 근대 문명이 들어오면서 급격히 쇠퇴했다. 그러나 서구 문명의 문제가 드러나면서 성리학을 다시 음미할 필요가 생겼다. 우리 것을 다시 살린다는 의미도 있지만, 동서양의 만남을 통해 새로운 지도 이념을 모색하기 위해서도 시급한 문제다.

그 전에 먼저 한국의 자연주의 미학에 대해 말하고 싶은 것이 있다. 한국 성리학이 중국에 비해서도 자연주의 요소를 더 많이 지니고 있는 것은, 한국인이 지닌 자연주의 미학 때문일 것이다.

1. 한국의 자연주의 미학: 자연주의적 수동성

조지훈은 우리나라의 미학에 대해 이렇게 말했다. "살아 있다는 것은 한마디로 동양 미美의 가치 기준이거니와, 생명감의 무한한 파동이 바위보다 더한 것이 없다면 웃을는지 모른다. 그러나 돌의 미는 영원한 생명의 미이다. 바로 그것의 추상이다."[1] 돌에서 생명을 느끼는 것이 한국 미학의 정수라는 얘기다. 조지훈이 말한 '살아 있음'의 미학은, 자연주의 미학이라고 할 수 있다. 한국의 미는 서양은 물론이고 동아시아 삼국 중에서도 가장 자연주의적이다. 그런데, 그 자연주의 미학의 내용은 생명의 미이다. 자연 사물에서 살아 있음 곧 활기를 느낀다.

자연주의 미학은 사람이 손을 댄 흔적을 가능하면 없애려고 한다. 그림을 그리고 건축을 하고 정원을 만드는 것은 물론 인공적이고 인위적인 것이다. 그래서 문화이고 미학이다. 그러나 자연주의 미학은 가능하면 문기文氣를 없애려고 했다. 20세기 초 한국에 머물며 서양인 최초로 조선 미술의 통사를 쓴 에카르트가 느낀 한국 예술의 단순미도 그것이다. 한국의 건축물은 중국의 과도함이 없이 주변 자연과 어울리게 배려되어 있고, 그래서 자유분방하다.[2] 한국의 미학은 자유를 자연과의 조화와 일치에서 찾는 것이다. 자연 사물을 죽어 있는 물질로 보지 않고 오히려 우주 생명의 리듬을 그대로 담고 있는 활동성으로 본다. 서양의 예술관과 다르다. 인간의 근

1 조지훈, 『돌의 미학』(서울: 고려대학교출판부, 1964), p. 16.

2 안드레 에카르트, 『에카르트의 조선미술사』, 권영필 역(서울: 열화당, 2003).

육과 인간의 아름다움을 두드러지게 표현하길 원했던 서양의 인문주의 예술과 다르다.

무얼 이룩하려고 하는 인간의 의지에서 나온 것은 단절을 전제로 한다. 서양의 고대와 중세는 우주와 인간에 대해 실체substance적 접근을 했고, 근대에 들어서는 인간 주체subject적 접근을 했다. 실체적 접근은 기본적으로 나와 우주 그리고 나와 타자의 거리를 두고 시작한다. 그 거리는, 알고 파악해서 소유하고 지배하도록 유도한다. 붙어 있고 얽혀 있는 것을 떼놓는 데 초점이 맞추어져 있다. 그리하여 개체의 독립된 정체성을 추구하는 데 주력한다. 인간과 다른 독립된 초월적 실체인 신이 등장하고, 다른 사람과 다른 '내'가 뚜렷해진다. 유대교적인 죄의식과 플라톤의 형이상학은 기독교에서 만나 사람과 다른 초월적 실체maximum individium를 등장시켰다. 그리고 근대 주체 철학은 다른 사람과 다른 나를 강조했다. 그 점에 있어서는 주체철학을 벗어나 존재론을 통해 고유한 자아를 추구한 하이데거도 자아에 집중된 점에서 똑같다.[3] 서양의 전통인 자아 중심의 접근은 헤겔이 말한 인정 투쟁을 유도한다. 떨어진 개체들은 독립성이 강조되면서, 자유와 정의 그리고 권리 의식의 주체가 되기 때문이다. 한마디로 자기 몫을 제대로 찾는 일이 중요해진다. 물론 그 때문에 서양 사상과 문화는 사회 정의론을 발전시킬 수 있었다.

그러나 한국의 문인들은 '살아 있음'의 미학을 추구했다고 할 수 있다.

---

3 하이데거도 결국 자아를 찾는 문제에 집중되어 있다. 이것은 그의 스승인 현상학의 유산이다. 물론 그에게 있어서 참된 자아는 익명적 존재이지만, 타자나 밖의 사물과의 관계는 이차적이라는 점에서, 나에 집중되어 있다. 나에 집중된 서양 철학의 관심을 바꾸기 위해, 레비나스는 다른 사람에 대한 책임의 우선성을 강조했다. 서양 근대의 철학이 다른 사람과 다른 나를 강조했다면, 레비나스는 나와 다른 다른 사람을 강조하면서 포스트모더니즘을 예비했다. 그러나 자연주의적 상상력과는 너무나 거리가 멀다. 그는 주체성 대신에 수동성을 말하지만, 자연에 대한 수동성이 아니라 다른 사람에 대한 수동성이다. 인간관계에 초점이 맞추어져 있다. 서양 철학을 근본적으로 수정하려면 자연주의적 수동성의 의미를 알아야 한다. '살아 있음'의 미학은 거기서 나온다.

붙어 있는 것을 떼놓은 유럽과 달리, 떨어져 있는 것을 붙이는 데 주력한다. 거리와 투쟁보다는, 만물이 서로 이어져 숨을 쉬며 살아 있는 우주를 표현하고, 거기서 비움과 자유를 느끼고자 했다. 인간과 개체가 주변과 별개로 두드러지기보다는, 서로 통하는 데서 살아 있음의 정수를 찾고자 했다. 통합의 범위가 넓어지는 만큼, 더욱더 생생하게 살아 있다. 그러기 위해서는 마음을 낮추어 자연에 가까워져야 한다. 마음이 몸에 바싹 붙어야 한다. 그래서 인간은 최대한 두드러지지 않고, 개인도 두드러지지 않는다. 공간이 많고, 무위의 여백이 많다. 서양의 미학을 '두드러짐'과 용기의 미학이라면, 한국의 미는 '숨김'과 겸양의 미학이라고 할 수 있다. 미술학자들은 소박미라고 부른다.

이것을 자연주의적 수동성이라고 할 수 있다. 자연주의적 수동성은 서양 사람들 눈에는 문화나 문명으로 보이지 않는다. 표현의 주제와 소재가 개척하고 정복하고 의지로 이룩하는 것이 아니기 때문이다. 그래서 매우 흐리멍덩하고 헐겁게 보일 수 있다. 그러나 한국인들은 인위를 최소화한 무위와 자연을 드러내는 데서, 소유를 넘어 존재가 충만해지는 것을 느꼈다. 소유를 없앴을 때 가장 살아 있다. 그것을 살아 있음의 충만이라고 할 수 있다. 조선 시대의 선비들이 문인화文人畵에서 표현하려고 한 것도 그것이다. 그들은 물론 인문주의자들이므로 덕을 중시한다. 노장의 자연주의에서 볼 때 그들은 인위적 덕을 소유한 자들이다. 그러나 조선의 인문주의는 자연주의적인 요소가 매우 강했고, 예술이 그것을 가장 잘 말해준다. 자연과의 경계가 흐리멍덩한 문화는 적어도 재물의 소유를 확대하는 것에서 거리가 멀다.

인간 역사에서 소유의 급진적 확대는 기술과학의 발전으로 이루어졌다. 서양도 자연을 정복하는 기술과학이 발전하기 전에는 소유가 많이 늘지 않았다. 그러므로 자연을 정복하기는커녕 오히려 자연에서 덕의 완성을 보는 조선 유학의 사고방식은, 사회 전체의 소유를 늘리는 데는 절대적으로 불리하다. 동아시아가 서양의 침공을 받았을 때 당할 수 없었던 까닭은 그 자연주의적 경향성 때문이라고 할 수 있다. 그중에서도 조선이 가장 자연주의적인 관점이 강했다. 그러나 이제 인류의 생존이 문제가 되고, 개인은 무한 경쟁의 사회에서 생산과 소비의 부속품이 된 시점에, 자연주의적 접근은 교훈을 줄 것이 많다. 그리고 진정한 자유가 무엇인지도 생각할 시점이 되었다. 우리가 말하는 그냥 있음이나 살아 있음은, 한 개인이 생생한 삶을 사는 길을 찾는 것이기도 하지만, 서양이 추구한 자유와 다른 자유를 찾는 길이기도 하다.

다시 미학의 얘기로 돌아가보자. 한국의 건축은 자연과의 교감을 그대로 살리려고 노력했다. 집을 짓는다는 것은, 물론 인위적인 공간을 마련하는 것이다. 자연 그대로는 인간에게 해를 끼칠 수도 있다. 어느 정도는 자연에 손을 대야 한다. 집의 출현은 인위 공간이 생겼음을 의미한다. 우주라는 자연 공간 안에 다시 안이 생긴 것이다. 그러면서 자연 공간은 안이기보다는 밖이 된다. 자연에 노출되지 않고 공간을 만들어 그 안에 들어가 살면서, 안과 밖의 변증법이 생기게 되었다. 한국의 건축은 그 안팎의 변증법에서 뛰어나다. 키르케고르적인 초월과 내재의 변증법이나 헤겔적인 정반합의 변증법이 아니라 자연주의적인 안팎의 변증법이다.

기독교는 초월과 내재의 변증법을 통해 위와 아래의 수직적 변증법을 서양 사회에 형성했다. 그것은 죄와 구원의 변증법이다. 서구의 고딕 양식 건축법은 기독교의 수직적 변증법을 잘 보여준다. 한편, 르네상스를 지나 근대에 들어가면서, 구원은 인간이 이룩하는 역사와 밀접히 관련이 있게 되었다. 하나님의 나라는 그냥 기다리는 것이 아니라 적어도 인간이 이룩하는 역사와 어떤 관련이 있다. 마침내 헤겔은 정반합의 역사 내재주의 변증법을 완성했다. 그리하여 서양 사회는 신과 인간의 수직적 변증법과 함께, 인간 역사를 통해 모순을 겪으며 완성되어가는 진보사관의 수평적 변증법을 갖게 되었다. 그 두 변증법은 절대적으로 기독교 문화의 영향을 받은 것이다. 초월적인 신인 성부 하나님이 성자와 성령을 통해 내재하는 신이 되는 삼위일체 교리는, 수직적이면서 동시에 수평적인 변증법을 그 안에 잉태하고 있다. 수직적인 변증법은 키르케고르의 철학과 칼 바르트의 신학에서 잘 드러나고, 수평적인 변증법은 헤겔의 철학에서 극적으로 표현되고 자유주의 신학의 동력이 된다. 현대의 기독교 그리고 서양 사회는 모두 그 두 변증법의 시각 중 어느 것 하나를 강조하거나 혼합해서 세계를 보고 인간을 이해한다.

그러나 한국의 건축은 위아래의 수직적인 변증법도 아니고, 앞뒤의 수평적인 변증법도 아니다. 오히려 안과 밖의 변증법이 발달했다. 집 안과 집 밖의 변증법이다. 안은 인위 공간이요, 밖은 자연 공간이다. 인간의 삶은 안팎을 드나들며 이루어진다. 그것은 자연 공간과 인위 공간의 교류를 의미한다. 한국의 건축은 자연과 인간이 교류하고 교통하는 변증법의 반영이다. 콘크리트 벽보다는 흙벽이, 석조나 벽돌보다는 목조가 숨을 쉰다. 한옥의 문창호지는 습기와 바람이 밖과 통했다. 안과 밖이 통하고 교류한다. 그래서, 집 안이 밖과 단절되지 않고, 집 밖도 집 안과 별개의 공간이 아니다. 집 밖의 우주 공간도 밖이 아니라 안이다. 집 안에 살지만 우주 자연 안에 사는 것이다. 그것이 안과 밖의 변증법이요, 인간과 자연의 변증법이요, 인위와 무위의 변증법이다.

그냥 동굴에 살거나 땅을 파서 살면 문화라고 할 것도 없을 것이다. 자연주의 미학이라고 할 것도 없고, 그냥 자연 상태라고 해야 할 것이다. 집을 지었다는 것은 문화와 문명에 들어섰음을 의미한다. 그러나 그 집이 집 밖과 통한다. 우주 공간 안에 집 안을 따로 마련하여 문화라는 것을 이룩했지만, 집을 짓는 건축을 가리켜 집을 앉힌다고 했다. 주변 자연이 주인이고, 자연에 거슬리지 않게 그 품에 살짝 인위 공간을 들여 놓는다는 의미다.

그랭이 공법은, 자연주의 미학을 잘 말해준다. 주춧돌을 놓을 때, 보통은 돌을 반듯하게 깎고 그 위에 기둥을 얹는다. 그러나 그랭이 공법은 그리하지 않는다. 오히려 돌 위에 얹을 나무 기둥의 밑을 자연석의 울퉁불퉁한 선과 맞도록 깎는다. 그런 공법은 집이나 정자나 사찰 등에서 많이 보이고, 불국사의 축대 쌓기에도 그런 미학이 잘 드러난다. 자연석들을 그대로 쌓아올린 후 위에 덮개돌을 얹을 때, 긴 덮개돌과 밑에 쌓은 돌들이 만나는 지점을 직선으로 하지 않는다. 축대석의 울퉁불퉁한 선이 그대로 살아나도록 덮개돌 밑부분을 울퉁불퉁하게 깎아 맞춘다. 그랭이 공법은, 한국의 건축이 자연의 선을 그대로 살리는 미학을 지니고 있음을 잘 보여준다. 그것은 건축물의 안정성을 위해서도 뛰어난 기술이다. 그랭이 공법으로 밑과 위를 맞추었을 때는 좌우에서 수평적인 압력의 힘이 가해졌을 때 결코 기둥이 주춧돌에서 빠져나가는 경우가 없기 때문이다.

공간 차원이 아닌 시간 차원에서 자연주의 미학이 드러나기도 한다. 석가탑의 미를 보자. 5-6년 전에 경주에서 이틀을 자면서 구경하고 석가탑 앞에서 두세 시간 정도 앉아 머문 적이 있다. 그때 자연주의적 시간의 미학을 느낄 수 있었다.

석가탑은 화강암 돌덩이를 깎아 쌓아놓은 것이다. 화강암은 시간이 지나면 굵은 입자가 드러나 작품의 선이 흐리멍덩해진다. 서양 건축과 조각의 재료인 대리석은 처음에는 부드럽기 때문에, 작가가 섬세한 작업을 통해 자기표현을 하기에 적합하다. 그리고 세월이 지나면 단단해져서 작가가 표현한 작품이 세월과 무관하게 보존된다. 그러나, 화강암은 처음에 단단해서 조각하기 어려울 뿐 아니라 세월이 흐르면 표면이 푸석푸석해지면서 작가의 작업이 그대로 보존되지 않는다. 내가 있을 때도 석가탑은 천 수백 년의 시간이 흐르면서, 굵은 입자들이 드러나 선이 흐려져 있었다. 처음에 작가가 새겼던 선과 윤곽들은 차츰 흐리멍덩해지고 불분명해져 있다. 그처럼 작가의 손길은 무뎌졌지만, 세월이 드러낸 그 굵은 입자들은 조각품에 또 다른 차원을 제공한다. 석가모니가 인간에게 주는 수많은 말씀이 드러나는 것 같았다.

석가탑의 원래 제목이 석가모니상주설법탑釋迦如來常住說法塔이다. 석가모니가 늘 거기에 머물러 있으며 말씀하고 설법하는 것을 표현한 탑이다. 석가탑은 매우 단순한 조형의 미를 갖고 있는데, 도대체 말씀이 어디에 있단 말인가? 불교적인 무언의 말씀일 것이다. 화강암 돌덩이를 단순한 모양으로 몇 층 쌓아놓고서 그것을 말씀으로 생각한 것은, 정제된 무언無言의 말씀이라고밖에 생각할 수 없다. 단순한 탑은 하나요, 그 하나의 돌덩이는 무언이다. 하나를 통해 무無와 공空이 표현되었다. 그러나 세월이 흐르면서, 드러나는 화강암 입자들은 또 무엇인가. 돌덩이 안에 숨었던 수많은 알갱이들이 드러나면서, 한마디 무언의 말씀이 수많은 말씀이 되어 드러나는 것이 아닐까? 무와 하나와 여럿이 모두 탑에 표현되었다. 입자가 드러나기 전의 탑은 무언의 말씀으로 하나다. 동양 철학에서 하나는 무와 같다. 하나는 무의 표현이다. 진리는 여러 말 할 것 없이 침묵으로 족하다. 언어가 없는 무언의 말씀이다. 그러나 무언은 수없이 많은 말씀이다. 하나가 여럿이 된다. 그 여럿은 수많은 중생들의 살림과 슬픔을 일일이 보살피기 위해 필요하다. 탑이 드러낸 수많은 화강암 알갱이들은 하나의 탑 안에 들어 있던 수많은 말씀이 드러난 것이다. 탑은 단순한 자태로 거기에 서서, 천 수백 년 동안 그곳을 찾던 수많은 민중의 수많은 사연들을 듣고 그들에게 수많은 말씀을 전한다. 각자에게 알맞은 석가모니의 말씀을 전한다.

개별적 상황에 제한되지 않고 모두에게 통하는 말씀이 되기 위해 석가모니의 말씀은 무언이다. 그래서 신라의 예술가는 돌멩이를 깎아 정제된 미학으로 땅 위에 단순하게 쌓아놓았다. 상황이 없다. 그러나 그것은 모든 상황을 품고 있다. 모두에게 통하는 보편적 무언의 말씀이, 탑 앞에서 서서 소원을 비는 사람들 하나하나를 위한 갖가지 말씀으로 구체화된다. 그것을 드러내는 것이, 수없이 많이 드러난 돌의 입자들이다. 그렇다면, 세월의 풍화 작용으로 작가의 처음 손길이 희미해져가는 것, 거기까지가 석가탑의 예술성이다. 석가탑뿐 아니라 화강암으로 된 부조들도, 웃음을 웃는 부처의 경우에 웃는 건지 아닌지 잘 드러나지 않는다. 그처럼 이 땅에서 생겨난 미학은 세월까지도 포함한다. 세월이 흘러 인간의 표현이 희미해져가는 것까지도 조선의 미학에 포함된다. 빗물에 젖어 돌이 군데군데 검게 변한 것까지, 거기까지가 예술이다. 다시 말해 자연과 세월이 예술의 주체가 되는 것이다. 그처럼 시간의 요소가 이 한반도의 탑과 석조 부조에 들어 있다고 할 수 있다. 예술 작품은 인위이지만 다시 인위를 자연에 맡기는 것이다.

같은 인문주의라고 해도, 서양은 자연 정복으로 나갔고, 동양은 자연주의적 경향을 그대로 지니고 있었다. 서양의 인문주의는 인간 사이의 갈등의 문제를 풀려고 했고, 그것을 내면의 도덕성으로 해결하려고 했다. 그리고, 인간 내면의 어두운 면을 극복하기 위해 형이상학을 신념 체계로 설정했다. 선善의 섭리를 말함으로써, 인간의 본래적 선함에 대한 확신을 주고, 선한 행위를 하도록 유도했다. 그것은 일종의 실천적 지혜라고 할 수 있다. 기독교의 경우에는 유대교의 신에 그리스 사상을 도입하여, 그런 형이상학적 사유를 완결지었다. 유대-기독교는 도덕 종교다. 초월을 말하지만 세상을 바로 세우는 데 대한 관심이 크다. 자연은 이미 비신성화되었기 때문에, 신에 대한 경외심이 자연에 대한 경외심을 대체했다. 강력한 유일신을 믿는다는 것 자체가 자연으로부터 그 신적인 지위를 박탈한 것이다. 그리고 기독교의 종말론 때문에 서양 사회는 자연보다 역사에 더욱 집중하게 되었다. 이른바 진보 사관을 갖게 되면서 신의 도움과 보호 아래 인간이 이룩해가는 발전된 사회 곧 역사의 발전에 대한 기대가 컸다. 기독교는 역사를 위해 자연을 희생시켰다고 할 수 있다. 서구 사상에서 자유와 자연은 대치되는 것으로 여겨져왔다.

그러나 한국이나 중국은 초월적 신을 믿지 않는 가운데, 자연은 자유의 궁극적 단계로 여겨져왔다. 그것은 "천지는 인仁하지 않다"고 함으로써 공자의 인문주의를 비판한 노자와 장자에만 해당되는 이야기가 아니다. 전통 유학에 바탕을 두고 도덕 형이상학을 마련한 인문주의인 성리학 역시 자연주의적 경향을 가지고 있다. 적어도 14세기부터 20세기 초까지 600년 동안 한국을 지배한 사상인 성리학은 자연주의적 인문주의라고 할 수 있다.[4]

내가 말하고자 하는 그냥 있음이나 살아 있음을 설명하기 위해 자연주의적 인문주의라고 할 수 있는 성리학을 검토하려고 한다. 성리학은 성명性命을 말하는 인문주의이지만, 성명의 정체를 생명生命으로 푼다. 도덕적 명령과 도리道理를, 낳고 기르는 화육지리化育之理로 푼다. 그리고 그 자연주의적인 경향성은 의미를 넘어 그냥 있음을 추구하는 면을 보인다. 성리학의 자연주의적 경향은 우주론과 형이상학에 잘 드러난다. 특별히 서구 플라톤이나 기독교의 창조론과 비교할 때 성리학의 자연주의적 내재주의가 잘 드러난다. 물론 그것은 성리학의 인간 본성론과도 관련이 있다. 우주론과 인간 본성론이 관련이 있는데, 자연이란 말 자체가 그렇다. 서양 말의 네이처nature는 바깥의 산천초목을 가리키면서 동시에 인간 본성을 가리킨다.

내가 성리학에서 생명 당위를 위한 하나의 길을 찾은 것은 성리학이 서양의 인문주의와 비교하기가 좋기 때문이기도 하다. 마치 서양의 고대 그리스 철학과 그리스도교를 중세에 아퀴나스가 정밀한 철학 언어로 정립했듯이, 성리학 또한 고대의 선진先秦 유학과 불교 및 도교를 중세에 이르러 매우 세밀한 언어로 종합했고 따라서 그 핵심이 정밀하게 드러나 있어서 밝혀내기가 쉽다. 뿐만 아니라 지난 600년 동안 우리 조상들의 삶의 지주가 된 사상이었고, 퇴계를 비롯한 수많은 학자들이 고도의 수준 높은 사상 체계를 만들었다는 것도 내가 성리학에 주목한 중요한 이유다. 그 높은 수준의 담론에 성의 명과 생의 명이 서로 교차하고 있다는 것은 우리의 관심을 끌기에 충분하다. 인문학적인 물음을 도외시하지 않고 그것을 자연적인 생명 리듬에서 푸는 길을 제시한 점은 매우 중요하다고 할 수 있다.

---

4 이동희 교수는 성리학을 가리켜 자연친화적 인간중심주의 또는 인문주의적 생태주의라고 규정한다. 이동희, 「한국성리학의 환경철학적 시사」, 『동양철학』, 31(2000), p. 47.

2. 성명을 생명으로 푸는 성리학

성리학은 인문주의로서 성명性命을 말하지만, 그 성명을 생의 명으로 푸는 독특한 측면을 지니고 있다. 그것이 성명을 말하는 한, 인문주의로서 인간과 인간의 관계를 회복하는 데 중점을 두고 있지만, 성의 명을 다시 생의 명으로 푸는 한, 자연의 리듬에 충실한 상태에서 인간의 모든 문제를 해결하고자 하는 측면이 있다.

동아시아의 성리학은 자기를 비워 자연과 합일되는 것을 추구하고, 살고자 하는 의지 곧 생의生意를 도덕의 궁극적인 것으로 봄으로써, 결국 생명 당위에 충실하게 돌아가는 것에 최고의 가치를 부여했다. 물론 유학에서는 자연自然이라는 말을 잘 쓰지 않았다.[5] 성리학은 인문주의로서 적이도 자기를 비우는 수양을 통해 본래의 선한 본성을 드러내기를 바랐다. 그러한 자기 수양을 통해 드러나는 본연의 성품은 인仁이라고 생각했다. 그 인仁한 본성은 인간과 인간을 연결시키고, 인간과 자연을 연결한다. 성리학은 문화생활을 포기하는 것이 아니라 문화 한가운데서 문화를 위해 자기를 비우는 것이다. 반면에 노장의 무위자연은 문화생활 한가운데서 자기를 비우는 것이 아니라, 바로 자연의 생리적 리듬으로 돌아가는 것이요, 그런 점에서

---

5 오늘날의 자연에 해당하는 말이 『논어』에는 거의 나오지 않는다. 이는 유학의 관심이 인간 세계에 있기 때문이다. 그리고, 『역전易傳』에서 '천지의 도'라고 한 것을 송대의 정자가 '천하의 리'로 바꿔 말한 것 역시 일차적 관심이 자연보다는 인간관계에 있음을 말해준다. 곽신환, "주역의 생생사상", 『신학과 사상』 20호(가톨릭대학교출판부, 1997), p. 6, p. 11 참조.

몸으로 바로 내려가는 것이라고 할 수 있다. 인간에게 문화적 교양을 훈련시키기보다는 자연으로 바로 돌아가는 것을 바란다. 거기서 생명의 충만함을 본 것이다. 그렇게 보면 성리학은 생명 그 자체보다는 인간 사이의 문제를 해결하는 것에 관심을 두면서, 동시에 그것을 가능하게 하는 인문주의적 덕성을 자연에서 본 것이다. 그러므로 자연친화적인 생명의 문제에서 노장만큼 급진적이지는 않다.[6] 그들은 어디까지나 인간에 대한 사랑이 확대되어 만물을 사랑하고자 한 것이다.[7] 그런 점에서 성리학은 유학으로서 역시 인문주의다. 그런데, 인문주의이면서도 자연주의적인 면을 지니고 있다. 동서양 공통의 인문주의적 문제의식을 유학이 지니고 있다는 점, 그 점이 중요하다. 그러면서도 서양에 없는 자연주의 요소를 지니고 있다. 그러므로, 현대 문명을 지배하는 서구 사상을 자연주의로 수정하되, 서로 공통된 문제의식을 가지고 그 해결책이 다른 것을 보려고 할 때, 유학과 성리학을 고찰하는 것이 유용하게 보인다.

우리가 주목하고자 하는 것은 성리학이 추구하는 인문주의적인 덕의 맨 처음과 맨 끝에, 살고자 하는 의지 곧 생의生意를 두기 때문이다. 말하자면 도덕 당위의 처음과 궁극이 생명 당위인 셈이다. 그런 점에서 성리학은 성의 명을 생의 명으로 풀었다. 도덕적 선의 시작에 생의 명이 있고, 그 덕의 궁극에 생의 명이 있다. 그 점은 오래된 유학의 사상적 흐름을 잇는 것이기도 하다. 『역전』에는 이런 말이 있다.

> 한번 음하고 한번 양하는 것을 도道라고 한다. 이 도를 계승한 것이 선善이

6 메리 터커는 르네 듀보의 견해를 빌려와 노장과 유학의 관계를 서양의 프란시스코파와 베네딕트파의 차이에 견주고 있다. 메리 터커·존 그림, 『세계관과 생태학』, 유기쁨 역(서울: 민들레책방, 2003), p. 173. 정확한 비교라고 할 수 없지만 유학의 기본 관심이 인간 사회에 있음을 말해주고 있다.

7 금장태, "퇴계의 물아관과 생명의 세계", 『퇴계학보』 94집(서울: 퇴계학연구원, 1997), pp. 64-65.

고, 이 도를 이룬 것이 성性이니라. 인자는 이 도를 보고 인仁이라 하고, 지자는 이 도를 보고 지知라고 하며, 백성은 날마다 그것을 따라 행하지만 알지 못한다. 그러므로 군자의 도는 드물다.[8]

음양은 만물이 생겨나는 운동 원리이니, 음양의 도를 이은 것이 선善이라면, 선은 인간 이전에 있는 생명의 원리이다. 주희는 주역을 해석한 『주역본의周易本義』에서 다음과 같이 앞 인용문의 주를 달아놓고 있다. "도는 음에 갖추어지고 양에서 행한다. '계繼'는 그것의 발發을 말한다. '선善'은 화육化育의 공을 말하니, 양의 일이다. '성成'은 그것의 갖추어짐을 가리킨다. '성性'은 물物이 받은 것이니, 물이 생生하면 성性이 있어, 각각 이 도를 갖추니, 음의 일이다."[9] 그러니까 도라는 것이 화육지리化育之理(낳고 기름의 이치)이고, 그 도가 선의 근원이다. 결국 선善은 생의生意 곧 낳고 기르고 살리려는 마음과 관련이 있다. 선을 측은지심 등이나 인仁으로 설명하기도 하지만, 인은 일음일양一陰一陽의 도로 풀린다. 흔히 인문주의에서 말하는 인仁한 본성性이란 인간에 대한 애정을 말하는데, 그것이 일음일양의 도로 해석되고 있으니 결국 인은 낳고 살리는 마음이다. "인은 생명의 의지다."[10] 도덕적 의지의 근원에 생명의 의지가 있는 것이며, 생명 의지란 자연적 생명 현상과 관련된 것으로서 낳고 기르고 살고자 하는 것이면서, 동시에 살아 있는 것을 살리고자 하는 마음이기도 하다.

이것은 음양의 도이기 때문에 단순히 인간에게만 해당되는 것은 아니

---

8 一陰一陽之謂道, 繼之者善, 成之者性也. 仁者見之謂之仁, 知者見之謂之知, 百姓日用而不知, 故君子之道, 鮮矣. 『주역본의』, 백성기 역주(서울: 여강, 1999), 궤사상전, pp. 549-555.

9 위의 책, p. 551 주.

10 『주자어류』, 이주행 외 역(서울: 소나무, 2001), 6-63, p. 64. "봄은 인이니 생명의 의지生意가 있으며…… 이 생명의 의지를 얻음으로써 삶이 있고得此生意以有生……", 위의 책, 6-47, p. 48.

다. 이미 천지의 자연만물이 음양의 도에 의해 생겨나고 자라고 사라지기 때문이다. 그러므로 성리학에서 말하는 생의 곧 생명의 의지란 인간만 살리려는 것도 아니고, 죽지 않으려는 것도 아니다. 자연스럽게 태어나 자연스럽게 살고 자연스럽게 죽는 것이 살려는 의지요, 살리려는 의지요, 도덕성이다. 음양의 도가 인간과 자연에 공통되므로, 생명의 의지는 동물과 식물뿐 아니라 돌 같은 무생물에게도 똑같이 들어 있어 유행되고 있다.

만일 생의가 도덕적 선인 인仁의 핵심이라면, 성리학이 보는 도덕적 인간은 자연을 함부로 다룰 수 없다. 왜냐하면 자연 만물이 모두 살아 있는 도를 지니고 있기 때문이다. 성리학은 고대의 물활론이나 애니미즘을 극복한 유학의 뒤를 잇는 인문주의이지만, 자연을 살아 있는 것으로 봄으로써, 칸트처럼 자연의 법칙을 다루는 과학과 자유의 법칙을 다루는 윤리학을 나누는 일을 할 수 없게 된다. 자연은 인간과 동떨어진 관찰 대상이 아니라 인간의 몸과 연결되어 있는 몸의 연속체다. 인간은 자연을 훼손할 수 없다. 모두가 살아서 음양의 도로 연결되어 있기 때문에, 산을 잘라 도로를 만들고 논을 밀어 아파트를 짓는 일을 할 생각을 하지 못한다. 인간은 자연을 손에 넣고 다룰 수 없을 뿐 아니라,[11] 오히려 자연에게서 배워야 할지 모른다. 왜냐하면 인간은 살고자 하는 의지와 살리려는 의지가 희미해질 때가 있고, 죽음의 본능마저 지니고 있지만, 자연은 조용히 생의에 의해 운행되고 있기 때문이다. 자연은 무의미를 모르고 죽고 싶은 마음이 없기 때문이다.

성리학에 따르면, 성의 명을 따르려는 의지性命之意의 바탕에는 끊임없이 낳고 살고 살리는 생명의 의지生生不已之意가 있다. 생명의 의지는 양이고, 그것이 물에 갖추어져 성의 명이 되는 것이 음이니, 결국 생명 의지가 성명보다 근원적이고 우선하는 것이다. 왜냐하면 양이 먼저고 음이 뒤이어 맺고 이루기 때문이다. 원래 음양은 선후가 없고 우열이 없는 개념이나, 양

11 자연을 손에 넣고 다루는 개념적 지식이 없기 때문에 과학이 발달하지 못하게 된다.

은 동動하고 음은 정靜하며, 양은 잇고 음은 맺는다. 생명 활동은 동動에서 시작하니 음을 유도하는 것은 양이다. 음은 다시 양을 유도하지만 모든 생명 운동의 기원으로 돌아가보면 양에서 시작된다. 그리고 맺는 것은 잇는 것보다 탁하다.

성리학의 우주관에 의하면, 태극에서 음양이 나오고, 음양에서 오행五行이 나와 만물이 생긴다. 태극은 리理라고 하고, 음양은 기氣라고 한다. 그리고 목화수금토 오행을 질質이라고 한다. 그런데, 밑으로 갈수록 탁해지는 것으로 여긴다. 뒤에서 설명하겠지만, 그런 생각 뒤에는 세상살이의 원리를 하늘의 순수 원리와 대비시키는 동서양의 관점이 깔려 있다. 여하튼, 음양에서 오행이 나오는데, 음양의 기 중에서도 특히 음기에서 오행이 나온다고 본다.[12] 그것은 양보다 음이 오염에 가깝다고 보는 것이다. 음은 맺는데, 맺는다는 것은 구체화시키는 것이요, 순수 이념이 세상살이에서 구체화되면서 오염된다. 결국 정하고 맺는 음은 양보다 열등한 것으로 생각된다. 이것은 남자와 여자의 우열, 임금과 신하의 우열로 해석되기도 했다.[13] 원래 음양이란 상보적相補的이고, 한 사람 안에는 음양이 모두 있어서, 남녀의 우열을 말할 수 없는 것이지만, 당시의 이데올로기를 정당화하는 데 음양이 이용되었던 것이다.

여하튼 음양에서 양이 음에 우선하고 우월하기도 하다고 보는 주희가, 생명을 양으로 보고 성명을 음으로 본 것은, 성性의 기원이 생生이요, 성명性命의 기원이 생명生命에 있음을 천명한 것이라 할 수 있다. 천지에 들어 있는 생의 의지에서 성의 명이 나가는 것이다. 그리고 인간의 성명은 여러 가지가 섞여 탁할 수도 있지만 결국 성의 명의 궁극은 생의 명임을 밝힌 것이다. 주희는 생의가 도덕의 기원이요, 궁극임을 보이고자 했다.[14] 이것은

12 주희, 『태극해의太極解義』, 곽신환 외 역(서울: 소명출판사, 2009), p. 170.

13 이숙임, 『동아시아 고대의 여성사상』(서울: 여이연, 2005), p. 306 이하.

14 "'한번 음하고 한번 양하는 것을 도라고 한다'란 태극을 말한다. '이를 이은 것이 선이

도덕 당위보다 생명 당위를 근원적으로 보는 것이고, 도덕 당위는 결국 생명 당위로 해석되어야 함을 의미한다.

선의 시작에 우주 자연의 생명의 의지가 있는 점에서, 선의 시작을 초월적 신의 의지에서 보려고 한 기독교와 다르고, 선 그 자체를 인간의 자유의지에서 찾으려고 한 서양의 근대 인문주의자들과 다르다. 그리고 도덕적 당위 곧 성명을 우주에 가득 찬 생명의 의지로부터 이끌어내려고 한 점에서, 성리학은 오직 인간의 내면에서 선을 끌어내려고 한 공맹이나 칸트의 인문주의와 다르다. 또한 선이 이념적 존재로 표현되지 않고 만물 안에 주어진 자연적 의지와 같은 것으로 본 점에서 서구의 플라톤적인 형이상학과도 다르다. 한번 음하고 한번 양하는 것은 다름이 아니라 태극의 이치太極之理인데, 그것은 천지만물을 낳는 원리인 것이다. 세상은 이미 그 원리에 의해 생겨났고 지금도 그 원리의 유행에 의해 돌아가고 있다. 앞의 예문에서 "백성이 날마다 그것을 따라 행한다"는 것은 이미 일상이 그 원리에 의해 돌아가고 있음을 의미한다. 그럼에도 불구하고 "군자의 도가 드물다"는 것은, 인간의 삶이 그 원리에 따라 이루어지지 않음을 의미한다. 그래서 자연의 생명 의지는 명령의 형태를 띠고 인간이 실현할 과제가 된다. 인간은 자기의 삶에서 생명의 원리를 의지적으로 실현해야 하는 유일한 존재다. 다시 말해서 살고 살려야 한다는 당위를 지니고 있는 존재가 인간이고, 생이 생의 명이 되어 있는 존재가 인간이다. 군자의 도는 결국 그 생의 명에 충실하게 되는 것이다.

그러므로 도덕 당위의 끝에 생명 당위가 있는 것이다. 궁극적으로 생명 의지로 돌아간다. 생명 당위에 충실하게 된다는 것은, 경敬을 통해 소유의

다'란 생생하여 그침이 없다는 것이니 양에 속한다. '이를 이룬 것이 성性이다'란 '각각 성명性命을 바룬다'는 뜻이 되니 음에 속한다." 一陰一陽之謂道, 太極也, 繼之者善, 生生不已之意, 屬陽, 成之者性, 各正性命之意, 屬陰. 『주자어류』 권 74, 114, 『주역본의』, p. 551 각주에서 재인용.

번거로움을 떠나 만물과 교통하고 천지 만물의 생명의 리듬과 일치하게 되는 것을 가리킨다. 그래서 퇴계는 "사람의 본성을 다하는 것은 사물의 본성을 다하는 것이요, 사물의 본성을 다하는 것은 천지의 화육을 실현하는 것이다"고 한다.[15] 결국 천지조화로 생명체를 낳고 기르는 우주의 생명의 흐름을 타는 것이 성리학적 덕목의 궁극에 들어가는 것이다. 그리고 그것은 세상과 별개의 초월적인 것이기보다는 이미 우리의 삶을 구성하고 있는 것이다. 그처럼 궁극적인 덕목이 이미 세상을 낳고 기르는 원리라는 점에서, 성리학이 겨냥하는 높은 경지는 존재하는 모든 것들의 바탕과 밑을 이루는 것이요, 높이 올라가는 것은 결국 밑으로 내려가는 것이다. 의미를 추구하던 삶에 전제되어 있던 그 전제로 돌아가, 삶의 기본으로 돌아가는 것이다. 그래서 성리학의 자기 수양법인 경敬은 단순히 사욕私慾을 없애는 데 그치지 않고 생의 바당을 여실히 느러내는 데 있다.[16] 도덕이란 사리사욕을 없애는 것이다. 그러나 그 다음에는 무엇이 남는가? 생의生意가 남는다. 사리사욕은 나만 살고자 하는 의지인데, 그것도 생의로 보일지 모른다. 그러나 그것은 이미 주희가 말하는 생의가 아니다. 본래 살고자 하는 마음은 나만 살려는 마음이 아니다. 우주 전체의 생명이 생기고 자라는 마음에 일치하는 것이다. 그것이 유학에서 말하는 '인'이다.

이른바 유교적 풍류風流는 거기서 가능하다. 태어나 살다가 흩어져 기로 돌아가는 생명의 흐름 자체를 낙관하는 것이다. 아우구스티누스가 "존재하는 것은 다 선하다Quaecumque sunt, bona sunt"고 할 때의 존재 긍정은 세상에 대한 긍정이다. 세상이라면 인간사와 자연을 포함한 개념인데, 아우구

15 盡人之性則盡物之性, 盡物之性則贊天地之化育. 윤사순, "퇴계의 자연관이 지닌 생태학적 함의", 『퇴계학보』 87집(서울: 퇴계학연구원, 1995), p. 37.

16 주희는 이렇게 말한다. "이른바 사욕이 없으면 곧 이것이 인의 전체라는 것은 옳다. 그러나 마땅히 여기에 본래 생의生意, 즉 화기에 차고 여유 있는 타고난 기상을 체득하여야 얻었다고 할 수 있다." 최정묵, 『주자의 도덕철학』(서울: 국학자료원, 2001), p. 133 참조.

스티누스의 긍정 선언은 인간이 만들어가는 인간사에 대한 긍정에 초점이 맞추어져 있다. 그래서 역사에 대한 긍정으로 발전될 소지는 있지만, 자연 자체에 대한 긍정의 가능성은 매우 작다. 자연은 인간을 위한 배경에 지나지 않는다. 그의 존재의 하이어라키를 보아도, 자연은 사용uti의 대상이지, 자연 자체를 목적으로 삼고 그 자체를 기뻐해서는frui 안 되게 되어 있다. 사람과 하나님만, 그 자체로 목적이다. 아퀴나스의 이론에 따르면, 이성이 있는 인간이 자연 사물을 다스리고 지배하는 것은 자연스런 것이어서 자연법이요, 하나님의 뜻에 맞는 것이다. 인간은 자연 사물의 목적이다.[17] 생명이 있다는 것만으로는 도덕적인 의미를 지니지 못한다. 도덕은 이성이 있는 인간만이 실현할 수 있는 것이다. 그러므로 인간의 도덕성에 대한 긍정이 생명 그 자체에 대한 긍정으로 연결되지는 않는다. 생명은 구원을 이루기 위한 자리로서만 의미가 있으며, 일음일양의 도 자체만으로는 선일 수가 없다.

반면에 주희는 "인간이 태어나기 전에 리는 이미 선했다"고 하는데, '이미' 선한 리란 다름 아닌 생명의 원리요, 그것은 천지 만물의 바탕을 이루고 있는 것이다. 생명체가 생겨나고 자라나는 것, 그 자체가 궁극적인 선이요, 인간의 도덕 당위란 생명체들의 존재의 당위를 실현하는 것이다.[18] 인간은 자신의 존재의 당위를 실현하고, 그렇게 할 때 그는 태극지리를 실현하는 것이요, 그것을 통해 천지 만물과 하나가 된다. 그처럼 선을 생명체의 존재 당위에서 찾았다는 점에서, 성리학은 존재에서 곧바로 나오는 당위의 문제로 돌아가는 인문학이라고 할 수 있다. 그리고 바로 그런 점이 생명 당

---

17 Thomas Aquinas, *Summa theologia*, IIaIIae 66 articulus 1, responsio in *Aquinas, Political writings*, ed. by R. Dyson(Cambridge: Cambridge University Press, 2005), p. 206.

18 유인희 교수는 "당연이불용이當然而不容已('마땅히 그리하여 달리 할 수 없음')는 존재 차원의 생생불이生生不已를 존재자 편에서 한 번역이었던 것이다"라고 한다. 유인희, "동양철학에 있어서 존재와 당위의 문제", 『철학연구』 16집(철학연구회, 1981), p. 132. 성리학의 도덕 당위는 결국 생명 당위로 환원된다는 말이다.

위에 접근하는 윤리학을 위해 중요한 길을 제시한다.

학자들은 흔히 주희나 퇴계의 경우에 존재와 당위를 혼동한 것이 아닌가 하는 물음을 제기한다. 그럴 만도 한 것이, 성리학은 결국 존재의 당위 곧 생명 당위를 가장 기본적이고 궁극적인 당위로 여기고 있기 때문이다. 그것은 존재에서 당위를 이끌어내는 것을 꺼려한 기존 윤리학에서 볼 때 의문이 제기될 수밖에 없다. 그러나 성리학의 철학적 세계의 특징이 바로 거기에 있다.

그것은 주희나 퇴계가 소당연所當然을 소이연所以然에서 끌어내려고 하는 노력을 봐도 알 수 있다. 소당연은 마땅히 그리되어야 할 바이고, 소이연은 그리해야 되는 까닭이다. 주희는 자식이 효도해야 하는 당위와 부모가 자식을 사랑해야 하는 당위의 소이연을 이렇게 설명한다. "부자父子는 본래 같은 기氣를 가지고 있는데, 그것은 다만 한 사람의 몸이 둘로 된 것이고, 그 은애恩愛가 서로 속하므로 기다리지 않아도 저절로 그렇게孝, 慈 되는 것이 있다."[19] 사랑해야 한다는 당위를 우주의 존재 구조를 가지고 설명하는 것인데, 이처럼 도덕 당위를 존재 구조에서 이끌어내는 것은 스토아학파 이후 서양의 형이상학에서도 보인다. 그러한 사고방식은 희망을 찾기 위한 노력에서 나온 것으로 볼 수 있다. 인간의 도덕성을 낙관하지 못할 경우에, 세상이 선하게 되리라는 희망의 근거를 우주의 구조에서 찾는 것이다.

예를 들어 미국의 철학적 신학자 틸리히의 경우는[20] 사랑과 정의의 당위를 존재론적 근거에서 찾는다. 사랑이 원래 존재의 구조에 속하는 것이므로 누구나 사랑하게 되어 있음을 말하고자 했다. 그는 이웃을 사랑하라는 도덕 명령이 가능한 것은 원래 이웃과 하나였던 존재 구조 때문이라고 푼

---

19 『주자어류』, 권 17, 혹문. 유인희, 앞의 글 p. 131에서 재인용.

20 P. Tillich, *Love, power, and justice: ontological analyses and ethical applications* (Oxford: Oxford University Press, 1954).

다. 본질적으로 이웃과 하나였는데, 실존적으로 분리되어 있으며, 도덕 명령은 인간이 자신의 본래의 모습을 다시 찾게 하는 것이므로 타율적이 아니라고 본다. 원래 하나였던 존재자들이 떨어져 있으므로 다시 하나가 되려는 것은 자연스런 일이다. 물론 지금은 그 사랑이 너무나 어렵게 되어 있어 결코 자연스런 일이 아니므로 애써 노력해야 하지만, 알고 보면 원래 그렇게 하게 되어 있는 것을 하는 것이다. 도덕 당위의 명령은 아주 낯선 명령이 아니라 원래 내가 스스로 원했던 것을 명령하는 것이다. 그런 식으로 틸리히는 사랑과 정의의 실현을 존재론적 구조로부터 보장하려고 했다. 그럼으로써 그는 죄를 강조하는 기독교 신앙이 타율에 빠지는 것을 막으려고 했다.

주희나 퇴계의 경우도 마찬가지다. 그들은 맹자보다 인간의 악함을 심각하게 본 사람으로서, 천지의 운행 원리인 리理를 끌고 들어와, 인간의 도덕적 당위를 형이상학적으로 보장하려고 했다. 퇴계는 "심心은 만사의 근본이 되고, 성性은 만선萬善의 근원이 된다 합니다"고 했다.[21] 이것은 선의 탄생을 오로지 인간의 마음과 그 본성에서 보고자 한 맹자나 칸트와 같은 얘기다. 그러나 주희나 퇴계는 맹자의 성선설에 만족할 수 없었다. 맹자는 인간의 본성이 선하다고 했다. 그러나 사람이 일상생활에서 자연스럽게 행하는 것은 그리 선하지 않다. 사리사욕이 들어가고, 공격해서 남의 것을 빼앗고자 하는 마음攻取之性이 있다. 그래서 성리학은 그것을 또 하나의 본성처럼 보기로 하고 이름을 붙여, 기질의 성氣質之性이라고 한다. 기질지성이란 이름에는, 세상살이에서 생긴 성품이라는 뜻이 들어 있다. 성리학에서 기氣와 질質은 순수한 이념인 리理와 대비되는 인간 세상이라는 의미를 지니고 있기 때문이다. 그래서 성리학은 인간 본성이 마치 둘이 있는 것처럼 본연지성과 기질지성을 구분한다. 하늘이 준 본래의 성품 곧 본연지성은 선하

---

21 『국역 퇴계전서 5』(서울: 퇴계학연구원, 1989), p. 142.

지만, 험한 세상에서 살아남느라고 형성된 성품인 기질지성은 이기적이다.

물론 "군자는 기질지성을 성性이라고 하지 않는다"고 함으로써, 선한 본연지성本然之性만 인간의 본성이라고 결론짓는다. 그리하여 맹자의 성선설의 권위를 잇는다. 모든 인문주의는 인간의 선한 성품에 대한 믿음에 기초를 둔 것이므로, 성선설이 될 수밖에 없다. 그러나 성리학에서 본성을 두 가지로 말했다는 것 자체가 선의 실현이 그리 쉽지 않음을 알고 그것을 철학의 주제로 삼은 것이다. 선의 실현이 쉽지 않다는 것은 이미 맹자를 비롯한 인문주의자들이 인식한 것이지만, 그것을 주제화하지 않고 인간의 의지에 맡겼다고 할 수 있다. 그러나 주희와 그의 송나라 선배들에 이르러서는 인간의 의지를 도울 신념 체계를 세울 필요를 느꼈다고 봐야 한다. 그렇게 해서 등장한 것이 우주론이요, 형이상학이다.

맹자는 인간이 선을 행하지 못하는 것이 재질 탓이 아니라고 함으로써 인간의 본래적인 능력을 중시했다. "불선을 하는 것으로 말하면 타고난 재질才質의 죄가 아니다."[22] 맹자의 재질才質에 해당하는 것이 칸트에게서는 『이성의 한계 안에서의 종교』에서 '소질素質'로 번역된 안라게Anlage다. 맹자의 생生에 해당하는 말이 칸트에게는 나투어Natur(자연 또는 타고난 본성)인데, 칸트는 기독교 전통의 영향을 받아 인간의 본성이 악하다(부패한 본성)는 표현까지도 썼다가 그럼에도 불구하고 그 본래 소질Anlage은 선할 수 있는 능력이라고 함으로써 인문주의자가 된다.[23] 칸트의 얘기는, 맹자가 생生을 부정했다가 성性과 재질才質을 긍정하는 것과 같은 논리다. 그것은 모두 인간의 악한 모습을 심각하게 보면서도 선의 희망을 인간 밖에서 찾지 않는 과정에서 나온 사유 과정이다.

그런데 주희는 이 재질의 문제를 놓고, 정자程子 얘기를 끌어들여 기질지

---

22 『맹자집주』, 성백효 역주(서울: 전통문화연구회, 2005), 고자 상 6, p. 455.

23 칸트, 『이성의 한계 안에서의 종교』, 신옥희 역(이화여자대학교출판부, 1984), p. 33 이하.

성으로서의 재질이라면 그것이 선한 본성일 수 없다고 함으로써, 인간 본성의 문제를 한 번 더 물고 늘어지면서 선의 실현이 만만찮음을 설득하려고 한다.[24] 그리고 퇴계는 사단칠정四端七情 논쟁을 통해서 어떻게든 인간의 의意나 지志가 개입되지 않은 상태에서 발생되는 순수한 선을 찾음으로써, 맹자가 인간의 의지를 중시했던 것과 차이를 보인다. 그것은 퇴계나 주희가 맹자보다도 악의 현실을 더 심각하게 보았기 때문이다.

그러므로 맹자에게 없는 우주론과 형이상학이 주희에게서 생긴 것은, 세상이 선하게 돌아갈 가능성을 인간 이전의 우주의 운행 원리에서 보장받으려는 시도라고 볼 수 있다. 우주론적인 원형이정元亨利貞의 태극의 이치는 곧 윤리적인 인의예지仁義禮智의 덕목으로서 자연과 인간사를 움직이고 있다. 그러므로 내가 지금 인과 의를 실현하든 안 하든 세상은 그렇게 돌아가게 되어 있다. 지금도 자연 만물은 그렇게 돌아가지만, 인간만은 거기서 떨어져 그것을 마땅히 지켜야 할 성명性命으로 가지고 있는데, 한 개인이 그러한 성의 명을 지키든 안 지키든 세상은 결국에는 그렇게 돌아가게 되어 있다. 주희에게서 당연所當然之則은 일차적으로 '마땅히 그리해야 한다'는 도덕 명령조의 언어지만, 주희는 그리해야 하는 까닭 곧 소이연所以然之故을 찾아 나섰고, 그 소이연은 천지의 운행 원리가 그렇다는 식으로 귀착된다. 다시 말해서 사물이 모두 그렇게 되게 되어 있으므로 그리해야 한다는 것이다. 필연必然에서 당연當然이 나오고, 운명運命에서 성명性命이 나오고, 존재에서 당위가 나오고, 직설법에서 명령법이 나온다. 그런 식의 논리는 연약한 인간의 마음을 권면해서 도덕을 실천하게 하는 데 이바지한다.[25]

---

24 『맹자집주』, 고자 상 6, p. 458의 "詩曰 天生蒸民하시니 有物有則이로다……"에 대한 주희의 주 참조.

25 영조 때의 유학자 한원진은 당연을 지극히 생각하면 필연(반드시 그렇게 될 것임)과 능연能然(그렇게 될 수 있음)과 자연自然(저절로 그렇게 됨)을 이해할 수 있다고 했다. 한원진, 『주자언론동이고』, 곽신환 역주(서울: 소명출판, 2003), p. 32 참조.

주희의 도덕형이상학은 어지러운 인간사 한가운데서 선이 승리하는 희망을 찾기 위한 믿음의 학문이었던 것이다.

서구의 형이상학이나 중국의 주희는 형이상학적 원리를 끌고 들어왔으므로, 자기를 비워 그 원리를 자신 속에 채워야 하는 과제가 남는다. 애초에 그런 구조를 들여온 이유가 사랑과 정의 같은 기본 덕목을 실현하기 어려운 인간의 현실적 약함을 고려했기 때문이다. 그리스에서는 선의 이념에 대한 관조가 필요했고, 주희에게는 경敬을 통해 천리天理를 모시는 자기 수양이 필요했다. 다만, 기독교에서는 인간의 죄성을 더욱 심각하게 보았으므로 사랑의 실현에 초월적 신의 개입이 필요했고, 주희는 기본적으로 유학의 성선설에 바탕을 두고 있으므로 초월적 신이 없이 내재적인 자연의 원리를 끌어들인 것이다.

그래서 주희나 퇴계는 생명 당위를 성명의 핵심에 둘 수 있었다. 서구의 철학과 신학은 인간과 인간 사이에 벌어지는 폭력에 민감해서 사랑과 정의를 인간 사이에서 실현하는 일에 몰두했기 때문에, 생生 그 자체를 선善으로 보는 낙관성을 갖기가 어려웠다. 그러나 주희는 자연 생명의 리듬에서 최초의 선과 궁극적인 선을 찾을 수가 있었는데, 그것은 만물을 낳은 태극의 이치太極之理 자체가 천지 만물의 내재적 원리이기 때문이다.

물론 유학자로서 그는 우선 자유를 위해 자연을 떠났고, 도덕 당위의 세계에서 자유를 실현하며 삶의 의미를 찾으려고 했다. 맹자가 고자와의 논쟁에서 생生을 부정하고 성性을 긍정한 것과 같다. 성리학자 율곡은 그런 정신을 이어 이렇게 말한다.

> 군자는 생生을 버리고 의義를 취한다. 이利로써 말하면 사람의 하고 싶은 것에 생生보다 더 심한 것이 없고, 미워하는 것에 죽음보다 더 심한 것이 없는데, 누가 생을 버리고 의를 취하겠는가. 군자는 밝은 것이 오직 의뿐이기 때문에 이利가 이로움을 알지 못하는 까닭이다. 그러나 소인은 군자와 반대이다.[26]

성리학에서 말하는 리理는 자유를 위한 원리이고, 기氣는 자연 사물을 가리키는 것인데, 주희가 리와 기가 섞일 수 없다不相雜고 한 것이나, 퇴계가 사단칠정四端七情 논쟁에서 리발理發을 강력하게 주장한 까닭은 자유를 위해 자연을 떠난 측면을 가리킨다. 그것은, 그들이 국가 운영과 인간 사이의 문제 해결에 진력한 사람들이었음을 말해준다. 거기서는 단순히 살아 있음 그 자체를 선으로 보기 어렵다. 그러나 주희는 리와 기가 떨어질 수도 없다고 보았고不相離, 퇴계는 리기호발설理氣互發說을 말했다. 그럼으로써, 그들은 자연과 일치하는 경지를 통해 인문주의적인 과제까지도 수행할 길을 열어놓은 것이다. 도덕적 당위로 제시된 인仁과 의義를 생생지리生生之理에서 찾음으로써, 퇴계나 주희는 자연의 생명 리듬에 부합하는 길이 곧 인간 사이의 사랑과 정의를 실천하는 길임을 천명한 셈이다. 다시 말해 성리학은 도덕 당위로부터 생명 당위로 돌아가는 운동을 통해 자연과 합일되면서 인간사의 문제도 같이 풀려고 했던 것이다.

물론 자연과 자유의 일치는 성리학뿐 아니라 모든 인문주의자들의 최고 목표다. 그런데, 대개 인문주의자들이 말하는 자유는 생명 당위에서 생기는 자유가 아니고, 그들의 자연은 산천초목의 자연이 아니다. 칸트가 자연과 자유의 일치를 말할 때 그는 산천초목의 자연에는 전혀 관심이 없었다. 그가 말한 자연은 우리의 본능 즉 자연스레 일어나는 마음을 가리킨다.

인문주의에서 말하는 자유는 양심대로 행할 때 발생한다. 정치적 자유와 다르다. 도덕법에 맞게 행동하면 마음에 걸리는 것이 없고 누구에게도 거리낌이 없어 자유롭다. 그런데 그처럼 자유롭기가 어렵다. 양심대로 하면 손해를 보기 때문에, 내게 이득이 되는 쪽으로 하려는 것이 자연스레 일어나는 인지상정人之常情이기 때문이다. 그러므로 자연과 자유가 대립된다. 자유롭기 위해서는 자연스레 일어나는 마음을 이겨야 한다. 성리학의

26 『성학집요』, 『국역 율곡전서 4』(서울: 한국학중앙연구원, 2007), p. 372.

용어로 말하면, 기질지성을 이겨야 본연지성이 발휘된다. 그리고 언젠가는 자연스레 일어나는 마음이 곧 본연지성과 일치하기를 바란다. 그것을 가리켜 자연과 자유의 일치라고 한다. 공자가 일흔에 도달했다는 경지 곧 "마음이 원하는 대로 따라 하는데 거치는 게 없더라從心所慾不踰矩"가 바로 자연과 자유의 일치를 가리킨다.

칸트는 『실천이성비판』의 변증론에서 그런 문제를 다루었다. 그는 저절로 도덕법에 대한 존중심이 우러나와 행위하게 되는 경지를 필연적 희망의 대상으로 다루었다. 평상시의 자연과 자유의 이율배반이 극복되고 자연과 자유가 일치되는 경지다. 저절로 자연스럽게 자유로워진다는 의미에서의 자연과 자유의 일치다. 다른 사람들과의 사이에서 저절로 사랑과 정의를 실현할 수 있는 경지를 가리키는 것이다. 그러므로 인문주의에서 자연과 자유의 일치라고 할 때, 자연은 인간의 자연스레 이는 마음을 가리키는 것이다. 밖의 자연을 가리키지 않는다. 고대 유학에는 인간 본성과 자연을 연결시킬 만한 체계적인 형이상학이 없었다. 인간 본성론 위주로 진행되었던 것이다. 그러던 것이 송대宋代에 이르러 자연을 도덕 체계 속에 포함시키는 정밀한 우주론이 등장했다.

어떻게 보면, 서양과 동양은 그 순서가 반대다. 서양은 정교한 그리스 형이상학이 먼저 출현했다. 그러다가 근대에 들어와 형이상학을 배제하고 인간 본성만 논하며 근대적 인문주의를 확립했다. 그러나 중국의 경우에는, 공맹의 고대 유학에서는 인간 본성론만 가지고 있다가 11세기에 내려와 주돈이의 『태극도설』 이후 우주의 탄생과 운행의 원리인 리理와 인간의 본성性을 같은 것으로 보면서 성즉리性卽理의 성리학이 생긴 것이다. 서양의 형이상학과 기독교가 인간의 본질과 본성을 초월적 존재와 연결시켜 생각한 반면에, 성리학에서는 인간의 본성을 자연의 생생지리와 연결시켜 생각한 것이다. 성리학이 목표로 삼는 자연과 자유의 일치는, 마음이 자연스레 자연의 생의生意를 실천함으로써 도덕 당위까지 실현하는 경지를 가리킨다. 천리天理라는 표현을 쓰기도 하지만, 천은 초월적 존재가 아니요, 인仁과 의義의 도이면서 동시에 자연 만물의 생의를 가리킨다. 그러므로 퇴계나 주희의 경우에는 생명 당위를 실현하는 일로서 자연과 자유의 일치가 일어난다. 앞에서 보았듯이 도덕 당위가 생명 당위에 흡수되면서 최고로 자유로운 경지가 열리고, 그것은 곧 산천초목의 생명 리듬과 일치되는 경험이기 때문이다.

성리학이 성명을 생명으로 푸는 것은 주희의 송나라 선배인 정호程顥의 말에 잘 드러난다. 그는 이렇게 말한다.

> 천지의 큰 힘을 생生이라 한다. 천지의 기운이 작용하여 만물이 순화된다. 생生을 일러 성性이라 하니生之謂性, 만물의 생의生意를 가장 잘 볼 수가 있다. 이 원元은 선의 으뜸이니 이것이 소위 인仁으로, 사람은 천지와 하나이다.[27]

여기서 정호는 맹자와 달라 보인다. 맹자는 고자와의 논쟁에서 "생을 일러 성이라 한다"는 뜻의 '생지위성生之謂性'을 반대했다. 그러나 정호는 그 명제를 받아들인다. 공자는 인仁을 애인愛人으로 말했는데, 정호는 인을 생의生意로 해석했다. 그것은 공자나 맹자를 부인하는 것이 아니다. 평상시의 생의가 이기적으로 타락해 있기 때문에 맹자의 얘기대로 생의 명을 곧바로 도덕적 명령인 성명으로 생각할 수 없다. 정호도 그런 점을 안다. 그러나 그 다음에 성명을 어떻게 설명할지의 문제가 남는다.

전통적으로 유학에서는 인의예지신仁義禮智信의 다섯 가지 덕이나 삼강오륜 또는 좀 더 구체화된 다양한 예법을 가지고 인간의 도덕 명령인 성명을 이해했다. 그런데, 성리학은 그 모든 것의 중심에 생의生意가 있음을 보

---

27 "天地大德曰生 天地絪縕 萬物化醇 生之謂性 萬物之生意最可觀 此元者善之長也 斯所謂仁也",『二程全書』,「遺書十一」.

았다. 우주 만물의 살려는 의지에서 성명을 본 것이다. 도덕 명령은 살려는 의지와 관련이 있는데, 자기만 사는 게 아니라 남과 더불어 살려는 의지다. 거기서 더 나가 성리학은 우주론을 도입해서, 산천초목을 비롯한 만물의 살려는 의지에 눈높이를 맞춘 것이다. 자연의 살려는 의지는 소유하지 않고 더불어 생존함으로, 자연스럽게 낳고 기르는 생명의 순환을 계속한다. 그것이 성리학자들에게 자기 수양의 원리로 제시된 것 같다.

성리학은 자유를 위해 자연을 떠났다가 다시 자연으로 돌아온 것이요, 성의 명을 받들기 위해 생의 명을 떠났다가 다시 생의 명으로 돌아온 것이다. 그것은 도덕 당위의 문제를 배제하지 않고 그대로 안고 있으면서, 그것을 생명 당위의 차원에서 풀려고 한 것이다.

존재에서 곧바로 나오는 당위는 삶의 당위다. 도덕 당위를 추구하느라고 멀리했던 그것을 다시 의식화해서 주제로 삼으려고 하는 것은, 무소유의 경지를 통해 존재 자체의 풍요로움으로 돌아갈 길을 제시해주고 있기 때문이다. 생명 당위로 복귀하는 것은, 덕의 소유까지도 배제하고 그냥 사는 것을 통해, 가장 덕을 실현하는 결과를 가져올 수 있을 것이다. 그 덕은 소유물을 정당하게 나누는 의미에서의 도덕적 덕이 아니라, 소유물 자체를 줄이고 비운다는 의미에서, 현대 문명을 치유하고 인간을 소유로부터 자유롭게 하는 결과를 가져올 것으로 보인다.

3. 성리학의 자연 내재주의

성리학은 자연주의적 내재주의라고 할 수 있다. 초월적 원리를 말하는 점에서 인문주의에 서 있으나, 초월자의 세상 참여 방식이 서양과 달리 자연 내재주의다. 서양의 경우에, 플라톤의 인문주의와 기독교의 세계관에 영향을 받은 대표적인 내재주의가 헤겔의 역사 내재주의다. 초월적 정신이 인간 이성을 통해 역사에 내재하여 자기를 전개한다. 역사는 정신의 자기 전개의 역사다. 그러나 성리학의 내재주의는 역사 내재주의가 아니라, 태극이 사물에 내재하는 자연 내재주의다. 유학에서 사물事物이라면 인간사와 물체를 모두 가리킨다. 태극 또는 천도의 유행은 인간사를 통해서도 일어나고 자연 사물을 통해서도 작용한다. 그러나 시간의 흐름 속에 발생하는 인간사에서 태극이 작용하는 효과에 대해서는 담론이 크게 발전하지 않았다. 다만, 인간 현실은 기氣가 강하고 리理가 약해 보이나, 큰 흐름 곧 대세로 보면 리理가 강하고 기氣가 약하다는 정도의 신념을 표출한다. 그러므로 미래의 역사를 통해 천도가 실현될 것으로 내다보는 시간관이나 역사관이 발달하지 않았다. 다만, 초월적 이치인 태극과 리는 물체 하나하나에 들어 있다. 세상 만물에 모두 태극이 들어 있어 그 본성을 통해 태극과 리가 작동한다. 그 본성의 작동이 곧 태극과 리의 활동이다.

형이상학은 초월적 존재를 상정한다. 그러나 문제는 어떻게 내재하느냐에 따라 그 세계관과 인간관 그리고 자연관의 차이를 드러낸다. 이 문제에서 성리학은 도덕적으로는 리기理氣 이원론이지만, 우주론적으로는 기氣 일원론이라고 할 수 있다.[28] 성리학을 자연주의적 인문주의라고 부를 수 있는 까닭이 거기에 있다. 그리고 자연 내재주의라고 부를 수 있는 까닭도 거기에 있다. 리기 이원론은 인문주의적 형이상학의 모습을 보인 것이요, 우주론적 기 일원론은 자연주의의 모습을 간직한 것이다. 퇴계의 경우에 리기호발理氣互發을 말한 것은, 도덕적 이원론의 각도에서 말한 것이고, 기대승이나 율곡의 기발일도설氣發一途說은 우주론적 측면을 강조해 말한 것이다. 그러나 각각 인간론과 세계관의 차이가 드러난 면도 있으니, 퇴계는 인간 세상의 악을 좀 더 심각하게 보았으며, 율곡이나 서인과 노론의 학문은 인간과 세상에 대해 퇴계에 비해 좀 더 낙관적이었다고 할 수 있다.

퇴계의 남인학파가 종교적 경敬을 강조하고, 세상에서 물러나 학문을 닦는 데 주력했고, 율곡 학파는 인간 본성의 발휘를 강조하는 성誠을 수양법으로 삼은 것도 그런 인간관의 미세한 차이에 기인하는 것 같다. 그리고 율곡 학파가, 조선 성지의 수도 세력이 된 것도 그런 철학의 차이와 무관하지 않을 것이다. 원래 주희의 성리학은 이처럼 주리론이나 주기론으로 분화될 가능성도 있었으니, 퇴계나 율곡은 독창적이고 뛰어난 논리로 성리학을 발전시켜나간 분들이다. 이제 리기 이원론에 바탕을 둔 도덕론과 기 일원론에 바탕을 둔 우주론을 살펴보면서, 자연주의적 내재주의의 의미를 생각해 보기로 하자. 그 전에 서양의 사상을 대표하는 기독교의 우주론을 살피는 것이 성리학의 자연주의적 특징을 두드러지게 하는 데 좋을 것 같다.

기독교의 창조론

기독교는 무로부터의 창조*creatio ex nihilo*를 말한다. 이 교리를 정립한 아우구스티누스는 이렇게 말한다.

28 영조 때의 학자이자 겸재 정선의 스승인 농암 김창협도 퇴계와 율곡의 학설을 종합해서 비슷한 논리를 전개한 바 있다.

> 하나님께서는, 당신에게서 나왔고 당신의 본체에서 태어난 그분, 태초가 되시고 당신의 지혜가 되신 그분 안에서, '어떤 무엇'을 무로부터 창조하셨습니다. 그러나 하늘과 땅은 당신의 본체로부터 유출하여 나온 것이 아닙니다. 만일 그랬다면 하늘과 땅은 당신의 독생자와 동등한 존재가 되고 따라서 당신과 동등한 존재가 됩니다. 그러므로 당신의 본체에서 낳지 않은 것을 당신과 동등하다고 말하는 것은 이치에 맞지 않는 일입니다……. 당신만이 영원부터 존재하고 계셨으므로 당신밖에 하늘과 땅을 만들 수 있는 아무 질료도 있지 않았습니다.[29]

기독교의 창조론이 성리학의 천지개벽설과 뚜렷한 차이를 보이는 점은 위의 인용문에 잘 나타난다.

무로부터의 창조 교리는 세상의 기원이, 선하고 전능한 신에 있음을 말한다. 세상은 전능하고 최고선인 한 분 하나님에 의해 생겨났다. 플라톤의 인문주의적인 세상 형성설formation theory처럼 세상의 기원archē에 선이 있다고 말함으로써, 세상이 본래 선하다고 역설한다. 그러니까, 우주발생론은 우주가 시작된 그 시간적 시초beginning를 말하기보다는, 우주의 바탕foundation이 선임을 말하고자 하는 것이다.[30] 그 점은 플라톤이나 기독교나 성리학이나 모두 같다. 그들이 말하는 '이데아'나 '하나님'이나 '태극'은 한결같이 모두 선하다. 플라톤의 이념 곧 이데아는 선의 이념이고, 성리학의 태극은 순수한 선善이요 인仁이다. 그리고 기독교의 하나님은 선하고 좋은 사랑의 하나님이다.

그런 선한 존재로부터 세상이 생겼다고 말하는 인문주의와 기독교의 우

---

29 아우구스티누스, 『고백록』, 선한용 역(서울: 대한기독교서회, 2007), 12권, 7장, 7절, p. 426.

30 폴 리쾨르P. Ricoeur가 『성서의 이해』, 김창주 역(서울: 살림, 2006), p. 60 이하에서 잘 말하고 있다.

주 발생론은 모두 비판적 시각과 구원론적 시각을 동시에 갖고 있다. 지금은 세상이 엉망이지만 본래는 그렇지 않았음을 말하는 것이다. 그 본래성을 통해서 현재의 세상을 개혁하고 구원하고자 하는 의도와 신념이 우주 발생론에 들어 있다. 그 점에 있어서는 기독교의 창조론도 마찬가지다. 태초에, 세상이 생기기 전에 선한 하나님이 있었다. 선이 악보다 먼저다. 그 우선성으로 선의 힘의 우월성을 확보하고자 한 것이다. 창조 이야기를 구성한 신념 체계의 출발은 고통스럽고 모순된 세상이다. 세상이 악하고 평화가 없는데 어떻게 더 나은 세상을 만들 것인가 하는 문제의식으로부터 출발해서, 세상의 기원으로 거슬러 올라간 것이다. 그리고 그 기원에 대한 확신으로 세상의 장래를 확보하려고 하는 것이다.

그런데, 기독교가 특별히 무로부터의 창조를 강조하는 것은, 일단 초월적 존재인 신과 세상과의 거리를 강소하는 세계관을 반영한다. 신과 인간, 신과 세상은 전적으로 다른 존재다. 이것은 실체적으로 다른 존재라는 의미도 있지만, 도덕적 평가가 더 중요하다. 신은 최고선으로 최고로 존재하고, 인간 세상은 죄와 악으로 얼룩져서 신과 어깨를 나란히 할 수 없는 수직적 관계를 형성한다. 앞의 인용문에서 아우구스티누스가 강조하는 것은, 세상은 신에게서 유출되지 않았다는 점이다. 이것은 물론 당시 신플라톤주의가 주장한 유출설에 대한 반대다. 유출설에 따르면, 세상은 일자一者로부터 넘쳐흘러 생긴 것이다. 그렇게 되면 세상 안에 일자一者의 신성이 들어와 있게 된다. 내재주의가 되는 것이다.[31] 무로부터의 창조는, 그런 유출설

---

31 물론 플로티누스에게서 시작된 신플라톤주의는 존재의 위계질서를 가지고 있다. 일자로부터 누우스(영, 이성)와 프시케(혼, 심리적인 것) 그리고 피지스(육)에 이르기까지 점차 그 신성은 옅어지고 사라진다. 무생물은 피지스만 가지고 있어 일자의 신성이 거의 없다. 동물은 피지스와 프시케를 가지고 있다. 사람은 피지스와 프시케와 누우스를 가지고 있는데, 피지스와 프시케를 억제하고 버려야 누우스를 통해 일자와 합일할 수 있다. 그것이 구원이다. 그런 점에서 초월자가 자연 사물에 내재하거나 역사에 내재하는 내재주의와는 다르다. 주로 한 인간의 영혼의 구원을 목적으로 삼은 신비주의적 관점이라고 할 수 있다.

에 반대하면서, 신은 신이고 피조물은 피조물이라는 거리두기를 시도한 것이다. 달리 말하면 하나님의 초월성과 전능한 능력을 유지하기 위한 개념이 '무로부터의 창조'다.

그런데, 성리학의 우주 발생론은 유출설에 가깝다. 성리학에서는, 태극에서 음양이 나오고, 음양에서 오행이 나와 만물을 이루었다고 본다. 태극은 리理요, 음양과 오행은 기氣니, 간단히 말하면 리에서 기가 나와 우주 만물이 생긴 것이다. 뒤에서 살펴보겠지만, 우주 발생에서 기는 리가 만든 게 아니라 리에서 나온 것이다. 이것을 인잉因孕이라고 한다. 리와 기는 서로 거리를 두고 마주하는 대대待對의 관계가 아니다. 오히려 리는 기를 배고孕 내는生 관계다. 바로 이런 인잉의 관계가 유출설과 유사하다. 기는 리에서 나온 것이지만,[32] 리가 만든 것이 아니라 낳은 것이다. 리가 기를 낳는다면, 리와 기는 같은 종류가 될 것이다. 기에 리가 들어 있게 되는 것이다. 그런 점에서, 성리학은 처음부터 내재주의인 반면에, 기독교의 창조론은 신의 초월을 강조한다. 성리학의 우주 발생론에 대해서는 자연주의와 관련해서 뒤에서 자세히 살펴볼 것이다.

기독교가 창조론에서부터 신의 초월을 강조한다면, 그 신은 어떻게 세상과 관계하는가? 초월과 내재의 문제다. 초월자를 일단 설정했으면, 그 다음에는 내재의 방식을 설명해야 한다. 왜냐하면 내재가 없다면 초월자는 세상과 아무런 관계가 없는 존재가 되고 말 것이기 때문이다. 그 문제에서 기독교는, 성자聖子를 매개로 초월적 하나님이 세상을 창조하는 것으로 설

32 '나온다proceed from'는 표현은 기독교의 창조론이나 신플라톤주의의 유출설이나 성리학의 천지개벽설에 모두 적용할 수 있다. 세상은 하나님에게서 나왔고, 혹은 일자로부터 나왔고, 기는 리에서 나왔다. 그러나 '나온다'는 것이 '낳는다'는 말과 차이를 두고 특별한 의미로 쓰일 때가 있다. 기독교의 삼위일체 논쟁의 결과인 니케아 신조에서는, 성자는 성부가 낳았고, 성령은 성부와 성자에게서 나왔다고 함으로써 문제가 되었다. 낳으면 같은 종류가 되는데, 나왔다고 하면 부속물이 될 가능성이 있어서, 성령이 성부와 성자보다 떨어지는 신성을 지니게 되는 듯하기 때문이다.

명한다. 앞의 인용문은 '그분'이라는 말로 표현되었다.

하나님이 세상을 창조했는데, '그분 안에서' 세상을 창조했다. '그분'은 일종의 매개자다. 높은 하나님이 창조 행위를 통해 세상과 접촉하는데 '그분'이라는 중간 매개를 거친다. '그분'은 기독교 삼위일체에 따르면 성자聖子다. 성부聖父가 성자를 통해 세상을 만든다. 초월적 신인 성부 하나님이 세상과 접촉하는데, 성자를 통해서 한다. 신이 세상에 관여하고 접촉하되, 초월적 지위를 잃지 않기 위해 성자를 통해 접촉한다. 그렇다면 세상과 접촉하는 신인 성자는 성부보다 열등한가? 앞의 글에 나오듯이, '그분'은 하나님과 동등하다. 그분은 하나님에게서 태어났고 하나님의 지혜라는 점에서, 하나님보다 못하게 여겨질 수도 있다. 그러나 하나님은 하나님을 낳는다. 그것은 사람이 사람을 낳고 말은 말을 낳는 것과 같은 이치다. 그러므로 성부와 성자는 같은 종이다. '낳다' 또는 '태어나다'라는 표현을 통해 말하려는 것은, 성부와 성자는 같은 수준의 신이라는 점이다.

여기에는 성리학과 공통된 문제의식이 들어 있고, 그 해결에서는 분명한 차이를 보인다. 초월적 이념과 세상 현실과의 관계 문제에 대한 기독교적인 응답이 창조론에 들어 있다. 성리학도 공맹에 비하면 인간 현실의 악함을 생각해서 형이상학에 도달했다. 리가 기와 섞이지 않는다理氣不相雜는 주장은, 성리학의 리가 세상을 초월한 이념임을 말하는 것이다. 플라톤의 선의 이념이 '하나'로서 초월자이듯이 성리학의 태극도 '하나'로서 초월적이다. '하나'는 세상 모든 것에 보편적 영향을 미치되, 그 많은 사물 중의 하나가 아닌 초월자를 가리키는 것이다. '하나'는 초월을 의미하며, 모든 사물 개체의 바탕이면서 사물과 섞이지 않는다는 점에서 무無와 같다. 성리학은 무극이태극無極而太極이라고 함으로써, 태극이 하나이지만 하나의 사물이 아니라 세상 사물을 초월한 무엇임을 말하고 있다. 기독교도 하나를 인격화한 '하나님'을 말한다. 어떻든 인문주의 형이상학에서는 모두 보편적 초월 원리인 '하나'를 설정했다. 그런데, 그 초월적 하나가 보편적으로 활동하여 모든 구체적 상황의 원리가 된다. 그처럼 보편이 개별적인 특수 상황에서 활동하는 것이 내재다. 개별적 개체나 특수한 상황이란 보편적 초월자의 내재다. 그런데, 내재하면 초월자의 초월성이 상실되지 않는가!

여기에는, 순수 이념이 현실에서 구체화되면 그 순수성을 지키기 어렵다는 문제의식이 깔려 있다. 순수한 최고의 선인 하나님이 세상을 만드는 데 손을 대는 것은 자칫 순수함이 오염될 수 있다. 플라톤도 『티마이오스』에서, 그런 문제를 염두에 두고, 데미우르고스라는 신을 등장시켰다. 데미우르고스는 세상을 만든 신인데, 이미 있는 질료를 재료로 삼아 선의 이념을 본으로 삼고 세상을 만든다. 선의 이념은 가장 높은 신성을 지니고 있으며, 데미우르고스는 낮은 신이다. 높은 신인 선의 이념은 세상을 만드는 일에 직접 손을 대지 않고 본으로 남아 있음으로써, 그 초월성을 그대로 유지한다.

플라톤의 형성신화에서 데미우르고스에 해당하는 것이 기독교의 창조론에서는 성자 하나님이다. 앞의 인용문에서 '그분'으로 표현된 존재다. 성부 하나님이 성자 하나님 안에서 성자 하나님을 통해 세상을 만들었다. 기독교도 하나님과 세상 사이에 접촉점의 매개를 둠으로써 하나님의 초월성을 지키려고 했다. 세상은 악이 판을 쳐서 선의 실현이 쉽지 않으며, 순수 선은 세상에 비해 엄청난 거리가 있다고 본 것이다. 그런데, 중간 매개의 존재인 성자도 성부 하나님에 비해 열등하지 않고 동일하다. 그런 점에서, 플라톤의 데미우르고스와 다르다. 선의 이념과 데미우르고스 사이에는 신성의 차이가 있지만, 성부 하나님과 성자 하나님 사이에는 어떤 신성의 차등도 없다. 이것은 325년 니케아 종교 회의의 삼위일체 논쟁을 통해서 정립된 것이다. 기독교 교회의 창조론도 그런 신학적 논의를 반영하고 있다.

이것은 기독교가 초월적 신을 믿으면서도, 세상과 삶을 귀하고 의미 있는 것으로 긍정하는 종교임을 보여준다. 세상과 접촉하고 있는 신인 성자 하나님을 성부에 비해 열등하게 보지 않는다는 것이 그 점을 말해준다. 성자를 성부보다 열등하게 보려는 시도들이 있었다. 대표적인 것이 아리우스 일파다. 그들은 그리스도를 인간보다 우월하지만 하나님보다 조금 못한 존재로 생각했다. 그것은, 세상과의 접촉자를 열등하게 봄으로 절대적 신을 유지하려는 의도다. 그러나 교회의 주류는 성자와 성부를 동일한 분으로 고백했다. 순수 선은 세상 현실과는 별개의 이념적 세상에서만 실현되는 것이 아니라 이 세상에서도 실현될 수 있다는 가능성을 열어놓은 것이다. 다시 말해서 하나님 나라의 실현이 적어도 인간이 이루는 역사와 어떤 연결점을 지니고 있다고 믿은 것이다. 그만큼 세상의 악에도 불구하고 세상을 구원의 자리로 보려는 세계관이 기독교의 삼위일체 교리에 들어 있는 것이다.

우리는 뒤에서, 퇴계가 성리학의 우주 발생론인 "태극생양의"를 독특하게 해석하면서 그런 문제들을 어떻게 처리하는지 볼 것이다. 퇴계가 초월자 태극이 내재하는 방식을 중요하게 다루고 있다는 것은, 그가 인문주의 공통의 문제의식을 가지고 있었음을 알려준다. 그러면서도 동시에 성리학의 자연주의적 내재주의 관점을 보여준다. 그 문제는 뒤에서 다루겠다. 다만, 기독교가 성부와 동일한 신성을 가진 성자를 통해 세상을 만들었다고 함으로써, 한편으로는 세상의 악을 심각하게 보면서, 다른 한편으로는 세상을 기본적으로 긍정한다는 것을 알면 되겠다. 매개자를 통하지 않고는 세상과 접촉하지 않는 절대 초월자를 성부의 이름으로 상정하고 있는 점에서, 기독교는 세상을 매우 비판적으로 보는 종교요, 자칫 이원론적 비관주의로 흐를 수도 있다. 그러나 그 세상이 좋은 하나님에 의해 만들어졌다고 함으로써, 본래는 좋은 세상이라고 믿는다. 뿐만 아니라, 절대 초월자 성부가 성자를 통해서 세상을 만들고 구원하는 접촉과 내재적 관여의 활동을 하는데, 세상과 접촉하는 중개자가 절대 초월자와 동일한 신이라고 믿는다.

그것은 세상과 삶을 긍정하는 기독교적 방식이다. 세상을 등지고 초월을 찾는 구원의 방식이 아니다. 먹고 살며 문화를 만들고 경제 활동과 정치 활동을 하는 인간의 일상사를 끌어안고 구원을 찾는 방식이다. 그것을 가리켜, 사도 바울은 "죄가 많은 곳에 은혜가 넘친다"(로마서 5장)고 했다. 은혜가 넘치는 곳은 다른 곳이 아니라, 먹고 살기 위해 죄를 지을 수밖에 없는 현실의 장 바로 그곳이다. 기독교가 다른 종교에 비해 무소유를 덜 강조하는 까닭도 거기에 있다. 흔히 소유를 버리는 데서 생기는 자유를 말하는 것이 고등종교라면, 기독교는 소유에서 생기는 자유를 그의 영성 속에 포함시켰다. 헤겔이 『법철학』을 쓰며 자유의 세 단계를 말했는데, 사물의 소유를 인간 자유의 첫 번째 단계로 본 것은 기독교 문화권에서 나온 것이라고 할 수 있다.

창조론은 구원론의 관점에서 생겨난 것이다. 플라톤의 우주 형성론도 마찬가지고, 성리학의 태극생양의太極生兩儀도 마찬가지다. 하나에서 여럿이 나왔으니, 그 하나를 품는 것이 구원의 길임을 말한다. 선의 이념을 본떠 세상이 만들어졌으니, 그 본paradeigma에 가까워져야 한다. 여럿으로 흩어진 마음을 하나로 모아 선의 이념을 관조하고 그것과 하나가 되면, 욕정에서 자유로워지며 세상을 통치할 지혜를 얻게 될 것이다. 그것이 플라톤이 우주 형성론을 펼친 까닭이다. 성리학은 주일무적主一無適하는 수양법으로 사욕에서 벗어나 지극한 자유의 경지를 얻으려고 했다. 그런 면에서 우주 발생론은 모두 구원의 관점에서 쓰여진 것이라고 할 수 있다.[33]

---

33 윤사순 교수의 표현을 따르자면, 우주 발생의 문제는 "달관의 지혜를 깨닫기 위한 것"이라고도 할 수 있다. 윤사순, 『동양사상과 한국사상』(서울: 을유문화사, 1996), p. 129. 자유를 구원으로 본다면, 달관의 지혜 또한 궁극적 자유를 위한 것이니, 구원론의 차원이라고 할 수 있다. 동양 방식의 구원론인 셈이다. 구원이란 말은 원래 그리스 인문주의자들도 쓰던 말이다. 그것은 달관의 지혜와 멀지 않다. 성서에서는 인문주의적 자유가 아닌, 하나님의 사랑과 능력에 의한 구원을 추구했다. 초대 교부들 이후 기독교 신학은 구원의 개념에 인문주의적인 차원도 포함시켰다. 다만 어떻게 거기에 도달하느냐의 차이가 있었다고 할 수 있다.

그런데 성리학의 경우에는 구원의 길이 자연과 이어져 있는 반면에, 기독교는 초월적 신이 이끄는 구원 사건에 초점이 맞추어져 있다. 자연을 바라볼 때, 창조 신앙 속에서 인간의 우위를 본다. 구약 성서에는 자연을 소재로 하나님을 찬양하는 시들이 있다. 시편 8편을 보자.

> 1 여호와 우리 주여, 주의 이름이 어찌 그리 아름다운지요. 주의 영광이 하늘을 덮었나이다…… 3 주의 손가락으로 만드신 주의 하늘과 주께서 베풀어 두신 달과 별들을 내가 보오니, 4 사람이 무엇이기에 주께서 그를 생각하시며 인자가 무엇이기에 주께서 그를 돌보시나이까. 5 그를 하나님보다 조금 못하게 하시고 영화와 존귀로 관을 씌우셨나이다. 6 주의 손으로 만드신 것을 다스리게 하시고 만물을 그의 발 아래 두셨으니 7 곧 모든 소와 양과 들짐승이며 8 공중의 새와 바다의 물고기와 바닷길에 다니는 것이니이다. 9 여호와 우리 주여 주의 이름이 온 땅에 어찌 그리 아름다운지요.

하늘과 달과 별들이 모두 하나님에 의해 만들어졌다는 창조 신앙의 고백으로 시는 시작된다. 그러나 모든 자연 사물에서 하나님의 영광을 보는 창조 신앙은, 모든 피조물 중에서 두드러진 인간의 지위에 대한 언급으로 바로 연결된다. 자연 사물은 인간의 발아래에 있다. 그러므로 자연을 노래한다고 해서, 자연에서 궁극적 덕목을 찾는 것이 아니다. 사람이 지향할 것은 하나님이지 자연이 아니다. 자연은 인간에 비해 열등한 피조물일 뿐이다. 그래도 창조 신앙에는, 현대의 과학적 사고방식과는 달리, 하나님의 숨결이 자연에 들어 있음을 보는 눈이 있다. 그러나 하나님의 역사役事는 자연보다 인간이 이루는 역사歷史를 통해 일어난다. 기독교의 신 중심에는 인간 중심이 들어 있다.

그런 경향은 이사야서와 시편에서 자주 보인다. 시편 136편은 세상을 지은 하나님의 능력을 찬양하는 시다. 그러나 5절부터 9절까지 하늘과 땅을 지으신 하나님의 창조를 노래하던 시는, 10절 이하에서 갑자기 애굽에서 이스라엘을 해방시킨 하나님의 역사를 찬양하는 시로 바뀐다. 이것은, 자연을 바라보는 관점이 역사 속에서의 정치적 구원 체험과 떨어질 수 없음을 의미한다.[34]

기독교의 창조론에서 자연의 위치는 인간에 종속되어 있다. 세상과 접촉하는 신은 성자와 성령이다. 성자는 복음서에 나오는 나사렛 예수로서, 그의 탄생 설화에서 그 이름은 임마누엘이다. '임마누'는 영어의 임마넌스 immanence의 어원이 되는 히브리어이다. 내재한다는 뜻이다. 엘은 하나님이라는 뜻이다. 예수는 이 세상에 내재하는 하나님이다. 우리와 함께하는 하나님이다. 예수 그리스도는 성자 하나님이요, 세상이 그를 통해 만들어졌고, 세상이 그를 만난다. 그런데, 예수의 활동의 대상은 인간이다. 그는 인간과 접촉했고, 인간의 죄를 대속하기 위해 십자가에 달렸다. 기독교의 하나님이 내재하는 또 하나의 모습은 성령이다. 성령 하나님은 우리 안의 하나님이다. 성령은 인간의 영을 통해 인간의 영과 접촉하지만, 자연의 영과는 거리가 멀다. 자연의 영을 인정하게 되면 물활론이나 애니미즘이 되는데, 그런 식의 사유는 기독교와 거리가 멀다.

자연도 하나님의 피조물이다. 그러나 기독교는 인간 중심이다. 인간의 죄로 세상에 고통이 들어왔다고 본다. 물리적인 악은 도덕적 악의 결과다. 그러므로 인간은 자연 재앙과 삶의 고통에 대한 책임의 주체로 세상의 중심이 된다. 후설이 얘기하는 의미의 주체는 아닐지라도, 기독교는 인간을 책임의 주체로 세운다. 죄에서 온 무의미를 이기고 다시 의미를 찾아야 하는 주체다. 그리고 그 뒤에 하나님이 있어서 그 일을 돕고 주도한다. 인간의 책임성이란 결국 그런 하나님의 구원 사업에 동참하는 결단을 의미한

34 「구약 창조 신앙의 신학적 문제」, 『폰 라드 논문집』, 김정준 역(서울: 대한기독교출판사, 1978), p. 254 이하 참조.

다. 그것이 신앙이다.

그런 인간의 책임성은 자연에도 미친다. 창세기 3장에는 자연 재앙이 인간의 죄에서 비롯된 것으로 암시하는 대목이 나온다. 아담과 하와가 죄를 짓고 난 후에, 땅에서 엉겅퀴가 나온다. 처음에 보기에 좋기에 창조된 자연 질서가 어그러지고, 자연이 인간에 대해 비우호적이 되기 시작한 것이다. 이런 식의 얘기는, 인간이 하나님에게 돌아오면 자연 재앙도 없어질 것임을 암시한다. 결국 창세기 1, 2장의 창조 신화와 3장에 나오는 선악과 얘기와 에덴 동산 추방의 설화는, 고통이라는 악에서 어떻게 구원받을 것인지를 말하고자 하는 것이다. 거기서 인간 책임론을 들고 나온 것이고, 그렇게 함으로 신의 선함은 보장되는 것이다. 자신을 구원하는 문제는 순전히 인간 자신에게 달렸다. 하나님에게로 돌아오느냐 아니냐 하는 문제인 것이다. 하나님은 선한 분으로 언제나 기다리고 있다. 신의 불변은 인간의 변화를 이끄는 원동력이다.[35]

만일 인간이 신에게 돌아오면, 정의가 강물처럼 흐르는 인간 사회가 될 것이다. 뿐만 아니라 자연도 구원을 받는다. 이사야 11장에는 종말론적 희망이 나와 있다. 하나님을 경외하는 신이 임하면 하나님을 아는 지식이 충만해지고, 공의로 재판하는 정의 사회가 구현되는 날이 올 것이다. 그것은 인간 역사의 구원을 의미한다. 그런데, 자연의 구원도 같이 이루어진다. 그것은 자연에 먹이사슬이 없어짐으로써 이루어지는 일이다. 이사야 11장 6절 이하에 그런 얘기가 나온다. 이리가 어린 양과 함께 있고 표범이 어린 염소와 함께 누우며, 어린아이가 송아지와 어린 사자를 함께 데리고 놀고,

---

35 아우구스티누스는, 악에는 작용인causa effeciens이 없고 결핍인causa defectus만 있다고 말한다. 『신국론』, 성염 역(왜관, 분도출판사, 2005), 12권, 7, p. 1263. 피조된 세계에는 변하지 않는 신의 선한 힘이 작용하는데, 인간이 그것에 등을 돌리거나 벗어날 때 악이 발생한다. 그러나 인간의 악한 마음먹음은 적극적인 힘이 아니라, 선의 힘을 피해간 것일 뿐이다. 덧셈이 아니라 뺄셈의 공식이다.

암소와 곰이 함께 먹으며, 사자가 소처럼 풀을 먹을 것이며, 젖먹는 아이가 독사의 굴에 손을 넣는다. 여기에는 현재의 자연의 먹이사슬을 자연스런 것으로 보지 않는 관점이 있다. 다시 말해 그것은 본래의 태초의 질서가 아니다. 사랑의 하나님은 힘센 짐승이 약한 짐승을 잡아먹는 질서를 만들지 않았다고 보는 것이다. 인간 사회에 만연한 먹이사슬이 폭력이듯이 자연의 먹이사슬도 폭력이다.

유대교나 기독교는 종말의 신앙을 가지고, 그 모든 폭력과 죄악이 사라지는 사회를 꿈꾸고 그런 날이 오리라고 믿는다. 그런 꿈의 실현의 주역은 인간이다. 물론 하나님을 경외하는 영이 인간에게 내려야 인간은 새 역사의 주역이 된다. 다시 말해 구원은 인간의 영을 통해 일하는 성령의 역사로 일어난다. 그런 점에서, 구원의 주역은 하나님이다. 그러나 인간 쪽의 응답과 동참이 중요하다. 헤겔은 이것을 완전히 인간의 일로만 생각해서 역사내재주의를 만들었다. 그러나 기독교 신앙은 인간 역사歷史와 신의 역사役事 사이에 거리를 둔다. 헤겔의 용어로 말하자면, 현실적인 것이 다 이성적이지는 않다. 그렇게 함으로써 기독교는 현실 역사를 비판할 여지를 둔다. 구원의 주역을 하나님으로 보는 데는, 그처럼 인간 역사를 비판할 긴장을 유지하려는 노력이 있다. 결국 인간 구원의 문제는, 인간이 하지만 하나님이 하는 것이고, 하나님이 하지만 인간이 하는 것이다.[36] 구원의 주체는 신과 인간이다. 자연은 구원의 대상일 뿐이다. 인간이 하나님과 올바른 관계를 맺고 인간 사회가 정의롭게 될 때, 그때 자연도 구원받는다. 인간의 역사에 폭력이 사라질 때, 자연에도 폭력이 사라져 서로 잡아먹는 일이 없이 어울려 산다.

36 이것은 신인협력설을 가리키는 것이 아니라, 자율과 신률의 변증법 또는 인간중심주의와 신중심주의의 변증법을 말하는 것이다.

성리학의 태극생양의太極生兩儀

이제 성리학의 우주 발생론을 보자. 흔히 천지개벽설이라고도 부른다. 성리학의 우주 발생론은 기본적으로 『주역』 궤사에 있던 구절[37]을 주돈이가 『태극도설太極圖說』에서 새롭게 철학적으로 해석함으로 성립되었다. 주희는 『태극해의太極解義』에서 성리학적으로 그 의미를 정립했다. 주돈이의 명제를 간단히 말하면, "태극이 동하여 양을 낳고 정하여 음을 낳는다太極動而生陽 靜而生陰"는 구절로 표현할 수 있다. 이 구절은 중국과 한국의 성리학에서 줄곧 토론의 대상이 되었다. 주희는 태극을 리理로 보고, 음양을 기氣라고 했는데, 그렇다면 결국 리가 기를 낳는 것이다. 여기에는 몇 가지 생각할 것이 있다. 첫째는 리가 동하고 정하는 움직임이 있느냐는 것이다. 둘째는, 리理와 기氣의 선후 문제가 생긴다. 그리고 셋째는 리와 기가 같은 종류이냐는 것이다. 이런 문제들은 기독교의 창조론과 비교되면서, 성리학의 자연주의적 내재주의를 드러내는 주제들이다.

원래 태극이나 리는 동정이 없어야 한다. 움직임이 있는 것은 공간과 시간의 변화에 들어가는 것이므로 제약을 받고, 따라서 만물과 만상의 보편적 원인이 될 수 없다. 보편적 원인은 특수한 상황에 제한되지 않는다는 점에서 시공간을 초월해 있고, 변치 않는다고 할 수 있다. 그래서 태극이나 리는 기본적으로 무위無爲다. 아리스토텔레스 형이상학에서 만물의 제일원인causa prima은 부동不動의 동자動者인 것과 같다. 기본적으로 움직임이 없는 부동이다. 동양에서 말하는 무위와 아리스토텔레스의 부동은 모두 보편 원리 또는 보편적 원인이 특수한 상황의 제약을 받아서는 안 된다는 신념을 표현한 것이다. 그러나 부동의 '동자動者'는 무엇인가? 세상의 변화를 주재하고 관여하는 능동적 존재임을 표현하려는 것이다. 세상을 움직이게

---

37 "역유태극易有太極, 시생양의是生兩儀"(역에는 태극이 있으니, 그것이 음과 양을 낳는다).

하는 움직임이다. 그래서 아리스토텔레스의 네 가지 원인 중에서, 능동인能動因은 세상을 존재케 하고 변화 생성하게 하는 운동의 힘을 가리키는데, 그 의미는 도덕 행위의 주재에 있다.[38]

마찬가지로, 태극은 무위임에도 불구하고 동정動靜이 있다. 노자가 말한 대로 무위즉무불위無爲則無不爲인 것이다. 그 동정으로 세상을 낳고, 만물의 생성 변화와 인간 만사를 주재한다. 그런데, 성리학의 태극이나 리는 기본적으로 무정의無情意, 무조작無造作, 무계탁無計度이다. 정情과 의지意志가 없어서, 무얼 일삼아 만들어내지 않고, 사사건건 따져서 행하지 않는다. 이것은 리가 일반적 원리에 의해 작용하는 것이지, 개인에게 그때그때 상황에 따라 마음을 써주는 존재가 아님을 분명하게 드러내는 말이다. 성리학에서는 태극이나 리가 인仁하다고 함으로써, 인의 원리가 세상을 낳고 주재한다고 본다. 우주가 생기기 전에 어떤 마음이 있었다고 보는 것이다. 태초에 인仁한 마음이 있었다. 그 마음은 물론 태극 또는 리다. 그 마음이 세상을 낳고 세상을 움직인다. 그러나 그 마음이 개별 상황에 일일이 마음을 써주지는 않는다. 그랬다가는 객관적 보편성을 잃고 주관적인 상대성에 빠질 우려가 있다.

그러므로 정과 의지가 없다는 것은 보편적인 초월성을 지키기 위해 사

---

38 아리스토텔레스나 성리학의 인문주의 형이상학이 기본적으로 인간의 도덕성 실현에 관심이 있고, 우주 발생론도 인간의 도덕적 결단에 힘을 실어주기 위한 것이다. 그런데, 기독교는 무로부터의 창조를 말한다. 그리하여 기독교의 신은 도덕성을 주재할 뿐 아니라 우주와 삼라만상의 존재의 지속과 멸망에도 의지적으로 관여한다. 기독교의 창조론은 원래 시간의 처음을 말하기보다는 의미의 기원을 말하려는 것이다. 과학적이고 우주론적인 호기심에 대한 객관적 해답이기보다는 실존적인 무의미에 대한 실천적 지혜의 응답인 것이다. 그러나 의미의 기원에 대한 확신과 인간 구원의 방식에 대한 믿음은 객관적인 시간론을 만들어냈다. 그렇게 해서 시간은 세상이 만들어지면서 생긴 피조물로 이해된다. 그러므로 시간은 처음이 있고 끝이 있다. 인문주의 우주 발생론이 도덕적 차원의 의미 추구에 집중되어 있는 반면에, 기독교는 그런 의미 추구와 함께 객관적인 우주론과 시간론을 발전시켰다.

용된 개념이다. 정은 상대방에 끌리는 것이므로, 능동성에 손상이 있을 수 있다. 태극이나 리에 정이 없다는 것은 개별 상황에 빠져들지 않는다는 의미이다. 한편, 의지란 마음먹고 마음을 쓰는 것이다. 태극이나 리에 의지가 없다는 것은 일일이 마음먹지 않고 마음 쓰지 않는다는 것이다. 이런 것은 모두 개별 상황을 초월한 보편성을 살리려는 시도를 보여준다. 정과 의를 부인하는 또 하나의 의미는, 일삼아 일부러 마음먹지 않아도 저절로 세상이 보편적 이치에 따라 흘러간다는 것을 말하고자 하는 것이다. 세상 만물과 만사가 순리에 따라 생겨나고 또 생겨나는 것은 일도 아니라는 말이다. 보편적 원리에 의해 자연스레 일어나는 일이다. 그래서 당연當然과 능연能然과 필연必然과 자연自然이 일치한다. 마땅히 일어나야 하는 일은, 능히 그렇게 일어날 수 있고, 반드시 그렇게 일어나게 되어 있고, 저절로 그리 된다는 것이다. 당연과 자연이 일치하기 위해서, 태극이나 리에는 정과 의가 없다.

이런 식의 얘기에서 리理는 기독교의 살아 있는 신과 다르다. 기독교 신학은 하나님에게서 보편성과 구체성이 통일되는 것을 보았다. 하나님은 변하지 않기 위해 변하고, 절대자이지만 일일이 상대하는 자이다. 절대 초월자임에도 불구하고, 정이 있고 마음을 먹고 마음을 쓴다. 인간의 구원은 하나님에게도 저절로 되는 것이 아니라 일삼아 해야 하는 일이다. 일부러 하는 일은 아니지만 일삼아 해야 하는 일이다. 그래서 아우구스티누스는 신의 자연적 섭리뿐만 아니라 의지적 섭리를 말할 수 있었다. 일부러 하는 일이 아니라는 점에서 세상의 구원은 자연적 섭리이지만,[39] 일삼아 해야 하

---

39 중세 스콜라 신학에서 하나님을 정情이 없는 존재로 생각한 까닭도 거기에 있다. 그들은 하나님의 절대성과 초월성을 지키기 위해, 신을 감정 없는 사랑의 존재로 묘사했다. 감정 없는 사랑은, 상대방의 영향을 받지 않으면서 베풀어주는 존재다. 감정이 있으면 상대방의 처지에 반응을 보여 끌려가게 된다. 수동적 특성을 갖게 되고, 그러면 능동인이라고 하는 초월자의 모습에 변화가 생긴다. 그래서 절대자의 능동성을 희생시키지 않기 위해 중세 신학은 신의 감정을 부인했다.

는 점에서 의지적 섭리다. 일부러 하는 일이 아니라는 점에서 신의 섭리는 보편적이지만, 일삼아 한다는 점에서 모든 현상은 하나하나 특별한 신의 섭리다. 의지적 섭리는 원래 악의 발생의 원인을 신에게 돌리지 않으면서 악을 선용하는 신의 주재를 말하려는 개념이다. 그러나, 한 사람 한 사람을 특별히 돌본다는 의미에서 보편성의 개념을 벗어난 신의 사랑을 표현하기 위한 개념이 사용될 수 있다. 자연적 섭리만 있으면 근대의 이신론理神論이요, 성리학의 리理의 활동과 같을 수 있다. 기독교의 신은 자연적 섭리와 함께 의지적 섭리가 있다는 점에서 사랑의 하나님이다. 대체로 성리학은 태초에 어떤 마음이 있었다고 함으로써 우주론을 가지고 도덕적 지표로 활용할 수 있었다. 그러나 그 마음이 일일이 마음을 먹거나 마음을 쓴다고 보지는 않았으므로 유신론으로 나가지는 않았다. 그것이 성리학이 역사적 비판 의식이 부족하면서, 자연주의에 가까워지는 이유 중의 하나이기도 하다.

둘째로, 리와 기의 선후 문제를 보도록 하자. 리가 기를 낳는다고 하면, 리가 기보다 먼저 있게 되는 순위가 생긴다. 이것은 앞에서도 말했지만 실천적 지혜에서 생긴 신념이다. 선의 이념을 세상의 아르케로 보려고 하는 플라톤의 생각이나, 기보다 리가 먼저 있었다고 하는 주희 얘기나, 선한 하나님이 먼저 있었다고 하는 기독교의 얘기는 모두 인간의 도덕적 의미 추구와 관련이 있다. 그런 점에서 성리학은 도덕적 이원론이라고 할 수 있다. 그러나 그것이 이원론으로 가지 않는 이유는 우주론적으로는 기氣 일원론이기 때문이다. 리와 기는 불상잡不相雜이지만, 또한 불상리不相離다. 불상잡이란 리와 기가 섞일 수 없을 정도로 서로 다르다는 말이다. 리기 불상잡은 도덕적 이원론을 표현하는 것이다. 불상리라는 말은 떨어질 수 없다는 말이다. 그것은 우주적 일원론을 표현하는 말이다. 리가 있는 곳에는 언제나 기가 있고, 기가 있는 곳에는 언제나 리가 있다. 그래서 성리학에는 다음과 같은 숙어적 표현이 있다. "리가 없으면 기가 있을 수 없고, 기가 없으면 리는 있을 곳이 없다". 이 표현은, 리와 기가 뗄 수 없는 것임을 말하면서 동시에 둘의 위계질서를 은근히 드러내기도 한다. 리가 없으면 기가 있을 수 없다는 말은, 기의 존재는 절대적으로 리에 의존한다는 말이다. 이것은 기의 세상보다 선재하는 리를 상정한 형이상학의 발언이다. 그런데, 기가 없으면 리가 있을 곳이 없다는 말은, 기가 있어야 리가 구체화된다는 말이다. 그러므로 기는 리를 싣는 자리요, 리가 자신을 펼쳐 실현할 공간이다. 다시 말하면 기는 리가 구체화되는 조건이 되지만, 리의 존재의 조건은 아니다.

물론 성리학은 기독교와 달리 우주론적 일원론에 바탕을 두고 있다. 존재론적으로 보면 세상은 기로 이루어졌고, 세상의 다른 기원이란 없다. 시작도 끝도 없이 원기元氣의 자연 발생에 의해 세상이 생겼고 기의 취산굴신聚散屈伸에 의해 만물이 생성 변화하고 운행되고 있다. 그렇게 우주 생명이 운행되는 원리를 보고 나서, 마치 그 원리가 우주의 존재 이전에 존재하는 것처럼 말한 것이, 리 선재론이다. 도덕론이 아니라 우주론의 측면에서 보면 리 선재론이 갖는 위험을 늘 경계하게 된다. 기 이외의 리를 설정한 성리학은 그 리가 기 이외의 별개의 실체가 되면 안 된다는 것을 안다. 그렇게 되면 신학이 되기 때문이다. 그래서 기 일원론적인 견제를 늘 안고 있다. 그러면서도 다른 한편으로는, 리는 리이고 기는 기라고 하는 도덕적 긴장을 내포하고 있다. 애초에 기 이외의 리를 들고 나온 까닭이, 인간과 인간 세상의 악을 심각하게 보았기 때문이다. 그러므로 세상은 결코 순수할 수 없다고 하는 현실 인식으로부터, 그럼에도 불구하고 순수한 선이 세상을 주재한다고 믿어서 나온 것이, 리와 기는 섞일 수 없다는 명제이다. 그러므로 도덕적 자기 수양의 측면에서 보면, 리와 기는 섞일 수 없고, 리가 기에 선재한다. 그러나 존재론적인 측면에서 보면, 리는 기 안에 있으며, 리가 기보다 먼저 있을 수 없다.

리의 초월을 강조하면 신화적이 되고, 신학적이 될 가능성이 많다. 리가 마치 기와 별개의 실체처럼 여겨질수록 더욱 초월적인 지위를 차지할 것이기 때문이다. 그것은 인간 세상의 악을 심각하게 보고, 순선純善에 존재론적인 지위를 부여하는 것으로 나타난다. 그러면 세상은 존재론적으로 존재 자체가 아니다. 리가 플라톤의 선의 이념과 비슷해진다. 그리고, 그것이 인격화되어 의지와 정을 지니고 있는 실체가 되면 기독교와 비슷해진다. 그렇지만 성리학의 리는 어떤 경우에도 실체는 아니다. 실체 같지만 실체가 아니다. 성리학자들은, 만일 리가 실체가 되면 인격체가 되어 신화적 세계에 빠질 수 있다는 것을 알았다. 앞에서 말한 대로, 성리학자들은 우주론적 요소인 리를 어떤 마음으로 보아 심성론과 도덕론의 기준으로 삼을 수 있었다. 그러나 그 마음이 느끼고 마음을 먹고 마음을 쓰는 것은 아니다. 그렇게 되면 신화적인 세계에 빠지기 때문이다. 종교를 비신화화한 인문주의 유학은 그런 신화 세계로 돌아갈 수 없었다.

물론, 퇴계의 경우에는 리의 초월성을 매우 강화시키고, 그것을 마치 실체처럼 생각했다. 그것은 퇴계가 인간과 세상의 악에 대해 누구보다 더 심각하게 생각하고 있었음을 암시한다. 마치 세상을 바로 잡는 것은 인간의 힘으로 안 되고 초월적 상제上帝와 같은 리의 힘으로 되는 것처럼 말한다. 그가 말하는 리발理發과 리동理動, 리도理到가 모두 그런 문제의식에서 나온 것이다. 그는 말년에 리도理到를 말하며, 리의 무위無爲를 부정하는 말까지 했다. 반면에, 고봉 기대승과 율곡의 경우에는 우주론적인 측면을 강조해서 기발일도설氣發一途說을 말한다. 그들 역시 리와 기를 구분하는 성리학의 도학자들이지만, 악을 퇴계만큼 심각하게 보지 않는 데서 수양법의 차이가 난 것이다. 그들의 도덕론은 퇴계에 비해 좀 더 낙관적이다. 그래서 선의 발생은 우주의 자연 질서와 함께 인간에게 주어진 선성을 발휘하면 되는 것이다. 기발일도설氣發一途說은, 기를 조절하면 리가 저절로 발휘되게 되어 있는 것이며, 리를 따로 모셔서 주재하게 해야 선이 발생하는 것이 아님을 말하는 것이다. 그들의 태도는 퇴계의 학설이 마치 리를 인격화해서 신화적인 세계로 돌아가는 것처럼 오해되는 것을 경계하는 것이라고도 할 수 있다. 수양법에서 퇴계가 경敬을 강조하고, 율곡이 성誠을 강조하는 것도 그런 차이 때문이다. 경은 초월자에 대한 예우이고, 성은 『대학』에서부터 내려온 것으로 인간의 본성을 극진히 발휘하면 되는 것이다. 그러나 크게 보면, 퇴계든 율곡이든 성리학의 자연주의적 내재주의에서 벗어나지 않는다. 그것은 태극이 음양을 낳는다고 하는 구절의 '낳는다生'에서 찾을 수 있다. 이것이 기독교와 차이가 크게 나는 점이다. 이것이 세 번째 문제다.

세 번째로 우리는 리와 기가 같은 종류인지를 물어야 한다. 태극이 음양을 낳는다는 것은, 성리학이 기독교의 우주 발생론과 다름을 알려준다. 낳은 존재는 낳아진 존재와 같은 종류가 된다. 소가 소를 낳고 말이 말을 낳는 것과 같다. 어미와 자식의 선후 관계가 있기는 하지만, 종류는 같아진다. 이것은 초월자로 보이는 태극이 기본적으로 세상과 별개의 존재가 아니라, 세상에 이어져 있거나 세상 안에 있음을 의미한다. '낳다'라는 단어 때문에 리와 기는 서로 맞서는 대대待對의 관계가 아니라 인잉因孕의 관계다. 리는 기를 잉태하고 내는 원인인 것이다. 이것은 기독교의 창조론과 갈라지면서, 플로티누스의 유출설과 비슷해진다. 그러나 플로티누스의 유출설에 따르면 존재의 등급이 생기지만, 성리학에서는 엄밀히 말해서 존재의 위계질서가 없다. 그런 점에서 자연적 내재주의가 된다. 이 점을 설명해보자.

주희는 리와 기를 대대의 관계로 보기도 한다. 리와 기가 결코 섞일 수 없다고 말할 때도, 둘을 대대의 관계로 보는 것이다. 대대待對란 서로 대립되면서 또한 뗄 수 없이 서로에게 영향을 주어 상대방 없이는 존재하지 못하는 관계를 말한다. 물론 '불상잡不相雜'이란 개념에는 서로 대립된다는 뜻이 잘 드러나지 않지만, 실제로는 서로 대립의 의미가 있다. 리와 기의 '불상리不相離'는 서로 상대를 필요로 하는 것임을 말해준다. 리와 기는 서로를 필요로 해서, 하나가 없이 다른 하나가 존재할 수 없지만, 그러나 리와 기가 동등하지는 않다는 점을 앞에서 언급했다. 기 말고 리를 끌고 들어올 때 이미 리를 기보다 우월한 개념으로 사용한 것이다. 앞에서도 말했지만, 그것은 도덕적 신념을 표현하기 위한 개념이기 때문이다. 리는 도덕적 잠재력 또는 순선을 가리키고, 기는 도덕적 현실성 또는 악의 가능성을 가리킨다.

그것은 인문주의의 공통된 관점이기도 하다. 플라톤에게서 질료는 선의 이념이 구체화되기 위한 자리인데, 구체화되면서 선은 삭감된다. 질료란 감을 가리키는데, 감이 없으면 본을 본떠 세상의 만상이 생길 자리가 없다. 그래서 세상은 본과 감 또는 표본과 질료로 이루어져 있다. 그런데 질료는 구체화의 자리이면서 동시에 본과 똑같지 않아 흠이 있고 어긋나는 결함의 자리다. 플라톤에게서도 본인 파라데이그마paradeigma와 본을 본떠 생겨난 아이콘ikon 사이에 거리가 있다. 이런 사고방식은 인간 세상에서는 순전한 선이 오염된다는 생각이 깔려 있다. 이념은 순수하지만, 그 이념을 구체적 삶 속에서 구현하면 순수한 게 살아남을 수 없으며 모자라고 왜곡된다. 그런 면에서 질료는 악의 가능성이요, 악의 현실성이다.

원래 감이 없으면 아무것도 만들 수 없다. 감은 본만큼이나 중요하다. 감에 이미 사물의 모든 잠재성이 들어 있다고 볼 수도 있다. 도덕적 가치만 빼면 감은 본보다 중요하게 여겨질 수도 있다. 좋은 감만 있으면 언제든 무엇이든 만들어낼 수 있지 않은가. 따라서, 본을 본떠 그려낼 수 있는 감이라는 뜻의 질료는 가치중립적인 것이다. 그런데, 플라톤에게는 좋고 나쁜 감이라는 게 없으며, 감은 물질이요 질료로서 본에 의해 성질이 주어지는 것일 뿐이다. 그 점에서 플라톤의 질료는 우리말의 감이나, 성리학의 기와 다르다.

여하튼 원래 인문주의가 되려면 물질이나 질료 그 자체를 악으로 보아서는 안 된다. 악은 인간의 마음에서 나오는 것이라야 한다. 그래야 인간이 책임의 주체가 되고, 인간이 마음을 바꿔 먹으면 세상이 좋아질 수 있게 된다. 인간은 악과 선의 유일한 책임적 주체인 것이다. 그걸 말하고자 하는 것이 인문주의다. 따라서 질료가 악이 아니라, 본을 좇지 않고 물질을 더 좇는 인간의 마음이 악하다. 이 문제를 명확하게 한 것은 기독교의 교부들이다. 그것은 창조 질서의 선함을 분명하게 할 필요가 있었기 때문이다. 그래서 악의 문제에서 인간의 책임성 문제는 플라톤의 인문주의보다 아우구스티누스의 신학이 더 정밀하게 정립했던 것이다. 인간이 선을 실현할 능력과 책임이 있는 주체라고 선언하는 것보다, 악과 불행의 원인이 인간의 자유의지에 있음을 명확하게 하는 것이 인간의 주체성을 명확하게 하는 데 더 중요한 기여를 했다.

성리학도 기를 악으로 보지 않는다. 기 자체가 악이 아니라, 리를 따르지 않고 물질을 따르는 인간의 마음 곧 기심氣心이 문제요, 그런 마음이 습관화된 기습氣習이 문제인 것이다. 그 기습이 하나의 본성처럼 인간 안에 자리 잡아서 기질지성을 이루는 것이다. 기 자체가 악이 아니라는 점은 음양을 선善으로 보는 데서도 알 수 있다. 태극이 음양을 낳고 음양이 오행을 낳는다. 음양은 기다. 그런데, 태극은 물론 순선이고, 음양도 선이라고 본다. 그런데, 오행에 이르면 탁해서 질質이라고 한다. 음양과 오행을 합해서 기라고 하기도 하고, 오행을 질이라고 분리해서 부르기도 한다. 음양과 오행을 합하면 기질이 된다. 오행은 목화수금토木火水金土인데, 세상을 구성하는 물질 구성 요소다. 음양은 기임에도 불구하고 맑고 순수하다고 본다. 이것은 기 자체를 악으로 보지 않고, 따라서 세상살이의 타락을 필연적인 것으로 보지 않는 성리학의 시각을 보여준다.

그리고 사실 음양은 자연 생명의 운행 구조이지 물질로 보이지 않는다. 그러므로 음양은 태극 자체의 내재적 요소라고 볼 수도 있다. 태극을 부동의 동자動者라고 할 때, '동' 곧 세상을 낳고 운행하는 운동력을 표현하는 것이 음양이라고 할 수 있다. 그러면서 음양은 태극과 오행을 매개하는 것처럼 보인다. 기이지만 리 안에 들어 있는 기의 요소라고 할 수 있다. 우리가 흔히 태극의 그림을 볼 때도 마찬가지다. 바깥의 원은 하나의 태극을 가리킨다. 그것만 보면 텅 비어 있는 원이다. 그런데, 그 안에 음양이 들어 있다. 그것은 태극 안에 들어 있는 세상의 운행 원리인 것이다. 그것을 투명하여 선하다고 보는 것은 음양이 원리의 측면을 지니고 있기 때문이다. 그런데 오행으로 내려오면 구체적인 물질의 구성 요소다. 서양에서 흙과 바람과 공기와 불을 물질의 구성 요소로 본 것과 비슷하다. 성리학에서는, 오행은 기가 뭉쳐 탁하다고 한다. 이것은 구체화된 세상에서는 순선이 실현되기 어렵다는 세계관을 반영하고 있다.

여하튼 인문주의에서나 기독교에서나 질료나 물질은 그 자체로 악이 아니라 악의 가능성이다. 그런데, 악의 가능성이 되면서 곧 악의 현실성과 거의 일치하는 개념으로 사용되었다. 질료란 단순히 본을 실현할 자리인 감이 아니라, 본이 왜곡되는 자리로 이해된다. 앞에서도 말했지만, 삶은 선한 의도를 반드시 타락시킨다고 하는 경험에서 생긴 신념이 그런 물질관을 만들어내었다. 그렇게 되면 세상에서 경제 활동을 하고 정치 활동을 하며 살아가는 삶을 벗어나서 순수한 선과 사랑의 삶을 위해 별개의 공동체를 만들어야 할지도 모른다. 실제로 플라톤에게서 나온 이원론으로 무장한 영지주의가 그랬다. 그리고 그런 생각은 기독교 안에서도 수도원 운동이나 작은 공동체 운동으로 끊임없이 현실화되어왔다.

성리학에서 말하는 기는 플라톤의 질료와 비슷하다. 그러나 성리학에서는 이원론적인 삶의 방식을 알지 못한다. 세상살이와 무관한 천상의 나라나 정치의 세계를 완전히 떠난 금욕주의 삶을 알지 못한다. 은둔자에 대한 선호가 있었다 하더라도, 이원론적인 사고방식과는 거리가 멀다. 그러나 기氣라고 하는 것에 대한 기본적인 경계는 있다. 세상살이에서 타락할 것에 대한 경계심을 '기'라는 말로 표현했다. 기는 리와 함께 우주 삼라만상의 구성 요소라는 점에서 가치중립적이지만, 인간의 세상살이 곧 경제 활동과 정치 활동을 통해 더 많은 물질 소유를 위해 서로 경쟁하며 사는 세상살이를 나타내기도 한다. 그럴 때는 도덕적 가치가 매겨진다. 그래서 리가 기에 타재墮在한다는 표현을 쓴다. 리가 기에 내재하는데, 추락해서 내재한다는 말이다. 리가 기를 타고 삶의 현실에서 구현된다는 것은 곧 리의 추락을 의미한다. 원래 타락 곧 떨어짐fall이라고 하는 공간적 표현은 플라톤이 쓴 말인데, 기독교 신학에서 인간이 본래의 상태를 상실한 것을 가리키기 위해 갖다 썼다. 그런데, 플라톤적인 표현이 성리학자들에게도 나타난다는 것은, 결국 그 사고방식이 유사한 면을 많이 가지고 있음을 의미한다. 인간의 구원을 찾는 인문주의자들의 생각은 동서양을 막론하고 비슷한 형태를 띤다. 여하튼 성리학에서, 순수한 이치가 세상 정치에서 제대로 구현되는 법이 없기 때문에 기는 리의 방해물로 여겨지기도 한다.

원래 유학에는 '리'라고 하는 우주적 섭리의 주재자가 없었다. 그러나 송대에 이르러 인간과 세상의 악을 정면으로 주제로 삼으면서, 리를 중심으로 한 우주론과 형이상학이 출현했다. 그처럼 기 이외에 리를 설정할 때부터 기는 도덕적 가치 평가의 대상이 된다. 리의 실현을 받아주는 자리이면서 동시에 맞섬이 되는 것이다. 기가 리의 실현의 자리라는 점에서 리기불상리理氣不相離이지만, 기가 리와 맞선다는 점에서 리와 기는 불상잡不相雜이다. 그런 뜻에서 리와 기는 일물一物이 아니다. 리와 기의 거리를 강조하고, 리는 리요 기는 기임을 강조하게 되는 것은, 기 자체에 이미 도덕적 평가가 들어갔을 때의 일이다. 인간도 리와 기로 이루어져 있는데, 리를 추구하지 않고 흔히 물질에 마음이 쏠린다. 그처럼 인간의 마음을 리로부터 빼앗는 것이라는 점에서 기를 리와 대대의 관계에 있는 방해꾼으로 보는 것이다.

그런데 그처럼 리와 기를 대대로 보는 것은 심성론과 도덕론의 관점이다. 우주 형성의 측면에서 보면 리와 기는 대대가 아니라 인잉이다. 리가 기의 원인이며 리가 기를 낳았다. 이것도 도덕적 신념의 표현이기는 하다.

기 이전에 순선인 리가 있었고, 세상은 그런 순선의 자식이므로 원래 선하다. 이것은 인간 본성의 선함을 우주론적으로 확보하는 얘기다. 그러나 이러한 우주론에는 서구 기독교와 다른 세계관과 자연관이 들어 있다. 초월과 내재의 방식이 다르다. 기왕에 설정한 보편적 초월자 리는 처음부터 기에 내재하기 때문에 기와 별개의 초월자가 아니다. '낳았다'는 표현이 그 점을 보여준다.[40]

기독교에서는 하나님이 세상을 '만들었다'고 한다. 이것은 하나님이 세상을 '낳았다'는 것을 부인하는 것이다. 역사적으로 보면 신플라톤주의의 유출설을 반대한 것이기도 하다. '낳았다genessenta'는 상징적 표현을 기독교에서는 삼위일체 내의 성부聖父와 성자聖子 사이에 쓴다. 세상에 내려온 그리스도 곧 성자는 하나님이 만들지 않고 낳았다. 이것은 니케아 신조에서 가장 중요한 내용이었다. 그렇게 해서 나사렛 예수가 인간의 아들이 아니라 신의 아들이 된다. 피조물이 아니라 신이다. 신이 낳은 것은 신이기 때문이다. 그러므로 기독교에서도 낳았다는 표현은 동일본질homo ousios을 가리키기 위해 쓰인 중요한 개념이다.

기독교에서 신의 내부에서 성부 하나님과 성자 하나님 사이에 쓴 개념을, 성리학에서는 리와 기 사이에 썼다. 태극이 음양을 낳고, 리가 기를 낳았다면, 리와 기는 본질이 같아진다. 기는 리처럼 신성神性을 띠게 된다. 이것은 말하자면, 세상 만물이 신의 아들딸이요, 세상 만물 안에 신이 그대로 들어 있음을 의미한다. 리理가 기氣에 내재한다. 기독교식으로 말하면 내재에도 두 가지 방식이 있다. 하나는 성자의 내재다. 성자는 세상 사람들 옆에 함께 사는 방식으로 내재했다. 그러므로 독립된 실체가 명확하게 드러난다. 또 하나는 성령의 내재다. 성령은 거룩한 영으로서, 사람 안에 들

40 이런 문제는 양명수, 「퇴계의 태극생양의 해석의 신학적 의미」, 『퇴계학보』 125집(2009)에서 다루었다.

어 있는 방식으로 내재한다. 들어 있기 때문에 독립된 실체의 성격이 잘 드러나지 않는다.

기독교식으로 말하자면 성리학은 성자의 내재를 인정하지 않고 성령 방식의 내재만 인정하는 셈이다. 그렇게 되면 태극이나 리는 헤겔의 정신Geist과 비슷해진다. 헤겔의 정신이 초월 없이 내재하는 것처럼 태극이 초월 없이 기에 내재하는 내재주의가 된다. 기독교의 성자는 초월자가 세상과 접촉하고 내재하기 위해 거치는 매개자다. 다시 말해서 성자의 매개는 성부가 강한 초월자임을 전제로 하는 것이다. 기독교는 기독론을 중심으로 전개되는 종교인데, 그것은 기독교의 하나님이 그 초월성을 유지하면서 내재하는 존재임을 암시한다. 초월자의 지위를 유지하고자 하는 의도가 뚜렷하다. 그러나 성자 없이 성령을 통한 내재라면 헤겔식의 초월 없는 내재 형태를 띠게 된다.

성리학은 성자와 같은 중간 매개자가 없고, 다만 리를 보편적 원리로서의 초월적 지위에 두면서 그것이 내재하는 방식을 찾았다. 그것은 마치 성령을 통한 신의 내재를 연상시킨다. 그렇다면 성리학의 종교성은 내재주의임을 알 수 있다. 헤겔처럼 종교 없는 정신의 사건이라고 할 수 있다. 그런데 헤겔은 역사 내재주의이지만, 성리학은 태극이 세상의 자연 사물에 내재하는 것이다. 성리학의 우주 발생론은 신플라톤주의와 다르기는 하지만 일종의 유출설이므로, 태극의 내재는 인간을 포함한 모든 자연 만물에 이미 태극이 들어 있는 식의 내재다. 오직 인간이 이룩하는 역사를 따라 정신이 점차 자기를 전개하는 헤겔식의 역사적 사건과는 다르다.

한편, 리와 기는 "섞일 수 없으나(불상잡) 분리할 수도 없다(불상리)"라는 표현도 성리학의 내재주의를 보여준다. 기독교에 비슷한 표현이 있다. 삼위일체 논쟁에서 성부와 성자와 성령의 관계를 "분리할 수 없으나 구분된다distinctio inseparabilis"는 말로 표현한다. 이것은 같은 문제의식을 동서양이 서로 다른 차원에서 전개했음을 보여준다. 기독교에서는 이 표현을 신들 사이에 적용했다. 성자와 성부와 성령은 섞이지 않고 구분된다고 함으로써, 세 위격을 확보했다. 그러나 분리할 수는 없다고 함으로써, 세 위격이 서로 독립된 실체가 아님을 말하고자 했다. 결국 성부와 성자와 성령은 서로 역할이 다르지만, 신이 셋이 아니라 하나임을 말하고자 한 것이다. 신과 이 세상 사이에는 그런 표현을 적용하지 않는다. 하나님은 이 세상에 대해서 별개의 실체적 존재인 것이다.

그런데, 같은 표현을 성리학에서는 리와 기 사이에 적용한다. 기독교식으로 말하자면 하나님과 세상 사이에 적용한 것이다. 리와 기는 섞일 수 없다. 이것은 도덕적 이원론의 관점에서, 도덕의 구현을 주도하기 위한 어떤 초월자를 설정하기 위한 표현이다. 그러나 그 둘은 서로 분리할 수도 없다. 실체적으로는 리가 기와 별개가 아니라 하나임을 천명한 것이다. 그러므로 기독교와 달리 도덕적 결단도 결국 인간이 하는 것이지, 하나님의 주재로 이루어지는 일이 아니다. 기독교는 "분리할 수 없으나 구분된다"는 것을 신의 위격들 사이에 적용함으로써, 신과 피조물 사이에 거리를 두고 신을 절대 초월자로 만든다. 그러나 성리학은 같은 표현을 리와 기 사이에 적용함으로써, 우주론적 일원론을 나타내고 있다. 도덕적 이원론적인 요소가 있으면서도 결국은 우주론적 일원론에 흡수되기 때문에, 자연 내재주의가 되는 것이다. 초월적 요소가 없으면 내재주의란 말이 아예 성립하지 않는다.

마지막으로, 불상잡 불상리와 비슷하지만, 성리학에서 매우 중요하게 생각하는 체용일원體用一源이란 숙어를 생각해보자. 앞에서도 말했듯이 성리학은 도덕 형이상학이기 때문에, 체용이라는 용어도 도덕적 관점에서 사용된 것이다. 체란 도덕적 잠재력을 가리키고, 용이란 그것의 활용이라고 할 수 있다. 그런데 그 잠재력을 마치 실체처럼 표현한 것이다. 인간의 정情은 용用이고, 인간의 본성은 체體다. 다시 말해서 인간의 사단 칠정의 감정은 인간 본성이 밖의 사물에 감응하여 발휘된 것이다. 우리 일상에서 겉으로 드러난 도덕 감정은 흔히 겪는 것들인데, 그 뒤에 어떤 도덕적 잠재력이 인간에게 주어져 있다고 본 것이다. 그러니까, 경험의 세계는 용이고, 선험적으로 주어진 도덕 능력을 가리켜 체라고 할 수 있다. 체에서 용이 나간다.

이런 식의 관점은 자기 수양을 위해 필요했다. 체에서 용이 나가는 것이기 때문에 사물에 반응하여 밖으로 드러나는 감정을 정화하고 바르게 하려면, 상수원上水源인 체를 잘 갈고 닦아야 한다. 경험적 세계의 실체는 선험적 세계에서 찾아야 한다. 이런 선험적인 체가 인간의 마음을 주도하는 초월적 실체처럼 간주될 수도 있다. 그것은 자기 수양을 위한 실천적 지혜라고 할 수 있다. 본성을 초월적 실체처럼 보았기 때문에 퇴계의 경우에 심발心發이냐 성발性發이냐에 대한 논의를 할 수밖에 없었다.[41] 인문주의는 모든 인간의 행동과 감정을 인간의 마음에서 나간 것으로 보아야 하고, 그래서 모든 감정은 심발일 수밖에 없다. 그런데도 성발을 심발과 별개로 논의하는 것은, 인간 본성이 마음 밖에 무슨 실체처럼 있는 것처럼 여기는 경향이 성리학에 있기 때문이다. 성리학이 형이상학인 까닭도 거기에 있다. 그러한 성性이 우주론적 섭리의 원리인 리理와 동일하다고 해서 성즉리性卽理요, 성리학이다. 그처럼 우주론을 통해 리는 초월적 실체처럼 된다. 원래 체용일원이 본성과 감정의 관계인데, 우주론으로 발전되면 리와 기의 관계가 체와 용의 관계가 된다. 체용일원은, 리가 기의 체가 되는 것이고, 기는 체의 유행이다.

그런데, 체용'일원'이라는 말은 체와 용이 별개가 아니라 하나라는 말이다. 이것은 기독교의 삼위일체와 비슷하면서도 달라진다. 기독교에서 말하는 성부와 성자와 성령이 삼위三位이지만 서로 별개의 실체가 아니라 하나의 실체다. 삼위일체三位一體란 삼위를 말하고도 신이 셋이 되는 것을 막

41 『국역 퇴계전서 7』, p. 310. 『退溪先生文集』 29, 5. 「答金而精」.

고 유일신을 확보하는 기독교의 논리다. 세 위격을 말하게 된 까닭은, 초월자인 신이 세상과 접촉하고 세상에 내재하는 방식을 표현하고자 하는 데 있다. 그러나 세 위격이 각각 별개의 실체이면 초월자가 내재하는 것이 아니게 된다. 초월적인 신과 내재의 신이 따로 있어서, 초월과 내재의 역동적인 변증법이 살아나지를 않는다. 내재의 신은 초월의 신보다 열등하게 되어, 세상에 대한 신의 사랑과 책임이 전폭적이지 않게 된다. 그것은 이 세상과 인간의 일상적 삶에 대한 평가 그리고 역사에 대한 평가와도 맞물려 있다. 기독교는 삼위를 말하면서 동시에 일체를 말함으로써, 절대적 초월신이면서도 내재를 통해 인간의 고통의 삶을 자기 것으로 짊어지는 인간적 신의 모습을 담게 되었다.

반면에 성리학의 체용일원은 체의 초월적 지위를 사실상 없애버리는 것이다. 리와 기 사이가 체용일원이 되면, 초월자와 세상이 둘이 아니라 하나라는 얘기다. 초월자가 세상 만물과 별개의 실체가 아니라는 말이다. 이것은 결국 앞에서 말한 대로 리가 기에 내재하는 것을 가리킨다.

이처럼, 리와 기는 불상리요, 체용일원이기 때문에 리는 기에 내재한다. 태극이 음양을 낳고 리가 기를 낳았기 때문에, 세상 만물에는 태극이 들어 있다. 이것을 가리켜 각구일극各具一極이라고 한다. 모든 사물이 각각 하나씩 태극一太極을 안에 지니고 있다는 말이다. 태극이 초월자로 밖에 떠 있는 것이 아니라 사물 안에 내재하고 있음을 표현하는 것이다. '하나'는 전체를 포괄하는 보편적인 것인데, 그것이 전체의 밖에 있지 않고 개별 사물의 안에 있는 묘한 형국이다. 그것을 설명하기 위해서 성리학에서 잘 쓰는 비유가 월인천강月印千江의 비유다. 밤하늘에 떠 있는 달은 천 개의 강에 비친다. 달은 하나지만 천 개의 강에 모두 하나씩 들어 있다. 흔히 월인천강의 비유를 들으면, 하늘의 달은 실체지만 강 위의 달은 실체가 아닌 그림자라고 생각하기 쉽다. 그러나 성리학자들이 그 비유를 통해 말하고자 한 것은 그렇지 않다. 하늘의 달과 똑같은 달이 세상 모든 사물 안에 내재한다고 본 것이다. 이것은, 초월자를 말하지만 실제로는 초월 없는 내재다.

사실 내재라는 말은 초월자가 내재하는 것이요, 따라서 초월자가 있을 때만 사용할 수 있는 개념이다. 태극이나 리는 기독교의 신과 달리 세상과 다른 독립된 실체가 아니다. 그럼에도 불구하고 내재라는 표현을 쓸 수 있는 것은, 성리학이 기존의 유학에 없는 섭리의 주재자로서 리를 설정했기 때문이다. 인간 본성론만 가지고 도덕적 실천을 교육하지 않고, 우주적 리를 가지고 교육하려고 했기 때문이다. 형이상形而上으로서의 리와 형이하形以下로서의 기를 명확히 구분했기 때문이다. 그것은 앞에서도 말했지만 도덕적 이원론을 통해 도덕 실현을 유도하기 위한 실천적 지혜다. 그래서 리의 초월적 지위는 도덕적 차원에서 이해되며 살아 있고, 그래서 초월자의 내재를 말할 수 있다.

그러나 원래 리는 독사적 실제가 아니므로 리의 초월은 만물 속의 내재를 전제로 한 초월이라고 할 수 있다. 기독교에서 절대 초월자 성부 하나님의 내재는 그리스도인 성자와 성령으로 나타난다. 성자는 우리 곁에 우리와 '함께하는' 내재요, 성령은 우리 마음 '안에 거하는' 내재다. 성리학의 리는 기독교식으로 말하면 성령의 내재만 생각하는 셈이다. 리의 성육신이 없어 우리와 함께하는 초월자를 말하지 않고, 만물 '안에 거하는' 내재만 말하기 때문이다. 더구나 인간 안의 내재만이 아니라 자연 사물을 포함한 만물 안의 내재다. 그런 점에서 철저하게 초월이 내재에 매여 있다. 초월은 만물에 동일하게 내재하기 위한 조건이다. 그런 점에서, 성리학은 형이상학이지만 철저한 내재주의다. 기독교의 신은 세상에 매여 있지 않다. 세상의 탄생은 신의 자유의지의 결과다. 필연성이 없다.[42] 그러나 형이상인 태

42 물론 현대 신학에서는 이것을 깨려고 하는 시도들이 있다. 그러나 기독교의 특성인 초월적 실체로서의 신을 사물에 내재하는 신과 모순되지 않게 말하는 것은 쉬운 일이 아니다. 물론 삼위일체 교리가 그런 역할을 했지만, 여전히 하나님은 세상에 매이지 않는다고 여겨져왔다. 그런 자유 개념에 대해 현대 신학에서는 '사랑'의 개념을 가지고 하나님의 필

극은 형이하인 모든 사물 안에 똑같이 내재하기 위해 초월의 모습을 띠고 있다. 다시 말해 태극과 리의 초월은 천명天命이 보편적으로 통치하기 위한 조건의 성격이 짙다.

태극이 모든 사물에 똑같이 내재하는 것을 가리켜 우리는 자연 내재주의라고 할 수 있다. 그것은 일차적으로는 성리학 이전의 유학처럼 인간의 본성론으로 귀결된다. 모든 인간에 들어 있는 일태극一太極이란 인간의 선한 본성을 가리킨다. 도덕론에서는 인간이 중요하기 때문에 태극생양의太極生兩儀를 그렇게 인간 본성론의 관점에서 이해할 수 있다. 그러나 성리학에서 태극은 인간뿐 아니라 자연의 모든 사물에 들어 있다. 유출설의 문제 중 하나가, 만물에 신이 똑같이 들어 있다는 데 있다. 그 점을 막기 위해 플로티누스는 존재의 위계를 두었다. 그렇게 해서 자연 사물과 인간의 차이를 확보했다. 영과 혼과 육으로 나누어지는 그의 존재의 위계는 아리스토텔레스의 구분법과도 일치하면서 서양의 인간 중심 사상을 보여준다. 그러나 성리학에는 그런 존재의 위계가 명확하지 않다.

16세기 중국에서 활동하며 유학을 보충하는 관점에서 기독교를 변증했던 마테오 리치는 『천주실의天主實義』라는 책을 썼다. 거기서 그는 아퀴나스가 아리스토텔레스를 따라 구분했던 인간과 자연 사물의 구분을 소개했다. 식물은 살아만 있다는 뜻에서 생혼生魂이라고 불렀고, 동물은 살아 있을 뿐 아니라 감각을 가지고 느낄 수 있다는 점에서 각혼覺魂이라고 했고, 인간은 신과 통하는 영이 있다고 해서 영혼靈魂이라고 불렀다.[43] 인간을 제외한 자연 사물에는 신령한 영이 들어 있지 않다. 인간을 포함한 모든 자연 사물은 피조물이므로 신이 아니고 신이 들어 있지도 않으며, 다만 신과 교

연성을 설명하려고 한다. 몰트만J. Moltmann의 신학이나, 프랑스 철학자 장 루크 마리옹J. L. Marion의 신학은 그런 노력의 정점에 있다고 할 수 있다. 그러나 서구 현대 신학이 자연 내재주의로 발전하는 것은 물론 아니다.

43 마테오 리치, 『천주실의』, 송영배 외 역(서울: 서울대학교 출판부, 1999), 5-4, p. 240.

통할 수 있는 영혼을 인간만 지니고 있다.

반면에 성리학에서는 모든 사물에 태극이 들어 있다는 내재주의적 관점에서 존재의 위계를 생각한다. 엄밀한 위계질서는 없다. 모든 사물은 각자의 태극을 품고 있기 때문이다. 전체를 품을 수 있는 하나의 태극이 하늘에 떠 있지 않고 각각의 사물에 들어 있다. 그러나 그 기질의 차이에 따라 인간과 동식물의 차이가 생긴다. 기질이 맑으면 그 속의 태극과 리가 잘 유통되어서 선을 드러낼 수 있다. 그것이 인간이다. 동물은 기질이 덜 맑고 어느 정도 탁해서 그 속의 태극이 덜 유통된다. 그리고 식물은 기질이 탁해서 리가 유통되지 않고 막혀 있다. 그래서 인간 안에서 일어나는 리의 흐름을 가리켜, 신기하게 팔방으로 두루 통한다고 해서 신통방통神通旁通이라고 한다. 동물은 한쪽이 막혀 한 방향으로만 통한다고 해서 편색혹통偏塞或通이라 하고, 식물은 완전히 막혀서 잘 통하지 않는다고 해서 전색불통全塞不通이라고 한다.[44] 그래서 인간은 하늘을 향해 직립直立하고, 동물은 옆으로 기어 횡생橫生하고 식물은 밑으로 뻗어 역생逆生한다.

그러나 모든 사물은 리와 기로 이루어져 있다. 그러므로 신성한 리는 어디에나 들어 있고, 기의 맑고 탁함에 따라 리가 잘 유통되느냐의 차이가 있을 뿐이다. 따라서 방통과 혹통과 불통의 차이는 기독교나 그리스 철학에서 생각한 존재의 위계질서와 다르다. 플로티누스의 유출설에서는, 일자一者가 인간에서 동식물로 갈수록 옅어진다. 그러나, 성리학의 태극생양의에서는 같은 밀도의 태극이 천지 만물에 들어 있다. 다만 기질의 바르고正氣

---

44 테야르 드 샤르댕에 따르면, 동물은 신체가 어느 한 방향으로 전문화되었지만, 인간은 신체 감각의 전문화에서는 동물에 미치지 못하지만, 뇌가 발달했다. 동물은 냄새를 잘 맡거나, 잘 뛰거나, 힘이 세거나, 멀리 보는 데 뛰어난데, 한 방향으로 특화되어 거기서 막혀버렸다. 인간은 감각과 힘에 있어서 여느 동물에 뒤지지만, 그 대신 한 길로 막히지 않고 열려 있다. 그것이 뇌의 발달과 관련이 있다고 본다. 성리학자들이 동물을 혹통일로라고 하고, 인간을 가리켜 신통방통이라고 하는 것을 그런 각도에서 이해할 수도 있다. 테야르 드 샤르댕, 『인간현상』, 양명수 역(서울: 한길사 그레이트북스, 2005) 참조.

치우침偏氣, 맑고 탁함淸, 濁, 순수함과 잡박함粹, 駁의 차이 때문에 태극이 잘 통하고 안 통하고의 차이만 있다.

물론 인간과 자연 사물의 차이를 둔 점에서, 성리학은 인간중심주의의 측면을 지니고 있다. 인문주의이기 때문이다. 그러나 인간과 다른 자연 사물 사이에 절대적 차이는 없다. 신은 밖에 있고 피조물들은 그 신과 교통할 수 있는 능력의 차이에 따라 구분되는, 그런 사고방식은 성리학에 없다. 이미 신성한 능력은 만물 안에 들어와 있다. 주돈이가 말한 대로, 모든 사물이 똑같이 태극의 참太極之眞과 음양오행의 이오지정二五之精으로 만들어졌기 때문이다. 그러므로 신성한 참이 모든 사물에 들어 있다. 다만 그 신성한 능력이 내부에서 잘 유통되느냐 아니냐의 차이가 있을 뿐이다.

인간과 자연 사물에 공통으로 들어 있는 태극이란 무엇일까? 인仁한 덕이라고 할 수 있다. 그런데, 그 덕은 생의生意 곧 생명의 의지다. 태극을 생의로 풀었기 때문에 성리학은 태극이 만물에 동일하게 들어 있다고 볼 수 있었다. 살고자 하는 의지는 인간뿐만 아니라 동식물에게도 공통으로 들어 있기 때문이다. 다만 인간은, 맑은 기를 타고 우주를 아우를 수 있는 리의 흐름을 느끼고 발산한다. 개인 속의 일태극이 맑은 기를 타고 개인의 경계를 넘어 하늘의 태극으로 연결된다. 다시 말해 우주 보편의 생명의 의지의 흐름을 타고 이웃과 만물에로 그 생명 의지의 교통을 확산한다. 물에 빠진 어린아이를 구해주고자 하는 측은지심惻隱之心도 그런 것이요, 악을 부끄러워하는 수오지심羞惡之心도 그런 것이요, 겸손하게 예의를 지킬 줄 아는 사양지심辭讓之心도 그런 것이요, 시시비비是是非非를 가릴 줄 아는 마음도 그런 것이다. 남에 대한 배려가 넓은 것은 인간이 자신 속의 생의를 우주 보편의 생의의 흐름을 타고 발휘하기 때문에 가능한 것이다. 맹자가 말한 호연지기浩然之氣라는 것도 그것이다. 그러나 인간이 아닌 자연 사물은 그런 리의 흐름이 원만하지 않아서 자기 몸 하나 추스르면서 생명의 의지를 이어간다. 그런 점에서 배려의 범위가 좁다. 그러나 자기 몸만 추스르는 점에서 쓸데없이 남을 해치는 법도 없다.

물론 성리학은 개체들의 생명의 의지가 이기심이 되어 다른 생명체의 생명의 의지와 충돌했을 경우의 해결책이 약하다. 그것은 투쟁과 갈등의 현실을 주제로 삼아야 발전할 수 있는 관점이다. 생명의 의지를 넘어 몫의 소유를 놓고 다투는 인간 생명체의 현실을 주제로 삼아야 한다. 단순히 존재할 뿐 아니라 소유를 늘리고자 하는 것이 인간의 생존 경쟁을 이루고 있기 때문이다. 그러나 성리학은, 우주 보편의 생명의 의지가 생명체들끼리 원만히 조화를 이루어 거침없이 유통되기를 바란 것이다. 몫의 소유를 놓고 다투는 생존 경쟁의 관점이 아니라, 살려고 하고 서로 살려주는 기본적인 생존의 의지에 초점을 맞추었기 때문에 인간과 자연을 연결하여 생각할 수 있었다. 그런 면에서 인간과 자연도 서로 조화를 이루는 구도 안에 들어가는 것이다. 서양 사상과 달리 인간과 인간 그리고 인간과 자연이 서로 거리를 두고 갈등과 투쟁 속에서 변증법적인 발전을 도모하는 것이 아니라, 기본적인 생의에서 서로 연결되어 있고 조화를 이룰 교통의 상대라고 본 것이다. 그런 시각이 태극생양의의 우주 발생론으로 나타난 것이다.

그것을 나는 자연 내재주의라고 부르겠다. 우주 형성의 기원인 태극과 리가 세상과 별개로 존재하지 않고 만물 안에 들어 있기 때문에 내재주의다. 그리고, 인간 안에만 들어 있지 않고, 자연 사물에 이르기까지 모두 같은 태극이 들어 있다는 점에서 자연 내재주의라고 한다. 그런 자연 내재주의는 인간과 자연의 교통을 열어놓는다. 태극과 리의 유통이란 인간 사이에서만 이루어지는 것이 아니라, 인간과 자연 사이에서도 이루어지는 것이다. 그것은 인仁의 유통이기도 하다.

사랑이 존재의 기원이다. 그런데 그 인을 성리학은 생명의 의지로 풀었다. 봄에 물이 오르는 나무에 생의가 보이고, 기어 다니는 어린아이에게도 생의가 보인다. 생명의 의지는 모든 생명체들의 기본적이고 소박한 의지인데, 그처럼 소유보다는 존재의 관점에서 인간의 덕목과 자연의 덕목의 수준이 일치하는 것이다. 만물에 흐르는 도의 유행을 그런 생명의 관점에서 보았기 때문에, 인간 중심주의의 성격이 약화되고 자연주의의 길이 열린 것이다. 동식물뿐 아니라 돌도 같은 태극의 덕을 지녀서 살아 있는 존재가 되는 것이다. 돌도 인간과 완전히 다른 존재가 아니라, 그 안에 같은 덕목을 지녔는데, 그 기의 탁함 때문에 유통되지 않아 밖으로 배려를 하지 않을 뿐이다. 같은 덕목을 지닌 점에서 돌의 생명력을 느낄 수 있는 것이다.

퇴계와 율곡

이제, 조선의 성리학자인 퇴계와 율곡의 얘기를 통해서, 앞의 논의들이 그들에게도 중요한 문제였다는 것을 확인해보도록 하자. 퇴계는,[45] 태극생양의太極生兩儀에서 '생'자에 대해 의문을 품었다. '낳았다'고 하면 앞에서 말한 대로, 태극과 양의兩儀가 같은 종류가 된다. 퇴계는 낳았다고 하는 타동사를 태극과 양의 사이 곧 리와 기 사이에 적용하고 싶지 않았다. 태극의 초월성을 강조하기 위해서다. 퇴계가 그런 문제를 논의한 글의 제목이 「리와 기를 한 물체라고 하는 말을 비판하는 변증」이다.[46] 퇴계는 리와 기가 하나가 아니라는 점을 말하기 위해서, 태극생양의를 새롭게 해석한다. 생을 타동사가 아닌 자동사로 바꾸어 해석한다. 그래서 주희를 인용하며, "리가 동하면 기가 따라서 생겨난다理動則氣隨而生"로 풀고 있다.[47]

이처럼 해석하면 리가 기의 원인이 되면서도 기가 리와 동류가 되는 것을 막을 수 있다. 리와 기가 일물一物이 아니라고 해서, 서로 별개의 실체라

45 태극생양의 해석과 관련한 퇴계의 견해에 대해서는 양명수, 「퇴계의 태극생양의 해석의 신학적 의미」, 『퇴계학보』 125집(2009)에서 다루었다.

46 「非理氣爲一物辯證」, 『국역 퇴계전서 10』(서울: 퇴계학연구원, 2003), p. 34. 『退溪先生文集』 41, 20.

47 「答鄭子中別紙」, 『국역 퇴계전서 7』, p. 115. 『退溪先生文集』 25, 34.

고 하는 것은 물론 아니다. 성리학에서 리가 별개의 실체일 수는 없다. 그러나 퇴계는 도덕적 관점에서 리기 이원론을 주장한 셈이다. 그것은 주희를 비롯한 성리학의 창시자들이 기 이외의 리라고 하는 보편 원리를 들여왔던 의도와 일치한다고 할 수 있다. 그러니까 리와 기가 불상잡 불상리라면, 퇴계는 불상리를 인정하면서도 강조점을 불상잡에 두었다고 할 수 있다.

퇴계가 리의 초월성을 강조한 것은 체용일원의 문제에서도 나타난다. 원래 리는 체이고 기가 용인데, 퇴계는 리 안에 다시 용을 둔다. 체 안에 다시 용이 있는 셈이다. 이것이 매우 독창적인 퇴계의 견해이다. 그렇게 되면 초월자 안의 체와 용 사이에서 구분되나 분리할 수 없는 형국이 발생하고, 기독교의 삼위일체와 비슷한 상징 구조가 만들어진다. 퇴계의 명제가 신학과 유사하게 되는 까닭도 여기에 있다.

> 주희가 일찍이 이르기를 "리가 동정이 있기 때문에 기도 동정이 있는 것이다. 만약 리가 동정이 없다면 기가 어떻게 동정이 있을 것인가" 하였는데, 그것을 알면 의심은 없어질 것이외다. 대체로 정의情意가 없다 운운한 것은 본연의 체體를 말한 것이고, 발동할 수 있고 낳을 수 있는 것은 지묘한 용用을 말한 것이지요…… 리 자체도 용이 있기 때문에 자연적으로 양을 낳고 음을 낳은 것이니까요.[48]

이 인용문에서 본연本然이라고 말하는 것은 리理를 가리킨다. 퇴계는 리의 정과 의지가 있는 것처럼 말하면서, 그것을 리의 용이라고 한다. 리의 체는 무위가 분명하다. 무위가 아니라면 시공간의 제한을 받아 불변성과 보편성을 상실한다. 그러나 리에 운동력을 인정하기 위해 리의 용을 인정

---

48 "朱子嘗曰, 理有動靜 故氣有動靜 若理無動靜 氣何自而有動靜乎 知此則無此疑矣. 蓋無情意云云 本然之體, 能生能發 至妙之用也……理自有用 故自然而生陽生陰也", 『국역 퇴계전서 9』, p. 273. 『退溪先生文集』 39, 28 「答李公浩問目」.

한다. 그리고 그 용에는 정과 의지가 있다는 것이다. 그렇게 되면 리가 마치 마음으로 느끼고 마음을 먹고 마음을 쓰는 살아 있는 실체처럼 된다. 그런데, 원래 리의 활동은 기에서 논의되는 것이다. 리는 온 세상의 기 안에서 천명天命으로 유행한다. 그래서 용은 초월자 리가 기에 내재한 것이다. 그런 식으로 체용일원이다. 그러나 퇴계는 그런 식의 체용일원에 만족할 수 없었다. 체 안에 다시 용을 두어, 리가 기에 내재하기 전에 중간 단계를 두려고 했다. 기독교의 성자처럼 중간 매개자 비슷한 것이 등장한 것이다.

이것은 퇴계가 리의 초월적 지위를 분명하게 하려고 했기 때문에 발생한 논리들이다. 보편적 초월자의 초월이 더 분명할수록 내재하기 위해서는 매개물이 필요하다. 원래 성리학의 리는 마음의 수양을 위한 방편으로서의 초월적 지위를 지녔지만 존재론적 초월자는 아니다. 그래서 리의 내재를 말할 때 매개물이 필요 없었다. 그래서 기독교적인 성부 성자 성령의 삼위일체가 아니라, 초월자와 세상의 일치를 말한다. 그것이 리와 기의 체용일원이다. 기독교적으로 말하면 성령 일원론이라고 할 수 있다. 성리학을 가지고 신학을 전개한다면 성령 중심의 신학이 될 것이다.[49] 그런데 이제 퇴계는 리의 초월적 지위를 분명하게 하기 위해 매개물이 필요하게 된 것이다. 그래서 체인 리 안에 다시 용을 둔 것이다. 체의 체와 체의 용으로 나뉜다. 그렇게 되면, 체의 체가 체의 용을 거쳐 세상에 내재하여 용이 된다.

이것이 의미하는 바를 좀 더 살펴보기 위해 퇴계의 말을 들어보자.

> 아! 충막沖漠하여 조짐이 없는 것은 건곤乾坤에 있으면 무극無極과 태극太極의 체體가 되어 만상萬象이 이미 갖추어져 있고, 사람의 마음에 있으면 지극히

---

49 이것은 의미가 있다. 성부 중심의 신학에서 귀족 문화가 꽃피었다면 종교 개혁 이후 성자 중심의 신학에서 민주주의 신학이 꽃피었다. 그런데, 두 신학 유형은 신 중심이요, 인간 중심이다. 그런데, 이제 자연 중심의 신학을 전개한다면, 그것은 성령 중심의 신학이 될 것이다.

허虛하고 지극히 정靜한 체體가 되어 만 가지 용用이 구비되어 있으며, 사물에 있어서는 또 발현되고 유행하는 용用이 되어 때와 장소에 따라 있지 않음이 없는 것이다.[50]

충막하여 조짐이 없다는 것은 텅 비고 깊어 아무런 움직임이 없는 상태를 가리킨다. 퇴계는 이 상태를 우주론 차원과 도덕론 차원에서 말하고 있다. 인용문을 세 부분으로 나눌 수 있다. 첫 번째는 "건곤에 있으면" 하는 부분인데, 건곤은 하늘과 땅이니, 우주론 차원에서의 체와 체의 용을 말하고 있다. 그리고, 두 번째 부분은 "사람의 마음에 있으면" 하는 부분인데, 도덕론 차원에서 체와 체의 용을 언급하고 있다. 마지막 부분은 "사물에 있어서"의 일을 말하고 있으니, 원래의 용을 말하고 있는 셈인데, 이것은 우주론과 도덕론을 한꺼번에 언급하는 것이다. 충막무짐하여 지극히 텅 비고 아무런 활동이 없는 것이 체體인데, '만상이 이미 갖추어져 있다'는 것은 체의 용用이다. 그것은 마지막 부분의 "사물에 있어서는 발현하고 유행하는 용이 되어"라고 할 때의 용과 다르다. 태극이라는 체가 사물에서 유행하는 용은 기에서 유행하는 것을 가리키고, 기가 곧 태극의 유행의 결과물이므로 용이다. 그러나 기에 들어와 유행하기 전에 태극의 체 자체 안에 이미 만물의 모양을 갖추고 있으니, 이것은 하나의 태극이 여럿의 만물군상을 낳기 이전에 자체 안에 여러 만물의 상象을 이미 지니는 것이다. 하나가 그 안의 여럿을 거쳐 세상의 여럿이 되는 것이다.

이것은 마치 하나의 선의 이념에서 세상 만물이 나오기 전에, 이념 안에 만물의 형상과 본질을 갖추는 그리스의 형이상학을 연상케 한다. 그만큼 퇴계는 존재신학onto-theology에 가까운 발언을 하고 있는 것이다. 퇴계가

---

50 "嗚呼 沖漠無眹者 在乾坤則爲無極太極之體 而萬象已具 在人心則爲至虛至靜之體 而萬事用必備 其在事物也 則卻爲發見流行之用 而隨時隨處無不在"「心無體用辯」, 『국역 퇴계전서 10』, p. 31. 『退溪先生文集』 41, 18.

말하는 태극의 체 안에 갖추어진 만상이 체의 용이다. 텅 빈 것이 체의 체이고, 만상이 이미 갖추어져 있는 것이 체의 용이다. 그것은 아직 세상에 만상이 생기기 이전의 일이다. 그런 점에서 초월적 체의 형국인데, 다만 세상과 접촉하기 전에 세상과 접촉할 준비를 하는 것이라고 할 수 있다. 그것은 그만큼 체가 초월적 실체처럼 되었음을 의미한다.[51] 하나가 세상의 여럿을 낳기 전에 여럿의 형체를 미리 갖추었으니, 그 여럿은 하나의 훼손이 아니라, 세상에 용으로 작용하기 위한 내부 활동이다. 그런 점에서 체용일원이 기독교의 삼위일체처럼 초월자 태극의 내부의 운동을 가리킬 수도 있게 된다.

이런 우주론적인 얘기는 심성론 또는 도덕론으로 이해되어야 그 의미가 좀 더 명확해진다. 앞의 인용문의 두 번째 부분에서 하는 얘기에 퇴계가 하고자 하는 말의 초점이 있다고 할 수 있다. 지극히 허하고 정한 체에 만 가지 용이 구비되어 있다는 것은, 마찬가지로 하나 안에 여럿이 들어 있다는 말이다. 이것은 하나를 가지고 다양한 상황을 관통하려는 도덕적 자기 수양과 관련된 말이다. 그 하나는 구체적인 다양한 상황을 떠나 있는 것이기 때문에 텅 빈 것이지만, 보편적인 것으로서 모든 상황을 이미 다 끌어안고 있는 것과 같다. 그처럼 모든 상황을 끌어안고 있는 것이 체 안의 용이다. 다시 말해서 무극이라고 불러도 좋고 태극이라고 불러도 좋은 텅 빈 하나는, 속 빈 껍데기가 아니라 어떤 상황에서도 덕스러운 마음을 발휘할 내용을 갖추고 있다.

그 어떤 상황에서도 막힘없이 인과 의의 덕을 낼 만한 준비를 위해 하나

---

51 플라톤은 선의 이념은 우시아 곧 본질이나 존재보다 앞선다고 했다. 본질은 이념 안에 이미 세상의 모든 형상을 갖춘 것이므로, 초월적 이념보다 낮은 것으로 생각될 수 있다. 기독교적으로 말하면, 본질은 세상과 접촉점이니 성자라고 할 수 있고, 선의 이념은 성부라고 할 수 있다. 성자가 성부보다 열등하다는 생각은 철학적 사유에서 얼마든지 나올 수 있다. 물론 기독교는 결과적으로 성부와 성자의 동일본질을 말함으로 삼위일체를 정립해서 인간의 철학적 사유와 다른 길을 갔다.

로 텅 비어 있는 것이다. 시공간을 초월하여 불변하고 무위하는 까닭은, 급변하는 시공간 하나하나에 모두 적절한 반응을 보이기 위해서다. 상황마다 변치 않고 일관되게 인仁과 의義의 덕성을 발휘하려면, 마음을 텅 비워 지극히 허하고 정한 상태로 두어야 한다. 허하고 정하다고 해서 추상적이고 관념적인 상태가 아니다. 왜냐하면 그것은 정말 비어 있는 것이 아니라, 모든 상황이 이미 그 안에 들어 있기 때문이다. 따라서 마음에 있어서의 체와 그 체의 용이란, 텅 빈 마음이 일상에서 부딪히는 수많은 상황에서 그때그때 적합한 마음을 내기 위한 것임을 설명하는 것이다. 실제의 일상생활에서 그때그때 어느 곳에서나 적합하게 나오는 덕스러운 마음, 그것이 앞 인용문의 마지막 부분에서 말하는 용用이다. 현실에서의 용 다시 말해 기의 용을 위해 리라고 하는 체 안에 다시 용이 있는 것이다.

그렇게 함으로써 퇴계는 체의 주도로 용이 생기는 것임을 설득할 수 있다. 원래 체용일원이란 용의 각도에서 볼 때, 체가 용과 별개의 실체가 아님을 말하는 것이다. 그러나 퇴계의 경우에 체용일원은, 이미 리 안에서 리의 체와 리의 용 사이에 적용되는 것이다. 그리고 리와 기 사이에 적용된다. 그것은, 기의 모든 현상이 리의 주도로 이루어지는 것임을 분명하게 하는 역할을 한다. 다시 말해서, 체 안에 다시 체의 용을 두고 매개자를 설정함으로 퇴계는 초월자의 내재를 순조롭게 할 수 있었다. 따라서 인간의 정과 의지라고 하는 용이, 텅 빈 태극의 마음의 주도로 이루어지는 것임을 보일 수 있었다. 그러므로 퇴계에서의 체용일원은 체의 관점을 중심으로 해석될 수 있다. 용은 체에 연원을 둔 것이니, 도덕을 내기 위해 상황마다 일일이 애쓰지 말고, 태극을 마음에 모시도록 하라는 수양의 가르침인 것이다.

그처럼 퇴계가 도덕적 이원론의 관점을 강조했지만, 존재론적으로는 기일원론一元論이다. 리가 별개의 실체가 아닌 것이 분명함으로, 체용일원이라 함은 결국은 리가 기에 내재하는 것이다. 인간사의 악이 심각해질 때,

순수한 이념과 현실의 거리가 매우 크게 벌어지고, 자연에서 위안을 받으며 가르침을 받는다. 퇴계는 체 안에 용을 둘 정도로 리의 초월성을 강조하고 리 주도의 자기 수양을 강조했다. 그처럼 리에 사로잡힌 마음은 공심公心이라고 할 수 있다. 그와 같은 공심은 사심과 사욕을 버리고, 다른 사람을 사랑하게 된다. 그러나 공심의 범위는 더 넓어서 사람을 사랑하는 인인仁人에 그치지 않고, 만물을 사랑하는 애물愛物에까지 이른다. 사심私心을 버리는 것은 인간 위주의 인심人心을 버리고, 천하 만물과 하나 되는 것에까지 이른다. 유학의 천인합일天人合一은 인간이 천명에 사로잡혀 천명과 하나가 되면, 천지 만물과 하나의 몸이 되는 물아일체物我一體의 경지까지 바라본 것이다.

퇴계는 선조宣祖에게 올린 『성학십도聖學十圖』의 제 2도에서 장재의 서명西銘을 인용하여 이렇게 말한다.

> 건乾을 아버지라 부르고, 곤坤을 어머니라 부른다. 나의 조그만 몸이 그 가운데 섞여 있도다混然. 그러므로 천지 사이에 차 있는 것은 나의 몸體이고, 천지를 이끄는 것은 나의 본성性이다. 백성은 나의 동포요, 사물은 나의 여족與族이다.[52]

나의 본성이 천지를 이끈다고 한 것은 인문주의자의 모습이다. 그런데, 내 몸은 천지에 차 있으니 다른 사물들과 뒤섞여 경계가 없다. 본성은 보편적이어서 모든 사물에 내재하지만, 기질에 막혀 서로 교통이 안 될 수도 있다. 그러나 몸은 이미 경계가 없이 하늘과 땅 사이에 다른 사물과 이어져 있고 섞여 있다. 혼연일체다. 그러니, 나의 본성이 지극히 발휘되어 인仁과 애愛가 발휘되면, 몸을 매개로 다른 사람과 다른 사물에까지 태극과 본성

52 『국역 퇴계전서 3』, p. 112. 『退溪先生文集』, 7, 13.

의 인이 확대되어, 온 우주가 하나의 가족처럼 될 것이다. 나의 본성이 지극히 발휘되기 위해서 자기 수양이 필요하고, 인간과 자연이 어울려 하나의 가족처럼 되는 것은 인간의 책임이다. 그런 면에서 인문주의의 인간 주체 의식을 보여준다. 그런데, 퇴계의 관계의 범위에는 이미 인간뿐 아니라 자연 사물도 들어와 있다. 물아일체는 결국 자연과 인간의 일체다.

그런 사고방식은 하나에서 모든 것이 나왔고, 인간이나 다른 자연 사물이나 모두 태극이 낳은 것이라고 하는 내재주의 때문에 가능하다. 세상 만물이 무에서부터 만들어졌다고 하는 기독교의 창조론에서는 나오기 힘든 얘기다. 그래서 퇴계는 『서명도西銘圖』에서, "백성과 사물과 나의 형제 등 모든 것의 이치는 하나"임을 강조하고, 그래서 백성은 나의 동포요, 사물은 나의 여족與族이라고 한 것이다. 백성이 먼저이지만, 자연 사물도 더불어 사는 나의 동족이라고 본 것이다. 맹자가 이미 "어버이를 가까이 사랑하고서 백성에게 자비를 베풀고, 백성에게 자비를 베풀고서 사물을 사랑한다親親而仁民, 仁民而愛物"[53]고 했으니, 유학의 인문주의는 고대부터 이미 사물에 대한 사랑까지 염두에 두고 있는 것이다. 성리학은 형이상학을 통해 그런 애물 사상을 내재주의를 통해 이론적으로 더 확고히 한 것이라고 할 수 있다.

그런데, 여기서 우리는 유학의 애물 사상이 사랑의 차등을 둔 것임을 짚고 넘어가야겠다. 앞에 언급한 맹자의 구절도 그렇다. 먼저 친족을 섬기고, 그 다음에 백성을 사랑하며, 그 다음에 사물을 사랑하는 것이다. 그것은 인문주의의 특색으로서, 사람을 먼저 사랑하는 마음이 지극할 때 그것이 자연에게 확대되는 것이다. 사람 중에서도 나와 가까운 사람부터 사랑하는 것이다. 유학은 묵자墨子와 달리 급진적인 인간애를 말한 것이 아니고, 자신의 가정과 나라를 지킬 줄 알면서 그 너머로 사랑을 확대할 여지를 찾는 것이다. 다른 가족이나 자기가 속하지 않은 다른 집단이나 다른 국가는 이

53 『맹자집주』, 진심 상 45, p. 577.

해관계가 충돌할 때는 쉽게 사랑할 수 없음을 전제로 한 것이다. 유학의 덕치는 현실적인 인간의 본성을 어느 정도 고려한 통치 질서임을 알 수 있다.

퇴계는 논어 옹야雍也 편에 나오는 자공과 공자의 대화를 해석했는데, 매우 중요하고 뛰어난 통찰력을 보여준다. "어진 사람은 자신이 서려고 하면 남을 세우고, 자신이 영달하려고 하면 남을 영달하게 한다"[54]는 구절은 인仁을 설명하는 유명한 구절이다. 그런데, 이 구절은 기독교 성서의 황금률과도 비교되는 중요한 가르침이다. 퇴계는, 이 구절을 자공의 물음과 관련해서 해석했다. 그는 공자의 말씀이, "백성에게 널리 베풀어 구제하면 어진 사람입니까" 라고 물은 자공의 물음에 대한 답이라는 점에 주목했다. 자공은 인을 너무 멀리서 시작했는데, 공자는 "내 몸에서 직접 인을 찾게 했다" 는 것이 퇴계의 요점이다.[55] 다시 말해서 퇴계에 따르면 공자의 말씀은 일종의 상호성을 염두에 두고 있다. 자신의 욕망을 미루어 남에게 먼저 그렇게 해주는 것이다. 따라서 자신을 위한 생각 없이 무조건 남을 위해 희생하는 것이 아니다. 자기가 하고 싶고 갖고 싶은 것을 미루어 남도 그럴 것이라고 생각하는 것이다. 이것은 자연과의 관계에도 적용되는데, 퇴계는 장재의 말을 인용하여 이렇게 말한다.

> 이제 횡거(장재의 호)도 또한 '인이란 것이 비록 천지 만물과 더불어 일체가 되는 것이긴 하지만, 반드시 자기가 근본이 되고 주재가 되어 모름지기 남과 내가 한 이치로서 얽혀 있다는 절실한 의미와 가슴에 가득한 측은한 마음이 두루 관철 유통되어 막힘이 없고, 그것이 어디에나 미치지 않는 데가 없음을 깨달아야만 비로소 이것이 인仁의 실체이다'라고 생각했던 것입니다. 만약 이 이치를 알지 못하고 막연하게 천지 만물이 그대로 인仁이 된다고 한다면,

54 "夫仁者, 己欲立而立人 己欲達而達人", 『논어』, 동양고전연구회 역(서울: 지식산업사, 2005), 옹야 6-29, p. 131.

55 「서명고증강의」, 『국역 퇴계전서 3』, p. 176. 『退溪先生文集』 7, 50.

이른바 인의 체體는 한없이 넓고 멀어서 나의 심신心身과 무슨 상관이 있겠습니까?[56]

우주가 대아大我이고 나는 소아小我가 된다는 것은, 자기 수양을 거쳐 나의 본연의 성품이 충분히 발휘된 이후의 일이다. 처음부터 저절로 자연과 인간이 하나가 되는 것은 아니다. 나와 우주가 구분이 없다는 것은, 내가 깨어 있어 우주의 이치를 따를 때 일어나는 일이다. 존재론적으로 그리고 객관적으로 그렇게 하나가 되는 것이 아니다. 바깥의 자연 사물은 나와 같은 인의 덕을 소유하고 있지만 잘 통하지가 않는다. 그처럼 인간과 자연의 구분이 분명히 있다. 자연과 하나가 된다는 것은 자연이 할 수 있는 일이 아니다. 내 쪽에서 자연을 향해 이룰 일이다. 왜냐하면, 자연은 인의 덕을 지니고는 있지만 밖으로 확대할 만큼 사방으로 통하지는 않기 때문이다. 인간인 내가 천지의 덕과 일치하는 충만한 도덕심을 가졌을 때, 자연과의 물아일체物我一體가 발생하는 것이다. 내 마음의 심성이 여전히 중요하다. 그런 점에서 퇴계는 인문주의자의 자리를 지킨다. 노장老莊의 자연주의와도 다르고, 급진적 생태주의deep ecologist와도 다르다. 다만 그는 자연과 합일되는 것까지를 인간이 이룰 경지로 본 것이다.

그것은 성리학의 자연 내재주의의 결과다. 단순히 자연주의가 아니라 자연 내재주의다. 인간이 깨달은 하늘의 도가 자연 만물에도 들어 있다는 점에서 자연 내재주의다. 만일, 천지의 자연 사물에도 인간과 같은 일태극一太極이 들어 있다는 자연 내재주의가 아니라면, 자연과 혼연일체가 되는 유기체적 사고를 하지 못할 것이다. 자연 사물에 이미 인한 덕이 들어 있다고 믿기 때문에 인간의 덕과 서로 연결되어 하나가 되기를 바랄 수 있다. 그런데 그런 경지는 인간이 이룰 책임의 영역이다. 우주로 통하는 나의 인

---

56 「서명고증강의」, 『국역 퇴계전서 3』, p. 176. 『退溪先生文集』 7, 50.

仁한 덕이 수양을 통해 천지와 사방으로 통하게 되면, 자연 사물 속에 들어 있는 인한 덕과 연결되어 하나가 될 것이다. 퇴계는 나의 안과 밖을 구분하지 않는다는 표현까지 하는데, 그것은 덕을 닦은 내가 이룰 일이다. 그처럼 성리학에서는 자연주의가 인간 중심주의에 의해 견제된다. 우리가 성리학을 자연주의적 '인문주의'라고 부르는 까닭이 거기에 있다. 그래서 내재주의라는 말도 성립된다. 그러나 서양의 인간 중심주의와는 다르다. 자연을 동족으로 보는 세계관에서는, 자연을 사람의 수단으로 보고 과학적으로 분석하는 작업이 나오지 않을 것이다. 그것이 동아시아의 특징이고 장점이면서 또한 약점으로 작용했다고 할 수 있다.

자연을 동족으로 보는 생각이 더 발전하면, 자연은 인간이 이룰 덕목을 이미 이루고 있는 것처럼 생각되기도 한다. 생의生意를 중심으로 생각할 때, 인과 의의 덕목을 이미 가장 자연스럽게 실현하고 있는 것이 자연일 수도 있다. 퇴계는 많은 시를 지었는데, 자연을 읊은 것이 많다. 앞에서도 말했듯이 성리학은 태극의 인한 덕을 끊임없이 낳고 살려주는 마음으로 풀었다. 퇴계는 "천지의 큰 덕은 생天地之大德曰生"이라고 하는 『주역』의 말을 종종 인용하고, 그 정신으로 공부했다. 리와 태극은 순선인데, 선善의 내용은 생生이니, 생산하고 육성하는 것이다. 생산하고 육성하는 것은 자연이 열심히 하고 있는 것이고, 그 점에서는 인간도 자연의 일부일 수밖에 없다. 인간은 도시에 모여 생존 경쟁을 벌이는데, 그것은 생명을 소모하고 소비하는 생활이다. 그러나, 자연은 인간에게 생명을 충전시켜준다. 퇴계가 서울의 벼슬자리를 떠나 산수가 깊은 곳에 머물러 자연을 음미하며 산 까닭도 거기에 있다.[57]

물론 퇴계의 관심은 나라를 바로 잡는 데 있었다. 그러나 바로 잡기 위

57 금장태, 「퇴계의 물아관과 생명의 세계」, 『퇴계학보』 94집(서울: 퇴계학연구원, 1997), pp. 53-54.

한 덕목을 '생'에서 찾았기 때문에, 자연이 큰 가르침을 주었던 것이다. 생명에 주목하면 그 힘과 물질의 소유에 있어서 소박해질 수밖에 없다. 더 많이 가지고자 하는 인간의 욕망이, 많은 것을 필요로 하지 않는 생명이라고 하는 기초적 전제에 의해 견제되기 때문이다.

인간은 남을 살리는 데 자연보다 더 열심일 때도 있지만, 기본적으로 먹고살 만할 때도 더 갖기 위한 생존 경쟁을 벌이고 남을 모함하며 해치고 죽인다. 그러나 자연은 먹고사는 것 이상으로 소유를 쌓아두기 위해 남을 해치지는 않는다. 조용히 낳고 살리는 일을 계속하고 있을 뿐이다. '생'의 관점에서 보면 자연은 인간의 귀감이 된다. 생명이 도덕성의 기준이었기 때문에, 중국이나 한국은 물질을 악으로 보는 극단적 생각도 나오지 않았고, 자연을 이용 대상으로 보고 물질적 풍요를 정당화하는 철학도 나오지 않았다. 플라톤의 사상에서 발달된 금욕주의는 아예 실료를 악이라고 보는 관점을 취해서, 물질을 멀리하는 사람들이 정치 지도자가 되기를 바랐다. 그런 생각은 자연 생명의 현상과는 거리가 멀다. 동시에, 자연을 일찌감치 비신성화한 유대교와 기독교 덕분에 서양은 자연을 이용 대상으로 삼고, 도덕을 결정하는 구도에서 자연과의 관계는 배제되었다.

성리학의 내재주의가 자연주의와 연결되는 까닭은 자연의 생명력 때문이다. 퇴계가 태극생양의의 '생' 자를 자동사로 보면서 태극과 양의의 사이를 벌려놓으려고 했지만, 결국 태극과 양의는 별개의 실체일 수는 없다. 둘은 체용일원의 관계에 있고 불상리의 관계에 있기 때문이다. 퇴계가 리와 기의 불상잡을 강조했지만, 그것은 도덕적 차원의 문제이고, 존재론적으로는 여전히 불상리라는 것을 전제로 하고 있다. 그는 체 안에 다시 용을 두어, 체의 체와 체의 용 사이의 체용일원을 말할 여지를 주었지만, 퇴계로서도 체용일원의 핵심은 여전히 리와 기 사이의 문제다. 그런 자연 내재주의는, 인간사에서 태극의 유행을 가로막는 모습을 자꾸 보게 될 때, 자연의 덕목에 주목하게 되도록 이끈다. 자연은 아무 말 없이 생명을 이어가고, 소유를 위해 남을 죽이거나 다치게 하지는 않기 때문이다. 그렇게 보면, 자연은 죄가 없고 악하지 않다는 차원에서 그 덕성이 두드러지는 면도 있다. 자연의 무위는 특별히 남을 배려하는 선의 실행에서 인간에게 뒤지는 것으로 보일 수 있지만, 특별히 악을 짓지 않는다는 점에서, 묵묵히 생의生意를 이어가는 군자처럼 보일 수 있는 것이다. 그래서 퇴계의 인문주의는 자연주의 관점을 내포할 수 있었다.

그런데, 이율곡도 태극생양의의 그 '생生' 자에 관심을 가졌다. 그러나 퇴계와 관점이 다르다. 그는 기 일원론의 관점을 강조했다고 할 수 있다. 화담花潭을 매우 비판한 퇴계와 달리 율곡은 태허太虛의 일기一氣를 주장한 화담을 어느 정도 옹호한다. 기보다 리가 먼저 있음을 강조하는 것의 위험성에 주목했기 때문이다. 기 일원론은 우주론에서는 당연한 얘긴데, 그것이 도덕론에 적용되면 어떤 의미를 지니는가? 그것은 리의 초월성을 강조하기보다는, 기의 조절을 통해 리가 발현되도록 하는 수양의 모습을 띠게 된다. 율곡이 말한 이통기국理通氣局도 그런 수양의 문제와 관련이 있다. 리는 어디서나 통하고 변함없이 자리 잡고 있으나, 기는 국면에 따라 형체를 갖추니 사물에 따라 차이가 나고 시간에 따라 맑음과 탁함의 변화가 있다. 그러니, 기를 맑게 하여 리가 통하게 하면 된다는 것이다. 퇴계가 초월적 존재처럼 보이는 리에 대한 경외심 곧 경敬을 강조했다면, 율곡은 심기心氣를 고르게 해서 본래의 심성心性이 잘 드러나도록 하는 성실함 곧 성誠을 강조하게 된 까닭도 거기에 있다.

물론 율곡은 성리학자로서 리의 중요성을 알고 있었다. 기 활동의 까닭所以이 되는 태극을 몰랐다고 해서 화담을 비판하는 이유도 거기에 있다. 그러나, 초월적 리를 대월상제對越上帝 모시듯 모심으로 본성을 발휘하는, 그러한 수양법을 율곡은 강조하지 않았다. 그렇게 되면 인문주의를 벗어나 신학적이고 신화적이 될 것에 대한 경계심을 율곡이 가졌다고 말할 수도 있다. 그가 퇴계의 리발理發을 반대한 까닭도, 리가 마치 인간을 움직이는 것처럼 되어, 인문주의가 훼손될 것을 염려했기 때문인 것으로 보인다. 그렇게 되면 신학의 경향을 띠기 때문이다. 그런 차이가 태극생양의의 우주 발생론에 대한 해석의 차이를 가져온다. 율곡은 태극생양의의 설이 마치 시간적으로 음양이 태극보다 나중에 생긴 것처럼 오해하는 것을 경계한다. 다음의 말을 보자.

> 성현의 설도 미진한 곳이 있습니다. 이것은 다만 '태극이 양의를 낳았다'고만 말하고 '음양은 본래부터 있는 것이요, 처음으로 생긴 때가 있는 것이 아니다'는 것을 말하지 않았기 때문입니다. 그러므로 문자만 보고 뜻을 풀이하는 사람은 이에 '기가 생기지 않았을 때에는 다만 리만 있을 뿐이다'고 말하니, 이는 진실로 하나의 병폐입니다. 또 어떤 의론에서는 '태허는 담일청허澹一淸虛하여 음양을 낳는다'고 하였으니, 이것도 한쪽으로 치우쳐 음양이 본래부터 있는 줄을 알지 못한 것이니, 역시 하나의 병폐입니다.[58]

뒷 문장에서 태허의 얘기는 화담을 비판한 것이다. 그러나 율곡의 초점은 퇴계의 가르침을 경계하는 데 있다. 앞에서 보았듯이, 우주 발생론을 도덕적 의미로 이해하지 않으면 큰 오해를 일으킨다. 주돈이는 태극이 양의를 낳는다고 했으니, 태극과 양의 사이에 시간적 차이가 있는 것처럼 보인다. 그러나 이것은 도덕적 수양의 관점에서 보아야 한다. 태극이 음양을 낳는다는 것은 세상의 탁함보다 맑고 선한 무엇이 '먼저'라고 하는 말인데, 그것은 도덕 실천을 위한 지혜의 담론이다. 그 '먼저'는 시간적 관점에서 이해할 것이 아니라, 본래성 또는 바탕을 말하는 것이다. 본래 세상의 바탕은 맑고, 사람은 본래 맑은 바탕을 가진 존재다. 그 본래성을 살려, 탁한 세

58 「답 박화숙」, 『국역 율곡전서 2』(서울: 한국학중앙연구원, 2007), pp. 188-189. 『栗谷全書』, 9, 17.

상을 이기고 자신의 탁한 마음을 맑게 하라는 당위 명령의 성격을 지닌 것이 우주 발생론이다.

주희는 "천지가 생기기 전에는 틀림없이 리만 있었다"[59]고 했으니, 천지보다 리가 시간적으로 앞서는 것처럼 보인다. 그러나 그러한 우주론적인 서술어법에는 도덕적인 명령과 당위 어법이 숨겨져 있다. 리를 가리켜 '순수하게 선한 것'이라고 가치를 매기는 것을 보면, 천지가 생기기 이전부터 리가 있었다고 말하는 의도를 알 수 있다. 그것은, 선이 악에 앞선다고 하는 말이니, 악이 선을 이길 수 없다고 하는 믿음의 형이상학이다. 악한 세상 속에서 인간은 무의미에 시달려 생명력을 잃어버리고 살고 싶지 않은 마음을 가지고 산다. 그러나 세상이 아무리 그래도, 인간과 인간 세상의 바탕이 선하니 의미가 무의미에 앞선다. 그런 믿음을 가지고 선한 바탕을 갈고 닦아 드러내면 된다. 그것이 인생이 존재하는 의미다.

율곡은 주돈이가 제창하고 주희가 상세히 의미를 설명한 성리학의 우주 발생론에서 리가 기와 떨어져 별개의 초월적 존재가 될 것을 염려하고 있다. 다시 말해서, 도덕적 수양을 위해 제시한 리가 실체처럼 되는 것에 대한 염려다. 앞에서 보았지만, 퇴계도 리를 독립된 실체로 보지는 않는다. 그럼에도 불구하고, 퇴계는 태극생양의의 생生 자를 자동사로 해석하면서까지, 태극 곧 리와 음양 곧 기를 별개로 보려고 했다. 그로서는 리의 초월성을 강조하고자 한 것이다. 그것은 그만큼 인간이 만든 세상 현실을 악하게 보았기 때문이다. 현실은 기니, 결국 기는 잠재성으로서의 순수한 선인 리와 거리가 멀다. 이념과 현실의 거리감이 퇴계로 하여금 리와 기를 일물一物이 아니라고 주장하게 만들었던 것이다. 세상 현실은 인간이 만든 것이니 결국 인간의 마음이 문제다. 기심과 기습이 문제요, 리는 그런 기에 섞

59 "未有天地之先 畢竟也只是理"『朱子語類』 이주행 외 역(서울: 소나무출판사, 2001) 1-5, p. 43.

이지 않고, 섞여 혼동되어서도 안 되며, 악한 세상을 바로잡기 위한 높은 표준으로 남아 있어야 한다. 그래서 리와 기의 불상잡을 강조했다.

반면에 율곡은 강조점이 다르다. 그는 리와 기의 불상리不相離를 강조한다. 리와 기는 떨어질 수 없으니, 이물二物이 될 수도 없다. 퇴계는 리와 기가 일물一物이 아님을 강조한 반면에 율곡은 이물이 아님을 강조한다. 주희도 말했다. "태극이 있고 난 뒤에 따로 음양을 낳아서 음양오행에 앞서 먼저 태극이 있는 것이 아니다."[60] 기가 있기 전에 리가 있었다고 말한 것도 주희요, 그렇다고 태극이 음양오행에 앞서 있는 것은 아니라고 한 것도 주희다. 그러니까 주돈이와 주희가 마련한 태극생양의의 우주론에서 말한 것은, 도덕적 리기 이원론과 우주론적 기 일원론으로 보면 된다. 거기서 퇴계는 우주론적 일원론이 도덕적 일원론이 되는 것을 염려했다면, 율곡은 도덕적 이원론이 우주론적 이원론으로 되어, 리에 독립적인 지위를 부여할 것을 염려하는 것이다. 율곡은 리와 기가 하나면서 둘이고, 둘이면서 하나임을 안다. 그런데, 특별히 퇴계는 둘을 강조했으니, 율곡은 그런 주장의 위험을 드러내고, 리와 기가 이물이 아님을 강조하게 되는 것이다.

율곡이 말하는 기발이승氣發理乘은 퇴계의 리발理發을 위험하게 본다. 리발을 반대하는 의미는, 리가 초월자로서 인간의 도덕 행위를 주도하는 듯하게 되는 것을 막는 데서 찾아야 한다. 퇴계가 리발을 강조하는 의미가 거기에 있기 때문이다. 그래서, 음양이 없는 태극이 없다는 얘기, 음양 이전에 태극이 먼저 있지 않다는 얘기는 모두 그런 도덕의 주재와 관련해서 이해되어야 한다.

> 천지의 조화도 기가 화化하매 리가 타지 않는 것이 없습니다. 그러므로 음과 양이 동動하고 정靜하매 태극太極이 타는 것이니, 여기에는 〈이와 기〉가 먼

60 주희, 『태극해의』, 곽신환 외 역(서울: 소명출판, 2009), p. 51.

저니, 뒤니 말할 수가 없습니다. 그런데, '리가 발하매 기가 따른다理發氣隨'는 설은 분명히 앞뒤가 있는 것이니, 이것이 어찌 이를 해치는 것이 아니겠습니까? 천지의 조화는 곧 우리 마음의 발함이니, 천지의 조화에 만약 리로 화함理化과 기로 화함氣化이 있다면 우리 마음에도 역시 리의 발함理發과 기의 발함氣發이 있어야 하겠지만, 천지에 이미 이화理化와 기화氣化의 구별이 없다면, 우리 마음에 어찌 리발과 기발의 구별이 있겠습니까? 만약 '우리 마음이 천지의 조화와 다르다'고 한다면, 그런 말은 내가 알 바가 아닙니다.[61]

여기서 율곡은 천지의 조화에 대한 논의가 인간 마음의 문제에서 발생한 것임을 암시한다. "천지의 조화는 곧 우리 마음의 발함이니"라는 말이 그 말이다. 우주론은 곧 심성론의 문제요, 도덕론의 문제인 것이다. 율곡은 그 점을 밝히며, 퇴계의 리기호발설理氣互發說을 비판한다. 오직 기발만 있다는 얘기다. 그것은 우주 발생이 기화氣化인 것과 같다고 한다. 다만 리는 기가 발할 때, 거기에 올라탄다. 그래서 리가 기에 선재하지 않는다. 그렇다면 왜 자꾸 리를 말하는가? 왜 기로 모든 것을 설명하지 않는가? 그것은 성리학이 리학理學이기 때문이다. 보편적 원리에 대한 믿음에서 출발한 학문이기 때문이다. 다만 율곡은 그 원리가 세상과 별도로 있지 않고, 오직 세상 안에서만 활동한다고 보는 것이다. 기가 발동하면 거기에 이미 올라타 있어서 같이 움직이는 것이다. 그러므로 리발을 따로 말하는 것은, 천지의 조화의 원칙과도 맞지 않는다. 퇴계처럼 리가 발하고 뒤이어 기가 따른다는 것은, 리와 기의 선후를 분명히 하는 것이기 때문에 옳지 않다. 그는 "리는 리요, 기는 기이다"는 퇴계의 말에 반대한다.

사실 퇴계는 리를 기의 원인으로 보면서, 원인 중에서도 능동인能動因을 핵심으로 보았다고 할 수 있다. 그가 체 안의 용을 인정한 것도 리에 스스

61 「답성호원」, 『국역 율곡전서 2』, p. 232. 『栗谷全書』, 10, 5.

로 어떤 운동성을 인정한 것이다. 그리고 능동인의 문제는 무엇보다도 인간의 마음을 움직이는 데 그 본래의 의미가 있다. 율곡이 반대하는 것도, 그처럼 리가 능동인이 되는 것이라고 할 수 있다. 리에 능동성을 인정하면, 리가 도덕 행위의 주체가 되고 인간은 자율성을 잃어버리는 듯하기 때문이다. 그래서 율곡은 리의 유위 곧 활동성을 부인한다. 퇴계는 리의 무위를 체로 인정했지만, 리에 정의情意가 있음을 말하면서 리의 동정이 있다고 보고, 그것을 체 안의 용으로 보았다. 그러나 율곡은 리는 오직 무위임을 주장한다. "리는 무위無爲하고 기는 유위有爲하기 때문에 기가 발하고 이가 그것을 탄다"[62]고 한다. 기발이승氣發理乘은 기가 리에 앞선다는 것이 아니라, 기가 유위이기 때문에 발하면 무위인 리가 이미 거기에 올라타 있다는 것이다. 기의 유위와 리의 무위를 강조한 것이다. 리발 기발을 놓고 벌인 퇴계와 고봉의 논쟁에 대해 율곡은 고봉이 내나무를 쪼개듯 명확하다고 보고, 퇴계의 학설은 허물이 크다고 본다.

그러나 율곡의 평가는 옳지 않다. 원래 리와 기의 문제는, 심성론의 문제가 우주론의 문제와 연결되어 있어서, 복잡하고 미묘한 것이다. 리와 기의 불상잡 불상리라는 논리가 그렇고, 리와 기가 하나이면서 둘이고 둘이면서 하나라는 것이 그렇다. 학자의 세계관에 따라 불상잡을 강조할 수도 있고, 불상리를 강조할 수도 있는 것이다. 퇴계의 경우는 전자고 율곡의 경우는 후자다.

율곡에게서 리는 기의 소이所以다. "발하는 것은 기요, 발하는 소이는 리이다."[63] 소이는 까닭을 말한다. 성리학은 종래의 유학에 없던 리理를 끌고 들어와서 기氣의 원인을 삼았다. 그런데 원인이라면, 아리스토텔레스가 잘 분류했듯이 몇 가지 모습이 있다. 형상인과 질료인, 목적인과 능동인이다.

---

62 "理無爲而氣有爲 故氣發而理乘", 「답성호원」, 『국역 율곡전서 2』, p. 263. 『栗谷全書』, 10, 25.

63 "發之者氣也 所以發者理也", 『국역 율곡전서 2』, p. 231. 『栗谷全書』, 10, 4.

그런데 그중에서 목적인 곧 까닭causa finalis이 가장 중요한 원인이다. 세상이 존재하는 까닭이 있어서 존재하는 것이다. 목적인을 가리켜 아퀴나스는 원인 중의 원인이라고 했다. 다른 원인은 목적에서 나온다. 능동인의 운동도 운동하는 까닭이 있어서 운동한다. 율곡이 리에 운동성을 인정하지 않고, 운동하는 기의 '소이'가 리라고 하는 것은 리가 목적인임을 말하는 것이다. 목적이 운동을 이끌지만, 목적 자신이 운동성을 갖는 것은 아니다. "리가 아니면 기가 뿌리박을 데가 없고, 기가 아니면 리가 의지할 데가 없다" 고 하는 말도 그런 뜻이다.

율곡의 말대로, 운동하는 것은 기이고, 리는 운동하는 까닭이다. 운동하면 시간과 장소에 국한되어, 어디나 막힘없이 통하지를 못하고 상황에 국한되게 된다. 그래서 리는 운동하면 안 된다. 율곡이 말하는 리통기국理通氣局도 그 점을 말하는 것이다. 그런데, 퇴계는 리 자체의 운동력을 인정하니, 율곡으로서는 그릇되다고 생각할 수 있는 것이다. 물론 퇴계는 리의 무위, 무정의, 무조작을 몰랐던 것이 아니고, 그런 전제하에서 리의 유위와 정의情意와 활동성을 말했던 것이다. 그것은 마치 기독교의 신이 삼위일체가 되어, 살아 움직이는 존재가 된 것과 비슷하다. 그것은 기독교의 신이 초월자로서 인간의 선을 이끄는 주재자요, 생사화복을 주장하는 주재자이기도 한 것과 비슷하다.

퇴계의 능동적 리는 개개인의 생사화복을 주장하는 것은 아니지만 적어도 기습에 얽매여 본연지성을 발휘하지 못하는 인간의 도덕성을 주관하는 존재가 된다. 그런 점에서 신학적인 모습을 띤다. 다만 우주론이 독립하지 못하고 도덕론에 매여 있기 때문에, 리가 힘을 가지고 인간의 특수한 생사화복까지 주장하지는 못하고, 보편적 천명天命으로 유행하는 데 그친다. 그래서 여전히 퇴계는 성리학자로서 인문주의자인 것이다. 그리고 리의 능동인을 인정하지만 그것은 자기 수양의 기법인 것이지, 실제로 리가 기독교의 신과 같은 존재는 아니다. 그러나, 율곡은 그런 모든 오해와 거리를 두기 위해, 리의 능동성은 부인하고, 리가 오직 목적인인 것만 인정하는 것이라고 할 수 있다.

율곡은 퇴계의 리발을 반대함으로써, 인간에 대해 좀 더 낙관적인 견해를 지녔다고 할 수 있다. 퇴계가 리기호발을 말한 것은, 선 아니면 악이라고 하는 긴급한 상황을 염두에 둔 것이다. 인간의 일상적인 생활 감정에는 사욕私慾이 들어 있다고 하는 생각이 깔려 있다. 인간의 마음은 밖의 물질을 가지고 싶은 욕망에 종속되어 있다고 보고, 그것을 가리켜 바깥의 기물氣物이 주재한다고 하여 기발氣發이라고 부른 것이다. 거기서 벗어나려면 리에 종속되는 수밖에 없다. 그것을 표현하는 것이 리발이다. 그러므로 퇴계에게서 인심人心은 인욕人欲과 동일시된다. 인심을 버리고 도심道心을 가져야 한다. 사람이 주재하지 않고 하늘이 주재해야 한다. 그것을 표현하는 것이 심성론에서는 리발이요, 우주론에서는 리생理生이다.

율곡도 도심과 인심을 나누지만, 퇴계처럼 둘을 대립시키지는 않는다. 그것은, 율곡이 인간의 일상적 감정을 그렇게 타락한 것으로 보지 않음을 뜻한다. 인심 자체를 사욕과 동일시하지 않는다. 인심 자체는 가치중립이다. 성인聖人에게도 인심人心이 있다. 율곡은, 주릴 때 먹고 싶고, 목마를 때 마시고 싶은 것 같은 생리적인 욕구를 누구에게나 있는 인심의 예로 들고 있다. 그런 혈기血氣라면 누구에게나 있는 것이고, 그런 혈기를 인심이라고 하면, 인심 자체가 악일 까닭은 없다. 그런 인간의 욕구가 자연스럽게 나오는 것이므로, 그 자체로 타락해 있지는 않다.

여기서 퇴계와 차이가 있고, 기독교와도 차이가 있다. 도심이란 인간의 선한 본성이 주재하는 것인데, 성인聖人은 인심과 도심이 일치하는 사람들이다. 그것이 종심소욕불유구從心所慾不踰矩의 경지다.[64] 칸트가 말한 자연과 자유의 일치의 경지다. 그런데, 성인이 아닌 일반 사람들은 매 순간 의

64 「답성호원」, 『국역 율곡전서 2』, p. 246. 『栗谷全書』, 10, 13.

지적으로 노력해야 한다. 인심이 발했을 때, 자유의지를 사용하여 인심을 도심의 주재 하에 두어야 하고, 그렇게 할 수 있다는 것이 율곡의 생각이다. 그러나 대개는 기질이 탁해서 인심이 주가 되고 도심이 가리워져서 사욕이 끼게 된다는 것도 율곡은 인정한다.[65]

인심과 도심을 나눈다는 것은 율곡이 퇴계와 같은 성리학자임을 보여준다. 그러나 퇴계는 인심 자체가 악으로 흐르는 성향을 가지고 있다고 본 반면에, 율곡은 인심이 도심을 가릴 때만 사욕의 악으로 흐른다고 보는 점에서 퇴계와 미묘한 차이를 보인다. 인심과 도심을 나눈 것은 성리학이 인간의 악을 심각하게 고려한 것에서 비롯된 것이다. 그러나, 퇴계는 인심과 도심을 대치시켜서 인간에게 두 마음이 있다는 쪽을 강조한다면, 율곡은 이름은 둘이나 오직 하나의 마음이 있을 뿐임을 강조한다고 할 수 있다. 그리고 도심이란, 인간의 의지에 따라 마음의 흐름을 통제하고 주재하는 것을 가리킨다. 그런 점에서, 선과 악이 인간의 의지에 따라 좌우된다고 보는 셈이다. 그것은 인문주의의 전형적인 모습이다. 반면에 퇴계가 리발을 말한 것은, 리의 능동성을 인정하는 것이요, 그것은 도심이란 인간의 의지가 리에 끌려가는 것과 같음을 의미하는 것이다. 그것은 자칫 인문주의를 벗어나 신학적인 견해로 보일 수 있다.

율곡은 성인聖人이 아닌 일반 사람들도 아직 마음이 발하지 않은 상태 곧 미발未發의 경우에는 성인과 다름없는 맑은 본체를 지닌다고 한다.[66] 미발이란 아직 마음이 발하지 않은 상태로 중용에서는 중中이라고 한다. 퇴계에게는 이처럼 마음이 발하지 않은 상태는, 인간의 의지의 개입 없이 리만 살아서 움직이는 것과 같다 하여 상당히 중요한 경지요, 수양을 통해 도달할 경지다. 주희도 율곡과 달리 미발을 인간의 자기 수양과 관련해서 보았

---

65 「답성호원」, 『국역 율곡전서 2』, p. 248. 『栗谷全書』, 10, 15.

66 「답성호원」, 『국역 율곡전서 2』, p. 248. 『栗谷全書』, 10, 15.

다. 그러나 보통 사람들의 경우에는 그런 미발의 상태가 없고, 보통은 이미 발해서 악으로 기울어져 있다는 것이 퇴계의 생각이다. 그러나, 율곡은 미발의 상태를 중인衆人에게도 있는 것으로 보고 있으니, 인간의 자연 상태에 대해서 퇴계보다 낙관적으로 보는 셈이다.

율곡 역시 성리학자로서, 기본적으로 그의 사상은 자연 내재주의다. 물론 앞에서도 말했듯이 성리학의 내재주의는 기본적으로 인간주의다. 태극의 내재란, 태극이 인간보다 초월적인 존재가 아니라, 인간 안에 선한 본성으로 들어 있다는 것이 가장 핵심적인 얘기다. 그러나, 앞에서도 얘기했듯이, 그 내재는 인간뿐 아니라 만물에게로 확대된다. 인문주의의 인간 중심주의와 자연주의가 성리학에서 결합되어 있는 점이다.

> 천지와 만물이 비록 각각 그 리가 있으나 천지의 리가 곧 만물의 리요, 만물의 리가 곧 사람의 리니, 이것이 이른바 통체일태극通體一太極이란 것입니다…… 근원을 미루어 보면, 리와 기는 천지天地의 부모요, 천지는 또 사람과 만물의 부모입니다. 천지는 기의 지극히 바르고 지극히 통한 것을 받았으므로 정해진 성품이 있어서 변함이 없고, 만물은 기의 편벽되고 막힌 것을 받았으므로 역시 정해진 성품이 있어 변함이 없습니다. 이러므로 천지와 만물은 다시 닦고 행할 도리가 없고, 오직 사람만은 기의 바르고 통한 것을 받았는데, 맑고 탁하며, 순수하고 잡박함이 만 가지로 달라서, 천지의 순일純一함과는 같지 못합니다. 다만 그 마음이 허령통철虛靈通徹하여 온갖 이치가 구비되어 있으므로, 탁한 것을 맑은 것으로 변하게 할 수 있고, 잡박한 것을 순수한 것으로 변하게 할 수 있습니다. 그러므로 수양의 공부는 홀로 사람에게만 있으며, 그 수양의 극치는 천지를 제자리에 있게 하고 만물을 육성시키는位天地育萬物 경지에 이르게 되니, 그렇게 된 뒤에라야 사람의 할 일을 다하게 되는 것입니다.[67]

---

67 「답성호원」, 『국역 율곡전서 2』, p. 227. 『栗谷全書』, 10, 2.

수양할 수 있는 것은 인간이다. 그것은 천지와 사물은 성품이 정해져 있지만, 사람은 성품이 정해져 있지 않기 때문이다. 그만큼 인간의 노력과 마음 씀씀이가 중요하다. 여기서 정해진 성품이란 것은 리와 기를 합해서 말한 것이다. 기가 각기 달라 사람과 동식물의 성품이 다르지만, 리는 모두 같다. 그래서 통체일태극通體一太極이라고 한다. 모든 것들이 하나의 태극을 본체로 가지고 있다는 말이다. 그래서, 율곡의 인간관에는 만물이 교통할 수 있는 여지가 있다. 인간과 천지의 교통이 이루어지고, 인간과 만물의 교통이 이루어질 것이다. 그러나 그것은 자연스레 되는 것이 아니라, 인간의 자기 수양을 통해 이루어지는 일이다. 우주론적으로 천지는 이미 제자리에 있으나, 사람의 마음이 탁하고 흩어지면 천지가 제자리에 있지 못하고, 세상이 흔들린다. 만물은 이미 태극과 천지가 낳고 기르고 있다. 그러나 사람의 마음이 정해져 있지 않으면 그걸 볼 수 없고 그 흐름에 같이 통하여 만물과 하나가 될 수 없다. 그래서 사람의 자기 수양이 천지를 제자리에 있게 하고 만물을 육성한다고 한 것이다. 그래서 우주론의 중심에는 인간 중심주의의 심성론과 도덕론이 들어 있고, 언제나 인간의 책임성을 강조한다. 그러나, 이미 우주론적으로 사람과 우주 만물은 하나의 본체를 모두 나누어 지니고 있다. 다른 성리학자들과 마찬가지로 율곡도 내재주의의 특성을 보이고 있다.

특별히 천지天地를 들어 사람의 부모라고 보는 것에는 자연주의적 인간관이 드러난다. 앞의 인용문에서 자연을 가리키는 말로는 '천지'가 있고 '만물'이 있다. 동식물과 무생물은 만물에 속한다. 천지는 인간보다 앞선 자연이라고 할 수 있다. 동식물과 무생물은 인간과 동일 차원의 자연 사물이라면, 천지라는 이름은 인간보다 서열이 높은 자연이라고 할 수 있다. 구체적 자연 사물은 인간처럼 오행으로 이루어진 것이다. 그러나 천지라는 이름은 유학에서, 구체적 자연 사물의 근원이 되는 원리적 자연이라고 할 수 있다. 성리학은 초월자를 따로 두지 않기 때문에, 인간을 자연에서 나온 것으로 말할 수 있다. 물론 유학은 인문주의요 인간 중심의 사상이 있기 때문에, 사람과 자연 사물과의 사이에 존재론적 위계질서가 있다. 그것은 앞에서 말한 대로 기질의 차이에 따른 것이다. 사람은 짐승보다 우월하다. 그러나 그 우월성은 기독교와 달리, 사람이 자연을 구원하는 책임 주체가 되고 자연은 구원받을 대상이 되는, 그런 정도의 우월성이 아니다. 하나의 태극과 일체가 됨으로, 태극을 지니고 있는 다른 사물들과 통하여 일체가 되는 경험을 할 수 있는, 그런 우월성이다. 그래서 자연 사물은 그냥 살지만, 인간은 의미를 찾으며 산다. 자연 사물은 자기 몸 하나 스스로 낳아지고 낳으며 살지만, 사람은 만물의 조화와 육성을 돕는다.[68] 그런 점에서 인간의 지위는 자연 사물 중에서 두드러진다. 성리학은 자연주의는 아닌 것이다.

그러나, 사람의 성품은 정해져 있지 않아서, 짐승보다 높을 수도 있지만, 짐승보다 못할 수도 있다. 문화를 이룩하는 인간이, 자연의 조화를 깨고 생명 질서를 파괴하는 경우도 많다. 인간이 생의生意 못지않게 살의殺意를 지니고 있다면, 오히려 끊임없이 살고 살리는 순수한 도를 자연에서 찾을 수도 있다.[69] 생육하고 번성하는 데 있어서, 자연 사물이 이미 그 도를 실현하고 있을 수도 있다. 그럴 때, 개별적 동식물이 아닌, 자연 사물의 집합체로서의 자연은 인간의 문화보다 앞서 화육의 모범을 보이는 존재로 보인다. 그런 자연은 인간의 부모요, 인간은 자연의 일부이고, 자연으로부터 생겨났다. 율곡이 말하는 천지가 그것이다. 천지의 도가 바로 자연의 도요,

---

68 "만물들이 각각 성性을 이루게 하는 것은 다만 사람들이 참찬화육參贊化育하는 공에 달려 있을 뿐입니다." 「답성호원」, 『국역 율곡전서 2』, p. 228. 『栗谷全書』, 10, 3.

69 사실, 기독교에서 인간의 역사는 가인이 아벨을 죽인 살인 사건에서 시작된다. 인간 사회의 출발점에서 폭력을 본 것이 기독교다. 그런 악의 문제를 풀기 위한 해답이 하나님의 창조 얘기다. 서양은 높은 초월자의 섭리와 개입을 통해 인간 사회의 폭력의 악순환을 해결할 길을 찾았다. 반면에 퇴계는 정치 세계의 사화士禍를 통해 인간의 폭력성을 확인했을 때, 돌아갈 곳이 자연이었다.

천지 사이에서 태어나 자연의 도에 참여하는 것이 인간의 의무다. 율곡이 천지를 인간의 부모라고 일컫는 것도, 그런 자연친화적인 관점으로 볼 수 있다. 리로 말하면 인간은 리의 자녀이지만, 그 리가 초월자가 아니므로 그 내재주의 때문에, 천지라고 일컬어지는 자연이 인간의 기원으로 거론될 수 있다. 그처럼 인간의 기원이 되는 자연을 가리켜 천지라고 한 것이다. 사람보다 못한 자연 사물이 있고, 사람보다 우월한 자연이 있다. 그러나, 사람보다 못한 자연 사물을 통해 사람보다 더 나은 자연을 본다. 산과 강에서 그리고 바람과 오가는 계절에서 천지의 덕을 읽는 것이 유교적 풍류다. 그 덕은 인仁이요, 생의生意다.

율곡의 자연주의적인 측면이 퇴계보다 더 강하다고 할 수도 있다. 왜냐하면, 모든 기는 리의 소재所在로서, 리가 기와 붙어 있다는 점을 더 강조하기 때문이다. 그러면 내재주의가 더 강화되기 때문이다. 그러나 인간 세상에서 실망을 느꼈을 때 자연에서 도를 찾는 감각은 퇴계가 더 강하다고 할 수 있을 것이다.[70] 그러나 그들은 모두 자연주의적 경향을 지니고 있는 인문학자들이다. 태극은 우주 만물의 원인인데, 그 원인은 다시 아리스토텔레스의 네 원인설로 말하자면, 형상인으로서 행위의 표준이 되고, 목적인으로서 의미의 기원이 된다. 그것은 기독교의 하나님이나 플라톤의 선의 이념이나 아리스토텔레스의 제일 원인과 같다. 율곡과 퇴계의 차이는 태극

70 학자들은 기 일원론을 강조한 율곡이 퇴계에 비해 더 자연친화적이라고 보기도 한다. 그러나 다른 한편으로 17-18세기 김창협, 김창흡 형제는 노론 계열임에도 불구하고 율곡을 비판하며 리의 주재를 강조하여, 퇴계와 율곡의 절충을 시도한다. 그들은 하나의 리一理가 기를 주재하는 것을 강조하는데, 그 결과 인간과 자연 사물의 본성이 같다는 주장으로 이어진다. 조성산, 「17세기 후반~18세기 초 김창협金昌協·김창흡金昌翕의 학풍과 현실관」, 『역사와 현실』 51(2004), p. 179 이하. 그것은 율곡에 충실했던 호서湖西의 한원진 등으로부터 사람과 자연을 구분하지 않는다는 비난을 받을 정도로 자연친화적인 생각이다. 노론 계열 안에서 17-18세기에 인물성동론人物性同論 논쟁이 있었다는 것 자체가, 같은 시대의 서구와 비교해볼 때 조선 사회의 유학이 매우 자연친화적이었고, 내면 수양을 지향하고 있었음을 알 수 있다.

과 리를 능동인으로 보느냐 아니냐에 있다. 그것은 좀 더 종교적 성격을 띠느냐 아니냐의 차이다.

퇴계가 율곡보다 더 종교적이고 신학적인 경향을 지닌다. 그러나 퇴계와 율곡 모두 태극생양의의 우주관을 택하는 한, 그들은 모두 서구와 달리 자연친화적인 세계관 속에 있다. 태극이 음양을 낳는다는 것은 기가 리의 피조물이 아니고, 오히려 리 자신의 분신이라 할 수 있기 때문이다. 17세기 후반 19세기 초에 조선에서 인물성동론人物性同論의 주장이 있을 수 있게 된 까닭도 거기에 있다. 우주론적 일원론 속에서 생명의 의지를 도의 핵심으로 삼는 동아시아의 세계관을 보여준다. 그것은 인간이 이루어야 할 덕의 핵심을 화육지리化育之理에서 보았기 때문에 가능한 일이다.

퇴계나 율곡은 모두 주희를 따라 인의예지의 덕이 생의에서 나가는 것으로 본다. 측은지심이 인仁의 단서인데, 측은지심은 물에 빠진 자를 살리려고 하는 마음이다. 의義라고 하는 것은, 자기만 살려고 남을 해칠 때 부끄러워할 줄 아는 마음이요, 그런 행위를 하는 자를 나무랄 줄 아는 마음이다. 더 나아가면, 살려고 하는 마음들이 서로 갈등을 일으킬 때 그것을 조정하는 덕이다. 예禮라고 하는 것도 서로 더불어 살기 위한 마음이 객관화되어 예절과 규례를 이룬 것이다. 지智라는 것 역시, 모든 것이 살기 위한 것임을 깨닫고 생의를 바탕으로 인생을 통찰할 수 있는 능력을 가리킨다. 이처럼 생의生意를 바탕으로 덕목을 구성하면 도덕 명령이 생生의 명에서 크게 벗어나지 않는다.

사실, 생生은 맹자 당시의 양주楊朱나 노장老莊이 강조하던 것이다. 양주는 생에 충실하면 욕망을 절제하게 된다고 했다. 생명은 많은 것을 요구하지 않기 때문이다. 노자는 생명을 중시하며 명리名利를 경시한다고 했고, 장자는 몸과 생을 천하처럼 중시하라고 했고, 생을 위해서는 외물 때문에 몸을 괴롭히지 않아야 한다고 했다. 여기서 외물이란 많은 재물이나 지위 그리고 인仁과 의義 같은 덕목까지도 포함하는 것이다. 그러므로 생을 강조한다는 것은, 소박하게 자연에 순응하는 것을 가리킨다. 노장은 인문주의가 아닌 자연주의다.

그런데, 유학인 성리학이 생生을 강조한 것은, 국가 공동체를 위한 인문주의적인 인仁과 의義의 덕을 중요시하면서 동시에 자연주의적인 태도도 갖는 셈이다. 일단 성性은 생生이 아니라고 한 맹자의 논리가 있고, 다시 생生을 성性이라고 한 정호程顥의 논리가 겹쳐 있다. 이것은 자연과 거리를 두면서 자연의 영향을 받는 것이다. 그것은 도덕 당위의 강한 요청이 생명 당위에 의해 견제되고 있음을 의미한다. 자연은 사는 것을 중요시할 뿐 큰 명예나 이득을 추구하지 않는다. 자연의 영향을 받는다는 것은 도덕 당위가 생명 당위 주변을 맴도는 것을 의미하고, 그것은 서구 기독교와 달리 죄의식이 강하지 않고, 너무 높은 도덕적 요구에 시달리지도 않는다는 것을 의미한다.

선진 유학에서 맹자가 양주 묵적을 비판한 것이 그 점을 잘 보여준다. 맹자가, '위아爲我'를 주장한 양주를 반대한 것은, 인간 본성의 악한 면을 본 인문주의자의 자격으로 자연주의적인 태도를 반대한 것이다. 그러나 그는 동시에 '겸애설兼愛說'을 주장한 묵적墨翟을 반대했다. 묵적의 겸애설이란 남의 몸을 내 몸처럼 사랑하고, 남의 부모를 내 부모처럼 사랑하며, 남의 나라를 내 나라처럼 사랑하라는 것이다. 그러면 세상이 평화로워질 것이라 했다. 맹자가 묵적을 반대한 것은, 맹자의 인문주의가 사랑의 차별을 인정하기 때문이다. 남보다 나를 더 사랑하고, 남의 부모보다 내 부모를 사랑하고, 내 나라를 남의 나라보다 더 사랑하는 것은 본능적인 것으로 자연스런 일이다. 처음부터 저절로 되는 사랑이다. 묵적은 저절로 되는 사랑은 덕으로 보지 않고 더 높은 이상을 추구한 셈이다. 맹자가 그것을 거절했다는 것은, 맹자가 어느 정도 인간의 현실을 인정하며 자연스런 마음 씀씀이를 어느 정도 도덕에 포함시켰음을 알려준다. 절학무우絶學無憂를 강조하며 무위자연無爲自然에 처한 장자도, 묵적이 인간의 현실에 맞지 않는다고 비판했다. 자연주의적인 경향은, 너무 높은 도덕에 도달하기 위해 자연스런 인간의 마음 씀씀이를 너무 희생하는 일이 없도록 만든다.

결국 성리학 이전부터 유학의 인문주의는 서구 기독교만큼의 죄의식을 지니지 않았다. 그리고 "네 이웃을 네 몸과 같이 사랑하라"거나 더 나아가 "원수를 네 몸과 같이 사랑하라"고 하는 높은 도덕적 요구를 기준으로 삼지 않았다. 그런 면에서 존재와 당위의 거리가 멀지 않다. 이것은 무의미를 크게 느끼지 않으며 사는 결과를 낳는다. 인문주의이기 때문에 성리학도 의미 있는 삶을 찾는다고 봐야 하지만, 자연주의적인 견제가 있어서 쉽게 무의미에 빠지지 않는다.

이것은 물론 인간 삶의 구조악에 대한 비판 의식의 결여로 이어질 수도 있다. 그 점은 앞에서 말했다. 성리학에서 인간의 악에 대한 고찰이 높아졌지만, 그것은 인간 내면의 수양에 초점이 맞추어져 있었지, 권력 비판이나 사회 구조와 관습에 대한 비판으로 이어지지는 않았다. 그리고, 유학과 성리학이 자연주의에 가까워 존재와 당위의 거리가 멀지 않다는 것은, 중국이나 한국에서 인간 공동체에 대한 유토피아주의가 크게 발달하지 않은 원인이기도 하다. 유토피아 사상을 추구하면, 수평적 차원에서 의미 추구가 강해진다. 역사의 발전에 동참하는 데서 삶의 의미를 찾는 것이다. 유토피아 사상이 빈번하게 출현한 서양과 달리 동양에서 유토피아 사상이 약했던 것도, 존재와 당위의 거리가 멀지 않은 그 자연주의적 경향 때문이라고 할 수 있다.

유교 공동체는 가족 공동체를 기반으로 한다. 가족 공동체는 혈연관계를 중심으로 한 자연 공동체다. 중국이나 한국에서 시민사회가 발생하지 않은 것은, 국가를 가정의 연장으로 보는 시각 때문이다. 어떻게 보면 가족 같은 국가라는 것이 유토피아적이라고 할 수도 있다. 그러나 가족은 사랑의 공동체이지만 평등의 공동체는 아니다. 서양의 유토피아 사상이 사랑과 평등의 공동체를 추구했는데, 평등은 어느 정도 개인주의가 전제되고, 권리 투쟁을 전제로 하는 것이다. 그러므로 국가를 가족의 연장으로 보는 동양의 정치철학은 유토피아적 사회와는 거리가 있다.

동양의 정치철학은 자연주의적인 경향을 가지고 있다. 그만큼, 의미 추구가 강하지 않다. 서양과 달리, 목적론적 세계관이라는 게 약하다. 그것 역시 성리학이 생명 중심이기 때문에 생긴 현상이다. 자연과 멀리 떨어지지 않을수록 목적론적인 의미 추구는 약해진다. 기독교가 종말론이라고 하는 강화된 목적론을 갖게 된 것은, 그만큼 자연에서 멀어졌다는 것을 의미한다. 물론 인문주의는 인생의 의미를 찾고 삶의 목적을 이야기한다는 점에서 목적론적이라고 할 수 있다. 앞에서 보았듯이, 성리학에서 리는 기의 원인이라고 할 때, 그 원인은 무엇보다도 목적인이다. 삶의 의미가 그 목적인에서 주어지고, 사람은 자기 수양을 통해 기습氣習을 이길 수 있어야 사람답게 되며, 그처럼 참사람이 되는 것이 삶의 목적이다. 그러나 기독교는 자신의 직선적인 시간관과 연결되는 종말론이라고 하는 독특한 목적론을 가지고 있다. 모두가 바라볼 본질과 형상인形相因으로서의 하나님뿐 아니라, 하나님 나라를 향해 인간의 역사가 진행해나가는 종말론적인 목적론을 지니고 있다. 다시 말해서, 수직적이고 수평적인 목적을 동시에 지니고 있다.

거기에 비하면 성리학에는 수평적 목적론이 없다. 처음과 끝이 있는 직선적 역사관이 아니기 때문이다. 다만 초월자 리理를 설정하고 있기 때문에 수직적인 목적인에서 생기는 목적론이 있다고 할 수 있다. 인간은 동식물과 달리 생生의 목적이 있다고 보는 것이다. 그러나 그것마저도 내재주의 때문에 수직성이 약화된다. 그러므로 목적인으로서의 태극이나 리는 아퀴나스가 말하는 목적인과는 매우 다르다. 목적인이 강한 목적성을 띠려면 목적인이 동시에 질료인이어서는 안 된다. 아퀴나스는 그 점을 강조하고 있으며, 무로부터의 창조를 말하는 기독교 신학이 기본적으로 그 점을 전제로 한다. 그 점에서도 기독교는 목적론적이다. 그냥 산다거나, 의미를 넘어서 산다는 것은 기독교의 세계관에 없다. 그러나 성리학의 리는 목적인이면서 동시에 질료인이다. 우주론적으로는 기 일원론이기 때문이다. 따라서 성리학이 서구에 비해 목적론적인 모습이 매우 약하다는 것, 그것 또한 자연주의적 인문주의의 모습이다.

나가는 말

인문주의의 도덕 명령인 성명性命은 억압의 요소가 있지만 여전히 중요하다. 그러나 성명은 생명生命이라는 좀 더 큰 구도에 들어와 자신의 위치를 확인해야 한다. 동서양은 모두 인문주의를 필두로 내면의 시대를 열었다. 두 세계의 인문주의의 차이는 서양은 기독교적 색채가 강하고, 동양은 자연주의 색채가 강하다는 점이다. 생명이라는 화두는 두 세계의 인문주의의 교통과 융합을 필요로 한다. 못살게 구는 힘에 대한 저항의 논리를 발전시킨 서구 문명과, 그냥 사는 삶에서 자유를 본 동아시아 문명의 교통과 융합을 필요로 한다. 무의미를 이기는 데서 의미를 찾고 의미가 충만한 삶을 살기 바란 서구의 기독교 전통과, 의미 이전이나 의미와 무의미 이후에서 충만한 살아 있음을 본 동아시아 자연주의 전통이 음양의 조화를 이루어 미래의 문명을 펼쳐야 할 것으로 보인다.

내면의 자기 수양을 가르친 동서양의 인문주의는 여전히 중요한 빛을 준다. 진리의 관조를 통해 물욕을 없애라고 가르친 플라톤이나, 계천입극繼天立極을 통해 인심人心을 벗어나 도심道心을 가지고 살기 바란 주희나, 심발心發과 성발性發의 변증법을 통해 인욕을 초월하기를 바란 퇴계는 모두 인류의 스승들이다. 그들은 인간의 끝없는 욕심을 정화하는 수양법을 제시함으로써, 인간 사회의 갈등을 막고 폭력의 악순환을 예방하는 길을 제시한 셈이다. 그들이 말한 내면의 이성의 명령 곧 성명性命은 도덕을 통해 공동체의 질서를 유지함으로 개인의 생명을 유지할 환경을 만드는 역할을 했다. 그런 점에서 인문주의는 그 억압적 요소에도 불구하고, 생生이 우리에게 명命한 내용의 한 부분을 차지한다고 할 수 있다.

서구 인문주의는 이원론적인 사유를 통해 세상을 통째로 비판하는 의식의 싹을 품고 있었고, 그것을 현실화시키는 데 중요한 역할을 한 것은 기독교다. 기독교는 원죄론을 통해 인간 현실과 제도에 대한 비판적 사유를 발전시켰다. 그것은 인간에 대한 인간의 '업신여김'을 없애기 위한 투쟁과 제도적 변화를 추구하면서 생의 명의 한 측면을 담당했다. 생명은 업신여김을 극복하면서 전개되기 때문이다. 그것이 서양 인문주의와 기독교의 공헌이다.

그러나 서구 인문주의나 기독교는 너무 의미 위주의 삶을 전개했다. 높은 도덕도 그런 의미의 한 부분을 차지했고, 근대 이후에는 인간이 모든 의미의 생산자요 주체가 된다. 서구에서 의미는 무의미와의 투쟁의 산물이다. 거기에는 의미와 무의미를 넘어 그냥 사는 자연주의적 삶이 주는 해방에 대한 감각이 없다. 실체와 주체 그리고 의미는 소유의 세계다. 그것은 자연의 지배를 자유의 출발로 생각하는 전제를 깔고 있었다. 기독교에서 자연은 인간이 구원해야 할 대상이고, 서구 인문주의에서 자연은 주제가 되지 않았고, 서구 사회과학에서 자연은 소유권의 대상이다.

그것은 결과적으로 생명의 중요한 차원을 상실한다. '그냥 있음' 곧 소유가 아닌 존재의 자유에 대한 감각은 없다. 그냥 있음은 하이데거의 '있음'과도 다르다. 하이데거는 존재의 의미를 찾지만, 그냥 있음은 의미와 무의미 이전이거나 그 이후다. '있음'이 아니라 '살아 있음'을 말할 수 있으려면 자연친화적이어야 한다. 한국과 중국의 자연주의나 자연주의적 인문주의는 이미 '살아 있음'을 중요한 주제로 삼아왔다. 그것은 소유에서 서구에 뒤쳐지고, 권리 투쟁에서 뒤쳐진다. 근대에 동아시아가 기독교를 배경으로 한 유럽에 밀린 까닭도 거기에 있다. 자연과학이 가져온 물리적 힘과 사회과학이 가져온 민주주의에서 뒤졌다. 업신여김을 막는 비판 사상에 있어서도 약하다. 한국과 중국의 인문주의는 몸을 통해 자연에 잇대어 있는 '그냥 있음'과 '살아 있음'의 시학詩學이었기 때문이다. 19세기까지도 그런 인문주의가 정치철학을 이루고 있었기 때문이다.

그러나 이제 소유를 중심으로 한 서구적 삶의 의미가 생명을 위협하고 무의미를 극대화하고 있는 오늘날, 동아시아의 자연주의가 제시하는 자유의 길이 있다. 요즈음 회자되는 생명이라는 주제도 그런 배경에서 나온 것으로 보인다. 성리학은 지난 600년 한국의 기둥이 되는 사상이었는데, 자연주의적 인문주의다. 인문주의와 자연주의가 결합되어 있다는 점에서 고찰의 대상이 될 만하다. 동서양 공통의 인문주의적인 문제의식이 서양과 달리 자연주의와 결합되었다는 점은 새로운 문명의 방향을 제시하는 데 도움을 줄 것이다. 그런 점에서 서구 물질 문명의 비판적 대안을 찾는 우리의 관심의 대상이다.

동서양의 인문주의는 도덕성을 통해 세상의 평화를 도모하고자 했다. 그들은 신과 귀신을 섬기는 대신, 인간의 내면의 덕성을 계발해서 정치적 평화를 이루고자 했다. 내면의 평화를 통해 정치적 평화를 이루고자 한 것이 인문주의 정신의 핵심이라고 할 수 있다. 그 결과 인간의 마음과 영혼의 능력에 대한 신뢰에 바탕을 둔 본성론이 발달했다. 이기심을 극복하여 내면의 평화를 이루기 위한 높은 수준의 도덕 명령을 중시했고, 그런 도덕 명령을 알고 이행할 수 있는 능력이 인간에게 주어져 있다고 보았다. 이것이 플라톤에게서 노모스nomos와 피지스physis의 문제이고, 스토아 학파에게는 하늘의 도道이자 인간의 실천 능력이자 도덕 명령인 로고스logos의 문제였으며, 유학에서는 천명天命과 인간 본성本性의 문제다. 천명과 본성은 성명性命이라는 낱말에 압축되어 있다. 그래서, 우리는 '성명'을 인문주의적 도덕 명령을 대표하는 말로 사용할 수 있다.

인문주의자들은 기본적으로 국가 체제를 전제로 하고 있다. 국가라는 공동체는 자연스럽고 당연한 것으로 받아들여졌다. 플라톤과 아리스토텔레스가 그랬고, 공자와 맹자가 그랬다. 그런데, 국가 공동체 안에서 일어나는 이해관계의 대립을 해결하기 위해, 그들은 아주 높은 수준의 덕성을 요구했다. 정치를 윤리로 풀려고 했고, 공적인 관계의 정치 윤리와 사적인 가정의 윤리 사이의 분리가 일어나지 않았다. 서양 윤리학의 용어를 빌리면, 사회 윤리와 개인 윤리의 분리가 일어나지 않았다. 높은 수준의 덕을 이루기 위해서 플라톤은 물질이 선의 이념을 실현하는 데 방해가 된다고 보았다. 좀 더 현실주의적 태도를 보인 아리스토텔레스도, 많은 물질은 인간을 타락시킬 수 있음을 경고했다. 인간적인 것과 신적인 것을 구분해서, 신적인 것에 도달할 때 인간이 진정으로 행복해질 수 있다고 가르쳤다.

그것은 성리학에서 도심道心과 인심人心을 구분한 것과 같다. 성리학은 서양의 형이상학이나 기독교와 달리 초월적 실체를 인정하지 않았으나, 개인을 넘어서 우주적으로 섭리하는 어떤 마음을 인정했다. 맹자에 의해 인간의 마음心에서 보편적 하늘天을 보기 시작한 유학의 인문주의는, 성리학에 이르러 자연을 포함한 우주적 마음을 체계적으로 정립했다. 그것은 도심이다. 도심을 인심과 구별함으로써, 인간적인 면모를 뛰어 넘어 높은 도에 복종하는 철저한 자기 수양을 요구했다.

퇴계는 리발理發을 말했는데, 이것은 마치 천리가 인간의 마음을 주도하고 이끌고 가는 듯한 상태를 표현한 것이다. 인간이 자기를 부인하고 천리에 사로잡히는 듯한 상태를 통해서만, 물질에 이끌리지 않고 인仁과 의義에 따라 행위할 수 있다는 것이다. 성리학에서 리와 기는 별개의 실체가 아니지만, 퇴계는 도덕적 실천을 위해 리가 주도하는 것과 물질인 기가 주도하는 것을 나누어 생각했다. 그처럼 이원론적으로 생각하는 것이 자기 수양과 도덕성 실천에 매우 유효하다고 보았던 것이다. 이론적으로는 이기일원론理氣一元論이지만, 실천적으로는 이기이원론理氣二元論이다. 그가 말한 리발理發은 인간의 마음이 주체이기를 포기하는 것이 아니라, 인간이 진정으로 도덕 명령에 사로잡히는 상태를 표현한 것이다. 퇴계는 또한 심발心發과 성발性發의 문제를 심각하게 논의했는데, 유학은 인문주의이기 때문에 언제나 마음이 발하는 심발心發이 있을 뿐이다. 그럼에도 퇴계가 성발을 말한 것은, 인간의 선한 본성을 마치 인간의 마음과 별개의 초월적인 것처럼 인식한 것이다. 평상시의 인간의 마음 상태는 어느 정도 타락해 있기 때문에, 그것과는 별개인 것처럼 보이는 본성本性에 사로잡혀야만 인간의 본심本心이 발한다고 본 것이다. 한편에는 본연本然의 성性과 본심本心이 있고, 다른 편에는 기질氣質의 성性과 기심氣心이 있다. 본래의 마음을 제대로 발휘하기 위해 일상적 기심을 이겨야 하고, 그러려면 본연의 성에 붙들려 있어야 한다. 퇴계가 심발과 성발을 변증법으로 상호 관계하는 것으로 이해한 의미가 거기에 있다. 인간이 외부 사물에 끌려가지 않고 가장 주체적으로 자유롭게 되는 경지를 그렇게 이해했다. 마치 사람이 제정신이 아니라 도의 정신에 따라 행동하는 것과 같다. 제정신이 들면 계산하고 자기 이득을 찾는다.

그런 표현은 매우 종교적인데, 기독교에서는 하나님의 영인 성령에 사로잡히는 것을 말한다. 성리학에서 인간 본성을 표현하는 성령性靈이 기독교에서는 성령聖靈이다. 도덕 명령의 초월적 면모를 서로 다르게 이해하고 다르게 표현한 것인데, 분명한 것은 둘 모두 고도의 자기 수양을 요구한다는 점이다. 그것이 기독교의 바울에게서는, 하나님의 종이 되느냐 죄의 종이 되느냐의 문제로 표현된다. 그 중간은 없다. 선과 악의 갈림길에서, 방심放心하지 않고 늘 깨어常星星 조심操心하고자 한 사람들이 인문주의자들이요, 인문주의의 문제의식을 흡수한 기독교에서는 신이 살아 있어서 그런 긴장을 더 강하게 느낀다. 기독교는 서양의 인문주의를 대중화해서 긴장을 해소한 측면도 있지만, 천명天命으로서의 신이 살아 있음을 말해서 인문주의적인 수양을 고도화시키고 효율성 있게 독려하는 측면도 있다. 다산 정약용이 천주교를 통해 성리학의 한계를 극복하려고 한 점도 거기에 있다.

한편 퇴계와 비슷한 도식은 퇴계보다 200년 정도 후의 사람인 서구 인문주의자 칸트에게서도 보인다. 그는 『실천이성비판』에서, 정언 명령의 도덕법이 주재자가 되고, 인간은 그것의 신하가 되어야 한다고 말했다. 자기를 부인하고 도덕법에 사로잡힌 상태가 되어야, 이기심을 극복한 자유로운 상태에 이른다고 본 것이다. 그런 문제는 칸트로 하여금 종교를 요청하도록 했으며, 도덕은 필연적으로 종교로 간다는 점을 그는 역설한다. 다시 말해서 종교적 표상의 필요성을 도덕적 실천의 각도에서 인정한 것이다. 칸트는 『순수이성비판』 변증론에서 이론적으로 신의 실체를 부인하지만, 『실천이성비판』 변증론에서 신을 도덕의 연장에서 요청하고, 『이성의 한계 안에서의 종교』에 이르러서는, 덕의 실천을 위해 선의 이념을 인격화할 필요성을 인정한다. 그리고 그는 악의 원리를 인격화한 사탄 같은 용어에 대해서도 그 실천적 의미를 인정한다. 인간이 선의 원리인 신과 악의 원리인 사탄과의 싸움 사이에 끼어 있는 것과 같은 표현은 도덕 실천을 위해 필요한 유비로서, 인간이 주체적으로 선의 원리를 실천하기 위해 유효하다고 본다. 다시 말해 그런 이원론적인 표상들 속에서 인간은 악과의 싸움을 더 효율적으로 싸울 수 있다고 본 것이다.

이처럼 동서양의 인문주의는 높은 자기 수양을 요구하면서 거의 종교에 접근하는 면을 보이는데, 주희가 믿음信을 강조하고, 퇴계가 종교적 경건과 비슷한 경敬을 강조한 것도 그런 까닭이다.[1] 칸트 역시 객관적인 도덕법에 대한 경외심(아하퉁Achtung)을 강조한다. 이런 것은 모두 인문주의가 종교를 비신화화하면서 등장했지만, 고도의 자기 수양을 강조하는 과정에,

1 이 문제에 대해 필자는 스위스 로잔느대학교에서 "유학에서의 믿음La croyance dans la pensée confucienne"이라는 제목으로 발표했고, 이 내용은 스위스에서 출판된 *Le croire au coeur des sociétés et des cultures*(사회와 문화의 핵심인 믿음), Pierre Gisel éd. (Turnhout: Brepols, 2012)에 수록되어 있다.

도덕 종교적인 성격을 띠게 됨을 보여준다. 물론 그들은 선의 이념과 선의 원리를 실체로 보고 그것을 경배하는 식의 제도적 종교로 가지 않았다. 오히려 인문주의자들은 제도 종교를 비신화화하면서, 도덕 형이상학에서 벗어나는 것을 경계했다. 그러나 한편으로 인간의 악한 면을 심각하게 보면서 다른 한편으로 순수한 선을 찾아 자기 수양을 강조하는 한, 그들의 사상은 어느 정도 종교적 경건함을 수반할 수밖에 없었다.

그런데 서양의 인문주의는 악의 문제에 대해 더 강하게 인식했다. 원래 인문주의자들은 동서양을 막론하고 모두 인간의 악한 면을 잘 알고 있었다. 자연이라는 뜻의 피지스physis에 대해서 부정적인 견해를 갖고 있었던 것도, 인간은 자연 사물과는 다르다는 것을 말하기 위해서다. 만져지고 보여지는 신체와 육체를 가진 다른 동식물이나 자연 사물과 달리 인간은 영혼(프뉴마)을 가진 존재임을 말하고자 한 것이다. 그 영혼을 가지고 피지스를 뛰어넘은 메타 피지스meta-physis인 선의 이념을 관조한다. 중국이나 한국의 성리학도 마찬가지다. 형이상形而上이란 말을 즐겨 쓴 것은 주희인데, 그는 기氣를 형이하形而下로 보고, 형이상인 리理를 중심으로 리학理學을 정립했다. 주희의 형이상학은 맹자보다 악을 더 인식한 데서 나온 것이다. 동서양의 형이상학은 모두 인간의 자연 상태가 어느 정도 부패하고 타락한 면을 지니고 있음을 인식해서 나온 것이다. 인문주의자들은 선의 원리와 악의 원리의 싸움을 늘 인식했다. 원리라는 말은 그리스어로는 아르케archē이고, 라틴어로는 프리우스prius다. 처음부터 있었다는 것이고, 만물의 기원이라는 말이다. 플라톤에게는 선의 이념이 만물의 기원이고, 기독교에는 세상이 생기기 전에 선한 하나님이 있었고, 주희에게는 기氣가 있기 전에 리理가 먼저 있었다.

그러나, 서양은 악을 좀 더 심각하게 인식해서 존재론적인 형이상학이 발전했다. 플라톤에게서 진리는 '있는 바의 것id quod est'이다. 선의 이념은 본질보다 우선한 존재 자체다. 이념을 존재 자체로 본 것에는, 세상의 현실을 이길 이념을 세상의 현실보다 더 현실적인 것으로 보려고 하는 노력이 들어 있다. 아리스토텔레스가 존재 자체와 선 그 자체를 순수 현실태 actus purus로 보고, 아퀴나스가 그것을 기독교의 신 개념으로 받아들이는 것을 보면, 그들이 형이상학으로 말하고자 하는 게 무엇이었는지 알 수 있다. 그것은 퇴계 식으로 말하면, 현실에서 기가 리보다 강하나, 길게 보면 리가 기보다 강하다고 한 것과 같다.

그러나 유학이 현실 이외의 다른 현실을 존재론적으로 확보하지 않은 것은, 그만큼 인간성에 대한 낙관적인 견해가 있었기 때문이다. 또는 자연주의적인 성격 때문이기도 하다. 인간의 본성nature과 자연nature에 대한 평가가 서양보다 후하고 낙관적이었기 때문이다. 성리학은 기질지성을 말했지만 기본적으로 성선설에 바탕을 두었다. 그래서 "군자는 기질의 성을 성이라고 하지 않는다"는 장재의 말을 주희나 퇴계는 그 사유의 바탕에 깔고 있다. 선의 이념이자 순수선인 리를 기와 구분해서 말했지만 리와 기가 서로 떨어지지 않는다고 함으로써, 인간 본성과 자연에 대한 낙관론을 견지했다. 성리학에서는 형이상학이 도덕 실천을 위한 것임을 끊임없이 확인하고, 리理는 기氣와 별개의 초월적 실체가 아님을 강조했다. 우주론적으로는 기氣 일원론이라는 것을 재확인하지 않으면 근본적으로 세계관의 변화가 생기기 때문이다.

그러나 서양의 경우에는 선의 이념을 실체적 존재로 생각했다. 기독교에서 하나님은 선한 분이자 전능한 분이다. 선과 힘이 결합되면서, 존재론적으로 가장 존재하는 존재자로 인식되었다. 그리스 형이상학이나 기독교는 선의 원리를 실체적으로 인식했지만, 악의 원리는 별도의 초월적 실체로 보지 않았다. 악은 선의 결핍에 지나지 않는다. 기독교의 경우에 사탄론이 있었지만 그것은 악과 제대로 싸우기 위한 교육적 관점에서 표상화된 것이다. 실제로 악은 더 이상 존재론적 실체가 아니라 인간의 마음에서 발생하는 것이다. 그런 변화는 이미 4세기 교부인 아우구스티누스에게서 강력하게 보인다. 그리고 11세기 안셀무스Anselmus는, 그리스도의 대속의 사건을 하나님과 악마와의 거래로 이해하지 않고, 하나님 내부에서 벌어진 사랑과 정의의 관계로 설명한다. 이것은 사탄론이 점차 그 실체적 의미를 잃어가면서 도덕적 교훈으로 바뀜을 암시한다. 그런 것은 악을 인간의 책임으로 두려고 하는 인문주의적인 발상과 일치한다. 다시 말해 악을 운명으로 두지 않음으로써 인간이 선해지면 세상이 언제든 평화로울 수 있다는 생각이다. 악의 책임자가 됨으로써만 인간은 책임적 주체가 될 수 있었다.

그럼에도 불구하고 선의 이념을 실체화하고, 기독교가 하나님을 살아 있는 실체적 존재로 믿은 것은, 중국이나 한국보다 서양이 악의 힘을 더 심각하게 바라보았기 때문이다. 존재론적으로 악은 선의 결핍에 지나지 않는다고 보았지만, 그처럼 선을 존재론적 실체로 놓고 악의 실체성을 부인한 것 자체가, 강한 악을 이길 세계관이 형성되는 과정에서 나온 것으로 보인다. 그만큼 인간 세상의 악을 강하게 느꼈다는 말이다. 근대의 칸트도 근본악을 고찰하면서, 선의 원리는 악의 원리와의 투쟁을 통해 그 실체성을 갖는다고 본다. 아무리 선을 진작시키라고 교육을 해봐야, 현실에서 부딪히는 악의 현실에 대해 제대로 분석하지 않으면 선의 실행을 기대할 수 없다는 것이다. 선의 실현을 독려하는 것만큼이나 악의 실현을 막는 것이 중요하다는 것은, 아리스토텔레스가 『니코마코스 윤리학』에서 형벌의 필요성을 강조한 이후에, 서양에서 항상 중요한 주제 가운데 하나다.

기독교도 인간의 죄의 현실이 본래적 선함을 까먹고도 남을 만큼 위세가 강하다는 점을 강조했다. 기독교의 죄의식은 국가에 대한 비판과 사법제도와 노예 제도 등 인간 사회 내의 모든 제도와 관습에 대한 비판 의식으로 발전했다. 기독교는 성선설을 포기하고, 선의 문제는 하나님의 선하심에 맡겼다. 그리고, 인간의 원죄를 주장하면서 인간이 만드는 세상에 대한 비판 의식을 심화시켰다. 성리학에서는 본연지성과 기질지성을 말했지만, 기질지성은 인간의 본성이 아니라고 함으로써 성선설로 돌아간다. 그러나 기독교는 인간의 본래적 선함에 대해 말하면서도, 현재 인간에 들어 있는 본성은 본래적 선함을 상쇄할 정도로 그 죄성이 강하다고 보았다. 그래서 기독교 문화권은 인간이 살아가는 모습 전체에 대한 비판적 시각을 가지게 된다. 세상을 통째로 놓고 비판적으로 보는 시각은 플라톤에게서 유래한 것이기도 하지만, 기독교에서 인간의 죄에 대한 고백이 그만큼 더 강화된 데서 비롯된 것이다.

그러나 기독교가 비관주의적인 세계관으로 빠지지 않은 까닭은, 살아 있는 선한 신이 선의 궁극적인 승리를 보장했기 때문이다. 그리고 플라톤과 달리 물질에 대해 금욕주의적인 생각을 가지지 않았기 때문이다. 질료로 이루어진 이 세상과 자연은 선한 하나님이 만든 것이므로, 그 자체가 악이 아니라 오히려 본질과 형상을 현실화하고 구체화하는 자리이다. 고통이라는 물리적 악과 도덕악은 오로지 인간의 자유의지에서 그 원인을 찾아야 한다. 악에는 작용인causa effeciens이 아니라 신에게 등을 돌려 작용인이 빠진 결핍인causa defectus만이 있을 뿐이다. 그렇게 해서 기독교는 플라톤과 아리스토텔레스에 없던 자유의지론을 발전시켰다. 그런데, 그 자유의지가 심각하게 왜곡되어 있어, 인간이 만드는 세상은 구조적으로 깊은 왜곡과 억압을 안고 있다고 보았다.

뿐만 아니라, 기독교는 종말론적인 역사관을 가지고, 선의 최후 승리에 대한 믿음을 가지고 있었다. 신을 목적인일 뿐 아니라 능동인으로도 보고, 처음과 나중이 있다고 보는 직선적인 시간관을 지니고 있었기 때문이다. 그 결과 선한 신은 한 개인뿐 아니라 인류의 역사 전체를 두고 자신의 선한 힘을 발휘하고, 선한 나라를 이루어간다. 이런 궁극적 낙관주의의 역사관은 근대에 와서 세속화된 형태의 진보주의 사관으로 꽃을 피우는데, 그 기원은 이미 초대 교회 당시 교부들에 의해 확립된 역사관에 있다고 할 수 있다. 선의 궁극적 승리에 대한 믿음은, 투쟁력을 약화시키지 않고 현재의 악에 저항하는 데 필요한 비전을 제시했다. 지식사회학자 칼 만하임이 말하듯이,[2] 기독교적인 역사관은 서양 사회에서 언제나 유토피아적인 현실 변혁의 사상을 낳을 기반을 형성했다.

이처럼 서양은 악에 대한 고찰이 많아서, 악을 다루는 담론이 많이 발전했다. 기독교에서 국가를 자연스런 산물이 아니라 죄의 산물이라고 본 것은, 국가 권력에 대한 비판으로 발전한다. 사람이 사람을 지배하는 정치 현실을 원래 하나님이 원한 현실이 아니라고 보았다. 다만 죄인인 인간 사이에서 국가 권력은 질서를 위해 불가피하다고 함으로써 무정부주의로 가는 것에는 반대했지만, 일차적으로는 국가 권력을 신의 뜻에서 벗어나는 것으로 보았다.[3] 그리고 이미 교부 시대부터 노예 제도나 재판 제도 등에 대한 비판도 있었다. 당시 아무런 죄의식 없이 일어나던 유아 살해나 낙태에 대한 비판도 기독교 문화권 안에서 일어났다.

이런 의식은 중세에 들어서서, 세속 정치에 대한 교회의 우위라는 제도로 정착되었다. 아퀴나스는 국가 권력을 악으로 보지 않았지만, 영적인 지도를 교회로부터 받아야 한다고 보았다. 16세기 마키아벨리가 정치와 윤리를 분리하면서, 정치를 현실적인 관점에서 접근한 것도 원리적으로 보면 기독교의 영향이라고 할 수 있다. 마키아벨리의 정치철학이 역사적으로는 중세 신학의 덕의 정치로부터 벗어난 것이지만, 그 사상적 기원으로 보면, 현실 정치의 나라는 언제나 장차 실현될 하나님 나라의 현실과 거리가 있다고 본 기독교적 현실주의의 열매라고 할 수 있다. 중국과 한국이 19세기 말까지 고대 이래의 인문주의를 중심으로 한 덕의 정치를 정치 이론의 중심으로 삼고 있었음에 반해서, 서양에서 정치가 인문주의를 벗어나 과학적 관찰의 대상으로 넘어간 것은, 기독교의 죄론의 영향이 크다.

근대로 넘어오면서 서양 사회는, 의무 대신 권리가 중심이 되고, 사랑 대

---

2 칼 만하임, 『이데올로기와 유토피아』, 임석진 역(서울: 지학사, 1975).

3 기독교 정신에 감명을 받은 톨스토이는 19세기 말에 무정부주의를 주창하게 되는데, 그 발단이 이미 교부들에게서 보인다.

신 정의가 중심이 되고, 책임보다는 자유가 중시된다. 홉스는 자연법 대신에 자연권을 말하고, 로크는 자연 상태를 개인의 자유로운 권리의 상태로 말하고 국가를 시민들의 계약의 결과로 본다. 그리고 개인의 소유권을 강화하면서 개인의 자유를 보장하려고 했다. 그러면서 민주주의와 인권의 원리가 발전하게 된다. 인권이란 단순히 인간을 사랑하라는 원칙적 선언으로 이루어지지 않고, 법적으로 개인의 권리를 보장해야 한다. 그러기 위해서, 사랑보다는 각자의 몫을 정당하게 보장하는 정의론의 발달이 있어야 한다. 그런 변화는 한편으로는 과학의 발달과 관련이 있고, 다른 한편으로는 종교의 변화와 밀접하게 관련되어 있다. 그 둘은 서로 영향을 주었다고 할 수 있으며, 과학의 발달 자체가 기독교 문화권 안에서 가능했다고 할 수 있다.

종교의 변화란 종교 개혁을 가리킨다. 교회라고 하는 객관적 제도에 권위를 두었던 가톨릭에서 벗어난 루터와 칼뱅의 종교 개혁은 권위의 중심을 개인에게 두었다. 다시 말해 신의 임재는 교회를 통해 이루어지지 않고, 개인의 영을 통해 성령의 활동으로 이루어지는 일이 되었다. 그처럼 권위의 중심이 개인에게로 옮겨지고 공간과 시간의 균질화가 일어나면서, 인간의 일상성에 대한 재평가가 이루어진다. 노동하고 먹고사는 일상적 시공간은 죄를 짓는 곳이 아니라, 신의 뜻이 이루어져야 할 곳이 된다. 교회의 예배와 달리 일상적인 삶은 거래가 이루어지고 이해관계의 충돌이 벌어지는 곳이다. 그런 삶의 현실이 신의 관심사의 중심이 된다. 그렇게 되면서 희생과 봉사뿐 아니라, 정당한 몫을 찾는 정의의 문제가 중요하게 부각되었던 것이다. 사랑보다 정의를 중시하는 사상은 인간 사회에 만연한 억압을 노출시키고 개혁하는 비판 사상으로서의 역할을 충실하게 수행하게 된다. 자기 몫을 찾기 위한 싸움을 부끄럽게 보지 않고 정당화했기 때문이다. 필요한 것 이상의 소유가 죄일 수 있다는 식의 사유가 사라졌다.[4]

그리하여 칼뱅의 장로교의 영향력이 우세했던 스코틀랜드에서는 자본주의를 정당화하는 사상이 발전했다. 이익을 추구하는 인간의 이기심을 정당화하면서, '무엇을 해야 하는가' 하는 의무와 당위보다는 인간이 가장 잘 할 수 있는 것이 무언지를 중심으로 인간의 덕을 논했다. 자기 사랑self-love을 인간이 가장 잘 할 수 있으므로, 인간의 도덕성을 자기 사랑의 범주 안에서 논하면 현실적이고 성공적인 도덕론이 된다고 보았다. 그런 사유의 열매가 애덤 스미스의 『도덕 감정론』이다. 이윤 추구를 중심으로 한 경제학을 전개하기 전에 인간의 이기심을 도덕적으로 먼저 정당화하는 일이 필요했다. 그것은 한편으로는 기독교적인 죄의식을 약화시킨 결과이지만, 다른 한편으로는 기독교 현실주의의 결과이기도 하다. 세속화secularization는 이슬람의 유일신과 달리 삼위일체적 유일신론을 가진 기독교 초기부터 들어 있던 경향성이다. 원래 칼뱅이 일으킨 세속화는 세속 생활도 거룩한 하나님의 뜻이 실현되어야 할 곳이라는 의미였다. 그것은 일상성을 흠 있는 곳으로 전제한 가톨릭에 비해 세속을 의미 있게 평가한 것이다. 그러나 성과 속의 이분법이 사라지면서 종교적으로 정당화된 세속 생활은, 시간이 갈수록 결국 인간의 세속적인 욕망을 정당화하는 쪽으로 발전한다. 그 열매가 스코틀랜드 장로교 지역에서 나온 자본주의 사상이다.

19세기의 칼 마르크스는 그런 현실주의적인 접근에 철퇴를 휘두르며 이상주의적인 공동체를 추구한다. 사실 마르크스의 이데올로기론은 인간의 죄를 적나라하게 보여주는 측면이 있다. 그는 유물론을 중심으로 인간의 의식을 재조명했다. 그가 『독일 이데올로기』에서 "의식das Bewußtsein은 의식된 존재das bewußte Sein"라고 하고 "의식이 삶을 규정하는 것이 아니라 삶이 의식을 규정하는 것이다"라고 주장할 때, 이데올로기란 허위의식

4 중세 아퀴나스는 필요 이상의 소유는 언제나 공유로 돌아갈 수 있는 것이 자연법이라고 보았다. 그리고, 가난한 사람이 긴급한 필요 때문에 부자의 것을 가져가는 것은 도둑질이 아니라고 했다. 이런 신학은 필요 이상의 소유가 죄일 수 있음을 암시한 것이다. 그러나 존 로크는 『통치론, 시민정부의 참된 기원, 목적 및 그 범위에 관한 시론』에서 인간의 자연 상태를 서술하면서, 필요 이상의 소유까지도 자연권에 속하는 것으로 여겼다.

을 가리킨다. 인간이 자기 이득을 위해 인식까지 왜곡해서 일부러 잘못 알고 있다는 주장이다. 부르주아지의 생각과 의식과 아이디어가 왜곡되어 있으며, 그것은 이득을 위한 인위적 작용의 결과라는 것이다. 그는 선을 말하는 윤리와 제도를 말하는 법과 예술 등이 모두 이데올로기적으로 왜곡되어 있다고 보았다. 그의 비판 사상 역시, 인간이 선이 무언지 알지도 못하고, 행하지도 못한다고 하는 기독교의 인간론에서 나올 수 있는 사상이라고 할 수 있다. 인간의 죄가 그 인식까지도 자기중심으로 왜곡하고 있음을 보인 것이다. 어떻게 보면 마르크스가 자본주의를 비판한 것은 인간의 죄의 힘을 너무 간과하는 자유주의 인간관을 고발한 측면이 있다. 그 점에서 마르크스의 작업은 기독교 전통의 산물이라고 할 수 있다. 또한 그의 진보주의적 역사관이 기독교의 종말론 곧 하나님 나라 사상을 세속화한 것이라는 점은 두말할 나위도 없다.

그렇게 볼 때, 서양의 고대와 중세는 물론, 민주주의와 사회과학적 정치철학 등 근대의 산물도 기독교의 인간관과 역사관을 배경으로 삼고 있다고 할 수 있다. 겉으로는 교회와 싸우면서 쟁취한 것들이 있지만, 그 뒤의 사고방식은 기독교의 사상을 세속화해서 적용한 것이라고 할 수 있다. 독일의 법 철학자 칼 슈미트Carl Schmidt가 『정치 신학』에서 말했듯이, 서양의 근대 정치 사상은 기독교의 도식을 가져와 신의 자리에 인간을 집어넣은 것에 불과하다.[5] 같은 인문주의라고 할지라도, 그처럼 서양의 경우는 악에 대한 고찰이 더 집요하게 이루어져서, 비판 사상이 발달했다. 그것이 인권과 민주주의의 발달을 가져왔다고 할 수 있다. 비판 사상은 과학의 발전과

---

5 주권 개념도 그렇다. 칼 슈미트는 주권을 예외 상황을 규정하는 힘이라고 한다. 『정치 신학』, 김항 역(서울: 그린비, 2010), p. 17 참조. 이것은, 키르케고르가 성서에서 나오는 아브라함과 이삭의 제물 사건을 두고 가리킨, '윤리의 일시적 정지'와 같다. 신의 주권은 더 큰 선을 위해 윤리에 예외를 두는 것으로 나타난다. 근대의 주권 개념은 기독교 신학에서 생겨난 신의 주권의 연장선에 있다. 다만 신의 주권이 국민 주권으로 바뀌었을 뿐이다.

도 물론 관련이 있는데, 과학 역시 자연을 일찌감치 비신성화한 기독교라는 종교를 가진 문화권의 산물이라고 할 수 있다. 중세 초에 이슬람에서 과학이 발전한 것도 알라신이 자연을 비신성화했기 때문이다. 다만 기독교 문화권에서는 신분 제도가 철폐되고 사회가 민주화되면서, 엘리트의 일이었던 순수과학과 노동자 계급의 일이었던 기술이 결합되었다. 과학과 기술이 결합되면서 획기적인 기술의 발전이 가능해졌고, 거꾸로 산업화로 인한 경제 발전이 추동력이 되어 과학 발전의 박차를 가하게 되었다.[6]

서양의 문화는 인간의 인간에 대한 폭력과 억압에 민감하고, 인간이 업신여김을 당하는 일을 막기 위한 현실적인 제도를 발전시킨 역사라고 할 수 있다. 그것은 생명 사상을 위해서도 중요하다. 생명 곧 생의 명은 엄연히 있는데 없는 것처럼 여기는 '없이 여김' 또는 '업신여김'에서 벗어나도록 명령한다. 서양에서 존재론 곧 있음의 철학을 발전시킨 것은, 한 사람이 있는데 없는 것처럼 여기는 것을 막는 역할을 한 것이 사실이다. 악에 대한 비판인데, 그 악이란 인간 내면의 악도 문제지만, 인간의 관습과 제도 속에 깊이 들어와 있는 구조악의 문제도 중요한 비판 대상이었다. 세상을 통째로 비판하는 이원론이 출현한 것은 그 때문이다. 그런 악에 대한 고찰이 사회 비판 사상으로 발전한 것이다.

동양은 자연주의적 경향 때문에 의미 추구 자체가 강하지 않았다. 그러나 서양은 의미 추구가 강하고 무의미에 대한 저항이 강했다. 내면의 업신여김을 극복하기 위해 신비주의 전통을 만들기도 했다. 도덕적 억압이 많은 서양에서, 더 높은 도덕성으로 도덕을 이기기 위한 것이 신비주의 전통이다. 신과의 합일을 통해 도덕 이상의 차원에 가려는 것이다. 뿐만 아니라 외부에서 들어오는 업신여김 곧 정치적 경제사회적 불평등에 대한 저항이

6 Lynn White, "The Historical Root of Our Ecological Crisis", in *Science*, vol.155 (Mar.1967), p. 1204.

강했다. 인간 사회 내의 권력 관계를 있는 현실 그대로 파헤치는 사회과학이 발달한 까닭도 거기에 있다. 그것은 인간의 사회생활에서 인문주의의 높은 도덕성 요구 자체를 낮추는 인간론으로 발전하기도 하고, 사회와 국가를 자연적인 산물로 보지 않고 개인들의 필요에 의해 계약으로 형성된 것으로 보는 사회 계약론으로 발전하기도 했다. 고대에 우주 기원론이 발전한 것은 현실을 비판적으로 보면서도 선의 승리를 보장하기 위한 것이었다면, 근대에 국가 기원론이 발전한 것은 공권력을 견제하기 위한 것이었다.

기독교와 결합한 서양의 인문주의는 역사를 위해 자연을 희생물로 삼았다고 할 수 있다. 그 결과 과학이 발전되고 제도의 진보가 이루어졌지만, 자연친화적인 삶과는 애초에 거리가 멀었다. 항상 의미 있는 삶을 지향하고, 그냥 사는 삶 또는 자연의 일부로 살아가는 삶이 주는 자유에 대한 상상력이 결핍되어 있다. 이것은 오늘날 환경 파괴에 결정적 영향을 미치면서 또한 끊임없는 생존 경쟁 속에서 매우 쫓기는 경제 체제를 만들어내는데 이바지했다.

서양은 목적인目的因을 선명하게 제시함으로써 언제나 목적지향적인 삶을 지향해왔다. 서양의 고대 인문주의의 존재론적 이성ontological reason이 이미 목적인에 초점이 맞추어져 있다. 그리스 철학자들이 말한 제일 원인causa prima은 목적인causa finalis의 성격을 띰으로써, 존재보다 존재의 목적이 먼저 있음을 말한다. 그 목적이 삶의 의미를 이룬다. 그런 점에서 의미가 없이는 삶 자체가 성립이 되지 않는다. 기독교에서는 수직적인 하나님과 수평적이고 종말론적인 하나님의 나라가 목적인의 역할을 했다. 그러나 현대에는 기술이성technical reason이 중심이 되면서 다른 목적인이 지배한다. '당장 쓸모'가 목적인이 된 것이다. 하버마스가 말하는 '합목적성Zweckmäßigkeit'이 그것이다. 인문주의의 목적인이 그 자체로 기쁨을 주는 도덕성과 관련된 것이라면, 기술이성의 목적은 당장 쓸모에 관련된 것이다.

서구의 고대 인문주의와 기독교에서는 도덕적 자기완성과 구원이라는 높고 긴 의미 추구가 지배했다면, 근대의 서구에서는 경쟁력 강화를 목표로 삼는 짧은 의미 추구가 지배하게 되었다. 너무 높은 의미 추구에 대한 반발로 오늘날 생존 경쟁을 새로운 삶의 의미로 만드는 결과를 낳았다고 할 수 있겠다. 그것은 하이데거의 용어로 말하자면 나를 잃고 '그들' 속에 매몰된 것이요, 사용사태 속에 빠져 결국 무의미에 부딪히게 되어 있다. 의미의 무의미다. 과학 기술의 발전과 자본주의 철학이 결합하면서 경쟁력 강화가 삶의 목적이요 의미인 것처럼 되었다. 다른 생각을 할 겨를이 없어졌기 때문에 경쟁력 강화는 새로운 삶의 의미가 되었으니, 낮고 짧은 의미 추구라고 할 수 있다. 대중 소비 사회에서는, 고상한 인간을 추구한 높은 인문주의가 가져온 무의미가 많이 사라진 대신에, 짧은 의미 추구가 가져온 무의미가 지배한다. 엄밀히 말해서 인생의 의미 물음은 잊혀진 시대가 되었다.

하버마스가 『이데올로기로서의 기술과 과학』에서 지적하듯이, 오늘날 서양 사회는 생산력 증대 자체가 새로운 정당화의 원리가 되었다. 또 보드리야르J. Baudrillard가 『소비의 사회*La société de consommation*』에서 말하는 대로, 현대 사회에서 사람들은 물질의 소비가 아닌 기호의 소비라고 할 만큼 주체성을 상실하고 기계적으로 욕망 실현에 매진하며 산다. 그것은 중세까지의 덕의 정치를 벗어나고, 근대에 들어 사회가 합리화되면서 물질 추구의 욕망을 정당화한 결과다. 중국과 한국이 19세기 말까지 기심氣心을 경계하며 물욕이 심성에 가져오는 폐해를 여전히 지적하고 있었던 반면에, 서양은 이윤 추구를 정당화하고, 일찌감치 자기 몫을 찾는 권리 중심으로 돌아섰다.

그러면서 인간중심주의적인 모습을 강화했다. 자연은 언제나 인간의 복지를 위한 당연한 전제에 지나지 않았다. 실제로 인권은 자연을 지배하는 인간의 권리를 전제하고 있다. 인권이란 인간과 인간 사이의 업신여김을 없애는 문제이지만, 그것은 모든 인간이 자연을 사용할 권리가 있다는 소유권을 전제로 한 것이다. 그런 사상은 이미 자연과 인간의 위계질서를 전제로 한 고대 그리스 인문주의의 산물이기도 한데, 그런 존재의 위계질서를 강화한 기독교 세계관의 산물이기도 하다. 아우구스티누스는 사랑의 질서를 통해 자연은 인간의 수단이요 사용할 대상uti임을 분명히 했고, 그 자체로 목적으로 삼고 누려야 할frui 인간이나 하나님과 다르다고 보았다. 아퀴나스는 사유 재산과 개인 소유권을 정당화하기 위해 자연법 사상을 말했는데, 그것은 특정한 물건이 어떤 특정한 사람의 소유이기 이전에, 먼저 자연 사물에 대한 사용권을 하나님이 인간에게 허락했다고 보았다.

서양에서 말하는 자연권natural right은 인간에게 자연적으로 주어져 있는 권리를 의미할 뿐 자연의 권리right of nature와는 거리가 멀다. 오늘날 프랑스의 미셸 세르Michel Serres 같은 사람이 사회계약을 대신한 『자연계약*Le contrat naturel*』을 주창하며 자연의 권리를 말한다. 그처럼 자연을 권리의 주체로 보는 사상이 등장하는 것은, 자연을 헤겔이 말하는 인정 투쟁의 역사 속에 집어넣어 생각하는 것이다. 자연을 역사 속에 집어넣은 것은 새롭지만, 그런 시각 역시 자연을 인간이 구원할 대상으로 보는 기독교적인 사고방식의 연장선에 있다.

서구 인문주의와 기독교가 과학과 민주주의와 자본주의에 이른 것은 자연에서 벗어나 의미 물음이 강해진 결과다. 자연에 대한 지배가 자유의 밑바탕을 형성하면서 삶의 의미 물음은 강해지고, 다른 한편으로 정당화된 소유권을 평등하게 배분하기 위한 비판 의식이 발전한 결과다. 그러나 오늘날 경쟁적 소비 사회에서 비롯된 생명 위협과 삶의 무의미의 문제를 해결하려면, 자연에서 영감을 얻고 인간의 자연스런 생의 욕구에서 공동체의 덕목을 찾아내야 할 것으로 보인다. 오늘날에는 자연주의 자체가 비판 사상이 될 수 있다. 의미를 찾으며 무의미를 끌고 들어온 인문주의를 넘어, 의미와 무의미 너머의 생명에 거하는 것이다. 생명生命은 성명性命 이전이지만, 성명 이후의 해방을 예비하는 것이기도 하다. 인류는 공동체의 평화를 위해 여전히 도덕 명령으로서의 성명을 무시할 수 없지만, 그 성명은 생명을 중심으로 재편되어야 할지 모른다. 의미를 모르는 자연으로 돌아가자는 말이 아니다. 무의미에 빠지지 않고 생명에 충실한 자연에게서 어떤 덕을 살펴보자는 것이다.

일찍이 조선의 지도적 사상이었던 성리학은 자연의 덕에 주목했다. 인문주의면서도 자연주의를 품고 있는 성리학이 관심을 끄는 까닭도 거기에 있다. 성리학에서는 생지위성生之謂性에 반대해서 생을 성으로 보지 않는 선진 유학의 맹자의 견해와, 불교와 노장의 영향을 받아 기존 유학을 변형시키는 과정에 다시 생지위성을 말하는 정호의 견해가 변증법적으로 종합된다. 주희는 태극의 도를 실현할 것을 말함으로 높은 도덕성을 요구하는 것 같지만, 생의를 중심으로 인과 의를 풀기 때문에 기독교적인 죄의식이 없고, 자연의 지배를 통해 물질 소유를 늘리는 욕망을 철학적으로 정당화하지 않았다.

성리학의 태극은 기독교와 달리 수직적 변증법이 약하면서 자연 내재주의 경향을 띤다. 그래서 인간 중심의 수평적 변증법도 약하다. 서구의 기독교 문명권은 신의 초월과 내재의 수직적 변증법과 하나님 나라의 '이미 already'와 '아직 아니not yet'의 수평적이고 역사적인 변증법 속에서 삶을 전개했다. 전자는 죄의식의 산물이고 후자는 역사의식을 낳았다. 그것은 인간 세계의 구조악에 대한 비판과 역사 발전론을 낳았다. 그렇게 해서 인권과 민주주의를 발전시킨 공헌이 있다. 그러나 거기서 자연은 사유의 중심에서 벗어나 다만 소유의 대상이고 구원의 대상일 뿐이다.

그러나 성리학의 태극은 인간을 포함한 모든 자연 사물에 내재하기 때문에 인간과 자연이 교류한다. 몸을 중심으로 몸 안의 마음과 몸 밖의 자연이 연결되어 있다. 나는 그것을 '안팎의 변증법'이라고 부르겠다. 건축으로 보면 한국의 가옥은 집 안과 집 밖이 막혀 있지 않고, 교류하며 교통한다. 리理는 인간의 안에 있으면서 동시에 밖의 자연 사물 속에 있다. 자연에도 인간과 똑같은 태극이 들어 있어 인仁한 마음이 있는 것처럼 된다. 인간의 몸이 자연과 연결되어 있고, 자연은 인간이 이룰 생의 덕목을 말없이 실현하고 있다.

안팎의 변증법을 통해 성리학은 성명을 생명으로 푼다. 성性의 명命 한가운데서 인식되는 생生의 명命은 한편으로는 인문주의의 높은 도덕 명령이 가져오는 높은 정신세계를 요구하지만, 그 정신을 생의生意에서 찾음으로써, 위로 올라가지 않고 대지와 자연으로 내려온다. 기독교의 초월도 아니고 하이데거의 초월도 아니다. 인간 내면으로 들어가서 안에서만 모든 것을 해결하려는 근대 서구 인문주의의 선험적 초월과도 다르다. 성리학이 자기 수양과 극기를 말하되, 그 수양의 원형을 자연에서 찾는 것은 자연주의적 인문주의의 묘미다. 의미를 찾되 그 의미의 궁극에는 의미를 찾지 않는 자연이 있다. 고도의 규범성과 그냥 사는 탈 규범성이 변증법적으로 결합되어 있다. 그것이 안팎의 변증법이다. 위로 올라가지 않고 대지와 자연으로 내려온다. 그리고 안에서 원형을 찾지 않고 밖에서 찾는다. 가능성은 안에서 찾지만 원형은 밖에서 찾는다. 밖은 자연이다. 내가 밖의 자연과 교통할 뿐 아니라, 궁극적으로는 자연이 나의 안팎으로 교통한다. 안팎의 변증법은, 너무 높아서 몸에서 멀어지고 추상적이 된 의미의 세계에서 생긴 무기력을 떨쳐버리고 싱싱한 생명력을 회복한다.

자연과 연결됨으로써 의미 위주의 초조함에서 벗어나고, 단출한 삶으로 이끈다. 그래서 살아 있는 모든 것들과 연결된다.[7] 그것은 의미와 무의미를 넘어 살아 있음 자체에 충실함으로써, 무슨 특별한 의미가 없는 것 같은 생명의 존엄성을 확보하게 할 것이다. 특별히 의미를 실현하지 않아도 되기 때문에, 주체 철학의 초조함에서 벗어나서 자족함으로, 소유 확장과 경

7 에코 페미니스트 역시, 도덕을 보편적 이성에 기초하려는 것이 결국 구체적인 삶을 벗어난 추상적 세계를 통해 해방의 길을 찾은 것이라고 본다. 그들이 볼 때 인문주의자들의

쟁에서 의미를 찾는 문명 구조에 새로운 길을 낸다.

우리는 좀 더 자연에 밀착된 사상 체계로부터 소비를 줄이고 생명의 생생함을 회복할 대안을 찾아야 할 것이다. 현재의 문명은 '당장 쓸모 있음'이 주는 의미를 추구하는 서구 근대 문명에 의해 지배되고 있다. 오늘날 서양의 사상계에서 고대와 중세의 덕의 윤리를 다시 주창하는 것도 당장 쓸모 있음에서 찾는 의미가 무의미를 가져오기 때문이다. 서구 문명은 오랜 세월 여러 단계를 거치며 비판적 사유의 측면에서 기여했다. '업신여김'에 저항하는 것은 여전히 생명의 한 축이다. 과학과 민주주의는 서구의 산물이고 전 세계에 침투해 들어가 지배하고 있다.

그러나 오늘날 생명이라는 화두가 등장한 것은 서구의 정신 속에 중대한 생명의 억압이 있기 때문이다. 생생하게 '살아 있음'은 업신여김에 대한 저항만이 아니라 '그냥 있음'을 수행할 줄 아는 데서 생길 것이다. 생명이라는 화두를 중심으로 우리는 동아시아의 자연주의와 자연주의적 인문주의에서 개인과 인류의 미래를 위한 새로운 영감을 찾을 수 있을 것이다.

결국 서구의 기독교적 인문주의와 동아시아의 자연주의적 인문주의는 음양의 관계를 이루어야 할 것으로 보인다. 서구 기독교 정신은 우리나라의 전통과 만나야 한다. 음양은 어울려 조화로운 생명을 창조한다. 서로 다르면서도 서로 기대며 어울리게 되어 있다. 그리고 한쪽이 커질 대로 커지면 이내 수그러들고, 작았던 다른 한쪽이 커진다. 지금은 동아시아의 사유가 소리를 높여야 될 시기로 보인다. 물론 여전히 인권이 중요하다는 점에서 서구식 사유는 기여를 계속할 것이고, 자연 자원을 확보하기 위해 국가 간의 경쟁이 치열한 현실에서 현재의 경제 체제가 쉽게 바뀌지 않을 것이

도덕은 사적이고 감정적인 부분을 극복하려고 했고, 그것은 자연과 여성의 원리를 억압하는 결과를 가져왔다고 본다. Val Plumwood, "Nature, Self, and Gender: Feminism, Environmental Philosophy and the Critique of Rationalism", *Hypatia: A Journal of Feminist Philosophy* 6, no.1(Spring 1991).

다. 그러나 자연을 덕의 원형으로 보고, 자연을 자원으로 보지 않는 동아시아의 사유가 서구식 개인주의와 소유 체제에 들어 있는 독소를 제거하고 새로운 길을 내는 데 공헌할 것이다. 인문주의의 문제의식을 공통의 축으로 해서 기독교적 죄의식과 역사의식 그리고 동아시아의 자연주의가 교통할 것이다. 그 길을 준비하는 것이 이 시대의 사명 가운데 하나인 것으로 보인다.

참고 문헌

1. 국내 문헌

강재언, 『조선의 서학사』(서울: 민음사, 1990).

공자, 『논어』, 동양고전연구회 역(서울: 지식산업사, 2005).

곽신환, 「주역의 생생사상」, 『신학과 사상』, 20호(서울: 가톨릭대학교출판부, 1997).

금장태, 「퇴계의 물아관과 생명의 세계」, 『퇴계학보』 94집(서울: 퇴계학연구원, 1997).

김문준, 「한국도학사상의 선악관」, 『동양철학연구』 제17집.

남경희, 『플라톤』(서울: 아카넷, 2009).

노사광, 『중국철학사, 고대편』, 정인재 역(서울: 탐구당, 1993).

니덤, 조셉, 『중국의 과학과 문명. 수학, 하늘과 땅의 과학, 물리학: 축약본』(서울: 까치글방, 2000)

도스토예프스키, 페도르, 『까라마조프 씨네 형제들』, 이대우 역(서울: 열린책들, 2000).

도킨스, 리처드, 『만들어진 신』, 이한음 역(서울: 김영사, 2007).

러브록, 제임스, 『가이아』, 홍욱희 역(서울: 갈라파고스, 2004).

레비나스, 엠마누엘, 『존재에서 존재자로』, 서동욱 역(서울: 민음사, 2003).

______, 『윤리와 무한』, 양명수 역(서울: 다산글방, 2001).

로크, 존, 『통치론, 시민정부의 참된 기원, 목적 및 그 범위에 관한 시론』, 강정인 외 역(서울: 까치글방, 1996).

롤스, 존, 『사회정의론』, 황경식 역(서울: 서광사, 1985).

루터, 마르틴, 「세속권력에 관하여」(1523), 손규태, 『마르틴 루터의 신학사상과 윤리』(서울: 대한기독교서회, 2004).

______, 「군인들도 구원받는지에 관한 글」(1526), 『루터 선집 9권』, 지원용 외 역(서울: 컨콜디아사, 1981).

리치, 마테오, 『천주실의』, 송영배 외 역(서울: 서울대학교 출판부, 1999).

리쾨르, 폴, 『해석의 갈등』, 양명수 역(서울: 아카넷, 2001).
______, 『타자로서의 자기 자신』, 김웅권 역(서울: 동문선, 2006).
______, 『성서의 이해』, 김창주 역(서울: 살림, 2006).
만하임, 칼, 『이데올로기와 유토피아』, 임석진 역(서울: 지학사, 1973).
매킨타이어, 알래스데어, 『덕의 상실』, 이진우 역(서울: 문예출판사, 1997).
맹자, 『맹자집주』, 성백효 역주(서울: 전통문화연구회, 2005).
문석윤, 「중국 선진유학에서의 자연과 도덕—논어와 맹자」, 『철학연구』 41집(철학연구회, 1997).
바디유, 알랭, 『조건들』, 이종영 역(서울: 새물결, 2007).
베르그송, 앙리, 『도덕과 종교의 두 원천』, 송영진 역(서울: 서광사, 1998).
베버, 막스, 『프로테스탄티즘의 윤리와 자본주의 정신』, 김덕영 역(서울: 길, 2010).
보드리야르, 장, 『소비의 사회』, 이상률 역(서울: 문예출판사, 1991).
불트만, 루돌프, 『예수 그리스도와 신화』(서울: 한국로고스연구원, 1994).
______, 『학문과 실존』, 허혁 역(서울: 성광문화사, 1980).
샤르댕, 테야르 드, 『인간현상』, 양명수 역(서울: 한길사 그레이트북스, 2005).
슈미트, 칼, 『정치 신학』, 김항 역(서울: 그린비, 2010).
스미스, 애덤, 『도덕감정론』, 박세일 역(서울: 비봉출판사, 2010).
스피노자, 베네딕트 데, 『신학정치론』, 최형익 역(서울: 비루트, 2011).
아감벤, 조르주, 『호모 사케르』, 박진우 역 (서울: 새물결, 2008).
아리스토텔레스, 『니코마코스 윤리학』, 이창우 외 역(서울: 이제이북스, 2008).
______, 『정치학』, 이병길 역(서울: 박영사, 1996).
______, 『정치학』, 천병희 역(서울: 숲, 2009).
______, 『형이상학』, 김진성 역주(서울: 이제이북스, 2007).
아우구스티누스, 『자유의지론』, 성염 역(왜관: 분도출판사, 1998).
______, 『신국론』, 성염 역(왜관: 분도출판사, 2004).
______, 『고백록』, 선한용 역(서울: 대한기독교서회, 2007).
______, 『삼위일체론』, 김종흡 역(일산: 크리스찬 다이제스트, 2007).
______, 『아우구스티누스의 결혼론』, 박일민 역(서울: 야웨의 소리, 2010).
______, 『독백』, 『아우구스티누스: 전기 저서들』, 공성철 역(서울: 두란노아카데미, 2011).
아퀴나스, 토마스, 『신학대전 1』, 정의채 역(서울: 성 바오로 출판사, 1989).
______, 『자연의 원리들』, 김율 역(서울: 철학과 현실사, 2005).
양명수, 『어거스틴의 인식론』(서울: 한들출판사, 2001).

______, 「칸트의 동기론에 비추어 본 퇴계의 리발」, 『퇴계학보』 123집(서울: 퇴계학연구원, 2008).
______, 「한국 교회의 특징에 관한 신학적, 철학적 고찰」, 『철학으로 한국의 현실을 말한다』(서울: 철학과현실사, 2006).
______, 「퇴계의 칠정론과 악의 문제」, 『퇴계학보』 122집(2007).
______, 「퇴계의 태극생양의 해석의 신학적 의미」, 『퇴계학보』 125집(2009).
에카르트, 안드레, 『에카르트의 조선미술사』, 권영필 역(서울: 열화당, 2003).
에크하르트, 마이스터, 『마이스터 에크하르트』, 레이몬드 블레크니 엮음, 이민재 역(서울: 다산글방, 1994).
엘룰, 자크, 『도시의 의미』, 최홍숙 역(서울: 한국로고스연구원, 1992).
요나스, 한스, 『책임의 원칙』, 이진우 역(서울: 서광사, 1994).
윌슨, 에드워드, 『통섭』, 최재천, 장대익 역(서울: 사이언스 북스, 2006).
______, 『인간본성에 대하여』, 이한음 역(서울: 사이언스 북스, 2000).
유인희, 「동양철학에 있어서 존재와 당위의 문제」, 『철학연구』 16집(철학연구회, 1981).
윤사순, 『동양사상과 한국사상』(서울: 을유문화사, 1996).
______, 「퇴계의 자연관이 지닌 생태학적 함의」, 『퇴계학보』 87집(퇴계학연구원, 1995).
융, 칼 구스타프, 「심리학적 관점에서 본 양심」, 「분석심리학에서의 선과 악」, 『인간과 문화』, 한국융연구원 C. G. 융 저작 번역위원회 역(서울: 솔, 2004).
이규성, 『생성의 철학: 왕싱산』(서울: 이화여자대학교출판부, 2001).
이동희, 「한국성리학의 환경철학적 시사」, 『동양철학』 31(2000).
이숙임, 『동아시아 고대의 여성사상』(서울: 여이연, 2005).
이이, 『국역 율곡전서 2』(서울: 한국학중앙연구원, 2007), 『국역 율곡전서 4』(서울: 한국학중앙연구원, 2007).
이황, 『국역 퇴계전서3』(서울: 퇴계학연구원, 2003), 『국역 퇴계전서5』(서울: 퇴계학연구원, 1989) 『국역 퇴계전서7』(서울: 퇴계학연구원, 1989), 『국역 퇴계전서 8』(서울: 퇴계학연구원, 1989), 『국역 퇴계전서 9』(서울: 퇴계학연구원, 2001), 『국역 퇴계전서 10』(서울: 퇴계학연구원, 2003).
조성산, 「17세기 후반~18세기 초 김창협金昌協·김창흡金昌翕의 학풍과 현실관」, 『역사와 현실』 51(한국역사연구회, 2004).
조지훈, 『돌의 미학』(서울: 고려대학교출판부, 1964).
주희, 『주역본의』, 백성기 역주(서울: 여강, 1999).
______, 『주자어류』, 이주행 등 역(서울: 소나무, 2001).

______, 『태극해의太極解義』, 곽신환 외 역(서울: 소명출판사, 2009).
지라르, 르네, 『폭력과 성스러움』, 김진석, 박무호 역(서울: 민음사, 1993).
지젝, 슬라보이, 『죽은 신을 위하여』, 김정아 역(서울: 길, 2010).
최문형, 『동양에도 신은 있는가』(서울: 백산서당, 2002).
최정묵, 『주자의 도덕철학』(서울: 국학자료원, 2001).
카잔차키스, 니코스, 『희랍인 조르바』, 이윤기 역(서울: 고려원, 1996).
칸트, 임마누엘, 『윤리형이상학정초』, 백종현 역(서울: 아카넷, 2005).
______, 『실천이성비판』, 백종현 역(서울: 아카넷, 2004).
______, 『이성의 한계 안에서의 종교』, 신옥희 역(서울: 이화여자대학교출판부, 1995).
칼뱅, 장, 『기독교강요』, 고영민 역(서울: 기독교 교문사, 2008).
캐츠, 레오나드, 『윤리의 진화론적 기원』, 김성동 역(서울: 철학과 현실사, 2001).
터커, 메리·그림, 존, 『세계관과 생태학』, 유기쁨 역(서울: 민들레책방, 2003).
폰라드, 게르하르트, 『폰라드 논문집』, 김정준 역(서울: 대한기독교출판사, 1978).
풍우란, 『중국철학사 상』, 박성규 역(서울: 까치글방, 1999).
______, 「중국에는 왜 과학이 없었던가」, 박성래 편저, 『중국의 과학과 사상』(서울: 전파과학사, 1978).
프로이트, 지그문트, 『문명 속의 불만』, 김석희 역(서울: 열린책들, 1997).
플라톤, 『국가』, 박종현 역(서울: 서광사, 1997).
______, 『법률』, 박종현 역(서울: 서광사, 2009).
______, 『티마이오스』, 박종현 역(서울: 서광사, 2000).
플로티누스, 『플로티누스의 엔네아데스 선집』, 조규홍 역(서울: 누멘, 2009).
하버마스, 위르겐, 『이데올로기로서의 기술과 과학』, 하석용, 이유선 역(서울: 이성과 현실사, 1993).
하이데거, 마르틴, 『기술과 전향』, 이기상 역(서울: 서광사, 1993).
______, 『존재와 시간』, 이기상 역(서울: 까치글방, 2000).
______, 『이정표1』, 신상희 역(파주: 한길사, 2005).
______, 『진리의 본질에 관하여』, 이기상 역(서울: 까치글방, 2004).
한원진, 『주자언론동이고』, 곽신환 역주(서울: 소명출판, 2003).
헌팅턴, 새뮤얼, 『문명의 충돌』, 이희재 역(서울: 김영사, 2001).
헤겔, G. W. F., 『법철학』, 임석진 역(파주: 한길사, 2008).
______, 『정신현상학』, 임석진 역(파주: 한길사, 2005).
홉스, 토마스, 『리바이어던 1』, 진석용 역(파주: 나남, 2009).

2. 국외 문헌

Aquinas, Thomas, *De regnum principium* in *Aquinas, Political writings*, ed. by R. Dyson(Cambridge University Press, 2005).

______, *Summa theologiae* in *Aquinas Political writings*, ed. by R. Dyson(Cambridge: Cambridge University Press, 2005).

Barth, Karl, *Ethics*(New York: Seabury Press, 1981).

Deane, Herbert, *The Political and Social Ideas of St. Augustine*(New York: Columbia University Press, 1963).

Lévinas, Emmanuel, *Totalité et Infini, Essai sur l'extériorité*(Paris: Martinus Nijhoff, 1971).

Neville, Robert Cummings, "Conscious and unconscious placing of Ritual(Li) and Humanity(Ren)", *Confucianism in Dialogue Today*, ed. by Liu Shu-Hsien (Philadelphia: Ecumenical Press, 2004).

Niebuhr, Reinhold, *An Interpretation of Christian Ethics*(New York: Meridian Books, 1956).

Plumwood, Val, "Nature, Self, and Gender: Feminism, Environmental Philosophy and the Critique of Rationalism", *Hypatia: A Journal of Feminist Philosophy* 6, no.1(Spring 1991).

Ricoeur, Paul, *Amour et justice*(Paris: Points, 2008).

Saint Augustine "On the Original Sin", *Basic Writings of Saint Augustine*, ed. by Whitney J. Oates(New York: Random House, 1948).

Serres, Michel, *Le Contrat naturel*(Paris: François Bourin, 1990).

Shun, Kwong-loi, *Mencius and early Chinese thought*(California: Stanford University Press, 1997).

Taylor, Charles, *Sources of the Self, The making of the Modern Identity*(Cambridge, Massachussets: Havard University Press, 1989).

Tillich, Paul, *Love, Power, and Justice*(New York: Oxford University Press, 1960).

White, Lynn, "The Historical Root of Our Ecological Crisis", *Science*, vol. 155(Mar.1967).

Yang, Myung Su, "La croyance dans la pensée confucienne", *Le croire au coeur des sociétés et des cultures*, Pierre Gisel éd.(Turnhout: Brepols, 2012).

찾아보기

성명에서 생명으로

서구의 그리스도교적 인문주의와 동아시아의 자연주의적 인문주의

펴낸날 | 초판 1쇄 2012년 3월 16일
지은이 | 양명수
펴낸이 | 김훈순
펴낸곳 | 이화여자대학교출판부
주소 | 서울특별시 서대문구 이화여대길 52(우편번호 120-750)
등록 | 1954년 7월 6일 제9-61호
전화 | 362-2966(편집), 362-6076(마케팅)
팩스 | 02) 312-4312
전자우편 | press@ewha.ac.kr
인터넷서점 | www.ewhapress.com
책임편집 | 민지영
찍은곳 | 네오프린텍

ISBN 978-89-7300-947-3 93130

값 27,000원